本书受国家自然科学基金国际(地区)合作与交流项目"重大冲击和变化对中国—全球农业影响模拟模型的研究和开发"（71761147004）资助。

Impacts of External Shocks on
AGRICULTURE
in China and the World
—A Integrated Analysis Based on the Equilibrium Models

外部变化对中国和全球农业影响研究
——基于均衡模型的综合分析

吕开宇 张玉梅 杨 军 仇焕广 等 ◇著

中国财经出版传媒集团
经济科学出版社
Economic Science Press

作者名单

吕开宇

张玉梅

杨　军

仇焕广

刘　宇

贾　伟

张　姝

致谢

（作者姓名以汉语拼音为序）

陈 斌	陈志钢	程宝栋	崔 琦	刁新申	董婉璐	杜鸣溪	樊琴琴
樊胜根	冯奎双	冯晓龙	胡继亮	胡向东	胡欣然	计 晗	贾 伟
李慧娟	李欣蓓	林金泰	柳雅文	刘秋雨	刘 宇	吕开宇	吕新业
仇焕广	盛芳芳	司 伟	孙嘉泽	肖志敏	王 晶	王静怡	王晓君
谢玲红	杨皓森	杨 军	羊凌玉	詹 悦	张崇尚	张金珠	张 姝
张向阳	张玉梅	郑阳阳	周 超	周梅芳			

C. F. A. 范韦森比克（C. F. A. van Wesenbeeck）

格雷厄姆·麦克唐纳（Graham MacDonald）

贾米乌·阿德塔约·阿德尼兰（Jamiu Adetayo Adeniran）

克劳斯·胡巴切克（Klaus Hubacek）

科米库玛·艾普莱克·沃比贝·内格罗（Komikouma Apelike Wobuibe Neglo）

塔里克·阿里（Tariq Ali）

腾苏·格布雷基丹（Tnsue Gebrekidan）

谢尔曼·罗宾逊（Sherman Robinson）

W. C. M. 范维恩（W. C. M. van Veen）

前 言
PREFACE

  伴随着中国经济开放程度的不断提高和全球经济一体化程度的加深，包括自然灾害、贸易环境、重大公共卫生事件、能源与气候等在内的一系列重大冲击和变化对全球农业产生了不可忽视的影响。中国是世界第二大经济体，与国际社会息息相关；同时中国也是世界上最大的农产品生产、消费和贸易大国，外部冲击将对中国的农业生产产生更直接、更巨大的影响。因此，科学评价重大冲击和变化对全球农业的影响成为世界和中国关注的重要议题。

  为对重大冲击和变化的影响作出有效判断，需要对这些冲击和变化展开系统性、定量化的评估。一般地，短期评估主要采用计量经济分析方法，如向量自回归（VAR）模型；中长期评估主要采用均衡模型分析方法，包括国际国内主要研究机构开发建立的用于政策分析和预测的均衡模型，如国际食物政策研究所（IFPRI）开发的IMPACT模型、联合国粮食及农业组织（FAO）开发的WFM模型、经济合作与发展组织（OECD）和FAO共同开发的AGLINK-COSIMO模型等。上述均衡模型尽管各有优势、各有侧重，但在条件边界设定、参数设置、对中国农业的定位与刻画、对中国问题的模拟与实践等方面仍有明显的改进空间。

  本书研究旨在充分整合国内均衡模型研究力量，开发中国—全球农业发展综合评估模型，并模拟分析重大冲击及变化对农业发展的影响，未雨绸缪，提出应对措施。首先，基于中国农业可持续发展决策支持系统（CHINAGRO）和更新IFPRI的IMPACT–WATER模型，在系统研究国内不同农产品各种相互联系及市场运行机制的基础上，构建侧重于国内多种农产品市场的政策模拟分析工具——中国农业产业模型（China agricultural sector model，CASM）和侧重于全球范围农产品市场的"一带一路"全球农业局部均衡模型（SILK model for global agriculture，SILK-MGA）；其次，以澳大利亚维多利亚大学政策研究中心（CoPS）开发的国家动态一般均衡模型——CHINAGEM为基础，通过模型方法创新、数据和关键参数更新，构建适用于分析经济发展、产业结构、国际贸易和资源利用等政策的国家动态均衡模型系统；再次，找出各个模型的链接机制和规律，校准相关参数，建立一体化的中国—全球农业发展综合模型；最后，运用模型多视角、多场景模拟分析和评价新冠疫情流行、贸易、环境、社会发展政策等各类重大冲击和变化给中国和全球的农业发展、资源环境等带来的影响机制及程度，提出保障中国农业生产和贸易的战略选择，为我国制定相关农业政策提供科学的决策依据。本书研究在重大冲击和变化对农业发展的影响机理、模型链接、方案模拟与决策支持方面有重要创新。

全书分为6章。第1章分析了全球各类重大冲击的情况及其对我国农业可能产生的影响，提出重大冲击与变化对中国—全球农业影响模拟模型的研究与开发的问题分析与战略意义。第2章介绍了本书所运用的主要均衡模型的理论、运行机制与运算方法。第3章分析了新冠疫情对中国宏观经济和农业食物系统、农民工工资及贫困问题、全球食物安全、全球宏观经济和价值链结构等方面的冲击和影响。第4章分析了全球贸易、金融政策环境变化对中美农产品贸易、中欧自由贸易区、中国大豆产业、中国生猪产业等方面产生的冲击和影响。第5章分析了中国农业绿色发展对能源、气候、碳排放方面的影响。第6章分析了农业在国民经济中的定位，以及农业发展对国民经济、收入差距等方面的影响。

希望本书能够为相关部门行政决策、学术探讨、方法实施提供参考，并为均衡模型更好的研发和应用提供借鉴。

本书的出版得到了国家自然科学基金国际（地区）合作与交流项目"重大冲击与变化对中国—全球农业影响模拟模型的研究与开发"（编号：71761147004）的资助。中国农业科学院农业经济与发展研究所、中国农业大学、对外经济贸易大学、中国人民大学为本书的写作提供了良好的条件，合作单位的很多专家参与了研究框架的论证，参加课题的研究生、本科生进行了前期调研，经济科学出版社对本书的出版给予了积极的支持，在此一并表示感谢。

本书的写作参考了国内外大量的论著、论文、研究报告、调研报告等文献资料，以书后参考文献或书中标注的方式列出，在此对这些文献的作者表示感谢。由于编著者水平所限，尽管我们做了很大努力，但书中一定会存在诸多错误和漏洞，恳请读者批评指正。

CONTENTS 目录

第1章 科学问题的提出 ······ 001
  1.1 绪论 ······ 001
  1.2 国内外研究综述 ······ 003
    1.2.1 一般均衡模型构建研究 ······ 004
    1.2.2 农业局部均衡模型构建研究 ······ 008
    1.2.3 农业单品种均衡模型构建研究 ······ 011
    1.2.4 对目前已有研究的评述 ······ 013
  1.3 研究目标与主要研究内容 ······ 013
    1.3.1 研究目标 ······ 013
    1.3.2 主要研究内容 ······ 015
  1.4 创新与意义 ······ 017
  参考文献 ······ 017

第2章 理论和方法 ······ 022
  2.1 一般均衡、局部均衡理论与模型 ······ 022
  2.2 中国农业产业模型 ······ 024
    2.2.1 需求方程 ······ 027
    2.2.2 供给方程 ······ 029
    2.2.3 猪和牛的供需方程 ······ 029
    2.2.4 价格和市场出清方程 ······ 030
  2.3 "一带一路"全球农业模型 ······ 031
    2.3.1 模型基本理论框架 ······ 032
    2.3.2 模型覆盖的区域和产品范围 ······ 035
    2.3.3 模型数据 ······ 036
    2.3.4 模型开发软件 ······ 037

2.3.5 模型功能和特点 ·· 037
2.4 动态国家及多区域一般均衡模型系统 ·· 038
　　2.4.1 动态国家一般均衡模型系统 ··· 038
　　2.4.2 动态多区域（省级）一般均衡模型系统 ···························· 040
2.5 中国社会核算矩阵和乘数分析 ··· 042
　　2.5.1 社会核算矩阵 ·· 042
　　2.5.2 社会核算矩阵乘数分析 ·· 046
2.6 全球均衡模型与国家模型联结方法 ·· 047
　　2.6.1 通过参数传递联结两个独立模型的动态联结方法 ··············· 048
　　2.6.2 整合两个模型实现同时求解的模型联结方法 ····················· 049
参考文献 ··· 051

第3章 新冠疫情对农业农村的影响 ··· 053

3.1 新冠疫情对中国宏观经济和农业食物系统的影响
　　——经济系统乘数模型分析 ·· 053
　　3.1.1 引言 ·· 053
　　3.1.2 中国的新冠疫情暴发、封锁政策及最新的恢复情况 ············ 054
　　3.1.3 方法：中国经济系统多部门乘数模型 ······························ 058
　　3.1.4 衡量新冠疫情的经济代价：中国社会核算乘数模型结果 ······ 064
　　3.1.5 结论及政策含义 ·· 071
3.2 新冠疫情对全球食物安全的影响及对策 ····································· 072
　　3.2.1 引言 ·· 072
　　3.2.2 全球食物安全形势现状 ·· 074
　　3.2.3 疫情对全球食物安全的影响 ·· 076
　　3.2.4 如何保障全球食物安全 ·· 079
3.3 从全球视角分析在新冠疫情下如何保障食物和营养安全 ················ 082
　　3.3.1 引言 ·· 082
　　3.3.2 全球传染病对食物和营养安全的影响 ······························· 083
　　3.3.3 新冠疫情对中国食物和营养安全影响的判断 ····················· 086
　　3.3.4 加强防范新冠疫情对中国和全球食物及营养安全的政策建议 ····· 087
3.4 新冠疫情对中国农民工、汇款及贫困的影响：微观模拟分析 ········· 089
　　3.4.1 引言 ·· 089
　　3.4.2 中国农民工及汇款概述：数据描述 ·································· 092

  3.4.3 方法与场景设计 ～～～～～～～～～～～～～～～～～～～～ 096
  3.4.4 微观模拟结果讨论 ～～～～～～～～～～～～～～～～～～ 102
  3.4.5 结论与政策含义 ～～～～～～～～～～～～～～～～～～～ 110
3.5 新冠疫情对制造业全球价值链的影响 ～～～～～～～～～～～～～～～ 111
  3.5.1 引言 ～～～～～～～～～～～～～～～～～～～～～～～～～ 111
  3.5.2 材料和方法 ～～～～～～～～～～～～～～～～～～～～～ 113
  3.5.3 结果与分析 ～～～～～～～～～～～～～～～～～～～～～ 119
  3.5.4 讨论 ～～～～～～～～～～～～～～～～～～～～～～～～～ 126
  3.5.5 结论 ～～～～～～～～～～～～～～～～～～～～～～～～～ 129
3.6 新冠疫情对全球宏观经济和价值链结构的影响 ～～～～～～～～～～～ 130
  3.6.1 问题的提出 ～～～～～～～～～～～～～～～～～～～～～ 130
  3.6.2 模型构建与情景设置 ～～～～～～～～～～～～～～～～ 131
  3.6.3 模拟结果分析 ～～～～～～～～～～～～～～～～～～～ 137
  3.6.4 政策建议 ～～～～～～～～～～～～～～～～～～～～～～ 142
3.7 疫情对木材产业全球价值链布局的影响研究
   ——基于全球价值链一般均衡模型 ～～～～～～～～～～～～～～ 144
  3.7.1 疫情冲击木材产业全球价值链布局的影响现状 ～～～～ 144
  3.7.2 疫情对全球价值链的影响机理 ～～～～～～～～～～～ 146
  3.7.3 全球价值链一般均衡模型构建与情景设置 ～～～～～～ 147
  3.7.4 疫情对木材产业全球价值链布局的影响研究 ～～～～～ 152
  3.7.5 主要结论与政策建议 ～～～～～～～～～～～～～～～～ 160
3.8 新冠疫情引发的经济危机下中国的应对之策
   ——有效性和权衡分析 ～～～～～～～～～～～～～～～～～～～ 162
  3.8.1 方法 ～～～～～～～～～～～～～～～～～～～～～～～～～ 164
  3.8.2 新冠疫情冲击和对策场景 ～～～～～～～～～～～～～ 170
  3.8.3 结果 ～～～～～～～～～～～～～～～～～～～～～～～～～ 176
  3.8.4 结论 ～～～～～～～～～～～～～～～～～～～～～～～～～ 181
  3.8.5 政策讨论 ～～～～～～～～～～～～～～～～～～～～～～ 183
参考文献 ～～～～～～～～～～～～～～～～～～～～～～～～～～～～～～～ 184

第4章 贸易政策环境变化对农业的影响 ～～～～～～～～～～～～ 195
4.1 中美第一阶段贸易协定对中美农产品贸易的影响分析 ～～～～～～ 195
  4.1.1 研究背景和问题 ～～～～～～～～～～～～～～～～～～～ 195

4.1.2 中国总体和从美国进口农产品的变化趋势与特征 …………… 196
4.1.3 第一阶段贸易协定对农业贸易潜在影响分析 …………… 202
4.1.4 主要结论和政策建议 …………… 207

4.2 中美大豆贸易摩擦的经济影响及其启示
——基于 GTAP 模型测算 …………… 208
4.2.1 引言 …………… 208
4.2.2 分析方法与数据处理 …………… 209
4.2.3 结果分析 …………… 212
4.2.4 结论与启示 …………… 216

4.3 中美经贸协议对世界大豆产业的潜在影响分析
——基于双边贸易模块的全球农产品局部均衡模型 …………… 218
4.3.1 引言 …………… 218
4.3.2 文献综述 …………… 219
4.3.3 研究方法与模拟方案 …………… 220
4.3.4 模拟结果分析 …………… 226
4.3.5 结论 …………… 231

4.4 非洲猪瘟与中美贸易摩擦对中国猪肉市场及贸易的影响分析 …………… 232
4.4.1 引言 …………… 232
4.4.2 文献综述 …………… 233
4.4.3 非洲猪瘟对中国猪肉市场和贸易市场的影响及现状分析 …………… 235
4.4.4 模拟方案设定 …………… 237
4.4.5 模拟结果分析 …………… 238
4.4.6 结论 …………… 241

4.5 构建中国—欧盟自由贸易区的经济增长和福利效应
——基于全球动态一般均衡模型的分析 …………… 242
4.5.1 研究背景 …………… 242
4.5.2 分析方法和情景设计 …………… 245
4.5.3 结果分析 …………… 246
4.5.4 结论和建议 …………… 257

4.6 中国大豆产业应对国际风险因素的对策模拟研究 …………… 258
4.6.1 文献综述 …………… 259
4.6.2 中国大豆产业应对风险措施讨论 …………… 261
4.6.3 研究方法和模拟方案 …………… 263

	4.6.4 模拟结果分析	265
	4.6.5 结论与政策建议	269
4.7	汇率变化对我国农业产业的影响 ——基于农业部门局部均衡模型	271
	4.7.1 汇率波动与农产品进口价格的关系	273
	4.7.2 模型设定与数据说明	276
	4.7.3 汇率波动与中国农产品市场关系的实证分析	280
	4.7.4 主要研究结论与政策建议	286
参考文献		287

第 5 章 粮食安全、能源与绿色农业发展 ··· 295

5.1	农业和非农业经济在解决埃塞俄比亚粮食不安全问题中的作用：综述	295
	5.1.1 引言	295
	5.1.2 埃塞俄比亚贫困和粮食不安全的驱动因素和影响	298
	5.1.3 农业与粮食安全和减贫的联系：亚洲经验	301
	5.1.4 气候智能型农业对粮食安全和扶贫的重要性	304
	5.1.5 农业与农村非农经济的联系及其对粮食安全和扶贫的影响	305
	5.1.6 社会保护机制和增强的食物获取权	308
	5.1.7 埃塞俄比亚的粮食安全政策与法规	309
	5.1.8 结论和政策建议	311
5.2	中国粮食企业全要素生产率的空间非均衡性及收敛检验	312
	5.2.1 引言	312
	5.2.2 研究方法与数据说明	316
	5.2.3 中国整体以及各区域粮食企业全要素生产率的测算	320
	5.2.4 中国整体以及各区域粮食企业全要素生产率收敛性判断	327
	5.2.5 结论与启示	330
5.3	粮食规模经营户生产经营行为与耕地质量变化特征	332
	5.3.1 指标选择与数据来源	333
	5.3.2 粮食规模经营户耕地质量变化特征	335
	5.3.3 生产经营行为与耕地质量变化特征	338
	5.3.4 结论与建议	340
5.4	中国农业食物系统能源碳排放趋势分析	341

		5.4.1 方法与数据	342
		5.4.2 结果与分析	344
		5.4.3 结论与政策建议	350
	5.5	多个年份全球二氧化碳排放对贸易限制敏感性研究	351
		5.5.1 引言	351
		5.5.2 材料与方法	352
		5.5.3 结果与讨论	352
	5.6	中国农业绿色发展：中国可否借鉴欧盟经验	360
		5.6.1 引言	360
		5.6.2 分析的概念框架	361
		5.6.3 中国和欧盟绿色农业发展概况	363
		5.6.4 总结与结论：中国可否借鉴欧盟经验？	380
	参考文献		383

第 6 章 农业对国民经济的影响 394

6.1	经济结构转型中农业作用的变化	
	——以中国为例	394
	6.1.1 引言	395
	6.1.2 中国的结构调整与经济增长	397
	6.1.3 伴随结构调整的经济一体化	402
	6.1.4 评估农业角色的不断演变：可计算的一般均衡（CGE）模型分析	408
	6.1.5 结论	415
6.2	新时期中国农业发展面临的关键问题及其政策启示	416
	6.2.1 未来农业发展的几个关键问题	417
	6.2.2 对未来农业发展政策的启示	420
6.3	"十四五"时期农村劳动力转移就业的五大问题	422
	6.3.1 引言	422
	6.3.2 "十四五"时期末究竟有多少农村劳动力	423
	6.3.3 农村劳动力转移潜力是否将耗尽	426
	6.3.4 究竟还有多大规模的农业剩余劳动力	428
	6.3.5 外出转移和本地转移之间有怎样的结构关系	430
	6.3.6 未来5年农村劳动力转移的出路在哪里	432

6.4 共同富裕目标下缩小农村内部收入差距的实现路径
　　——基于生计多样化视角分析 ·················· 434
　　6.4.1 分析框架与研究假说 ···················· 436
　　6.4.2 研究设计 ······························ 438
　　6.4.3 实证分析结果 ·························· 442
　　6.4.4 结论与政策启示 ························ 447
6.5 数字金融使用对农户生计多样化的影响研究 ·········· 448
　　6.5.1 引言 ·································· 448
　　6.5.2 文献回顾与分析框架 ···················· 450
　　6.5.3 研究设计 ······························ 452
　　6.5.4 实证分析结果 ·························· 456
　　6.5.5 结论与政策启示 ························ 460
6.6 菽玉真的不可兼得吗：带状复合种植对玉米大豆生产的影响研究
　　——基于局部均衡模型的模拟分析 ················ 461
　　6.6.1 引言 ·································· 461
　　6.6.2 当前玉米大豆带状复合种植技术效果分析 ···· 462
　　6.6.3 研究方法与模拟方案 ···················· 469
　　6.6.4 模拟结果分析 ·························· 472
　　6.6.5 结论与政策建议 ························ 475

参考文献 ·· 484

后记 ·· 494

第1章 科学问题的提出

1.1 绪论

粮食安全是世界各国政府、国际学术界和社会广泛关注的问题。粮食安全事关国家安全、政权稳定、百姓安宁。当今世界，粮食安全与能源安全、金融安全并称为全球三大经济安全，为各国政府和国际社会所高度关注（翟虎渠，2011）。为此，联合国系统内最早的常设专门机构就是旨在提高人民营养水平和生活标准、保障食物安全的联合国粮食及农业组织（Food and Agriculture Organization，FAO）（以下简称"粮农组织"）。新中国成立以来，中国政府高度重视农业和粮食生产问题，始终把农业放在国民经济的基础地位，把粮食作为国民经济基础的基础。

近年来，一些重大冲击和变化对全球农业产生了不可忽视的影响。自然灾害方面，因气候变化导致的水灾、旱灾、风灾、雹灾等自然灾害在全球频繁发生，已经成为当今世界人类最为关注的全球性问题之一。据瑞士再保险公司发布报告估计，2016年全球因自然灾害与人为灾难导致的经济损失总额估计达到1580亿美元，给各国农业造成严重影响和损失。与此同时，作为未来农业发展关键约束因素的水资源也提出警报。2021年，我国农业用水量占全国用水总量的比例高达61.5%，是全国需水量最大的部门。[①] 随着我国社会经济的快速发展、城市化和工业化进程的加速、水污染的日益恶化以及生态保护用水需求的增加，部门间水资源使用的竞争将不断加剧，水资源短缺对农业可持续发展的威胁也越来越严峻。

贸易环境方面，金融危机加剧了全球贸易保护主义和竞争性货币政策的风险。

---

① 中华人民共和国水利部. 中国水资源公报（2021）[M]. 北京：中国水利水电出版社，2022.

在金融危机背景下，美国和欧盟经济增长放缓，世界经济面临复苏的巨大挑战。当前，各国政府为兑现创造更多就业岗位、实现更高增长的承诺，极有可能采取贸易保护主义以及竞争性的货币和汇率政策，由此带来了全球金融市场剧烈震荡、汇率摩擦加剧和贸易保护主义升级的巨大风险。全球经贸增长疲弱是贸易保护主义抬头的重要原因，而各种保护措施反过来又将世界经济与贸易置于更大困境。面对新的自贸区不断建立、贸易保护主义势力抬头和汇率摩擦的加剧，各国均在调整相应的贸易政策，这对全球农业生产和贸易格局变动也将产生深远的影响（盛垒，2017）。与此同时，新冠疫情、俄乌冲突等多重因素叠加，使本已受挫的全球产业链供应链遭遇更加严重的打击，世界经济复苏面临更加严峻复杂的挑战和更多不确定性。

人口结构方面，老龄化问题对全球和中国农业发展提出了巨大挑战。全世界人口老龄化问题日趋严重，2009年联合国人口统计报告显示，目前世界老龄人口的人数与1950年相比已经增长3倍，到2050年人口数量将达到目前的3倍（乔领璇，2012）。劳动力作为农业生产的关键要素，劳动力主体特征的改变直接影响到劳动力供给，从而影响农业的产出。作为世界唯一一个以较低收入进入老年型的大国，中国的老龄化问题不容忽视。《2015年社会服务发展统计公报》显示，截至2015年底，我国60岁及以上老年人口达到2.22亿人，占总人口的16.1%，其中65岁及以上人口1.44亿人，占总人口的10.5%。根据联合国人口司2022年最新预测，到2050年，中国将有38.8%的人口超过60岁，成为世界上老龄化最严重的国家。

在开放经济条件下，面对这些重大冲击和变化，中国无法置身事外。作为世界第二大经济体，中国的经济与国际社会息息相关。外部冲击将对中国的农业生产产生更直接、更巨大的影响。与改革开放前的封闭经济条件不同，现在中国与世界其他国家的联结更加紧密，全球化发展趋势也更加明显，一系列的重要冲击和变化不仅直接作用于中国农业生产，而且会通过其他方式影响中国农业生产和贸易。中国是世界上最大的农产品生产、消费和贸易大国，随着中国经济开放程度的不断提高和全球经济一体化程度的加深，全球农产品的供需平衡和贸易发展将对中国农产品市场产生显著影响。

为对重大冲击和变化的影响作出有效判断，需要对这些冲击和变化展开系统性、定量化的评估。一般地，短期评估主要采用计量经济分析方法，如向量自回归（VAR）模型，其优点在于不考虑模型内部变量之间的因果关系，可进行外生冲击影响评估，而且在短期预测中精度较高（Brandt and Bessler，1984；Bessler and Hopkins，1986；Bessler and Kling，1986；梅方权，2006）。尽管采用计量经济分析方法也能够进行中长期预测，但是预测精度不高，中长期评估主要采用均衡模型分析方法。在国际农业研究机构中，都建立了全球农业部门均衡模型，其中影响较大的模型包括：国际食物政策研究所（IFPRI）开发的 IMPACT 模型，联合国粮农组织（FAO）开发的 WFM 模型，经济合作与发展组织（OECD）（以下简称"经合组织"）和联合国粮农组织共同开发的 AGLINK-COSIMO 模型，食物和农业政策研究所（FAPRI）开发的 FAPRI 模型，美国农业部（USDA）开发的 SWOPSIM 模型。

国内有关研究机构也开发了用于政策分析和预测的均衡模型，主要以国家模型为主，较有代表性的模型包括：国务院发展研究中心与世界银行联合开发的 DRC-CGE 模型，湖南大学与莫纳什大学经济研究中心联合开发的 MCHUGE 模型，北京大学中国农业政策研究中心黄季焜和中国农业科学院农业经济与发展研究所李宁辉开发的中国农业政策分析和预测模型（CAPSiM）（黄季焜和李宁辉，2003），李善同等开发的三区域（广东、山西、全国其他地区）中国 CGE 模型（Li and He，2005），仇焕广等与原中国农业政策研究中心（CCAP）、荷兰自由大学开发的"中国农业可持续发展决策支持系统（CHINAGRO）（仇焕广等，2013），中国农业科学院农业经济与发展研究所张玉梅等开发的中国动态 CGE 模型（张玉梅，2009；Zhang et al.，2016）。

上述均衡模型尽管各有优势，但仍有较大的改进空间：第一，缺少全球视野，未能深刻意识到中国农业所构建的模型往往是基于封闭条件的假设，模拟的结果往往不再适应新的外部环境和内部变化；第二，缺乏整个经济大视角，未能意识到农业本身外部环境的巨大变化，农业问题不再是简单的农业部门的事务，必须着眼于整个国民经济和整个生态资源环境；第三，参数设定陈旧，与现有经济结构并不相符，而参数的选取直接影响局部均衡模型和一般均衡模型的模拟结果；第四，简单套用国外模型，对于是否适用于中国实际缺乏论证；第五，一些 CGE 模型假设存在不足，国内很多模型是国家模型，以中国为主体构建，将世界其他国家和地区简单看作单一区域，有些甚至基于小国假设之上，与中国已是全球农产品生产大国、贸易大国的事实相左。

1.2　国内外研究综述

均衡模型在农产品供需预测和政策模拟分析方面有着广泛的应用，是国际组织模拟和分析全球农产品供求变化及政策影响的主要工具。均衡模型分为一般均衡模型和局部均衡模型，其中局部均衡模型又可分为多部门局部均衡模型和单部门局部均衡模型。

1.2.1 一般均衡模型构建研究

可计算一般均衡模型（CGE）是一类大型数据模型，它将经济理论与实际经济数据相结合，用以计算政策或外部冲击对经济的影响。该模型通过构建由一组方程组成的框架来模拟政策变化，反映经济结构及代理人（企业、家庭、政府）的行为反应，追踪外界冲击对收入支出等关键经济变量的影响。CGE模型考虑到了经济中不同部门、代理人和市场之间的关联，并可以对相关参数进行灵活调整，因此可用于模拟各种政策和冲击、阐明政策的广泛经济影响，还可能揭示其间接影响。CGE模型假定经济从一个基准稳态开始，经过政策冲击后将会回归新的稳态，可以通过比较政策或冲击前后的经济状态对冲击影响进行估计。首先利用基年数据校准通过模型方程和参数拟合出冲击前的基准状态用以反映当前经济结构；然后引入政策变化或冲击，经过模型中的经济关系调节，经济回归到新的平衡状态，生成一组新的均衡价格和商品要素分配状况，进而求解政策或外部冲击的经济影响。CGE模型被政府、国际和研究组织、学术界和私营部门的咨询机构广泛采用，世界银行、经合组织、国际货币基金组织、英国皇家财政部、普华永道等过去都曾使用过CGE框架。国际食物政策研究所研究员谢尔曼·罗宾逊（Sherman Robinson）教授将CGE模型广泛应用于全球经济模型对气候变化、国际贸易、经济增长、农业和资源、气候变化适应、宏观经济政策、收入分配等问题的情景分析，由罗宾逊发展的CGE模型已经成为分析气候变化、贸易和财政政策、区域一体化、结构调整和发展战略的经济影响的有效工具。波拉斯基等（Polaski et al., 2008）利用麦当劳（McDonald）、谢尔曼·罗宾逊和卡伦·蒂尔费尔德（Karen Thierfelder）开发的多国CGE模型"GLOBE"探讨了一系列可能的贸易选择对印度经济各部门、劳动力和家庭户的影响。威伦博克尔和罗宾逊（Willenbockel and Robinson, 2009）利用多地区CGE世界贸易模型来衡量经合组织的经济活动放缓对撒哈拉以南非洲等世界其他不发达地区的贸易表现、世界价格和总福利的影响。罗宾逊等（2010）利用CGE模型，根据世界价格变动和生产趋势，研究了各种类型的冲击对埃塞俄比亚谷物价格、收入和粮食消费的影响。艾尔舍纳维等（Elshennawy et al., 2013）通过纳入前瞻性预期对国家CGE模型进行改进，根据关于气候变化对埃及农业生产力、劳动生产力和海平面上升造成的潜在损失的现有估计，模拟气候变化对2050年前的总消费、投资和收入的影响。

全球贸易分析模型（GTAP）是一个多国家可计算一般均衡模型，由美国普渡大学教授汤姆斯·赫特（Thomas Hertel）开发。赫特教授主要从事全球贸易和环境政策对整个经济的影响研究，他于1992年建立了全球贸易分析项目，涵盖了175个以上国家的2.1万多名个体参与者，该项目创建了GTAP模型以及GTAP全球经济数据库，主要应用于贸易、粮食和环境问题的定量经济建模和经济分析。GTAP模型架构中，首先建立了可详细描述每个国家（地区）生产、消费、政府支出等子模型；然后通过国际商品贸易关系，将各子模型链接成一个多国多部门一般均衡模型，在政策模拟分析时，可以同时探讨政策对各国各部门生产、进出口、商品价格、要素供需、要素报酬、国内生产总值及社会福利水平的影响。模型包括全球117个主要国家，农产品部门包括小麦、大米、油料作物、其他谷物、蔬菜、水果和畜产品等22种农产品。由于GTAP模型对政策定量分析具有良好的效果，能够对政策选择提供具体准确的建议，世界主要经济组织，如世界贸易组织（WTO）、国际货币基金组织、世界银行等都采用GTAP模型分析国际经济形势，并取得了良好的应用效果。例如，全球农业和粮食系统促进营养问题小组（Global Panel on Agriculture and Food Systems for Nutrition，GPAFSN）使用GTAP模型模拟了农业支持重新定位至水果、蔬菜等健康食品对经济、环境与人类健康的影响。阿维提斯扬等（Avetisyan et al., 2021）使用纳入模式选择的GTAP模型分析了全球物流和贸易便利化的改善对国际贸易中运输方式选择的影响。切佩利耶夫等（Chepeliev et al., 2021）改进了GTAP-HS框架，构建了GTAP-HS数据库，将该模型框架应用于评估美国与其贸易伙伴之间的贸易摩擦。刘静等（Liu et al., 2014）利用GTAP-BIO-W模型，研究了到2030年全球126个流域灌溉前景变化的经济影响。随着经济自由化和全球化的深入推进，中国对外经济贸易政策对世界经济的影响、世界经济贸易形势及政策变化对中国国内经济部门的影响、新冠疫情对全球宏观经济的影响等研究日益成为国内学术研究的焦点之一（匡增杰，2015；张静中和王文君，2016；黄鹏等，2018；钱进，2021；孙嘉泽等，2022），应用于农业经济领域的研究也比较普遍，如黄季焜等（2022）运用GTAP模型与局部均衡模型衔接，结合近期国家主要政策，探讨了在不同政策情景下中国主要食物的供需变动趋势；王容博等（2022）运用GTAP模型对2018~2019年中美贸易争端以及2020年中美签署并履行第一阶段经贸协议对中国农产品进口和粮食安全问题的影响进行考察；雷泽奎等（2021）选取粮食产量与人均营养元素供给为粮食安全指标，采用GTAP模型探讨技术进步路径选择对中国粮食安全的影响。

MAGNET模型是瓦赫宁根经济研究所在GTAP模型基础上开发的一个全球一般均衡模型，以其模块化结构著称，这使得模型可以根据具体研究问题进行定制。

MAGNET 模型涵盖了 141 个国家（地区），在 GTAP 的 65 个部门/商品的基础上进行扩展，包含了 113 个部门和 127 种商品。在此基础上，添加多种改编和扩展，如各部门之间土地可替代性差异、农业和非农部门之间的劳动力流动不完善、产量配额、内生土地供应、营养指标、环境指标等。具体应用方面，欧盟学者使用 MAGNET 模型模拟了欧盟农业支持政策改革对农业生产、农民收入和环境的影响。国际农业发展基金（IFAD）的项目使用 MAGNET 模型，模拟了实施弹性饮食，牲畜和水产养殖饲料生产效率翻倍，通过提高土地生产率使谷物、水果和蔬菜产量差距缩小，谷物、水果和蔬菜的全球损失率减半，提高进口关税，补贴低技能劳动力增加供应链中部就业，以及对加工食品消费征税使加工食品消费增长率减半等七种农业支持政策改革情景，模拟农业补贴改革的影响（IFAD，2021）。斯普林曼和弗罗因德（Springmann and Freund，2022）使用 MAGNET 模型探讨了完全取消补贴、将补贴转移到支持生产有益于健康和环境的食品、全球更加公平地分配补贴三种情景对农业生产、营养健康、环境和居民收入与贫困的影响。

MIRAGRODEP 模型是法国国际前瞻性研究和信息中心（CEPII）及国际食物政策研究所（IFPRI）开发的全球一般均衡模型。MIRAGRODEP 模型关注政策变化对宏观经济和不平等的影响。模型为每个地区提供了一套丰富的指标，包括生产变化、生产要素使用、实际工资、各部门增加值、实际 GDP、实际收入、出口、进口、贸易条件、土地使用变化、人均卡路里消费和生产、贫困人口。模型还进行了创新，它可以细分比国家层次更细的土地市场（农业生态区或行政区）和内生的土地供应，通过自上而下的方法（使用超过 30 万户的全球数据集进行家庭建模，针对全世界）或自下而上的方法（针对部分国家）的贫困分析，基于 FAOSTAT 食品平衡表和全球投入产出矩阵的宏观营养物质（热量、脂肪、蛋白质）核算系统，等等。最新版本的 GTAP 数据库是 MIRAGRODEP 模型的主要数据来源。该模型可以覆盖全球 141 个国家（地区）和多达 65 个部门。此外，该模型还增加了关于土地使用、农业生产、粮食平衡表、农业国内支持（Ag-Incentives 数据）和贸易政策（HS6 关税和贸易数据）的额外数据集，以及更新各个国家的社会核算矩阵。该模型主要用于支持和研究一系列贸易政策谈判，特别是定量评估世界贸易组织改革和区域贸易协定的潜在成果，并用于长期预测，研究某些重大转变（如人口、经济增长、气候变化、创新等）对农业生产和贫困状况的影响（IFPRI，2011）。最近的应用方面，联合国粮农组织、联合国开发计划署、联合国环境署（FAO，UNDP，UNEP，2021）的联合项目使用该模型，针对是否要取消扭曲市场机制的支持政策的争论，模拟了取消边境保护措施、取消财政补贴、取消所有生产者支持对农业生产和温室气体排放的影响，发现仅简单取消所有生产者支持并不能实现预期目标，应该重新定位农业补贴，将其按照科学方式转移到更加有效的领域中。国际食物政策研究所与世界银行联合项目使用 MIRAGRODEP 模型模拟多种农业补贴改革方案，讨论农业补贴改革路径选择对农业生产、环境和健康的影响（Gautam et al.，2022）。

翟凡等（1997）建立了一个中国经济的可计算一般均衡模型，用来分析中国经济政策问题，该模型按照问题导向和通用性兼顾的原则分段进行开发，着重于捕捉与所研究问题关系重大的特征，而不是经济活动的所有特征。该模型包括 64 个生产部门和按收入水平区分的 12 组城乡居民家庭，涉及 5 个生产要素，分别是农业土地、资本、农业劳动力、生产工人和专业人员。模型由生产、贸易、需求、收入分配和政府政策、均衡条件、宏观闭合、要素供给条件、动态链接和价格规范因子等 9 个部分构成。该模型侧重于研究经济增长、经济结构变化和贸易问题，在国内经济政策、贸易政策、资源环境政策等研究方面得以应用。高颖和李善同（2006）运用中国可计算的一般均衡模型对城乡二元劳动力市场、各类家庭劳动力供给等进行深入分析，研究认为降低转移成本、增加农村劳动力转移是促进基础设施发挥减贫作用的关键环节。随着经济的快速增长，资源和环境承载的压力日益加大，高颖和李善同（2008）在传统基准 CGE 模型基础上引入了资源和环境方面的核算账户，并通过增加和修正方程的方式，在 CGE 模型中纳入了对资源与环境问题的刻画，增强了模型模拟分析的通用性。何建武和李善同（2009）运用 CGE 模型模拟分析了节能减排的环境税收政策的影响。穆月英和小池淳司（2009）构建了我国空间一般均衡模型（SCGE），并利用该模型模拟分析了我国农业补贴政策对国民经济部门的综合影响。有研究开发了一个我国动态 CGE 模型，并运用该模型模拟分析了增加农业补贴、农业科研经费投入和灌溉等基础设施投入等对国民经济的影响，分析结果表明我国农业公共支出的增加对粮食产量、价格和贸易有显著影响，而对工业部门、服务行业以及 GDP 的影响并不显著（Xu et al.，2011）。有研究基于中国动态 CGE 模型模拟分析了 2008 年全球金融危机和中国政府各项经济刺激政策对中国经济增长的影响（Diao et al.，2012）。李原等（2020）设计了一套社会核算矩阵稳态均衡模型（SAM-SE），采用目标规划模型形式，以经济系统稳态性作为目标函数，设定在不同约束条件下可建立三种不同功能的层次模型。

部分研究将资源、环境、公共卫生、农业等相关模块接入 CGE 模型，用来分析重大事件或冲击对总体及农业部门影响。例如，雷欣和周江南（2022）通过构建动态随机一般均衡（DSGE）模型，定量分析气候变化对中国宏观经济波动及对农业部门的影响。张友国等（2021）综合应用投入产出模型和可计算一般均衡模型评估了新冠疫情从需求侧和供给侧冲击我国经济产生的直接和间接产业链效应、反弹效应以及短期和长期的综合影响。钱静斐等（2022）基于中国与 RCEP 其他成员国农产品贸易现状，采用中国一般均衡模型（CGE）量化模拟《区域全面经济伙伴关系协定》（RCEP）实施对中国农业的影响。王克强等（2015）利用多区域 CGE 模型分析了农业用水效率提升和对农业部门征收水资源税对各区域的生产用水量和经济增长的影响。李昌彦等（2014）利用 CGE 模型研究了水资源政策对江西省的经济影响。中国农业大学全球食物经济与政策研究院利用中国农业大学农食系统模型（CAU-AFS model）模拟了改善中国居民膳食营养的支持政策、重新定位农业支持政策与优化农业支持政策促进营养健康和绿色低碳双赢等情景，分析了中国农业支持政策改革对居民健康、绿色低碳、粮食安全及经济增长等多维度的影响。[①]

1.2.2　农业局部均衡模型构建研究

1. 全球农业局部均衡模型

国际农业商品及贸易政策分析模型（IMPACT）是由国际食物政策研究所于 20 世纪 90 年代初开发，该模型是一组国家层面上的供需相等的方程，并通过贸易和其他国家（地区）联系起来。该模型涵盖 159 个国家（地区），涉及 62 种主要农产品，包括谷物、大豆、根茎作物、肉类和奶制品。模型中，农作物的产量由播种面积和单产的反应方程决定，农作物播种面积是关于农作物价格、灌溉投资、城镇化土地损失率和土地退化率等的方程；农作物单产是关于农作物价格、投入品价格、灌溉投资和技术进步的方程，技术进步则由其组成的源泉，如管理和科研水平的提高等来估计；食物需求分为食用需求和饲用需求，食用需求是关于价格、人均收入和人口增长的方程，饲用需求是关于禽畜数量、饲料价格和饲用效率的方程；其他产出增长的源泉，如私人对农业的投资与开发、农业技术推广、教育、市场和基础设施建设也引入了模型中。曼森-迪克罗兹等（Mason-D'Croz et al.，2019）使用 IMPACT 模型研究全球农业生产系统、气候变化和粮食安全的发展，探讨了农业研究、资源管理和基础设施相关投资在 2030 年前减少非洲饥饿的成本和影响。罗斯格兰特等（Rosegrant et al.，2001）运用改进的 IMPACT 模型预测了 2020 年世界粮食供给、需求、贸易、价格以及粮食安全状况等。曼森-迪

---

① 2022 中国与全球食物政策报告［R］. https：//agfep. cau. edu. cn/module/download/downfile. jsp？classid＝0&filename＝6126661309c24b57b410176ec60f5d32. pdf.

克罗兹等（Mason-D'Croz et al.，2020）运用 IMPACT 模型和 GLOBE 模型的联合模型评估了中国爆发的非洲猪瘟对猪肉价格和其他食品种类及动物饲料价格的影响。IMPACT 模型还与水模拟模型（WSM）相衔接，组建了 IMPACT-WATER 模型，将水资源可用性作为驱动变量与可观察的水流量和存储量相结合，可用来分析水供应对粮食生产、需求和价格的影响，能够分析探索不同空间层面上水资源与食物需求、贸易等之间的关系。该模型成功应用于预测未来世界水资源和食物供需状况（Rosegrant et al.，2002）。WITS-SMART 模型是世界银行提供的一套贸易自由化评估系统，该模型是一个可计算的局部均衡分析工具。相比 GTAP 模型，WITS-SMART 模型主要存在数据方面的优势。一是需要的行为参数相对较少。WITS-SMART 模型参数只需设定出口供给弹性、进口需求弹性、不同来源国产品之间的替代弹性。其中，出口供给弹性、不同来源国产品之间的替代弹性模型中均有默认值，也可由研究人员估算设定；进口需求弹性由模型内嵌的算法进行自动测算。二是 WITS-SMART 模型可以直接对细分到 6 位 HS 码的行业进行政策模拟，而在 GTAP 模型中，受数据库限制只能直接模拟水果部门的相关政策影响，不能直接对行业的细分子行业进行模拟。目前，国内研究利用该模型针对中国加入 RCEP 的贸易福利及关税效应对比、中美贸易摩擦与柑橘贸易关系、中国大豆进口关税调整策略、中国—加拿大建立自贸区的贸易潜力与福利效应等问题展开了分析（陈亮，2022；李向阳和孙东升，2021；罗亚杰等，2019；韩剑和庞植文，2017）。农业贸易政策模拟模型（ATPSM）由联合国贸易和发展会议开发，主要分析农业贸易政策模型，用于估计发展中国家在乌拉圭回合中农业贸易自由化的影响，更侧重于配额、补贴等可量化的标准农业政策。

随着多学科融合发展，通过建立综合模型分析系统来分析自然因素如气候变化、水资源约束变化等对农业生产的影响，已经成为国际学术界采用的较为前沿的分析方法。过去 10 年里，遥感、地理信息系统等现代技术的发展为收集和建立全球、国家和流域水资源利用的基础数据库提供了技术支持。例如，国际水资源管理研究所（IWMI）开发的水和气象资料数据库包括了全球 3 万个气象站点 30 年作物需水和水资源平衡研究的资料；联合国粮农组织建立了关于全球各个国家食物生产、消费和贸易及水资源等方面的数据库，并在不断更新。这些基础数据库的建立为研究水对经济发展及农业生产的影响奠定了基础。

2. 中国农业局部均衡模型构建

国内学者在农产品建模方面也开展了大量研究。黄季焜和李宁辉（2003）开发了中国农业政策模拟和预测模型（CAPSiM）。CAPSiM 是一个农业多部门局部均衡模型，主要用于分析各种政策和外界冲击对中国农产品供需的影响。该模型系统由 13 个子模型组成，具有较强的综合性和系统性。农作物生产模块基于柯布 - 道格拉斯生产函数建立，面积是作物自身价格和其他作物价格的柯布 - 道格拉斯函数，其百分比变动受气候因子、政策因子及其他外生因子等外生变量影响；单产是农作物自身价格、农业科技储备、水利存量、水土流失面积占总面积比例和盐碱地面积占耕地面积的比例等变量的柯布 - 道格拉斯函数，最终农作物产量由面积和单产的乘积决定；模型的消费模块以近乎理想需求系统模型 AIDS 为基本框架，农产品食用需求是消费者价格、实际收入和市场发育率的函数；作物的饲料需求是关于饲料/肉转换率、饲料转化率增长等的函数，作物总需求为食用需求、饲用需求、种用需求、工业需求和损耗的加总；模型的库存模块为前期库存和农产品消费价格的函数，该模块中同时考虑了长期和短期预测并作了区分；模型的贸易模块考虑了国内需求和净进口的关系，需求与净进口的替代弹性定义为两者需求量之比的百分比变动，到岸价和离岸价经过关税调整和汇率转换后换算成国内市场价格；市场平衡等式的左边为净进口与总产量之和，右边为总需求加上期末库存减去期初库存。CAPSiM 模型既可以用来做短期预测和政策模拟也可以用来做中长期预测和模拟，价格可以设置为内生的也可以设置为外生的，模型中所采用的弹性多为开发者根据实际数据估计得到，能够较客观地反映中国的实际情况。该模型在农业政策模拟和农产品供求预测方面有着广泛的应用（黄季焜等，2012；刘宇等，2009；黄季焜等，2005；廖永松和黄季焜，2004）。廖永松（2003）将中国农业政策分析和预测模型（CAPSiM）与水资源情景分析对话模型（PODIUM）链接起来，初步开发了一个可供水资源管理与农业发展政策制定和研究者使用的 CAPSIM-PODIUM 模型。有研究将国际应用系统与农业生态区模型（AEZ）、全球水文模型（H08）以及中国多区域农业可持续发展决策支持系统（CHINAGRO）等进行了链接，并运用该模型系统对中国的食物安全与水资源安全问题展开了研究（Da lin et al.，2015）。

陆文聪和黄祖辉（2004）构建了一个涉及 18 种主要农产品和 7 个地区的中国农产品区域市场均衡模型。该模型主要包括 5 个部分，分别为生产、需求、价格、外生变量和均衡条件，模型不仅考虑了不同区域收入水平、自然资源、人口规模、技术进步等差异，还注重不同地区间、粮食与其他食物间存在的供求互动关系对全国整体粮食市场变化的影响效应。陆文聪和黄祖辉（2004）运用该模型通过设置两种政策情景方案，预测和分析了 2006 年和 2010 年全国和区域两个层面上稻谷、小麦和玉米三种主要粮食品种的供求趋势。仇焕广等（2013）与中国农业政策研究中心（CCAP）、荷兰自由大学等单位合作建立了中国农业可持续发展决支持系统（CHINAGRO），与已有其他模型分析系统相比，该模型系统的优势主要有两个方面：（1）模型具体到县级层面，可以分析国内不同区域农业生产等因素的变动对各区域及全国的影响；（2）该模型系统在县级层面把水资源、土地等因素作为重要的约束条件纳入生产约束中，也有利于将该模型系统与遥感数据等进行链接，使模型分析功能和预测精度得到较大提高。马永喜和孙亚丽（2021）构建农业部门价格内生局部均衡模型，以江苏省和浙江省为例，模拟分析碳排放强度变化对主要农作物种植面积、能源消耗和碳排放等方面的综合影响。苏小松和徐磊（2021）通过构建局部均衡模型进行了反事实情景模拟，估测了巨灾效应，发现随着巨灾程度的加深，粮食产量的损失会增加，国内粮食价格以及进出口价格都会急剧上升，并提出应对巨灾的短期和长期策略。

中国农业科学院农业经济与发展研究所与国际食物政策研究所运用局部均衡理论构建了包括多个农业产业的多市场局部均衡模型——中国农业产业模型（CASM）。该模型由多个方程组成，通过方程定量刻画了中国主要农业产业的生产、消费、贸易和价格及其影响因素，并建立了相互之间的关系，由国内供给、国内需求和外生国际市场价格共同决定国内价格。当市场出清时，实现市场均衡。该模型是一个多市场模型，包括多种农产品，反映了各个农业产业之间的相互替代或互补关系。为全面反映中国农业产业的情况，模型中包括了 31 种农产品：6 种粮食（稻谷、小麦、玉米、大麦、马铃薯、大豆）、棉花、2 种油料（油菜籽和花生）、2 种糖料（甘蔗和甜菜）、蔬菜和水果、10 种畜产品（母猪、商品猪、猪肉、母牛、商品肉牛、牛肉、鸡肉、羊肉、牛奶、禽蛋）、水产品，以及 7 种农产品加工品（豆粕、豆油、菜粕、菜籽油、花生粕、花生油、食糖）。该模型不仅可以用于模拟预测未来农业的生产、消费、价格和贸易等发展趋势，还可以用于模拟各种政策变化或外界因素对农业产业可能产生的各种综合影响和冲击，可以用于事前、事后政策效果的评价分析。该模型连续 5 年（2018～2022 年）为中国农业科学院旗舰报告《中国农业产业发展报告》的发布提供了支撑。

1.2.3 农业单品种均衡模型构建研究

阿肯色全球大米模型（AGRM）是一个多国单品种局部均衡模型，该模型由美国、南亚、北亚和中东、美洲、非洲和欧洲 6 个地区子模块构成。各地区子模型的主体部分由供给模块、消费模块、贸易模块、价格联系方程和市场出清方程组成。供给由收获面积和单产决定，收获面积由前期收获面积、生产者价格和预期投入品价格决定，单产由预期产出、投入品价格和技术进步决定。大米总消费由人均消费量和总人口决定，人均大米消费由人均实际收入、大米和小麦零售价格决定。大米出口由国内大米产销差额和大米出口价格决定。价格联系方程中，大米生产者价格是关于大米零售价格的方程；大米零售价格是关于大米离岸（FOB）价格和时间趋势变量的方程，时间趋势变量被用来衡量市场效率的改进；大米出口价格是关于泰国大米价格的方程。最后，大米市场由总供给等于总需求实现市场出清。AGRM主要应用于全球大米生产、需求和贸易的监测分析。

  宋和卡特（Song and Carter，1996）考虑了大米品种的不同，分别构建了美国粳米和籼米供需均衡模型，并对美国大米政策进行评价，分析认为针对不同的大米品种制定各自相应的政策，有利于提高农民的收入水平和减少政府财政支出。李和肯尼迪（Lee and Kennedy，2007）基于公共选择理论构建了大米局部均衡模型，并用该模型模拟分析了美国贸易政策对日韩大米进口的影响，研究发现当美国对日韩大米进口关税降低4%时贸易市场能达到纳什均衡状态。陈永福（2005）和陈永福等（2006）开发了我国大米模型，对我国2005~2010年大米市场供需状况进行预测。陈永福和刘春成（2008）开发了中国杂粮模型用来预测我国杂粮供需变化，由于部分杂粮数据难以获取，该模型建立在杂粮期末库存不变的假设之上，并用杂粮生产者价格替代消费者价格。该模型考虑了影响杂粮供需的主要因素，其中人均国内生产总值、中国总人口、自然灾害率、汇率、农业生产资料价格均为外生变量，其余变量为内生变量。钱小平和陈永福（2007）建立了世界大米均衡模型对国际大米的供求状况作了预测，模型考虑了气候变化对大米市场供需均衡和价格的影响。曹宝明和赵霞（2011）基于局部均衡理论构建了我国大豆及其制品供求模型，采用了差分整合移动平均自回归模型（ARIMA）对模型中的外生变量进行预测，并将外生变量预测结果代入供求模型，从而模拟分析未来我国大豆及其制品的市场供求特点和变化趋势。研究结果显示，未来我国大豆及其制品的总产量和总消费量均会增加，但大豆及豆油消费量的增长幅度远大于生产总量的增幅，且通过控制人口数量和提高农户大豆出售价格并不能有效缩小大豆及豆油的供求缺口。钱加荣等（2015）分别构建了我国大米、小麦和玉米供需均衡模型，并模拟分析了我国粮食补贴政策对三类主要粮食品种市场供需、自给状况变化等的影响，相关参数基于中国最新数据估计而得，该模型考虑了当前我国粮食市场、宏观政策等的最新变化情况。此后，2020年钱加荣等在前期研究基础上，基于粮食价格支持政策的作用机制，构建了水稻、小麦局部均衡模型，模拟价格支持政策调整对粮食安全状况和种粮收益的影响，模拟结果显示粮食价格支持政策对保障粮食安全发挥着显著作用，而对提高种粮收益作用较小。

1.2.4 对目前已有研究的评述

综上所述,国内外专家学者在均衡模型构建、模拟和分析政策影响以及预测展望未来农产品供需状况等方面展开了大量的研究,为均衡模型构建打下了坚实的基础。然而,以往研究在模型建设方面还存在以下几方面不足。

(1) 在模型链接方面,模型多为农业部门或单一品种模型,中国模型与全球模型系统链接方面的研究工作还很缺乏,虽然一些模型与 GTAP、IMPACT 模型做了链接,但这些研究时间较早,且在链接机制方面仍不够完善。

(2) 在模型空间覆盖方面,缺少全球视野,未能深刻意识到中国农业大环境的巨大变化,特别是在开放经济条件下世界重大冲击和变化对我国农业产生的巨大影响,因此,所构建的模型往往是基于封闭条件的假设,模拟结果很难适应新的国内外环境变化。

(3) 在模型产业关联方面,缺少整个大经济视角,未考虑到农业本身外部环境的巨大变化。随着经济全球化的推进,农业部门不再是单一部门,而是与社会经济各个方面有着紧密联系。这意味着,传统研究中,仅仅考虑与农业直接相关的投入产出已经不能满足建模要求,即使是局部均衡模型,也需要不断拓展基础假设,以符合当前产业融合的大趋势。虽然一些研究也采用了一般均衡模型对中国农业问题展开了研究,但一般均衡模型往往对农业部门划分较粗略,这也制约了模型的分析功能。

(4) 在模型关键参数设定方面,缺少最新估计的参数与弹性。模型参数的设定对模拟分析结果的影响至关重要(Fan and Agcaoili-Sombilla,1997)。过去一段时期,我国农业经济形势发生了巨大变化,劳动力成本不断提升,机械化水平不断增加,农地经营规模不断扩大,农业科技水平持续进步,农业产业结构也在不断调整,因此需要对模型设定加以优化改进,对模型参数进行更新。

1.3 研究目标与主要研究内容

1.3.1 研究目标

开发中国—全球农业发展综合评估模型,建立中国农业模型与全球农业模型之间的有效衔接,更新和校准相关参数,能够同时体现中国和全球农业之间的相互影响和相互作用，成为有效的农业模拟分析工具。应用并分析国内和国际自然灾害、宏观经济政策、贸易政策变化等外界因素对我国及全球多个地区农业产业的直接和间接影响，为我国农业应对国内外重大冲击变化提供科学决策参考依据。

（1）构建侧重于国内农产品市场的局部均衡模型。借鉴中国农业可持续发展决策支持系统（CHINAGRO）和国际粮食政策研究所开发的 IMPACT-WATER 模型，基于局部均衡理论，在系统研究国内不同农产品各种相互联系及市场运行机制的基础上，构建侧重于国内多种农产品市场的政策模拟分析工具——中国农业产业模型（CASM），用以反映我国 33 种农作物和畜产品及其加工品在国内生产、消费、库存、进出口贸易和价格等方面的关系，并对国内外各种政策或外界因素对我国农产品生产、消费和贸易等方面可能产生的影响进行模拟分析。

（2）构建侧重于全球范围农产品市场的局部均衡模型。为更好地预测全球农产品市场发展趋势、模拟分析各国（区域）政策变化或自然灾害等因素对全球和中国农产品市场的影响，在美国宾夕法尼亚州立大学与美国农业部联合开发的全球农业贸易局部均衡模拟模型（PEATSim）以及国际食物政策研究所的 IMPACT 模型等全球农产品局部均衡模型的基础上，基于生产者和消费者行为理论以及供给和需求理论，通过系统研究"一带一路"建设背景下各国农产品市场之间的互动关系，包括日益密切的商品供需联系和价格传导机制，构建"一带一路"全球农业局部均衡模型（SILK-MGA）。SILK-MGA 作为全球农产品市场的预测和政策模拟分析工具，能够模拟各种政策变化和外界冲击对中国及国际农产品市场的影响。

（3）构建动态国家、多区域一般均衡模型并与全球均衡模型相链接。以澳大利亚维多利亚大学政策研究中心（CoPS）开发的国家动态一般均衡模型——CHINAGEM 为基础，通过模型方法创新、数据和关键参数更新，构建适用于分析经济发展、产业结构、国际贸易和资源利用等政策的国家动态均衡模型系统。在此基础上，将 CHINAGEM 模型与 CoPS 开发的多区域模型——TERM 模型相链接，构建反映中国区域特征和经济运行特点的分省份［31 个省（区、市）］多区域动态一般均衡模型系统。同时，深入研究模型的内在链接机制，采取不同组合方式与全球均衡模型相链接，并通过模拟各类情景，比较模拟结果差异，调试模型相关参数，明确模型最优衔接方法和规律，构建国家与区域空间一体化的中国—全球农业发展综合模型分析系统，充分发挥局部均衡模型和一般均衡模型的比较优势，为分析外界因素变化对局部地区、中国和全球农业部门以及整体宏观经济的影响提供分析工具。

（4）评估重大冲击和变化对中国—全球农业发展的影响。多视角、多场景模拟分析和评价新冠疫情流行、贸易、环境、社会发展政策等各类重大冲击和变化给中国和全球的农业发展、资源环境等带来的影响机制及程度，提出保障中国农业生产和贸易的战略选择，为全球各国制定相关农业政策提供科学的决策依据。

1.3.2 主要研究内容

本书研究内容主要包括三个部分。

1. 模型的构建与完善

均衡模型作为数学模型系统，为实现模拟和预测功能，需要首先构建理论框架，建立基准模型，然后通过给定模型参数、历史数据和初始条件获得基准模型。

（1）构建理论框架。梳理分析一般均衡与局部均衡理论；在经典理论基础上，各个模型根据自身的研发特点和侧重点构建符合需求的理论框架和作用传导机制。

（2）构建和完善模型。为了使模型更加真实地反映目前的经济系统现状，能够更好地模拟分析宏观经济政策和贸易政策等变化的影响，将收集最新的宏观经济数据，以及生产、贸易、国际收支平衡、居民收入和消费、各省份的投入产出表、各种农产品的生产成本和收益、人口和劳动力等方面的数据，将模型更新至最近的年份，从区域、产业部门、劳动力类型、住户类型等方面，对模型进行升级完善，同时修正和调试模型参数，分别构建侧重于国内农产品市场的中国农业产业模型、侧重于全球范围农产品市场的全球农业局部均衡模型、动态国家一般均衡模型、动态多区域（省级）一般均衡模型等。

2. 模型的链接与可视化

（1）分析模型之间的链接方法。采取不同链接方式、从不同角度和不同地域层面来研究重大因素和外界冲击对农业的影响时，模型的结果可能会存在很大的差异，因此模型的相互链接是模型构建和优化过程中比较大的挑战。本部分主要探讨和比较不同模型之间的链接方式和链接机制，试运行各种模型模拟情景，探讨各个模型之间的链接规律，调整相关的参数，找到模型链接的科学方法，确保各个模型系统能够比较真实地反映中国农业和经济发展的特点，使模拟结果更加一致、分析结果更加真实可靠。

（2）建立模型之间的链接机制。分析单个模型的特点和输入输出变量，建立两个模型的链接机制，分析中国和世界经济的联系关系、相互影响和相互作用的渠道，通过关键的模型变量，采用动态链接、自上而下和自下而上方法，建立链接机制；进一步校准两个模型的基准方案，通过调整模型参数和相关假设，实现两个模型能够较为一致的运行，从而能够用于情景方案模拟分析。

（3）模型结果可视化管理。建立模型运行模块的管理系统，对模型和模拟结果进行可视化管理，方便模型的运行操作和结果的分析，直观展示模型系统的模拟结果。

3. 重大冲击与变化对中国和全球农业影响的综合模拟分析

以新冠疫情、贸易环境、粮食安全、能源、环境等为例，设置未来可能出现的多种情景方案；模拟和评价重大冲击与变化对中国和全球农业生产和贸易的影响，并针对不同的冲击和变化的模拟结果，提出不同情景下农业发展应对重大冲击与变化的重要策略和长期战略选择。

（1）模拟新冠疫情对中国—全球农业的影响。2020年突如其来的新冠疫情席卷全球，严格的社交距离限制以及经济活动的大规模停摆，使人类面临着影响深远的公共卫生挑战和深度的经济危机，因此利用均衡模型模拟新冠疫情对中国与全球农业的影响研究意义重大。本部分将从中国和全球两个视角探讨新冠疫情对农业食物系统、粮食安全、营养安全的影响；着重关注中国农民工就业、收入与贫困在新冠疫情过程中受到的冲击；同时根据均衡模型的特点，模拟对制造业价值链及特定产业的影响分析。通过一系列的研究，为中国应对新冠疫情提出相应的政策建议。

（2）模拟贸易政策环境变化对农业的影响。自1978年对外开放以来，中国对外贸易得到了高速发展。但近年来，世界深处"百年未有之大变局"，全球贸易形势波诡云谲，不确定性明显增加。因此，有必要重点关注贸易政策环境变化对农业产生的影响。从贸易对象视角，对美国和欧盟两大经济体与中国的贸易发展形势进行模拟分析；从具体产品视角，对中国农产品贸易中最重要的农产品——大豆进行多角度分析，同时也关注疫病如何通过贸易途径对中国国内猪肉市场产生影响；此外，从贸易环境视角，重点关注汇率变化对农业产业的影响。

（3）粮食安全与农业绿色发展。保障粮食安全、实现绿色低碳发展是我国农业新时期的重要发展目标。本部分将对中国粮食安全问题、粮食企业全要素生产率、农户生产经营规模对耕地质量影响、中国农食系统低碳减排问题，以及农业绿色发展经验借鉴等方面展开分析和判断。

（4）重新审视经济结构转型后农业对国民经济的影响。本部分将结合均衡模型的优势和特点，模拟分析经济结构转型中农业地位作用的变化；同时从新时期农业发展、农村劳动力转移就业、缩小农村收入差距、数字金融、技术进步对农业生产影响等方面讨论农业发展可能带来的影响和联动效应。

1.4 创新与意义

本书在方法论上把理论、方法、数据、实证和政策模拟等的各类研究紧密结合起来，从农业发展的机理出发，重点开展农产品生产和贸易等的外部影响研究，在此基础上建立能够准确模拟分析中国和全球农业发展的综合集成模型系统，并利用所建立的模型系统，开展重大冲击和变化的影响模拟，最后提出政策措施，最终建成一体化的中国—全球农业发展综合模型分析系统，使模型能够真正应用于政策的模拟分析，提高模型结果的可靠性和科学性。该模型系统不仅可以用于量化模拟分析国际层面的宏观经济因素、政策调整等外界冲击对全国、各省份和各个县级层面农业部门的影响和剖析其内在传导机制，还可以用于研究模拟分析微观区域层面的自然灾害等外界冲击对我国甚至全球农业和宏观经济的扩散影响。

在理论上，本书将在中国农业部门局部均衡模型与全球农业部门局部均衡模型之间、中国一般均衡模型与全球一般均衡模型之间、中国—全球农业均衡模型和中国—全球一般均衡模型之间的衔接机理方面有所创新，从而为其他国家不同层次相关模型链接提供理论依据。

在关键参数上，主要根据中国—全球农业部门局部均衡模型、中国—全球一般均衡模型、中国—全球农业发展综合模型对外部重大冲击和变化的应对机制开展模型模拟实证研究，在实证研究中厘定关键参数，使中国—全球农业发展综合模型系统的结果更加科学可靠。

参考文献

1. 曹宝明，赵霞. 基于局部均衡理论的中国大豆及其制品供需变化预测 [J]. 中国农村经济，2011 (9)：23-36.
2. 陈亮. 中国加入 RCEP 与 CPTPP 的贸易、福利及关税效应对比——基于 WITS-SMART 的实证分析 [J]. 经济论坛，2022 (7)：78-92.
3. 陈永福，刘春成. 中国杂粮供求：基于局部均衡模型的结构与模拟分析 [J]. 中国农村经济，2008 (7)：53-80.
4. 陈永福，钱小平，罗万纯. 2005—2010 年中国大米供求预测 [J]. 新疆农垦经济，2006 (9)：13-19.

5. 陈永福. 中国粮食供求预测与对策探讨［J］. 农业经济问题, 2005 (4): 8-13.

6. 高颖, 李善同. 含有资源与环境账户的 CGE 模型的构建［J］. 中国人口·资源与环境, 2008 (3): 20-23.

7. 高颖, 李善同. 基于 CGE 模型对中国基础设施建设的减贫效应分析［J］. 数量经济技术经济研究, 2006 (6): 14-24.

8. 韩剑, 庞植文. 中国—加拿大建立自贸区的贸易潜力和福利效应——基于 WITS-SMART 模拟的实证研究［J］. 亚太经济, 2017 (6): 64-71, 186.

9. 何建武, 李善同. 节能减排的环境税收政策影响分析［J］. 数量经济技术经济研究, 2009 (1): 31-44.

10. 黄季焜, 李宁辉. 中国农业政策分析和预测模型——CAPSiM［J］. 南京农业大学学报（社会科学版）, 2003 (2): 30-41.

11. 黄季焜, 解伟. 中国未来食物供需展望与政策取向［J］. 工程管理科技前沿, 2022, 41 (1): 17-25.

12. 黄季焜, 徐志刚, 李宁辉, 等. 贸易自由化与中国的农业、贫困和公平［J］. 农业经济问题, 2005 (7): 5-15.

13. 黄季焜, 杨军, 仇焕广. 新时期国家粮食安全战略和政策的思考［J］. 农业经济问题, 2012 (3): 4-8.

14. 黄鹏, 汪建新, 孟雪. 经济全球化再平衡与中美贸易摩擦［J］. 中国工业经济, 2018 (10): 156-174.

15. 匡增杰. 中日韩自贸区经济效应的再分析——基于 GTAP 模型的研究［J］. 经济问题探索, 2015 (3): 170-175.

16. 雷欣, 周江南. 气候变化与中国宏观经济波动——基于动态随机一般均衡模型的分析［J］. 学习与实践, 2022 (2): 54-63.

17. 雷泽奎, 涂涛涛, 李霞. 技术进步路径与中国粮食安全——基于 GTAP 模型的分析［J］. 华中农业大学学报（社会科学版）, 2021 (2): 90-100, 179-180.

18. 李昌彦, 王慧敏, 佟金萍, 等. 基于 CGE 模型的水资源政策模拟分析——以江西省为例［J］. 资源科学, 2014 (1): 84-93.

19. 李向阳, 孙东升. 中美贸易摩擦对柑橘贸易影响分析——基于 WITS-SMART 模型［J］. 华中农业大学学报（社会科学版）, 2021 (3): 74-82, 186-187.

20. 李原, 梁珂, 李宝瑜. 社会核算矩阵稳态均衡模型研究［J］. 统计研究, 2020, 37 (10): 3-16.

21. 廖永松, 黄季焜. 21 世纪全国及九大流域片粮食需求预测分析［J］. 南水北调与水利科技, 2004 (1): 29-32.

22. 廖永松. 我国流域尺度上的灌溉水平衡与粮食安全保障［D］. 中国农业科学院, 2003.

23. 刘宇, 黄季焜, 杨军. 新一轮多哈贸易自由化对中国农业的影响［J］. 农业经济问题, 2009 (9): 16-23.

24. 陆文聪，黄祖辉．中国粮食供求变化趋势预测：基于区域化市场均衡模型［J］．经济研究，2004（8）：94-104.

25. 罗亚杰，涂涛涛，郑裕璇．基于 WITS-SMART 模型的中国大豆进口关税调整策略研究［J］．大豆科学，2019，38（5）：793-805.

26. 马永喜，孙亚丽．碳减排约束下区域农业生产投入及其环境效应——基于价格内生局部均衡模型的模拟［J］．湖南农业大学学报（社会科学版），2021，22（5）：15-23.

27. 梅方权．食品安全的问题与对策［J］．农产品加工，2006（2）：4-5.

28. 穆月英，小池淳司．我国农业补贴政策的 SCGE 模型构建及模拟分析［J］．数量经济技术经济研究，2009（1）：3-15.

29. 钱加荣，伊东正一，穆月英，等．中国农业补贴政策对谷物供需影响的模拟分析［M］．北京：中国农业出版社，2015.

30. 钱进．《区域全面经济伙伴关系协定》的经济效应及产业产出分析［J］．国际商务研究，2021，42（1）：86-96.

31. 钱静斐，孙致陆，陈秧分，等．区域全面伙伴关系协定（RCEP）实施对中国农业影响的量化模拟及政策启示［J］．农业技术经济，2022（9）：33-45.

32. 钱小平，陈永福．世界大米供求与预测［M］．北京：中国农业出版社，2007.

33. 乔领璇．农业劳动力老龄化产生的原因及其影响［J］．现代农业科技，2012（10）：369-371.

34. 仇焕广，廖绍攀，井月，等．我国畜禽粪便污染的区域差异与发展趋势分析［J］．环境科学，2013（7）：2766-2774.

35. 盛垒．疲弱复苏的世界经济：新变量、新趋势与新周期——2017 年世界经济分析报告［J］．世界经济研究，2017（1）：3-17.

36. 苏小松，徐磊．中国粮食市场的巨灾效应及风险评估——基于局部均衡模型的模拟分析［J］．农业技术经济，2021（6）：18-32.

37. 孙嘉泽，李慧娟，杨军．新冠肺炎疫情对全球宏观经济和价值链结构的影响［J］．财经问题研究，2022（1）：52-62.

38. 王克强，邓光耀，刘红梅．基于多区域 CGE 模型的中国农业用水效率和水资源税政策模拟研究［J］．财经研究，2015，41（3）：40-52.

39. 王容博，曹历娟，朱晶．中美经贸摩擦中的农产品进口与中国粮食安全［J］．国际贸易问题，2022（5）：122-136.

40. 翟凡，李善同，冯珊．一个中国经济的可计算一般均衡模型［J］．数量经济技术经济研究，1997（3）：38-44.

41. 翟虎渠．建议国家实施三大战略 确保粮食安全［J］．中国农业信息，2011（8）.

42. 张静中，王文君．"一带一路"背景下中国—西亚自贸区经济效应前瞻性研究——基于动态 GTAP 的实证分析［J］．世界经济研究，2016（8）：70-78.

43. 张友国，孙博文，谢锐．新冠肺炎疫情的经济影响分解与对策研究［J］．统计研究，

2021, 38 (8): 68-82.

44. 张玉梅. 中国农业科研投资优化配置研究 [D]. 北京: 中国农业科学院, 2009.

45. Avetisyan M, Hertel T W. Impacts of trade facilitation on modal choice and international trade flows [J]. Economics of Transportation, 2021, 28, 100236.

46. Bessler D A, Hopkins J C. Forecasting an agricultural system with random walk priors [J]. Agricultural Systems, 1986 (21): 59-67.

47. Bessler D A, Kling J L. Forecasting vector autoregressions with Bayesian priors [J]. American Journal of Agricultural Economics, 1986 (1): 144-151.

48. Brandt J A, Bessler D A. Price forecasting and evaluation: An application in agriculture [J]. Journal of Forecasting, 1983 (3): 237-248.

49. Chepeliev M, Golub A A, Hertel T W, Saeed W, Beckman J. Disaggregating the vegetables, fruits and nuts sector to the tariff line in the GTAP-HS framework [J]. Journal of Global Economic Analysis, 2021 (6): 82-127.

50. Diao X, Zhang Y, Chen K. The global recession and China's stimulus package: A general equilibrium assessment of country level impacts [J]. China Economic Review, 2012, 1 (23): 1-17.

51. Elshennawy A, Robinson S, Willenbockel D. Climate change and economic growth: An intertemporal general equilibrium analysis for Egypt [J]. Economic Modelling, 2013 (52): 681-689.

52. Fan S, Agcaoili-Sombilla M. Why projections on China's future food supply and demand differ? [J]. Australian Journal of Agricultural and Resource Economics, 1997, 41 (2): 169-190.

53. FAO, UNDP, UNEP. A multi-billion-dollar opportunity-Repurposing agricultural support to transform food systems [R]. Rome: FAO, 2021.

54. International Food Policy Research Institute (IFPRI). The miragrodep model [EB/OL]. https://www.ifpri.org/publication/miragrodep-model, 2011-12-30.

55. International Fund for Agricultural Development (IFAD). Transforming food systems for rural prosperity [R]. Rome: IFAD, 2021.

56. Lee D, Kennedy P L. A political economic analysis of U.S. rice export programs to Japan and South Korea: A game theoretic approach [J]. American Journal of Agricultural Economics, 2007, 89 (1): 104-115.

57. Li H D, He L. Blade aerodynamic damping variation with rotor-stator gap: A computational study using single-passage approach [J]. Journal of Turbomachinery-transactions of The Asme, 2005 (2): 573-579.

58. Liu J, Hertel T W, Taheripour F, Zhu T, Ringler C. International trade buffers the impact of future irrigation shortfalls [J]. Global Environmental Change-human and Policy Dimensions, 2014 (29): 22-31.

59. M Springmann, F Freund. Options for reforming agricultural subsidies from health, climate, and economic perspectives [J]. Nature Communications, 2022, 13 (1): 82.

60. Mason-D'Croz D, Bogard J R, Herrero M, et al. Modelling the global economic consequences of a major African swine fever outbreak in China [J]. Nature food, 2020 (14): 221-228.

61. Mason-D'Croz D, Sulser T B, Wiebe K, et al. Agricultural investments and hunger in Africa modeling potential contributions to SDG2-Zero hunger. World Development, 2019 (116): 38-53.

62. Polaski S H, Ganesh-Kumar A, Mcdonald S J, Panda M, Robinson S. India's Trade Policy Choices [J]. Carnegie Endowment for International Peace, 2008.

63. Rosegrant M W, Cai X, Cline S A. World water and food to 2025 [R]. Washington D. C.: International Food Policy Research Institute, 2002.

64. Rosegrant M W, Paisner M S, Meijer S, et al. 2020 global food outlook-trends, alternatives, and choices [R]. International Food Policy Research Institute, 2001 (19).

65. Song J, Carter C A. Rice trade liberalization and implications for U. S. Policy [J]. American Journal of Agricultural Economics, 1996, 78 (4): 891-905.

66. Willenbockel D, Robinson S. The global financial crisis, LDC exports and welfare: Analysis with a World Trade Model [J]. Ecomod, 2009.

67. Xu S, Zhang Y, Diao X, Chen K. Impacts of agricultural public spending on Chinese food economy: A general equilibrium approach [J]. China Agricultural Economic Review, 2011, 3 (4): 518-534.

68. Zhang Y M, Filipski M, Diao X S, et al. The spillover effects of safety nets in a lagging region of China——Based on local general equilibrium model [J]. The 8th CAER-IFPRI Conference Paper, 2016.

第2章 理论和方法

2.1 一般均衡、局部均衡理论与模型

一般均衡理论是一种着眼于整个经济的商品和生产要素的价格及供求量关系的经济理论和分析方法，寻求在整个经济框架内解释生产、消费和价格。一般均衡是指经济中存在着这样一个价格系统，使得每个消费者都能在给定价格下提供自己所拥有的生产要素，并在各自的预算限制下购买产品来达到自己的消费效用最大化；每个企业都会在给定的价格下决定其产量和对生产要素的需求，来达到其利润的极大化。每个市场（产品市场和要素市场）都会在这套价格体系下达到总供给与总需求的相等（均衡）。当经济具备上述这样的条件时，就是达到一般均衡，这时的价格就是一般均衡价格。一般均衡理论最早由瓦尔拉斯（Walras）提出，1874年他在《纯粹经济学要义》一书中认为消费者和生产者的最优化经济行为在一定条件下能够并将导致该经济体系中每个产品市场和生产要素市场的需求量和供给量之间达到均衡，并用一组线性方程式表达了他的思想，同时给出了较粗略的求解证明。

可计算一般均衡（CGE）模型是描述国民经济各个部门、各个核算账户之间的相互连锁关系，并且可以针对政策变化和经济活动对这些关系的影响加以描述、模拟和预测的重要分析工具，在国民经济、贸易、环境、财政税收、公共政策等方面有着非常广泛的应用空间。CGE模型的发展从19世纪30年代开始，并在经济理论和实践两方面都取得了较大进展。1960年约翰森（Johansen）建立了世界上第一个CGE模型。一般均衡理论从人们的偏好、技术和禀赋等基本假设出发，建立了关于经济系统均衡的存在性、稳定性和唯一性的公理化体系。因此，

CGE模型具有深厚的经济学基础，并从理论模型开始寻找符合理论结构的数据，是经济系统的机理模型。CGE模型采用一组方程来描述经济系统中的供给、需求和市场关系，这些方程都代表了经济主体的优化决策，生产者根据利润最大化或成本最小化原则，在资源约束条件下进行最优投入决策并确定最优的供给量；消费者根据效用最大化原则，在预算约束下进行最优支出决策并确定最优需求量；当供给和需求相等时，实现了市场均衡并确定了均衡价格，这时资源使用最合理。与投入产出模型或线性模型相比，CGE模型考虑了价格对各个产业的影响和要素间的替代关系，引入了经济主体的优化决策，用非线性函数代替了线性函数将生产、消费和贸易有机地结合起来，从而有助于对经济系统进行更为全面而系统的分析。

CGE模型由多个部门、多种要素、多个经济主体和多个市场组成。CGE模型为经济系统模型，描述了市场经济下所有的市场均衡，建立了不同生产部门之间、宏观与微观层次的连接，涵盖了生产、供给和贸易等各个方面。CGE模型捕捉了经济系统中的复杂联系和相互作用，分析彼此之间的直接和间接联系。图2-1为CGE模型的概略图，描述了各个生产部门，包括农业、工业和服务业生产者从居民手中购买生产要素、资本和技术生产产品，投入生产，并将生产的产品销售给居民；农村和城镇居民由于提供劳动、土地和其他资产等各种生产要素而获得相

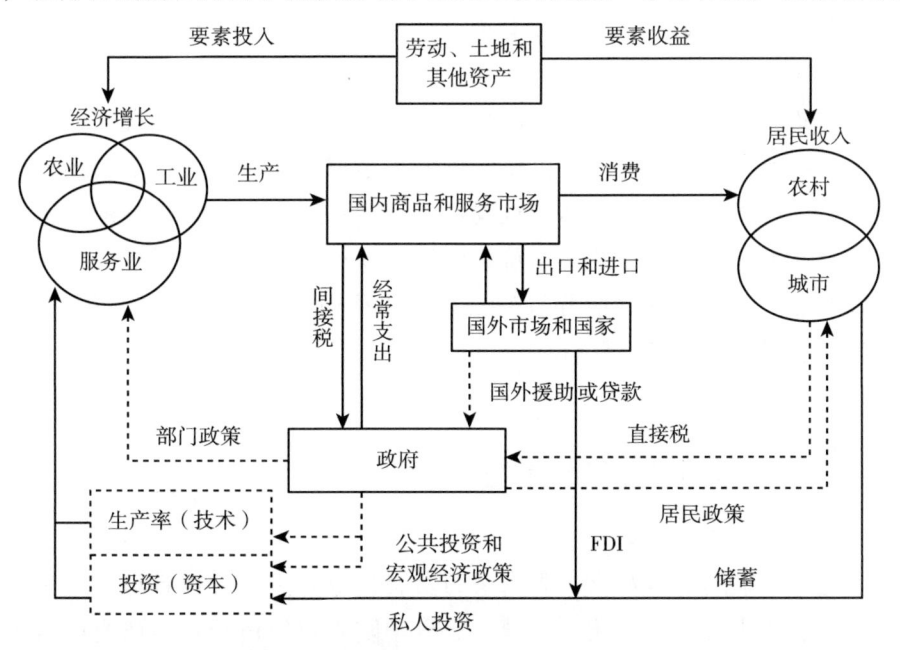

图2-1　CGE模型的经济主体和联系概略

资料来源：张玉梅. 中国农业科研投资优化配置研究[D]. 北京：中国农业科学院，2009.

应的要素报酬，并利用所得报酬购买商品和服务用于消费，居民用收支盈余即储蓄进行私人投资；政府通过收取居民的直接税收和各种间接税收获得收入，并通过公共投资和宏观经济政策影响生产率和投资从而影响各部门的生产；政府通过产业政策影响产业经济发展，并通过居民政策影响居民收入及其分配；在开放经济体系下，通过进出口贸易与国外市场交换产品；国外市场或国家不仅通过进出口与本国经济发生联系，而且通过国外援助或贷款、国外直接投资与本国经济和政府发生联系。

CGE 模型通常由商品的价格与数量、生产要素价格与数量、制度变量、技术变量、宏观变量等组成。CGE 模型用作政策分析和评价时，需要先定义目标政策变量，并在此基础上求解，然后模拟各种政策变化对宏观经济的冲击，求解出新的均衡数量和价格。CGE 模型已成为一种规范的政策工具，具有很多优点，如：(1) 建立在经济理论基础之上，是从理论到数据的经济模型；(2) 可以模拟对比不同政策的效果；(3) 能够分析单个政策对经济的影响，并能解释具体的原因机制；(4) 能更细致地分析部门政策和机构政策；(5) 从系统经济的角度评价政策的各种影响，包括生产、就业、贫困与不平等；(6) 不需要计量经济学所要求的大量时间序列数据。正是由于上述优势，CGE 模型的应用范围越来越广泛，无论是发达国家还是发展中国家，都建立了许多不同的 CGE 模型，用于研究各自的国际贸易、经济增长、经济结构、收入分配、金融和能源等问题。

相对于一般均衡，局部均衡是在假定其他市场条件不变的情况下，孤立地考察单个市场或部分市场的供求与价格之间的关系或均衡状态。局部均衡模型通常分为单个市场局部均衡模型和多市场局部均衡模型，局部均衡模型的数据基础主要是供需平衡表、各种产品的供给价格弹性、需求收入弹性和需求价格弹性，局部均衡模型通常用于定量评估分析价格和非价格政策或外界冲击对生产、消费、价格、贸易和居民收入等的影响。

2.2 中国农业产业模型

为了更好地预测中国农业产业未来的发展趋势并模拟分析各种政策变化或外界冲击对农业产业发展的影响，中国农业科学院农业经济与发展研究所与国际食物政策研究所依据局部均衡理论构建了政策模拟分析工具——中国农业产业模型（CASM）。该模型涵盖了农作物和畜产品及其加工品共 33 种产品，包括国内生产、消费、库存、进出口贸易和价格等模块构成，建立了不同产品之间的各种相互联系，模拟了农产品市场的运行机制，由国内供给、国内需求和外生国际市场价格共同决定国内价格，当市场出清时，实现市场均衡。CASM 的理论框架如图 2-2 所示。

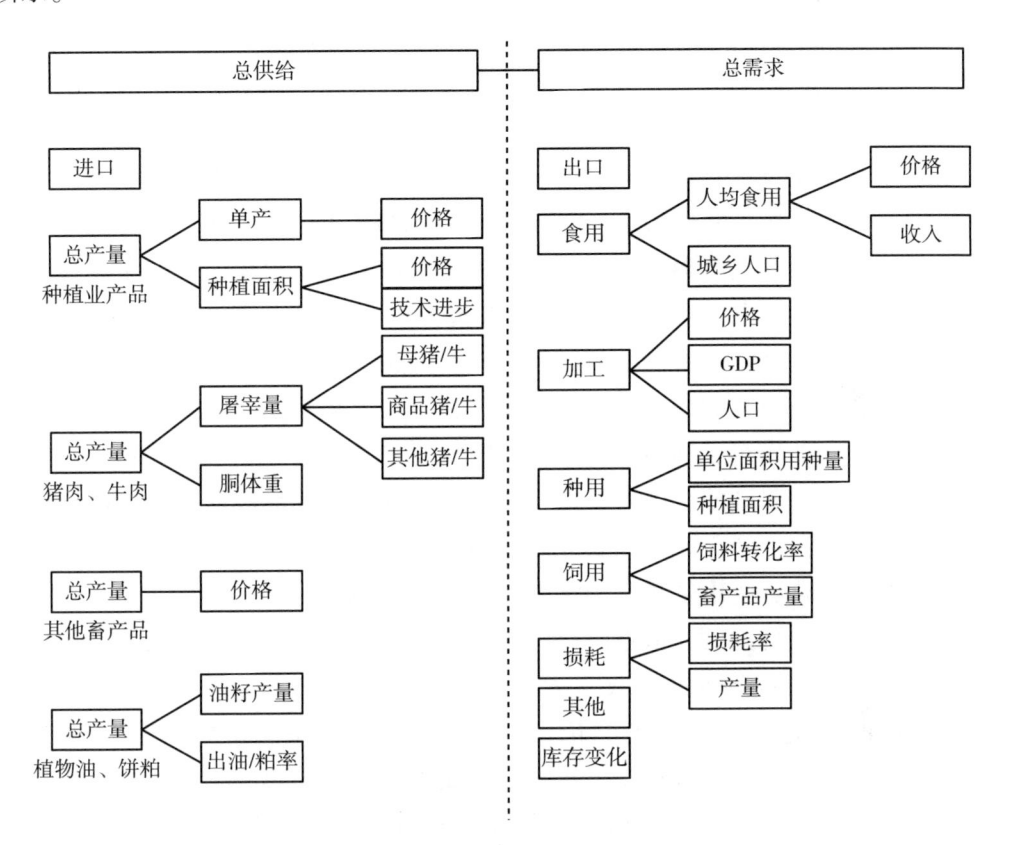

图 2-2　中国农业产业模型理论框架

资料来源：张玉梅，胡向东，韩昕儒. 中国农业产业发展研究报告 2018 [R]. 北京：中国农业科学院，2018.

与现有模型相比，中国农业产业模型具有以下特点：（1）该模型考虑了各种农产品之间存在的替代和互补关系；（2）该模型考虑了畜产品生产的生物技术特点，具体地，在模型中引入了能繁母猪、能繁母牛和商品猪、商品牛等信息，建立了能繁母猪、商品猪与猪肉以及能繁母牛、商品牛与牛肉之间的关系；（3）为了更准确地反映城乡居民食物消费的变化特点，该模型将城乡居民的食物消费进一步划分为在家消费和在外消费，以体现不同消费需求类型的特点和影响因素的差异；（4）该模型中考虑了农产品的加工信息，如细化考虑了大豆、大豆油和豆粕，油菜籽、菜籽油和菜粕，甘蔗、甜菜和食糖等信息，有利于进行整产业链分析；(5) 模型中的各类农产品可以灵活加总，不仅可以应用于单个产业分析，也可以应用于多个产业或所有产业分析。

近两年，为了将中国农业产业模型运用于更广泛的研究，我们对模型数据进行了进一步更新和扩展，增加了营养健康和碳排放模块。(1) 利用最新的统计数据，将中国农业产业模型的基准年更新至 2021 年，并递归动态至 2035 年。利用国家统计局和中国营养健康调查数据、结合各种参考文献，调整了所有农产品的供需平衡表，包括重新估计了农村和城镇居民各种农产品的在家消费和在外消费食物量数据、调整了各种农产品的损失和浪费数据，不仅考虑了农产品生产环节的食物损耗，而且考虑了从田间到餐桌整个环节的食物损失和浪费。(2) 为了反映城乡居民的膳食质量和营养状况，模型增加了宏量营养素模块，根据中国疾病预防控制中心营养与健康所发布的《中国食物成分表》，根据每种食物的营养成分和城乡居民的食物消费量，折算能量、蛋白质和脂肪等宏量营养素摄入水平，估算营养素构成比例。(3) 将各个产业的温室气体排放量按照实际增温效果转化为相应的二氧化碳排放当量。其中，农作物碳排放通常来源于作物残留物排放、焚烧秸秆排放、使用化肥排放、稻田耕地排放。农作物碳排放系数通过参考联合国粮农组织的计算方法，结合《全国农产品成本收益调查统计资料汇编》中关于各种农作物单位面积化肥使用量和《中国统计年鉴》中各种作物的面积，估计各种作物的化肥碳排放结构比例，依据联合国粮农组织提供的化肥排放数量，估计单位农作物面积的化肥碳排放系数。畜产品碳排放参考联合国粮农组织数据库（FAOSTAT）中的测算结果，确定不同种类畜产品单位产量的碳排放当量系数，然后乘以对应产品产量就可以得出某类产品的碳排放当量。农业生产的碳排放当量总量由农作物碳排放量加上畜产品产量碳排放量得到。考虑到未来技术进步带来的碳排放强度下降，CASM 模型假定单位产量畜产品和单位面积农作物二氧化碳排放当量随时间推移而下降。

该模型应用通用代数建模系统（GAMS）软件进行开发和模型求解。目前，该模型由 36 组 566 个方程、23 组变量、566 个内生变量以及若干外生变量构成，其中，农作物产量取决于种植面积和单产水平；畜产品的产量取决于屠宰量和胴体重，屠宰量取决于母畜存栏量、产子率、出栏率和其他牲畜的存栏等，胴体重取决于商品的价格和养殖技术进步等。需求由国内需求和出口需求两部分组成。由于农产品的多用途性，农产品的国内需求分为食用、加工、种用、饲用、损耗等，不同类型的消费需求受到的影响因素不同。其中，人均食物消费量主要取决于收入和价格（包括自价格和相关商品价格），加工消费主要受经济发展 GDP、价格和人口规模等因素的影响。

2.2.1 需求方程

1. 食用需求

食用需求方程由三组方程构成，首先分别计算城镇居民和农村居民的人均食物需求量（价格和收入的函数），其次分别计算城镇居民和农村居民的食物需求量，最后加总城乡居民食物需求量得到食物需求总量。

居民人均食物消费需求：

$$\ln QDFHpc_{C,H,T} = \alpha_{C,H}^{FH} + \sum_{CP} e_{C,CP,H}^{DFPH} \ln PD_{CP,T} + e_{C,H}^{DFIH} \ln INCPC_{H,T} \tag{2.1}$$

其中，$QDFHpc_{C,H,T}$ 为人均消费量，$PD_{CP,T}$ 为消费者价格，$INCPC_{H,T}$ 为人均收入，H 为人口分组（包括城镇居民和农村居民），$e_{C,CP,H}^{DFPH}$ 为居民食物需求价格弹性，$e_{C,H}^{DFPH}$ 为居民食物需求收入弹性。

居民的食物消费总需求：

$$QDFH_{C,H,T} = QDFHpc_{C,H,T} \times POPH_{H,T} \tag{2.2}$$

其中，$QDFH_{C,H,T}$ 为各人口分组的食物消费总量，$POPH_{H,T}$ 为人口数量。

所有居民食物消费总需求：

$$QDF_{C,T} = \sum_{H} QDFH_{C,H,T} \tag{2.3}$$

其中，$QDF_{C,T}$ 为全部人口的食物消费总量。

2. 饲料需求

$$FEES_{CFEED,CLVS,T} = \alpha_{CFEED,CLVS}^{FE} \times IOXL_{CFEED,CLVS} \times QX_{CLVS,T} \tag{2.4}$$

饲料消费需求取决于畜产品产量和饲料转化系数。其中，$FEES_{CFEED,CLVS,T}$ 为每种畜产品的各类饲料需求量，$QX_{CLVS,T}$ 为畜产品产量，$IOXL_{CFEED,CLVS}$ 为饲料转化系数，$CFEED$ 为可用于饲料的作物，$CLVS$ 为各种畜产品。

$$QDL_{CFEED,T} = \sum_{CLVS} FEES_{CFEED,CLVS,T} \tag{2.5}$$

各种饲料作物的饲料需求量等于各种畜产品饲料用量的总和。其中，$QDL_{CFEED,T}$ 为各类作物的饲料需求量。

$$FECOST_{CLVS,T} = \sum_{CFEED} (FEES_{CFEED,CLVS,T} \times PD_{CFEED,T}) \tag{2.6}$$

畜产品的饲料成本等于各种饲料消费量乘以价格之和。其中，$FECOST_{CLVS,T}$ 为饲料成本，$PD_{CFEED,T}$ 为饲料作物消费者价格。

3. 加工需求

$$\ln QDP_{CSUGCRP,T} = \alpha_{CSUGCRP}^{SUG} + sugoutela_{CSUGCRP} \ln\left(\frac{PX_{SUGA,T}}{PX_{CSUGCRP,T}}\right) \quad (2.7)$$

糖料作物的加工需求量（QDP）主要由甘蔗和甜菜两类原材料的生产者价格和食糖价格的比值决定。

$$\ln QDP_{C,T} = \alpha_C^P + e_C^{LAP} \ln PD_{C,T} + e_C^{LAGDP} \ln GDPT_T + e_C^{LAPOP} \times \ln\left(\sum_H POPH_{H,T}\right) \quad (2.8)$$

除糖料作物外的农产品的加工需求量（QDP）取决于农产品（原材料）的价格（PD）、经济发展（GDPT）和人口（POPH）总量，其中，PX 为生产者价格。

4. 种用需求

$$QDS_{C,T} = IOXS_{C,T} \times AC_{C,T} \quad (2.9)$$

种用需求量（QDS）取决于每亩用种量（IOXS）和种植面积（AC），为两者的乘积。

5. 其他需求

$$QDO_{C,T} = IOXO_{C,T} \times QX_{C,T} \quad (2.10)$$

其他需求量（QDO）由产量（QX）和其他需求量的固定比例（IOXO）决定。

6. 损耗

$$QDW_{C,T} = IOXW_{C,T} \times QX_{C,T} \quad (2.11)$$

损耗量（QDW）由产量（QX）和损耗比例（IOXW）共同决定。

7. 库存变动

$$STV_{C,T} = IOSTV_{C,T} \times QX_{C,T} \quad (2.12)$$

库存变动（STV）由产量（QX）和库存固定比例（IOSTV）决定。

2.2.2 供给方程

1. 农作物种植面积

$$\ln AC_{C,T} = aa_{C,T} + \sum_{CP} e_{C,CP}^{AP} \ln PX_{CP,T} \qquad (2.13)$$

农作物种植面积（AC）由各类作物生产者价格（PX）的函数和种植面积价格弹性决定。其中，C 仅表示农作物，$e_{C,CP}^{AP} <>0$。

2. 农作物单产

$$YC_{C,T} = a_{C,T}^{Y} + e_{C}^{YP} \ln PX_{C,T} \qquad (2.14)$$

农作物单产（YC）取决于作物本身的生产者价格（PX）。

3. 产量

$$QX_{C,T} = YC_{C,T} \times AC_{C,T} \qquad (2.15)$$

作物产量（QX）由单产（YC）和种植面积（AC）共同决定。

$$QX_{COILMEAL,T} = \sum_{COILSDP} (QDP_{COILSDP,T} \times IOOILSD_{COILMEAL,COILSDP}) \qquad (2.16)$$

植物油和饼粕产量（QX）由油料作物加工需求（QDP）和榨油（饼粕）率（$IOOILSD$）决定。

$$QX_{CSUG,T} = \sum_{CSUGCRP} (IOSUG_{CSUGCRP} \times QDP_{CSUGCRP,T}) \qquad (2.17)$$

糖产量（QX）是糖加工需求（QDP）的固定比例（$IOSUG$）。

$$\ln QX_{C,T} = \alpha_C^{SM} + \sum_{CP} e_{C,CP}^{SP} \ln PX_{C,T} + inpela_C \ln FECOST_{C,T} \qquad (2.18)$$

除猪肉、牛肉外，畜产品产量由畜产品生产者价格（PX）和饲料成本（$FECOST$）共同决定。其中，$e_{C,CP}^{SP}$ 为供给价格弹性，$inpela_C$ 为投入品弹性。

2.2.3 猪和牛的供需方程

$$QX_{CMEAT,T} = \sum_{CLIVE} (IOLVMT_{CLIVE,CMEAT,T} \times QDP_{CLIVE,T}) \qquad (2.19)$$

猪肉和牛肉产量（QX）取决于出栏量（QDP）和胴体重（$IOLVMT$）。

$$IOLVMT_{CLIVE,CMEAT,T} = AIOLVMT_{CLIVE,CMEAT} + \sum_{CP} e^{SP}_{CMEAT,CP} \ln PX_{CP,T} \quad (2.20)$$

猪和牛的胴体重为生产者价格（PX）的函数。CLIVE 为商品猪和商品牛。

$$EST_{CPCB,T} = EST.L_{CPCB,T} \quad (2.21)$$

活猪和活牛基期期末存栏量 = 基期期末存栏量。

$$\ln EST_{CPCB,T} = \ln EST.L_{CPCB,T-1} + estela \times \ln(\sum_{CPCM}((\frac{PX_{CPCM,T}}{PX.L_{CPCM,T-1}})$$
$$\times fecost.L_{CPCM,T-1}) \div fecost_{CPCM,T}) \quad (2.22)$$

活猪和活牛未来本期存栏量是期初存栏量、生产者价格变化与饲料成本之间的函数。其中，EST 为期末库存，$estela$ 为弹性，$fecost$ 为饲料成本，$T-1$ 为 T 的上一期。

$$QDP_{CPCB,T} = EST.L_{CPCB,T-1} \times IOBRDSLT_{CPCB,T} \quad (2.23)$$

淘汰母猪/母牛屠宰量（QDP）由期初存栏量和母猪/母牛淘汰率（IOBRDSLT）决定。CPCB 为母猪或母牛。

母猪/母牛新增存栏方程为：

$$QX_{CPCB,T} = EST_{CPCB,T} + QDP_{CPCB,T} - EST.L_{CPCB,T-1} \quad (2.24)$$

商品猪/商品牛新增头数方程为：

$$QX_{CPCO,T} = \sum_{CPCB}(EST.L_{CPCB,T-1} \times IOBRDOTH_{CPCB,T}) \quad (2.25)$$

商品猪/牛头数 = 母猪/母牛期初存栏 × 产仔率。

商品猪/商品牛死亡头数方程为：

$$QDW_{CPCO,T} = QDP_{CPCO,T} \times IODEATH_{CPCO,T} \quad (2.26)$$

商品猪/商品牛可屠宰数量方程为：

$$QDP_{CPCO,T} = (EST.L_{CPCO,T-1} + QX_{CPCO,T} - QDW) \times IOPCOSLT_{CPCO,T} \quad (2.27)$$

商品猪/牛的期末存栏方程为：

$$EST_{CPCO,T} = EST.L_{CPCO,T-1} + QX_{CPCO,T} - QDW_{CPCO,T} - QDP_{CPCO,T} \quad (2.28)$$

畜产品存栏量变化方程为：

$$STV_{C,T} = EST_{C,T} - EST.L_{C,T-1} \quad (2.29)$$

2.2.4 价格和市场出清方程

居民消费者价格方程为：

$$PD_{C,T} = PX_{C,T} \times (1 + margD_C) \quad (2.30)$$

消费者价格 = 生产者价格 × (1 + 国内边际成本)。

进口价格方程为：

$$pwm_{C,T} \times (1 + mmargwm_c) > PD_{C,T} \quad (2.31)$$

进口价格(pwm) × (1 + 进口边际成本) > 消费者价格。

出口价格方程为：

$$PX_{C,T} > pwe_{C,T} \times (1 - margwe_c) \quad (2.32)$$

生产者价格(PX) > 国际出口价格 × (1 − 出口边际成本)。

需求总量方程为：

$$QDT_{C,T} = QDF_{C,T} + QDL_{C,T} + QDS_{C,T} + QDP_{C,T} + QDO_{C,T} + QDW_{C,T} + STV_{C,T}$$
$$(2.33)$$

总需求 = 食物消费需求 + 饲料消费需求 + 种子需求 + 加工需求 + 其他消费需求 + 损耗 + 库存变化。

市场出清方程为：

$$QX_{C,T} + QM_{C,T} - QE_{C,T} = QDT_{C,T} \quad (2.34)$$

产量 + 进口量 − 出口 = 总需求。

2.3 "一带一路"全球农业模型

在开放经济条件下，中国的农产品市场与世界各国的联系日益紧密，尤其随着"一带一路"建设的不断推进，农业领域的国际合作蓬勃发展，涉农经贸往来日趋频繁，国际和国内的相互影响不断加深。在新时代、新格局中，对农产品市场的研究不能只是孤立地分析中国国内农产品市场，而应该从全球视野来分析国际和国内农产品市场的联动关系，跟踪国内外农产品市场形势，研究国际国内各种外界因素对农产品市场的影响，为科学应对国内外政策变化和外界冲击提供决策依据和参考建议，同时为探索更多投资和贸易合作提供有价值的信息。但现阶段，中国在全球模型研发和运用方面的研究总体相对滞后，主要局限于国内农业市场模型的开发和应用。因此，开发一套全球农业模拟模型，为"一带一路"农业合作服务，具有重要的战略意义。

为更好地模拟研究"一带一路"建设背景下各国农产品市场之间的互动关系，

包括日益密切的商品供需联系和价格传导机制，我们开发了"一带一路"全球农业模型（SILK-MGA）。SILK-MGA模型作为政策模拟分析工具，为预测全球农产品市场发展趋势、模拟分析各国/区域政策变化或自然灾害等因素对全球和中国农产品市场的影响提供技术支持，为政府决策提供参考，服务推动中国与"一带一路"国家（地区）间的农业投资及贸易合作不断深化。

SILK-MGA模型参考了美国宾夕法尼亚州立大学与美国农业部联合开发的全球农业贸易局部均衡模拟模型（PEATSim）以及国际食物政策研究所的IMPACT模型等全球农产品局部均衡模型，并创新性地增加了双边贸易模块。SILK-MGA模型以农产品供需平衡表数据为基础，建立不同农产品的生产、消费、贸易和价格之间的相互关系，构建不同国家（地区）不同农产品间的贸易联系。SILK-MGA模型不仅可以用于供求预测，还可以用于重大冲击和各种政策变化模拟分析，而且其双边贸易模块能够模拟分析双边贸易政策变化对各国及全球农产品贸易格局的结构性影响。

SILK-MGA模型是一个全球范围的农产品多市场局部均衡模型，基于生产者和消费者行为理论以及供给和需求理论，描述了各个国家（地区）农产品生产者、消费者的市场行为和供需关系，反映了生产者、加工者和消费者在全球层面的互动，不仅构建起各个国家（地区）的农产品生产、消费和贸易之间的相互连接及相互影响的复杂关系，还建立起不同农产品之间的竞争或互补关系，以及农业产业链上游和下游产品之间的联系。SILK-MGA模型包括中国、日本、韩国、欧盟、美国、加拿大、巴西、阿根廷、印度、新西兰、澳大利亚、俄罗斯等24个国家（地区），覆盖世界主要农业生产、消费、贸易大国；包括水稻、小麦、玉米、其他谷物、棉花、大豆、大豆油、豆粕、食糖、猪肉、牛肉、禽肉等28种农产品及其加工品。SILK-MGA模型V1版本的基准年为2017年，并保持持续更新，尽可能反映最新的农产品市场运行情况。SILK-MGA模型采用通用代数建模系统（GAMS）软件编程，使用混合互补优化求解。SILK-MGA模型作为全球农产品市场的预测和政策模拟分析工具，能够模拟各种政策变化和外界冲击对中国及国际农产品市场的影响。模型总体技术路线如图2-3所示。

2.3.1 模型基本理论框架

基于经济学供给需求与均衡理论，以农作物品种为例，SILK-MGA模型的基本理论框架如图2-4所示。各个国家（地区）的农产品市场均衡由供给和需求共同决定，同时通过贸易与世界其他国家（地区）进行联系。在国际市场方面，各个国家（地区）的农产品进口和出口构成世界农产品贸易市场，由总进口等于总出口进行世界市场出清，并决定世界价格。世界价格通过进口价格、出口价格以及各国货币汇率等传导到国内市场，与国内价格建立联系。在国内市场方面，供给由期初库存、产量和进口构成，其中，农作物产品的产量取决于面积和单产水平。需求由期末库存、国内需求和出口构成，其中，国内需求根据用途的差异，分为直接食用消费需求、饲料消费需求、加工消费需求和其他需求。根据国内市场的出清结果，可以得到各个国家（地区）的进口或出口总量。在此基础上，SILK-MGA 模型的双边贸易模块能够根据双边贸易矩阵进一步计算出农产品贸易在国别和区域间的流向以及全球贸易格局。

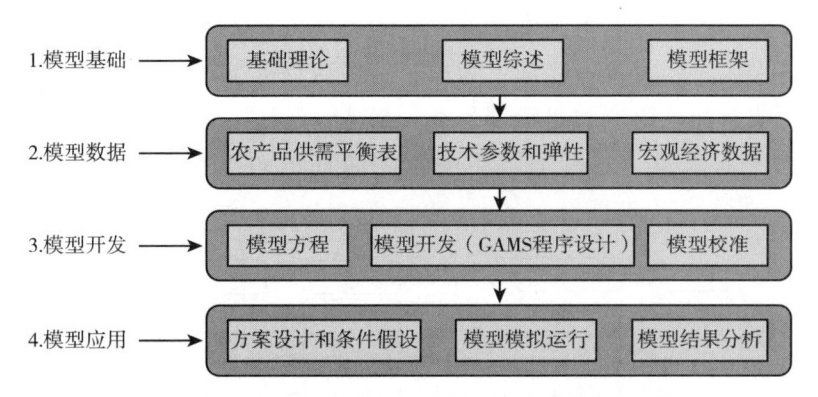

图 2-3　"一带一路"全球农业模型开发技术路线

资料来源：陈志钢，张玉梅，计晗．"一带一路"全球农业模型技术手册［R］．北京：中国农业科学院海外农业研究中心，中国农业科学院农业经济与发展研究所，国际食物政策研究所东亚、东南亚和中亚办公室，2020．

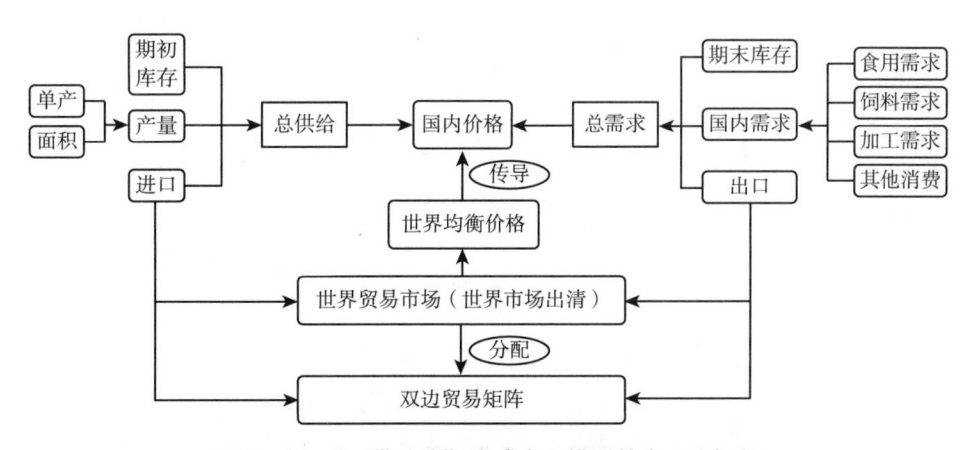

图 2-4　"一带一路"全球农业模型基本理论框架

资料来源：陈志钢，张玉梅，计晗．"一带一路"全球农业模型技术手册［R］．北京：中国农业科学院海外农业研究中心，中国农业科学院农业经济与发展研究所，国际食物政策研究所东亚、东南亚和中亚办公室，2020．

图 2-5 进一步简单描述了 SILK-MGA 模型中不同农产品的联系和变量关系。SILK-MGA 模型中包括农作物、畜产品和农产品加工品三大类产品，不同类型农产品的供给和需求的决定因素不尽相同。图 2-5 简单描绘了不同类型农产品之间的联系、关键变量之间的关系以及主要决定因素。以农作物品种为例，农作物的产量取决于单产和收获面积，单产主要取决于上期单产水平和农产品自身价格，而收获面积不仅取决于上期面积大小和农产品自身价格，还与其他相关农产品的价格有关。农产品食物消费需求取决于农产品自身价格、其他农产品的交叉价格、人均收入水平和人口规模；饲料消费需求主要取决于饲料价格、畜产品的产量以及饲料转化率；加工需求主要取决于上一期加工规模、加工品的价格、原材料的价格和压榨率等。不同农产品之间的关系主要体现在：农作物为畜产品生产提供饲料来源，同时可压榨加工为糖、植物油及饼粕等加工品；畜产品中的生鲜乳可加工成黄油、奶酪、奶粉等各类乳制品；而加工品的产量取决于农作物和畜产品的加工需求量，同时加工品中各类油籽饼粕可为畜产品生产提供饲料来源。

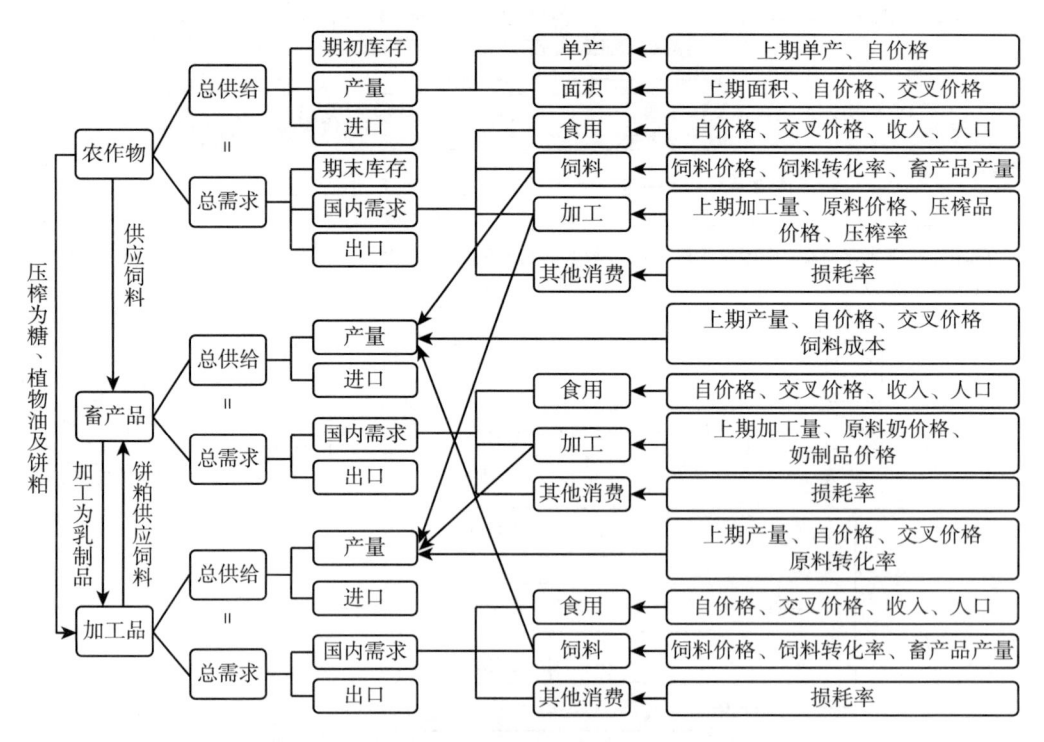

图 2-5 "一带一路"全球农业模型产品联系和变量关系示意

资料来源：陈志钢，张玉梅，计晗."一带一路"全球农业模型技术手册［R］.北京：中国农业科学院海外农业研究中心，中国农业科学院农业经济与发展研究所，国际食物政策研究所东亚、东南亚和中亚办公室，2020.

2.3.2 模型覆盖的区域和产品范围

1. 模型覆盖区域和产品范围

SILK-MGA 模型覆盖 24 个国家（地区），包括中国和 12 个"一带一路"共建国家（俄罗斯、菲律宾、印度、土耳其等），以及 10 个重要贸易国（地区）（美国、欧盟、巴西、日本等）和世界其他地区，具体如表 2-1 所示。世界其他地区的数据通过世界总体数据减去模型中的 23 个国家（地区）数据之和得到。

表 2-1　　"一带一路"全球农业模型产品和国家（地区）目录

产品	国家（地区）
小麦	阿根廷
稻米	澳大利亚
玉米	巴西
粗粮	加拿大
棉花	中国
牛肉和小牛肉	欧盟
禽肉	埃及
猪肉	印度尼西亚
大豆	印度
菜籽	伊朗
葵花籽	日本
大豆油	韩国
菜籽油	墨西哥
葵花籽油	马来西亚
其他植物油	新西兰
豆粕	巴基斯坦
菜籽粕	菲律宾
葵籽饼粕	俄罗斯
原料奶	泰国
新鲜乳制品、液态奶	土耳其
黄油	乌克兰
奶酪	美国
脱脂奶粉	越南

续表

产品	国家（地区）
全脂奶粉	其他
其他乳制品	
糖（按原糖当量）	

资料来源：陈志钢，张玉梅，计晗."一带一路"全球农业模型技术手册［R］．北京：中国农业科学院海外农业研究中心，中国农业科学院农业经济与发展研究所，国际食物政策研究所东亚、东南亚和中亚办公室，2020．

2. 模型覆盖的产品范围

模型中总共包括 28 种农产品和加工品（见表 2 - 1）。其中，农作物品种 10 种，分别为稻米、小麦、玉米、其他粗粮、大豆、油菜籽、葵花籽、棉花、甘蔗、甜菜；畜产品 4 种，分别为猪肉、牛肉、家禽和生鲜乳；农产品加工品 14 种，其中，农作物加工品共计 8 种，分别为食糖、大豆油、豆粕、菜籽油、菜籽粕、葵花籽油、葵籽粕和其他植物油等；畜产品加工品主要包括 6 种乳制品，分别为液态奶、黄油、奶酪、脱脂奶粉、全脂奶粉和其他乳制品。

SILK-MGA 模型是一个数学模型系统，为实现模拟和预测功能，需要首先依据前文所述的理论框架建立起基准模型，通过给定模型参数、历史数据和初始条件就能够获得基准模型。SILK-MGA 模型的基准模型共计有 32 组变量和 52 组方程，变量个数和方程个数分别达到 10 137 个和 10 139 个。SILK-MGA 模型包括农作物和畜牧业的生产、消费、进出口、库存以及世界价格、国内生产者价格、国内消费者价格等变量，建立了农作物、畜产品和加工品之间的相互关系。SILK-MGA 模型中还包含了各种生产者支持政策和国际贸易政策，能够更好地模拟评估政策变化对全球和各个国家（地区）的农产品国内市场和国际贸易的影响。

2.3.3 模型数据

我们从 FAO、OECD 和 USDA 等机构收集了大量的农产品市场信息数据，包括各种农产品的生产、消费、贸易供需平衡表，各种农产品国家间的双边贸易数据，农产品的国内和国际价格数据，汇率、GDP、人口等宏观经济变量数据，构建了包含 24 个国家（地区）的全球农产品信息数据库，同时收集了不同国家（地区）不同农产品的许多技术参数，包含各种农产品的供给和需求弹性、饲料转化率、各种饲料作物用于生产各类畜产品的比例等，共同构成 SILK-MGA 模型的基础数据库。

2.3.4 模型开发软件

SILK-MGA 模型使用 GAMS 软件编写程序，采用 PATH 的混合互补优化问题（MCP）求解器求解，这种求解方法的优点是能够让模型解释一个不连续的政策制度，如关税配额或贸易禁令等政策的影响。此外，通过将 GAMS 软件与 EXCEL 软件直接链接，既可实现直接从 EXCEL 表格读取模型数据，又可将模型模拟结果自动导出成 EXCEL 表格，从而使模型使用和呈现更加简单直观。

2.3.5 模型功能和特点

SILK-MGA 模型是一个庞大的系统模型，通过一系列方程建立不同国家（地区）和不同农产品之间的相互联系及相互影响，包括各个国家（地区）各种农产品的供需平衡关系、进出口贸易联系、国内外不同农产品之间的价格传导、不同农产品之间的替代和互补关系等。该模型不仅可以用于模拟预测未来全球和主要国家（地区）农产品生产、消费、贸易和价格等的发展趋势，还可以用于模拟各种政策变化或外界因素对中国和全球农产品市场可能产生的影响和冲击。值得一提的是，SILK-MGA 模型对这种影响和冲击的评估是综合性的，既包括政策变化或外界冲击带来的直接影响，也包括各种间接影响，能够使模型分析更加全面周到，从而能够更加准确地评估国际农产品市场风险，并为科学决策提供参考依据。

SILK-MGA 模型具有以下几方面特点。

（1）灵活性强。SILK-MGA 模型涵盖多种农产品和多个国家（地区），不同农产品和区域可以灵活加总，不仅可以应用于模拟和预测单种农产品市场走势，还可以应用于多种农产品市场的统一分析；不仅可以分析一个国家（地区）的政策效应，还可以同时分析多个区域性或全球性农产品政策带来的叠加影响。

（2）基准年较新。SILK-MGA 模型 V1 版本的基准年为 2017 年，并持续更新，能够反映全球农产品市场包括生产、消费、贸易和价格等方面的最新情况。

（3）动态模型。SILK-MGA 模型在 2017 年基准年基础上，采用递归动态模拟方法，既可以实现对未来 10 年全球农产品市场走势的预测，并根据研究需要对预测期进行调整，又能够用于分析政策或冲击带来的长期影响。

（4）创新性引入双边贸易模块。SILK-MGA 模型不同于其他国际知名的全球农产品市场局部均衡模型之处在于创新性地引入了双边贸易模块，不仅可以分析各个国家（地区）不同农产品贸易总量的变化，还可以分析各个国家（地区）之间农产品贸易流向以及全球贸易格局的结构性变化。

（5）政策变量考虑更为全面。SILK-MGA 模型既考虑了农产品生产者支持政策，又考虑了国际贸易政策；在国际贸易政策中，既囊括了关税税率的政策，又囊括了关税配额的政策，还囊括了出口补贴的政策。这样能够更为全面合理地模拟现实场景，保证模型在政策效应评估和市场趋势判断中的科学性和准确性。

2.4 动态国家及多区域一般均衡模型系统

2.4.1 动态国家一般均衡模型系统

以澳大利亚莫纳什大学政策研究中心开发的国家动态一般均衡模型 CHINAGEM 为基础，通过模型方法创新、数据和关键参数更新，构建适用于分析经济发展、产业结构、国际贸易和资源利用等政策的国家动态均衡模型系统。CHINAGEM 模型基于古典经济学理论，假设市场是完全竞争的，生产规模报酬不变，生产者最小化生产成本，消费者最大化效用，通过市场价格调节使所有产品和生产要素出清。在生产上，通过三层嵌套结构来体现不同投入品之间的替代关系和生产技术。第一层嵌套指在给定产出条件下，典型厂商会选择中间投入品以及初级要素投入的组合使得其生产成本最小化。在第二层嵌套中，厂商会进一步选择其最优的初级要素组合：劳动力、资本和土地，这一最优化行为是通过常弹性替代（CES）生产函数来实现的。在第三层嵌套中，厂商会在不同类型的劳动力之间进行选择使得其劳动力投入组合的成本最小化，这一最优化行为也是通过常弹性替代生产函数来实现的。家庭消费行为是通过扩展的线性支出系统（ELES）来体现的。进口通过阿明顿（Armington）假定（进口品与国内产品间不完全替代）来实现，由于是单国模型，国外市场价格都是外生给定的。资本积累通过投资来实现，投资者的投资行为反映了预期的资本回报率。相对于全球模型，国家模型的突出优势在于以下几个方面。

（1）灵活性和精准度更高。大幅度降低数据需求的数量，减少数据收集和处理的工作量；同时，针对研究需要，可以将产业划分得更为详细并使数据更精准。2018 年，基于 2012 年 144 个部门的国家投入产出表，我们建立了全新的 CHINAGEM 模型数据；根据有关农业产业的投入产出数据，我们进一步对农业和能源部门进行扩展，使模型数据库包括 169 个产业部门，每个产业数据都与实际数据进行对照印证，确保数据质量（见表2-2）。

表2-2　　　　　　　　　　模型数据库中扩展的产业部门对应情况

原部门	新部门		
农作物 （crops）	（1）水稻（rice）	（6）其他谷物（other coarse）	（11）蔬菜（vegetable）
	（2）小麦（wheat）	（7）大豆（soybean）	（12）水果（fruit）
	（3）玉米（maize）	（8）其他油籽（other oilseed）	（13）其他作物（other crops）
	（4）红薯（sweet potato）	（9）棉花（cotton）	
	（5）土豆（potato）	（10）糖类作物（sugar crop）	
活牲畜 （livestock）	（14）猪（pigs）	（17）鸡（chicken）	
	（15）牛（cattle）	（18）其他动物（other animal）	
	（16）羊（sheep）		
原油天然气 （crude oil gas）	（19）原油（crude oil）	（20）天然气（gas）	
肉类畜产品 （meat）	（21）猪肉（pork）	（23）羊肉（mutton）	（25）其他肉类（other meat）
	（22）牛肉（beef）	（24）家禽肉（poultry）	
电力热力部门 （power heat）	（26）热力（heat）	（29）油电（elecoil）	（32）核电（elecnuc）
	（27）水电（elechydro）	（30）气电（elecgas）	（33）风电（elecwind）
	（28）煤电（eleccoal）	（31）其他热力发电（elecothm）	（34）太阳能发电（elecsolar）
			（35）其他发电（elecoth）

（2）引入符合实际的新机制。对产业、就业类型、政府税收和支出、技术选择等经济机制做更为深刻和精细的刻画，引入更契合实际的复杂机制。在目前模型系统中，引入以下经济机制：

一是模型引入资本跨期积累、工资滞后调整机制（准许在短期存在失业问题）、净对外负债/资产跨期积累三种动态调整机制，很多动态模型仅仅考虑资本动态调节机制。

二是独特的劳动力市场模块。通过对劳动力的详细分类以及对不同类型劳动力供给和需求行为的细致刻画，反映劳动力市场的分割以及劳动力市场的不完全流动等特征。

三是详细刻画了城乡劳动力流动，并且一系列与家庭户收入相关的方程被纳入模型中，这使得模型可以分析劳动力市场发展和政策改变对城乡居民收入的影响。

（3）完备理论分析方法。CHINAGEM模型已经形成了政策模拟与理论分析之间较完备和成熟的分析框架（见图2-6），有效地将经济贸易理论、实际数据和数值模拟结合起来，使模型结果的合理性、精准度，以及所提政策建议的针对性和正确性都得到显著提高。该方法最为成熟的应用就是"历史模拟"分析，即依据已经发生的事实，通过模型来深刻揭示各种变量之间的关系和贡献率。例如，根据2012年的数据，在2012~2018年经济发展各种宏观数据已知的情况下，通过内生变量和外生变量转换，求解通常外生变量的变化，进而印证模型的有效性，以及各种发展要素（劳动力、资本、技术效率、政策和偏好等）对经济增长的贡献和相互之间的关系。

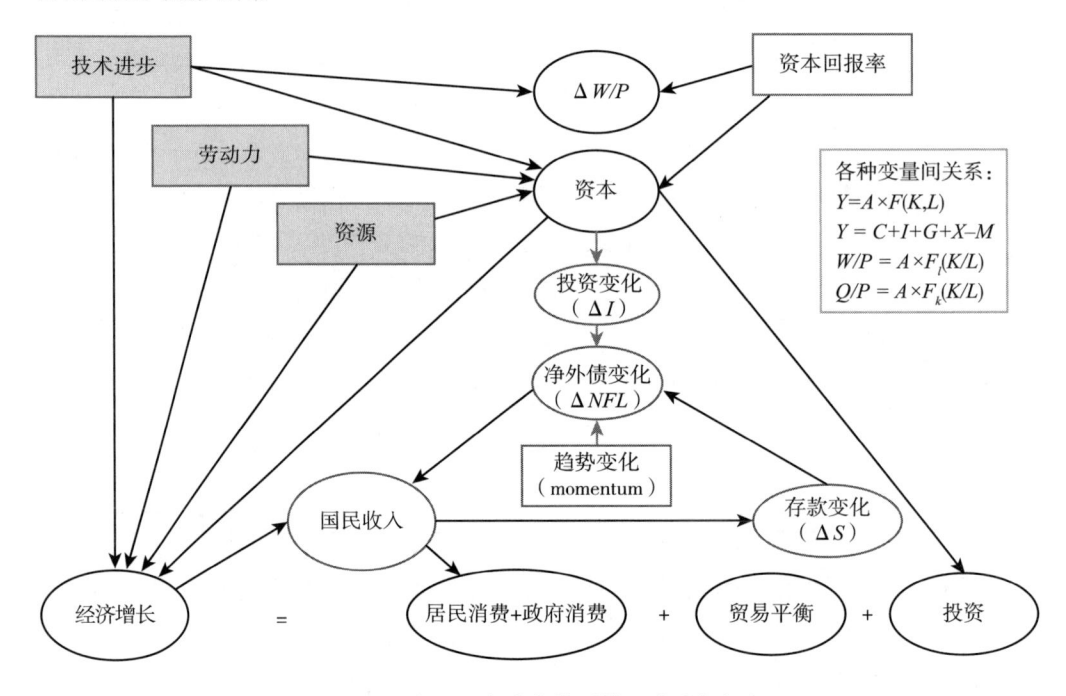

图2-6 中国国家动态模型的理论分析框架

各种变量间关系：
$Y = A \times F(K,L)$
$Y = C + I + G + X - M$
$W/P = A \times F_l(K/L)$
$Q/P = A \times F_k(K/L)$

2.4.2 动态多区域（省级）一般均衡模型系统

目前多区域均衡模型的构建和应用都极为鲜见，这主要是因为区域模型构建面临的理论和数据库构建上的难度显著高于国家模型。在研究中，我们以基于CoPS以及开发的多区域模型——TERM模型为基础，通过理论和方法上的创新，构建反映中国区域特征和经济运行特点的分省份多区域动态一般均衡模型系统。

TERM模型的总体理论构架如下：把每一个地区/区域看作一个独立的经济体，每个经济体中的每种产品和生产要素都有自己的价格，通过区域间的价格传导，商品和生产要素流动，使产品和要素在国家层面出清。各区域的加总与全国宏观数据一致。值得一提的是，模型数据构建基于以下重要假设：每个产品的生产技术在各个区域间没有显著性差别，因此，一个产品的国家总体产出可以根据区域产出数量分解到区域层面上。由于在产品分类很细的前提下该假设与实际情况的偏离较小，TERM 模型中的产业分类极为详细。该数据库构建方法的突出优点在于，即便在区域数据缺失或不足的情况下，区域数据库依然可以快速构建，而且各区域加总数据与国家总体数据保持高度一致。经过 10 多年的发展，TERM 模型已经被很多国家的学者采用，广泛应用于区域政策研究。

此外，我们建立了构建 TERM 模型数据库合理和快捷的理论方法（见图 2 -7）。数据库建设具有以下几个突出特点：（1）采用引力模型估计区域间的贸易流向，其主要理论假设为各省份之间的贸易量与其间的距离成反比，与该地区净流出或净流入成正比。该方法在区域间贸易数据缺失的情况下，可以快速且较为合理地弥补相关数据和信息不足。（2）区域间贸易条件约束。基于引力模型估计建立的贸易数据可能在某些具体产品的贸易上存在偏差，因此添加以下条件约束：一种商品的净进口地区不能向该商品的净出口区域大量出口该商品，以减少区域间不合理贸易流向的可能性。（3）同一地区进口来源结构相同假设，即同一地域的使用者从不同区域进口的同一种产品比例相同，这个假设降低了模型求解矩阵的维度，大幅度减少了运算时间。（4）区分本地产品和国家产品。一些商品，尤其是

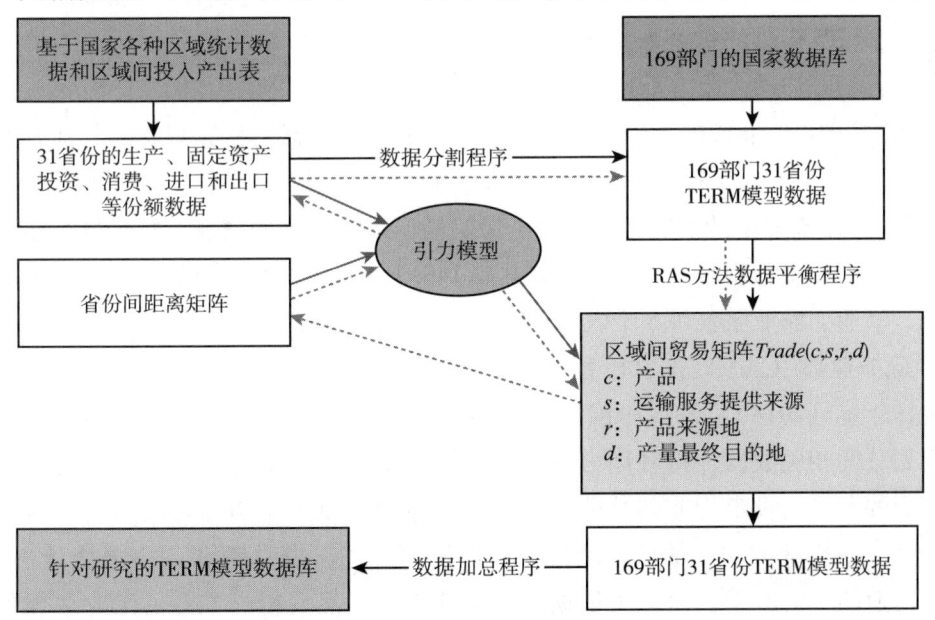

图 2 -7　分省份区域模型（TERM）数据构建流程

注：图中虚线代表迭代计算过程。

服务业，在一定地区具有较高的相似性和较低的流动性（如理发），这类商品定义为本地商品，它们的供需受本地区因素影响较大；而另一些商品，具有较高的异质性和较高的流动性（如汽车），这类商品定义为国家商品，这类商品在全国层面进行竞争，显著地受全国供求关系和国家政策的影响。（5）详细刻画交通运输成本。模型对交通运输进行专门处理，使运输成本与运输距离成正比，通过详细刻画交通运输成本来准确地反映总体经济和不同产业部门受交通运输成本变化的影响。（6）数据库的构建过程是一个循环计算过程，如图 2-7 中的虚线，任何不满足强约束条件的均衡数据将进一步进行调整和优化求解，直至得到满足强约束条件的均衡数据库。

2.5 中国社会核算矩阵和乘数分析

2.5.1 社会核算矩阵

1. SAM 简介

社会核算矩阵（social accounting matrix，SAM）是一个代表国民经济结构的矩阵。社会核算矩阵的每个账户由一行和一列构成。每个单元格展示所在列的账户到所在行的账户的支出（Lofgren et al., 2002）。为此，利用国家统计局每五年发布一次的 2018 年最新投入产出表，我们构建了详细的社会核算矩阵。其他各种数据包括国民账户、政府预算、国际收支、家庭收入来源以及国家统计局出版的《中国统计年鉴》中的所有数据。为了保留最详细的物联网信息，社会核算矩阵中的生产部门数量与物联网相同。矩阵共有 149 个部门，其中包括种植业、林业、畜牧业、渔业、农业服务等 5 个农业部门，86 个制造业部门，13 个其他工业部门和 45 个服务业部门。家庭按农村和城市这两类代表性家庭进行区分。根据《中国劳动统计年鉴（2018）》和《中国人口统计年鉴（2018）》中将劳动力按行业和教育程度划分的相关数据，将劳动力分为非熟练劳动力和熟练劳动力。具有初中或同等学力的劳动力设定为非熟练劳动力，具有高中或以上学历的劳动力划分为熟练劳动力。为衡量劳动力的就业情况，我们使用劳动工资总额和《中国统计年鉴》中分行业的工资水平，以此为依据计算就业人数，然后根据农业、工业和服务业这三大产业的就业统计，按行业调整具体数量。由于数据源不同，用交叉熵估计技术平衡社会核算矩阵。

SAM 表以矩阵的形式表示国民经济核算账户间的交易，反映了一定时期内社会经济主体之间的各种经济联系。SAM 的行和列分别代表不同的部门、经济主体和机构，行表示账户的收入，列表示账户的支出，行和列的名称相同，即都代表同一组账户。矩阵中的非零元素代表各账户间的交易。SAM 采用的是复式记账法，每一账户行之和必须等于列之和，即账户的收入流之和必须等于账户的支出流之和。这种恒等关系体现了三种含义：（1）总投入等于总产出；（2）各机构账户（经济主体）的总收入等于总支出；（3）总供给等于总需求（Robinson，1990）。

SAM 的数据主要来源于投入产出表（以下简称 I/O 表），是在国民经济核算框架内对 I/O 表的扩展。它不仅能表达 I/O 表中生产部门之间以及与非生产部门之间的投入产出、增加值形成和最终支出的关系，还能描述 I/O 表之外的非生产部门之间的经济相互往来关系。社会核算矩阵不仅为 CGE 模型提供了一个综合、全面和一致性的国家经济结构标准数据库，而且它本身也可以用于分析政策变化和外部经济冲击的影响。

SAM 具有很大的灵活性，它可以在遵循国民经济核算体系（system national accounting，SNA）分类基本原则的基础上，根据研究的问题对生产部门、要素和机构进行详尽的分解与集结。SAM 的结构和规模可以根据研究目的和数据的可获得性进行细分或合并，从而对 SAM 结构进行从宏观到微观、从一般到特殊的扩展。一方面，尽可能详细地描述所研究的部分；另一方面，又可以对其他部分进行高度概括。

SAM 的账户根据研究问题而设定，但最基本的宏观 SAM 通常包括活动、商品、要素、企业、居民、政府、投资储蓄和世界其他 8 个账户。SAM 的基本结构如表 2-3 所示，单元格内标注了该项数值的经济含义。其中，一种活动可以生产一种或多种商品，一种商品也可以由多种活动生产。

表 2-3　　　　　　　　　　SAM 的基本结构

项目	活动	商品	要素	居民	企业	政府	投资储蓄	世界其他	总计
活动		市场产出		自给消费					总收入
商品	中间投入	交易费用		居民消费		政府消费	投资	出口	总需求
要素	增加值							来自国外的要素收入	要素收入

续表

项目	活动	商品	要素	居民	企业	政府	投资储蓄	世界其他	总计
居民			居民要素收入	居民间的转移支付	居民剩余	政府对居民的转移支付		来自国外的居民转移收入	居民收入
企业			企业要素收入			政府对企业的转移支付		来自国外的企业转移收入	企业收入
政府	生产税，增值税	销售税，关税，出口税	政府要素收入，要素税收入	居民对政府的转移支付	政府剩余，企业所得税			来自国外的政府转移支付	政府收入
投资储蓄				居民储蓄	企业储蓄	政府储蓄		国外储蓄	总储蓄
世界其他		进口	国外要素收入		国外剩余	政府对国外的转移支付			外汇流出
总计	总支出	总供给	资本支出	居民支出	企业支出	政府支出	总投资	外汇流入	

资料来源：Lofgren H，Harris R L，Robinson S. A standard computable general equilibrium (CGE) model in GAMS [R]. Microcomputers in Policy Research，International Food Policy Research Institute，2002.

2. SAM 的编制方法

建立 CGE 模型时，通常需要编制宏观 SAM 和微观 SAM。宏观 SAM 缺乏详细的部门和机构信息，但为描述整个宏观经济活动提供了一个全面一致的框架，同时它为微观 SAM 中的子矩阵提供了控制数字（Reinert and Roland-Holst，1997）。在进行政策分析时，通常需要数据更丰富的微观 SAM，它细化了宏观 SAM 中的各个账户，通常包括部门、劳动力类型、居民类型，以及各种税收和贸易等的细化。SAM 的编制方法有自上而下法和自下而上法（Thorbecke，2000）。自上而下法是一种从宏观到微观、从整体到局部的演绎方法，先编制宏观 SAM，然后在宏观 SAM 的基础上根据研究目的编制详细的微观 SAM。自下而上法则是一种从微观到宏观、从局部到整体的归纳方法，即从各种各样的微观详细数据出发，通过汇总得到 SAM。其中，后者对数据的要求更高，相对更加准确，前者强调数据的一致性。SAM 中的数据来源广泛，通常会出现账户不平衡的情况。调整平衡 SAM 的方法有多种，通常有 RAS 法和交叉熵法（Cross-Entropy，CE）方法，鲁滨逊（Robinson，

1997，1998）详细介绍和比较了这两种方法，并提供了 CE 方法的 GAMS 程序。目前，CE 方法运用相对广泛。

3. 中国 SAM 的编制

SAM 的数据主要来源于投入产出表（I/O 表），全国层面 SAM 使用 2018 年 149 部门的 I/O 表，本研究利用农作物的产值和成本收益等数据对农产品行业进行分解，分解后变为稻谷、小麦、玉米、其他谷物、豆类（大豆）、花生、油菜籽、棉花、甘蔗、甜菜、水果、蔬菜、烤烟和其他作物等 14 个农作物部门，同时也利用畜牧产品的产值和成本收益数据对畜牧产品部门进行分解，分解后变为猪肉、牛肉、羊肉、禽肉、禽蛋和奶类等 6 个部门，最终 SAM 共计 88 个部门，其中包括 23 个农业部门、15 个食品加工部门。为了充分利用已有的信息，提高数据的准确性，在编制 SAM 时采用了自下而上和自上而下相结合的方法。平衡 SAM 时采用 CE 方法。同时考虑到不同类型居民和劳动力的收入和消费特征，主要依据城乡居民的各种收入来源和人口比例将居民分解为城镇和农村居民，通过受教育年限将劳动力分为低技能劳动力和高技能劳动力，分解的数据主要来自《中国统计年鉴》、《中国人口和就业统计年鉴》和《中国劳动统计年鉴》。2018 年中国宏观 SAM 和微观 SAM 结构分别如表 2-4 和表 2-5 所示。

表 2-4　　　　　　　　中国宏观 SAM 结构（2018 年）　　　　　　　单位：亿元

项目	活动	商品	劳动	资本	居民	直接税	进口税	活动税	政府	投资储蓄	存货	世界其他	总计
活动		2 495 498											2 495 498
商品	1 573 441				347 363				148 406	407 713	11 515	175 694	2 664 132
劳动	475 027												475 027
资本	350 711												350 711
居民			475 027	350 711					28 640			1 198	855 577
直接税					49 196								49 196
进口税		19 727											19 727
活动税	96 319												96 319
政府						49 196	19 727	96 319					165 242
储蓄—投资					459 018				-12 247			-27 543	419 228
存货										11 515	0	0	11 515
世界其他		148 907							442	0	0		149 350
总计	2 495 498	2 664 132	475 027	350 711	855 577	49 196	19 727	96 319	165 242	419 228	11 515	149 350	

资料来源：作者编制。

表 2-5　　中国微观 SAM 结构（2018 年）

项目	部门	具体内容
活动/商品（88 个部门）	农业（23 个部门）	稻谷、小麦、玉米、其他谷物、豆类（大豆）、花生、油菜籽、棉花、甘蔗、甜菜、水果、蔬菜、烤烟、其他作物、猪肉、牛肉、羊肉、禽肉、禽蛋、奶类、林产品、渔产品和农、林、牧、渔服务
	农产品加工业（15 个部门）	谷物磨制品，饲料加工品，植物油加工品，糖及糖制品，屠宰及肉类加工品，水产加工品，蔬菜、水果、坚果和其他农副食品加工品，方便食品，乳制品，调味品，发酵制品，其他食品，酒精和酒、饮料，精制茶，烟草制品
	工业和建筑业（22 个部门）	煤炭开采和洗选业，石油和天然气开采业，金属矿采选业，非金属矿和其他矿采选业，纺织业，纺织服装鞋帽皮革羽绒及其制品业，木材加工与家具制造业，造纸印刷及文教体育用品制造业，石油加工、炼焦及核燃料加工业，化肥工业，农药制造工业，其他化学工业，非金属矿物制品业，金属冶炼及压延加工业，金属制品业，通用、专用设备制造业，交通运输设备制造业，电气机械及器材制造业，通信设备、计算机及其他电子设备制造业，仪器仪表制造业，其他制造业，金属制品、机械和设备修理业
	服务业（28 个部门）	电力、热力的生产和供应业，燃气生产和供应业，水的生产和供应业，建筑业，批发和零售业，铁路运输业，道路运输业，水上运输业，航空运输业，管道运输业，多式联运和运输代理业，装卸搬运和仓储业，邮政业，住宿业，餐饮业，信息传输、计算机服务和软件业，金融和保险业，房地产业，租赁和商务服务业，研究与试验发展业，综合技术服务业，水利、环境和公共设施管理业，居民服务、修理和其他服务业，教育，卫生和社会工作，文化、体育和娱乐业，公共管理、社会保障和社会组织
生产要素	劳动　资本　土地	
机构	居民	农村居民、城镇居民
	企业	
	政府	政府、直接税、进口税、活动税
	世界其他	
投资储蓄		

资料来源：作者整理。

2.5.2　社会核算矩阵乘数分析

SAM 乘数分析法自 1950 年以来一直是经济学工具包的一部分。这一方法旨在捕捉互联经济的复杂性，重点关注投入产出表所衡量的产业间联系。模型的一个扩展是在社会核算矩阵的基础上扩展投入产出表，以包含更多互相关联的经济活动参与者，而不仅仅是行业。社会核算矩阵乘数广泛用于经济系统分析（Stone，1978；Pyatt and Round，1979；Defourny，1984；Cohen and Tuyl，1991；Roland-Holst and Sancho，1992）。我们将社会核算矩阵中对经济的分类描述与关于家庭、公司和其他主体行为的假设以及其他假设结合起来，构建了一个阐释经济如何应对冲击的模型。

标准乘数分析中，有两个关键假设：（1）行业要求投入与产出的比例固定（即所有投入产出系数都是固定的），技术和偏好是线性的；（2）价格是固定的，对冲击的调整通过数量而非价格的变化来实现。

这两个假设虽然有很强的假定性，但对于分析短期的影响是合理的，因为在短期内，就业劳动力的相对价格或工资不会发生重大变化，并不会激励生产者改变生产行为。由于这一特性，该模型提供了特定场景各种经济指标的"假设"预测。场景分析的结果不是对未来的"预测"，而是看作反事实的比较静态分析。一致的经验模型在这种反事实评估过程中十分有用，能够支持政策模拟分析。

2.6 全球均衡模型与国家模型联结方法

目前我们开发了两种模型联结方式，都是动态联结方法。第一种方法是两个模型之间的迭代收敛，求得均衡解；第二种方法是直接将两个模型写在一个模型系统框架下，模型求解的结果就是两个模型的均衡解。这两种方法在理论机制上存在较大差异，第一种方法是两个模型独立存在，仅仅通过相关参数的传导实现两个模型的联结，从而达到综合使用两个模型进行相关经济评价的目的。但是，存在的一个突出问题就是，两个模型在理论机制、数据和参数上的差异会导致两个模型之间的联结存在问题，且不说是否存在收敛解，即便存在，使两个模型同时达到均衡解也并非政策冲击的结果，可能包含两个模型自身反映上的巨大差异而导致的结果，使模型求解结果的可信度大幅度降低。因此，这种模型联结方法一定要保证两个模型系统在模型理论、数据和参数上具有较高的一致性。第二种方法就不同，这时候两个模型和求解过程不再是独立的，而是合成一个整体。国家模型或区域模型将作为一个子系统放置在全球模型中，而国家模型中对应的国家模型系统被关闭，相对于第一种方法，第二种方法不存在模型一致性要求，结果的可信度也更高。但是，这种方法要求使用者必须对两个模型都极为熟悉，而且需要重新构建模型（整合为一个模型），操作难度相对较高。下面对两个模型联结方法加以介绍。

2.6.1 通过参数传递联结两个独立模型的动态联结方法

图2-8展示了这种动态模型联结的作用机制。首先，将改进的全球均衡模型（以GTAP为例）的世界价格输入到国家/区域模型，从而可以模拟出国际政策变化对中国的生产、市场价格和进出口数量的影响。其次，将国家/区域模型的进出口数量变化反馈到GTAP模型中，GTAP模型将模拟分析出新的世界产品价格，并进一步输入到国家/区域模型中。最后，通过反复迭代，直到中国进出口数量的变化与上一期差值小于设定的很小阈值，模型迭代过程停止，这时GTAP模型和国家/区域模型同时达到均衡状态。从这个反馈过程可以明显看出，该方法需要全球模型、国家/区域模型在模型理论、数据和关键参数上保持高度一致性，否则两套模型达到共同均衡的结果包含了模型本身的差异性，绝非政策冲击引起的单纯变化。

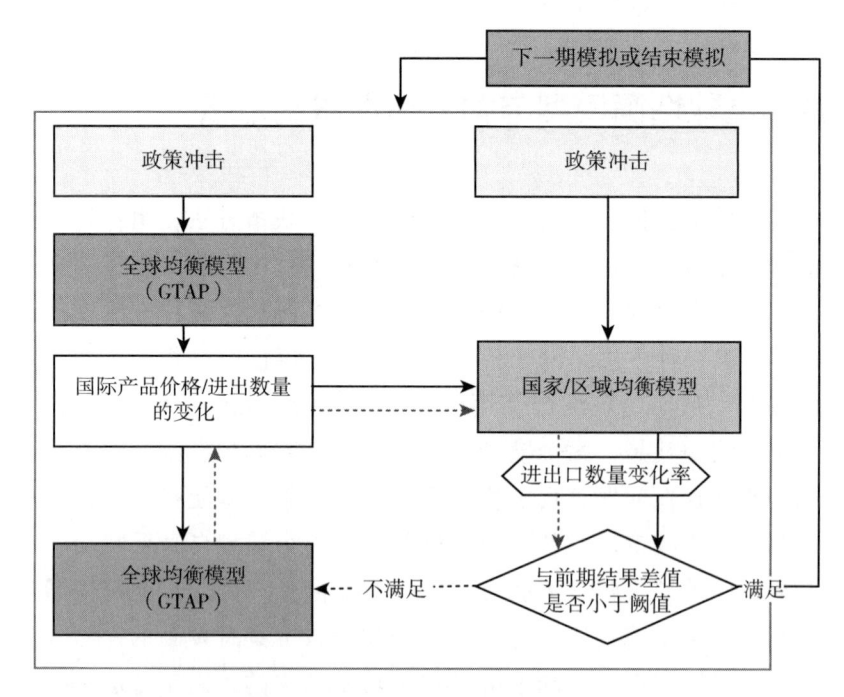

图2-8 动态模型联结方法展示

注：图中虚线代表迭代计算过程。

2.6.2 整合两个模型实现同时求解的模型联结方法

传统的模型联结方式将全球模型与国家模型作为两个单独运行的模型系统，通过将国际价格与进出口数量在两个模型之间反复传导和迭代，促使两个模型达到同时均衡，从而实现全球模型和国家模型之间的"链接"。其中，国家模型涉及的国家在全球模型中也参与了求解过程，并将这一求解的结果作为外生冲击传递到国家模型中。值得注意的是，全球模型和国家模型的理论基础并不一定相同，尤其在要素流动、生产和消费等方面的假设可能并不一致。传统的模拟方法仅仅促使两个模型系统进行联动，并未真正使国家模型融入全球模型的求解过程中。因此，有必要对传统的联结方法进行改进，用国家模型替换全球模型中的该国家部分，从而真正实现全球模型和国家模型的对接和同时求解。

在新的联结方法中，与全球模型原本的设定相同，国家模型与其他各国之间仍然通过进出口关系进行联结，但联结渠道（即具体的联接变量）却并不唯一。全球模型可以将求解出的进口价格和出口数量赋予国家模型部分，从而在国家模型内部求解出进口数量和出口价格；反之亦可。由于国家模型和全球模型在数据库上可能存在不一致性，在求解过程中，仅仅会对变量的百分比变化进行一致性检验。另外，值得注意的是，在原本的国家模型中，在出口需求曲线固定的前提下，出口价格和出口数量必然反向变动；但在全球模型中，由于贸易转移效应的存在，出口价格和数量可能同时增加和减少。因此，在新的联结中，有必要允许对需求曲线的位置进行调整，以实现出口价格和出口数量的同向变动。以下以 GTAP 模型和 ORANIG 模型为例，对新的模型联结方式进行详细说明。假设国家模型 ORANIG 为中国国家模型，中国在 GTAP 中的代码为"CHN"。

（1）由于 ORANIG 模型和 GTAP 模型的产品可能不一致，需要建立 ORANIG 产品集和 GTAP 产品集之间的对应关系，以使中国模型与其他国家之间的进出口关系可以在产业层面顺利传递。这种对应关系将以矩阵的形式表示，并参与方程计算。

（2）需要确认 GTAP 模型和 ORANIG 模型之间通过何种渠道进行联结。如上所述，两个模型通过进出口关系进行联结，因此两个模型中进出口价格、数量以及关税所对应的变量将进行对接。具体变量如表 2-6 所示。

表 2-6　　　　在 GTAP 模型与 ORANIG 模型中将进行对接的变量

类别		GTAP	ORANIG
进口	进口价格	pcif(i,r,"CHN")	pf0cif(i)
	进口数量	qim(i,"CHN")	x0imp(i)
	进口关税	tms(i,r,"CHN")	t0imp(i)
出口	出口价格	pfob(i,"CHN",r)	pe(i)
	出口数量	qxs(i,"CHN",r)	x4(i)
	出口关税	[tx(i,"CHN")+txs(i,"CHN",s)]	t4(i)

（3）建立新的方程，将以上变量进行对接，同时通过调整闭合（即内生变量和外生变量的设定）促使新的联结关系代替模型旧有的方程设定。调整之后，GTAP 模型中的中国部分将被"关闭"，不参与求解过程，而中国的国家模型部分将通过变量之间建立的关联关系而得以"打开"，参与到 GTAP 模型整体的求解过程中（见图 2-9）。

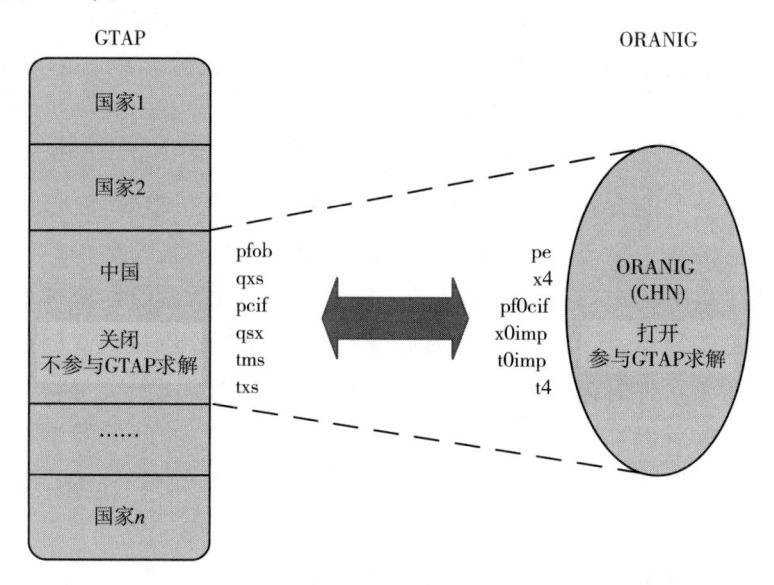

图 2-9　GTAP 模型与 ORANIG 模型硬联结方法示意

总体来看，全球模型和国家模型的硬联结方法至少具有以下三方面的优越性。

（1）硬联结方法实现了全球模型和国家模型系统的对接与同时求解。国家模型作为全球模型的一部分，直接替代了全球模型中的中国模块（见图 2-9），使分离且独立存在的两个模型转化为单一模型系统。因此，均衡解求解过程是统一而非分步完成的，避免了因分步求解过程可能导致的误差或错误。

（2）在全球模型其他国家模块不变的情况下，使嵌入的国家模型模块具备更多灵活性。嵌入的国家模型设定不一定与全球模型中的其他国家一致，尤其在要素流动、生产方式、产业之间的关联性和消费模式上可以采用独特设定，更能突出重点研究国家的经济特征和经济运行特点。

（3）全球模型和国家模型数据库完全一致，结果合理性更高，并可实现模拟结果分析的追溯。硬联结要求全球和国家模型的数据完全一致，而非软联结中两个模型数据的近似性要求，这使得对国内外影响传递的评价更为精准。同时，由于数据和模型都是一体化的，使得CGE模型的完全追溯性分析成为可能，可以清楚地辨析政策冲击在全球和国家层面的影响传递关系及其影响幅度。

参考文献

1. 陈志钢，张玉梅，计晗．"一带一路"全球农业模型技术手册［R］．北京：中国农业科学院海外农业研究中心，中国农业科学院农业经济与发展研究所，国际食物政策研究所东亚、东南亚和中亚办公室，2020.

2. 张玉梅，胡向东，韩昕儒．中国农业产业发展研究报告2018［R］．北京：中国农业科学院，2018.

3. 张玉梅．中国农业科研投资优化配置研究［D］．北京：中国农业科学院，2009.

4. 中国农业大学全球食物经济与政策研究院（AGFEP）、浙江大学中国农村发展研究院（CARD）、南京农业大学国际食品与农业经济研究中心（CIFAE）、中国农业科学院农业经济与发展研究所（IAED）和国际食物政策研究所（IFPRI）．中国与全球食物政策报告2022［R］．北京：全球食物经济与政策研究院，2022.

5. Arndt C, Davies R, Gabriel S, et al. Impact of Covid – 19 on the South African economy: An initial analysis [R]. SA – TIED project (South Africa: Toward Inclusive Economic Development), SA – TIED Working Paper 111, Helsinki, Finland, available at: https: //satied. wider. unu. edu/sites/default/files/pdf/SA – TIED – WP – 111. pd, April, 2020.

6. Cohen S I, Tuyl J M C. Growth and equity effects of changing demographic structures in the Netherlands simulations within a social accounting matrix [J]. Economic Modelling, 1991, 8 (1): 3 – 15.

7. Defourny J, Thorbecke E. Structural path analysis and multiplier decomposition within a social accounting matrix framework [J]. The Economic Journal, 1984, 94 (373): 111 – 136.

8. Lofgren H, Harris R L, Robinson S. A standard computable general equilibrium (CGE) model in GAMS [R]. Microcomputers in Policy Research, International Food Policy Research Institute, 2002.

9. Pyatt F G, Round J I. Accounting and fixed price multipliers in a social accounting matrix framework [J]. Economic Journal, 1979, 89 (356): 850 – 873.

10. Reinert K A, D W Roland-Holst. Social accounting matrices. In K A Reinert, J F Francois

(eds). Applied methods for trade policy analysis: A Handbook [M]. Cambridge: Cambridge University Press, 1997: 94 – 121.

11. Robinson S. Pollution, market failure, and optimal policy in an economy-wide framework [D]. Working Paper No. 559, Department of Agricultural and Resource Economics. Berkeley: University of California, 1990.

12. Roland-Holst D W, Sancho F. Relative income determination in the United States: A social accounting perspective [J]. Review of Income and Wealth, 1992, 38 (3): 311 – 327.

13. Stone R. The disaggregating of the household sector in the national accounts [C]. World Bank Conference on Social Accounting Methods in Development Planning. Cambridge, United Kingdom, 1978.

14. Thorbecke E. The use of social accounting matrix in modeling [D]. In the 26th General Conference of the International Association for Research in Income and Wealth. Cracow, Poland, 27 August to 2 September, 2000.

第3章
新冠疫情对农业农村的影响

3.1 新冠疫情对中国宏观经济和农业食物系统的影响[*]
——经济系统乘数模型分析

3.1.1 引言

新冠疫情在全世界蔓延，对各种经济活动的限制也给全世界造成了经济损失。自2020年3月以来，全球许多国家都实施了严格的疫情防控政策，以减少感染、遏制病毒传播。这些措施的经济影响在大多数国家尚不清楚，但可以预计，立即停止经济活动会造成严重后果，从而可能对经济产生中期和长期的影响。据国际货币基金组织（IMF）发布的最新的《经济展望报告》预计，2020年全球经济将收缩3%，这比2008~2009年金融危机期间的形势糟糕得多。

作为第一个遭受新冠疫情冲击的国家，中国自2020年1月起就执行了最严格的防控政策，在2月底前有效控制了病毒的传播，并于3月开始重新开放经济。自3月初起，中国逐步、缓慢重新开放经济，但全面复苏尚未到来。由于全球疫情持续蔓延、全球经济收缩，不确定性仍然存在。中国继续采取限制性措施，以防疫情卷土重来。所有这些措施继续影响了经济复苏。持续的经济损失取决于局部恢复过程的持续时间。有效的防控政策对整体经济的影响在2020年第一季度显而易见。第一季度，全国GDP与去年同期相比下降6.8%（国家统计局，2020a），而疫情重灾区湖北省的GDP下降了39.2%（HPBS，2020）。此外，还有一些调查表

---

[*] 如无特别说明，本节数据均来自国家统计局。

明农业受到负面影响。封锁期间，农业企业面临物流中断的挑战，尤其是劳动力、饲料等关键投入品的短缺，以及运输问题。受访的农业企业中，约有60%遇到了投入品短缺的问题，致使畜牧业受到干扰。截至2月10日，仅24.6%的农业企业恢复运营（Zhang，2020a）。由于新冠疫情和非洲猪瘟的综合影响，2020年第一季度农业增加值比去年同期下降3.2%，牲畜产量下降10%。然而，经济影响仍在持续，新冠疫情的整体潜在影响，尤其是对个别行业——特别是中国的农业食物系统的影响，仍然未知。

自2003年"非典"以来，中国农业价值链延长，与其他行业的融合度更高。2017年，共有80%的农产品用作中间投入品，比2002年上涨21%。同时，农业生产也依赖中间投入品。

尽管2019年农业占GDP总量的比重下降至7.1%，农业食物系统仍占中国GDP总量的大约15%，占就业总人数的30%。评估疫情对农业食物系统的总体影响至关重要。疫情对农业的一些影响是直接影响，而一些影响则是通过价值链上下游部门产生的间接影响，如交通管控、餐馆歇业等。

本节旨在全面评估疫情防控政策带来的潜在经济成本，包括封锁阶段的损失和部分恢复过程中产生的额外成本；同时，还侧重于从增加值和就业两方面分析疫情对中国农业食物系统的影响。本节通过运用经济系统多部门乘数模型展开分析，该模型以中国2017年149个经济部门社会核算矩阵为基础，能够详细捕捉部门间联动的复杂性，并且可以通过上下游部门的供应价值链评估疫情的直接、间接影响。

在所有出现新冠疫情的国家，政策制定者们都在寻求平衡的方法，以实现既保障严格的防控措施对公共卫生产生积极影响，又将经济损失降至最低的双重目标。本节的分析侧重于中国经济，但对许多其他仍处于疫情防控第一阶段的国家也具有重要的参考意义。中国的经验便于我们评估防控政策的经济成本，以及经济复苏带来的潜在收益。早期经济封锁阶段之后，疫情仍将持续，本节的分析将帮助其他国家评估新冠疫情的全部成本。中国不太可能迅速回归常态，许多其他国家亦是如此，这些国家仍在努力遏制病毒的传播。很多国家的封锁期可能都会比中国长，这意味着这些国家在疫情之后的经济复苏阶段将面临更多挑战。该分析对于中国刺激经济增长并确保在2020年底或2021年情况恢复正常时拥有强大的粮食系统也具有重要的政策意义。

3.1.2 中国的新冠疫情暴发、封锁政策及最新的恢复情况

自2020年1月新冠疫情暴发以来，中国的中央和地方政府都采取了前所未有

的措施来控制疫情,并成立了中央应对疫情工作领导小组,建立国务院联防联控机制。新冠疫情防控成为各级政府的首要任务。中国已落实多项防控措施,包括不同水平的封锁,这些措施已经初见成效。感染病例数在 2 月中旬达到顶峰后,自 3 月初以来呈下降趋势。到 3 月初,每日新增病例降至 100 例以下,3 月中旬有数天为零新增。随着疫情得到有效控制,中国政府于 3 月初开始实施各种措施恢复经济活动。许多省份调低应急响应级别,开始恢复经济。在本节中,我们重点介绍了一系列政策,包括在疫情暴发初期的防控政策,以及在后续重新开放经济阶段实施的经济调整政策。

1. 控制新冠疫情传播的防疫政策

2020 年 1 月 23 日,新冠病毒感染病例达到 444 例,武汉实施全市封锁。封锁为最高级别,包括所有公交、地铁和轮渡在内的所有公共交通停运,进出武汉的航班和火车取消。2020 年 1 月 24 日,湖北省另外 15 座城市开始实施类似的封锁政策。不久,全国各地都执行各种封锁措施,大部分地区的城乡居民都被要求居家。尽管并没有完全禁止流通,但居民经常需要持有通行证等官方文件才能出行,包括所有运送必需物资的卡车司机在内。很多城市很快建立了手机电子系统,通过系统可以管理、跟踪活动轨迹,包括进出所居住的社区。在农村地区,一些村庄封锁道路或设置路障阻止车辆进出,一些村庄通过这些措施限制人员流动。此外,春节假期延长一周,疫情重灾区则更长。戴口罩成为所有公共场所的强制性要求,所有学校停课,并禁止任何规模的聚集。与 2019 年 2 月相比,2020 年 2 月的客运和货运运输量分别下降了 87.6% 和 27.9%(国家统计局,2020a)。不过,在全国封锁期间,政府迅速落实"菜篮子"政策,减少疫情对食物供应的不利影响,保障城镇居民和小农户生活。2020 年 1 月 30 日,仅在武汉封城一周后,农业农村部、交通运输部与公安部联合发布《关于确保"菜篮子"产品和农业生产资料正常流通秩序的紧急通知》,禁止擅自拦截、封堵、干扰农业生产资料和农产品的运输(MARA,2020)。

在封锁期间,中央政府开始计划重新开放经济,2020 年 2 月 8 日国务院印发《关于切实加强疫情科学防控 有序做好企业复工复产工作的通知》。尽管如此,由于民众对疫情的担忧,2 月底之前几乎没有工厂和企业真正复工。中小型企业面临着尤其严峻的挑战,许多企业难以满足当地政府针对复工的防疫要求(Zhang,2020b)。此外,大多数城市要求外来人员实行 14 天自我隔离,这大大限制了依赖外来人口运营的工厂和其他企业重新开放经济活动。

2. 经济复苏政策

封锁以及其他对经济活动、人员车辆流动的严格限制有效控制了病毒传播。

自2020年2月下旬以来，湖北以外许多省份报告的新增病例越来越少，许多省份2月下旬开始调低应急响应级别。截至3月4日，有21个省份将应急响应从一级降至二级。大多数省份开始将政策重点放在管理经济复苏上。3月19日，全国范围包括武汉在内没有新增本土病例，这是自疫情暴发以来首次没有本土新增。3月25日，湖北省除武汉以外的其他地区解除封锁，4月8日武汉解封。随着疫情得到有效控制，经济复苏成为可能，中国各级政府机构都在推动复工复产，同时考虑到健康风险，针对各项事务的轻重缓急采取必要的细化措施。

在恢复期间，针对如何把握企业复工、支持中小企业和疫情防控之间的平衡，政府制定了基本原则。落实这些原则的责任落在地方政府身上。一些地方政府更加关注疫情防控，需要在社交距离、病例追踪和隔离等方面制定更严格的规定（如北京），而其他地方政府则更加关注经济复苏进程，如支持工厂包公交车、火车和飞机来运送部分流动务工人员（如上海）。中央政府还实施了一系列刺激经济复苏的政策。央行于2020年2月投放1.2万亿元人民币（1740亿美元）资金，以缓解借贷成本和资金供应的压力。中央政府鼓励地方决策者提供财政支持以维持中小企业生存。经济复苏取得了一些成果，工信部数据显示，截至2020年4月14日，工业企业开工率达到99%，人员返岗率达到94%；截至2020年4月15日，全国中小企业复工率达到84%。

在中国经济逐步复苏的同时，新冠疫情自2020年3月初开始在全球蔓延。截至2020年2月底，境外病例增速快于中国，绝大多数新增病例和死亡病例均在境外。根据世界卫生组织统计数据，截至2020年5月6日，疫情已传播至215个国家，确诊病例近360万人，超过24.7万人死于新冠。疫情已波及中国所有重要贸易伙伴国，随着世界其他地区实施封锁和社交隔离措施，中国的出口受到严重影响，出口订单被取消，同时海外需求放缓导致全球价值链进一步中断。与此同时，境外输入病例开始增加。为防止输入病例关联的疫情在国内再次暴发，中国采取了限制措施，特别是在边境城市和国际到达城市，其中一些措施甚至比这些城市早期封锁时更加严格。所有这些因素进一步限制了经济复苏的范围和速度。

3. 封锁和恢复时期的脆弱部门

国家统计局发布的最新经济数据显示，新冠疫情已成为近期中国经济受到的最大冲击，并且这种负面影响仍在持续。各经济部门受到疫情的冲击各不相同。表3-1总结了2020年1~3月疫情暴发以来不同行业受影响的方式和近期的经济表现。

表 3-1 2020 年 1~3 月中国新冠疫情影响渠道及行业经济表现
（与上年同期相比 2020 年增加值或收入的百分比变化）

行业	具体影响	1~2月	3月	1~3月
农业	对作物生产和需求的直接影响有限，但由于饲料不足和交通阻塞，对牲畜的影响更大	N.A.	N.A.	3.2
采矿业	缺乏劳动力和市场需求	-6.5	4.2	-1.7
制造业	医疗用品和食品等必需品有绿色运输通道，但生产力受到中间投入品供应物流限制和劳动力短缺的影响	-13.5	-1.1	-10
食品加工	生产受到劳动力短缺和中间投入品的影响	-16	-4.8	-11.1
纺织	生产受到国内劳动力短缺和全球出口需求减少的影响	-27.2	-5.5	-16.8
汽车零部件	由于湖北封锁，加上限制流动导致需求减少，生产受到严重影响	-31.8	-22.4	-26
建筑	受到劳动力短缺和建筑材料供应的影响	N.A.	N.A.	-17.5
公共事业	交通停运、工厂关闭导致需求下降	-7.1	-1.6	-5.2
服务业	服务业受到社交距离政策、隔离、需求收缩和劳动力短缺的影响	N.A.	N.A.	-5.2
批发零售	许多商场、商店关闭，一些业务转为线上	-20.5	-12	-18
酒店和餐馆	许多酒店、餐馆倒闭	-46	-44	-35
交通	国内公共交通部分停运，大量国际航班缩减	N.A.	N.A.	-14
其他服务业	劳动力短缺，对服务业需求减少	N.A.	N.A.	-2
外部冲击		N.A.	N.A.	N.A.
农民工	由于隔离，一些农民工不得不留在家乡。2月底返岗工人下降30%			
出口	由于缺乏劳动力，以及出口订单取消，出口量下降	-15.9	-3.5	-11.4

注：1~2月和3月数据为规模以上企业的增加值或收入，而第一季度数据为增加值。
资料来源：国家统计局网站。

封锁和其他限制措施使中国大部分经济活动停摆。疫情使许多公司推迟了员工返岗的日期。春节返乡的流动务工人员大部分被困在家乡，导致许多制造业和服务业劳动力严重短缺。与 2019 年同期相比，2020 年 2 月底返岗的流动务工人员减少了 30%。全国范围的封锁打断了供应链和物流，使某些行业的损失尤为惨重。依赖实体空间和商店的企业损失最大，如旅游/旅行、娱乐、传统食品市场和餐馆等。2020 年前两个月的餐饮收入较 2019 年同期下降 43.1%，零售额下降 17.6%，商品房销售额下降 35.9%。在湖北省生产主要零部件的行业受到的打击尤为严重。例如，2018 年湖北省的农用化肥、汽车和布匹产量分别占全国总产量的 8.93%、

8.53%和8.69%，这些行业因封锁政策而遭受巨大损失。2020年1~2月，我国汽车消费下降了37%。另外，劳动密集型企业和外向型企业也受到重创。纺织、橡塑、金属制品通用设备、专用设备、电气机械及装备制造等行业的企业营收同比下降24%~30%。作为疫情期间的必需部门和重要部门，制药行业的收入在1月和2月仅下降8.6%，农业食品加工和制造业小幅下降10.6%~15%。

2020年3月经济开始复苏，公布的经济统计数据比1月和2月有明显好转。总体而言，2020年第一季度GDP比上年同期下降6.8%，农业增加值下降3.2%，工业下降9.6%，服务业下降5.2%。国际贸易也受到影响，据工信部统计数据，2020年1月和2月出口总额下降15.9%，初级产品和制成品出口分别下降3.4%和16.5%，劳动密集型产品出口降幅最大，为18.8%。最重要的两个出口行业——纺织品、机械与运输设备分别下降了18.7%和14.4%。3月出口有所回升，但仍比上年同期下降了3.5%。此外，失业率也有所上升。2月城镇失业率上升至6.2%，3月上升至5.9%。2020年2月底农民工减少30%，其平均工资下降7.9%。

各项数据显示，经济复苏始于2020年3月，但在全球疫情尚未达到峰值的情况下，中国经济要恢复正常还面临诸多挑战。未来几个月，由于供应链中断导致国内外需求疲软，生产成本上升，中国经济将继续受到影响。例如，根据中国棉纺织行业协会对100多家重点企业的调查，63.6%的企业反映国际国内订单不足。

3.1.3 方法：中国经济系统多部门乘数模型

1. 社会核算矩阵乘数模型

新冠疫情和疫情防控政策对经济造成了意想不到的冲击。大多数防控政策都对诸多经济部门产生了严重的直接影响，因为许多行业和企业不得不立即暂停运营。随着时间的推移，中国经济变得更加一体化，国内和国际各行业的供应网络错综复杂，市场之间的供需联系十分紧密。影响某个行业的政策可能会对其他上游、下游部门产生巨大的间接影响。因此，要评估此类冲击带来的广泛经济影响，需要从经济整体入手。

经济学家有多种方法来探究冲击对经济的全面影响，每种方法各有优势和局限性。可计算一般均衡模型是衡量政策冲击对整体经济影响的一套复杂工具。可计算一般均衡模型在考虑对市场均衡的冲击方面非常有用，其通过价格内生的市场机制实现调整，消费者和生产者对价格变化做出反应，从而内生地调整供求关系。然而，由于疫情在很短的时间内意外出现，并带来灾难性的后果，不太可能通过在商品和要素市场下平稳运行的价格和工资变化来实现短期调整。

因此，在本节中，我们使用多部门乘数模型进行分析。该模型是一项成熟技术，自1950年以来一直是经济学工具包的一部分。这一方法旨在捕捉互联经济的复杂性，重点关注投入产出表所衡量的产业间联系（供应链）。模型的一个扩展是在社会核算矩阵的基础上扩展投入产出表，以包含更多互相关联的经济活动参与者，而不仅仅是行业。①

社会核算矩阵是一个会计框架：一个显示行业、家庭、储蓄/投资、政府和世界其他地区（出口和进口）收支账户的矩阵。社会核算矩阵将投入产出账户与国民收入及生产账户结合在一起，显示了整个经济体中商品和服务的流动，以及所有经济活动参与者的相应收入和支出。我们使用国家统计局发布的2017年中国社会核算矩阵，并将其进一步扩大，以体现2019年底的中国经济。

社会核算矩阵显示了经济里收入的完整循环流动，包括在生产价值链中产生收入（增加值），以及收入如何分配给家庭和政府（通过税收），为家庭提供收入供其购买经济中产生的商品和服务。社会核算矩阵可以展示高度分解的经济图景。本节使用的矩阵有149个生产部门（行业），运用两种不同类型的劳动力（熟练度较低和熟练度较高）、资本和土地产出149种不同的商品，生产部门产生的收入分配给两种类型的家庭（农村和城市）。家庭获得的收入用于私人消费支出（按商品分类）、储蓄、转让和税收；政府获取税收并进行支出，包括转让给家庭。商品也有间接税。最后，经济是开放的，进口商品和服务增加了国内供应，而出口及其他国际转让增加了需求。

社会核算矩阵乘数广泛用于经济系统分析。我们将社会核算矩阵中对经济的分类描述与关于家庭、公司和其他主体行为的假设以及其他假设结合起来，构建了一个阐释经济如何融合并应对冲击的模型。

标准乘数分析中，有两个关键假设：（1）行业要求投入与产出的比例固定（即所有投入产出系数都是固定的），技术和偏好是线性的；（2）价格是固定的，对冲击的调整通过数量而非价格的变化来实现。

这些假设虽然有很强的假定性，但对于分析疫情的影响是合理的。当前的冲击正在数周或数月内对整个经济产生影响，而不是数年。在如此短的时间内，生

---

① 阿恩特等（Arndt et al., 2020）已用相同的方法分析新冠疫情防控政策对南非的影响。以下对该方法的讨论借鉴了此论文。

产技术不太可能因疫情发生重大变化。短期内，疫情不会导致就业劳动力的相对价格或工资发生重大变化。虽然似乎有一些投机性的价格上涨，但它们并不是刺激生产的信号或激励措施，而是短期寻租和配给的手段。

前文描述了社会核算矩阵和社会核算矩阵乘数模型的特性，由于这一特性，该模型提供特定场景各种经济指标的"假设"预测。场景分析的结果不是对未来的"预测"，我们应该将它们看作针对正常无疫情情况的反事实比较静态分析。一致的经验模型在这种反事实评估过程中十分有用，可以为分析师提供严格的框架，从而能够支持政策辩论的条理性。

2. 模型场景设计

如 3.1.2 节所述，疫情给中国经济带来巨大冲击，这一负面影响仍在持续。与此同时，全球疫情达到前所未有的程度，许多国家的情况持续恶化。伴随着许多经济体的国际一体化，预计全球疫情的蔓延将通过多种渠道影响中国的经济复苏，特别是国际贸易和全球价值链的中断。此外，由于大规模的境外输入，中国面临疫情再次暴发的风险，许多限制性政策仍在实施。因此，经济复苏所需的范围和周期存在很大的不确定性。

考虑到这种不确定性，我们利用模型设计了三个场景，代表中国经济已经经历或 2020 年即将经历的三个阶段。第一阶段是封锁期，期间大多数经济活动遭到灾难性打击；第二阶段是经济重新开放和复苏时期；第三阶段是经济恢复到疫情前的正常状态。我们分别评估了这三种场景下疫情对中国经济的不同影响。

（1）封锁场景。基于 3.1.2 节的讨论，我们在模型中将封锁阶段定义为 5.5 周，从 1 月的最后一周开始，到 3 月的第一周结束。在模型中的封锁阶段，几乎所有非必要的经济活动都受到严重的直接影响。

（2）复苏场景。3 月初，许多省份开始缓慢恢复旅行和工作，这标志着第二阶段——经济重新开放阶段的到来。没有统一的经济重启政策，不同省份采取了不同的方案。整个国家的复苏是一个缓慢、渐进的过程。同时，自 3 月中旬以来，疫情在全球蔓延，从其他疫情国家回国的人群中开始发现感染病例。许多省市政府已经恢复了严格的政策要求，特别是针对难以在工作中实施社交隔离政策的行业。经济复苏阶段持续的时间并不确定，这也与新政策有关，新政策的执行是担心疫情再次在中国暴发，因为一方面许多国家的疫情尚未达到顶峰，另一方面许多海外华人陆续回国。模型中将恢复阶段定义为从 3 月剩余的几周到第三季度中旬，大约 23 周。由于前面讨论的不确定因素，我们设定恢复期相当长。复苏是一个渐进但非线性的过程，可能在几周或几个月内迅速恢复，也可能在新一轮疫情风险到来时变得很慢。鉴于不确定性，不可能预测复苏速度变化的动态过程。在这个阶段，模型指定了整个恢复期的平均冲击。

（3）正常场景。模型中，设定回归正常阶段从第三季度后半段开始，一直持续到第四季度末。在这个阶段，我们模拟了两种可能性。第一种可能性，外需继续处于第一阶段和第二阶段设定的较低水平，而包括投资在内的内需则恢复到危机前的正常水平。在这种情况下，也设定国内需求和投资出现适度的追赶增长。第二种可能性，除设定内需外（同第一种可能性），还设定外部出口需求也恢复。

不同的需求/供应冲击来自外部，并且在模型中因部门而异，此类冲击的选择取决于3.1.2节中数据/信息的影响，包括表3-1中的可用数据和信息。封锁阶段的冲击往往比恢复阶段大得多。

（1）封锁阶段。基于3.1.2节中讨论的封锁政策，以及表3-1中提供的经济表现信息，我们将疫情影响分为5个级别，并根据这5个冲击级别对社会核算矩阵中的149个部门进行分组：第1组是受疫情负面影响最严重的行业，与无疫情的正常情况相比，这种影响相当于消费者最终需求下降60%、投资需求下降30%；第2组是受疫情负面冲击较大但不那么严重的行业，这些行业的消费需求下降了25%，投资需求下降了12.5%；第3组是所受负面冲击不太大的行业，从消费需求下降10%到投资需求下降5%；第4组是没有受到疫情直接影响的行业，所有的初级农业部门和制药业都属于这一组，以及一些采矿、石油和天然气开采及提炼部门，我们也设定电信和广播、电视和卫星传输服务不受疫情的直接影响；第5组是由疫情带来正面需求/供应冲击的行业，包括卫生服务、互联网及相关服务、软件服务和信息技术服务，这些行业的需求/供应受到直接的正面冲击，消费者需求增加10%，投资需求增加5%。政府对一些公共服务部门的需求也受到负面影响，程度相当于教育需求下降30%、公共行政和社会保障服务需求下降10%~12.5%，而政府对医疗服务的需求上涨10%。一些行业的出口需求也呈下降态势，出口冲击是根据目前最新的贸易数据设计的，表3-2提供了各部门出口冲击的详细信息。

表3-2　　　　　　2020年1~3月分产品出口额及同比增长

产品类别	出口额（亿元）			增长率（%）		
	1~2月	3月	1~3月	1~2月	3月	1~3月
农产品	661	471	1 132	-10.2	7.8	-3.5
水产品	165	103	267	-19.7	-9.8	-16.2

续表

产品类别	出口额（亿元）			增长率（%）		
	1~2月	3月	1~3月	1~2月	3月	1~3月
粮食	16	17	33	-14.1	30.3	4.7
中草药和中成药	11	8	19	-4.9	15.5	3.2
稀土	3	4	7	-41.2	52.0	-9.8
精炼石油产品	437	279	715	25.4	3.1	15.6
肥料	39	42	80	-44.6	5.6	-26.5
塑料制品	570	388	958	-14.8	7.6	-6.9
箱包及类似容器	218	90	308	-17.4	-19.5	-18.1
纺织纱线、织物和制品	962	623	1 585	-18.7	-1.7	-12.7
服装及配饰	1 123	455	1 577	-18.7	-19.3	-18.9
鞋	398	145	544	-18.8	-19.9	-19
家用设备	428	310	736	-20.6	1.8	-12.6
陶瓷制品	163	107	270	-34.5	5.7	-23
钢材	426	339	764	-27.5	1.5	-17
未锻轧铝和铝	129	96	224	-21.5	-1.3	-14.1
通用设备	365	229	593	-6.3	7.0	-1.6
手机	1 003	584	1 587	-14.2	-4.3	-10.8
音视频设备及其零件	409	252	661	-19	-9.3	-15.6
集成电路	1 053	615	1 668	10.5	14.5	11.9
自动数据处理设备及其部件	1 390	973	2 362	-26	-11.9	-20.8
汽车（含底盘）	141	65	206	0.3	-31.7	-12.6
汽车零件	532	343	875	-11.9	1.6	-7.1
轮船	191	69	259	-21.6	-28.7	-23.6
液晶面板	184	116	300	-18.4	-16.9	-17.8
家具及零件	444	244	688	-21.6	-12.9	-18.7
灯具、照明器具及其零件	249	114	363	-19.8	-18.1	-19.3
玩具	179	130	310	-25.7	2.1	-16.1
医疗仪器和设备	112	75	187	-5.3	5.7	-1.2
*机电产品	12 001	7 516	19 515	-14.9	-5.5	-11.5
*高科技产品	6 030	3 928	9 958	-13.8	-4.0	

资料来源：中华人民共和国海关总署。

（2）恢复阶段。对于最近开始的恢复阶段，基本没有数据。我们利用3月某些行业的可用统计数据，以及一些流传的信息来设计这一阶段的冲击。因此，我们只考虑三种类型的恢复，并将149个部门分为3组：第1组为复苏较快、国内消费需求和投资需求恢复正常的行业；第2组是复苏幅度不大的行业，其消费者需求仍比正常水平低7.5%；第3组是恢复缓慢且消费者需求仍低于正常水平15%的行业。设定投资需求的恢复速度相对快于消费需求，相当于一些行业消费者需求所受负面冲击的1/3，这些行业的消费者需求尚未恢复正常。那么，如果第3组的消费者需求低于正常水平15%，则投资需求仅低于正常水平5%。虽然在这种情况下，许多行业没有直接受到国内需求冲击，但出口需求仍和第一阶段一样维持在低水平。

（3）回归正常阶段。我们设定2020年第三季度的下半个阶段全球疫情得到控制，中国经济将恢复正常。在这个阶段，设定所有行业呈温和追赶增长态势，内需的追赶增长率不到1%，投资需求追赶增长率不到2%。在回归正常阶段，我们考虑两种可能性。第一种可能性，出口需求与前两个阶段一样继续处于低位；第二种可能性，设定出口需求恢复正常。用这两种场景评估外需对中国经济复苏和振兴的制约。

总的来说，我们模拟了四种场景：（1）封锁；（2）部分恢复；（3）在存在出口需求冲击的情况下恢复正常；（4）在没有出口需求冲击的情况下恢复正常。

在封锁、恢复和正常阶段场景下，对不同行业最终需求的直接影响如表3-3所示。

表3-3　　在封锁、恢复和正常阶段场景下，对不同行业最终需求的直接影响

阶段	冲击程度	农业	工业	服务业
封锁阶段	严重下降（>-60%）		乳制品、饮料和烟草，纺织、化肥和化工产品，橡塑制品、汽车零部件及配件，金属制品，通用和专用设备，建筑	交通，酒店及餐饮，文化和娱乐，房地产
	大幅下降（-25%）		精炼石油、石油、煤炭等燃料加工行业，家具、纸和纸制品，非金属制品，计算机、通信及其他电子设备制造	批发零售、商务服务，住客服务，其他服务
	降幅不大（-10%）		钢材，金属制品，食品加工	运输代理、装载、卸载、搬运和储存，邮政，保险，金融，公共行政和社会组织

续表

阶段	冲击程度	农业	工业	服务业
封锁阶段	未受影响	农业	采矿业，能源和谁	金融和商务，政府
	正增长（10%）		医药产品	通信技术，医疗
恢复阶段	快速恢复（10%）			互联网及相关服务、软件服务、信息技术服务，医疗
	适度恢复（-7.5%）		乳制品、饮料和烟草，纸和纸制品，化学产品，橡胶制品，金属制品，通用和专用设备，计算机、通信及其他电子设备制造，印刷和记录媒介制作，建筑装饰和其他建筑服务	客运，商业服务，餐饮，其他服务，教育
	恢复较慢（-15%）		纺织品，机动车，汽车零部件及配件，发动机	住宿，房地产，租赁，文化艺术、体育、娱乐
正常阶段			比正常年份的年增长率额外增长约25%	

资料来源：中国社会核算矩阵乘数模型结果。

3.1.4 衡量新冠疫情的经济代价：中国社会核算乘数模型结果

模拟社会核算乘数研究是反事实比较静态分析，对特定场景各种经济指标做了"假设"预测。将场景的结果与"基数"——2020年无疫情的正常情况——进行比对。这些场景并非对未来的"预测"，但为了帮助读者理解模型结果，我们将"假设"预测与2019年对应时期进行比较。为了进行这一比较，我们首先推导出2020年国内生产总值（GDP）和行业增加值逐季正常变化的情况。在2020年初、新冠疫情暴发之前，国际货币基金组织预测国内生产总值年增长率为5.9%，我们用这一数据推导出正常情况下2020年底的GDP水平。另外，我们借助2019年部门增长率、2019年各部门在季度GDP的份额，以及2019年部门增加值，将预测的正常情况下的2020年国民经济按部门和季度划分。模型中，全部GDP和部门GDP的变化结果被转换为各自的季度结果，然后将这些季度结果与2019年实际的季度统计数据进行比对。

除了在2019年季度GDP和行业GDP中所占份额外，我们还考虑了模拟的三个阶段的长度，即封锁、恢复和正常阶段，并为其分配权重，从而按季度得出2020年模拟结果。例如，第一季度（Q1）涉及三类情况：一月前3.5周的正常情况、第一季度持续5.5周的封锁阶段，以及3月初开始并占第一季度4周的恢复阶段。第一季度共 13 周，根据这三种情况中每种情况的周数分配权重。第二季度（Q2）相对简单，3 个月全都在模拟的恢复阶段中。第三季度（Q3）表示复苏和恢复正常阶段的加权模型结果，鉴于我们假设经济将在第三季度中期恢复正常，这两个阶段的权重为 0.50。第四季度（Q4）也相对简单，整个季度都处于模拟中的回归正常阶段。按季度划分的不同阶段的权重如表 3-4 和表 3-5 所示。

表 3-4　　　　　　　2019 年封锁、恢复和正常阶段的时间权重　　　　单位：%

时间	基数	封锁	恢复	正常
1~2 月	0.41	0.59		
第一季度	0.27	0.42	0.31	
第二季度			1.00	
第三季度			0.50	0.50
第四季度				1.00

资料来源：作者整理。

表 3-5　　　　　　　2019 年季度 GDP 占年度总量比重　　　　单位：%

行业	第一季度	第二季度	第三季度	第四季度
全部	21.5	24.0	24.9	28.1
农业	12.4	20.5	28.1	39.0
农作物	8.7	23.0	35.0	33.3
牲畜	14.7	25.8	19.2	40.2
林业	25.6	18.5	25.7	30.1
渔业	16.0	21.1	24.3	38.6
农业服务	12.6	20.5	28.0	38.8
工业	21.3	25.3	25.3	28.3
采矿业	22.7	25.5	25.4	27.3
制造业	23.2	26.2	25.7	27.5
食品加工	23.2	26.2	25.7	27.5
纺织	23.2	26.2	25.7	27.5
木材和纸	23.2	26.2	25.7	27.5
化学品	23.2	26.2	25.7	27.5
金属与机械	23.2	26.2	25.7	27.5
其他制造业	23.2	26.2	25.7	27.5
能源与水	22.7	25.5	25.4	27.3
建筑	14.8	23.9	24.9	32.5
服务业	22.9	23.5	24.2	26.5
贸易	21.7	22.8	23.7	28.0

续表

行业	第一季度	第二季度	第三季度	第四季度
交通	14.8	23.9	24.9	32.5
通信技术	28.1	28.5	26.1	25.5
酒店与食物	22.8	22.2	24.8	28.1
金融	24.9	24.2	24.7	24.6
文化与娱乐	21.4	23.3	23.2	27.0
政府	23.4	23.2	24.2	25.7
其他服务	23.4	23.2	24.2	25.7

资料来源：基于国家统计局的数据计算而得。

在本节的其余部分，我们首先关注广义经济，讨论部门、GDP 总量和就业的模型结果；然后我们继续讨论农业食物系统的模型结果。

1. 疫情对中国经济的整体影响——宏观结果

正如预期的那样，疫情在 2020 年第一季度严重打击了中国经济，因为第一季度 60% 的时间处于封锁状态。经济在第二季度开始复苏，但由于第一季度损失惨重，GDP 水平和 GDP 增长率预计将远低于没有疫情的正常情况。图 3-1 描述了全国范围内的这一经济损失。

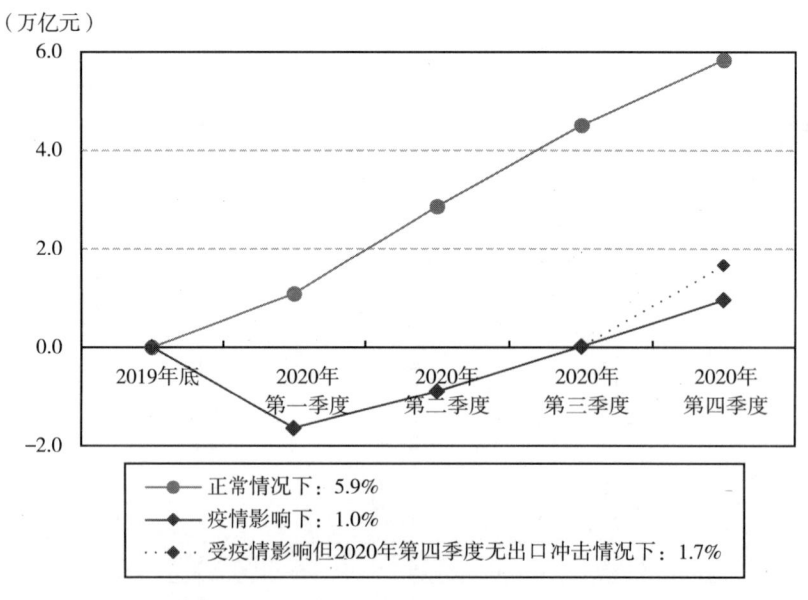

图 3-1 疫情和正常情况下 2020 年 GDP 相对 2019 年的累积变化
（2019 年物价）

资料来源：中国社会核算矩阵乘数模型结果。

从图 3-1 可以看出 2019 年和 2020 年正常情况下 GDP 水平的差异，5.9% 代表国际货币基金组织预测的 GDP 年增长率，这告诉了我们累积变化。2019 年底中国 GDP 水平约为 99 万亿元。以此为基准，在正常情况下，到 2020 年底，GDP 水平将比 2019 年增加 5.85 万亿元。从图 3-1 还可以看出疫情影响下 2020 年相对 2019 年 GDP 的累积变化。在 2020 年第四季度出口需求恢复或未恢复的情况下（这两种情况下的 GDP 年增长率分别为 1.7% 和 1.0%），受疫情影响，第一季度 GDP 比 2019 年底减少 1.64 万亿元。第二季度 GDP 开始回升，但将继续低于 2019 年水平，到第三季度可能恢复到 2019 年水平。随着第三季度中期经济恢复正常，如果出口需求未恢复，2020 年 GDP 将比 2019 年增加不到 1 万亿元，如果第四季度出口需求恢复，则将比 2019 年增加 1.7 万亿元。第一种情况下，GDP 年增长率在 1% 左右；第二种情况下，如果 2020 年第四季度出口需求全面恢复，则 GDP 年增长率在 1.7% 左右。

图 3-2 显示了农业、制造业和服务业三个总体经济部门的变化。如图 3-2 所示，疫情的负面影响因行业而异。制造业受到的打击最大，第一季度该行业的增加值下降 9.4%。疫情对农业的影响主要来自间接联系，因为大多数农业活动，特别是耕作，没有直接受到封锁政策的影响。与 2019 年相比，对农业增加值的总负面影响约为 5.3%。服务业受到的影响与农业相似，尽管在整个服务业中，许多行业因疫情和封锁政策严重受挫，如酒店和餐馆附加值下降 14%。

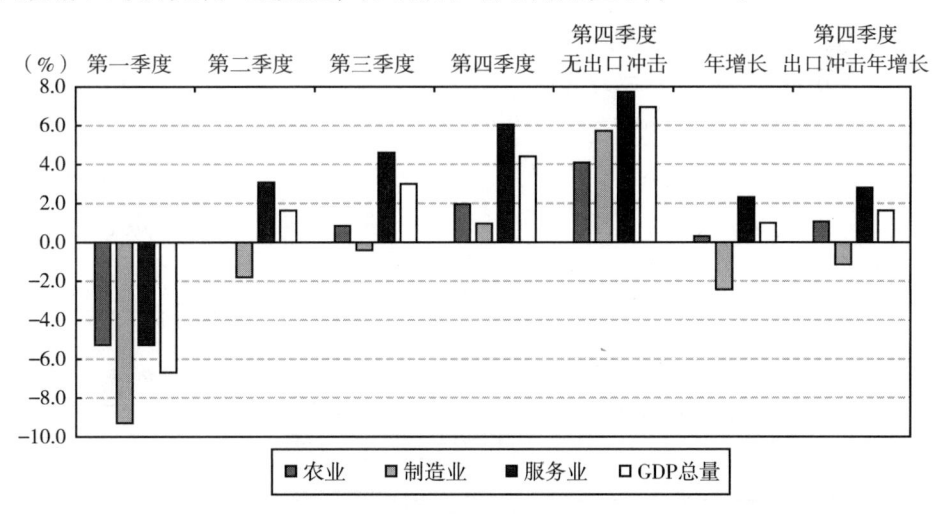

图 3-2 2020 年疫情对中国经济的影响（相对 2019 年百分比变化）
资料来源：中国社会核算矩阵乘数模型结果。

在经济开始恢复的第二季度，在服务业较快复苏的推动下，GDP 总量较 2019 年开始增长。农业恢复到 2019 年的水平，但制造业继续下降。第三季度后半段经济开始恢复正常，GDP 较 2019 年增长 3% 左右。服务业增长较快，制造业仍处于负增长区间。在最后一个季度，内需全面恢复，呈温和追赶增长态势，但外需继续处于低位。因此，在经济其他部分恢复正常时，制造业增长仍极低。如果设定出口需求在第四季度恢复，那么制造业增长将开始迎头赶上，达到 5.7%。服务业增长率高达 7.8%，带动 GDP 总量与 2019 年相比增长 6.9%。图 3-2 中的最后两组柱状图为年增长率。无论出口需求是否恢复，制造业年增长率都为负。在出口需求未恢复的情况下，制造业下降 2.4%，当出口需求恢复时，降幅减至 1.2%。在这两种情况下，农业都呈正增长，但增幅不大，分别为 0.3% 和 1.1%，而服务业增长更快，分别为 2.3% 和 2.8%。

我们还评估了疫情可能给就业带来的影响，结果如图 3-3 所示。受第一季度封锁政策的影响，就业人数大幅下降，尤其是在制造业。与基数相比，就业总人数减少 1.75 亿人，降幅约为 23%。制造业就业人数减少得最多，达 6 380 万人，占 29%。服务业和农业就业人数分别减少 7 700 万人和 3 440 万人。当经济开始复苏时，许多就业机会恢复，但在出口需求未恢复的情况下，总就业人数仍将低于基数。在恢复和正常场景下，由于伴随出口冲击，就业总人数分别下降 2 620 万人和 970 万人。出口对就业影响显著：出口需求恢复后，受到出口冲击影响的就业人数将减少 1 758 万人。结果还表明，非熟练劳动力受到的负面影响比熟练劳动力更大，因为非熟练劳动力更多是在受到严重冲击的行业工作，如食品加工业、纺织业、批发和零售贸易业、交通运输业、酒店和餐饮业等。在封锁阶段，非熟练劳动力和熟练劳动力的就业人数分别减少了 1.03 亿人和 7 200 万人。在恢复和正常

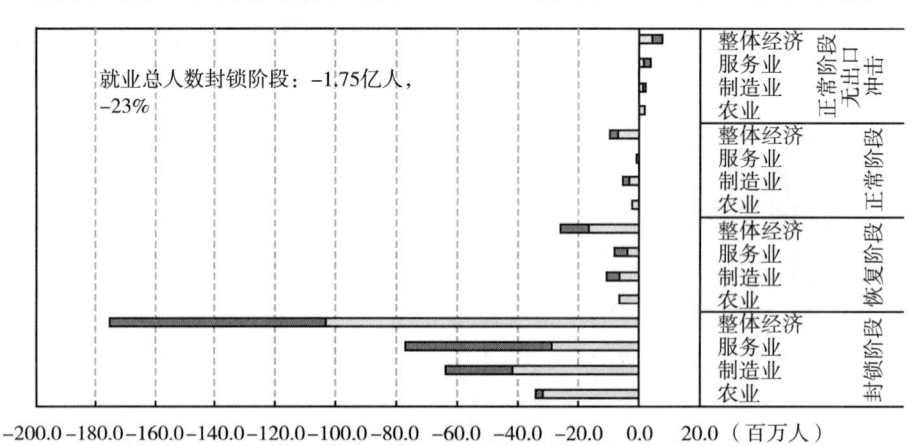

图 3-3 新冠疫情对就业总人数的影响（相对于基数的数量变化）

资料来源：中国社会核算矩阵乘数模型结果。

阶段，非熟练劳动力和熟练劳动力受到的冲击都变小了，但非熟练劳动力就业恢复的速度仍慢于熟练劳动力。非熟练劳动力就业人数和熟练劳动力就业人数都低于恢复阶段的基数，分别为1 680万人和940万人。在正常阶段，大部分非熟练劳动力和熟练劳动力都重新返岗，但由于出口需求收缩，仍受到一定的负面影响。

2. 疫情对中国农业食物系统的整体经济影响

我们从GDP和就业两方面清楚地衡量了疫情对中国农业食物系统的影响。我们采用瑟洛（Thurlow，2020）开发的农业食物系统指标，他将农业食物系统的不同组成部分衡量为国家GDP总量和就业总数的不同份额。我们将以下部门/子部门，或者非农业部门/子部门的一部分视作农业食物系统的组成部分：（1）传统的初级农业，包括所有作物、牲畜、林业和渔业；（2）作为制造业子行业的食品加工业，以及一些非食品制造子部门，这些部门直接以纱线、天然纤维、木材、木制品等农业原材料为中间投入品；（3）在生产农民、农产品加工者直接使用的投入品（如化肥和银行服务）的过程中产生的附加值或就业，农民和加工者自己生产的投入品被排除在外，以避免重复计算，只有与当地投入品生产者相关的部分增加值和就业才是农业食物系统的一部分；（4）农业食品在农场、公司和最终销售点（市场）之间流通，与流通相关的国内运输和交易活动（零售和批发）产生的增加值和就业；（5）食品服务部门的增加值和就业，以及酒店和住宿行业的一部分附加值和就业，以农业食品投入物在这些部门总采购投入中的份额为依据。

图3-4展示了疫情对农业食物系统附加值的影响，即AgGDP+。图3-5展示了疫情对农业食物系统就业的影响，即AgEMP+。图3-4和图3-5都反映了整个农业食物系统的增加值和就业的变化，以及选出的系统重要组成部分的增加值和就业变化，这些部分包括初级农业、食品加工和农业食品相关服务。

与前文讨论的整个经济受到的宏观影响一致，农业食物系统在第一季度也受到显著影响，而初级农业的负面影响相对不大，主要来自间接联系的影响。许多农业食品加工行业直接受到封锁政策的打击。如图3-4所示，农业食物系统中农业食品加工行业的降幅最大，比2019年下降了8.3%，这也导致整个农业食物系统在第一季度下降7.1%。

从图3-4还可以看出，在2020年其他时间里，农业食物系统不同组成部分的恢复速度也不同。在第二、第三季度，与农业食物系统相关的服务业的恢复速度比其他行业更快，在第四季度，这一复苏对农业食品加工至关重要。总体而言，虽然农业食物系统全年将继续保持正增长，但增幅不大，在0.4%~1.1%，具体增幅取决于第四季度出口需求能否恢复。

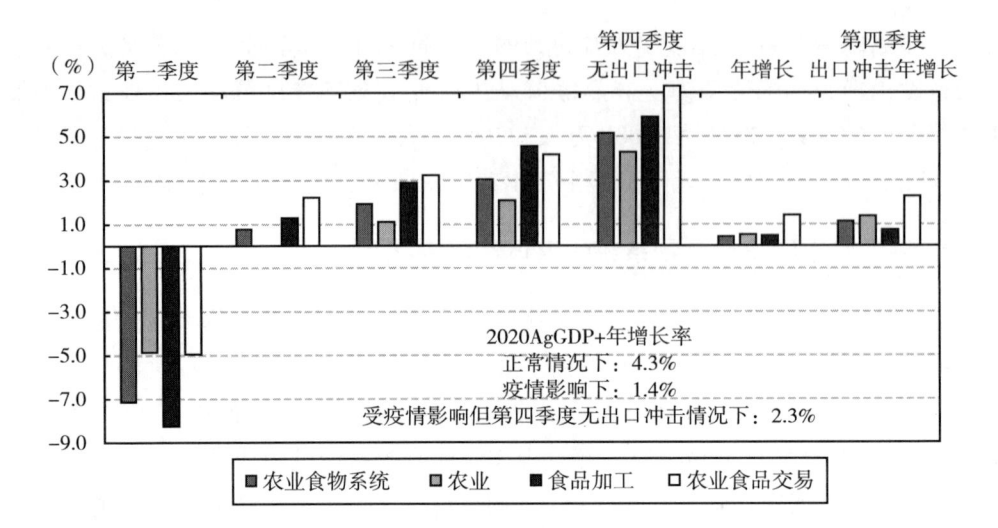

图 3-4　疫情对中国农业食物系统增加值的影响（相对 2019 年的百分比变化）
资料来源：中国社会核算矩阵乘数模型结果。

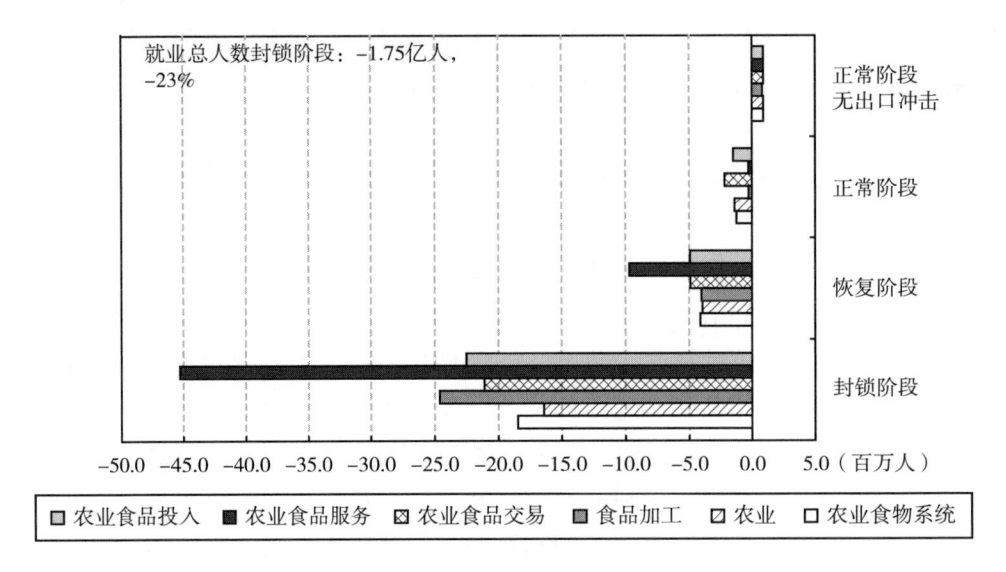

图 3-5　疫情对中国农业食物系统就业的影响（相对于基数的数量变化）
资料来源：中国社会核算矩阵乘数模型结果。

最后，图 3-5 展示了疫情对农业食物系统就业的影响。与前面讨论的就业总量受到的影响一致，在封锁阶段，农业食物系统各个组成部分的就业出现下降。在这一阶段，失业人数达 4 680 万人，约占总失业人数的 27%，约占农业食物系统总就业人数的 18.5%，主要来自与系统相关的农业食品加工业和农业食品服务业的大量失业，二者分别减少 400 万人和 470 万人，占其部门就业总人数的 24.6% 和 45.3%。

在恢复阶段，就业开始复苏，但农业食物系统的就业总人数仍低于基数。系统就业总人数减少了 860 万人，约占失业总人数的 33%。这意味着由于餐馆营业恢复较慢，农业食物系统的恢复速度慢于其他行业。在恢复阶段，农业食品服务业的就业人数仍减少近 10%。只有当经济恢复正常且出口需求恢复时，农业食物系统才会出现更多的就业机会。

3.1.5　结论及政策含义

本节应用社会核算矩阵乘数模型，评估了新冠疫情防控政策和经济重新开放对经济部门的广泛影响，从增加值和就业两个方面，着重分析其对中国宏观经济和农业食物系统的影响。本节考量了封锁、恢复和回归正常三个不同阶段下，疫情防控政策和因素在全年的影响。分析发现，在封锁阶段，整个经济和农业食物系统都受到疫情和相关防控措施的严重冲击。第一季度的模型结果与国家统计局的统计数据非常接近：GDP 总量下降 6.7%，工业和服务业分别下降 9.4% 和 5.3%。根据疫情防控政策，许多非农业活动停止，虽然农业活动一般不受限制，但农业部门受到的间接影响是显著的，因为中国的农业部门与其他经济部门的融合更加紧密，80% 的初级农产品被用作中间投入品，尤其是农业食品加工业。由于封锁政策，许多农业食品加工业受到直接冲击，进而影响了下游农业和农业食物系统的其他部分。我们发现，与 2019 年相比，2020 年第一季度疫情对农业食物系统造成的经济损失相当于系统增加值的约 7%、就业的 9% 以上。

自 2020 年 3 月初以来，中国逐步但缓慢地重新开放经济，但全面恢复尚未到来。本节发现，2020 年第二、第三季度，许多制造业继续呈负增长，而农业食物系统增加值虽然将出现正增长，但增幅不大。本节还考虑了 2020 年中国经济全面复苏的可能性。全面复苏取决于 2020 年底世界其他地区对中国出口的外部需求能否恢复。分析发现，在不恢复出口需求的情况下，2020 年中国经济总量较 2019 年增长不到 1%，而在出口需求恢复的情况下，增速将升至 1.7%。两种情况下，农业食物系统的增长分别为 0.4% 和 1.1%，出口需求的恢复解释了农业食物系统年增长率中 0.7 个百分点的差异。这些结果与国际货币基金组织 4 月份的展望相近，国际货币基金组织预计由于新冠疫情的影响，中国 2020 年的 GDP 增长率为 1.2%。当然也有一些其他乐观的预测，如 3%~4%（Lin，2020；Liu，2020）。

疫情对就业的负面影响也很大。在封锁阶段，就业总人数减少了 1.75 亿人，约占 23%，其中，制造业就业人数减少 6 380 万人，服务业减少 7 700 万人，农业减少 3 440 万人。虽然随着经济开始复苏，部分岗位恢复，但在恢复阶段，就业总人数仍下降 2 620 万人。出口冲击对就业的影响也很显著。如果出口需求不恢复，超过 1 700 万个岗位将缺失。疫情对非熟练劳动力的冲击大于熟练劳动力。在封锁阶段，由于疫情影响，农业食品加工业和服务业大量岗位缺失，导致农业食物系统 4 600 万人失业，占就业总人数的 27%。非熟练劳动力和熟练劳动力的就业均受到重大影响，而非熟练劳动力受到的影响更大。经济开始复苏后，许多岗位会恢复，但农业食物系统的就业总人数仍低于基数。由于餐馆营业恢复较慢，农业食物系统的恢复速度慢于其他行业。农业食物系统的就业总人数减少 860 万人，约占失业总人数的 33%。只有当经济恢复正常且出口需求恢复时，农业食物系统才会出现更多就业机会。

中国经济十分依赖出口需求，而出口需求受到疫情冲击，短期内不可能完全恢复。其他许多国家仍处于抗击疫情的第一阶段，因此，全球迅速恢复正常并不现实。中国应对之策的关键在于减少对出口的依赖，同时刺激内需。中国农业食物系统对外部经济的依赖程度较低。出口占总产出的比重，以及进口占总需求的比重均不足 5%。通过政策支持帮助农业食物系统快速恢复并重新实现增长，将大力推动经济全面增长。就业仍是一大挑战，因为在疫情后的经济新常态下，许多失去的岗位可能并不会恢复。创造就业需要通过政策激励企业家创新，这些企业家中有许多是来自农业食物系统中的劳动密集型中小企业（如餐饮和酒店）。目标是在 2020 年底或 2021 年经济走向正常时，建立一个强大的粮食系统。

3.2 新冠疫情对全球食物安全的影响及对策

3.2.1 引言

自新冠疫情在中国暴发以来，中国政府采取的一系列应对举措取得了显著成效，疫情已得到有效控制。2020 年 3 月 19 日，中国大陆首次报告无新增本土病例。但是，全球疫情仍然面临巨大挑战。世界卫生组织（WHO）在 2020 年 2 月 28 日将新冠肺炎疫情的全球风险级别提高至最高水平——"非常高"。随着确诊病例数、死亡人数和受影响国家数量的进一步攀升，WHO 在 3 月 11 日进一步宣布新冠疫情为全球"大流行"。截至 4 月 29 日，全球 213 个国家和地区出现确诊病例，全球新冠肺炎确诊病例累计超过 302 万例，全球死亡人数已超过 20 万人。[①] 从感染

---

① WHO coronavirus (COVID-19) dashboard [EB/OL]. https：//covid19.who.int/.

的范围和人数来看,此次新冠疫情的影响范围和程度已经远远超过严重急性呼吸综合征(SARS)、中东呼吸综合征(MERS)和埃博拉(Ebola),形势非常令人担忧。

为控制疫情的快速扩散和蔓延,意大利、西班牙、印度等国家已经采取了全国封城的非常举措,美国、英国、德国、澳大利亚、加拿大等许多发达国家的城市已经采取了严格的隔离措施,许多国家都宣布进入"紧急状态",采取了限制旅行,居家隔离,关闭餐馆、酒吧、景区、学校和其他聚会地点等措施。美国的50个州和大部分领土全部宣布进入"重大灾难状态",这在美国历史上是第一次。亚洲、欧洲、非洲都出现了大面积的停摆,许多经济活动被迫停止,工人隔离,工厂和许多服务业停业,国际旅行减少。这些举措对国民经济带来严重的负面影响。全球经济增长下行形势几乎不可逆转。根据国际货币基金组织(IMF)最新预测,2020年的全球经济增长预期为-3%,与1月份的预测相比下调了6.3个百分点,为20世纪30年代大萧条以来最严重的经济衰退。①

新冠疫情的快速扩散也威胁到全球食物安全。首先,交通中断、食物购买恐慌等可能打乱食物供应链,影响食物贸易和供应,造成食物损失并引起价格上涨。其次,就业减少和收入下降将会导致居民购买力下降,限制人们获得富有营养的食物,营养下降,可能会引发疾病。最后,贸易保护主义政策抬头,可能导致全球食物短时间内供应紧张,价格上涨。尤其是某些农产品只有几个少数国家出口,这些商品的中断将对全球产生重大影响。以俄罗斯为例,俄罗斯已成为世界上最大的小麦出口国和北非的主要小麦供应国。贸易保护主义政策会对农产品贸易产生影响,特别是高度依赖进口食物的发展中国家受到的影响显著,它们可能面临食物短缺。而出口港口关闭等措施,对于高度依赖出口初级农产品的国家也是严重打击,将导致出口创汇减少,收入下降。

脆弱国家和脆弱人群的食物安全尤其令人担忧。目前,疫情扩散到了非洲等经济不发达的国家(地区),可能使它们原本脆弱的食物系统雪上加霜。由于冲突和难民危机、气候变化和不平等加剧,全球饥饿和营养不良人数自2015年以来连续三年不降反增,这一状况在中东和撒哈拉以南非洲地区尤为严重。据联合国粮农组织的数据,2019年,全球共有55个国家(地区)的1.35亿人处于粮食危机状态,其中,有7300万人位于非洲,占总人数的一半以上。② 而非洲国家在应对疫情方面的能力

---

① IMF. World economic outlook, April 2020 [R]. https://www.imf.org/en/Publications/WEO/Issues/2020/04/14/weo-april-2020.

② Food Security Information Network (FSIN). Global report on food crises (GRFC2020) [R]. https://www.fsinplatform.org/sites/default/files/resources/files/GRFC_2020_ONLINE_200420.pdf.

相对较弱。据世界卫生组织统计，2014~2016 年，西非地区埃博拉病毒暴发导致超过 2.8 万人感染和 1.1 万人死亡，其中几内亚、利比里亚和塞拉利昂的情况尤其严重。① 在西非疫情地区，农业生产和劳动力市场被打乱，交通和贸易受阻，经济下行，这些都对脆弱群体的食物和营养安全产生了严重的负面冲击（Fan, 2014）。

虽然目前还难以准确评估新冠疫情对全球食物安全带来的影响，但是这次冲击显然不可小觑。根据联合国粮农组织、国际农业发展基金、联合国世界粮食计划署等 15 个发展机构共同发布的《全球粮食危机报告》，如果不及时采取措施，受疫情的影响，2020 年全球面临粮食危机的人数或将再增加 1.3 亿，达到 2.65 亿。② 特别是对于脆弱国家的饥饿人群而言，新冠疫情的影响可能是灾难性的。随着疫情的蔓延发展，其对全球食物安全的威胁也可能越来越大，非常有必要提前分析全球食物安全形势，尤其是疫情对于一些重点国家和重点人群的影响，高度警惕疫情对全球安全带来的负面冲击和风险，提前做好防范措施，以确保全球粮食安全，降低疫情对食物安全带来的不利影响。作为世界粮食进口大国，中国的粮食安全与全球粮食安全休戚相关，随着新冠疫情在全球范围内暴发，要充分关注可能带来的全球粮食危机，做好应对准备。

3.2.2 全球食物安全形势现状

目前全球食物供给总体充足。根据联合国粮农组织的最新报告，小麦和大米等产品的全球储备应足以满足短期的粮食需求。③ FAO 预计 2019 年世界谷物产量为 27.21 亿吨，比 2018 年增加 6 460 万吨，增长 2.4%。其中，小麦产量为 7.63 亿吨，增长 4.2%；稻米产量为 5.12 亿吨，下降 0.5%。④ FAO 初步预测 2020 年小麦产量仍保持在 7.63 亿吨的历史高位。尽管欧洲、乌克兰和美国的产量略有下降，但是，澳大利亚、加拿大、印度和俄罗斯的产量呈增长趋势。粗粮产量预计也保持增长。阿根廷玉米产量接近 2019 年的历史高位，巴西尽管受到干旱的影响，但由于面积扩大，玉米产量约 1 亿吨。南非玉米产量增幅显著，预计超过 1 500 万

---

① WHO. Ebola situation report [R]. https：//apps.who.int/ebola/current-situation/ebola - situation-report-20 - january-2016.
② （GFR2020）Food Security Information Network（FSIN）. Global report on food crises（GRFC2020）[R]. https：//www.fsinplatform.org/sites/default/files/resources/files/GRFC_2020_ONLINE_200420.pdf.
③ FAO. World food situation [EB/OL]. http：//www.fao.org/worldfoodsituation/foodpriceindex/en/, 2020 - 04 - 02.
④ Food and Agriculture Organization of the United Nations（FAO）. Cereal supply and demand brief [R]. http：//www.fao.org/worldfoodsituation/csdb/en/.

吨，并攀至有史以来第二高产量。世界谷物消费量预计为27.22亿吨。到2020年末，世界谷物库存量将比期初减少800万吨，全球谷物库存与消费量之比下降至30.7%，不过这仍属于较为适宜的水平。2019/2020年度，世界谷物贸易预计为4.2亿吨，同比增长2.3%。①

全球粮食价格总体平稳。根据FAO的食品价格指数信息，② 2020年3月食品价格指数比2月下降4.3%，新冠疫情导致需求减弱和油价下跌，压低了主要食物类商品的国际价格。糖类价格指数跌幅最大，比2月下降了19.1%。下跌原因包括因多国实施限制措施导致境外消费需求下降，以及由于原油价格急剧下跌导致乙醇生产商需求减弱。植物油价格指数在一个月内下跌了12.0%，主要原因包括因粗矿物油价格暴跌导致棕榈油价格下跌，以及新冠疫情对全球植物油市场影响的不确定性增加。大豆油和菜籽油价格也呈现相同走势。谷物价格指数较2月下降1.9%，接近2019年3月的水平。主要是玉米和小麦价格下降，稻米价格上涨。受到疫情影响，小麦消费需求下降，而小麦供给相对充足。由于经济受到影响，导致饲料粮需求下降，玉米消费疲软。但国际稻米价格上涨，主要原因是美洲和越南稻米出口受限，而远东和东非需求强劲，以及对疫情的担忧引发了囤积粮食行为。

但是，一些地区的粮食安全面临严峻挑战。在食物缺乏的低收入国家，受到政治冲突、恶劣天气条件和沙漠蝗虫等的影响，谷物产量将明显下降。根据FAO统计，全球大约44个国家（其中非洲34个国家）需要食物援助。非洲地区的蝗虫灾害对埃塞俄比亚、中东、巴基斯坦的粮食生产造成了比较严重的破坏。③ 目前FAO已经对这次蝗灾发出了"威胁级别"的橙色预警。在东非，大范围的沙漠蝗虫暴发使得农作物面临严重风险，影响农作物播种。评估显示这是东非地区25年来遭遇的最严重的蝗灾，尤其在肯尼亚、埃塞俄比亚、索马里等国家，给食物安全带来前所未有的威胁。另外，干旱使得农业产量下降，价格上涨，加剧了食物不安全。政治冲突加剧了食物不安全。在中非共和国，2020年1月，由于水灾和政治冲突，贸易受到限制，导致大部分农产品市场供给短缺，玉米和木薯价格上涨了50%。④ 另外，澳大利亚大火严重影响了畜牧业和农业，给饲料、储备粮以及牧场带来较大损失。

---

① Food and Agriculture Organization of the United Nations (FAO). Cereal supply and demand brief [R]. http://www.fao.org/worldfoodsituation/csdb/en/.
② FAO. Food price index [R]. http://www.fao.org/worldfoodsituation/foodpricesindex/en/.
③ FAO. Desert locust bulletin No. 495: General situation during december 2019 forecast until mid-February 2020 [EB/OL]. http://www.fao.org/resilience/resources/resources-detail/en/c/1261231/, 2020-01-06.
④ FAO. Monitoring food security in countries with conflict situations (Issue No. 7 – January 2020) [R]. http://www.fao.org/emergencies/resources/documents/resources-detail/en/c/1259509/.

3.2.3 疫情对全球食物安全的影响

由于隔离和边境关闭，市场、供应链和贸易打乱，新冠疫情对全球食物的供给和需求都会产生影响。因为限制移动和担心感染风险，食物流通渠道可能因为运输中断和检疫措施而受阻，运输费用和贸易成本增加。居民食物消费需求也面临更多不确定性，获得充足的营养食物变得更加困难，收入和购买力下降，消费更加谨慎等。脆弱群体和高度依赖进口的国家面临的食物安全风险增大。

1. 食物供应

迄今为止，新冠疫情尚未对全球的粮食供应或价格产生直接的重大影响。大宗商品在装卸和运输时，人与人之间的直接接触较少。此外，小麦和大米等不易腐烂谷物的全球储备应该足以满足任何激增的需求，因此，粮食供应没有出现重大中断。而对于易腐烂的蔬菜、水果等食物，运输限制和更加严格的检疫对其供应的影响更大，但是目前各国尚未出现全国范围内蔬菜供应普遍中断的情况（Glauber et al.，2020）。在中国，由于充足的粮食储备和采取了确保粮食等生活必需品持续流通的措施，食物供应和价格受到的影响很小。尽管如此，各国为遏制疫情所采取的隔离和封闭措施已经开始对供应链产生影响。隔离措施可能会阻碍农民务农，减少劳动力，并阻碍食品加工商开展生产。交通运输限制导致化肥、兽药和其他投入品供应短缺，也可能影响农业生产（Vos et al.，2020；Torero，2020）。疫情也导致一些贫困人口依靠的食物、营养、健康等公共部门的扶持项目中断。例如，印度的全国封锁政策导致该国最大的社会保障安全网之一的校园供餐项目被迫暂停，社区为孕妇和哺乳期妇女提供的营养项目也被中断。受疫情影响，许多国家关闭了学校，世界上超过 3.6 亿名儿童无法吃到校餐。而其中许多来自贫困家庭的儿童，其营养依赖于学校的营养餐。世界粮食计划署（World Food Programme，WFP）在大约 48 个国家实施了学校供餐项目的学校部分或全国性关闭，这意味着大约 1 100 万名儿童不能得到 WFP 支持的学校营养餐，[①] 这个数字可能还会上升。这些儿童和他们的家庭受到了严重影响。对于许多饥饿的儿童，学校营养餐可能是他们一天唯一的营养来源。对于贫困家庭，学校营养餐相当于其家庭月收入的 10%，营养餐缺失也意味着其收入受到损失。

---

① WFP. New digital map shows terrible impact of COVID-19 on school meals around the world [R]. https://www.wfp.org/news/new-digital-map-shows-terrible-impact-covid-19-school-meals-around-world.

2. 食物需求

在需求方面，由新冠疫情引起的购买力下降可能会改变人们的饮食方式。经济增长放缓通常会导致人们对肉类和植物油等高价格食品的需求下降，但对面包和大米等基本食品的需求实际上可能会增加。像最近在世界各国所看到的那样，消费者恐慌也可能会破坏供应链并导致供应中断和粮食价格上涨。

疫情造成经济损失的一个重要因素是有工作的新型冠状病毒感染者无法在至少几周的时间内充分有效地工作。随着疫情的进一步传播，封锁措施被普遍采用以应对疫情，更多工人将无法工作，据国际劳工组织（International Labour Organization，ILO）称，疫情正对就业产生"前所未有的深远"影响，超过 10 亿名就业者正面临减薪或失业风险。[①] 仅在美国，4 月初就有 2 200 万人失业。[②] 印度的失业率从 3 月中旬的 8.4% 飙升至 4 月第一周的 23%，截至 4 月 5 日，城市地区的失业率已飙升至 30.9%。[③] 疫情也将直接影响海外劳工的收入，海外劳工汇款是发展中国家和许多低收入人群的生命线。联合国秘书长古特雷斯在一场记者会中称，各国已经承诺将汇款费用降低至 3%，远低于目前的平均水平，但此次危机要求各国提供更强的支持政策，使汇款费用尽可能接近零。国际食物政策研究所的全球模型估计，全球经济每放缓一个百分点，贫困人口的数量将增加 2%，约 1 400 万人陷入贫困，且其主要影响的是生活在发展中国家农村地区的人口（约 900 万人）（Vos et al.，2020）。

新冠疫情带来的经济损失和购买力下降可能导致膳食质量急剧下降（Headey & Ruel，2020）。疫情期间，由于新鲜蔬菜水果和肉类等供应更加困难，而且价格更加昂贵，可能会导致居民饮食结构更加单一和营养下降。穷人更加倾向于用便宜的大米、玉米、小麦和木薯等主食来获取所需要的卡路里，以代替更加昂贵的鸡蛋、蔬菜和水果，而这些食物通常是重要微量营养元素的来源。

以中国为例，由于防疫措施对人员流动的限制，农民工无法返城工作，因而失去了收入来源。农民工群体因此产生的收入损失预计超过 1 000 亿美元。这些遭受收入损失的农民工家庭大大减少了营养摄入，大多数村民不得不减少食物支出，大量购买谷物和其他主食，而不是更贵的生鲜食品（Rozelle et al.，2020）。在印

[①] ILO Monitor. COVID-19 and the world of work（2nd Edition）[M]. https：//www.ilo.org/wcmsp5/groups/public/@dgreports/@dcomm/documents/briefingnote/wcms_740877.pdf.

[②] US Department of Labor. https：//www.dol.gov/ui/data.pdf.

[③] Center for Monitoring Indian Economy. https：//www.cmie.com/kommon/bin/sr.php? kall = warticle&dt = 2020 - 04 - 07%2008：26：04&msec = 770.

度，约有91%（4.22亿）的劳动力为非正式工人，[①] 这些人群在疫情期间失去了收入来源，加剧了贫困和粮食不安全状况。

3. 农产品贸易

贸易是调节全球农产品供需余缺的重要手段，有利于保障全球食物安全，但是，疫情暴发通常会对贸易产生一定的影响。例如，2014年的埃博拉疫情导致西非受灾国家主粮价格大幅上涨；撒哈拉以南非洲等严重依赖进口来满足粮食需求的国家面临着更高的粮食安全风险，尤其是在边境关闭时；化肥和其他关键投入物等非粮食供应链的中断会导致农民休耕（或面临播种和收割延误），从而影响这些国家的食物安全。这次新冠疫情也正在对农产品贸易产生显著影响。

（1）疫情影响各个国家和地区间的运输和农产品检验，贸易变得更加困难，成本更高、效率更低。随着疫情持续蔓延，各国的防范措施进一步升级，将会对食物供应带来挑战。世界卫生组织在疫情发生后建议，"没有理由采取不必要的措施干涉国际旅行和贸易"，但在实际操作过程中，很多国家采取了更加严格的限制措施。严格的边境控制措施将影响依赖粮食进口的国家进口粮食，也不利于依赖出口初级农产品的低收入发展中国家出口农产品，从而影响农民收入。

（2）各国的出口限制措施将威胁全球贸易。尽管食物供给总体充足，但是，一些国家开始囤积食物，为保障国内食物供应而采取出口限制。2008年食物价格危机的教训深刻，贸易保护主义政策最终将导致食品价格上涨，造成恶性循环。2008年，澳大利亚和阿根廷的干旱、石油价格上涨、用于生物燃料生产的粮食使用量增加以及贸易政策失灵造成了全球粮食危机，许多国家采取了各种出口政策来限制农产品的出口。原本不存在大米供应短缺问题，但是许多国家由于恐慌对大米出口征收更高的税，或者禁止大米出口，结果全球市场大米价格在6个月内翻了一番，大米贸易严重中断，从而导致了食物价格危机（Headey and Fan, 2010）。尽管许多专家建议不要重复2008年食物危机期间的错误（樊胜根，2020；陈志钢等，2020；Torero, 2020; Glauber et al., 2020; Voegele, 2020），但截至目前，已有14个国家采取了出口限制行为。[②] 例如，哈萨克斯坦是世界上最大的小麦粉出口国之一，该国已禁止出口小麦粉、胡萝卜、糖和土豆等其他食物；越南政府从2020年3月25日暂停大米出口合同的签订，随后该出口禁令被取消，但采取了

[①] Addressing COVID-19 impacts on agriculture, food security, and livelihoods in India [EB/OL]. https://www.ifpri.org/blog/addressing-covid-19-impacts-agriculture-food-security-and-livelihoods-india.

[②] IFPRI food export restriction tracker [EB/OL]. https://public.tableau.16com/profile/laborde6680#!/vizhome/ExportRestrictionsTracker/FoodExportRestrictionsTracker? publish = yes.

4月40万吨的大米出口限制；塞尔维亚已经停止了葵花籽油的出口。最后，国际市场对疫区农产品和食品的需求下降。例如，2009年H1N1疫情的暴发导致俄罗斯和中国的猪肉进口量与2008年相比分别下降了28%和56%，2014年埃博拉病毒在利比里亚暴发，导致天然橡胶这一主要的出口型农产品同比下降超过40%。新冠疫情在中国暴发对贸易的影响首先体现在出口方面。在疫情和防控措施的双重压力下，中国出口能力下降。另外，出口企业的交易成本也因企业春节停工延长、交通运输等相关配套行业受限、检验检疫更加严格等因素显著提升。此外，相关贸易国陆续对中国商品和人员的进入实施限制。2020年1~2月，中国农产品出口额同比减少10.2%。中国商品出口的削减将对相关国家产生严重影响，以韩国为例，受两国新冠疫情形势影响，2020年1月韩国从中国的农产品进口量仅10万吨，同比下降67%。供应端的紧张也直接助推了价格的上涨，2月12~20日，韩国批发市场上红辣椒、胡萝卜、菠菜、卷心菜和泡菜的价格涨幅分别为31%、28%、17%、6%和20%。①

4. 农业投资

联合国贸易和发展会议（UNCTAD）在2020年3月全球投资趋势监测中，称新冠疫情暴发将对全球外国直接投资（FDI）流量产生负面影响。根据疫情发展的不同假设，疫情将导致全球FDI下降5%~15%。② 尽管农业投资不是监测中受到影响最大的行业，但随着疫情传播也必然会受到影响。需求冲击的负面影响将集中在受疫情影响最严重的经济体，而生产停滞和供应链中断将更多地影响那些与全球价值链中心（中国、韩国、日本及东南亚经济体）更为紧密的经济体。投资受新冠疫情影响的经济体更为集中，那些为控制病毒传播采取最严格措施的国家受到的影响最大。影响很大程度上是由于整体需求下降导致的投资推迟，对于全球价值链相关贸易依赖越大的经济体受到的影响也会越大，跨国企业对于更有弹性的供应链的需求可能会加速现有全球价值链脱钩的趋势。

3.2.4 如何保障全球食物安全

此次新冠疫情是全球公共卫生安全的一次重大挑战，全世界应共同努力战胜

---

① UNTAD. Global trade impact of the coronavirus (COVID-19) epidemic [EB/OL]. https://unctad.org/en/PublicationsLibrary/ditcinf2020d1.pdf.

② UNTAD. Investment trend monitor No.34, impact of the coronavirus outbreak on global FDI [EB/OL]. https://unctad.org/en/PublicationsLibrary/diaeinf2020d2_en.pdf.

疫情，推动构建人类命运共同体。食物安全不再是一个区域性问题，而是一个需要共同回应的全球性问题。全球食物安全的风险明显增大，需要共同努力保持全球粮食供应链的活力，减轻新冠疫情对全球食物系统的影响，并对最弱势群体采取迅速的保护和援助措施，确保全球食物安全。既要防止恐慌，囤积粮食，同时，也应该加强全球食物安全治理，发挥全球性粮食储备的作用，加强 WFP 在应急方面的作用。为此，本书提出以下政策建议。

1. 保持贸易开放，避免恐慌和价格疯涨

国际贸易是保障食物供给的重要手段。2020 年 3 月 26 日，《二十国集团领导人应对新冠肺炎特别峰会声明》呼吁应确保关键农产品的正常跨境流动，努力解决全球供应链中断问题，重申实现自由、公平、非歧视、透明、可预期和稳定的贸易投资环境以及保持市场开放的目标。4 月 21 日，二十国集团农业部长进一步发表应对新冠肺炎特别会议声明，承诺开展紧密合作、采取切实行动，保障全球粮食安全和营养水平。世界贸易组织、联合国粮农组织、世界银行和国际货币基金组织等国际机构倡议各国不要以新冠肺炎作为发布贸易保护主义政策的借口，谨防"贸易保护主义"抬头而避免采取一些不利于全球贸易的措施，而应消除贸易壁垒，减少贸易扭曲，稳定食物市场，保障食物来源。加强双边和多边国际合作，维护国际市场稳定和农产品贸易有序进行。

2. 确保全球和国内食物供应链的正常运行

新冠疫情仍在蔓延，何时被遏止尚不明确。因此，为了确保所有人的食物安全，各国需要在全球和国家层面采取紧急行动。首先，需要密切监测食物价格和市场。市场信息的透明化有助于政府进行宏观调控和消除消费者的恐慌情绪，并能够引导农户合理安排生产。为了遏制市场投机行为，政府应加强市场监管。其次，有必要确保国际和国内的农业与食物供应链正常运行。例如，中国通过为新鲜农产品开辟"绿色通道"和严禁设置未经授权的路障，为当前疫情期间如何确保食物安全树立了一个好的范例。

3. 利用创新电子商务保障食物供应

政府应该鼓励电子商务和快递公司在采取严格封锁措施的地区发挥关键的物流保障作用，以确保食物的持续供应，保障消费者需求。在中国，电子商务和配送公司发挥了重要的物流作用（郭红东等，2020）。例如，由于隔离措施增加了人们对送货到家的需求，电子商务公司推出了一种非接触式送货服务，使快递员可以在方便的地点留下包裹以便顾客取货，从而避免了人与人之间的近距离接触。政府也可以利用创新技术推进跨境贸易数字化（马述忠和房超，2020），推进世界电子贸易平台（eWTP）与更多国家的政府、企业开展合作，共建"数字丝绸之路"，鼓励外贸企业充分利用线上产品展示、线上商务谈判、电子支付等数字化手段开展贸易洽谈与交易。

4. 健全社会保障体系，帮助解决脆弱群体的食物安全问题

各国需要社会保障措施来保护受影响最严重和最脆弱的人群，尤其是儿童、孕妇和老人。这些措施可以采用现金或实物转账的形式（因时制宜、因地制宜、因势利导很重要）。因为营养水平和死亡率有着错综复杂的联系，投资于弱势群体的健康和营养措施可以降低多种疾病的死亡率。各国应确保满足其脆弱人群的紧急粮食需求，调整社会保护计划并扩大营养支持，预防营养不良问题的发生。学校的营养餐项目应该及时进行调整，尤其应让穷人家庭儿童继续得到营养食物。

5. 加强对健康食物系统的投资

新发传染病大多起源于动物，应解决新发传染病的某些根源问题。随着人口和收入增长，农产品消费和农业生产大幅增加，由此也使得食物系统面临严峻挑战：森林遭到破坏、土壤退化、生物多样性丧失和气候变化。人口流动和贸易增加，也使得疾病的快速扩散能力倍增。世界银行呼吁各国需要对牲畜、不安全的食品处理、环境退化、侵占野生动物栖息地与人类疾病之间联系的深入理解，动物的健康、人类的健康和地球的健康息息相关，应加强对健康食物系统的投资，建立一个更安全的世界（van Nieuwkoop，2020）。世界银行《2012年全球监测报告：粮食》估计，在低收入和中等收入国家建立和运行健康食品系统进行有效的疾病防控，每年只需30亿美元，而这些系统可从减少流行病和大流行节约多达370亿美元，每年可净获利340亿美元。4月21日《二十国集团农业部长应对新冠肺炎特别会议声明》强调，应当增强全球粮食系统的可持续性和抵御能力，包括抵御未来病虫害疫情冲击的能力以及抵御引发这些冲击的全球挑战的能力，强化人畜共患病的监测、预警、准备、预防、发现、响应和控制机制。

6. 加强国际合作和经验分享，提高全球治理水平

从全球看，流行性传染病的发生频率和对经济的影响都呈增长趋势（Jones et al.，2008；Allen et al.，2017；Gong et al.，2020），严重急性呼吸综合征、中东呼吸综合征和埃博拉等传染病的暴发对公共健康、经济社会都是一个沉重的负担，引起公众广泛关注。加强国际合作和对低收入国家的国际援助非常必要，特别是对缺少遏制流行病的必要卫生基础设施的撒哈拉以南非洲国家。世界银行预计将在未来15个月内为世界上最贫困的国家提供1 600亿美元的资金，以支持其社会保护体系。①国际金融公司（IFC）已将其用于应对新冠疫情的资金从先前的60亿美元增加到80亿美元，作为140亿美元整体援助方案的一部分，以援助各国应对疫情的卫生及经济影响。②亚洲开发银行也宣布用65亿美元支持成员国应对新冠疫情带来的健康和经济影响。③《二十国集团领导人应对新冠肺炎特别峰会声明》称，二十国集团领导人将同国际组织一起开展合作，准备调动更多发展和人道主义资金，以支持新兴国家和发展中国家应对新冠疫情带来的卫生、经济和社会冲击。

随着食物和农业系统日益全球化，食物安全和营养相关治理问题也日趋复杂，有必要加强全球农业和食物系统的治理，并制定科学的国际准则，以解决像这次疫情带来的各国无法或不会以最佳方式自行管理的问题。全球治理可为一系列国际公共产品提供支持，如健康和安全食品标准、国际抗灾粮食援助协调机制、公平与自由贸易协调、粮食库存等。有必要重新设计全球制度结构，创建一个为众多农业、粮食和营养组织提供监督的治理平台，在日益复杂的全球形势下协调保障全球粮食安全和实现可持续发展目标。

3.3 从全球视角分析在新冠疫情下如何保障食物和营养安全

3.3.1 引言

新冠疫情在中国湖北武汉出现后，迅速蔓延到全国各个地区。全国上下全力

---

① 世界银行组织如何协助各国应对新冠肺炎疫情［N］. https：//www.worldbank.org/en/news/factsheet/2020/02/11/how-the-world-bank-group-is-helping – countries-with-covid-19 – coronavirus.

② 世界银行组织提高新冠疫情响应资金至140亿美元以助维系经济运转和保障就业［N］. https：//www.worldbank.org/en/news/press-release/2020/03/17/world-bank-group-increases-covid-19 – response-to-14 – billion-to-help-sustain-economies-protect-jobs.

③ 亚洲发展银行发布65亿美元初始响应应对新冠肺炎疫情［N］. https：//www.adb.org/news/adb-announces-6-5-billion- initial-response-covid-19-pandemic.

以赴抗击疫情，各地均已启动突发公共卫生事件一级响应，其中包括"封城、封路、封村"等措施限制车辆和人员流动，以防止疫情进一步扩散。目前中国疫情控制处于好转时期，截至 2020 年 2 月 27 日，湖北以外地区新增确诊病例数连续 4 天降至个位数，16 个省份相继下调突发公共卫生事件应急响应级别，从一级调整为二级或三级，由以防控疫情为主，逐步过渡到一手抓防控、一手抓生产生活，实行分区分级精准复工复产（孟庆伟，2020）。但是，新冠疫情在全球迅速传播，韩国、日本、意大利和伊朗的确诊病例快速增长。据世界卫生组织统计，截至 2020 年 3 月 1 日，58 个国家都出现了新冠肺炎确诊病例，最让人担忧的是非洲大陆卫生薄弱地区也开始出现，如埃及、阿尔及利亚和尼日利亚；全球共 87 137 人确诊，其中，中国 79 968 人，中国以外 7 169 人；全球共 2 977 人死亡，其中，中国 2 873 人，中国以外 104 人。[①] 新冠疫情是公共健康危机，如果处理不当会带来一系列其他风险和次生危机，其中就包括对食物和营养安全的冲击。

新冠疫情对中国经济和农业生产的影响已经显现。由于交通受阻，流通不畅，一些地区食物供应不足，物价有所上涨，有些地方饲料等生产资料供应短缺，畜禽业受到较大影响。从全球来看，最近几年由于政治冲突、气候变化等原因，中东和撒哈拉沙漠以南地区的食物和营养安全非常脆弱，全球营养不良人口不降反升，2018 年仍有 8.216 亿人营养不良，占全球人口的 10.8%。[②] 因此，在防控疫情的同时，也应关注疫情给食物和营养安全带来的问题和风险。

本节首先从全球视角回顾传染病与食物和营养安全的关系，总结其中的经验教训；其次分析新冠疫情对中国食物安全的影响；最后对在新冠疫情下如何保障中国和全球食物和营养安全提出政策建议。

3.3.2 全球传染病对食物和营养安全的影响

从全球看，流行性传染病的发生频率和对经济的影响都呈增长趋势（Jones et al., 2008；Allen, 2017），尤其是与畜禽有关的流行传染病对公共健康、经济社会都是一个沉重的负担，引起公众广泛关注。传染病疫情的暴发，不仅危及健康，而且会造成交通运输和产品供应链中断，食物供给短缺、收入和购买力下降，给

---

① WHO. Coronavirus disease 2019 (COVID-19) situation report-41, 2020 [EB/OL]. https：//www.who.int/docs/default-source/coronaviruse/situation-reports/20200301-sitrep-41-covid-19.pdf? sfvrsn=6768306d_2, 2020–03–01.

② FAO, IFAD, UNICEF, WFP, WHO. The State of Food Security and Nutrition in the World 2019：Safeguarding against economic slowdowns and downturns [EB/OL]. Rome, FAO, 2019.

居民食物消费和营养健康带来威胁。

总体上，SARS 和 MERS 对食物和营养安全的影响相对小一些。2003 年 SARS 暴发以后，中国的冬小麦收获推后两个星期，广东和浙江粮食市场发生了短期的恐慌抢购现象，但全年的农业生产和价格基本正常，中国、新加坡、韩国等国家在疫情暴发后有较强的恢复能力，能够尽快恢复农业生产，同时能有效连接国内和国际市场，保障产业链不断裂。但是，埃博拉疫情对西非国家的经济、农业生产、市场和贸易均具有显著的影响，居民的食物安全和营养健康也受到了明显的负面冲击。据世界卫生组织统计，2014~2016 年西非地区埃博拉病毒爆发导致超过 2.8 万人感染和 1.1 万人死亡，尤其几内亚、利比亚和塞拉利昂最为严重。① 西非疫情地区的农业生产和劳动力市场被打乱、交通和贸易受阻等，导致农产品价格上涨，经济下行，这些都对脆弱群体的食物和营养安全产生了严重威胁。这里重点回顾埃博拉病毒带来的食物和营养安全危机，总结其中的经验教训。

(1) 农业生产受到严重影响，本地食物供给减少。由于疫情的影响，几内亚、利比亚和塞拉利昂的农业生产地区的农产品产量显著下降。塞拉利昂的凯拉洪（Kailahun）和凯内马（Kenema）地区发生了埃博拉病毒疫情，而这两个地方正好是粮食和经济作物的主产区。在疫情期间，民众被隔离，下半年大量的劳动力不得不背井离乡。在当地留下来的劳动力中，由于受隔离和限制移动，不但错过了农作物种植的一些重要季节，而且还造成了主粮和经济作物收获季节的劳动力短缺，最终导致农产品产量下降和价格上涨。②

(2) 交通运输受到阻断，当地农产品销售困难，价格下跌。自疫情暴发后，由于担心传染，很少有收购商和批发商来当地收购农产品，导致农产品滞销和价格下跌，农民收入减少。几内亚国内贸易和旅行没有受到限制，但是由于担心被传染，最大的集散地与国内其他地区的农产品交易减少（FEWS NET, 2014）。③ 一些高风险地区的隔离持续了数个月。例如，几内亚的高原富塔贾隆（Fouta Djallon）地区的土豆价格约下降了 1/3。④

(3) 贸易中断导致进口食品供给不足和出口产品受损严重。几内亚、利比亚

---

① WHO. Ebola situation report-20 January 2016 [R]. http://apps.who.int/ebola/current-situation/ebola-situation-report-20-january-2016, 2016 – 01 – 20.

②④ Verikios G, McCaw J, McVernon J, et al. H1N1 influenza in Australia and its macroeconomic effects, general paper No. G – 212 [J]. Centre of Policy Studies (The Impact Project), Monash University December, 2010.

③ Verikios G, Sullivan M, Stojanovski P, et al. The global economic effects of pandemic influenza [R]. CoPS Working Paper, No. G – 224, Monash University, 2011.

和塞拉利昂都是食物净进口国。在疫情期间，这些地区和其他国家间的贸易受到影响。[1]边境关闭导致这些国家和疫情地区与相邻国家间的贸易中断。航空和海运减少也影响了这些国家与其他国家之间的贸易。例如，这些国家进口泰国大米受阻，主要原因是船员怕感染埃博拉病毒而不愿意去疫区，运输商招聘不到船员，另外，运输商也担心由于船只去了疫区国家而再去其他国家会遭到拒绝。[2]利比亚的食物消费高度依赖进口，由于从首都到农村地区的交通被切断，运输成本上涨，农村地区进口稻米的数量显著减少。塞内加尔从2014年8月到2015年1月连续关停了5个月的边境贸易，导致几内亚的生产者和贸易商停止了对塞内加尔的土豆等农产品的出口，生产者价格大幅下降，损失巨大。这些因素都加剧了食物短缺、饥饿和贫困。

（4）食品价格大幅上涨。据路透社报道，2014年10月，由于几内亚、利比亚和塞拉利昂三国政府采取了隔离和限制移动等措施以防止病毒扩散，导致市场中断，食物供给短缺和居民恐慌推动食品价格上涨，平均涨幅为24%，为此，一些家庭不得不减少食物摄入量。世界银行的报告显示，这些地区的大米价格上涨了30%以上。在利比亚，根据FAO的市场评估，木薯价格上涨了1.5倍多。

（5）整个国民经济受到冲击。由于担心接触传染病，人们减少了消费需求，如旅行、参观和贸易等活动。2014年飞往几内亚的航线大幅减少，塞内加尔和科特迪瓦都封闭了与几内亚的边境，首都科纳克里的宾馆入住率下降了一半。[3]世界银行估计，2014年和2015年埃博拉疫情的经济影响达28亿美元，其中，几内亚6亿美元，利比亚3亿美元，塞拉利昂19亿美元。利比亚的GDP实际增长率从2013年的8.7%下降到2014年的0.7%，塞拉利昂的GDP实际增长率从2013年的20.7%下降到2014年的4.6%，几内亚的GDP实际增长率从2013年的4%下降到2015年的0.1%。

（6）受食物价格上涨和收入下降影响，不少居民面临食物安全危机。在埃博拉疫情暴发后，利比亚的个体就业人数下降24%，其中，蒙特塞拉多州（Montserrado）企业的员工减少了47%（Bowles，2016）。疫情地区居民的食物安全受到威胁，尤其是贫困人群，他们的食品消费支出比例高达50%~70%，主粮价格上涨导

---

[1] Verikios G, Sullivan M, Stojanovski P, et al. The global economic effects of pandemic influenza [R]. CoPS Working Paper, No. G-224, Monash University, 2011.

[2] Ukr Agro Consult. Thai rice shipments to West Africa curtailed by Ebola outbreak [EB/OL]. http://www.blackseagrain.net/novosti/thai-rice-shipments-to-west-africa-curtailed-by-ebola-outbreak，2014.

[3] World Bank. The economic impact of the 2014 Ebola epidemic: Short and medium term estimates for West Africa (English), 2014 [EB/OL]. http://documents.worldbank.org/curated/en/5245521468141287875/The-economic-impact-of-the-2014-Ebola-epidemic-short-and-medium-term-estimates-for-West-Africa，2014.

致其购买力下降，获取食物、其他重要商品和服务困难。据FAO报道，2014年12月，在这3个疫情最为严重的国家中，大约50万人处于严重食物不安全状态。①国际食物政策研究所的研究表明，120万人面临食物不安全危机。据FAO等机构估计，利比亚的营养不良人口比例出现了反弹，从2004~2006年的39.4%提高到2014~2016年的42.8%，西非的营养不良人口比例从2014年的9.8%提高到2015年的10.4%和2016年的11.5%。②

3.3.3 新冠疫情对中国食物和营养安全影响的判断

针对这次新冠疫情，本节对中国食物安全的总体判断是短期问题不大，中长期需要警惕。短期主要影响鲜活农产品供给，中期畜禽类产品的供求矛盾突出，长期要警惕大宗农产品的供给稳定问题。

（1）由于春节期间食物供应充足，粮油等大宗耐储产品市场基本稳定，蔬菜、水果、肉、蛋等生鲜产品价格有小幅上涨。疫情防控期间各地陆续提高了公共卫生的管控级别，实施了"封城封路"措施，人们防控意识也不断增强。但由于疫情初期消费的产品是节前疫情全面暴发前生产的，为应对春节假期，前期生产充足，流通企业储备充分，因此疫情导致的物流不畅并没有对食物价格带来显著影响。但随着时间的推移，疫情对食物价格的影响将会显现，尤其处于疫情中心的武汉，食物价格问题值得持续关注。国家统计局的数据显示，2020年1月居民消费价格指数（CPI）同比上涨了5.4%，食品价格上涨了4.4%，同期湖北省CPI环比上涨1.5%，同比上涨5.5%。疫情期间，武汉人工成本增加了约3倍，武汉市物价总体水平有所上涨。

（2）供应链受阻，疫情对畜禽产品生产影响巨大，预期第一季度后市场将出现较大波动。疫情防控措施对物资和人员流动产生了较大冲击，随着春节假期结束，一些农业企业已经出现了生产资料缺乏、产品运输困难和人员复工不足等问题，这种情况若长期持续将对下一阶段农业生产带来非常不利的影响。目前来看，养殖业受到的影响最为显著，特别是畜禽养殖受到的冲击最大。据中国农业大学2020年2月对企业层面的调查，用于饲料的玉米价格上涨幅度已经超过了100元/吨，即便如此，养殖企业的饲料库存也就仅能维持3~4天用量。此外，由于活禽

---

① FAO. Ebola Outbreak in West Africa [EB/OL]. http：//www. fao. org/etnergencie&/crisis/ebola/inlra/en/.

② FAO, IFAD, UNICEF, WFP, WHO. The State of Food Security and Nutrition in the World 2019：Safeguarding against economic slowdowns and downturns [EB/OL]. Rome, FAO, 2019.

交易受限，一些企业的鸡鸭无法出栏，鸡苗无法销售，致使鸡苗活埋和鸡鸭闷棚现象频繁发生，许多养殖企业和养殖户濒临破产。受此影响，养殖户补栏积极性差，据行业估计，鸡苗和鸭苗的市场投入量下降了约 50%，若按照 40 天的出栏周期计算，第一季度后市场供应量将明显下降。加之非洲猪瘟带来的影响仍在持续，届时肉类供求矛盾将非常突出。

（3）春耕在即，疫情长期持续将对粮棉油糖等大宗作物生产造成影响。现已立春，春耕备耕工作即将全面展开，疫情是否对种子、化肥等生产资料的购买和投入产生影响，需要持续关注。从西非埃博拉疫情来看，疫情会增加抛荒面积、减少肥料的使用。若粮食生产受到影响，则会对整体食物安全带来巨大挑战。农业农村部办公厅、交通运输部办公厅和公安部办公厅于 2020 年 1 月 30 日联合下发了《关于确保"菜篮子"产品和农业生产资料正常流通秩序的紧急通知》，严禁未经批准擅自设卡拦截、断路阻断交通等违法行为，保障了"菜篮子"产品和农业生产资料正常的流通效率。中国种子协会的调查显示，疫情对 90% 以上种子企业的生产经营带来了不利影响。交通、物流等方面对种子种苗运输的影响最大，75% 以上的企业面临运输困境。临近春耕是种业公司种子销售发货旺季，但有近 40% 的企业种子发出量为零，发出量不超过 3 成的企业合计占 75% 以上，大部分企业种子还未发出或者发出较少。北京大学中国农业政策研究中心的调查还显示，疫情期间有 24% 的菜农生产受到了疫情影响，平均减产 1/3。

3.3.4　加强防范新冠疫情对中国和全球食物及营养安全的政策建议

新冠疫情带来了一系列的系统性风险，包括健康、交通和食物营养安全等，需要采取系统的应对措施，加强政府部门和私人部门间的合作，以及国际合作。目前，全球经济一体化，劳动力、投入品、资本和产品在国际流动，人员往来更加密切，疫情传播呈现全球化特点。这些使得需要重新思考协调全球网络。2020 年 2 月 28 日，联合国秘书长古特雷斯在联合国总部发表声明指出，各国需做好全面的准备，现在最大的敌人不是病毒，而是恐惧、谣言和歧视。如果一些国家出现恐慌，食物贸易和市场可能会被扭曲和中断，引发食物危机。

如何应对疫情对食物和营养安全的影响，中国在应对 SARS 时期已经积累了一些经验，目前尚无法准确判断新冠疫情的持续时间，根据国际经验并结合中国当前的实际情况，本书提出以下建议。

（1）加强市场信息监测与发布，合理引导预期。市场信息透明有助于进行宏观调控和消除消费者的恐慌情绪，并能够引导农户合理安排生产。要对不同地区的农产品供需动态、价格进行高频跟踪,并及时发布,特别是加强对湖北武汉的市场监测。

(2) 强化市场监管,确保市场平稳有序运行。一是严厉打击囤货惜售、哄抬物价、以次充好等扰乱市场秩序的行为,避免农产品哄抢现象;二是有计划地做好农产品的储备和调运工作,畅通运输通道和物流配送,保障市场供应,稳定居民消费预期;三是严格把控农产品及其加工品的质量监管,压实农产品质量安全主体责任,确保非常时期的食品质量安全;四是加大政策督导,确保农业生产资料流通和食物市场供应的各项措施能够切实执行到位,保障产业链不断裂。

(3) 出台支持政策,加大疫情期间对生产主体的支持力度,促进复工复产。2020年2月23日,习近平在统筹推进新冠肺炎疫情防控和经济社会发展工作部署会议上强调要加大政策调节力度,促进农业生产恢复和市场供应保障。本书建议:一是加大融资支持,做到涉农企业信贷余额不下降,确保融资成本下降,春耕季节不会受到影响;二是政府可以通过减少或延迟缴纳农业企业的税收、租金和延迟缴纳社会保险费来减轻农业企业的负担;三是政府也可以适当考虑对农业生产主体给予临时补贴,促进稳产保供。

(4) 保障贸易渠道畅通,充分利用国际市场稳定食物供求。目前多个国家对从中国进口的货物采取进口管制措施,部分国家提高了中国农产品或食品的准入标准。受运输和出行的影响,中国与一些周边国家的边境口岸通关效率也有不同程度的下降。如果疫情持续在全球扩散,农产品和食品贸易必将受到较大的影响。中国是农产品贸易逆差国家,疫情时期若利用农产品作为贸易反制措施将会令中国非常被动,因此要加强与主要贸易伙伴国家的沟通,避免把疫情作为技术性贸易壁垒的手段,谨防贸易摩擦发生。中国可考虑降低对畜禽产品生产有重要影响的大宗农产品进口关税,对周边国家水果、蔬菜进口采取更加便利化的措施,同时适时适度加大畜产品进口以保障国内供给,稳定畜产品价格。

(5) 加强对弱势群体的保护,巩固脱贫成效。国家统计局数据显示,2019年末中国还有551万农村贫困人口,其中西部地区的贫困人口占58.6%,贫困地区的农村居民可支配收入只是全国农村平均水平的72.2%。国际经验表明,在面对疫情时,弱势群体和低收入人群的食物消费更容易受到冲击,因此要重点关注弱势群体,避免营养不良人口和贫困人口增加,影响中国即将实现的全面建成小康社会和脱贫攻坚进程。

(6) 遏制野生动物非法交易,加强集贸市场野生动物的监管,切断人畜共患病的源头。人畜共患疾病是流行传染病增长最快的一类,约占流行传染病的60% (Decker et al., 2011; Redding et al., 2016),许多重大的人类疾病和畜禽疾病都来源于野生动物。2020年1月21日，市场监管总局、农业农村部、国家林草局制定了《关于加强野生动物市场监管 积极做好疫情防控工作的紧急通知》，要求加强饲养、繁育、运输、出售、购买等环节的检验检疫工作。2月24日，十三届全国人大常委会第十六次会议表决通过了关于全面禁止非法野生动物交易、革除滥食野生动物陋习、切实保障人民群众生命健康安全的决定。这个决定的目的就是要在相关法律修改之前，全面禁止食用野生动物，严厉打击非法野生动物交易，维护公共卫生安全和生态安全。

短期内应加强执法力度，确保各项措施落实到位。治标也要治本，应健全野生动物保护方面的法律制度，加紧研究制定用于食用的野生动物管理办法，并将立法提到重要日程，避免人畜共患疫病重蹈覆辙。除此之外，应该加强野生动物、公共健康等不同专业领域专家之间的合作，建立适当的监管与监测体制，开展公共卫生风险评估，为政策干预提供必要的技术支撑。

在全球层面，本书建议：一是各个国家都要做到及时发布疫情信息，确保食品供给和市场价格信息透明，避免不必要的恐慌引发的食物囤积。二是确保物流通畅，保障食物供应链正常运转。中国在保障农产品供应方面积累了很好的经验，如开通绿色通道，保障农产品等必需品和重要生产物资的供应；利用电商和物流企业降低居民购买食物过程中的潜在感染风险。三是保障国际贸易有序进行，各个国家（地区）都应努力维护国际贸易有序进行，禁止利用新冠疫情作为借口来中断贸易，充分发挥国际贸易平衡全球食物供给与需求中的作用。四是加强脆弱群体的社会保障。

3.4 新冠疫情对中国农民工、汇款及贫困的影响：微观模拟分析

3.4.1 引言

新冠疫情对许多国家的经济、企业、家庭和民生产生了前所未有的影响。中国中央和地方政府都采取了一系列严格的政策来遏制病毒传播，包括2020年1月下旬强制封锁、暂停全国范围的公共交通、限制旅行，尤其是在城市中，许多工厂关闭，大多数城市的非必要企业停工，农村地区的市场活动受到限制。这些政

策成功遏制了病毒的传播（Tian et al., 2020），但是，企业停工、人员和货物流动受限，这在很大程度上导致2020年1月下旬和2月中国经济大面积停摆。中国的GDP急剧下降，根据国家统计局的数据，与2019年同期相比，2020年第一季度GDP下降6.8%。许多行业，包括建筑、制造业、贸易、交通、酒店和餐饮服务，受到的负面影响尤其严重。从2020年3月上旬开始，随着疫情传播基本得到控制，中国逐步重新开放经济。GDP在2020年第二、第三和第四季度分别增长3.2%、4.9%和6.5%，GDP年增长率为2.3%。中国经济在2021年前6个月继续稳步复苏，在此期间，按不变价格计算，同比增长12.7%，两年平均增长率为5.3%。

2020年最初几个月经济活动中断，影响了家庭收入，但鉴于公共部门和大型国有企业的员工在封锁期间仍继续获得报酬，家庭收入受到的影响小于GDP受到的影响。根据国家统计局的数据，2020年第一季度全国人均可支配收入下降3.9%，第二季度起经济全面复苏，居民收入由此重新上涨，2020年人均可支配收入年增长率为2.1%。2020年城镇居民人均可支配收入的增速慢于农村居民，城镇地区年实际增长率为1.2%，农村地区年实际增长率为3.8%。这主要是因为2020年农村家庭经营收入增加，而城镇家庭经营收入下降。2021年前6个月，中国居民人均可支配收入比2019年增加12.6%，2020年和2021年两年平均增长5.2%。然而，这些平均数并未反映经济封锁对个体家庭造成的异质性影响，对于在非公有制和非国有企业工作的家庭，其收入损失可能远大于全国平均水平。

蔡昉等（2021）以2020上半年对5 000多名劳动者的跟踪调查数据为基础，探究了新冠疫情对中国劳动力市场的影响，发现20%的受访者在6月中旬失业，其中，11%的人无业，4%的人等待复工，5%的人在疫情期间就业不足，所有人的平均月收入减少15%。王等（Wang et al., 2021）在7个省、726个村庄开展了三轮访谈，他们发现，截至2020年4月底，2019年有工作的农民工中有31%的人失业。新冠疫情对不同家庭的异质性影响促使我们利用家庭层面的微观数据来评估此次影响。

以此为背景，本节重点关注疫情对农民工及其家庭的影响。众所周知，过去40年，中国经济的快速可持续增长离不开大规模农村人口向城市迁移（Cai and Wang, 2008；Tombe and Zhu, 2019）。2019年，农民工占总劳动力的近38%，农民工总量约2.9亿，其中1.7亿是离开家乡农村到城市务工的农民工。大规模的农村向城市迁移不仅为中国经济的快速增长作出贡献，还减少了农村地区的贫困（Ravallion and Chen, 2004；Du et al., 2005）。农民工汇款的收入也有助于缩小城乡收入差距，改善收入分配（Luo et al., 2020）。

然而，农民工面临着许多城市常住务工人员没有的挑战。例如，农民工不享受城市住房补贴，子女进入城市的公立学校往往需要支付额外的费用。户口带来的制度障碍也可能使农民工陷入贫困（Huang and Tao，2015；Li and Liu，2018），特别是缺乏医疗保险和医疗服务（Gao et al.，2012）。由于工资收入相对较低，而在住房、医疗、子女教育等方面的支出较高，农民工更容易受到外部冲击的影响，特别是在疫情期间。农民工工资受到影响，而当他们无法储蓄并汇回足够的钱帮助留守家人应对意外冲击时，他们在家乡的家庭成员也受到影响（Cui et al.，2015；Zhang et al.，2016）。在发展中国家，农民工都极易受到疫情冲击，中国的农民工也不例外。此外还有三个因素使这一群体更加脆弱。

（1）2020年1月底到3月中实施的社会面管控措施对农民工影响特别大，他们在1月底春节期间被困在农村地区。由于无法返回工作城市，他们一直没有收入，甚至在企业复工后亦是如此。许多在中小型企业务工的农民工无法返岗，因为这些企业达不到当地政府规定的防疫要求，所以无法复工。大多数城市还要求农民工返回后进行14天自我隔离，这给他们及其所在企业带来了沉重的经济负担，最终导致企业缩减了返岗农民工的数量。根据国家统计局的数据，截至2020年2月底，城市返岗农民工的数量与2019年同期相比下降了30%。

（2）大量农民工都是低技能工人，非正规工作比例较高。国家统计局2016年的一项调查显示，只有35%的农民工签订了书面劳动合同。许多没有劳动合同的农民工被当作临时工对待，没有工作和收入保障，也无法得到劳动保护（Qian and Li，2013）。人力资源和社会保障部的一份报告显示，2017年仅有17%的农民工参加了失业保险，而城镇务工人员中的这一数字为44%。

（3）农民工主要从事建筑业、制造业、酒店、餐饮及其他服务业工作，这些行业因疫情防控政策受到的影响尤为严重。根据国家统计局的数据，2020年第一季度，建筑业和制造业的增加值分别收缩17.5%和10.2%。批发零售、酒店餐饮等劳动密集型服务业2019年共有5 500万农民工，2020年第一季度产出空前下降，批发零售和酒店餐饮分别下降17.8%和35.3%；第二季度，在制造业和服务业出现复苏迹象的同时，批发零售、酒店餐饮业和制造业继续收缩，三者的增加值在2020年前6个月分别下降8.1%、26.8%和1.4%。

新冠疫情不仅影响农民工，也影响了他们的家庭，汇款是这些家庭的重要收入来源，尤其是对农村地区的家庭来说。胡和施（Hu and Shi，2013）估算，自20世纪90年代起，农民工通常将收入的50%~70%寄回家中。研究使用了中国家庭跟踪调查的数据，数据显示，2018年汇款占农民工家庭总收入的约30%。汇款也是部分农村家庭维持脱贫状态的重要因素。蔡和杜（Cai and Du，2006）研究表明，有汇款收入的家庭中，贫困发生率从 67.1% 降至 49.2%（基于中国西部 4 个贫困县的农村家庭调查数据）。可以预见，由于疫情导致汇款数量下降，一些农村家庭可能返贫。

我们想要了解疫情对 GDP 总量和总失业率之外的经济影响，却缺乏可用的微观数据。数据采集通常有很大的滞后性。国家统计局 2020 年开展了农民工调查，并发布了总结报告。报告显示，2020 年农民工人数同比下降 1.8%。但是，公众无法获得本次调查中关于个体及家庭的数据。由于缺乏这样的官方数据，我们利用微观模拟模型评估了疫情对中国农民工及其家庭的影响。本节是对疫情影响宏观评估的补充（Zhang et al., 2020）。与文献中关于中国受疫情影响的现有研究不同，本节最重要的创新在于，通过具有全国代表性的调查数据集，关注疫情对农民工及其留守家庭的差异化影响。我们发现，约 70% 农民工受到负面影响，在中小微企业务工的农民工受到的影响最大。这表明，近 50% 依靠汇款的家庭受到影响，他们的汇款在封锁期间下降超过 45%。汇款下降对收入的负面影响导致留守家庭贫困率上升，疫情前已经贫困的家庭贫困加剧。因此，针对脆弱家庭的社会保护计划尤为重要。

3.4.2 中国农民工及汇款概述：数据描述

本研究中微观模拟模型所用的数据来自中国家庭追踪调查数据集的一部分，该调查由北京大学中国社会科学调查中心开展。中国家庭追踪调查从 2010 年起开展，是一项具有全国代表性的家庭追踪调查，本研究使用了 2018 年最新一轮调查的数据。中国家庭追踪调查的一个独一无二的优点是问卷既涵盖家庭层面的信息，也涵盖个人层面的信息，其中包括受访家庭每个成员的就业地点、所属行业、工作类型、工资收入等详细信息。调查的样本覆盖农村和城镇地区的 14 960 户家庭和 33 221 位个人，涉及 25 个省份，占中国人口的 95%（Xie et al., 2017）。家庭问卷还提供了他们已迁移家庭成员的就业概况。基于这些信息，我们确定了 5 869 户家庭样本，包含 3 391 名农民工和 2 605 名城镇流动务工人员。

表 3-6 展示了中国家庭追踪调查获取的流动务工人员的主要特征，共分为四类：(1) 跨省务工人员；(2) 省内跨市务工人员；(3) 省内跨县务工人员；(4) 县内务工人员。如表 3-6 所示，县内务工人员在农民工和城镇流动人员中均占主导，但农民工比城镇流动人员更倾向于跨省务工。跨省、省内跨市和省内跨县农民工各占总数的 14%。城镇流动务工人员中，跨县人数多于跨市人数。超过 2/3 的农民工是男性，而城镇务工人员不到 2/3 是男性。只有约 1/3 的农民工和 43% 的城镇流动务工人员签订了劳动合同。流动务工人员主要在小微私企工作，包括个体或家庭商铺。

表 3-6　　　　　　　　　中国流动务工人员特征　　　　　　　单位：%

类别		农村	城镇	全国
务工地点	跨省	19	13	16
	省内跨市	14	13	13
	省内跨县	14	17	15
	县内	53	58	55
性别	女	32	36	34
	男	68	64	66
年龄	小于20岁	5	4	4
	21~30岁	33	32	33
	31~40岁	25	24	25
	41~50岁	22	22	22
	50岁以上	15	18	16
受教育程度	小学	44	32	40
	初中	40	39	40
	高中/职业	13	20	16
	大学及以上	3	8	5
是否签合同	是	35	43	39
	否	65	57	61
雇主规模	微型	39	41	40
	小型	42	39	40
	中型	12	11	12
	大型	7	9	8
雇主类型	政府部门	2	2	2
	公共机构	2	3	3
	国有企业	6	9	8
	私营企业	74	71	72
	其他企业	6	8	7
	个体或家庭商铺	10	7	8

注：微型企业指拥有1~10名员工的企业，小型企业指拥有11~100名员工的企业，中型企业指拥有101~300名员工的企业，大型企业指拥有300名以上员工的企业。

资料来源：利用中国家庭追踪调查（2018）数据计算而得。

图3-6展示了流动务工人员和非流动务工人员的行业分布。与非流动务工人员相比，流动务工人员极大程度地集中于制造业和建筑业，而这两个行业受疫情冲击十分严重。酒店餐饮、交通和家政服务业的从业人员也受到疫情的严重打击，

其中流动务工人员的比例也高于非流动务工人员。

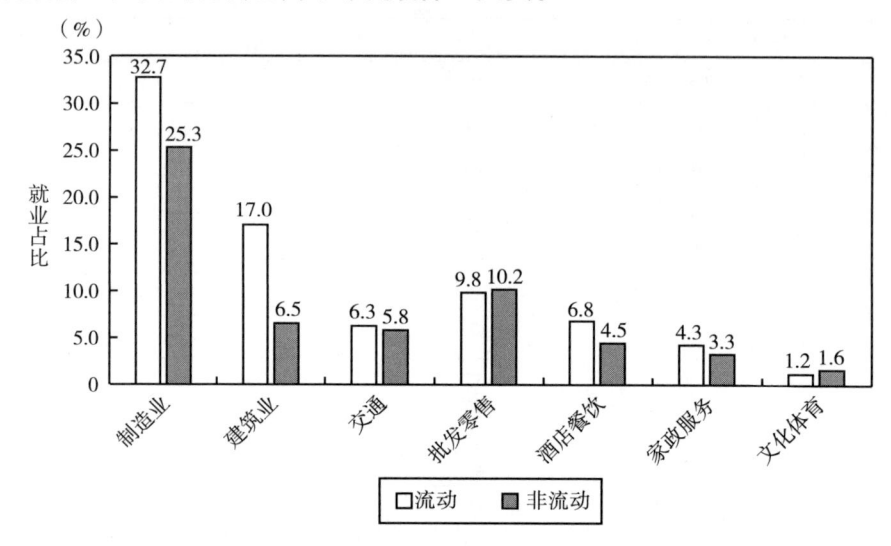

图 3-6 按行业划分的就业分布（流动与非流动务工人员总和 = 100）
资料来源：利用中国家庭追踪调查（2018）数据计算而得。

图 3-7 展示了全国、农村、城镇流动务工人员家庭或接收汇款家庭的占比，并按收入五分位划分。在全国范围，42% 的家庭中流动务工人员或有汇款收入。农村家庭中这一比例高于城镇家庭，前者为 54%，后者为 30%。图 3-7 还显示，

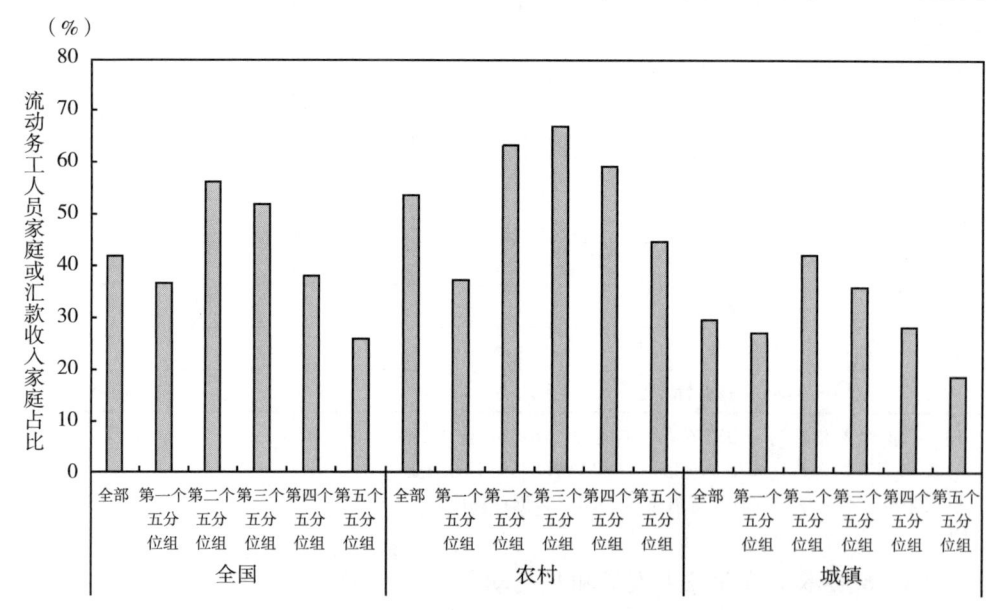

图 3-7 按收入五分位划分的流动务工人员家庭或接收汇款家庭分布
资料来源：利用中国家庭追踪调查（2018）数据计算而得。

有流动务工人员或汇款的农村家庭往往集中在低收入组（第二个五分位组）和中等收入组（第三个五分位组），其中超过60%的农村家庭有流动务工人员或汇款收入。最贫困组（第一个五分位组）的比例较低，为37%。城镇家庭也呈现类似的模式——在低收入和中等收入组的家庭中，拥有流动务工人员或汇款收入的比例高于最贫困组。由此可见，流动务工人员和汇款收入可能是许多农村家庭和城镇家庭脱贫的重要原因。

图3-8展示了与有汇款收入的家庭相比，贫困和低收入家庭占总家庭数的百分比。我们用相对贫困来定义贫困，以每年7 500元为贫困线，这是全国所有家庭年人均收入中位数的一半。根据这个定义，收入最低的五分位组（第一个五分位组）家庭几乎全部贫困。在全国层面，接收汇款家庭的贫困程度略低于所有家庭的整体贫困程度，农村中尤其如此，有汇款收入的农村家庭，其贫困程度远低于农村整体贫困程度。农村家庭整体贫困率为32%，而有汇款收入的农村家庭贫困率为21%。低收入家庭的贫困率类似，在全国所有家庭及接收汇款家庭整体贫困率和农村家庭贫困率之间。

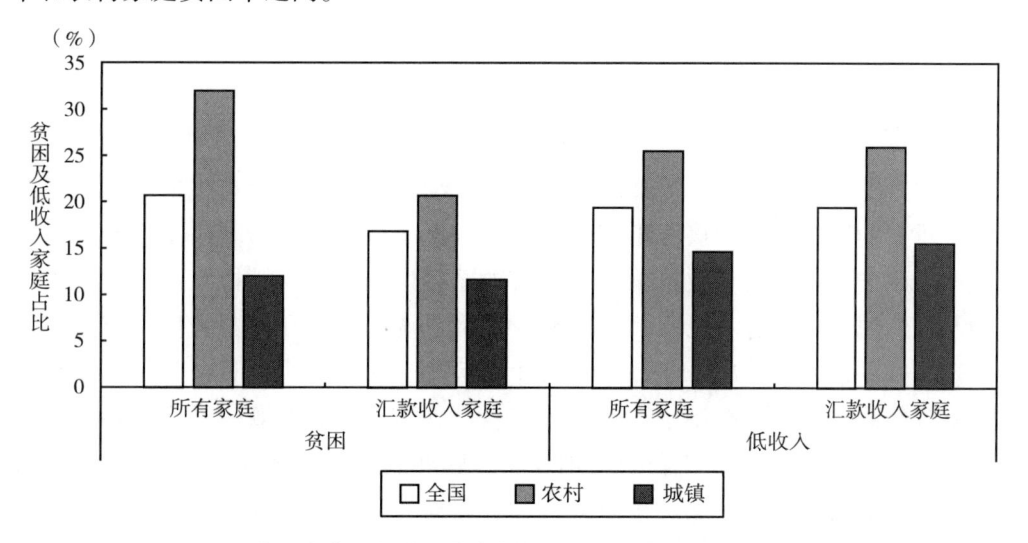

图3-8 贫困家庭和低收入家庭分布：所有家庭与接收汇款家庭相比

注：每个家庭组的总人口=100。
资料来源：利用中国家庭追踪调查（2018）数据计算而得。

图3-9表明，汇款是留守家庭的重要收入来源。汇款占全国留守家庭总收入的约30%。汇款所占比例在第二个五分位组——农村低收入家庭中较高（30.5%），但在第一个五分位组——城镇贫困家庭中这一比例更高（34.9%）。由此可见，汇款是帮助农村家庭脱贫的一个重要因素。因此，疫情导致汇款下降，预计将对农村低收入家庭产生重大的贫困影响。

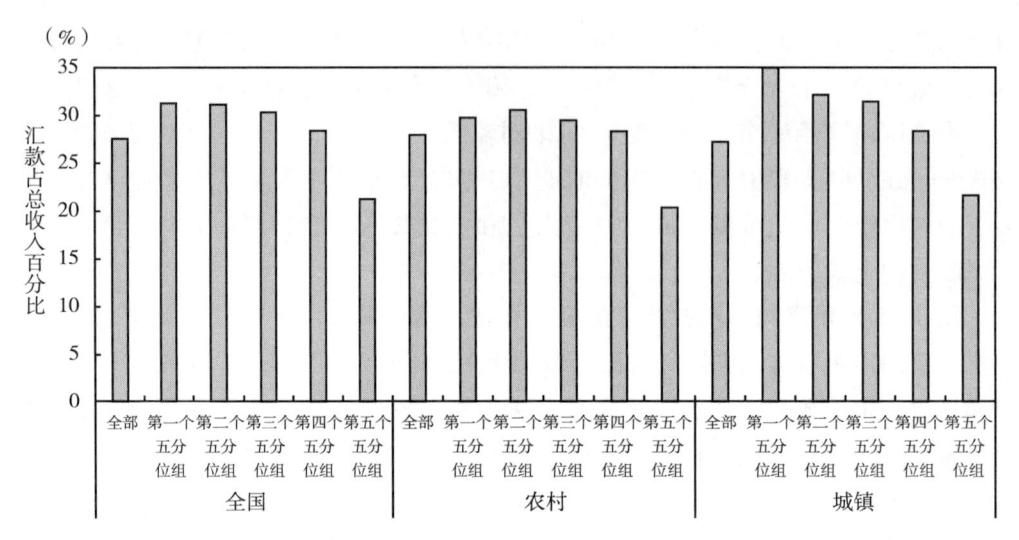

图 3-9 按收入五分位划分的汇款收入占留守家庭总收入的百分比
资料来源：利用中国家庭追踪调查（2018）数据计算而得。

3.4.3 方法与场景设计

1. 方法

当缺少实际数据时，要了解冲击或危机对经济或家庭可能产生的影响，模拟技术是重要的工具。社会核算矩阵乘数模型、可计算的一般均衡模型等宏观模拟模型通常用于评估冲击和政策对整个经济的系统影响。微观模拟模型通常与宏观模型结合使用，以分析宏观层面的影响或经济系统的影响在微观个体和家庭层面的体现，并评估分配效应。此外，如果冲击后没有开展家庭调查，就很难获得个体家庭的结果数据，这限制了调查的及时性。在实践中，宏观—微观模拟模型广泛应用于各种政策和外部冲击的贫困评估。这些宏观—微观模拟工具多种多样，并且可以根据情况变化，取决于研究目标、数据的可用性以及微观数据与所应用的宏观数据的兼容性。文献中，宏观—微观模拟被广泛用于分析政策、公共投资和人口变化（以及其他）对家庭收入分配和减贫的影响（Zhang et al.，2013；Wang et al.，2016）。

在之前的一项研究中，利用社会核算矩阵乘数模型评估了疫情对中国经济的整体潜在经济影响（Zhang et al.，2020）。这里我们侧重分析疫情的微观影响，并为此开发了微观模拟模型。微观模拟模型运用了与社会核算矩阵乘数模型类似的冲击，但更加多样化，并涵盖不同类型的家庭组。我们首先回顾社会核算矩阵乘数模型及其分析的亮点，然后详细讨论本次研究的微观模拟模型和模拟设计。

（1）宏观模拟模型。社会核算矩阵反映了商品和服务的完整经济循环，以及所有经济参与者的相应收入和支出。社会核算矩阵将投入产出账户与国民收入生产账户结合起来。张等（Zhang et al.，2020）使用中国最新的2017年社会核算矩阵评估了疫情对中国经济的整体影响。2017年社会核算矩阵涵盖149个经济部门，但仅包括两个家庭大类（农村和城镇）。最初的2017年社会核算矩阵只有一个劳动力总账户，张等（2020）将其分解为两类：熟练劳动力和非熟练劳动力。

与最常用的社会核算矩阵乘数模型一样，在建模分析疫情对生产、行业GDP、GDP总量和就业产生的整体影响时，也有两个关键假设：其一，中间投入需求与部门产出的比例是固定的（即所有投入产出系数都是固定的），且技术和偏好是线性的；其二，价格是固定的，对冲击的调整通过量的变化实现，而非价格的变化。外生冲击也加在社会核算矩阵的需求侧，从而通过乘数联系对供给侧产生内生效应。这些假设虽然有很强的假定性，但对于分析疫情的影响是合理的。我们观察到的冲击正在数周或数月内对整个经济产生影响，而不是数年。在如此短的时间内，生产技术不太可能因疫情发生重大变化。短期内，疫情不会导致就业劳动力的相对价格或工资发生重大变化。虽然似乎有投机带来的一些价格上涨，但它们并不能刺激生产，因为在短期内，冲击抑制了市场的调节能力，使其无法通过内生价格的调整过程实现新的平衡。乘数模型提供了特定场景各种经济指标的"假设"预测。场景分析的结果不是对未来的"预测"，我们应该将它们看作针对正常无疫情情况的反事实比较静态分析。一致的经验模型在这种反事实评估过程中十分有用，可以为分析师提供严格的框架，从而能够支持政策辩论的条理性。

张等（2020）的研究通过四种场景评估了疫情在2020年三个阶段对中国经济的影响：一是1月最后一周到3月第一周的封锁阶段；二是3月其余时间到第三季度中旬的恢复阶段；三是2020年其余时间的恢复正常阶段，经济几乎恢复到疫情之前的水平。在第三个阶段，鉴于疫情传播带来的全球出口需求的不确定性，考虑了两种情况：一种是出口需求仍处于低水平；另一种是出口需求以与国内需求相似的速度基本恢复到疫情之前的水平。

（2）微观模拟模型。我们进一步评估了张等（2020）建模分析的疫情冲击，用微观模拟模型研究了中国家庭收入分配受到的影响，特别关注有流动务工人员和汇款收入的家庭。有许多方法将微观模拟模型与文献中的宏观模型结果联系起来，常用的有两种：一种是将两个模型视为两层；另一种将两个模型完全融合到一起（Davies，2004，2009）。完全融合的模型能带来重要的发现，理论上更有吸引力，而分层模型可以更好地了解真实行为的特点和限制，尤其是在短期内的情况。因此，这两种方法应起互相补充作用而非替代作用（Davies，2004）。

本研究中，微观模拟模型采用自上而下的方法来探究疫情对个体家庭，以及收入分配和贫困变化的影响。张等（2020）的社会矩阵乘数模型的结果作为外生冲击输入微观模拟模型。由于社会核算矩阵中只有农村、城镇家庭两个整体的综合经济要素收入，家庭收入变化的宏观结果与目前的微观模拟研究相关度不高，微观模拟研究侧重于家庭收入来源和家庭成员所在企业类型的异质性。因此，我们将乘数模型中行业生产中断而导致行业层面劳动力需求下降这一部分运用到行业所属的企业中，作为企业雇员工资收入受到的冲击。图3-10说明了在评估疫情对中国经济和家庭的影响时，从宏观模型到微观模拟模型的联系。

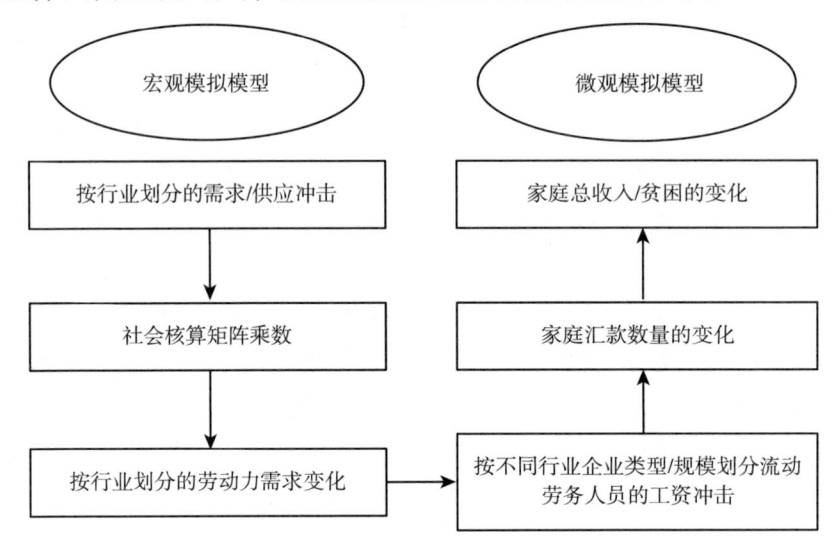

图3-10　宏观模拟和微观模拟模型的说明

2. 场景设计

宏观（社会核算矩阵乘数）模型中的外生冲击加在最终需求上，包括消费和投资，并在供给侧产生冲击，通过行业间的联系，以及与不同经济主体之间的联系产生直接、间接的影响。社会核算矩阵乘数模型中，两大类家庭收入受到的影响是内生结果的一部分，内生结果与生产下降相关，生产下降则劳动力和其他要素需求减少。然而，在社会核算矩阵乘数模型中，只包含按地点划分的农村和城镇两大类家庭组，以及按熟练度划分的两大类劳动力。为了在微观模拟模型中发现不同家庭受到的不同影响，特别是有流动务工人员和汇款的家庭受到的影响，我们在设计模型中的冲击时，需要充分利用宏观模型中行业层面的信息，即宏观模型中直接和间接联系效应在不同行业之间是不同的，因此劳动力需求在不同行业之间的下降程度也不同。此外，微观模拟模型中的家庭调查数据不仅涵盖就业部门的相关信息，还包括所在企业的类型和规模——如国有或私营企业，小型、中型或大型公司，以及关于就业类型和收入的其他变化。我们将宏观模型中行业层面关于劳动力需求的不同结果转换为不同冲击，分析其对工业、服务业不同部门中不同类型、不同规模企业所产生的工资收入的影响。

具体来说，在微观模拟模型中，我们设定公共部门的员工工资收入不受影响，并进一步设定国有企业和大企业的流动务工人员收入不受影响。许多这样的企业在封锁期间停工，但包括流动务工人员在内的员工能够继续领取工资。在微观模拟模型中，设定只有在受影响部门的中小微私营企业中工作的流动人员收入受到不利影响。中国企业创新创业调查显示，中小企业因疫情和封锁政策受到重创。2020年2月，80%中小企业停工，其中大多数于2020年5月复工，但许多企业只恢复了部分产能。调查结果还显示，大约19%的法人企业和25%的个体商户倒闭。我们进一步设定，微型企业（员工数少于11人）中的流动务工人员受到的影响最大；其次是在员工人数为11～100人的小企业中的流动人员；而员工人数为101～300人的中型企业中，流动人员所受冲击相对不大。

与张等（2020）的社会核算矩阵乘数分析一样，我们也考虑了2020年三个不同阶段家庭收入分配和贫困受到的不同影响。其中第三阶段，在微观模拟模型中，我们仅考虑经济无法完全复苏的场景，因为受全球疫情发展影响，出口需求不太可能恢复到正常水平。我们将微观模拟模型中的第二个和第三个场景分别重命名为缓慢恢复场景和快速恢复场景。

针对工业、服务业不同部门中不同规模民营企业在三个阶段（场景）下受到的冲击，表3-7作了详细的假设展示。其中仅包含受到负面影响的部门，如酒店餐饮，交通运输，批发零售，文化、体育和娱乐，租赁服务，家政服务，以及三大工业部门——采矿业、制造业和建筑业。我们同时按公司规模分配了不同的冲击权重。对于受影响部门中的微型企业，全部冲击的权重为1.0，而中小型私营企业的权重分别为0.9和0.7，即相对于同部门的微型企业，小型私营企业和中型私营企业的冲击分别少10%和30%。

表3-7　　　　三种场景下的外生冲击设定（受影响部门流动务工人员工资收入的百分比变化，按企业规模划分）　　　　单位：%

部门	微型私企 第一阶段 封锁	微型私企 第二阶段 缓慢恢复	微型私企 第三阶段 快速恢复	小型私企 第一阶段 封锁	小型私企 第二阶段 缓慢恢复	小型私企 第三阶段 快速恢复	中型私企 第一阶段 封锁	中型私企 第二阶段 缓慢恢复	中型私企 第三阶段 快速恢复
采矿业	-27	0	0	-25	0	0	-19	0	0
制造业	-39	-20	-14	-35	-18	-13	-27	-14	-10

续表

部门	微型私企 第一阶段 封锁	微型私企 第二阶段 缓慢恢复	微型私企 第三阶段 快速恢复	小型私企 第一阶段 封锁	小型私企 第二阶段 缓慢恢复	小型私企 第三阶段 快速恢复	中型私企 第一阶段 封锁	中型私企 第二阶段 缓慢恢复	中型私企 第三阶段 快速恢复
建筑业	-37	-18	-9	-33	-16	-8	-26	-12	-6
交通运输	-27	-4	0	-24	-3	0	-19	-3	0
批发零售	-20	-8	0	-18	-7	0	-14	-6	0
酒店餐饮	-43	-27	-10	-38	-24	-9	-30	-19	-7
租赁服务	-25	0	0	-22	0	0	-17	0	0
家政服务	-25	-4	0	-22	-3	0	-17	-3	0
文化、体育和娱乐	-28	-5	-2	-25	-4	-2	-20	-3	-2

注：不包含公共部门、国有企业、大型私企中流动务工人员收入受到的冲击。

冲击直接影响在相应部门和私营企业（不包括大企业在内）工作的流动务工人员的工资收入。以微型企业为例，在封锁阶段，酒店餐饮业流动人员的收入下降了43%，制造业下降了39%，建筑业下降了37%——这是社会核算矩阵乘数模型和微观模拟模型中受影响最大的三个行业。文化、体育和娱乐，交通运输，租赁服务，家政服务和采矿业的收入负冲击在25%～28%，批发零售业为20%。在第二阶段的缓慢复苏场景中，设定只有采矿和租赁服务两个部门恢复正常，因此在这两个部门工作的流动人员的收入恢复到封锁前的水平。对于其他大多数行业而言，冲击变得比封锁时期小时，复苏才开始。总体而言，有四个服务业部门受到的负面冲击为4%～8%，而建筑业、制造业和酒店餐饮业受到的负面冲击仍高达18%～27%。第三阶段，伴随着经济的快速恢复，有五个行业的工资收入恢复到正常水平。但考虑到全球市场的不确定性，对制造业、建筑业、酒店餐饮业以及文化、体育和娱乐业收入的负面冲击依然存在，制造业为14%，建筑业、酒店餐饮业分别为9%和10%。分析中的调查数据还涵盖了未明确所属部门的个体非农商户的情况。对于这些流动务工人员，我们设定其收入在封锁阶段下降了30%；第二阶段下降10%，恢复缓慢；第三阶段下降5%，恢复较快（表3-7中未显示）。

根据表3-8统计的冲击，封城阶段，样本中约70%的流动务工人员在全国范围内受到负面影响，第二阶段——缓慢恢复阶段占65%，第三阶段——快速恢复阶段占50%。表3-8按性别、年龄、教育水平以及雇主规模和类型列出了受到影响的流动人员的百分比。和预期一致，其中男性多于女性；受教育程度较低的人员受到的影响更大；41~50 岁年龄段的人员受影响最大，而 21~30 岁年龄段的人员受影响最小。

表 3-8　三个阶段下受影响的流动务工人员的性别、年龄、受教育程度、所在企业规模和雇主类型分布

单位：%

类别		封锁阶段		缓慢恢复阶段		快速恢复阶段	
		农村	城镇	农村	城镇	农村	城镇
性别	女性	65	62	61	59	43	41
	男性	77	69	71	64	60	50
年龄	低于 20 岁	68	66	68	66	40	37
	21~30 岁	62	56	58	49	41	31
	31~40 岁	75	75	71	70	54	51
	41~50 岁	84	75	78	69	71	59
	50 岁以上	72	64	61	60	56	49
受教育程度	小学	79	75	74	72	63	59
	初中	73	69	66	63	52	43
	高中/职业	57	54	53	47	38	36
	大学及以上	41	31	41	30	21	18
企业规模	微型	84	78	78	72	63	55
	小型	75	67	69	63	59	52
	中型	69	65	67	60	39	30
	大型	0	0	0	0	0	0
雇主类型	政府部门	0	0	0	0	0	0
	公共机构	0	0	0	0	0	0
	国有企业	0	0	0	0	0	0
	私营企业	82	80	75	74	57	53
	外资企业	45	43	38	35	38	32
	其他企业	74	17	68	17	51	11
	个体/家庭商铺	93	94	93	94	93	94
合计		73	67	67	62	54	47

资料来源：中国微观模拟结果。

在图 3-11 中，我们将微观模拟中流动务工人员收入受到的总体影响与张等（2020）在社会核算矩阵乘数模型中分析的家庭收入总体影响做了对比。在乘数模型中，全国家庭收入在封锁阶段下降了 24.3%，在第二、第三阶段分别下降了 2.4%、0.2%（第三阶段出口需求持续下降的场景下）。在微观模拟模型中，我们

没有考虑非流动务工人员受到的冲击，因此图 3-11 仅展示了流动务工人员受到的总体影响，这些影响高于张等（2020）观察到的家庭收入受到的总体影响。封锁阶段，流动务工人员整体收入下降 30.8%，在第二、第三阶段，收入继续分别比封锁之前低 13.2%、7.2%。鉴于工业和服务业受到的影响十分严重，而大多数流动人员在这两个部门的微型企业和小型私营企业工作，更容易受到疫情冲击，因此他们的收入受到了广泛的负面影响。根据国家统计局的农民工调查，2020 年 2 月，农民工数量和平均工资率分别下降了 30.6% 和 7.9%；第二季度末分别下降了 2.7% 和 6.7%；第三季度末，农民工数量继续下降 2.1%，但平均工资率上升了 2.1%。因此，模拟结果掌握了国家统计局调查报告中的变化模式。下面我们将使用微观模拟模型进一步讨论疫情对农民工收入、家庭汇款收入和贫困的异质性影响。

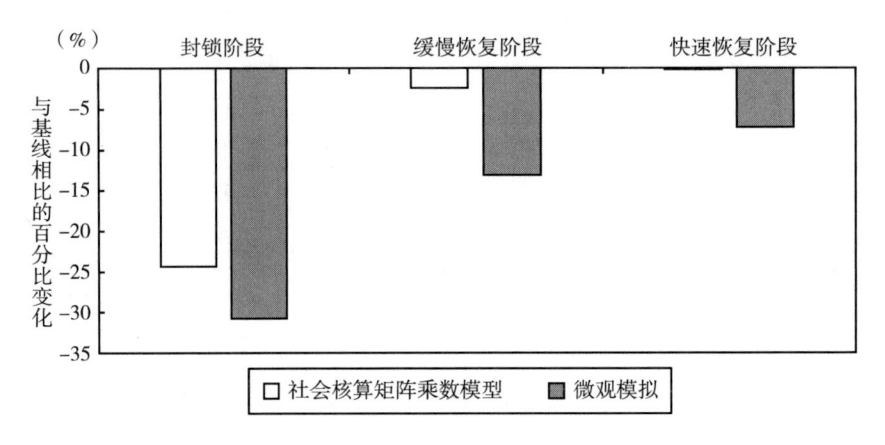

图 3-11　疫情对收入的总体影响

注：本图对比了社会核算矩阵乘数模型中的家庭总收入和微观模拟模型中的流动人员总收入。
资料来源：中国社会核算矩阵模型和微观模拟模型结果。

3.4.4　微观模拟结果讨论

1. 对流动务工人员收入的直接影响

根据表 3-7 中的冲击设定，在微观模拟模型中，流动务工人员的收入受到直接影响。因此，图 3-11 侧重分析了由流动人员所从事的行业和所在企业的差异引起的家庭间的异质性。图 3-12 通过流动人员收入下降产生的累积效应来展示不同家庭之间收入分配的异质性，x 轴表示与封锁前相比流动人员收入下降百分比，y 轴表示流动人员家庭在 0~100 之间的累计百分比。图 3-12 中的两条虚线分别表示50%和80%流动人员家庭的情况。如下方虚线所示，50%家庭受到流动人员收入下降的影响，在封锁阶段下降超过1/3。上面的虚线表明80%的家庭受到了收入下降的影响，下降超过1/4。随着经济开始复苏，许多流动务工人员在恢复阶段重返岗位，受到不利影响的流动人员家庭数量开始下降，收入负面影响的程度也开始下降。在第二阶段——缓慢复苏场景中，流动务工人员收入的最大降幅为27%（而不是封锁阶段的43%）；在第三阶段——快速恢复场景中，降幅最大为15%。在缓慢恢复的第二阶段，大约50%的流动人员家庭的收入下降了至少17%（而不是在封锁阶段的1/3）；在快速恢复的第三阶段，至少下降了10%。然而，仍有20%流动务工家庭的收入在第二阶段下降超过20%，即使在第三阶段，仍有15%的家庭收入下降15%，这表明疫情冲击对流动务工人员家庭的影响高度异质。

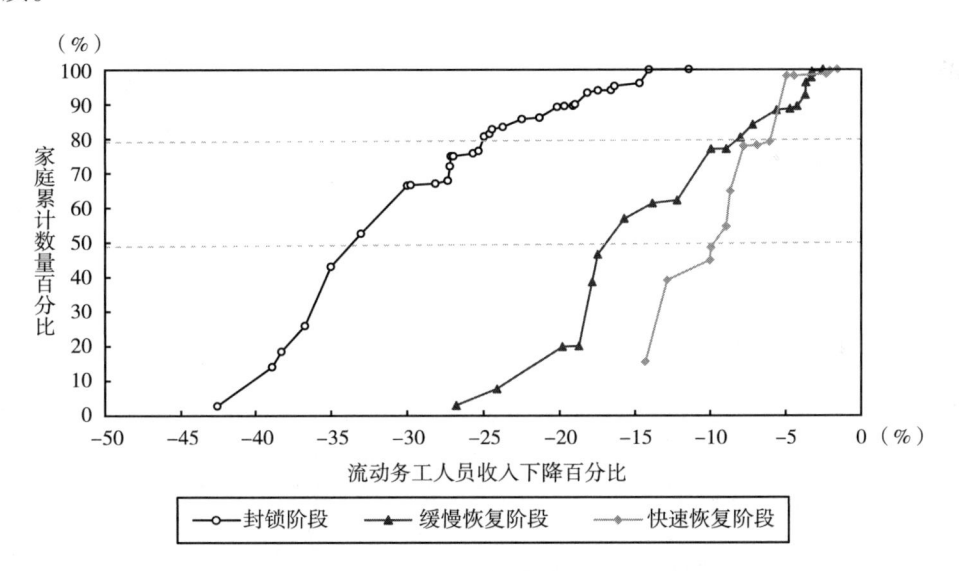

图3-12 三种场景下疫情对流动务工人员收入的累积分配影响

注：受影响流动人员的家庭总数=100。
资料来源：中国微观模拟模型结果。

从表3-9可以看出，与封锁前的水平相比，封锁阶段流动务工人员整体损失了约23%的收入，其中，农民工平均损失略高于23%（23.4%），而城镇流动人员损失22.1%。在恢复阶段，流动务工人员的收入损失变小——第二阶段约为10%，第三阶段约为5%。表3-9还按性别、年龄、受教育程度、公司规模和雇主类型报告了流动务工人员收入受到的不利影响。与表3-8一致，在封锁阶段，男性流动务工人员通常比女性损失更惨重。虽然两个恢复阶段的差距仍存在，但随着经济复苏，差距在缩小。

表3-9 三种场景下疫情对流动务工人员收入的影响
（相对基数的变化百分比） 单位：%

类别		封锁阶段 农村	封锁阶段 城镇	缓慢恢复阶段 农村	缓慢恢复阶段 城镇	快速恢复阶段 农村	快速恢复阶段 城镇
性别	女性	-20.9	-20.6	-9.1	-9.1	-4.8	-4.6
	男性	-24.6	-22.9	-10.4	-9.6	-5.8	-5.3
年龄	低于20岁	-20.8	-19.6	-9.4	-9.2	-4.4	-3.5
	21~30岁	-19.4	-16.9	-8.4	-6.9	-4.4	-3.5
	31~40岁	-24.4	-24.1	-10.4	-10.5	-5.7	-5.7
	41~50岁	-27.5	-24.9	-11.9	-10.7	-6.8	-6.1
	50岁以上	-22.8	-23.3	-9.1	-9.8	-5.1	-5.4
受教育程度	小学	-26.2	-25.9	-11.3	-11.7	-6.2	-6.2
	初中	-23.0	-21.6	-9.7	-8.8	-5.3	-4.6
	高中/职业	-17.0	-17.8	-7.2	-7.2	-3.9	-4.1
	大学及以上	-11.0	-9.8	-4.2	-4.2	-2.0	-2.1
雇主类型	政府部门	0.0	0.0	0.0	0.0	0.0	0.0
	公共机构	0.0	0.0	0.0	0.0	0.0	0.0
	国有企业	0.0	0.0	0.0	0.0	0.0	0.0
	私营企业	-26.3	-26.3	-11.6	-11.6	-6.4	-6.2
	外资企业	-15.7	-11.6	-7.2	-5.2	-5.2	-3.5
	其他企业	-22.2	-6.8	-9.6	-2.7	-6.4	-1.4
	个体/家庭商铺	-30.0	-30.0	-10.0	-10.0	-5.0	-5.0
合计		-23.4	-22.1	-10.0	-9.5	-5.5	-5.1

资料来源：中国微观模拟模型结果。

2. 对家庭汇款和总收入的间接影响

在中国家庭追踪调查中，只有来自流动务工家庭成员的汇款收入被记为家庭收入的一部分。根据调查按家庭划分的数据，农民工将大约73%的工资收入寄回了留守家庭，这意味着他们平均只留了27%的收入用于工作地的开销，相当于每月约666元，低于南京、北京和上海等城市的官方最低生活标准——分别为每月700元、710元和790元。这似乎表明，大多数农民工只留下最少一部分收入来维持自己的生活开支，而当他们的工资收入受到负面影响时，如在疫情期间，农民工压缩自身开支的空间很小，必须首先减少寄回家乡的收入，以维持自己在城市地区的基本生活水平。农民工最终寄回家乡的收入数量受到许多因素影响，包括农民工的工资收入水平、工作稳定性、年龄和教育水平，以及家乡的收入和耕地面积（Xu and Zhou，2016）。然而，鉴于很少有文献分析农民工决定寄多少钱回家，我们无法估计农民工收入下降对汇款的冲击。调查中，考虑到农民工平均只将相当少部分的工资收入用于自己的生活开支，优先将大部分收入寄给留守的家人，因此在模拟中我们设定：当农民工的工资收入受到冲击带来的不利影响时，他们不得不减少寄回家乡的汇款。只有当他们的工资收入降幅超过了冲击前汇回家乡的汇款数量时，农民工才不得不削减自己的生活开支。在这种设定下，农民工工资收入的下降会导致汇款不成比例的下降。也就是说，在封锁冲击下，农民工工资收入的最大降幅约为45%，但留守家庭收到的汇款可能下降多达100%。通过三种场景的三个累积分布图，我们评估了疫情相关冲击对家庭汇款的异质影响（见图3-13）。模型结果表明，大约46%接收汇款家庭因流动务工人员收入下降而受到负面影响。其余54%的接收汇款家庭没有受到影响，因为他们的流动务工家庭成员在公共部门、国有企业或大型私营企业工作，我们未对其施加负面冲击。

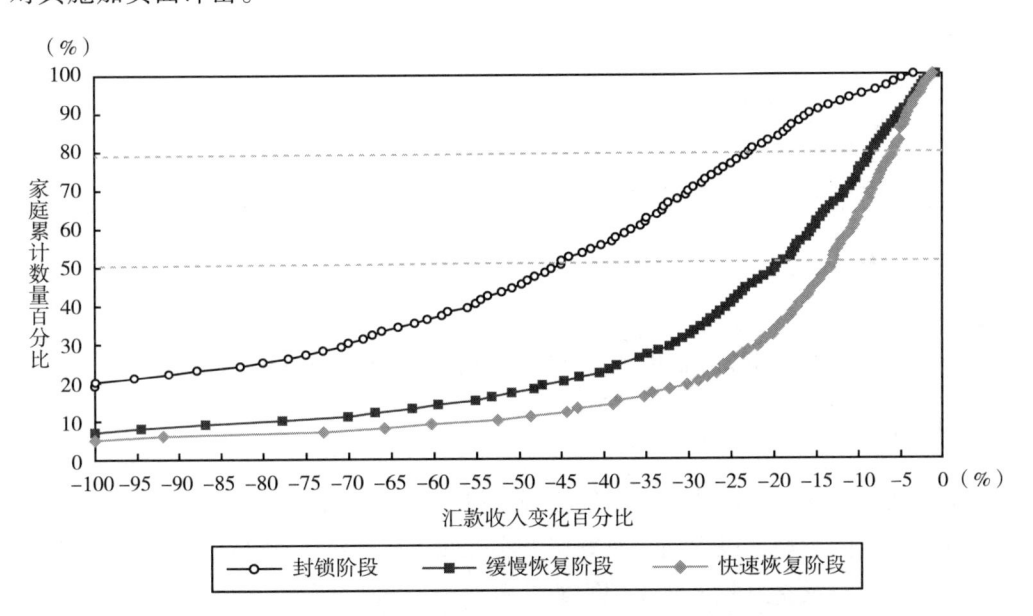

图 3-13 三种场景下疫情对家庭汇款收入的累积分布影响

注：有汇款的受影响家庭总数=100。
资料来源：中国微观模拟模型结果。

如图3-13所示，约7%家庭的汇款减少了100%，其他17%的家庭仍然能够收到一些汇款，但数量下降90%以上。对于这些家庭，他们的流动务工家庭成员通常在受影响最严重行业（如制造业、酒店餐饮或建筑业）中的微型和小型企业工作。这些是最脆弱的接收汇款家庭。总体而言，在封锁期间，50%接收汇款家庭收入下降超过45%，如下方虚线所示，80%接收汇款家庭收入下降幅度超过25%（上方虚线）。

图3-14进一步按农村和城镇地区划分了接收汇款家庭，并侧重于封锁阶段。农村接收汇款家庭似乎比城镇同类家庭受到的影响更大。超过25%的农村家庭的汇款收入下降了90%以上，而城镇家庭中出现同样情况的不到20%。近50%农村家庭的汇款收入下降了50%以上，而50%城镇家庭的汇款收入下降了40%以上（如图3-14中的虚线所示）。

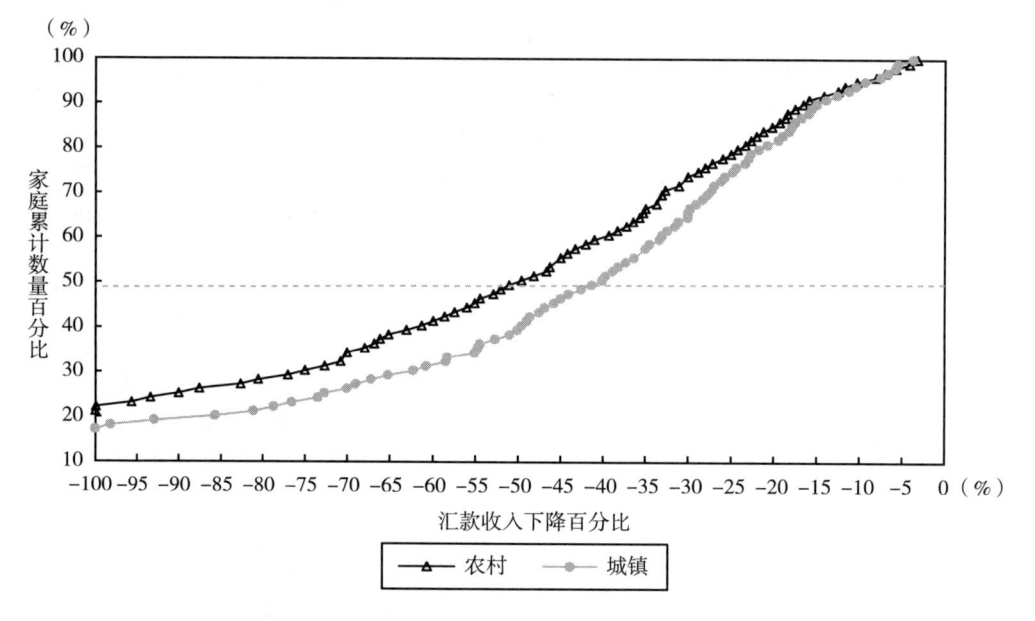

图3-14 封锁阶段疫情对农村、城镇家庭汇款收入的累积分布影响

注：城乡有汇款的受影响家庭总数=100。
资料来源：中国微观模拟模型结果。

汇款在收款家庭总收入中所占的份额不同，因此，有必要评估汇款数量下降对家庭总收入的影响，以评估对家庭层面实际收入的影响。图3-15展示了三种场景下汇款下降对家庭总收入的累积影响。根据图3-15，大约10%的接收汇款家庭总收入损失1/3以上，其他15%家庭因汇款减少总收入损失超过1/4。就接收汇款家庭整体而言，在封锁期间，其中50%的家庭总收入损失了至少15%，80%的家庭总收入损失了至少10%。随着经济的复苏，接收汇款家庭的收入损失越来越小。然而，即使在快速恢复的第三阶段，仍有50%的家庭收入损失超过5%。

图3-16将接收汇款家庭分为全国、城镇、农村和5个农村收入五分位组，展示了三种场景下每个家庭组总收入的平均降幅。在封锁阶段，全国家庭中，接收汇款家庭的总收入下降了7.7%；城镇家庭的收入下降了7.9%，超过农村家庭收

入的下降幅度（-7.5%）。在农村家庭中，低收入和中等收入家庭组（第2个五分位组和第3个五分位组）受到的影响最大，而富裕农村家庭（第5个五分位组）受到的影响最小。经济复苏减少了接收汇款家庭受到的负面冲击，总收入的下降开始与复苏趋同。然而，即使经济快速复苏，农村和城镇地区大多数家庭的总收入仍比冲击前的水平低2%~2.5%。

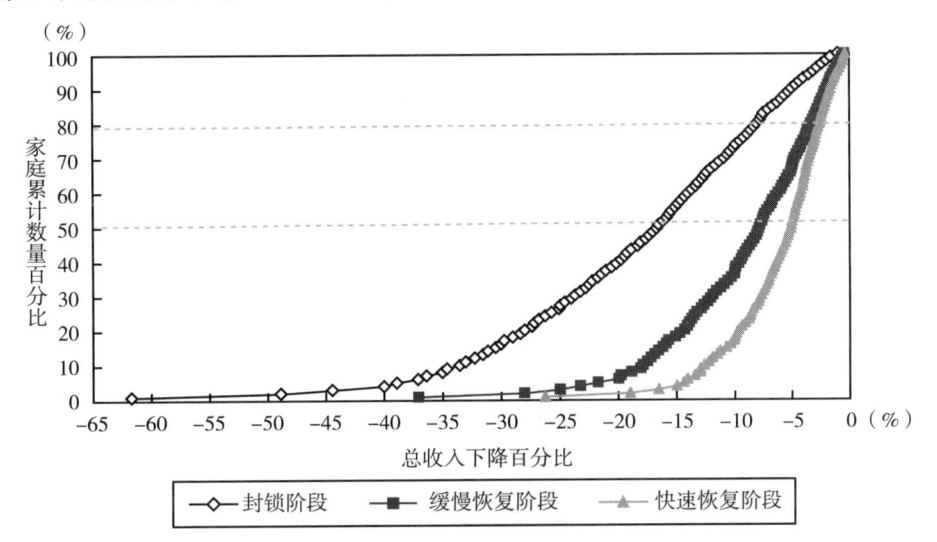

图3-15 三种场景下疫情对接收汇款家庭总收入的累积分布影响

注：受影响的接收汇款家庭总数=100。
资料来源：中国微观模拟模型结果。

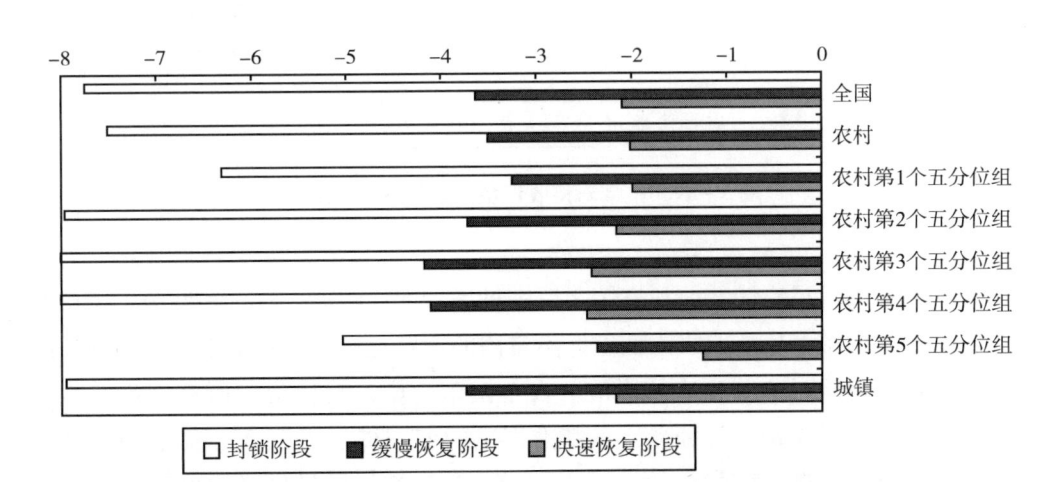

图3-16 三种场景下按家庭组划分的接收汇款家庭总收入下降情况

注：全国指全国家庭，农村指农村家庭，农村第1个五分位组至农村第5个五分位组指按收入五分位划分的农村家庭，其中第1个五分位组是最低的20%，第5个五分位组是最高的20%，城镇指城镇家庭。
资料来源：中国微观模拟模型结果。

3. 对家庭贫困的影响

根据相对贫困的概念，贫困线被定义为总人口家庭收入中位数的一半，即每年 7 500 元，按国际购买力平价（PPP）相当于每天 4.9 美元。这一贫困线高于中等收入发展中国家每天 3.2 美元 PPP 的国际贫困线，低于世界银行规定的中高收入发展中国家的每天 5.5 美元。收入最低的五分位组家庭（第 1 个五分位组）都是贫困家庭；第 2 个低收入五分位组是指模型中的低收入家庭，其中大多数在疫情之前并不贫穷。对于疫情之前已经处于贫困状态的家庭来说，汇款收入的下降使他们更加贫困。然而，模型结果显示，中低收入农村家庭的收入降幅更大（见图 3－17），表明贫困率可能在上升，这主要是由于冲击前并不贫困的接收汇款家庭陷入贫困所致。因此，我们的贫困评估首先关注这类家庭。

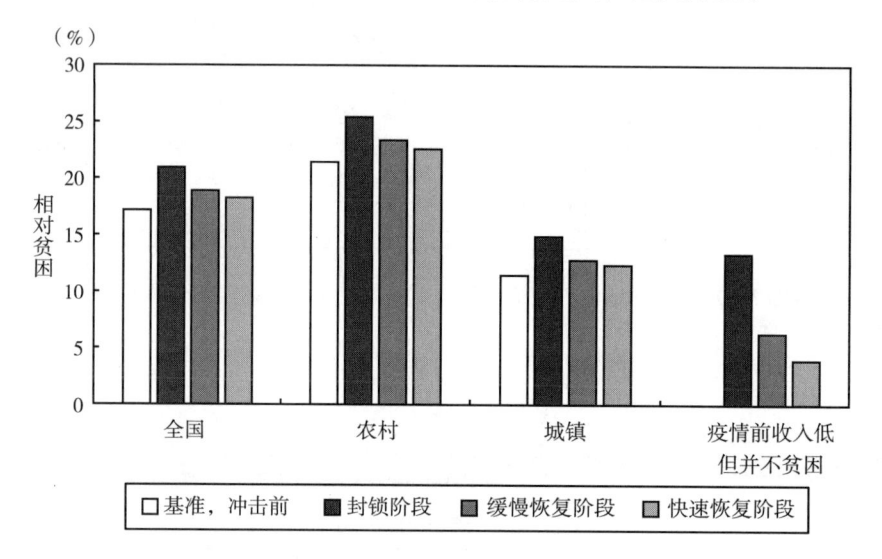

图 3－17　疫情对接收汇款家庭的贫困影响

资料来源：中国微观模拟模型结果。

图 3－17 展示了疫情之前和疫情之后三种场景下，国家、农村和城镇三类接收汇款家庭的贫困率。疫情前收入低但并不贫困的家庭也在图 3－17 中作为单独一组展示，以评估贫困对这些家庭的影响。在全国家庭中，封锁阶段所有接收汇款家庭的贫困率上升了 3.8 个百分点，从基准情况的 17.1% 上升到 20.9%。在基准情况下，农村接收汇款家庭的初始贫困率（21.4%）高于城镇同类家庭（11.5%），农村家庭贫困率的上升幅度（4.0 个百分点）也高于城镇家庭（3.4 个百分点）。在冲击前并不贫困的农村接收汇款家庭中，约有 4% 在封锁阶段陷入贫困。在低收入家庭群体中，这一比例高达 20.5%，且以农村家庭居多。换句话说，在封锁阶

段，大约有 480 万个接收汇款家庭和 1 440 万人陷入贫困，其中有 300 万个农村家庭和近 900 万人。

经济复苏帮助许多家庭恢复到冲击前的非贫困状态。在全国家庭中，即使在快速恢复阶段，贫困率仍略高于冲击前的水平，对于农村家庭来说尤其如此。在快速恢复场景下，农村接收汇款家庭贫困率比基准场景高 1.1 个百分点。在低收入组，3.9% 的疫情前就贫困的家庭继续处于贫困状态，其中大部分是农村家庭。这一发现表明，尽管许多新贫困家庭是由汇款收入暂时下降导致的，具有过渡性，但其中一些可能会持续贫困。共有约 130 万户这样的家庭，约 400 万人，其中大部分在农村地区。社会保护和现金转移计划应考虑针对这类家庭的措施。

疫情进一步使那些在冲击前就贫困的家庭更加贫困。我们在图 3-18 中计算了三种场景下的贫困差距，其中还包括了冲击前的基准信息。贫困差距指贫困人口平均收入低于贫困线的百分比。如图 3-18 所示，全国贫困差距指数在疫情前为 5.6%，在封锁期间上升至 7.0%（包括疫情前的贫困人口和疫情后的新贫困人口）。农村贫困人口的贫困差距扩大幅度大于城镇贫困人口。在基数中，农村接收汇款家庭的贫困差距为 8.6%，而在封锁期间上升至 10.4%。贫困差距扩大，表明更多的贫困家庭进一步低于贫困线。随着经济复苏，流动务工人员回到以前的工作岗位，开始恢复汇款，这些人员的家庭在封锁阶段陷入贫困，但此时收入出现反弹，贫困差距指数开始回到冲击前的水平，但仍略低于基准情况下的值。考虑到这些家庭中的许多人在疫情之前就已经处于贫困之中，其收入的任何下降都会使他们更加贫困，因此，疫情前针对贫困人口的社会保障计划作为向贫困户提供救济的重要机制，应扩大规模，以覆盖因为疫情致贫的新贫困户。

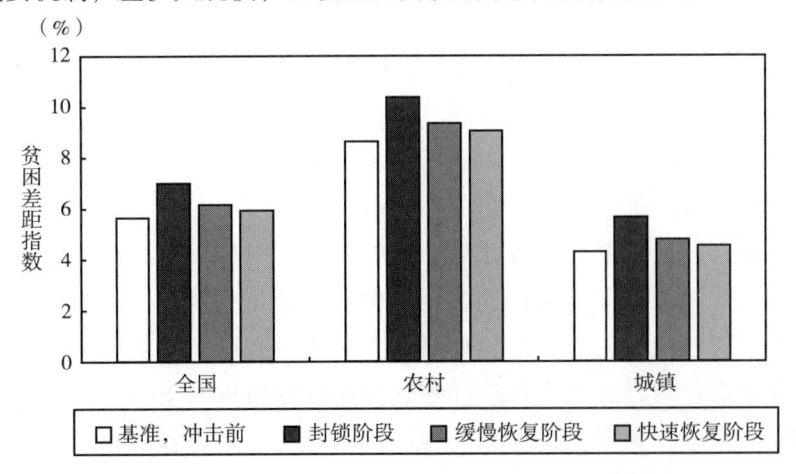

图 3-18　基准和三种情景下的贫困差距指数（百分比）

资料来源：中国微观模拟模型结果。

3.4.5 结论与政策含义

尽管2020年的年增长率低于疫情前的水平，中国是第一个遭受新冠疫情冲击的，也是少数几个经济基本恢复的国家之一。此外，不同经济部门和不同类型企业的复苏也不平衡。酒店餐饮、商业服务、家政服务等许多服务行业的恢复速度要慢得多，这意味着疫情对这些行业的就业及员工收入有着更加持久的影响。中国的农民工主要在这些行业的中小微私营企业工作，收入极其容易受到疫情相关的负面冲击。农民工通常将大部分收入寄回家乡，这些汇款是大量农村家庭脱贫的重要因素。本节采用微观模拟方法，利用中国家庭追踪调查提供的最新的、具有全国家庭代表性的调查数据，评估疫情对农民工和接收汇款家庭的收入及贫困的影响。当有真实数据后，需要通过事后分析来验证结果，而当事后分析不可行时，此处介绍的分析就非常有用且及时。

我们发现，疫情导致汇款数量减少，从而对农民工及其留守家庭产生了负面影响。汇款减少会对贫困产生显著影响，因为汇款使许多低收入农村家庭摆脱了贫困。大约70%的农民工受到疫情影响，而在建筑、制造、酒店餐饮等行业工作的农民工受到的影响最大。在封锁阶段，汇款平均下降45%以上，近50%接收汇款家庭受到影响。在疫情之前，低收入但并不贫困的接收汇款家庭中，大约13%在封锁期间陷入贫困，贫困率总体上升4个百分点。贫困差距指数也上升了2个百分点，表明许多原本贫困的家庭在冲击中变得更加贫困。由于许多农民工在没有正式劳动合同的小微私营企业工作，更容易受到冲击。如预期的那样，在封锁期间，农民工比城镇流动务工人员受到的影响更大。受教育程度更低的农民工受到的冲击也更大。随着经济的复苏，许多农民工重返工作岗位，但即使在经济快速恢复阶段，仍有20%接收汇款家庭的总收入低于疫情前的水平。封锁阶段，新增农村贫困家庭近300万户，新增贫困人口900万人，其中有130万人2020年可能继续处于贫困状态，即使在国民经济基本恢复正常之后。

上述发现有两个重要的政策含义。首先，由于微型和小型私营企业是农民工最重要的雇主，采取政策措施让这些企业保持运营至关重要，以此保障农民工的就业机会并减轻疫情对其收入的负面影响。其次，有必要对受影响最严重的农民工及其家庭采取针对性的社会保护计划，应采取针对性政策为失业农民工提供财政支持和技能培训，帮助其过渡到其他岗位。农民工的就业和收入与其留守家庭的幸福息息相关，帮助农民工的政策应被视作国家农村减贫举措的组成部分。从中长期来看，需要建立包括农民工失业保险在内的城乡一体化社会保障体系，以此作为可持续解决方案，增强农民工的适应力，使其能够更好地应对未来像疫情这样的意外冲击（Zhan and Chen，2021）。本节侧重于全国范围的农民工及其留守家庭，但进一步研究农民工及其留守家庭所受影响的地区差异也很有必要。

3.5 新冠疫情对制造业全球价值链的影响

3.5.1 引言

新冠疫情持续蔓延，使人类面临着影响深远的公共卫生挑战和经济危机。初步证据显示，新冠疫情危机比 2008 年全球金融危机更为严重。根据各国官方公布的数据，2020 年，美国、日本、德国和英国的国内生产总值（GDP）分别收缩了 3.5%、4.4%、4.9% 和 9.9%。疫情已经产生了广泛的经济影响，而且尚未结束。尽管最近获批的疫苗有可能使疫情形势在今年晚些时候出现扭转，但新一轮的暴发和病毒的新变种又引发了人们对前景的担忧。全球范围内，产品和零部件的跨境流动仍受到很大限制，这意味着全球制造业价值链的发展前景不容乐观。全面评估和预测疫情对全球制造业及其价值链的影响，是在全球化背景下精准应对疫情影响、构建双循环发展新格局的重要前提。

全球价值链（GVC）理论起源于 20 世纪 80 年代国际商业研究人员提出并发展起来的价值链理论。全球价值链贸易核算方法可以追溯到赫尔梅斯等（Hummels et al.，2001）对量化垂直专业化的讨论。一国进口中间产品作为本国生产和出口的投入品，赫尔梅斯等（2001）将此定义为垂直专业化。之后，学者们不断放宽赫尔梅斯等（2001）的严格假设，沿着他们的逻辑逐步构建了增加值贸易的一般核算公式，特别是库普曼等（Koopman et al.，2012）将总出口分为四类：最终被国外吸收的国内增加值、出口后回流国内的国内增加值、国外增加值和纯重复计算项目，并将总贸易、增加值贸易、贸易增加值等相关指标纳入统一的核算框架。在此基础上，王等（Wang et al.，2013）将全球价值链指标进一步划分为正向参与和反向参与。从正向、反向分解的角度，增加值和最终产品被分为纯国内使用、传统贸易、简单 GVC 和复杂 GVC 这几类，且正向和反向参与分开计算，区分 GVC 活动和非 GVC 活动，并计算 GVC 活动的正向、反向参与。在过去 30 年中，GVC 分工带动世界经济和国际贸易空前快速增长。目前，新冠病毒不断变异，疫情发展存在高度不确定性，引发了对 GVC 和经济全球化进程的诸多担忧。弗尼克斯（Verikios，2020）将流行病学模型和经济模型联系起来，探究了从地区人员到地区经济的传播，发现与之前的大流行病相比，新冠疫情持续时间可能更长，带来的经济影响可能更为严重。伊斯兰和穆易德（Islam and Muyeed，2020）运用元分析方法，发现这场危机可能造成 2.7 万亿美元的损失，约占全球 GDP 的 3.06%。关等（Guan et al.，2020）使用基于全球贸易分析模型（GTAP）框架的可计算的一般均衡（CGE）模型研究了新冠疫情对全球供应链的影响，发现无论采取何种策略，全球供应链的复杂性都会将损失放大，超出了疫情产生的直接影响。李和陈（Li and Chen，2020）指出，以美国和日本为代表的部分国家将进一步升级其制造业回归国内的计划，加大对制造业回归的政府补贴，这对制造业供应链的影响不容忽视。拉亚克等（Rajak et al.，2021）总结了当前供应链参与方的必要条件，并使用关键成功因素法（CSF）确定了 16 个关键因素。研究发现，在疫情期间，社交距离、物流系统应急响应和应急备用设施是维持供应链稳定的三大核心因素。

一些研究侧重于疫情对特定国家和行业的影响。美国为控制疫情传播采取了强制停业措施，沃姆斯利等（Walmsley et al.，2020）用 CGE 模型预估了该措施对宏观经济的影响，研究发现在持续 3 个月的场景下，美国 GDP 将下降 20.3%，就业率将下降 22.4%。杜安等（Duan et al.，2021）采用季度 CGE 模型从国家和行业两个层面评估了疫情对经济的影响，发现疫情可能导致中国 2021 年经济增长下降 1.2% ~ 2.7%。赵和杨（Zhao and Yang，2020）通过全球动态一般均衡（GDYN）模型分析发现中国实际 GDP 增长为 0.9%。具体来说，纺织服装、造纸印刷产品、化工医药产品、金属制品的增加值将分别增长 1.2%、1.8%、2.2%、2.0%；机械、交通运输设备等高端制造业的增加值将分别增长 0.8%、1.4%。沈和徐（Shen and Xu，2020）认为，疫情导致中国的上游供应严重短缺，此外，能源产业和电子信息产业面临着旺盛的下游需求。朱等（Zhu et al.，2020）发现中国的纺织服装、电气、金属、金属冶炼等行业可能存在较高的产业由内向外转移的风险。在这场全球公共卫生危机的影响下，产生了诸多问题：全球制造业面临哪些挑战？制造业 GVC 结构将如何变化？未来中国将在 GVC 中扮演什么角色？

迄今为止，关于疫情对全球制造业价值链的影响，相关定量研究还很少。此外，用于衡量疫情经济影响的 GTAP 模型方法大多是相对静态的，或是采用中国 2017 年国内投入产出表的 CGE 模型，这些方案都无法准确描述疫情对全球制造业价值链的影响。本节在经济合作与发展组织国际投入产出表的基础上，扩展 GTAP

数据库，采用调整后的 GDYN 模型，考量疫情对全球高技术、中技术和低技术制造业的动态影响，并从增加值的角度分析全球制造业价值链结构的演变过程。

3.5.2 材料和方法

1. 数据来源和处理

本节对 GTAP10 动态数据库进行调整，基于 GTAP 数据构建了标准的国际投入产出表。关于行业选择，研究比对了 GTAP 数据库中的 65 个行业和 OECD 数据库中的 34 个行业，最终保留了 23 个与制造业相关的类别。我们按照国家（地区）对数据库进行汇总，并分析了中国、美国、日本、韩国、东盟等国家（地区）的制造业（见表 3 - 10）。在贸易流向方面，研究划分了 GTAP10 数据库中的商品流转，以区分商品流向和分销，并依据 2014 年 OECD 国际投入产出表调整了数据库中的进口份额。

表 3 - 10　　　　　　　　　国家（地区）划分

分类	名称
国家	澳大利亚（AUS）、中国（CHN）、日本（JPN）、韩国（KOR）、印度（IND）、美国（USA）、德国（DEU）、巴西（BRA）、俄罗斯（RUS）、南非（ZAF）、英国（UK）
地区	东盟（ASEAN）、拉丁美洲（LAM，巴西除外）、欧盟（EU，法国和德国除外）、"一带一路"（TBTR），以及世界其他国家（ROW）

根据欧盟统计局的统计，将制造业部门分为高技术、中高技术、中低技术和低技术制造业。本节根据现有的行业分类，将中高技术制造业和中低技术制造业合并为中技术制造业，因此制造业共分为高技术、中技术和低技术制造业三类（见表 3 - 11）。

表 3 - 11　　　　　　　　　　行业划分

分类	行业
低技术	纺织品和服装、皮革制品业、木材加工、造纸和印刷，以及其他制造业
中技术	石油和煤炭加工、橡胶和塑料制造、黑色金属冶炼加工、有色金属冶炼加工、金属制品行业、其他燃料加工行业
高技术	化纤制造业，医疗制造业，汽车制造，运输设备制造，计算机、通信等电子设备制造（简称"电子设备制造"），电子设备，仪器制造，通用和专用设备制造（简称"机械设备制造"）

为确保全球和国家层面的总投入等于总产出,我们调整了税,将所有所得税都从中间投入和最终需求中剔除。此外,收入按各部分划分,确保行业、国家和总产出这三个层次的总投资相等。利用 OECD2014 年国家间投入产出表计算得出:

$$VIMS\_N_{i,r,s} = VIGM_{i,s} \times shr\_F_{t,r,s,\text{"Government"}} + VIPM_{i,s} \times shr\_F_{t,r,s,\text{"private"}} + \sum_{jj} VIFM_{i,r,s} \times shr\_I_{i,r,jj,s} \quad (3.1)$$

其中,$VIMS\_N_{i,r,s}$ 代表 s 国从 r 国进口的商品总量,$VIGM_{i,s}$ 代表 s 国政府进口的最终消费品总量,$VIPM_{i,s}$ 代表 s 国家庭进口的最终消费品总量,$VIFM_{i,r,s}$ 代表 s 国制造商从 r 国进口的中间产品总量。$shr\_F_{t,r,s,\text{"Government"}}$、$shr\_F_{t,r,s,\text{"private"}}$ 和 $shr\_I_{i,r,j,s}$ 分别代表一国政府最终消费品来源的份额、家庭消费的最终产品来源份额和进口的中间产品在该国不同行业之间的流动。模拟中使用的消费、失业和投资数据均来自 Wind 数据库中主要经济体的年度数据,并利用 HP 滤波法去除消费、失业、投资数据的周期项,以求得到疫情下降趋势的真实影响,从而求出疫情引起的下降率。等值关税数据是根据米诺和特斯格斯(Minor and Tsigas,2008)及世界银行营商网站上的清关时间数据计算得出的。

2. GDYN 模型改进

本研究基于可计算一般均衡模型的应用,CGE 模型已成功用于评估健康威胁造成的经济影响。GTAP 是使用最广泛的 CGE 模型之一。该模型是由赫特尔和特斯格斯(Hertel and Tsigas,1997)研发的一种全球静态均衡模型,该模型具有扩展能力,能够探究就业和供应链受到的与经济活动和政策相关的影响。

值得一提的是,我们使用的 GDYN 模型是 GTAP 模型的动态扩展版,由伊安乔维奇娜和沃姆斯利(Ianchovichina and Walmsley,2012)开发。GDYN 模型有两个突出的优点:一是引入了投资和资本积累的动态机制,便于根据各国回报率的差异在全球范围内配置投资,从而对各国的总资本产生影响,同时促使激烈竞争;二是按照资产所有权关系在全球范围内分配资产收益,准确匹配资本所有权与相应收益的关系,也就是说,一个国家的资产并不完全为该国居民所有,这使得模型分析更加准确。

基于数据库的维度设置,我们对原 GDYN 模型的框架进行了调整,使 GDYN 模型与 GVC 分解模型相连。此外,扩展了 GVC 模型的前后指标,明确了增加值的来源。具体改进如下。

如图 3-19 所示,首先,对 GDYN 模型的框架进行了改进,扩展了分项系数的维度，并在原有模型的基础上增加了变量和相关公式。此外，调整了模型中的弹性系数以描述中间部件和最终产品之间的弹性差异。定义了新变量——使用CES需求函数定义新变量，以描述进口的来源和分销。具体来说，包含企业（$qfms_{i,r,j,s}$和$pfms_{i,r,j,s}$）、家庭（$qpms_{i,r,s}$和$ppms_{i,r,s}$）和政府（$qgms_{i,r,s}$和$pgms_{i,r,s}$）的消费变量，以及进出口贸易量的关系［见式（3.2）至式（3.5）］。

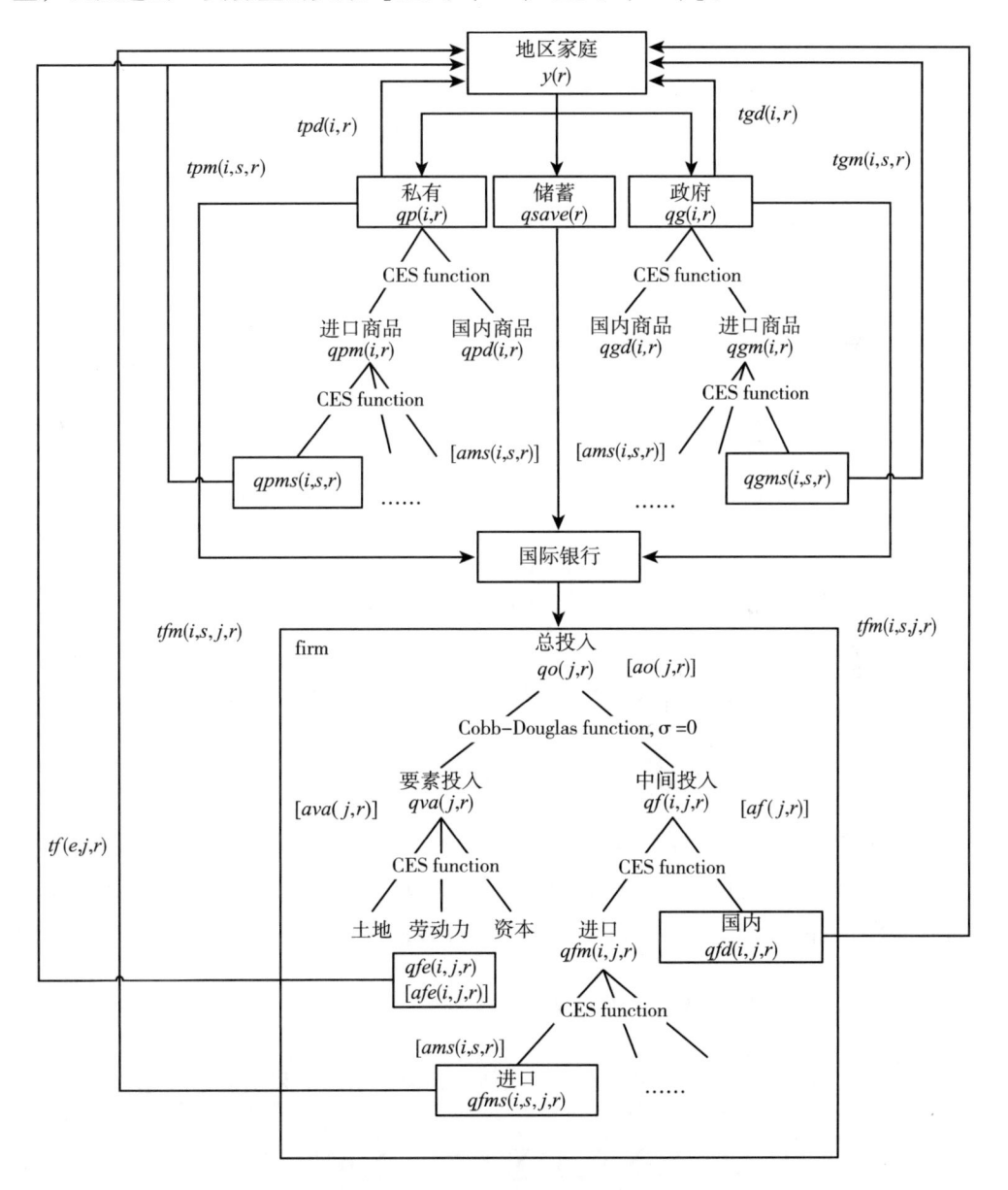

图 3-19 调整后的 GDYN 模型框架

$$qfms_{i,r,j,s} = \frac{qfm_{i,j,s}}{ams_{i,r,s}} \times \left[\frac{1}{ams_{i,r,s}} \times \frac{pfms_{i,r,j,s}}{pfm_i}\right]^{-ESUBNf_{j,x,i}} \quad (3.2)$$

$$qpms_{i,r,s} = \frac{qpm_{i,s}}{ams_{i,r,s}} \times \left[\frac{1}{ams_{i,r,s}} \times \frac{ppms_{i,r,s}}{ppm_{i,s}}\right]^{-ESUBMh_{s,j}} \quad (3.3)$$

$$qgms_{i,r,s} = \frac{qgm_{i,s}}{ams_{i,r,s}} \times \left[\frac{1}{ams_{i,r,s}} \times \frac{pgms_{i,r,s}}{pgm_{i,s}}\right]^{-ESUBMh_{s,i}} \quad (3.4)$$

$$qxs_{i,r,s} = qim_{i,r,s} \quad (3.5)$$

第二个改进是重新定义了一些公式，并用加权平均法将原始变量与新变量连接起来。其中，企业（$pfm_{i,j,s}$）、家庭（$ppm_{i,s}$）和政府（$pgm_{i,s}$）的价格，以及进口的价格（$pim_{i,s}$）和数量（$qim_{i,r,s}$）都全部重新定义［见式（3.6）至式（3.10）］。

$$pfm_{i,j,s} = \sum_r \left[\frac{VIFA_{i,r,j,s}}{\sum_r VIFA_{i,rr,j,s}} \times \left(\frac{pfms_{i,r,j,s}}{ams_{i,r,s}}\right)\right] \quad (3.6)$$

$$\sum_r VIPA_{i,r,s} \times ppm_{i,s} = \sum_r VIPA_{i,r,s} \times \frac{ppms_{i,r,s}}{ams_{i,r,s}} \quad (3.7)$$

$$\sum_r VIGA_{i,r,s} \times pgm_{i,s} = \sum_r VIGA_{i,r,s} \times \frac{pgms_{i,r,s}}{ams_{i,r,s}} \quad (3.8)$$

$$pim_{i,s} = \sum_r \left(\frac{VIMS_{i,r,s}}{\sum_r VIMS_{i,k,s}} \times \frac{pms_{i,k,s}}{ams_{i,k,s}}\right) \quad (3.9)$$

$$qim_{i,r,s} = \left[\sum_j \left(\frac{VIFM_{i,r,j,s}}{VIM_{i,r,s}} \times qfms_{i,r,j,s}\right)\right] + \left(\frac{VIPM_{i,r,j,s}}{VIM_{i,r,s}} \times qpms_{i,r,s}\right)$$
$$+ \left(\frac{VIGM_{i,r,j,s}}{VIM_{i,r,s}} \times qgms_{i,r,s}\right) \quad (3.10)$$

第三个改进是 GDYN 模型和 GVC 模型之间的联系。在库普曼等（2012）研究的基础上扩展了前后分解式，将增加值贸易转化为增加值收入（GVC 收入），定义增加值来源，并用式（3.11）和式（3.12）计算前后结果总和。

$$(Va^s)' = \hat{V}^s \times L^{ss} \times Y^{ss} + \hat{V}^{ss} \times L^{ss} \times \sum_{r \neq s}^G Y^{sr}$$
$$+ \hat{V}^{ss} \times L^{ss} \times \sum_{r \neq s}^G A^{sr} \times L^{rr} \times Y^{rr} + \hat{V}^s \times L^{ss} \times \sum_{r \neq s}^G A^{sr} \times \sum_u^G B^{ru} \times Y^{us}$$
$$+ \hat{V}^s \times L^{ss} \times \left(\sum_{r \neq s}^G \sum_{t \neq s}^G A^{st} \sum_u^G B^{tu} Y^{ur} - \sum_{r \neq s}^G A^{sr} \times L^{rr} \times Y^{rr}\right) \quad (3.11)$$

$$Y' = V^s \times L^{ss} \times \hat{Y}^{ss} + V^{ss} \times L^{ss} \times \sum_{r \neq s}^{G} \hat{Y}^{sr}$$
$$+ V^{ss} \times L^{ss} \times \sum_{r \neq s}^{G} A^{sr} \times L^{rr} \times \hat{Y}^{rr} + V^s \times L^{ss} \times \sum_{r \neq s}^{G} A^{sr} \times \sum_{u}^{G} B^{ru} \times \hat{Y}^{us}$$
$$+ V^s \times L^{ss} \times \left(\sum_{r \neq s}^{G} \sum_{t \neq s}^{G} A^{st} \sum_{u}^{G} B^{tu} \hat{Y}^{ur} - \sum_{r \neq s}^{G} A^{sr} \times L^{rr} \times \hat{Y}^{rr} \right) \tag{3.12}$$

其中，L 为本地里昂惕夫逆矩阵，B 为全球里昂惕夫逆矩阵，A 为直接消费系数矩阵，V 为增加值系数矩阵，Y 为最终需求矩阵。以式（3.11）为例，$\hat{V}^s \times L^{ss} \times Y^{ss}$ 代表一国的国内生产和消费，$\hat{V}^{ss} \times L^{ss} \times \sum_{r \neq s}^{G} Y^{sr}$ 为一国传统贸易的增加值流动，$\hat{V}^{ss} \times L^{ss} \times \sum_{r \neq s}^{G} A^{sr} \times L^{rr} \times Y^{rr}$ 是一国简单 GVC 的增加值流向，$\hat{V}^s \times L^{ss} \times \sum_{r \neq s}^{G} A^{sr} \times \sum_{u}^{G} B^{ru} \times Y^{us} + \hat{V}^s \times L^{ss} \times \left(\sum_{r \neq s}^{G} \sum_{t \neq s}^{G} A^{st} \sum_{u}^{G} B^{tu} Y^{ur} - \sum_{r \neq s}^{G} A^{sr} \times L^{rr} \times Y^{rr} \right)$ 是一国复杂 GVC 的增加值流向。在式（3.12）中，$V^s \times L^{ss} \times \hat{Y}^{ss}$ 代表一国的部分国内生产和国内消费，$V^{ss} \times L^{ss} \times \sum_{r \neq s}^{G} \hat{Y}^{sr}$ 代表一国传统贸易的增加值来源，$V^{ss} \times L^{ss} \times \sum_{r \neq s}^{G} A^{sr} \times L^{rr} \times \hat{Y}^{rr}$ 代表一国简单 GVC 的增加值来源，$\hat{V}^s \times L^{ss} \times \sum_{r \neq s}^{G} A^{sr} \times \sum_{u}^{G} B^{ru} \times Y^{us} + \hat{V}^s \times L^{ss} \times \left(\sum_{r \neq s}^{G} \sum_{t \neq s}^{G} A^{st} \sum_{u}^{G} B^{tu} Y^{ur} - \sum_{r \neq s}^{G} A^{sr} \times L^{rr} \times Y^{rr} \right)$ 代表一国复杂 GVC 增加值的来源。

第三个改进在于构建动态模型的基准场景。以沙皮伊和沃姆斯利（Chappuis and Walmsley，2011）的递归动态法为参考，利用法国国际经济展望研究中心、国际货币基金组织和世界银行等国际权威机构的预测数据，获取了内生 GDP 增长率的基准场景（2015~2035 年），确保内生 GDP 增长率与之前的外生 GDP 增长率之间没有差异。

（1）社会网络分析法。基于孟等（Meng et al.，2019）的方法，我们利用进口和出口的增加值确定了全球制造业贸易的需求中心和供应中心。从供应角度来看，如果一个地区大多数国家的增加值进口都来自某个国家，那么该国就是一个增加值供应中心。需求方面，如果一个地区大多数国家的增加值出口都流向某个国家，则该国就是地区增加值需求中心。

（2）场景设定法。2020 年 GDP 下降反映出个人消费支出、出口、私人库存投资、非住宅固定投资和政府支出的下降。截至 2020 年 5 月上旬，OECD 五个国家（澳大利亚、加拿大、新西兰、英国和美国）的线上职位空缺总量较年初下降了 50% 以上，其中某些行业的降幅甚至更大。由于人员流动限制和出行限制直接导致消费需求和劳动力供应减少,劳动密集型产业受到供需两方面的影响。邓恩等(Dunn et al.,2020)用银行卡单日交易数据评估了疫情对消费者支出的经济影响,预估疫情限制措施落实后,致使消费者支出总体下降-27.8%。

从国际贸易角度来看,各国政府都实施了限制措施,关闭港口,加强检验检疫,疫情主要影响了进口需求。此外,贸易便利化影响了商品贸易和制造业价值链结构。当产业链的金融环节受到冲击时,经济衰退将可能加剧,国内的国际投资趋势放缓,有效资本存量和资本价格均因国际供应链受到影响而出现下降。

基于以上调查分析,本节选取就业、消费、贸易便利化和资本存量作为冲击的代理变量。

(1)就业。选择用HP滤波去除了近10年的国家失业率趋势,并保留了周期成本。之后失业数据转换为劳动力数据,作为每年的就业数据。在此基础上,计算各国在疫情背景下的就业损失,从而按国家得出2020年的就业率。2021年疫情可能会继续影响就业率,2020年就业率维持在此前平均水平的2/3左右。预计2022年疫情将得到控制,劳动力供应也将逐步恢复到经济稳定状态。

(2)消费。选择通过HP滤波去除了趋势项;选择最近公布的各国消费支出增长率,用2020年消费增长率减去2019年消费增长率,由此得出疫情影响下的消费下降量。在GTAP模型中,个人消费需求、不同消费品价格和个人消费支出之间的关系如下:

$$\frac{qp_{i,r}}{pop_r} = \left(\sum_k pp_{k,r}^{EP_{i,k,r}}\right) \times \left(\frac{yp_r}{pop_r}\right)^{EY_{i,r}} + f\_qp_r \qquad (3.13)$$

其中,f_qp_r表示地区r的消费移动变量。通过式(3.13)得到了f_qp影响引起的个人消费需求偏好变化,以及不同家庭的个人消费需求偏好。本节希望通过最终消费发现疫情的长期影响,并预计2021年家庭层面的最终消费将维持在2020年水平的2/3,我们在此基础上设定了反弹机制,假设模型将于2025年回归稳定水平。

(3)贸易便利化。米诺和特斯格斯(2008)基于GTAP数据库将不同类型的进出口和不同行业的进出口联系起来,我们根据这一联系,并考虑到疫情影响随着时间推移将大大增加,确定了不同行业的等值关税。以进出口贸易量为权重,将等值关税结果与合并的国家和行业进行匹配。两国不同行业的等值关税通过进出口等值关税相加来确定。本节假设疫情后的航班限制影响了交通运输能力,各国加大对出入境产品的审查力度、提高检验检疫标准等,从而导致进口海关转关时间延长至14天,而出口转关时间不变。

(4)投资水平。年度投资数据选自国际货币基金组织。为了准确显示投资变化,我们用HP滤波法去除趋势项,并将HP滤波调整后的投资数据与本节中的国家和地区类别相匹配。假设投资将在2022年后反弹至稳定水平。

3. 全球价值链参与指数

全球价值链参与指数是指一个国家（地区）在全球价值链中的参与度占其增加值的比例。指数值越大，国家（地区）在全球价值链中的参与度越强；指数值越小，则参与度越弱。式（3.14）中，VAS_GVC 表示基于正向分解的全球价值链参与指数。式（3.15）中，VAS_GVC_S 表示基于正向分解的简单价值链活动参与指数。式（3.16）中，VAS_GVC_C 表示基于正向分解的复杂价值链复杂参与指数。式（3.17）中，$FGYS\_GVC$ 表示基于反向分解的全球价值链参与指数。式（3.18）中，$FGYS\_GVC\_S$ 表示基于反向分解的简单价值链活动参与指数。式（3.19）中，$FGYS\_GVC\_C$ 表示基于反向分解的复杂价值链复杂参与指数。全球价值链前向参与指数旨在回答"国家/部门将多少比例的生产要素用于全球价值链生产"这一问题；全球价值链后向参与指数旨在回答"国家/部门用于最终产品的生产投入中，有多少比例是基于全球价值链的生产活动"。与传统的全球价值链参与指数相比，王等（2017）的 GVC 参与指数完美解构了国家和部门层面的 GVC 参与，有效弥补了传统的全球价值链参与指标体系的不足，从全球价值链的角度明确了不同层次增加值的来源和去向。

$$VAs\_GVC = \frac{VA\_GVC}{Va'} = \frac{VA\_GVC\_S}{Va'} + \frac{VA\_GVC\_C}{Va'} \tag{3.14}$$

$$VAs\_GVC\_S = \frac{VA\_GVC\_S}{Va'} \tag{3.15}$$

$$VAs\_GVC\_C = \frac{VA\_GVC\_C}{Va'} \tag{3.16}$$

$$FGYs\_GVC = \frac{FGY\_GVC}{Y'} = \frac{FGY\_GVC\_S}{Y'} + \frac{FGY\_GVC\_C}{Y'} \tag{3.17}$$

$$FGYs\_GVC\_S = \frac{FGY\_GVC\_S}{Y'} \tag{3.18}$$

$$FGYs\_GVC\_C = \frac{FGY\_GVC\_C}{Y'} \tag{3.19}$$

3.5.3 结果与分析

根据传染性疾病的一般发展规律，本节假设疫情的发展将经历三个阶段：高峰期、有效控制期和衰退期。此外，各个时期的变化都会影响就业、消费、贸易便利化、资本存量等因素。（1）在疫情高峰期（2020~2021年），企业面临着短期消费需求、就业和投资的下降，以及贸易的挑战；（2）一旦疫情得到有效控制，此前受抑制的消费需求、就业和投资将在疫情得到有效控制后（2022~2025年）逐步回升；（3）第三阶段，各类要素将逐步恢复正常水平，疫情结束后（2026~2035年）供应和需求呈稳定态势。

为了进一步分析具体行业，本节对三个类别中的几个代表性行业进行分析。详细的模拟结果和分析如下。

1. 对全球制造业产出的影响

模拟结果表明，到2035年，大部分国家（地区）的生产要素价格、制造业产出和进出口总量将总体呈下降趋势。由于劳动力工资大幅下降，法国、英国、南非等国家初级要素价格的下降幅度将受到明显影响。上述三个国家非熟练劳动力工资分别下降21.19%、16.61%、14.96%，熟练劳动力工资分别下降20.5%、17.81%、15.39%。中国、日本、韩国、德国等传统制造业国家的熟练劳动力工资、非熟练劳动力工资和资本价格都将下跌，从而对初级要素价格造成较大的负面影响。从进出口看，印度、南非、法国、英国、巴西出口降幅最大，分别为0.55%、0.50%、0.44%、0.42%、0.40%。中国制造业进口降幅最大，达到0.42%，但中国的制造业出口降幅有限，仅为0.24%。然而，美国、印度、日本、英国、法国、欧美等国家（地区）的出口降幅大于进口降幅。这表明，疫情过后，中国对国际市场的进口依存度将下降。受要素价格、需求、清关时间等因素影响，南非、印度、法国的制造业产出大幅下降，分别达0.48%、0.43%、0.39%。

不同行业价值链的长度和全球化程度不同，受到疫情的影响有很大差异（见图3-20）。一方面，与基准场景相比，全球低端制造业在短期内受到了很大的负面影响，2021年产出增速将下降4.2%，疫情得到有效控制后将逐步恢复正常水平，整体呈"V"型发展趋势，2030年产出将增长1%；另一方面，高端制造业短期内将出现较快增长，产出增速将于2021年增长2.15%，这反过来将带动全球制造业的增长。疫情结束后，制造业整体发展趋势将逐步回归基准。我们选择了几个代表性行业进行进一步分析（见图3-21）。

中低技术制造业受到很大影响，尤其是纺织服装、林产品、造纸印刷等行业。2021年产出分别下降8.4%、5.8%、5.4%，主要原因是这些行业大部分都是劳动密集型行业。随着疫情的蔓延，失业率不断上升，这些劳动密集型行业的生产成本大幅上涨，导致产出下降。另外，这些行业提供了大量的最终产品（给消费者），也受到消费和居民收入下降的影响，传统制造业的产出将进一步下降。此外，疫情导致运输物流面临挑战，贸易便利化程度降低，国际需求减少。疫情结束后，大部分制造业将逐步恢复正常水平，这将进一步推动纺织服装、林产品、石化产品等工业产出的增长，消费回弹和资本回流也将对这些行业产生拉动效应。

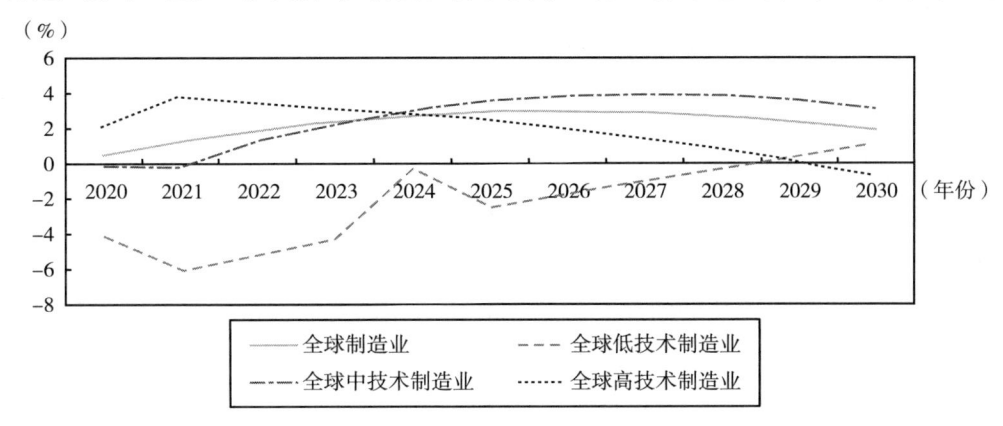

图 3-20　2020~2030 年全球制造业产出增长率

资料来源：GDYN 模拟结果。

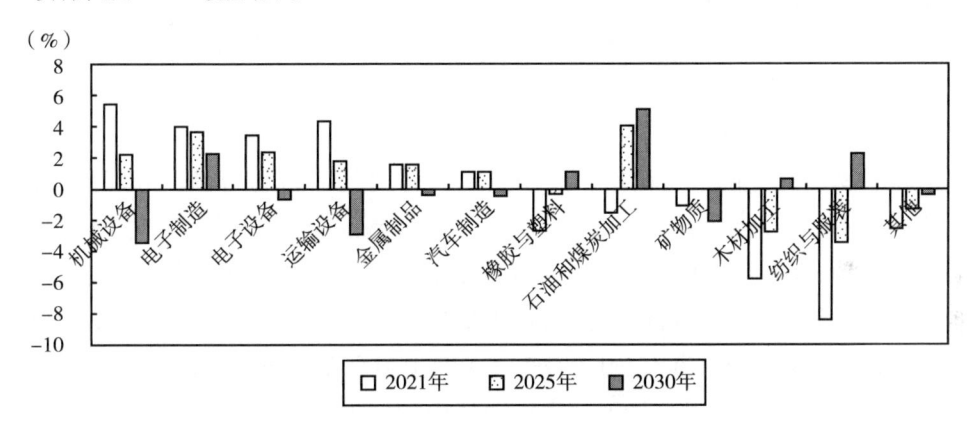

图 3-21　不同行业的产出增长变化

资料来源：GDYN 模拟结果。

高技术制造业短期内受疫情影响较小，部分工业产出增长明显。机械设备、电子产品、运输设备、电器等工业产出 2021 年增长较快，分别比基准场景上涨 5.5%、4.5%、4.0%、3.5%，拉动这一增长的主要因素是这些行业属于技术密集型行业，生产自动化和数字技术水平都较高，失业的影响相对较小。例如，中国钢铁业建立了一个几乎不需要人工的"黑灯工厂"。这样一来，在保持高效生产的同时，也可以轻松做好疫情防控。第二个拉动因素是上述行业投资资本的重要性。由于疫情导致资本大幅下降，这些资本密集型行业的生产成本大幅降低，但对产出的需求仍在。另外，这些行业在链条中离最终消费较远，因此短期内需求侧影响较小。最后，从投资的角度来看，高技术制造业处于链条的中间位置，如汽车及零部件行业、机械设备、汽车工业及零部件行业对电子信息制造业的投资,因此短期内受到疫情影响较小。

2. 对全球制造业 GVC 的影响

疫情后,全球制造业的 GVC 结构将会如何变化？特定行业的变化会有所不同吗？作为全球最大的制造中心,中国将在 GVC 贸易中扮演什么样的角色？本节根据增加值贸易的来源和流向厘清国家间的贸易关系,并通过构建社会网络结构图,分析疫情结束后世界主要国家（地区）之间的贸易。

首先,从增加值贸易的角度分解前项和后项,确定增加值的来源和方向,建立国家间的贸易关系。一个行业的产出可以分为四个部分：纯国内生产、传统贸易、简单 GVC 贸易和复杂 GVC 贸易。纯国内生产是指所生产的最终产品的增加值由国内市场吸收；传统贸易是指最终产品的增加值用于贸易；简单 GVC 是指用于本地生产或出口的中间投入品,是单一产品跨境出口或进口；复杂 GVC 是指贸易中两个或多个中间产品的跨境出口或进口。考虑前向分解和后向分解,可以划分 GVC 的流动。前向分解采用增加值生产的视角,见式（3.5）；后向分解采用增加值需求的视角,见式（3.6）。

其次,构建社会网络结构图,展示贸易伙伴之间的贸易份额,分析价值链结构的变化。在社会网络结构图中,每个节点的大小表示一个国家（地区）的前向和后向增加值,国家（地区）之间的线条粗细反映了各国（地区）前向、后向增加值中的贸易伙伴所占的份额,箭头代表流动方向。需要注意的是,社会网络结构图中,两个国家（地区）之间是否存在关联由两个条件决定。以前向参与为例。其一,如果 A 国在 B 国进口增加值中所占的份额较大,则 A 国和 B 国之间存在关联；其二,如果 A 国在 B 国进口增加值中所占的份额大于 25%,则 A 国和 B 国存在关联。后向参与考虑 A 国对 B 国出口附加值的份额。

（1）新冠疫情对国家层面全球价值链参与度的影响。如表 3-12 所示,到 2035 年,疫情对世界主要经济体的前向和后向制造业都产生了强烈影响。从前向角度看,传统贸易方面,印度、美国、法国、加拿大受冲击最为严重,较基准场景分别下降 0.35%、0.21%、0.19%、0.18%。GVC 方面,南非、拉丁美洲、印度、美国降幅最大,分别下降 0.47%、0.30%、0.30%、0.22%。从复杂 GVC 来看,南非、巴西、英国、印度受到的影响最大,分别收缩 0.67%、0.47%、0.46%、0.44%。相比之下,中国 GVC 的前向参与也有所下降,但降幅远低于全球平均水平,这使得中国制造业的 GVC 产品产能相对充足。从后向角度看,在 GVC 方面,中国、东盟和南非下降幅度最大,分别达 0.32%、0.28% 和 0.20%。其中，中国的复杂 GVC 下降 0.24%，东盟和南非均下降 0.14%。与前向参与不同，后向 GVC 参与下降幅度较大的国家都是疫情前擅长加工贸易的国家，这表明疫情可能为上述国家的产业升级提供契机，使其降低对国外制造业中间产品的依赖度，尤其是中国和东盟，其制造业价值链已经呈上升趋势。

表 3-12　新冠疫情对国家（地区）层面全球价值链参与度的影响
（2020~2035 年相对基准场景的累积影响）

国家（地区）	前向 VA_D（%）	VA_RT（%）	VA_GVC（%）	VA_GVC_S（%）	VA_GVC_C（%）	后向 FGY_D（%）	FDY_RT（%）	FGY_GVC（%）	FGY_GVC_S（%）	FGY_GVC_C（%）
澳大利亚（AUS）	-0.01	-0.07	-0.01	0.05	-0.20	-0.01	-0.07	-0.11	-0.05	-0.26
新西兰（NZL）	0.00	-0.05	-0.17	-0.11	-0.34	0.00	-0.05	-0.11	-0.05	-0.21
中国（CHN）	-0.03	-0.07	-0.18	-0.07	-0.36	-0.03	-0.07	-0.32	-0.24	-0.47
加拿大（CAN）	0.02	-0.18	-0.08	0.02	-0.29	0.02	-0.18	-0.04	0.05	-0.23
日本（JPN）	-0.06	-0.02	-0.19	-0.11	-0.34	-0.06	-0.02	-0.14	-0.08	-0.28
韩国（KOR）	-0.12	0.04	-0.13	-0.01	-0.31	-0.12	0.04	-0.14	-0.10	-0.22
印度（IND）	0.08	-0.35	-0.30	-0.24	-0.44	0.08	-0.35	-0.10	0.02	-0.45
美国（USA）	0.05	-0.21	-0.22	-0.14	-0.37	0.05	-0.21	-0.13	-0.04	-0.31
德国（DEU）	-0.06	-0.06	-0.12	-0.02	-0.32	-0.06	-0.06	-0.11	-0.04	-0.19
英国（GBR）	-0.16	-0.17	-0.25	-0.11	-0.46	-0.16	-0.17	-0.18	-0.08	-0.25
法国（FRA）	-0.18	-0.19	-0.18	-0.07	-0.38	-0.18	-0.19	-0.17	-0.08	-0.23
巴西（BRA）	0.03	-0.16	-0.30	-0.24	-0.47	0.03	-0.16	-0.13	-0.06	-0.33
俄罗斯（RUS）	0.04	-0.15	-0.14	-0.01	-0.33	0.04	-0.15	-0.07	0.00	-0.28
南非（ZAF）	-0.09	-0.04	-0.47	-0.36	-0.67	-0.09	-0.04	-0.20	-0.14	-0.34
欧盟（ROHP）	0.02	-0.12	-0.21	-0.13	-0.40	0.02	-0.12	-0.16	-0.08	-0.33
"一带一路"（TBTR）	0.03	-0.09	-0.20	-0.11	-0.38	0.03	-0.09	-0.19	-0.10	-0.37
拉丁美洲（LAM）	0.10	-0.26	-0.30	-0.23	-0.46	0.10	-0.26	-0.15	-0.06	-0.37
东盟（AssAN）	0.02	-0.21	-0.22	-0.15	-0.39	0.02	-0.21	-0.28	-0.14	-0.47
非洲（APR）	0.04	-0.17	1.00	-0.04	-0.36	0.04	-0.17	1.00	-0.10	-0.35
世界其他国家（ROW）	-0.29	0.04	1.00	0.06	-0.29	-0.29	0.04	1.00	-0.24	-0.31

注：欧盟地区指除了英国、德国和法国的其他欧盟国家。
资料来源：GDYN 模拟结果。

（2）传统制造业 GVC 结构变化。如图 3-22 所示，模拟结果显示，疫情过后，与 2035 年的基准场景相比，世界主要经济体之间的最终产品贸易将相对稳定，价值链结构不会有大的变化。从出口增加值来看，除亚太地区外，中国的最终产品主要流向美国和"一带一路"共建国家；从进口增加值来看，美国和"一带一路"共建国家是中国最终产品的重要进口源。2035 年，中国将成为亚太地区制造业最终产品供需体系的核心，另外，欧盟国家之间有着密切的贸易关系。

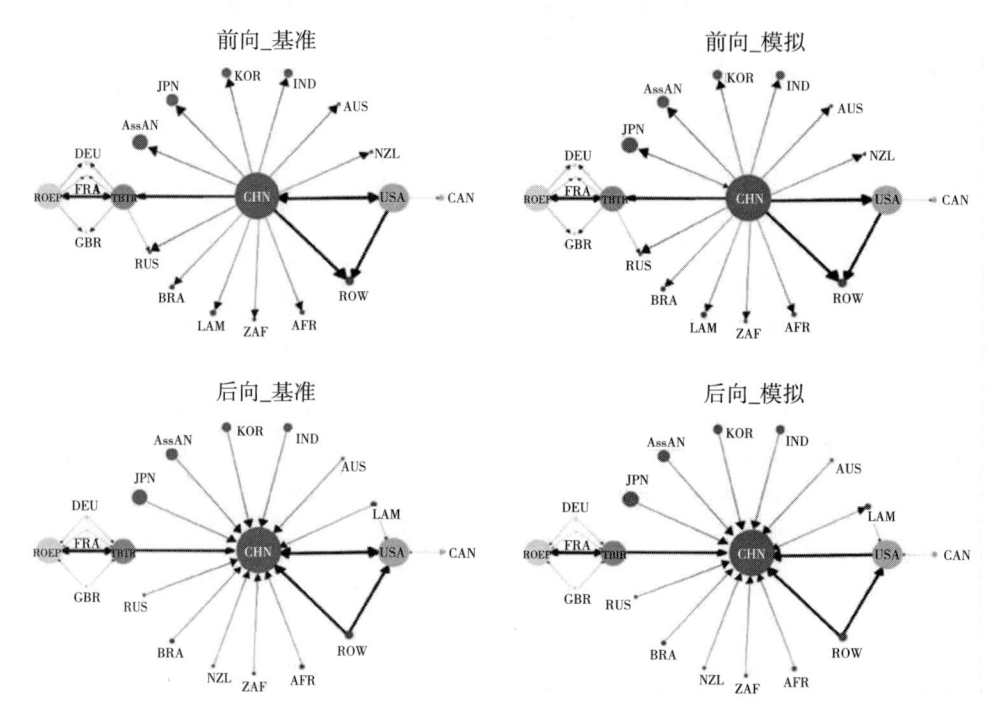

图 3-22 从传统贸易角度看制造业变化（2035 年）

（3）从简单 GVC 角度看制造业 GVC 的结构变化。如图 3-23 所示，疫情后，全球简单 GVC 将呈区域性发展趋势。全球对简单 GVC 的需求主要分为两大领域：一是欧盟和"一带一路"共建国家的供需网络；二是以中国为核心的"亚太—北美"GVC 贸易网络。各领域内部合作较为密切，例如，中国与亚太地区主要经济体之间简单 GVC 贸易将进一步加强，不再依赖"一带一路"共建国家的市场，且对美国的中间产品进出口将减少。

从出口增加值的角度来看，与基准场景相比，到 2035 年，中国的供应规模和在亚太制造业价值链中的地位将有所提升，同时与美国的贸易将加强。中国将减少对"一带一路"共建国家 GVC 市场的依赖，并将印度纳入其供应网络。这些变化表明，简单 GVC 产品的国际竞争力在增强。同时"一带一路"共建国家的出口增加值将呈下降趋势，它们与欧盟走得更近，与印度的贸易往来减少。从进口增加值来看，中国来自美国、东盟国家、拉丁美洲和"一带一路"共建国家的进口增加值将减少，这预示着中国国内产品将开始替代进口的中间产品，中国满足内需的能力将增强。

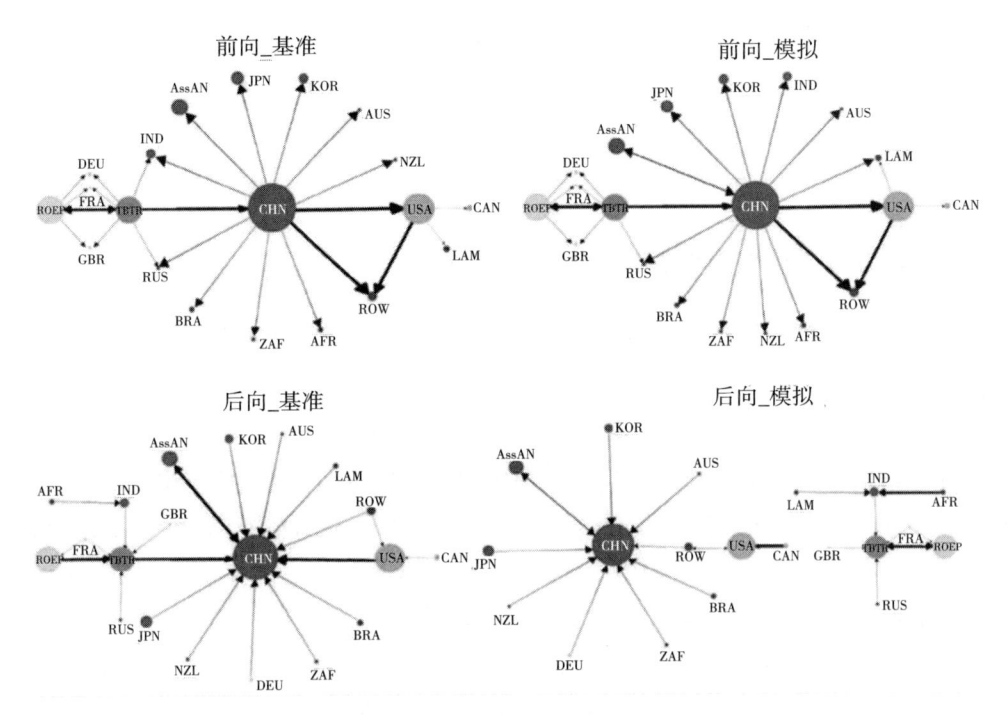

图 3-23　从简单 GVC 角度看制造业变化（2035 年）

（4）制造业复杂 GVC 的结构变化。后疫情时期，制造业复杂 GVC 将呈现明显的集中化趋势。疫情为中国制造业转型升级提供了契机。中国将成为全球最大的供应中心和需求市场，在全球 GVC 中的核心地位将提升。这一变化的主要原因是中国、美国、欧盟、日本和韩国的产业链深度融合。中长期来看，美国、欧盟、日本、韩国以及"一带一路"共建国家的出口供给减少，这为中国填补全球产业空白、转型升级产业链提供了机会。

总体而言，全球制造业价值链主要仍体现为两个供应需求网络：一个是欧盟和"一带一路"共建国家的复杂 GVC 供应需求网络；另一个是以中国为核心的亚太—北美复杂 GVC 供需网络。在出口附加值方面，中国将凭借完整产业链和制造成本优势，进一步成为全球制造业复杂 GVC 供应网络的中心，全球主要经济体都将被纳入这个网络。从进口增加值来看，中国的进口需求将出现明显下降，尤其是对东盟国家和美国的进口需求。这表明，中国高科技产品的制造能力增强，出口竞争力和满足内需能力都已提高，将大步迈向价值链的更高端。尽管疫情将对美国产生一些影响，但美国的复杂 GVC 活动和主要贸易伙伴变化不大。其主要原因是：第一，美国的复杂 GVC 生产流程主要在中国实施；第二，美国的 GVC 活动主要集中在价值链的两端（研发和消费需求）。因此，疫情对美国制造业在复杂 GVC 中的地位和活动影响不大。值得注意的是，中国对美国复杂 GVC 产品的进口需求仍较大。

3.5.4 讨论

1. 对 GDYN 模型和数据库的调整

传统 CGE 模型的应用大多集中在环境和能源领域。到目前为止，利用 CGE 模型分析疫情影响的研究还很少。一些学者已经开始使用 GTAP 模型分析疫情的经济影响和 GVC 相关问题。然而，现有研究仍有提升空间。首先，GTAP 数据库在设置产品流向时存在问题。由于 GTAP 数据中没有明确进口中间产品的流向，以往的研究一般用一个流向的国内中间产品比例来代表进口中间产品的流向，这与实际产品流向明显不一致。这个强假设导致了两个严重的问题。一是 GTAP 数据库构建后的分解将按照合并后的投入产出表进行。综合之后，如果行业总产出的投入和产出部分与总量不相等，在计算全球里昂惕夫逆矩阵时，逆矩阵和本地里昂惕夫初始逆矩阵有明显偏差，则 GVC 分解可能出现错误结果。二是产品流向信息存在强制假设，难以真实反映全球各国中间产品的贸易状况，GTAP 数据库无法反映各国上下游产业的依存情况。基于这些假设的任何模拟结果都将与真实结果相去甚远。

为了解决上述问题，本节将 GDYN 模型和生产分解模型（WWYZ）联系起来，评估疫情对制造业 GVC 的影响，并且将世界投入产出表结构嵌入 GTAP10 动态数据库中。在 GDYN 模型和 GTAP 数据库中，划分了产品的进口来源国和国内流向。这种方法不仅可以更准确地反映世界各国之间的中间产品贸易状况，而且可以更加清晰细致地刻画出各国上下游产业的依存关系，仿真模拟结果更加准确。同时，保证了数据库结果在汇总时将平衡全球投入和产出，即任何国家和行业的总投入和总产出相等，得到的全球和本地里昂惕夫逆矩阵真实有效，那么基于这种方法的 GVC 分解结果则是有效可信的。

2. 疫情对特定制造业的影响

由于不同行业的产业链位置、生产特征和要素密集度不同，各行业的 GVC 结构和各国在产业价值链中的位置都各不相同。本节发现，在后疫情时期，中国制造业在不同类型贸易活动中的重要性都将增加，尤其是中国简单 GVC 产品和复杂 GVC 产品的出口增加值都将大幅增加，世界上大多数主要经济体将被纳入中国制造业复杂 GVC 的供应网络。结果表明，长远来看，包含更多跨境中间产品的行业和具有较高技术复杂性的行业都将是"中国制造"。为验证这一结论，本节选择高技术制造业及其内部行业——电子产业，对复杂 GVC 产品贸易进行进一步分析。

如图 3-24 至图 3-26 所示，在供给侧（出口增加值），高技术制造业和电子产业的复杂 GVC 结构与制造业基本相同。但值得注意的是，从进口增加值角度看，中国将成为电子产业进口增加值供应的核心，这说明电子产业复杂 GVC 的结构变化与制造业和高技术制造业的结构变化有所不同。这一发现表明，随着技术壁垒逐渐上升，中国在 GVC 中的影响力也将逐渐增强，中国的核心地位将更加突出。疫情对制造业的影响总体趋势是一致的，但会存在一定程度的行业异质性。总体而言，疫情确实为中国制造业，尤其是高端制造业带来了向 GVC 上游上升的机会。

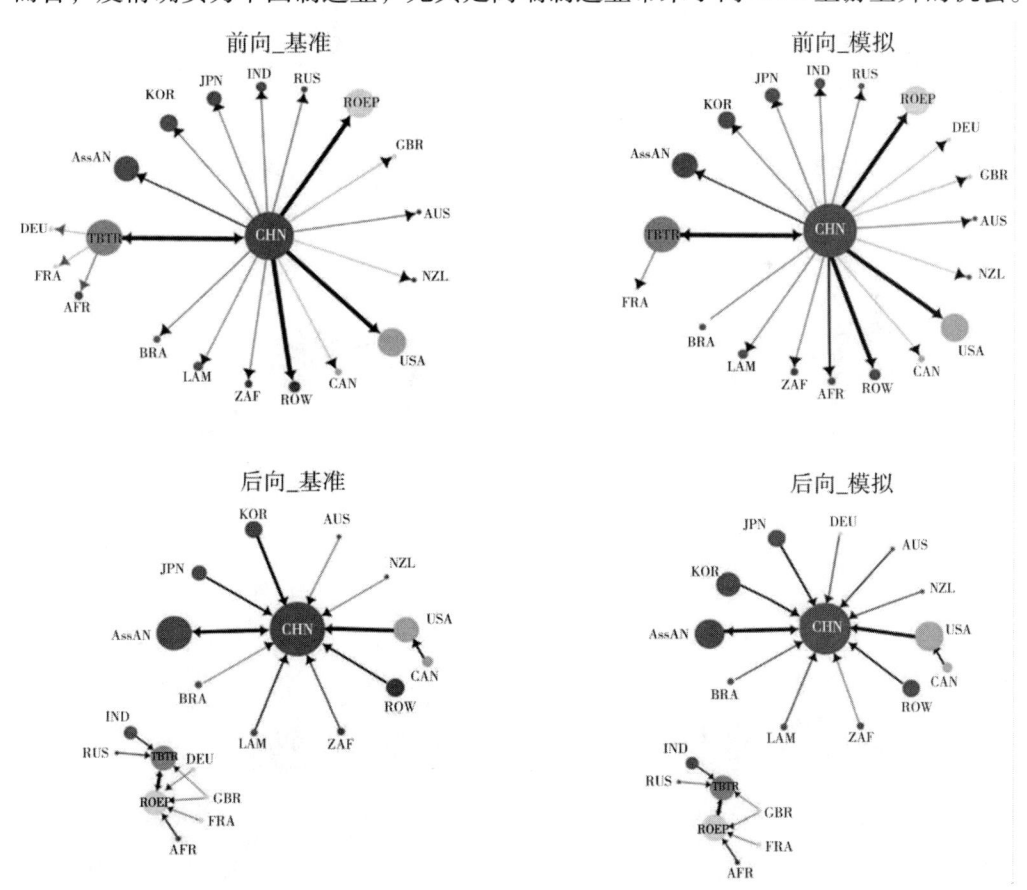

图 3-24　从复杂 GVC 角度来看制造业的变化（2035 年）

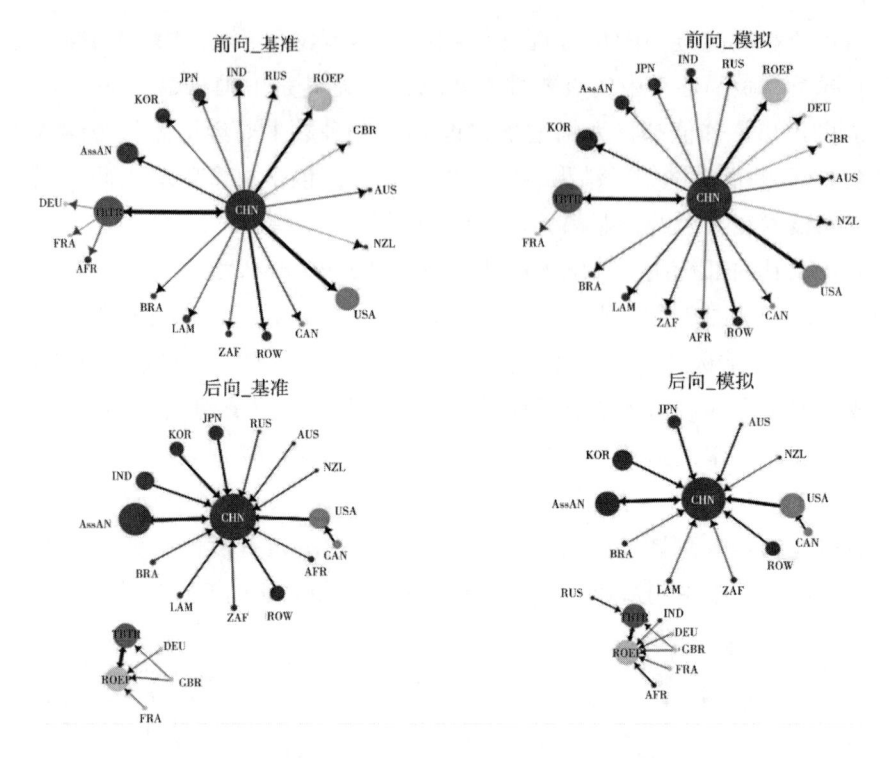

图 3-25　从复杂 GVC 角度来看高端制造业的变化（2035 年）

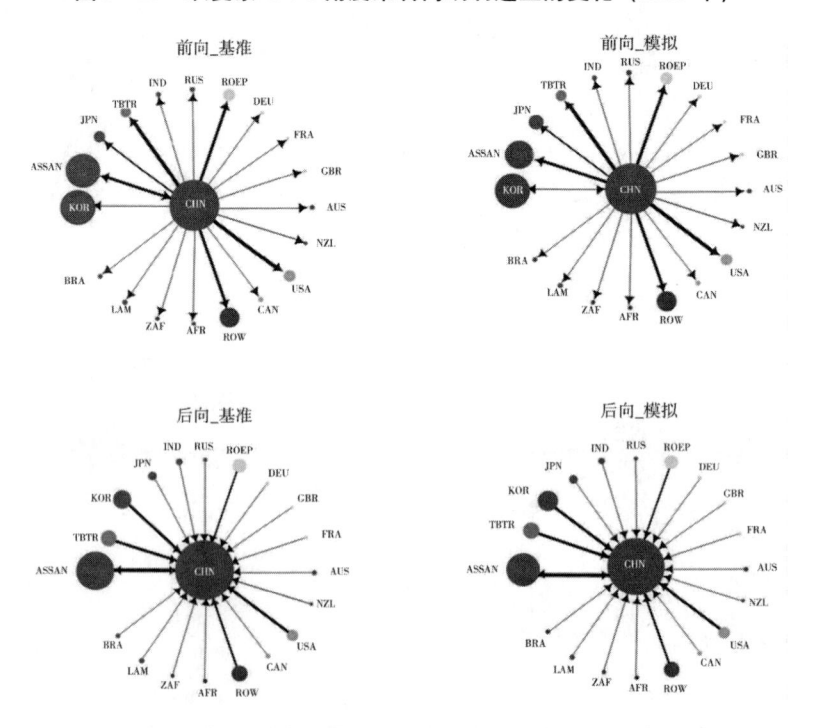

图 3-26　从复杂 GVC 角度来看计算机全球价值链的变化（2035 年）

3. 局限性

与大多数研究一样，本节研究有一定局限性。一是在设计上可能没有为疫情的发展阶段分配足够的时间。二是侧重于 GVC 和贸易关系，但没有将复杂多变的国际经济形势纳入模拟场景。例如，没有体现中国与"一带一路"共建国家和区域全面经济伙伴关系协定（RCEP）的贸易合作框架；同时，中国参与 GVC 的方式及其竞争实力这部分有待进一步加强。三是非市场因素，如中美贸易摩擦、中欧贸易摩擦，这些在模拟机制中没有充分考虑到。因此，在逆全球化背景下，中国的 GVC 参与度及其竞争力有待进一步研究。在未来的研究中，我们将尽力进一步完善模型结构和模拟场景设计以及总体国际形势，以使分析更加准确。

3.5.5 结论

本节选取就业、消费、贸易便利化和资本作为模拟冲击变量，采用 GDYN 模型模拟分析了新冠疫情对制造业产出和 GVC 的动态影响。主要结论如下。

（1）预计疫情的影响程度因行业而异。短期内，低技术制造业将受较大影响，而部分高技术制造业的产出将呈增长趋势。与基准场景相比，因劳动力供应下降、消费需求疲软等因素，2021 年全球纺织服装、林产品、纸张印刷等低技术制造业产出将分别下降 8.4%、5.8%、5.4%。2021 年机械设备、电子和光学产品、运输设备、电气设备等高技术产业分别增长 5.5%、4.5%、4.0%、3.5%，这是因为它们距最终消费较远，且高度数字化，因此产出相对稳定。

（2）疫情结束后，制造业产出总体趋势将回归基线水平。随着疫情后经济复苏，受到影响的纺织与服装、石油和煤炭加工、橡胶与塑料制造等中低技术制造业的产出将得到改善，2030 年将分别比基准场景高 2.3%、5.2%、1.2%，呈"V"型发展趋势。到 2030 年，大多数高技术制造业的产出将低于基准场景。例如，机械和运输设备到 2030 年将分别下降 3.4% 和 3.0%，但这一趋势将放缓。

（3）从 GVC 角度来看，一旦疫情结束，中国制造业在 GVC 中的影响力将会增加，而"一带一路"共建国家、欧盟和美国制造商的 GVC 参与度将下降。到 2035 年，中国将成为 GVC 增加值出口增长最快的国家，尤其是复杂 GVC 产品出口，而进口将大幅下降，这表明疫情是中国加速向价值链高端迈进的重要机遇。中国将继续对美国的复杂 GVC 产品有很强的依赖性，说明长远来看，美国对中国的高端制造业仍有一定影响。

3.6 新冠疫情对全球宏观经济和价值链结构的影响

3.6.1 问题的提出

全球大流行的新冠疫情对世界经济造成重创，全球化面临空前挑战。国际货币基金组织在 2020 年发布的《世界经济展望》中预测，2020 年全球贸易额下降 9.61%，其中贸易限制和供应链中断是重要因素。联合国发布的《2021 年可持续发展融资报告》认为，新冠疫情或将导致全球损失 1.14 亿个工作岗位，约 1.21 亿人陷入极端贫困。衡量和预判新冠疫情对全球经济及产业格局的影响，是精准应对新冠疫情冲击、推动经济平稳向好发展的重要前提。

部分学者从宏观经济和产业角度考察了新冠疫情对经济的影响。麦基宾（McKibbin，2021）采用全球混合 DSGE/CGE 一般均衡模型研究发现，新冠疫情即使得到控制，也可能在短期内对全球经济产生重大影响。费尔南德斯（Fernandes，2020）研究发现，全球每停产增加一个月，将造成全球 GDP 增长下降 2%~2.53%，服务型经济体将受到更大的冲击。斯科特等（Scott et al.，2020）构建灾害影响模型发现，美国 2020 年实际 GDP 将萎缩近 11%。周梅芳等（2020）基于 CGE 模型分析发现，新冠疫情将对中国宏观经济带来巨大冲击，平均约 95% 的损失由供给侧冲击（全要素生产率和劳动生产率）造成。杜安等（Duan et al.，2020）采用投入产出模型认为，新冠疫情可能给交通、旅游、零售和娱乐产业造成 18% 的损失。祝坤福等（2020）研究认为，新冠疫情对全球生产体系产生冲击，中国的纺织服装、电子电气、金属冶炼加工等行业可能存在着较高的产业对外转移风险。

新冠疫情暴露了全球产业链的脆弱性，部分学者认为，这势必造成新一轮全球价值链的重构。刘志彪（2020）认为，发达国家正在借此机会支持制造业回归，跨国企业主导的全球价值链将加速走向萎缩或蜕化。周记顺和洪小羽（2021）认为，全球新冠疫情蔓延将对中国中间品贸易进出口产生影响。周玲玲和张恪渝（2020）研究发现，新冠疫情将抑制中国的国外增加值份额。田素华和李筱妍（2020）认为，新冠疫情将产生多米诺骨牌效应，全球价值链运转混乱的局面会加剧。但是，也有学者持乐观态度。赵君丽和肖婕（2020）提出，中国具有规模最大、配套最完备的产业体系，新冠疫情不会造成产业链的大规模外移，也不会长期影响中国在全球产业链和价值链中的地位。

以上研究为本节提供了良好的借鉴,与已有研究相比,本节主要从以下四个方面进行了创新和补充。首先,将2014年OECD国际投入产出表结构嵌入全球贸易分析数据库GTAP10(以下简称"GTAP10数据库"),并在全球动态一般均衡模型中对产品进口来源国及产品国内流向进行准确划分,实现与WWYZ模型的连接;其次,引入HP滤波,有效识别和量化了新冠疫情对就业、消费和投资的冲击,完善了新冠疫情对经济影响的分析机制;再次,以王直等(2015)提出的分解方法为基础,扩展前后向分解公式,明确了贸易增加值的来源与去向;最后,引入社会网络分析方法,将节点中心度指标改良为加权节点中心度指标,分析新冠疫情对全球价值链结构的影响。

3.6.2 模型构建与情景设置

1. 数据库与基准情景构建

本节对GTAP10数据库进行了调整,构建了基于全球贸易分析数据的标准国际投入产出表。一是将GTAP10数据库中的65个行业与OECD数据库中的34个行业进行匹配,最终保留23个行业;二是按国家和地区对数据库进行了加总,围绕中国、美国、日本、欧盟、东盟等20个国家(地区)展开分析(见表3-13);三是基于2014年OECD国际投入产出表中各国中间品和最终品占其产出份额及流向信息,对GTAP10数据库中商品的流向进行划分,明确国家间的商品流向与分配情况,并对数据库中的进口份额进行了同比例调整,保证划分流向的进口总额与数据库原始数值一致;四是对税收进行调整,将全部所得税从中间投入和最终需求中进行拆分,并划归要素收入中,确保了产业、国家及全球三个层面上的总投入与总产出相等[见式(3.20)]。

表3-13　　GTAP数据库中国家(地区)划分

分类	名称
国家	澳大利亚、新西兰、中国、日本、韩国、印度、加拿大、美国、巴西、法国、德国、英国、俄罗斯、南非
地区	东盟、拉丁美洲地区(除巴西外)、欧盟(除法国和德国外)、"一带一路"共建国家、世界其他国家

注:受篇幅限制,省略地区内详细国家名称,作者留存备索。

$$VIMS_{N_{i,r,s}} = VIGM_{N_{i,r,s}} \times shr_{F_{i,r,s, \text{"Government"}}} + VIPM_{N_{i,r,s}} \times shr_{F_{i,r,s, \text{"private"}}}$$
$$+ \sum_{jj} VIFM\_N_{i,r,jj,s} \times shr\_I_{ir,jj,s} \tag{3.20}$$

2. 全球动态一般均衡模型的修改

全球动态一般均衡（GDYN）模型被广泛应用于分析全球经济和贸易问题，是当前全球应用最为广泛的均衡模型。我们使用的全球动态一般均衡模型是全球贸易分析模型的动态扩展版。在此基础上，本节对 GDYN 模型进行了如下改进：一是基于数据库的维度设置，对原 GDYN 模型的框架进行修改；二是将 GDYN 模型与 WWYZ 模型连接，即将 GDYN 模型模拟结果导出成标准的国际投入产出表，并在此基础上使用 WWYZ 模型对模拟结果进行分解；三是对 WWYZ 模型的前后向指标进行扩展，明确了增加值的来源与去向。

（1）修改 GDYN 模型框架。为匹配修改后的 GTAP10 数据库，确保模型的闭合完整，本节扩展了模型部分系数的维度，并在原有模型基础上新增变量和相关方程，同时对模型中的弹性系数进行了调整，实现了对中间品与最终品弹性差异的刻画。使用 CES 需求函数定义新增变量，描述进口品的来源和分配情况。具体包括企业（$qfms_{i,r,j,s}$ 和 $pfms_{i,r,j,s}$）、个人（$qpms_{i,r,s}$ 和 $ppms_{i,r,s}$）和政府的消费（$qgms_{i,r,s}$ 和 $pgm_{i,r,s}$），以及进出口贸易量的关系：

$$qfms_{i,r,j,s} = \frac{qfm_{i,j,s}}{ams_{i,r,s}} \times \left[\frac{1}{ams_{i,r,s}} \times \frac{pfms_{i,r,j,s}}{pfm_i}\right]^{-ESUBN_{f_{j,s,i}}}$$

$$qpms_{i,r,s} = \frac{qpm_{i,s}}{ams_{i,r,s}} \times \left[\frac{1}{ams_{i,r,s}} \times \frac{ppms_{i,r,s}}{ppm_{i,s}}\right]^{-ESUBMh_{s,i}}$$

$$qgms_{i,r,s} = \frac{qgm_{i,s}}{ams_{i,r,s}} \times \left[\frac{1}{ams_{i,r,s}} \times \frac{pgms_{i,r,s}}{pgm_{i,s}}\right]^{-ESUBMh_{s,i}}$$

$$qxs_{i,r,s} = qim_{i,r,s}$$

重新定义部分方程，利用加权平均的方法连接原变量与新变量。对企业（$pfm_{i,j,s}$）、个人（$ppm_{i,s}$）、政府（$pgm_{i,s}$）的价格，以及进口的价格（$pim_{i,s}$）、数量（$qim_{i,r,s}$）进行了重新定义：

$$pfm_{i,j,s} = \sum_r \left[\frac{VIFA_{i,r,j,s}}{\sum_r VIFA_{i,r,j,s}} \times \left(\frac{pfms_{i,r,j,s}}{ams_{i,r,s}}\right)\right]$$

$$\sum_r VIPA_{i,r,s} \times ppm_{i,s} = \sum_r VIPA_{i,r,s} \times \frac{ppms_{i,r,s}}{ams_{i,r,s}}$$

$$\sum_r VIGA_{i,r,s} \times pgm_{i,s} = \sum_r VIGA_{i,r,s} \times \frac{pgms_{i,r,s}}{ams_{i,r,s}}$$

$$pim_{i,s} = \sum_{r}\left(\frac{VIMS_{i,r,s}}{\sum_{k} VIMS_{i,k,s}} \times \frac{pms_{i,k,s}}{ams_{i,k,s}}\right)$$

$$qim_{i,r,s} = \left[\sum_{j}\left(\frac{VIFM_{i,r,j,s}}{VIM_{i,r,s}} \times qfms_{i,r,j,s}\right)\right] + \left(\frac{VIPM_{i,r,j,s}}{VIM_{i,r,s}} \times qpms_{i,r,s}\right)$$
$$+ \left(\frac{VIGM_{i,r,j,s}}{VIM_{i,r,s}} \times qgms_{i,r,s}\right)$$

（2）连接 GDYN 模型与全球价值链（GVC）模型。由于 GDYN 模型的模拟结果并不能直接进行 WWYZ 分解，本节对模拟结果进行如下处理：首先，将各国分行业关税所得纳入要素收入中，生成国际投入产出表的第三象限；其次，利用模型中政府消费、居民消费及投资生成国际投入产出表的第二象限；再次，将模型中的交易成本合并至中间产品的贸易矩阵中，进而生成国际投入产出表第一象限中的中间品贸易矩阵，结合模型中本地中间品投入产出数据生成国际投入产出表的第一象限；最后，对投入产出表的总投入和总产出进行加总检查，确保各国各行业的总投入与总产出相等，并在此基础上对结果进行 WWYZ 分解。

WWYZ 分解是全球价值链领域使用最为广泛的模型之一，其原理是将一个经济体的 GDP 分解为纯国内生产、传统贸易、简单 GVC 和复杂 GVC 四个部分。从 GVC 的流向上，可分为前向分解和后向分解，其中，从增加值生产的角度为前向分解；从增加值需求的角度则为后向分解。

同时，本书在王直等（2015）和库普曼等（2014）方法的基础上，对 WWYZ 模型中的前后向分解公式进行了扩展。将增加值贸易转变为增加值收入，明确增加值的来源与去向。保留 V 与 Y 的原始形式，分别对各国求对角矩阵，形成 $N \times GN$ 以及 $GN \times G$ 形式的矩阵，计算前后向结果。

$$(Va^s)' = \hat{V}^s \times LL^{ss} \times Y^{ss} + \hat{V}^{ss} \times LL^{ss} \times \sum_{r \neq s}^{G} Y^{sr} + \hat{V}^{ss} \times LL^{ss} \times \sum_{r \neq s}^{G} A^{sr}$$
$$\times LL^{rr} \times Y^{rr} + \hat{V}^s \times LL^{ss} \times \sum_{r \neq s}^{G} A^{sr} \times \sum_{u}^{G} B^{ru} \times Y^{us}$$
$$+ \hat{V}^s \times LL^{ss} \times \left(\sum_{r \neq s}^{G} \sum_{t \neq s}^{G} A^{st} \sum_{u}^{G} B^{tu} Y^{ur} - \sum_{r \neq s}^{G} A^{sr} \times LL^{rr} \times Y^{rr}\right) \quad (3.21)$$

$$Y' = V^s \times LL^{ss} \times \hat{Y}^{ss} + V^{ss} \times LL^{ss} \times \sum_{r \neq s}^{G} \hat{Y}^{sr} + V^{ss} \times LL^{ss} \times \sum_{r \neq s}^{G} A^{sr} \times LL^{rr} \times \hat{Y}^{rr}$$
$$+ V^s \times LL^{ss} \times \sum_{r \neq s}^{G} A^{sr} \times \sum_{u}^{G} B^{ru} \times \hat{Y}^{us}$$
$$+ V^s \times LL^{ss} \times \left(\sum_{r \neq s}^{G} \sum_{t \neq s}^{G} A^{st} \sum_{u}^{G} B^{tu} \hat{Y}^{ur} - \sum_{r \neq s}^{G} A^{sr} \times LL^{rr} \times \hat{Y}^{rr}\right) \quad (3.22)$$

(3) 构建动态模型的基准情景。本节参照沙皮伊和沃姆斯利（2011）递归动态的设计，将全要素生产率（TFP）作为基准情景中GDP增长率的工具变量，同时将人口、投资、熟练劳动力和非熟练劳动力等作为外生变量，并使用法国国际经济研究中心、国际货币基金组织、世界银行等国际权威机构的预测数据，对上述外生变量进行冲击，生成在没有外界因素干扰下的经济增长基准情景（2015～2035年），获得主要经济体的预期全要素增长率。在此基础上，将全要素生产率作为外生变量、GDP增长率作为内生变量，利用计算出的预期全要素生产率数值对全要素生产率变量进行冲击，并继续对人口、投资、熟练劳动力和非熟练劳动力等变量进行冲击，进而得到了内生GDP增长率情况下的基准情景。最后，确保内生GDP增长率与之前外生GDP增长率的无差异性，完成基准情景的构建。

3. 情景模拟

选择就业、消费、贸易便利化和资本存量作为模拟冲击变量。就业方面，新冠疫情发展初期，居民的流动性受到限制，引致供给侧劳动力要素供给下降，失业率上升直接导致全球产出下降；消费方面，受收入下降与产品供给等影响，居民消费能力受到限制，在需求侧形成叠加冲击；贸易便利化方面，随着新冠疫情持续蔓延，各国政府纷纷采取入境限制、关闭口岸、加强检验检疫等措施，贸易便利化水平下降；资本存量方面，由于国际供应链、金融链受到冲击，经济下行预期加大，国内国际投资趋势放缓，有效资本存量和资本价格出现下降。

（1）通过对各国近10年的失业率数据使用HP滤波，去掉各国失业率的趋势项，仅保留周期成本。根据式（3.23），将各国失业数据（$unempl_{i,s,j}$）转换为就业数据（$empl_{i,j}$）和各国各年份的劳动力数据（$labor_{i,j}$）。在此基础上，得出了新冠疫情背景下的各国就业损失：

$$empl_{2020,j} = \frac{\sum_{i=2019}^{2020}\left(1 - \frac{\sum_{z=1}^{12} unempl_{i,z,j}}{100}\right) \times labor_{i,j}}{\left(1 - \frac{unempl_{2019,j}}{100}\right) \times labor_{2019,j}}, \quad j = 1,\cdots,20 \quad (3.23)$$

在求得各国、各地区2020年的就业率情况（$empl_{2020,j}$）后，预计2021年新冠疫情持续影响就业率，就业率保持2020年的2/3水平变动；2022年新冠疫情得到控制，劳动力供给逐渐恢复至经济体的稳态水平。

（2）通过选用各国（地区）公布的家庭最终消费支出增长率，使用HP滤波去掉趋势项，并用各国（地区）2020年的消费增长率减去其2019年的消费增长率，在此基础上得到了新冠疫情影响下的家庭消费下降情况。GTAP10 模型中，个人的私人消费需求与不同消费产品的价格和个人的私人消费支出与最终消费需求之间的关系如下：

$$\frac{qp_{i,r}}{pop_r} = \left(\sum_k pp_{k,r}^{EP_{i,k,r}} \right) \times \left(\frac{yp_r}{pop_r} \right)^{EY_{i,r}} + f\_qp_r$$

其中，f_qp_r 表示地区 r 的消费移动变量，通过冲击 f_qp_r 的取值模拟家庭最终消费变化造成的私人消费需求的偏好变化。本节预计新冠疫情对最终消费的冲击将会产生长期影响。预计 2021 年家庭最终消费仍保持 2020 年的 2/3 水平变动，并在此基础上设置了回弹机制，假设模型将于 2025 年回归至稳态水平。

（3）本节将米诺和特斯格斯（2008）提供的基于 GTAP10 数据库计算的不同类型国家 z 中不同行业 i 一天进出口 m 的时间成本等值关税结果（$amst_{i,m,z}$）与新冠疫情导致的通关转运增加的时间（$Time_{m,z}$）相乘，求得各国各行业的等值关税（$ams_{m,z}$）。杨军等（2015）将 $amst_{i,m,z}$ 称为"不可观测贸易成本"，来描述贸易中隐性的非关税壁垒，并模拟其对贸易的潜在影响。将进出口贸易量（$Value_{i,m,z}$）作为权重，计算与本节合并后的国家 z 和行业 i 相匹配的等值关税结果（$ams_{i,m,z}$）。通过将进出口等值关税交叉加总，求得两国间不同行业的等值关税情况（$ams_{i,j,g}$）。其中，本节假设，因新冠疫情，航班限制导致转运能力受限，各国对入境产品加大审核力度、提升检验检疫标准等，致使各国进口通关转运时间上升了 14 天（$Time$ 进口, $z = 14$），出口通关转运时间没有变化（$Time$ 出口, $z = 0$）。z 是所有国家按照地区加总。

$$ams_{m,z} = Time_{m,z} \times amst_{i,m,z} \tag{3.24}$$

$$ams_{i,m,j} = \sum_z ams_{i,m,z} \times \frac{Value_{i,m,z}}{\sum_z Value_{i,m,z}} \tag{3.25}$$

$$ams_{i,j,g} = ams_{i,\text{出口},j} + ams_{i,\text{进口},g}, j \neq g \tag{3.26}$$

（4）通过获取国际货币基金组织的各国投资年度数据，使用 HP 滤波去掉趋势项，同时用 2020 年的投资率减去 2019 年的投资率，用以描述新冠疫情影响下的投资变动情况。本节先将经过 HP 滤波调整后的投资数据与本节的国家（地区）进行匹配，并同样在 2022 年后对投资进行回弹，使其回归到稳态水平。

4. 社会网络分析介绍及改进

（1）社会网络结构图构图思路。本节参照孟等（Meng et al., 2019）的研究方法，从增加值进口和出口的角度识别全球制造业贸易的需求中心和供给中心。

从供给角度,如果地区内大多数国家的增加值进口大部分来自某一特定国家,那么该国将作为地区的增加值供给中心。从需求角度,如果地区内大多数国家的增值出口都流向某一特定国,那么后者将成为地区增加值需求中心。在社会网络结构图中,节点的大小分别代表了一个国家(地区)的前向和后向增加值的大小。各国(地区)之间的连线粗细度衡量了各贸易伙伴之间的前向和后向增加值在各国(地区)前后向增加值的份额,箭头表示流向。需要注意的是,在社会网络结构图中,两国(地区)之间是否连线取决于两个条件,以前向参与度为例:第一,如果 A 国从 B 国进口的增加值中所占份额最大,则 A 国与 B 国之间存在关联;第二,如果 A 国从 B 国进口的增加值中所占份额大于 25%,则 A 国与 B 国之间存在关联。后向参与度则考虑的是 A 国对 B 国出口的增加值所占份额的情况。

(2)社会网络分析节点中心度改进。节点中心度主要测度一个节点与其他节点连接数量的多少。在有向网络中,节点中心度可分为出度中心度(d_i)和入度中心度(d_j),分别表示 i 节点从网络中其他 j 节点接收的贸易关系(x_{ij})个数总和以及 j 节点向网络中其他 i 节点发出的贸易关系(x_{ij})个数总和(Freeman,1978)。本节在原有出度和入度中心度指标的基础上,以各国全球价值链视角下的前向贸易值(FT_{ij})和后向贸易值(BT_{ij})为权重,分别计算前向加权中心度(V_F_i)和后向加权中心度(Y_B_j)指标:

$$前向加权中心度:V\_F_i = d_i \frac{FT_{ij}}{\sum_j FT_{ij}} = \sum_j x_{ij} \frac{FT_{ij}}{\sum_j FT_{ij}} \qquad (3.27)$$

$$后向加权中心度:Y\_B_j = d_j \frac{BT_{ij}}{\sum_i BT_{ij}} = \sum_i x_{ij} \frac{BT_{ij}}{\sum_i BT_{ij}} \qquad (3.28)$$

为了对比新冠疫情引致的前后向加权中心度的差异,本节将模拟情景下的前后向加权中心度指标与基准情景下的前后向加权中心度指标求差值,形成"新冠疫情引致的前向加权中心度"和"新冠疫情引致的后向加权中心度"指标,并将其置于供需坐标关系内,形成四个象限,查看一国在新冠疫情长短期冲击下的供需变化,进而分析国家在全球价值链中的地位转变。纵轴是以新冠疫情引致前向加权中心度变化而衡量的供给情况,横轴是以新冠疫情引致的后向加权中心度变化而衡量的需求情况。当新冠疫情引致的加权节点中心度指标落在第一象限内,表示一国供给能力增强的同时,需求旺盛,产业融入全球价值链的程度上升,对国外的依赖度上升;落在第二象限内,表示本国生产竞争力下降,对外需求上升,反映了国内产品被进口品替代的趋势;落在第三象限内,表示进出口均处于萎缩状态,产业融入全球价值链的程度下降,具体表现为产业转移等;落在第四象限内，表示生产竞争力提升，需求减少，表明国产品供应能力增强，不仅能有效替代进口产品满足国内市场，也能满足国际市场需求，国内产品替代部分进口品。由于同一象限内表示新冠疫情对一国短期和长期的产业结构并未产生明显变化，本节主要关注各国新冠疫情引致的加权节点中心度指标的跨象限变动情况。

3.6.3 模拟结果分析

1. 新冠疫情对全球宏观经济的影响

模拟结果显示，短期内（2020年）新冠疫情对全球宏观经济的冲击较大，大部分国家的GDP、进出口总量呈现下滑趋势。2022年以后，随着新冠疫情得到控制，各国就业、消费、投资与供应链逐渐恢复，全球经济将在中期呈现反弹，长期回归正常水平，如图3-27所示。

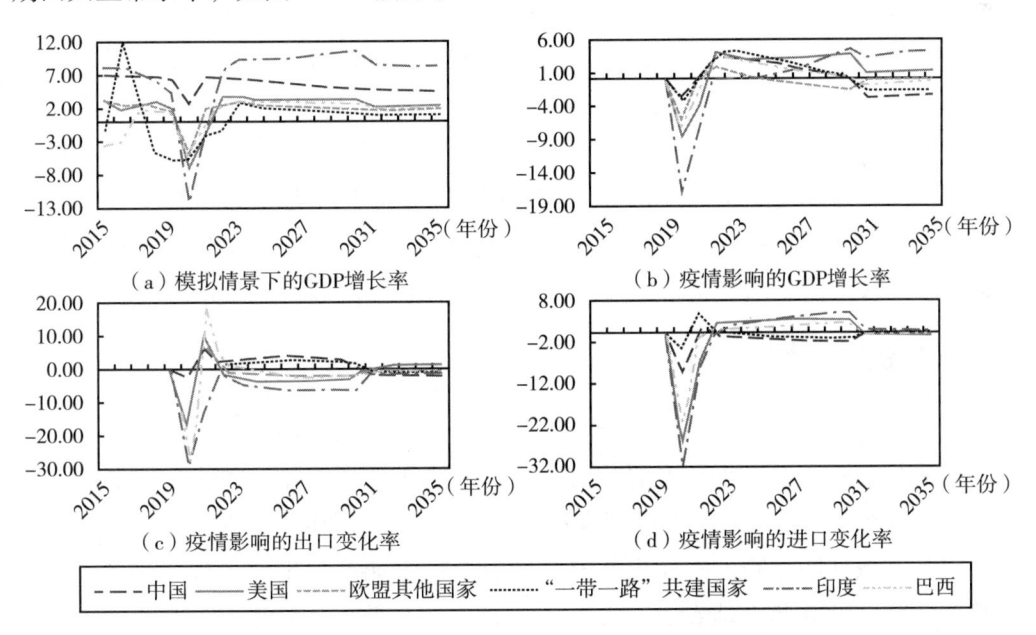

图3-27 新冠疫情对全球宏观经济的影响

资料来源：模型模拟结果。

（1）新冠疫情对主要经济体GDP的影响。相较于基准情景，由于新冠疫情对就业、消费、通关时间、投资等造成负面影响，短期内全球主要经济体的GDP呈现了不同程度的下滑。受影响较大的主要有美国、巴西、欧盟等国家（地区），主要原因有三点：第一，上述国家（地区）在新冠疫情初期的管控力度有限，疫情迅速蔓延导致就业下降，产出受到较大冲击；第二，消费在这些国家（地区）的

GDP 中占比较大，消费者在危机期间的紧急储蓄、收入下降和观望态度导致消费大幅减少，需求疲软；第三，在产出下降和需求疲软的双重冲击下，上述国家（地区）的投资预期在短期内明显下降，进一步加剧了新冠疫情的负面影响。但是，上述国家（地区）在 2022~2030 年经济增速明显高于基准情景，主要原因在于前期被抑制的消费和投资需求得到了充分释放，随着就业与供应链恢复，经济出现快速反弹回升。由于中国在 2020 年初发挥举国优势全面抗击新冠疫情、推动复工复产、稳定内需循环，中国的就业、消费和投资预期受新冠疫情的影响相对较小，GDP 在短期内仅呈现小幅下降，中长期变化不明显。

（2）新冠疫情对国际贸易的影响。在短期内，全球主要国家的进出口均受到较大冲击，中国、巴西等国家进出口降幅明显，美国进口降幅较大。主要原因在于，全球不仅面临产能供给不足和需求疲软的双向冲击，同时叠加了全球断航和通关检疫时间延长的不利贸易条件，导致进出口总量被限制在一个较低的水平。从中长期来看，美国的出口增速低于基准情景，但进口增速表现优于基准情景。其原因在于，随着就业、消费需求回升，上述国家国民收入增长，对商品和服务的进口增加，国内产品也更倾向于满足内需，进而出口下降。中国进出口在中长期的变化呈现相反态势，即出口增加但进口低于基准。主要原因在于，中国的消费和投资受新冠疫情影响相对较小，随着劳动力要素供给回升，中国产能得以快速恢复，能够充分满足本国消费，减少进口，随着通航通关时间和贸易限制减少，中国产出不仅能满足国外激增的进口需求，也将对部分国家实现出口替代。

2. 新冠疫情对全球产业的影响

新冠疫情导致全球产业变化呈现显著的差异化特征，如图 3-28 所示，短期内，疫情对服务业和农业产出的冲击较大，制造业受影响相对较小，部分技术密集型产业甚至呈现增长趋势；长期来看，疫情不会改变全球产业发展的总趋势。

（1）对农业的影响。短期内新冠疫情对全球农业产出造成了较大冲击。相较于基准情景，2020 年全球农业产出下降 8.28%。主要原因在于，一方面，农业作为劳动密集型产业，疫情直接导致劳动力要素投入下降，进而造成农业产出下降；另一方面，根据里昂惕夫（Leontief，1936）提出的里昂惕夫逆矩阵——完全消耗矩阵理论，即产业对自身产品存在中间消耗，若某一产业的总产出下降，将进一步对其带来负向的乘数效应。从 GTAP10 数据库中的投入产出关系发现，农业有近 50% 的产出作为自身的中间投入，因而农业总产出的下降引致的生产性需求的减少会进一步加剧农业产出下降。此外，虽然农产品具有需求刚性的特点，但最终需求的减少会通过完全消耗系数对农业产出造成负向影响。

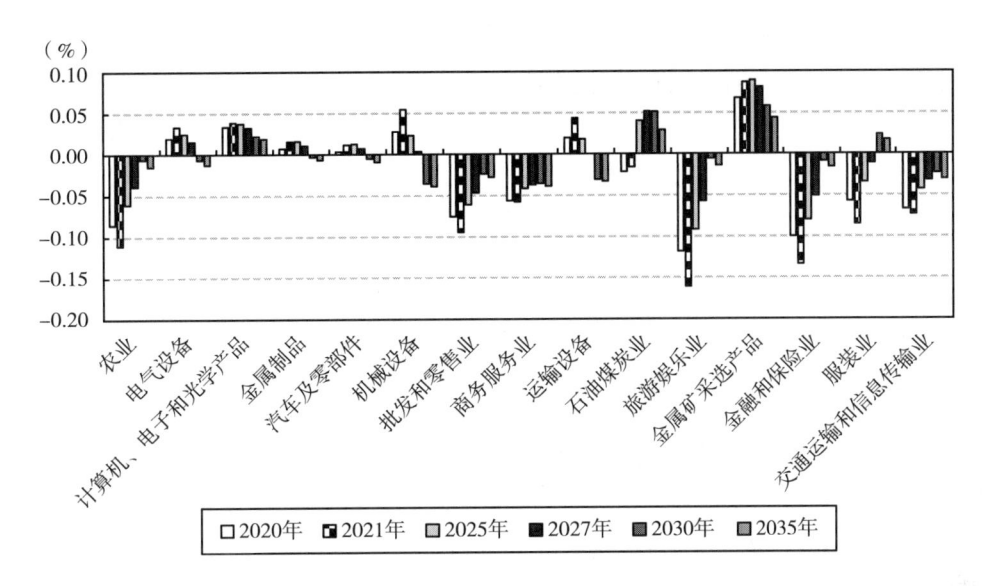

图 3-28 相对于基准情景新冠疫情对部分产业产出的影响

资料来源：模型模拟结果。

（2）对制造业的影响。全球制造业产出受新冠疫情影响相对较小，部分制造业的产出在短期甚至呈现上升趋势。相较于基准情景，计算机、电子和光学产品，机械设备，电气设备，运输设备，金属制品，汽车及零部件产业在 2020 年产出分别增长了 3.49%、2.71%、1.99%、1.89%、0.63%、0.26%。主要原因在于：第一，上述产业属于资本密集型和技术密集型产业，装备设备的自动化、数字化水平较高，受劳动力供给下降的影响相对较小，同时由于资本的价格下降幅度较大，生产成本下降，反而拉动了上述产业的产出；第二，上述产业产品多作为中间品投入，距离最终消费较远，短期内受需求侧冲击较小；第三，从投入产出关系角度，金属制品和金属矿采选产品是计算机、电子和光学产品，以及机械设备、电气设备、运输设备、汽车及零部件等产业的重要中间投入品，相比于基准情景，在下游行业的拉动下，其产出增幅最大。值得注意的是，受消费下降和失业冲击影响，全球纺织服装、林产品、造纸印刷等低技术制造业在疫情期间受到了较大程度的负面冲击，相较于基准情景，2020 年产出分别下降了 5.57%、4.13%、3.97%。但疫情过后的就业、消费、投资反弹将改善受疫情影响的中、低技术制造业，服装业、石油煤炭业、橡胶及塑料制品等产业产出在 2030 年将分别高于基准情景 2.32%、5.25%、1.26%，呈现出"V"型发展路径。

（3）对服务业的影响。相较于基准情景，2020 年全球服务业产出受到的负面冲击较大，其中，旅游娱乐业、金融和保险业、批发和零售业、交通运输和信息传输业、商务服务业等部门产出分别下降了 11.68%、9.87%、49%、46%、5.35%。

以受冲击最大的旅游娱乐业为例分析新冠疫情的影响机制：疫情发生后，政府对人员流动、集会聚会的限制直接导致劳动力要素供给与消费大幅减少，产出下降；同时，旅游娱乐业的产出主要被用于最终消费，具有附加值较高、需求弹性较大的特点，由于失业上升导致居民收入下降，间接导致了其产出下降；从生产投入的角度，资本投入在旅游娱乐业的要素投入中占比最高，资本的叠加负面冲击致使旅游娱乐业产出进一步下降；此外，金融和保险业、其他服务业是旅游娱乐业的上游行业，旅游娱乐业产出下滑进一步导致上述服务业需求和产出的下降。

3. 新冠疫情对全球价值链的影响

一个经济体的GDP可被分解为纯国内生产、传统贸易、简单GVC和复杂GVC四个部分。由于新冠疫情对全球价值链的影响主要集中于简单GVC和复杂GVC，本节将从简单GVC及复杂GVC视角展开分析。

（1）新冠疫情对制造业全球价值链结构的影响。结合表3-14及社会网络图分析结果，[①] 长期来看，新冠疫情对全球制造业带来了一定冲击，中国制造业的全球竞争力提升。中国制造业复杂GVC产品在全球价值链中的供给能力增强，表明疫情将促使中国制造业从加工贸易向附加值更高的贸易形式转变。

表3-14　　　　　新冠疫情引致的前后项加权中心度长期变化

贸易形式	国家（地区）	全行业 前向	全行业 后向	制造业 前向	制造业 后向	贸易形式	国家（地区）	全行业 前向	全行业 后向	制造业 前向	制造业 后向
简单GVC	东盟	-0.11	-0.10	0.08	-0.01	复杂GVC	东盟	0.00	0.00	0.00	0.00
	非洲	0.09	0.00	0.00	0.00		非洲	0.00	0.00	0.00	0.00
	美国	0.10	0.11	0.00	-0.03		美国	0.00	0.00	0.00	0.00
	欧盟	-0.01	0.11	-0.01	0.11		欧盟	-0.11	0.40	0.00	-0.14
	"一带一路"共建国家	-0.16	-0.16	-0.38	-0.04		"一带一路"共建国家	-0.28	-0.30	-0.31	-0.02
	印度	0.00	0.00	0.00	0.03		印度	0.00	0.00	0.00	0.00
	中国	0.15	-0.09	0.86	-0.26		中国	0.60	-0.06	1.42	0.29

注：前向与出口和供给含义相似，后向与进口和需求含义相似。
资料来源：模型模拟结果。

从简单GVC视角看，2035年，中国制造业简单GVC产品供给能力有较大提高，进口需求放缓。其中，中国前向加权中心度的增幅为0.86，显著高于其他经济体，

[①] 限于篇幅，省略制造业在简单GVC和复杂GVC视角下的全球价值链变化图，作者留存备索。

表明中国简单 GVC 产品在全球价值链中的优势提升；中国后向加权中心度降低 0.26，并减少了对美国制造业简单 GVC 产品的进口依赖，表明中国简单 GVC 产品进口需求相对减弱，简单 GVC 产品满足本国需求的能力开始提升。美国简单 GVC 产品进出口受新冠疫情影响相对较小，但印度、拉丁美洲地区逐渐将市场向中国靠拢。

从复杂 GVC 视角看，2035 年，制造业复杂 GVC 全球价值链的中心化趋势明显。美国、东盟、欧盟、印度等经济体的制造业前后项加权中心度变化不大，"一带一路"共建国家的前后向加权中心度同时呈现下降趋势。中国前向加权中心度的增幅提高了 1.42，在制造业复杂 GVC 全球价值链中的地位显著增强，为中国制造业转型升级迎来机遇。但是，中国对美国复杂 GVC 产品的进口依赖仍然较大，表明美国对中国的高端制造业在长期仍具有一定的影响。

（2）新冠疫情对全行业简单 GVC 结构的影响。结合表 3-14 及图 3-29，从简单 GVC 视角看，短期内，全球价值链结构未发生明显变化，但新冠疫情对主要经济体贸易往来和地区价值链造成了一定冲击。长期内，全球简单 GVC 供需网络呈现多极化发展趋势，中国在地区价值链中的地位得到提升。

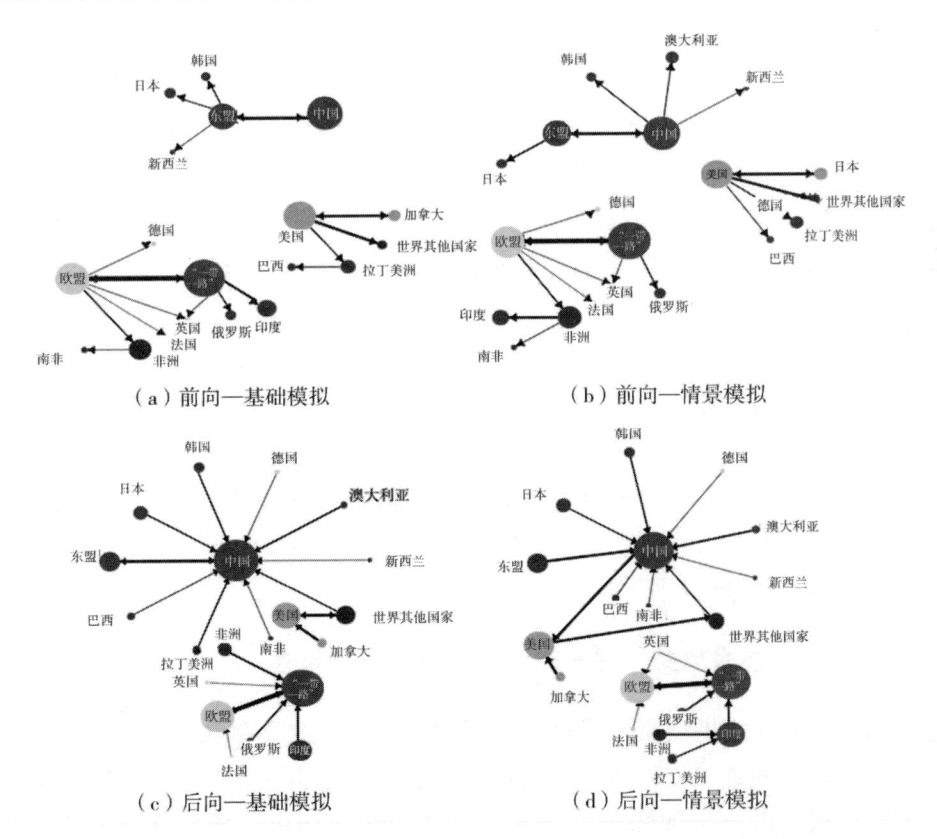

（a）前向—基础模拟　　　　　（b）前向—情景模拟

（c）后向—基础模拟　　　　　（d）后向—情景模拟

图 3-29　简单 GVC 视角下全行业的全球价值链变化（2035 年）

2035年，全球简单 GVC 供需网络呈现多极化发展趋势。中国在亚太地区供给网的核心地位加强，并进一步加强了与其他板块之间的贸易往来，同时后向加权中心度下降，说明本国产品正逐渐替代进口中间品，满足内需的能力不断增强；以"一带一路"共建国家为核心的供给网呈现松动迹象，前后向加权中心度均呈现下降趋势，说明相关产业或将呈现转移态势；欧盟在全球价值链中的前向加权中心度略有下降，但后向加权中心度显著上升，其产品呈现被进口替代的趋势；美国前后向加权中心度均呈现上升趋势，在长期美国会进一步融入简单 GVC 产品的分工体系。

（3）新冠疫情对全行业复杂 GVC 结构的影响。结合表 3-14 及图 3-30，从复杂 GVC 视角看，2020 年，由于新冠疫情导致全球供应链断链，各国复杂 GVC 贸易规模均受到较大影响，但全球价值链结构变化不大。长期内中国在全球价值链中的地位提升，高端产品供给竞争力增强，但对美国的复杂 GVC 产品仍有一定的依赖。2035 年，中国复杂 GVC 产品的前向加权中心都显著提升，进口需求减少，说明中国复杂 GVC 产品的竞争力提升，双循环格局基本形成，同时中国替代"一带一路"共建国家，将东盟、拉丁美洲纳入供给网络，全球复杂 GVC 供给演变为以中国和"一带一路"共建国家为核心的两极格局；"一带一路"共建国家复杂 GVC 加权前后向中心度显著下降，表明产业呈现萎缩态势，在全球价值链中地位下降；欧盟复杂 GVC 产品加权前向中心度下降，加权后向中心上升，表明其产品的国际竞争力下降；美国供需结构未受到显著影响。值得注意的是，虽然在长期中国双循环的格局初步建成，但中国对美国复杂 GVC 产品的进口需求仍然较大。

3.6.4 政策建议

当前，中国已经深度融入国际分工体系，短期内新冠疫情在全球蔓延的趋势不减，经济全球化仍面临较大的不确定性，仍需加强政策引导，提升产业创新能力，加速构建国内国际双循环。

1. 加强核心技术攻关，提升产业链完整性与稳定性

全球制造业在短期内受影响有限，但中国部分行业仍存在核心技术和产品缺失，需要大量依赖进口。一方面，建议建立长期内以自主研发、联合攻关为主的研发创新模式，进一步加强研发投入，促进产学研合作，增强自组织和配套能力，逐步摆脱关键技术和产品对外国的依赖；另一方面，建立短期内以技术引进、多元供应和对外投资为辅的创新发展模式，提升供应链抗风险能力和产业链的稳定性。

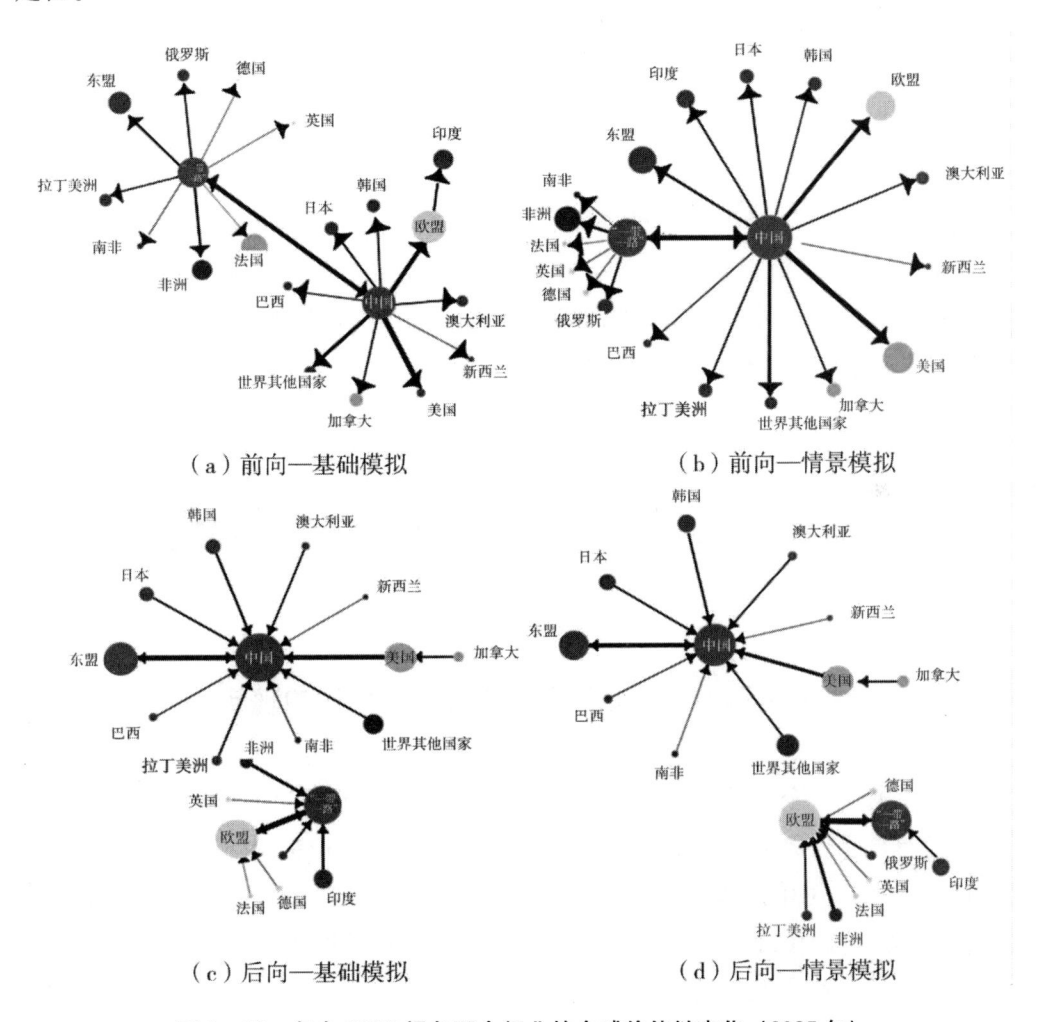

(a) 前向—基础模拟　　(b) 前向—情景模拟

(c) 后向—基础模拟　　(d) 后向—情景模拟

图 3-30　复杂 GVC 视角下全行业的全球价值链变化（2035 年）

2. 加快释放内需潜力，为经济平稳运行提供有力支撑

消费是经济增长"三驾马车"中的重要一极，研究显示，新冠疫情对餐饮、娱乐、金融等服务业造成了重大冲击，由于收入和需求下降，中长期将逐渐传导至产业链上游，导致部分制造业供给下降。一是深化要素改革，完善社会就业保障体系，在扩大内需的同时要打通生产、分配、流通、消费各个环节，提高国内大循环效率；二是充分发挥平台经济作用，拓展"线上线下"相结合的新模式新业态，多维度释放内需潜力，为经济平稳运行提供有力支撑；三是促进消费升级，

不断提升产品创新速度、产品质量和服务能力，挖掘和激发内需潜力，进而形成强大的国内市场。

3. 推动更高质量的开放合作，提升中国在全球价值链中的风险抵御能力

当前中国正处于向高质量发展转型升级的关键阶段，应更加清楚地认识中国在全球价值链中的位置，开展更积极、更广泛、更深入的开放合作。一是进一步加强与"一带一路"经济体的密切联系，构建高质量的合作机制，并通过"一带一路"共建国家加强与欧盟的合作；二是加强与发展中国家的经贸联系，通过投资、援助、技术合作等方式，获取市场与战略资源；三是积极参与地区自贸协议，以开放合作吸引高端产业来中国，聚集技术、人才、资本等创新要素，弥补国内高端产业的空缺。

3.7 疫情对木材产业全球价值链布局的影响研究
——基于全球价值链一般均衡模型

3.7.1 疫情冲击木材产业全球价值链布局的影响现状

新冠疫情导致全球供应链中断，对全球贸易格局带来了深刻变革，加速了全球产业链重构。新冠疫情从 2020 年初开始在全球蔓延，虽然 2021 年以来全球经济处于恢复状态，但由于德尔塔变种病毒的快速传播，全球经济复苏势头减弱。疫情持续蔓延，导致全球供应链处于中断状态，但需求并未明显下降，由此引发国内价格上升，其中新兴经济体和发展中国家金融和货币市场不稳定、产出下降。疫情对全球要素禀赋布局、需求状况、技术条件和制度造成显著冲击（张二震等，2020）。第二和第三产业遭受疫情影响最显著，特别是第二产业中的劳动力密集、产品需求弹性较大、产业链条长且复杂、空间布局集中的制造业受影响较大（夏上等，2020；洪卫，2020）。一国产业中断，将通过产业链扩散到全球，并蔓延为全球产业链的瘫痪，而且国际产业链短期恢复难度较大（Inoue and Todo，2020；田素华和李筱妍，2020；张欣等，2020）。

木材产业受全球供应链断链影响，价值链断链风险加剧。疫情冲击了木材产业全球供应链和价值链，降低了全球物流效率，抑制了木材产业贸易往来，国内外中小木材生产企业面临严重生存危机（Stanturf and Mansuy，2021）。新冠疫情对木材产业的冲击，从上游森林经营服务蔓延至木材产业全产业链（Hilsenroth et al.，2021；Laudari et al.，2021），甚至改变了居民的消费行为，对木材产业当前及未来发展产生深远影响（Pire et al.，2021）。从地理范围来看，全球木材生产、消费地区都受到严重冲击（Muhammad and Taylor，2020）。虽然中国疫情最早得到控制，木材企业陆续复工，但由于终端市场未完全放开，产业链、供应链无法协调运行；建材市场、家居卖场客流量极少，基本失去线下消费场景；企业木材收储不足将严重影响全年生产；企业资金紧张，优惠信贷落实难；国际贸易受阻等因素影响，产品销售率仅为同期三成左右（石峰，2020）。

当前关于疫情对木材产业价值链断链、价值链布局的相关研究较少，主要集中于对中国整体产业转移的相关研究，且研究结论不一致，需要进一步探讨。现有研究认为，疫情严重，中国制造业以劳动力总量和成本为核心的传统比较优势逐步弱化，产业链外迁和国际竞争力减弱的现象明显（倪红福和田野，2021）。出于对全球产业链布局的思考，部分产业链会加速从中国向外转移（祝坤福等，2020；全球价值链研究院，2020）。同时，疫情使得各国认识到产业本土化的优势，鼓励产业回流，全球价值链将加速走向萎缩或退化（刘志彪，2020b；黄郑亮，2021；杨丹辉和渠慎宁，2021；郭宏和郭鑫榆，2021）。但由于中国完整产业链优势难以被替代，从长期看并不会对中国全球价值链地位造成明显影响，也不会从根本上改变全球化经济方向，更可能会加速全球化的发展（赵君丽和肖婕，2020；林发勤，2020）。

当前疫情对全球价值链的影响分析以定性分析和定量分析中的事前分析为主。定性分析通过使用疫情发生前的数据对全球价值链发展状况进行刻画，预判疫情对全球价值链的影响（Meng et al.，2020；Espitia et al.，2021；孟祺，2020；戢仕铭，2021；李春顶和张瀚文，2021）。常见的事前分析主要基于可计算一般均衡模型（CGE），而美国普渡大学开发的全球贸易分析项目（GTAP）模型的动态模型是 CGE 全球模型中的经典（刘艺卓和赵一夫，2017；赵忠秀和杨军，2020）。

综合来看，属于劳动密集型且空间分布密集的中国木材产业短期受疫情冲击严重，但长期来看，疫情对木材产业全球价值链布局是否会产生重大影响，中国木材产业价值链是否存在断链风险，中国又将如何应对，值得进一步探讨。本节将全球价值链概念引入 GDYN 模型中，构建全球价值链一般均衡模型（GVCs_CGE）对以上问题进行了初步研究，就疫情对全球木材产业发展现状及产业布局变化进行了预测和探讨。

3.7.2 疫情对全球价值链的影响机理

疫情暴发，要素市场、商品市场、资本市场和国际市场均通过不同路径对全球价值链布局产生冲击，本节将通过对现有研究进行梳理，厘清疫情对全球价值链布局的影响（见图3-31）。

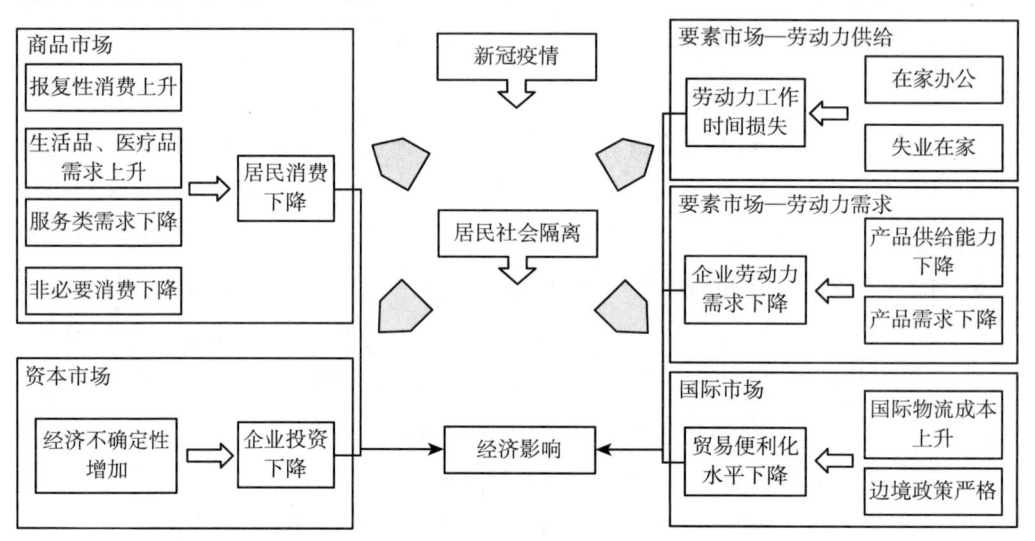

图 3-31 疫情对全球价值链影响的影响机理示意

从要素供需来看，就业率受疫情冲击明显。从要素市场的劳动力供给角度来看，为坚决遏制疫情蔓延，全球主要国家居民流动性受限，居民社会隔离的偏好增强（Li et al.，2020），使得工作人员不得外出工作，部分在家待业，部分在家办公（Dingel and Neiman，2020）。在家待业的人群，如个体经营者、临时工和兼职者将面临失业（Blustein et al.，2020）；在家办公将造成工作时间的损失（陈素梅和李钢，2020）。从要素市场的劳动力需求角度来看，由于居民流动性受限，国内外企业大规模停工停产或产品延迟供给。由于企业供应链一般锁定在5~20周，短期内企业没有调整生产能力的反应时间（Fransoo and Udenio，2020）；且国际物流成本上升（Ivanov，2020），国内外订单量下降，收入减少，而劳动力、原材料和厂房等使用成本不变或上升（Bartik et al.，2020），致使企业利润下降，破产风险增加（张欣等，2020）。综上原因，导致企业复产复工困难（黄群慧，2020），几乎所有的行业职位招聘信息都在极速减少，因此，全球出现大量的职位空缺（Fairlie，2020）。

从居民消费来看，居民消费受到疫情抑制。疫情除了会直接限制消费外，还会通过财富效应（李柳颖和武佳藤，2020）、收入效应（Baker et al.，2020b）、实际购买力效应对消费形成不利影响（傅志华和王志刚，2020）。

在居民直接消费中，"报复性消费"行为仅存在于极小部分人群中，由于预期收入减少、产生预防性储蓄动机和理性消费倾向的影响，将会引致居民减少消费（李柳颖和武佳藤，2020）。而随着收入和实际购买力下降，3C 产品和耐用品会延迟消费，服务类产品的消费将会永久丧失（Fernandes，2020）。

从投资来看，经济不确定性和下行预期都将对投资造成不利影响。疫情期间人口流动性限制以及企业复工复产的迟滞，导致消费、投资和贸易均受到了限制（夏上等，2020；汪亚楠等，2021）。疫情导致经济不确定性增强，企业有新建厂房、新增设备、技术投资、员工定期培训等计划，都会选择延后（Baker et al.，2020a）；金融市场受到冲击，大型金融公司股票下跌严重，整个金融投资市场即使有政府调控，仍然呈现"W"型的缓冲（Bhanwar et al.，2020）。

从贸易来看，贸易便利化程度显著降低。各种疫情防控措施使国际物流成本上升，导致固定性资产中的原材料供给被延后或断供（Ivanov，2020），部分物资紧缺、物价上涨，国外进口商品的价格相对下降，国内市场受到冲击（何诚颖等，2020）。由此催生了多国的民粹主义和贸易保护主义倾向，各国陆续采取了不同程度的限制国际运输和直接限制特定产品输出或输入的措施（边永民，2020），对既有的全球价值链分工和贸易体系造成重大的冲击性影响，迫使地区性生产贸易网络体系发生被动式调整（何诚颖等，2020）。

综合来看，疫情通过不同市场对全球价值链布局带来冲击。疫情暴发，居民的社会隔离政策使得要素市场的劳动力供需下降、商品市场的居民消费萎缩；疫情增加了经济不确定性，对资本市场的投资带来冲击；从国际市场来看，为防止疫情国际蔓延，国际贸易环境进一步恶化。

3.7.3 全球价值链一般均衡模型构建与情景设置

1. 全球价值链一般均衡数据选择与木材产业全球价值链发展现状

林业产业包括第一、第二、第三产业，本节主要关注的是第二产业中的木材产业部分。本节将亚洲开发银行（ADB）2018 年世界投入产出表与国际标准行业分类（ISICRev40）对应，挑选出与木材产业相关的行业，主要包括造纸业（D17T18：纸张和印刷品）和木材加工业（D16：木材和软木制品）。依据亚洲开发银行 2018 年投入产出表，选取全球木材加工业与造纸业贸易值占全球总贸易 70% 的主要国家——中国、美国、印度、德国、日本、加拿大、意大利、法国、英国、印度尼西亚、俄罗斯、巴西、奥地利、爱尔兰、瑞典、韩国、比利时和荷兰。其中，意大利、奥地利、爱尔兰、比利时、荷兰、瑞典属于欧盟国家，印度尼西亚属于东盟国家，以及与中国关联密切的"一带一路"共建国家，共形成16个主要国家（地区）作为重点研究对象。① 本节主要关注全球木材产业全球价值链布局的变化情况，因此选取2007～2018年全球价值链地位变化明显的国家（地区）：中国、美国、加拿大、德国、英国、日本、俄罗斯、东盟、"一带一路"共建国家和欧盟为重点分析国家（地区），查看这些国家（地区）的主要产出和贸易情况。

2018年，全球木材产业产出与国内需求基本一致，各国进出口规模相差不大，贸易基本平衡。具体分行业来看，造纸业的生产和贸易规模大于木材加工业，但相较于木材加工业，市场集中度相对较低。根据ADB 2018年世界投入产出表，美国、中国和欧盟造纸业产出和需求占全球的56%左右，占比分别约为27%、17%和12%；中国、美国、欧盟木材加工业占比达全球的65%，亦是全球主要的木材加工业生产和消费体，但仅中国即占45%左右，因此，全球木材加工业产出和需求主要集中于中国。从贸易角度来看，欧盟、"一带一路"共建国家和中国是木材加工业的主要出口国（地区），出口占全球的48.62%，欧盟、中国、美国和德国是主要进口国家（地区），进口占全球的51.34%；欧盟、美国和德国是造纸业的主要出口和进口国（地区），分别占全球出口的56.26%、进口的44.36%。值得关注的是，德国木材产业贸易规模大，尤其是造纸业。但德国木材产业的产出和需求占比不大，木材加工业仅占全球的3.21%，造纸业产出仅占全球的约7.25%。综合来看，中国、美国和欧盟，既是全球木材产业的重要生产与消费地区，也是重要的贸易地区。

2. 全球价值链一般均衡模型及数据构建

为加强GDYN模型对于贸易问题的解释力度，本节通过扩展GDYN模型的进

---

① 本节将ADB国家（地区）划分为：澳大利亚、巴西、加拿大、中国、德国、法国、英国、印度、日本、韩国、俄罗斯、美国、东盟（马来西亚、印度尼西亚、菲律宾、泰国、越南、老挝、柬埔寨、新加坡）、欧盟（奥地利、比利时、瑞士、塞浦路斯、丹麦、西班牙、芬兰、希腊、爱尔兰、意大利、卢森堡、荷兰、挪威、葡萄牙、瑞典）、"一带一路"共建国家（保加利亚、捷克、爱沙尼亚、克罗地亚、匈牙利、立陶宛、拉脱维亚、波兰、罗马尼亚、斯洛伐克、斯洛文尼亚、土耳其、孟加拉国、哈萨克斯坦、蒙古国、斯里兰卡、巴基斯坦、不丹、吉尔吉斯斯坦、马尔代夫、尼泊尔，由于数据限制及研究需求，本节中"一带一路"共建国家仅选择以上国家）、世界其他国家和地区（墨西哥、马耳他、斐济、文莱）共16个国家（地区），ADB数据库区域分类中，拉丁美洲、非洲、新西兰以及南非均属于其他国家，但本节使用的GTAP10数据库将这些国家（地区）进行了划分，因此本节基于GTAP分类，将这些国家（地区）从世界其他国家（地区）中拆分，形成20个国家（地区）。

口维度，并与 GVC 模型进行连接，从而构建了全球价值链一般均衡模型（GVCs_CGE）。首先，本节基于 OECD 的 ICIO 数据，使用产业间对应关系，将 GTAP 的贸易数据进行分割，并对 GDYN 模型中相应指标进行修改。为匹配修改后的 GTAP10 数据库，确保模型的闭合完整，本节在 GVCs_CGE 模型中加入生产者、私人消费者和政府的进口价格、数量变量，使模型可以区分各国中间品、消费品和政府购买中的进口品来源国情况；GVCs_CGE 模型重新定义了不区分进口来源国的生产者、私人消费者和政府的价格、数量、金额、弹性系数指标，并与新定义的价格和数量指标建立联系。其次，本节将 GVCs_CGE 模型预测结果还原为投入产出表，并与 GVC 分解模型进行衔接。为进一步刻画全球价值链布局的变化情况，在王等（Wang et al.，2017）研究的基础上，对前后向分解公式进行了扩维，以明确增加值的来源与去向。

3. 全球价值链一般均衡模型数据库更新与基准情景设置

本节对 GTAP10 动态数据库进行调整，构建了基于 GTAP 数据的标准国际投入产出表。一是将 GTAP10 数据库中的 65 个行业与 OECD 数据库中的 36 个行业进行匹配，最终保留 23 个行业；二是按国家（地区）对数据库进行了加总，围绕中国、美国、日本、欧盟、东盟等 20 个国家（地区）展开分析（见表 3-13）；三是基于 2014 年 OECD 国际投入产出表中各国中间品和最终品占其产出份额及流向信息，对 GTAP10 数据库中商品的流向进行划分，明确国家（地区）间的商品流向与分配情况，并对数据库中的进口份额进行了同比例调整，保证划分流向的进口总额与数据库原始数值一致；四是对税收进行调整，将全部所得税从中间投入和最终需求中进行拆分，并划归要素收入中，确保了产业、国家及全球三个层面上的总投入与总产出相等。

GTAP10 动态数据库基于 2014 年国际贸易数据，很难反映当前经济发展状况。因此本节参照沃姆斯利等（Walmsley et al.，2000）和杨等（Yang et al.，2011）的动态递归方法，将数据更新至 2035 年，并对数据进行如下调整：使用国际货币基金组织、世界银行等国际权威机构的历史数据和法国国际经济研究中心的预测数据，修正模型中的 GDP 增长率、人口、投资、熟练劳动力和非熟练劳动力等指标，完成模型构建。

4. 全球价值链一般均衡模型模拟情景设置

本节从新冠疫情对劳动力供需、居民消费、投资规模及国际环境四个维度刻画疫情对经济的影响，分别选取就业率、家庭最终消费支出、投资和贸易便利化四个指标作为模型冲击变量,由于模型模拟疫情冲击后,在 2035 年首次达到稳态水平,因而本节对 2020~2035 年的经济发展进行预测,且结果均为累计影响。

(1) 从劳动力供需角度刻画疫情对全球价值链的影响。计算疫情冲击背景下就业率变动情况。对各国(地区)近 10 年的失业率数据使用 HP 滤波去掉各国(地区)失业率的趋势项,仅保留周期规律。根据式(3.32),将各地区失业数据($unempl_{i,z,j}$)转换为就业数据($empl_{i,j}$),各地区各年份的劳动力数据($labor_{i,j}$)依据陈素梅和李钢(2020)的方法进行估算,在此基础上,得出疫情背景下各地区 2020 年就业率情况($empl_{2020,j}$)。本节预计 2021 年疫情持续冲击就业,就业率保持 2020 年的 2/3 水平;2022 年疫情常态化,劳动力供给逐年恢复。

$$empl_{2020,j} = \frac{\sum_{i=2019}^{2020}(-1)^i\left(1 - \frac{\sum_{z=1}^{12} unempl_{i,z,j}}{100}\right) \times labor_{i,j}}{\left(1 - \frac{unempl_{2019,j}}{100}\right) \times labor_{2019,j}}, j = 1,\cdots,20$$

(2) 从居民消费角度刻画疫情对全球价值链的影响。计算疫情冲击背景下家庭最终消费变动情况。通过选用公布的各地区家庭最终消费支出增长率,使用 HP 滤波去掉趋势项,并用各国(地区)2020 年的消费增长率减去其 2019 年的消费增长率,在此基础上得到了疫情影响下的家庭消费下降情况。GTAP 模型中,私人消费需求与私人消费支出的关系如下:

$$\frac{qp_{i,r}}{pop_r} = \left(\sum_k pp_{k,r}^{EP_{i,k,r}}\right) \times \left(\frac{yp_r}{pop_r}\right)^{EY_{i,r}} + f\_qp_r$$

其中,f_qp_r 是本节加入的地区 r 的消费的移动变量,通过冲击 f_qp_r 的取值,模拟家庭最终消费变化造成私人消费需求偏好的变化。本节预计疫情对最终消费的冲击将会产生长期影响,2021 年家庭最终消费支出增长率仍保持 2020 年的 2/3 水平,2022 年家庭最终消费支出水平开始恢复。

(3) 从国际环境角度刻画疫情对全球价值链的影响。计算疫情冲击背景下贸易便利化变动情况。本节将米诺和特斯格斯(2008)提供的基于 GTAP 数据库计算的不同类型国家 z 中不同行业 i 的一天进出口 m 的时间成本等值关税结果[①]($amst_{i,m,z}$)与疫情导致的通关转运增加的时间($Time_{m,z}$)相乘,求得各国

---

① 杨军等(2015)将其称为"不可观测贸易成本"来描述贸易中隐性的非关税壁垒,并模拟其对贸易的潜在影响。具体来讲,设从地区 r 出口到地区 s 的商品的"有效价格"为 $PMS \times irs$,模型中原有的价格为 PMS,两者之间的关系为:$PMS \times irs = PMSirs/AMSirs$,这里,$AMS$ 是一个不可观测的隐性技术参数(在模型的初始均衡中,AMS 的值均被设定为 1。通过冲击 AMS 的取值,便可以模拟由隐性贸易成本变化造成的贸易价格的变化)。

各行业的等值关税（$ams_{m,z}$）；并根据进出口贸易量（$Value_{i,m,z}$）作为权重，计算与本节合并后的国家（地区）z 和行业 i 相匹配的等值关税结果（$ams_{i,m,z}$）①；通过将进出口等值关税交叉加总，求得两国（地区）间不同行业的等值关税情况（$ams_{i,j,g}$）。其中，本节假设，由于疫情航班限制导致转运能力受限；各国对入境产品加大审核力度；提升检验检疫标准等措施，致使各国（地区）进口通关转运时间整体上升了 14 天（$Time_{进口}$，$z=14$），出口通关转运时间没有变化（$Time_{出口}$，$z=0$）②。

$$ams_{m,z} = Time_{m,z} \times amst_{i,m,z}$$

$$ams_{i,m,z} = \sum_z \left[ams_{i,m,z} \times \frac{Value_{i,m,z}}{\sum_z Value_{i,m,z}} \right]$$

$$ams_{i,j,g} = ams_{i,出口,j} + ams_{i,进口,g}, j \neq g$$

（4）从投资规模角度刻画疫情对全球价值链的影响。计算疫情冲击背景下投资变动情况。通过获取国际货币基金组织各国投资的年度数据（$invest_{i,u}$），使用 HP 滤波去掉趋势项，并与本节的国家（地区）进行匹配后计算增长率并求差值。由于中国的 2020 年投资增速为正，没有对中国投资进行冲击。

5. 疫情对木材产业全球价值链布局的社会网络分析

（1）疫情对全球价值链布局的社会网络结构图构建。基于 GVCs_CGE 模型的分析结果，本节在分析木材产业全球价值链布局时，通过计算前后向参与度，引入社会网络分析法刻画前后向增加值对不同贸易形式的产业布局影响（Meng et al.，2019），从增加值供需角度识别全球贸易网络的供给和需求中心。

本节描绘的社会网络结构图中，以节点大小代表一国的前后向增加值的大小，以各国（地区）间的连线粗细衡量各国（地区）双边前后向增加值占各国（地区）前后向增加总值的份额，以箭头方向表示增加值流向。需要注意的是，社会网络结构图中，国家（地区）间是否连线取决于两点（以前向增加值为例）：其一，A 国从 B 国进口的增加值占总进口比重最大；其二，A 国从 B 国进口的增加值占总进口 25% 以上。后向增加值则考虑的是 A 国对 B 国出口的增加值所占份额的情况。其中，当区域内大多数国家的增加值进口大部分来自某一特定国家，那么该国将作为区域的增加值供给中心；当区域内大多数国家的增值出口都流向某一特定国，那么后者将成为区域的增加值需求中心。

---

① z 是所有国家按照地区加总。
② 由于模型限制，本文使用 ams 指标刻画疫情下运输、通关检验检疫以及禁运等综合的政策限制。

(2) 疫情对全球价值链布局的社会网络节点中心度指标改进。为进一步系统分析木材产业全球价值链的布局变化，本节通过在社会网络节点中心度指标中引入全球价值链概念，升级为前后向加权中心度指标。节点中心度主要测度一个节点与其他节点网络连接数量的多少。有向网络中，节点中心度可分为出度中心度（d_i）和入度中心度（d_j），分别表示 i 节点从网络中其他 j 节点接收的贸易关系（$x_{i,j}$）个数总和以及 j 节点向网络中其他 i 节点发出的贸易关系（x_{ij}）个数总和（Freeman，1978）。本节在原有出度和入度中心度指标的基础上，以各国（地区）全球价值链视角下的前向贸易值（FT_{ij}）和后向贸易值（BT_{ij}）为权重，分别计算前向加权中心度（V_F_i）和后向加权中心度（Y_B_j）指标：

$$前向加权中心度: V\_F_i = d_i \frac{FT_{ij}}{\sum_j FT_{ij}} = \sum_j x_{ij} \frac{FT_{ij}}{\sum_j FT_{ij}}$$

$$后向加权中心度: Y\_B_j = d_j \frac{BT_{ij}}{\sum_i BT_{ij}} = \sum_i x_{ij} \frac{BT_{ij}}{\sum_i BT_{ij}}$$

3.7.4 疫情对木材产业全球价值链布局的影响研究

疫情对木材产业全球价值链布局分析，应从传统和增加值两个视角进行探讨。通过传统视角了解疫情对木材产业供需及贸易的规模影响，通过增加值视角判别疫情对木材产业价值链结构变化。

1. 疫情对全球木材产业影响的传统视角分析

疫情对木材产业产出影响较小，对需求具有正向促进作用。疫情对美国、中国和欧盟造纸业产出的冲击分别为0.06%、-0.51%和0.23%（见图3-32），需求冲击分别为3.65%、1.35%和4.68%；其中，造纸业产出变化明显的德国和加拿大在全球产出中的占比仅分别为7.25%和1.69%，因此疫情对造纸业产出的负面影响有限。中国木材加工业产出占全球产出的44.50%，疫情冲击致使产出下降2.41%，影响不大；美国和欧盟作为全球第二大和第三大产出国家（地区），占比分别为1.09%和8.12%，疫情冲击推动产出分别上升4.74%和3.88%；英国、加拿大、东盟和德国，产出虽然下降明显，但产出仅占全球的8.84%。因此，疫情冲击对全球木材加工业产出影响不大。疫情对木材加工业需求具有明显正向影响，除了中国需求下降0.75%、东盟需求下降6.15%之外，均呈上升趋势，其中中国和东盟需求分别占全球的45.89%和2.02%。

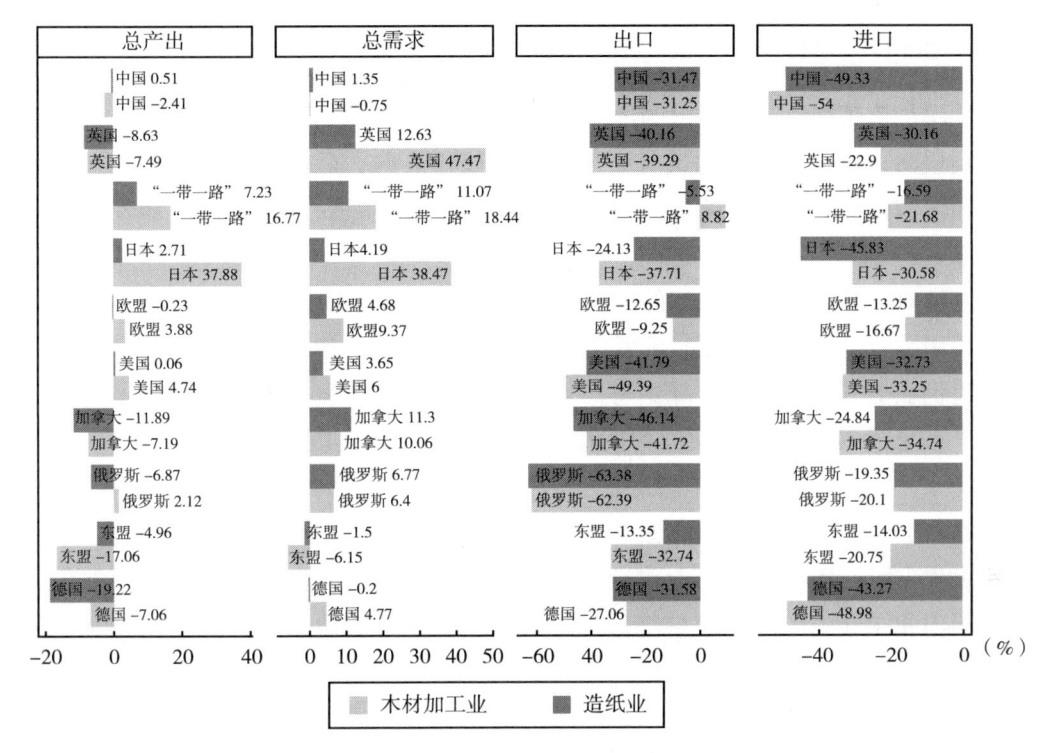

图 3-32　疫情对主要木材国家（地区）的木材产出、需求、
出口及进口影响（2020~2035 年累计影响）

资料来源：模型估计结果。

疫情对贸易造成严重负向影响，进出口下降明显，其中欧盟和"一带一路"共建国家贸易影响相对较小，中国进口下降明显，美国出口下降显著。欧盟、美国和德国造纸业出口和进口分别占全球的 56% 和 44%，是全球最主要的贸易地区。除欧盟外，疫情致使其他主要进出口国家（地区）受到严重负向冲击，其中东盟、欧盟和"一带一路"共建国家相较于其他国家（地区）受影响相对较小。欧盟和"一带一路"共建国家木材加工业出口占全球的比重分别为 21.49% 和 13.75%，是全球木材加工业的主要出口地区，疫情冲击使其出口分别变动 -9.25% 和 8.82%，影响相对较小。但是，其他国家（地区）均受到严重负向影响，中国作为全球木材加工业第三大出口国，出口占比 13.23%，受疫情冲击，出口下降 31.25%。从进口来看，欧盟、中国、美国和德国是木材加工业全球四大进口国家（地区），进口占全球的 51.34%，其中中国和德国进口受疫情冲击影响明显，下降速度达 50% 左右。

2. 疫情对木材产业的增加值视角分析

从增加值角度来看，一国的增加值按照前后向分为前向增加值和后向增加值；从国别层面来看，前向增加值等于后向增加值。前向、后向增加值均可再分为国内增加值和国外增加值两部分，国外增加值包括传统贸易、简单 GVC 贸易及复杂 GVC 贸易三部分。

疫情对全球木材产业生产的前向增加值带来冲击（见表 3-15），但分国别来看，美国、日本、澳大利亚、俄罗斯和"一带一路"共建国家等，木材产业前向增加值仍在上升；且由于全球木材产业贸易受冲击，各国（地区）木材产业生产中用于满足国内生产的增加值均明显增加。作为贸易大国的美国和"一带一路"共建国家，其木材加工业和造纸业为推动全球生产提供的增加值均在上升；欧盟地区木材加工业的前向增加值上升，但造纸业由于 GVC 贸易受冲击严重，因而总供给出现下降；中国木材产业对全球的供给推动作用下降，其中木材加工业用于满足国内和国外生产需求的增加值均下降明显，而造纸业由于国内消费增加，产能部分向国内转移，用于满足国内生产需求的增加值出现小幅上升；东盟地区木材产业前向增加值下降明显，而由于贸易受限，部分产品市场向国内转移，供给国内的增加值上升，其中造纸业用于满足国内生产的增加值上升更明显。

表 3-15　　疫情引致的木材产业前向价值链分解变化
（2020~2035 年累计影响）　　　　　单位：%

国家（地区）	产业增加值	全球价值链前向分解			
		国内	传统	简单 GVC	复杂 GVC
中国	-4.16	0.53	-8.37	-17.35	-38.44
日本	1.70	4.76	4.52	-9.12	-27.78
韩国	-0.18	0.18	17.20	0.58	-23.12
美国	2.15	8.61	-17.06	-30.00	-44.22
加拿大	-11.35	17.73	-18.93	-38.08	-52.99
俄罗斯	1.97	12.83	-24.54	-45.76	-59.11
英国	-19.59	13.52	-14.16	-26.94	-46.69
德国	-20.90	2.39	-11.89	-25.99	-46.21
东盟	-12.92	5.03	-20.79	-33.53	-45.79
"一带一路"	7.28	22.49	-0.76	-21.48	-43.87
欧盟	-1.01	15.54	-5.24	-25.44	-45.10
其他国家（地区）	13.25	9.29	35.96	30.33	-6.34

注：根据 GVCs 前项分解方法，从绝对数量变化上存在：产业增加值 = 国内增加值 + 传统出口创造的国内增加值 + 简单 GVC + 复杂 GVC。

资料来源：模型估计结果。

疫情对全球木材产业生产的后向增加值带来冲击（见表3-16），但分区域来看，美国、澳大利亚、俄罗斯、"一带一路"共建国家、拉丁美洲和非洲等地区，木材产业后向增加值仍在上升；且由于全球木材产业贸易受冲击，各国（地区）木材产业的最终品生产中对国内生产的拉动作用均明显增加。作为贸易大国的美国，其木材加工业和造纸业的最终品生产对全球增加值的拉动作用仍在上升；"一带一路"共建国家木材产业的最终品生产对全球的拉动作用小幅上升，但造纸业由于国际贸易受冲击，且对国内生产的拉动作用有限，后向增加值出现下降；由于中国和欧盟地区木材产业的最终品生产对国际市场依赖程度较高，而贸易受疫情冲击明显，使得其对全球增加值的拉动作用下降幅度较大。欧盟由于区域内上游产业可以部分满足地区最终品生产需求，因而后向增加值下降较中国较小。

表3-16 疫情引致的木材产业后向价值链分解变化（2020~2035年累计影响） 单位：%

国家（地区）	最终产品产值	全球价值链后项分解			
		国内	传统	简单GVC	复杂GVC
中国	-8.96	1.92	-15.98	-24.00	-41.95
日本	-5.38	0.04	-17.98	-8.41	-29.16
韩国	-3.26	3.62	-5.03	-5.29	-21.50
美国	6.40	10.05	-21.84	-15.35	-36.86
加拿大	-9.24	16.81	-25.04	9.93	-29.29
俄罗斯	5.42	9.13	-37.09	3.13	-26.62
英国	-29.42	-2.76	-34.57	0.13	-35.18
德国	-13.90	1.08	-16.25	-4.49	-23.73
东盟	-3.84	5.76	-24.57	-13.31	-37.12
"一带一路"	0.39	12.58	-21.77	-14.47	-40.02
欧盟	-1.86	9.36	-25.62	-9.64	-37.58
其他国家（地区）	-10.41	-7.07	3.77	-17.50	-22.76

注：根据GVCs后项分解方法，从绝对数量变化上存在：最终产品产值=国内增加值+传统贸易进口的国内增加值+简单GVC+复杂GVC。
资料来源：模型估计结果。

为了对比疫情引致的前后向加权中心度的差异，本节模拟情景下的前向、后向加权中心度指标与基准情景下的前、后向加权中心度指标求差值，计算木材加工业和造纸业"疫情引致的前向加权中心度"和"疫情引致的后向加权中心度"指标（见表3-17），并以图3-33至图3-38的贸易关系为基准，分析各国

（地区）主要贸易联系的结构布局变化情况。指标数值为负可能由节点数量下降或该国增加值占全球比重下降两方面因素引起，本节将其定义为该国在国际贸易中的供需能力或地位下降；数值为正，本节将其定义为该国在国际贸易中的供需能力或地位上升。

表 3-17　疫情引致的木材产业前、后向加权中心度变化（2020~2035 年累计影响）

行业	国家（地区）	传统贸易 供给	传统贸易 需求	简单 GVC 供给	简单 GVC 需求	复杂 GVC 供给	复杂 GVC 需求
木材加工业	美国	-0.18	0.05	0.01	-0.03	0	0.11
木材加工业	中国	-0.56	-0.03	0.66	0.23	1.22	0
木材加工业	东盟	0	-0.04	-0.26	0	-0.4	0
木材加工业	欧盟	0.03	0	0.03	-0.14	0	-0.25
木材加工业	"一带一路"	-0.06	-0.08	0.02	0.32	0	0.15
造纸业	美国	-0.13	-0.02	-0.49	0	-0.27	0
造纸业	中国	-0.17	-0.01	0.3	0.01	0.52	0.01
造纸业	东盟	0	0	0	-0.06	0	0
造纸业	欧盟	0.2	0.07	0.01	0.14	-0.04	0.01
造纸业	"一带一路"	0.02	-0.13	0.02	-0.16	-0.12	-0.28

资料来源：模型估计结果。

3. 疫情对木材加工业全球价值链布局的影响分析

（1）疫情对木材加工业传统贸易布局分析。至 2035 年，木材加工业传统贸易整体呈现大幅下降趋势。中国的产业优势逐步萎缩，以中国为核心的供给网络呈现松动迹象（见表 3-17），进出口贸易同时减少。其中，英国、法国与中国的供应链脱钩（见图 3-33），加强了与欧盟和"一带一路"共建国家的贸易往来；俄罗斯木材加工业脱离"一带一路"共建国家供给圈，"一带一路"共建国家供需能力同时减弱，在全球价值链中的地位下降；世界其他国家（地区）脱离美国供给网络，美国供给能力下降，需求能力略有上升，反映了其生产竞争力下降，对外需求上升，国内产品将被进口品替代的趋势。值得注意的是，疫情冲击使得中国成为东盟主要的最终品来源国，东盟与中国的贸易联系更加密切。

（2）疫情对木材加工业简单 GVC 贸易布局分析。至 2035 年，木材加工业简单 GVC 贸易的供需网络进行结构性调整，中国的供需能力均大幅提升，融入全球价值链的程度上升（见表 3-17）；"一带一路"共建国家也将对欧盟需求网络形成冲击；美国仍占据全球需求网络的核心位置。具体来看，中国在供给方面取代东盟，成为新西兰和澳大利亚木材加工业简单 GVC 产品的主要供应方（见图 3-34）；需求方面，中国将新西兰纳入需求网络，加强了与美国的竞争；"一带一路"共建国家需求能力明显上升，不仅加强了市场对印度产品的需求，并挤掉欧盟成为法国木材加工业简单 GVC 贸易的主要需求地区，弱化了欧盟的市场需求能力。值得注意的是，中国与东盟国家简单中间品的供给联系更加紧密。

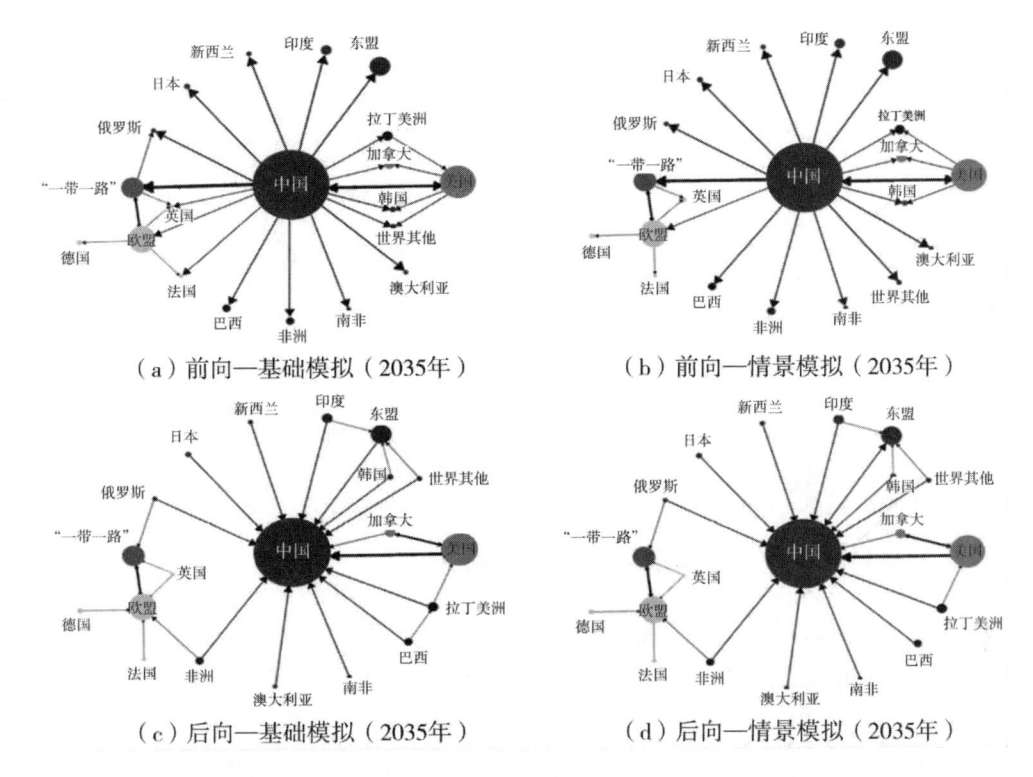

（a）前向—基础模拟（2035 年）　　　　（b）前向—情景模拟（2035 年）

（c）后向—基础模拟（2035 年）　　　　（d）后向—情景模拟（2035 年）

图 3-33　传统贸易视角下木材加工业的全球价值链变化（2020～2035 年累计影响）

（3）疫情对木材加工业复杂 GVC 贸易布局分析。至 2035 年，木材加工业复杂 GVC 贸易的供需网络进行结构性调整，中国在供给网络中的地位进一步上升，加强了世界供给中心的地位（见表 3-17）；"一带一路"共建国家需求能力提升，对欧盟需求网络形成冲击；美国需求能力上升，需求中心地位进一步得到巩固。具体来看，中国木材加工业复杂 GVC 的供给能力显著提升，美国、非洲及世界其他国家（地区）脱离东盟供给圈（见图 3-35），纳入中国供给网络，使得中国成为木材加工业复杂 GVC 供给网络的中心；同时疫情还使得欧盟需求网络受到冲击，德国和英国纷纷脱离欧盟需求市场，转向"一带一路"共建国家和美国市场，促使美国成为木材加工业复杂 GVC 需求网络的中心。

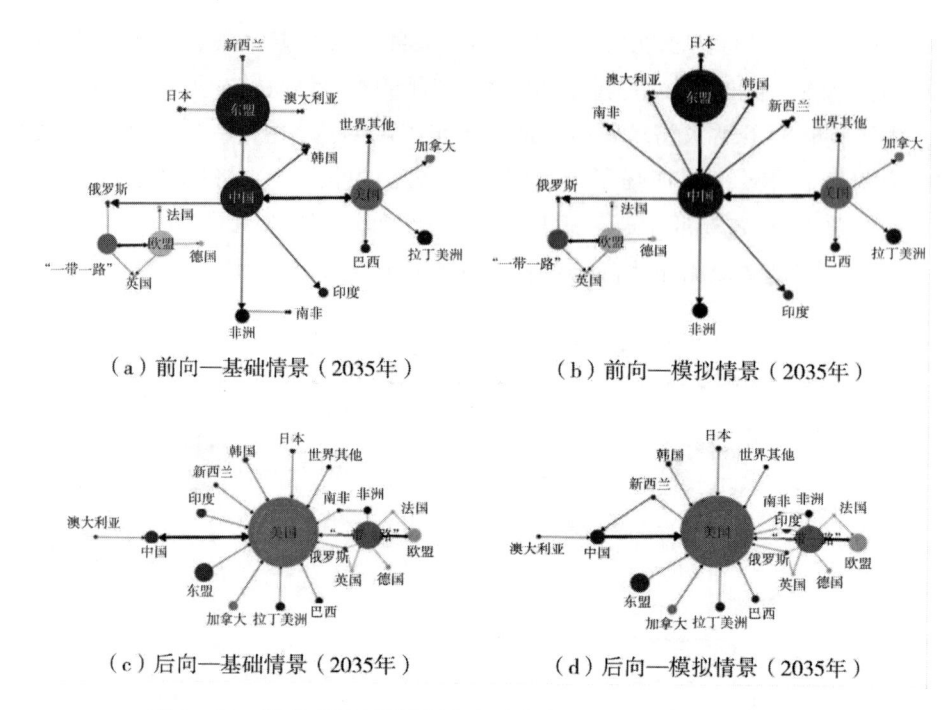

(a)前向—基础情景（2035年）　　(b)前向—模拟情景（2035年）

(c)后向—基础情景（2035年）　　(d)后向—模拟情景（2035年）

图 3-34　简单 GVC 贸易视角下木材加工业的全球价值链变化
（2020~2035 年累计影响）

4. 疫情对造纸业全球价值链布局的影响分析

（1）疫情对造纸业传统贸易布局分析。至 2035 年，造纸业传统贸易的供需网络进行结构性调整，疫情促使欧盟供需能力提升（见表 3-17），将中美供需网络中与欧盟关系较密切的非洲和印度等纳入其贸易网络（见图 3-36），欧盟的全球价值链地位明显上升。但值得注意的是，中美虽然竞争优势下降，供需能力均出现不同程度的降低，但中国与美国相互依赖较强，疫情并没有显著影响中美造纸业传统贸易的相互联系。"一带一路"共建国家需求结构未发生明显变化，但由于进口增加值下降，需求能力下降明显。

（2）疫情对造纸业简单 GVC 贸易布局分析。至 2035 年，造纸业简单 GVC 贸易的供需网络进行结构性调整，中国将美国供给网络纳入其中，欧盟需求能力上升，对"一带一路"共建国家需求网络的吸引力上升（见表 3-17）。具体来看，中国供给能力上升，产品竞争力提高，替代美国将日本和韩国纳入中国供给网络（见图 3-37）；而美国供给能力遭受巨大冲击，全球价值链地位下降；"一带一路"共建国家的造纸产品需求能力减弱，欧盟的需求能力增加，韩国和日本脱离"一带一路"共建国家和东盟市场，转向欧盟需求市场。

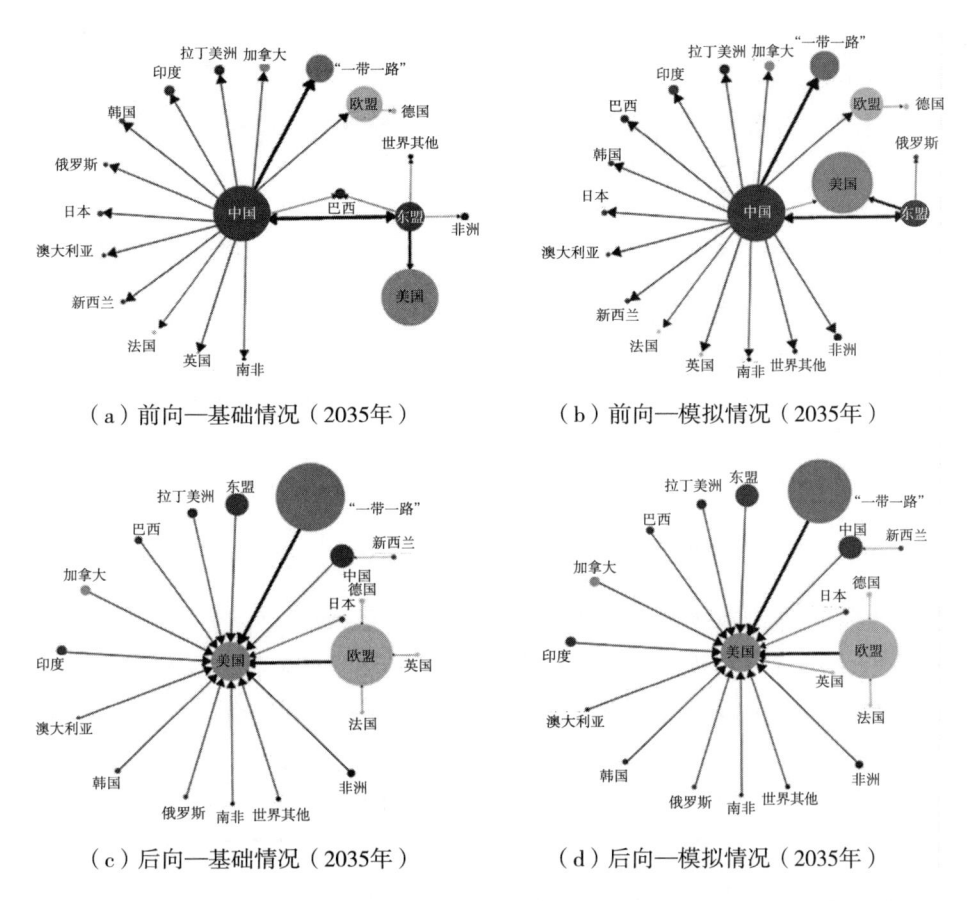

（a）前向—基础情况（2035年）　　　　（b）前向—模拟情况（2035年）

（c）后向—基础情况（2035年）　　　　（d）后向—模拟情况（2035年）

图 3-35　复杂 GVC 贸易视角下木材加工业的全球价值链变化（2020~2035 年累计影响）

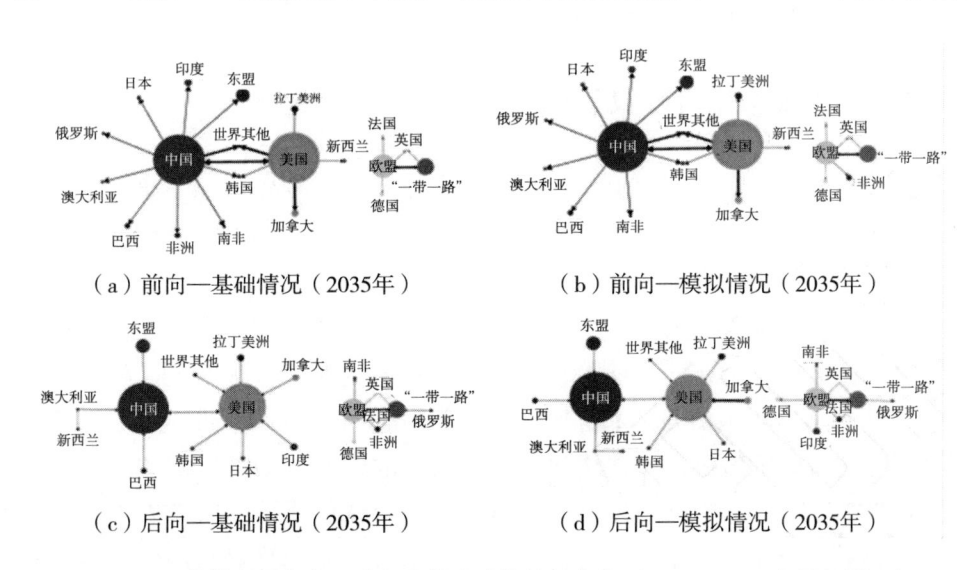

（a）前向—基础情况（2035年）　　　　（b）前向—模拟情况（2035年）

（c）后向—基础情况（2035年）　　　　（d）后向—模拟情况（2035年）

图 3-36　传统贸易视角下造纸业的全球价值链变化（2020~2035 年累计影响）

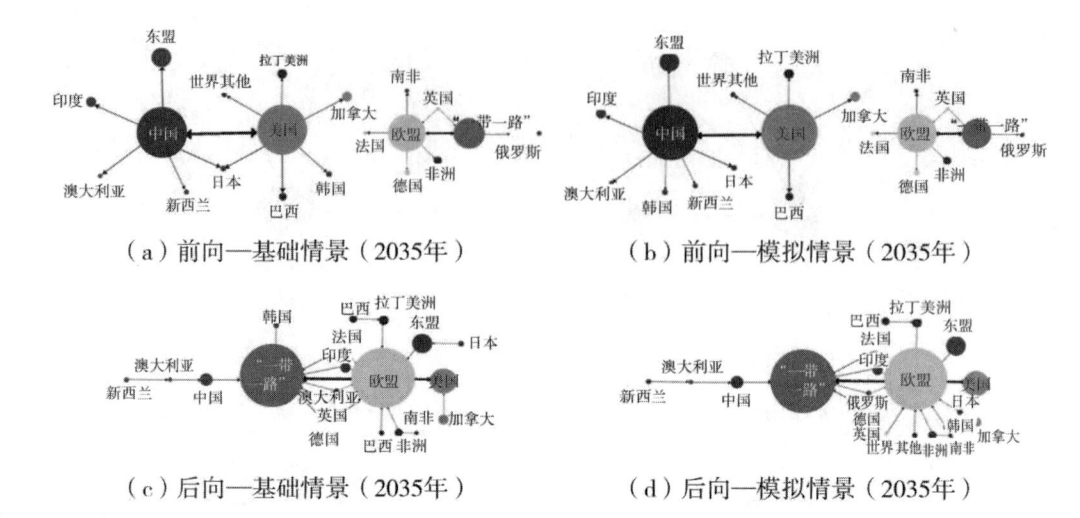

(a) 前向—基础情景 (2035年)　　(b) 前向—模拟情景 (2035年)

(c) 后向—基础情景 (2035年)　　(d) 后向—模拟情景 (2035年)

图3-37　简单GVC贸易视角下造纸业的全球价值链变化 (2020~2035年累计影响)

(3) 疫情对造纸业复杂GVC贸易布局分析。至2035年，造纸业复杂GVC贸易的供需网络进行结构性调整，中国供给能力上升，美国、欧盟和"一带一路"共建国家供给能力受到不同程度的冲击（见表3-17），供给能力明显下降。中国将原本属于美国供给网络的澳大利亚和"一带一路"共建国家纳入其全球供给网络（见图3-38），美国将原属于欧盟供给网络的印度纳入其供给范围，欧盟又将德国从"一带一路"共建国家的供给网络中剥离。在剧烈的结构变化中，中国参与全球价值链的供给能力上升明显，而"一带一路"共建国家进出口贸易处于萎缩状态，产业融入全球价值链的程度下降，具有明显的产业转移趋势。

3.7.5　主要结论与政策建议

从传统角度或增加值角度来看，疫情对全球木材产业的冲击主要集中于国际市场，各国（地区）部分产能转向国内。美国和"一带一路"共建国家前、后向增加值出现小幅上升，中国和欧盟的前、后向增加值均下降。从产业布局来看，全球木材产业传统贸易规模萎缩，布局结构也趋于松散；全球价值链规模下降，但布局结构整体趋于紧密；全球木材产业区域价值链发展势头明显。相较其他国家（地区）而言，美国依旧是木材加工产业全球需求中心；"一带一路"共建国家木材加工业的全球价值链需求能力进一步提升；欧盟对造纸业传统贸易和简单价值链供需增长显著。从中国角度来看，虽然中国全球价值链供需方面均受到严重冲击，但相对于全球产业布局变化而言，中国木材产业传统贸易部分与全球各国（地区）贸易联系逐渐萎缩，全球价值链的供需能力相对提升，其中复杂价值链中的供给地位上升明显；疫情促进了中国与东盟、日本、韩国、澳大利亚、新西兰、非洲和美国等周边区域的贸易联系，弱化了与英国、法国和德国等国家的贸易往来，推动中国进一步融入区域价值链的分工体系。

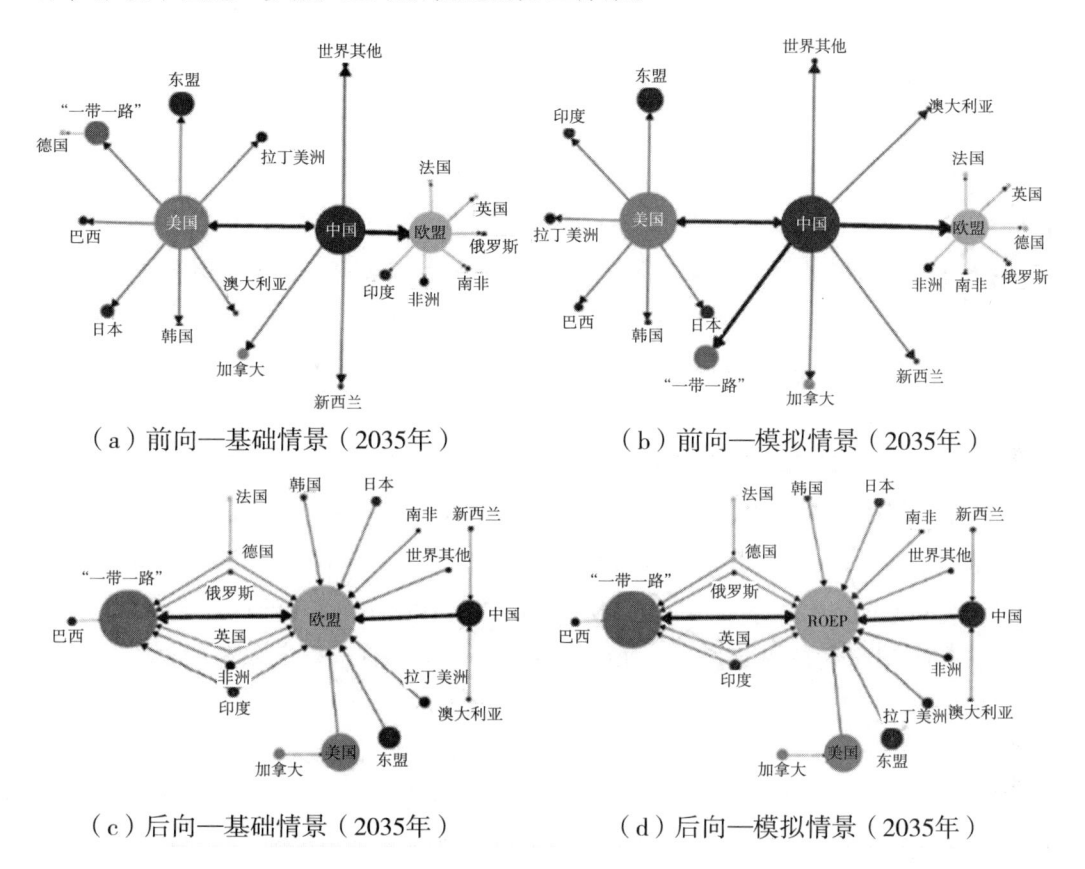

(a) 前向—基础情景（2035年）

(b) 前向—模拟情景（2035年）

(c) 后向—基础情景（2035年）

(d) 后向—模拟情景（2035年）

图 3-38　复杂 GVC 贸易视角下造纸业的全球价值链变化（2020~2035 年累计影响）

疫情对全球木材产业发展造成冲击的同时，也为中国木材产业实现内循环发展、产业价值链攀升提供了契机。但由于中国木材资源限制（杨超等，2020），上游供给能力有限，对国际贸易风险的应对能力较弱，一定程度上阻碍了木材产业实现内循环的发展进程。中国应加强木材加工业和造纸业原材料供给能力，降低对国外原材料的依赖。疫情虽然会导致国际木材产业贸易受到较大冲击，尤其是对全球价值链活动造成冲击，但这一冲击并不会导致全球木材产业链出现严重断裂，甚至还会优化中国木材产业结构，实现价值链升级。为更好地迎合中国木材产业的发展趋势，中国应提升与 RCEP 成员国、CPTPP 成员国，以及印度等贸易规模大、地理距离近、产业互补优势强的经济体的木材产业贸易便利化水平，在全球化逆流引发的经济不确定背景下，以持续的包容开放姿态，稳固国际贸易布局。

3.8 新冠疫情引发的经济危机下中国的应对之策
——有效性和权衡分析

由于严格的社交距离限制，以及经济活动大规模停摆，新冠疫情对中国经济造成了严重冲击。之前的研究预计，疫情将对中国 GDP 造成重大损失（Ayittey et al.，2020；Duan et al.，2020；McKee and Stuckler，2020；McKibbin and Fernando，2021；Guan et al.，2020）。国家统计局数据证实，2020 年中国 GDP 增长 2.3%，远低于没有疫情情况下 IMF 对中国经济增速的预期（6%）。经济活动停摆会大幅减少企业的生产，而严格的社交距离限制会使消费者减少支出（Guerrieri et al.，2020；McKibbin and Fernando，2021）。麦基宾和费南多（McKibbin and Fernando，2021）采用动态可计算一般均衡模型分析发现，中国 2020 年 GDP 将下降 0.4%~6.2%，取决于人口死亡率和疫情持续时间。段等（Duan et al.，2020）利用投入产出模型，研究认为中国 GDP 将下降 0.40%~0.72%。此外，疫情将严重影响生产部门的产值，特别是那些直接受到冲击的部门，如旅游、酒店、餐馆和零售（Guan et al.，2020；Duan et al.，2020）。国家统计局统计数据显示，2020 年国内旅游收入较 2019 年减少 3.5 万亿元（急剧下降 61.1%），餐饮和零售收入分别下降 16.6% 和 2.3%。

世界各国普遍都采取了宽松的货币政策，增加金融流动性，缓解金融市场波动，以减轻疫情造成的经济损失。例如，美国联邦储备委员会将联邦基金的目标利率范围下调了一个百分点，并推行了 7 000 亿美元的量化宽松（QE）政策。类似地，欧洲中央银行开始了定向长期再融资操作（TLTRO）和 1 200 亿欧元的额外资产购买计划（APP）。与此同时，全世界都出台了积极的财政政策，如美国联邦政府制定了美国历史上最雄心勃勃的一揽子刺激计划，总额达 2.2 万亿美元；欧洲各国也广泛采用财政政策，如英国推出 300 亿英镑的一揽子刺激计划，德国的基础设施投资超过 1225 亿欧元。

自疫情暴发以来，中国政府也出台了一系列积极的财政政策和稳健的货币政策，以应对严重的经济冲击。货币政策方面，中国人民银行 2020 年 2 月 3 日开展了 1.2 万亿人民币公开市场逆回购操作；2020 年 2 月 20 日，一年期贷款市场报价利率（LPR）下调 10 个基点，至 4.05%，五年期 LPR 下调 5 个基点，至 4.75%。中国人民银行还为防疫企业设立了 3 000 亿元的专项再贷款，确保这些企业的实际融资成本控制在 1.6% 以下。此外，还实施了 5 000 亿元支农、支小再贷款再贴现政策，利率低至2.5%。这些稳健的货币政策将释放流动性，降低资本市场的融资成本，从而有望缓解企业资金缺口，提振投资者信心。

在财政政策方面，中国实施了多项综合对策。例如，湖北省2020年全年免征小规模纳税人增值税，其他省份的小规模纳税人税率由3%降至1%，为期三个月（从2020年3月1日至2020年5月31日）。自2020年1月1日起，企业疫情防控物资运输收入免征增值税。湖北省所有企业和其他省份的中小微企业免交5个月社会保险。自2020年2月17日起，全国免收过路费。此外，截至2020年3月初，中央和地方财政的疫情防控支出增加1 104.8亿元。积极的财政政策旨在为疫情防控提供资金，最大限度降低企业生产成本，扩大政府支出，这些举措有望稳定就业，保持经济增长。

现有的一些研究分析了突发公共卫生事件造成的经济损失（Avery et al.，2020；Chang and Andrés，2020；Coyle，2020；Keogh-Brown et al.，2020；Stock，2020；Deriu et al.，2021；Duan et al.，2021），但针对处理经济影响各种对策的有效性和利弊权衡的相关研究仍较少。早期研究从供需两方面评估突发公共卫生事件对经济的直接影响，大多没有关注应对措施（Keogh-Brown and Smith，2008；Verikios et al.，2011；Keogh-Brown，2014）。现在，越来越多的研究评估了财政和货币对策在缓冲自然灾害、金融危机造成的经济损失方面的有效性（Beyrer et al.，2006；Keen and Pakko，2007；Xie et al.，2013；Flessa and Marx，2016；Guerrieri et al.，2020）。例如，波尔斯等（Porsse et al.，2020）预测了疫情和财政对策对巴西经济的影响，发现在不同程度的疫情下，政府的财政刺激措施缓解了GDP损失。他们主要评估单一政策的作用，采用计量经济学或投入产出方法（Hallegatte，2008；Sangsubhan and Basri，2012），但忽略了潜在的副作用，即可能高估了对策在缓解经济损失中的作用（Haldane，2020；Bigio et al.，2020）。尽管一些研究指出财政和货币政策会产生通胀风险，但很少有研究评估政策收益与成本之间的关系（Kollmann et al.，2013；Fan et al.，2015；Gadatsch et al.，2016；Kunimitsu，2018）。此外，鲜有关于对策与突发公共卫生事件相关经济损失的来源之间联系（Meng et al.，2010；Liu et al.，2015）的研究。总而言之，尽管以往的研究对评估突发公共卫生事件的经济影响作出了重大贡献，但对各种对策的有效性和利弊权衡仍缺乏充分认识，尤其是与当前疫情相关的经济危机。

本节使用多部门可计算一般均衡模型，分析了针对新冠疫情引发的经济损失，中国货币和财政对策的有效性和利弊权衡。我们建立了两个说明性场景，详述新冠疫情的冲击和货币政策、财政对策。我们在以下方面为现有文献作出了贡献。首先，引入一般均衡分析框架来评估对策对各种经济指标的直接和间接影响，如GDP、就业、出口和消费者物价指数（CPI）。一般均衡分析能够反映出对策无意中造成的副作用。其次，通过将货币、财政对策与疫情对供需侧的冲击结合起来，评估这些对策的协同效应。由于各国经济损失的来源不同，要根据疫情损失的来源选择适当的对策。最后，我们比较了对策的成本、收益和经济指标的弧弹性，以此评估对策的有效性。我们的研究可以为世界各国提供有价值的参考，有助于其采取负面外部效应较少、有针对性的对策，有效应对突发公共卫生事件。

3.8.1 方法

1. CHINAGEM 模型

基于两个说明性场景，我们采用了CHINAGEM模型，这是在ORANI模型（Horridge，2014）基础上开发的一个多部门、单国家比较静态CGE模型。CGE模型可以捕捉经济外生变化的直接和间接影响，并确定整个经济的影响机制，因此是宏观经济、贸易、环境政策等方面的各种政策导向研究的重要工具（Cui et al.，2020）。该模型假设市场充分竞争，且生产规模回报保持不变。模型数据以中国2017基准年的投入产出表为基础，将原来的149个行业汇总为42个，行业简称见表3–18。该模型包含三类初级要素（土地、资本和劳动力）、六类经济主体（生产、投资、家庭、出口、政府和库存）和三类边际商品（贸易，运输、仓储和邮递，金融和保险）。参数和弹性值取自GTAP V9数据库中（Aguiar et al.，2016）中国的相应值。库存固定，政府总支出是内生的，由其在不同商品和服务上的支出决定。下面介绍五个主要模块。

表3–18　　　　　　　　　　CHINAGEM模型的各部门

序号	部门	缩写	序号	部门	缩写
1	农业	AGR	8	服装、鞋和皮革制品	CSL
2	煤矿产品	CMP	9	锯木厂和加剧	SMF
3	原油和天然气	COG	10	纸张、印刷和文化产品	PPC
4	金属开采	MTM	11	石油和焦炭	PRC
5	非金属开采	NTM	12	化工产品	CMC
6	食品加工	FOD	13	非金属产品	NMP
7	纺织品	TEX	14	金属冶炼	MTS

续表

序号	部门	缩写	序号	部门	缩写
15	金属制品	MTP	29	运输、仓储和邮递	TWP
16	通用设备	GEQ	30	酒店和餐饮	HTD
17	特殊设备	SEQ	31	计算机和通信服务	CTS
18	运输设备	TEQ	32	金融和保险	FAN
19	电机	ETM	33	房地产	RET
20	通信设备和计算机	CMC	34	租赁和商务服务	LBS
21	仪表和办公设备	MOE	35	研究	RSH
22	其他制造业	OMF	36	技术服务	TKS
23	设备维修和回收	ERC	37	水与环境服务	WPS
24	电力供应	ELE	38	居民服务	RDS
25	天然气供应	GAS	39	教育	EDU
26	水供应	WTS	40	健康和公共服务	HPS
27	建筑	CON	41	文化、体育和娱乐	CSR
28	贸易	TRD	42	公共管理	PUB

（1）生产。假设生产者根据生产成本最小化原则确定生产投入，根据利润最大化原则确定对国内或国外市场的产出分配。每个生产部门的投入都是中间产品和初级要素的组合。和大多数 CGE 模型一样，生产结构由嵌套不变替代弹性（CES）函数来描述，旨在纳入所有投入的替代可能性。中间投入品和初级要素在顶层，用里昂惕夫函数表示［见式（3.29）］。在第二层，初级要素由劳动力、资本和 CES 函数描述的土地组成［见式（3.34）］。阿明顿假设认为国内生产的（dom）中间投入品和进口的（imp）中间投入品之间为不完全替代［见式（3.31）］。部门 i 使用的中间投入品 c 和劳动力投入的价格由式（3.32）至式（3.34）计算。

$$X1TOT(i) = \frac{1}{Al(i)} \times \text{MIN}\left[All, c, COM : \frac{X1\_S(c,i)}{A1\_S(c,i)}, \frac{FAC(i)}{A1_{F(i)}}, \frac{OCT(i)}{A1_{O(i)}}\right]$$

$$COM = \{1, \cdots, N\} \tag{3.29}$$

$$FAC(i) = CES\left[\frac{X1LAB(i)}{A1LAB(i)}, \frac{X1CAP(i)}{A1CAP(i)}, \frac{X1LND(i)}{A1LND(i)}\right] \tag{3.30}$$

$$X1\_S(c,i) = CES\left[All, s, SRC : \frac{X1(c,s,i)}{A1(c,s,i)}\right], SRC = \{dom, imp\} \tag{3.31}$$

$$P1\_S(c,i) = P1\_S^O(c,i) + T1\_S(c,i) \tag{3.32}$$

$$P1\_S^O(c,i) = S1_d \times P1_d^O(c,i) + S1_m \times [P1_m^O(c,i) + T_m(c)] \tag{3.33}$$

$$P1LAB(i) = P1LAB^O(i) + T1LAB(i) \tag{3.34}$$

其中，$X1TOT(i)$ 表示部门 i 的产值；$X1\_S(c,i)$ 表示部门 i 对中间投入品 c 的需求，c 由国产和进口两部分组成；$FAC(i)$ 表示对初级要素的需求，初级要素是资本、劳动力和土地的组合；$OCT(i)$ 表示对其他投入品的需求；$A1(i)$ 是全要素生产率参数，$A1s$ 是投入增加技术变化参数；$P1\_S(c,i)$ 表示部门 i 购买的中间投入品 c 的价格，等于不含税的基本价格 $P1\_S^o(c,i)$ 加上间接税 $T1\_S(c,i)$；$P1\_S^o(c,i)$ 是国内价格 $P1_d^o(c,i)$ 和进口价格 $(P1_m^o(c,i)+T_m(c))$ 的平均值，按比例加权国内和进口商品值 $c(S1_d$ 和 $S1_m)$，后者包括进口关税 $(T_m(c))$。$P1LAB(i)$ 表示部门 i 的劳动力价格，等于不含税的基本价格 $P1LAB^o(i)$ 加上所得税 $T1LAB(i)$。

（2）投资。投资者根据成本最小化原则决定资本财货的数量。而且，每个部门的投资总量由回报率决定：

$$X2TOT(i) = \frac{1}{G2(i)} \times \mathrm{MIN}\left[All, c, COM: \frac{X2\_S(c,i)}{A2\_S(c,i)}\right], \quad COM = 1, \cdots, N \quad (3.35)$$

$$X2\_S(c,i) = CES\left[All, s, SRC: \frac{X2(c,s,i)}{A2(c,s,i)}\right], SRC = \{dom, imp\} \quad (3.36)$$

其中，$X2TOT(i)$ 表示对部门 i 的总投资；$X2\_S(c,i)$ 表示部门 i 投资品 c 的需求，由国内部门和进口部门组成。

每个部门当前的投资回报率 $R_0(i)$ 由折旧率 $d(i)$、资本租金 $P(i)$ 和资本成本 $C(i)$ 决定：

$$R_0(i) = \frac{P(i)}{C(i)} - d(i) \quad (3.37)$$

每个部门的预期投资回报率 $R_1(i)$ 由当前投资回报率 $R_0(i)$ 和未来资本存量 $K_1(i)$ 与当前资本存量 $K_0(i)$ 的比率来决定。FR_I 是所有部门预期投资回报率的转移变量，$FR(i)$ 是每个部门预期投资回报率的转移变量。

$$R_1(i) = R_0(i) \times \left(\frac{K_1(i)}{K_0(i)}\right)^{-\beta(i)} \times FR\_I \times FR(i) \quad (3.38)$$

未来资本存量 $K_1(i)$ 等于当前资本存量 $(K_0(i))$ 和投资 $I(i)$ 之和减去折旧：

$$K_1(i) = K_0(i) \times [1 - d(i)] + I(i) \quad (3.39)$$

（3）家庭消费。家庭消费根据效用最大化原则，由可支配收入和商品价格决定。我们用线性支出系统（LES）描述家庭消费［见式（3.41）］，该系统来自 Klein-Rubin 效用函数的一阶优化［见式（3.40）］。与中间投入品和资本财货类似，通过阿明顿 CES 函数来组合不同来源的消费品［见式（3.42）］。

$$\text{MAX} U = \prod_{c=1}^{N} \left[\frac{X3\_S(c)}{Q} - A3SUB(c) \right]^{\beta(c)}$$

$$\text{s.t.} \sum_{c} \frac{X3\_S(c)}{Q} \times P3\_S(c) = \frac{Y}{Q} \quad (3.40)$$

$$X3\_S(c) = X3SUB(c) + \frac{\beta(c)}{P3\_S(c)} \times \left[Y - \sum_{c=1}^{n} X3SUB(c) \times P3\_S(c) \right]$$
$$(3.41)$$

$$X3\_S(c,i) = CES\left[All, s, SRC : \frac{X3(c,s)}{A3(c,s)} \right], SRC = \{dom, imp\} \quad (3.42)$$

$$P3\_S(c) = P3\_S^0(c) + T3\_S(c) \quad (3.43)$$

$$P3\_S^0(c) = S3_d \times P3_d^0(c) + S3_m \times \left[P3_m^0(c) + T_m(c) \right] \quad (3.44)$$

其中，U 表示家庭效用，Y 表示可支配的家庭收入，Q 表示人口；$X3\_S(c)$ 表示商品 c 的家庭消费，由国内和进口两部分组成；$X3SUB(c)$ 表示对商品 c 的生存需求；$P3\_S(c)$ 表示消费品 c 的价格，等于 $P3\_S^0(c)$ 加上消费税 $T3\_S(c)$；$A3SUB(c)$ 表示生存需求参数，$X3(c,s)$ 表示家庭对 s 来源商品 c 的需求；$A3(c,s)$ 表示消费者偏好参数。

（4）出口需求。从贸易品和非贸易品区分来看，对于电等非贸易商品，中国的供应在全球市场上占很小的份额，或者说出口数量和价格主要由政府间的协议决定。非贸易品的出口需求与价格无关；相反，贸易品的出口需求曲线向下倾斜，是价格的负函数。

$$X4(c) = F4Q(c) \left[\frac{P4^0(c) + T4(c)}{PHI \times F4P(i)} \right]^{EXP\_E(c)} \quad (3.45)$$

其中，$X4(c)$ 表示商品 c 的出口需求，$P4^0(c)$ 表示当地货币不含税的离岸（FOB）价，$T4(c)$ 表示出口税；PHI 表示名义汇率，$F4Q(c)$ 和 $F4P(c)$ 是出口需求曲线位置的移动变量，$EXP\_E(c)$ 表示价格的出口弹性。

（5）均衡和封闭。在一般均衡中，商品和初级要素市场出清。零利润的条件是生产者的销售额等于生产成本，消费者的支出等于采购成本、税和边际成本的总和。此外还有投资与储蓄平衡、政府收支平衡、国际收支平衡。投资与储蓄的平衡通过调整外币储蓄来实现。

本节侧重分析疫情短期内对中国经济的影响，因此模拟中采用了短期封闭。资本固定在生产部门中，资本回报率因部门不同而不同。考虑到失业，实际工资保持不变。税率和技术由外部因素决定。

2. CHINAGEM 模型参数的灵敏度分析

参考阿恩特和赫特尔（Arndt and Hertel, 1997）的研究，CHINAGEM 模型的

参数被看作随机变量，伴有模型参数适当值的不确定性。因此，我们想要知道在随机参数的分布假设下模型结果的标准差，而不仅仅是点估计。为了获得结果标准差的估计值，我们应用了哈珀（Haber，1972）开发的一种方法。

我们将灵敏度分析集中在 CHINAGEM 模型中的行为参数上，只改变了六组弹性，包括生产部门、投资者和家庭分别使用的国产商品和进口商品之间的替代弹性，生产部门使用的初级要素之间的替代弹性，生产各种产出的过渡弹性，以及贸易商品出口需求的价格弹性。

该方法需要关于这些参数分布的信息，以估计模拟结果的标准差。我们假设了独立、对称的三角形分布，均值/众数在 CHINAGEM 模型的参数值处，通过高斯求积法求解（Arndt，1996）。每个参数依次变化 ±50%。然后，我们绘制离散分布、点集和相关权重，其矩与假设的真实多元分布的矩一致，最高达三阶。由此获得的标准差将非常准确（Preckel and DeVuyst，1992；Preckel and Liu，1994）。

宏观经济变量和部门产值的均值和标准差分别见表 3-19 和表 3-20。宏观经济变量的标准差非常小，不到 0.5，说明宏观经济变量的刺激结果没有受到 CHINAGEM 模型参数值的很大影响。尽管生产部门的产值变化标准差有很大不同，但也很小，证实了我们的模拟结果的稳健性。

表 3-19　　宏观经济变量的均值和标准差（参数变化为 +/-50%）

项目	均值	标准差
GDP	-2.908	0.116
投资	-2.502	0.029
消费	-5.323	0.138
出口	-3.608	0.501
进口	-4.313	0.311
CPI	-1.390	0.006
就业	-3.505	0.186

资料来源：基于 CHINAGEM 模型的模拟。

表 3-20　　部门产出值变化的均值和标准差（参数变化为 +/-50%）

生产部门	均值	标准差
农业	-0.761	0.034
煤矿产品	-2.877	0.120
原油和天然气	-3.252	0.093
金属开采	-2.884	0.113
非金属开采	-3.107	0.079
食品加工	0.468	0.036

第 3 章 新冠疫情对农业农村的影响

续表

生产部门	均值	标准差
纺织品	-2.606	0.230
服装、鞋和皮革制品	-3.002	0.242
锯木厂和加剧	-4.335	0.194
纸张、印刷和文化产品	-3.450	0.197
石油和焦炭	-3.801	0.103
化工产品	-0.476	0.010
非金属产品	-2.667	0.095
金属冶炼	-2.823	0.132
金属制品	-2.796	0.167
通用设备	-3.190	0.189
特殊设备	-1.231	0.034
运输设备	-3.405	0.130
电机	-3.277	0.198
通信设备和计算机	-3.940	0.334
仪表和办公设备	-3.321	0.216
其他制造业	-2.961	0.100
设备维修和回收	-4.675	0.292
电力供应	-2.586	0.116
天然气供应	-3.714	0.159
水供应	-2.942	0.152
建筑	-2.516	0.031
贸易	-2.828	0.147
运输、仓储和邮递	-3.446	0.131
酒店和餐饮	-13.211	0.188
计算机和通信服务	-3.350	0.112
金融和保险	-3.858	0.134
房地产	-3.462	0.121
租赁和商务服务	-4.243	0.160
研究	-0.517	0.083
技术服务	-2.235	0.062
水与环境服务	-1.838	0.055
居民服务	-5.707	0.164
教育	-4.134	0.102
健康和公共服务	-1.279	0.059
文化、体育和娱乐	-11.709	0.187
公共管理	-0.176	0.004

资料来源：基于 CHINAGEM 模型的模拟。

3. 分解方法

可以使用分解分析法计算每次疫情冲击和对策的影响。分解分析法由哈里森等（Harrison et al.，2000）开发，可用于分解外生冲击作用对内生变量，如 GDP、就业和部门产出的模拟结果。疫情和对策的影响归因于五种冲击和十种对策。这里我们采用分解分析法评估每次疫情冲击和对策对经济变量的影响。

3.8.2 新冠疫情冲击和对策场景

1. 新冠疫情的供给侧和需求侧冲击

（1）供给侧冲击。新冠疫情的供给侧冲击包括春节假期延长 3~16 天（假期延长），以及节后企业经营不足（经营不足）。表 3-21 列出了疫情冲击的变量。

表 3-21　　　　　　　　　疫情不同冲击变量

冲击	变量	公式
假期延长	A1	式（3-29）
经营不足	A1LAB	式（3-30）
消费下降	A3	式（3-42）
投资减少	FR_I	式（3-38）
出口变化	F4P，F4Q	式（3-45）

其一，假期延长。全国范围内的假期延长控制了疫情的蔓延，但也大大减少了部门产出。参考迪克森等（Dixon et al.，2010）和弗尼克斯等（Verikios et al.，2010）的研究，我们通过缺失工作日与年工作日的比率来衡量假期延长，并将其作为对生产部门全要素生产率的冲击[式（3-29）中的 $A1$]。中国的缺失工作日按每个省的平均缺失工作日计算，按省 GDP 加权，由此得出，全国缺失工作日为 6.9 天，占全年工作日（251 天）的 2.75%。考虑到经济活动时间分布不均，采用 2020 年第一季度 GDP 占比（21%）来换算缺失率，结果为 2.31%（2.31% = 2.75 × 21%/25%）。此外，排除了 AGR、FOD、CMC、ELE、GAS、WTS 和 HPS 等关系国计民生的行业。

其二，经营不足。即使在节后，由于居家隔离、限制劳动力流动、错峰复工等原因造成劳动力短缺，行业生产仍低于正常水平。经营不充分以企业复工率来衡量，作为对生产部门劳动生产率的冲击之一[式（3-30）中的 $A1LAB$]。根据官方统计，我们假设大型企业2020年2月10日至2月29日复工率为70%，3月1日至3月15日为90%，3月16日至3月31日为99%；小企业2月10日至2月29日复工率为30%，3月1日至3月15日为50%，3月16日至3月31日为70%。按大小企业总值加权，经营不充分造成工作日缺失达15.55天，占全年工作日的6.19%（15.55/251＝6.19%）。考虑到季度GDP的模式，劳动生产率的百分比变化为5.20%。

（2）需求侧冲击。疫情的需求侧冲击是指家庭消费下降（消费下降）、总投资减少（投资减少），以及出口变化（出口变化）带来的经济损失。

其一，消费下降。伴随总消费支出的下降，家庭消费结构也受到疫情影响，家庭减少了在FOD、CSL、TRD、TWP、HTD、HPS和CSR等行业的消费。根据国家统计局的数据，家庭总支出下降了3.7%，部门间的支出变化差异较大。CSR（－26.2%）、HTD（－26.2%）、TRD（－17.1%）、CSL（－11.9%）、TWP（－7.0%）和HPS（－5.8%）的消费均有所下降，只有FOD（4.9%）有所增加[式（3.42）中的A3]。

其二，投资减少。由于疫情提高了投资风险，投资者需要在回报率基础上增加较高的风险溢价，这抬高了中国的资本价格。我们使用麦基宾和费南多（Mckibbin and Fernando，2021）以及崔等（Cui et al.，2021）的投资冲击分析，得出全年投资风险溢价降低了1.97%[式（3.38）中的FR_I冲击]。

其三，出口变化。一方面，由于疫情期间商品和服务的生产及运输受到限制，中国的出口受到负面影响；另一方面，伴随疫情给其他国家造成更加严重的冲击，中国的出口将会增加，在全球市场的竞争力也会增强。根据国家统计局的数据，AGR（－13.8%）、CMP（－31.8%）、COG（－31.8%）、MTM（－31.8%）、NTM（－31.8%）、FOD（－2.2）、SMF（－2.2%）、PRC（－31.8%）出口出现下降，而TEX（4.6%）、CSL（4.6%）、PPC（4.6%）、CMC（4.6%）、NMP（6.8%）、MTS（6.8%）、MTP（6.8%）、GEQ（4.6%）、SEQ（4.6%）、TEQ（4.6%）、ETM（4.6%）、CMC（5.3%）、MOE（5.3%）、OMF（5.3%）出口增加[式（3.45）中的$F4Q$]。同时，参照段等（Duan et al.，2021）的分析，我们假设疫情使全球商品价格降低了2%[式（3.45）中的$F4P$]，单一国家CGE模型中的出口需求曲线左移。

2. 针对疫情的货币对策和财政对策

本节纳入了中国截至2020年3月底采取的两种货币对策和八种财政对策（见表3－22）。尽管中国政府在疫情高峰期推出了一些其他政策，但这些政策无法量化为具体类型。

表 3-22 疫情下经济危机对策汇总以及受冲击变量

对策	缩写	变量	公式
货币政策	MNP	—	—
公开市场业务	OMO	FR_I	式 (3.38)
专项再贷款	SUR	FR	式 (3.38)
财政政策	FSP	—	—
小规模纳税人减免增值税	VST	T1_S	式 (3.32)
私人运输和快递服务减免增值税	VRT	T3_S	式 (3.43)
防疫物资运输减免增值税	VTM	T1_S	式 (3.32)
增加医疗和生活物资投入	GCM	—	—
免除过路费	ERT	T1_S, T3_S, T4	式 (3.32)、式 (3.43)、式 (3.45)
对防疫物资免征进口关税	ETM	T_m	式 (3.33)、式 (3.44)
减免企业电费	REF	T1_S	式 (3.32)
免收小型企业社会保险费	ESI	T1LAB	式 (3.34)

（1）货币政策。

其一，公开市场业务（OMO）。中国人民银行通过公开市场业务释放流动性，将贷款基础利率（LPR）下调10个基点。受政策影响，2020年2月20日，LRP从4.15%降到4.05%。因此，经式（3.46）计算，公开市场业务使生产部门的融资成本降低了2.4%［式（3.38）中的 FR_I］。

$$PFC_t = \frac{LPR_t - LPR_{t-1}}{LPR_t} \times 100 \qquad (3.46)$$

其中，PFC_t 表示生产部门在 t 期间的融资成本百分比变化，LPR_t 和 LPR_{t-1} 分别表示 t 和 $t-1$ 期间的LPR。

其二，专项再贷款（SUR）。中国人民银行公布针对疫情防控相关企业的专项再贷款3 000亿元，针对农业企业、小型企业及金融机构的专项再贷款1.5万亿元，时限为全年。我们计算了相关生产部门因两项再贷款而减少的融资成本。SUR可以使所支持的生产部门的融资成本下降0.11%~0.97%，平均为0.24%［式（3.38）中的 FR］。

一方面，3 000亿元专项再贷款将使行业融资成本下降，其中 FOD 下降0.44%，CMC 下降0.46%，SEQ 下降0.28%，TRD 下降0.70%，TWP 下降0.56%，CTS 下降0.60%，HPS 下降的0.57%。计算如下。本次专项再贷款利率为1.28%，比商业贷款利率（5%）低3.72个百分点。但在149个部门IO表中，专项再贷款仅占专项支持部门商业贷款的1.2%（300÷24 423×100%＝1.2%），后者是用政府贷款乘以被支持部门的总值份额计算得出（153 110 × 16% = 24 423）。通过将我们模型中的部门与 149 个部门 IO 表进行映射，由式（3.47）计算得出每个生产部门的融资成本变化。

$$PFC_i = \frac{R_s - R_c}{R_c} \times \frac{SUR}{\sum_j TCL_j} \times \frac{PGV_j}{PGV_i} \quad (3.47)$$

其中，R_s 和 R_c 分别为专项再贷款和商业贷款的利率；SUR 表示专项再贷款额，TCL_j 表示专项支持部门 j 在 149 个部门 IO 表中的商业贷款总额；PGV_j 是部门 j 的总值，PGV_i 是我们模型中总部门 i 的总价值。

另一方面，1.5 万亿元专项再贷款将使专项支持行业的融资成本下降 0.12% ~ 0.30%，平均为 0.15%。这里 SUR 利率为 4.55%，比小额贷款利率（6.3%）低 1.75%。3 750 亿元再贷款分配给 AGR，占农业企业贷款的 1.1%（375 ÷ 35 190 × 100% = 1.1%）。通过利率降幅乘以 SUR 在 AGR 总贷款中的份额，估算出 AGR 融资成本的变化。其余 1.125 万亿元分配给生产部门的小企业，占全国小企业贷款的 3.0%（1 125 ÷ 36 900 × 100% = 3.0%）。生产部门融资成本的变化通过利率降幅乘以 SUR 在 2010 年各部门贷款总额中的份额来估算，并根据 2013 年小企业的总值进行更新。

（2）财政对策。

其一，减免防疫物资运输增值税（VTM）。交通运输部全年免征食品、药品、医疗设备等防疫物资运输的增值税，这降低了 FOD、CMC 和 SEQ 的部门间接税率。我们假设该政策将持续一整年，运输业增值税税率由 11% 降至 0%。用税率降幅乘以不同防疫物资运输的增值税在各部门间接税中所占的份额，得出不同防疫物资间接税率的变化。因此，不同生产部门的 FOD、CMC 和 SEQ 间接税率将分别下降 0.12% ~ 11.82%、0.09% ~ 12.74% 和 0.04% ~ 6.47%［式（3.32）中的 $T1\_S$］。

其二，减免居民运输和快递增值税（VRT）。交通运输部减免私人运输和快递服务增值税，税率从 11% 降至 0%。我们还假设该政策将持续一整年。因此，居民使用运输、仓储和快递服务的间接税变化率，和居民使用公共交通和快递服务的间接税变化率（100%），在乘以这两个子部门的居民消费比例后，二者相等［式（3.43）中的 $T3\_S$］。

其三，减免小规模纳税人增值税（VST）。湖北省自 2020 年 3 月 1 日至 12 月 31 日免征小规模纳税人的增值税。小规模纳税人的增值税税率从 3% 降至 1%［式（3.32）中的 $T1\_S$］。根据不同地区小规模纳税人税收收入的比重加权，全国增值税税率的变化由式（3.48）计算得出。

$$vat = vat^H \times \frac{VAT^H}{VAT^H + VAT^{NH}} + vat^{NH} \times \frac{VAT^{NH}}{VAT^H + VAT^{NH}} \quad (3.48)$$

其中，vat 表示国家增值税税率的变化，vat^H 和 vat^{NH} 分别表示湖北省和其他省份增值税税率的变化，VAT^H 和 VAT^{NH} 分别表示湖北省和其他省份的增值税收入。通过政策覆盖月份所占的份额（10/12）转换得出全年的增值税税率变化；然后用增值税税率的变化乘以各部门增值税在其间接税中的份额，得出具体部门的间接税变化。

其四，减免企业电费（REF）。自2020年2月1日至2020年12月31日，国家发改委对除高耗能行业外的所有制造业和服务业企业减免5%的电费。2019年2~12月的用电量占全年用电量的91.54%。因此，除高耗能部门外，生产部门的电价下降了4.58%（5%×91.54%=4.58%）[式（3.32）中的 $T1\_S$]。

其五，扩大临床和生活物资支出（GCM）。截至2020年3月底，政府扩大医疗和生活物资采购支出4 000亿元，涵盖FOD、CMC、SEQ、WTS、RSH和HPS部门。我们可以使用两种方法来计算政府在医疗和生活物资方面的支出变化。第一种方法，2019年这些部门增量支出占财政预算的比例为8.49%（400÷4 709.6×100%=8.49%），但可能低估了支出变化；第二种方法，用增量支出占这些部门财政支出的比例，按这些部门的支出占财政预算总额的比重来估算[400÷（22 090.4×9.6%）=18.86%]，但是，这可能会高估支出变化。因此，用这两个比率的平均值（13.68%）作为政府在医疗和生活物资支出上的百分比变化。

其六，免征小企业的社会保险费（ESI）。人力资源和社会保障部免征小企业社会保险费6 600亿元，预计免征养老保险、失业保险、工伤保险5 100亿元，医疗保险1 500亿元。用2017~2019年GDP年增长率更新2017年的总劳动力成本，得出2020年劳动力总成本预估为506 970亿元。受ESI影响，生产部门劳动力成本下降1.30%（660÷50 697×100%=1.30%）[式（3.34）中的 $T1LAB$]。

其七，免征防疫物资进口关税（ETM）。2020年1月1日至3月31日免征防疫物资进口关税，其中包括医用试剂、消毒剂、防护口罩、救护车、防疫车、消毒车、应急指挥车等。将具体防疫物资与我们模型的部门进行映射，按进口关税降幅100%，用基于联合国商品贸易统计数据库（2020）的各防疫物资占映射部门进口的份额乘以关税收入的百分比变化，最后，用关税收入的百分比变化乘以数据库中的关税税率，得到关税税率的百分比变化——作为CGE模型的冲击。CMC、CSL、SEQ和TEQ部门的进口关税税率分别下降2.10个、0.27个、0.05个和0.01个百分点[式（3.33）和式（3.44）中的 T_m]。

其八，免收过路费（ERT）。2020年2月3日至5月5日，全国所有车辆免收过路费。2017年过路费收入为5 130.2亿元，占生产部门和家庭道路交通支出（4.21万亿元）的12.18%。此外，2017年道路交通支出占中国交通总支出的47.3%。因此，家庭和生产部门的交通支出百分比变化可以用式（3.49）计算。

$$SRT = \frac{RT}{PRTE + IRTE} \times \frac{PRTE + IRTE}{TTE} \times \frac{YPI}{12} \quad (3.49)$$

其中，SRT表示家庭和生产部门的交通支出百分比变化，RT表示2017年全国过路费收入，PRTE和IRTE分别表示家庭和生产部门的道路交通支出，TTE表示2017年中国交通总支出，YPI表示ERT覆盖的月份数［式（3.32）中的T1_S、式（3.43）中的T3_S，以及式（3.45）中的T4］。

3. 其他对策

（1）复工复产。

其一，保障流动务工人员返岗。省际、城际公共汽车载客量控制在50%；包车返岗的务工人员免交高速费。[1]

其二，保障肥料生产和供应。优先保障煤基肥料生产企业的煤炭供应；此外，在满足居民用气需求后，应保证天然气化肥生产企业的天然气供应（春耕期间）。[2]

其三，保持外资稳定。疫情期间应协助外资企业复工复产；对国内企业部门的所有支持政策也适用于外资企业。[3]

其四，确保农企复产。对农企实施再贷款、贴息、减免税等政策，协助因缺乏劳动力而无法正常经营的企业实施替代劳动力计划（春耕期间）。[4]

（2）就业稳定。

其一，保障高校毕业生就业。对招收高校毕业生的中小微企业给予一次性就业补贴；国有企业连续两年扩大毕业生招聘规模；湖北事业单位专门为湖北生源或湖北省高校的毕业生（2020~2021年）提供就业岗位。[5]

其二，为失业群体提供生活救助。对符合领取失业保险金条件的人员，延长

---

[1] 交通运输部关于全力做好农民工返岗运输服务保障工作的通知 [EB/OL]. 交通运输部网站，2020-02-11.

[2] 关于新冠肺炎疫情防控下做好2020年春耕化肥生产供应工作的通知 [EB/OL]. 发展改革委网站，2020-01-17.

[3] 国家发展改革委关于应对疫情进一步深化改革做好外资项目有关工作的通知 [EB/OL]. 发展改革委网站，2020-03-09.

[4] 农业农村部办公厅关于新冠肺炎疫情防控期间不误农时切实做好农资供应工作的通知 [EB/OL]. 农业农村部网站，2020-02-28.

[5] 采取多种措施保持就业稳定 [EB/OL]. 新华社，2020-03-25.

申请期限；对不符合领取失业保险金条件、领取失业保险金期满仍未就业的人员，也将给予6个月的失业补助。①

其三，防止就业歧视。疫情期间，用人单位不得发布拒绝招聘疫区人员的信息；不得与因疫情暂时不能返岗的人员解除劳动合同。②

其四，扩大农村劳动力就业。门卫等临时性工作优先安排给贫困家庭劳动力；疫情期间按照当地农村公共福利补贴标准给予补贴；对返乡劳动者给予一次性创业补贴、担保贷款等扶持政策。③

3.8.3 结果

1. 无对策情况下新冠疫情的经济影响

新冠疫情通过对供给侧和需求侧的冲击严重损害了中国经济。我们的结果表明，全国GDP将下降4.42%，同时全年就业人数下降5.96%（或4 617万人失业）④［见图3－39（a）］。疫情不仅阻碍投资和家庭消费，还阻断了进口供应链，对中国的内需产生负面影响［见图3－40（a）］。与需求侧冲击相比，供给侧冲击对中国GDP、就业和投资造成了更为严重的损害。需求侧冲击会影响GDP、家庭消费和就业，但也会降低CPI，从而提高出口竞争力。

结合国际货币基金组织对疫情前2020年中国GDP的预测（6.0%），我们的结果表明，2020年中国GDP预计增长3.1%，略高于官方统计数据（2.3%）。这一结果说明，我们的方法低估了疫情对中国GDP的负面影响，我们将其归因于研究没有考虑其他国家的贸易和旅行限制，以及中国公民行为模式的变化。

新冠疫情对生产部门的产值产生了深远且多样化的影响［见图3－39（b）］，这主要是由供给侧冲击引起的。生产部门的产出将平均下降4.58%。一些行业并未受到疫情的直接冲击，但其生产却受到上下游生产链效应的间接影响，从而导致宏观经济整体衰退。模拟结果表明，与服务业产值下降5.93%相比，制造业平均下降3.92%。服务受到供给侧冲击的影响，导致生产力下降、生产成本上升，除此之外还受到需求侧冲击引发的家庭消费下降带来的负面影响。令人惊讶的是，制造业受到了需求侧冲击的正面影响，因为服务业劳动力就业减少，制造业劳动力成本下降，使其在全球市场上更具有竞争力。然而，供给侧冲击会对制造业产

---

①② 采取多种措施保持就业稳定［EB/OL］. 新华社，2020－03－25.
③ 农业农村部办公厅关于应对新冠肺炎疫情影响 扩大农村劳动力就业促进农民增收的通知［EB/OL］. 农业农村部网站，2020－03－02.
④ 失业人数根据2019年就业总人数计算得出［77 471×5.96% =4 617（万人）］。

第 3 章 新冠疫情对农业农村的影响

值产生负面影响。大部分生产部门的损失主要来自假期延长和经营不足造成的供给侧冲击，而酒店、餐饮等服务业则主要受到消费减少引起的需求侧冲击。

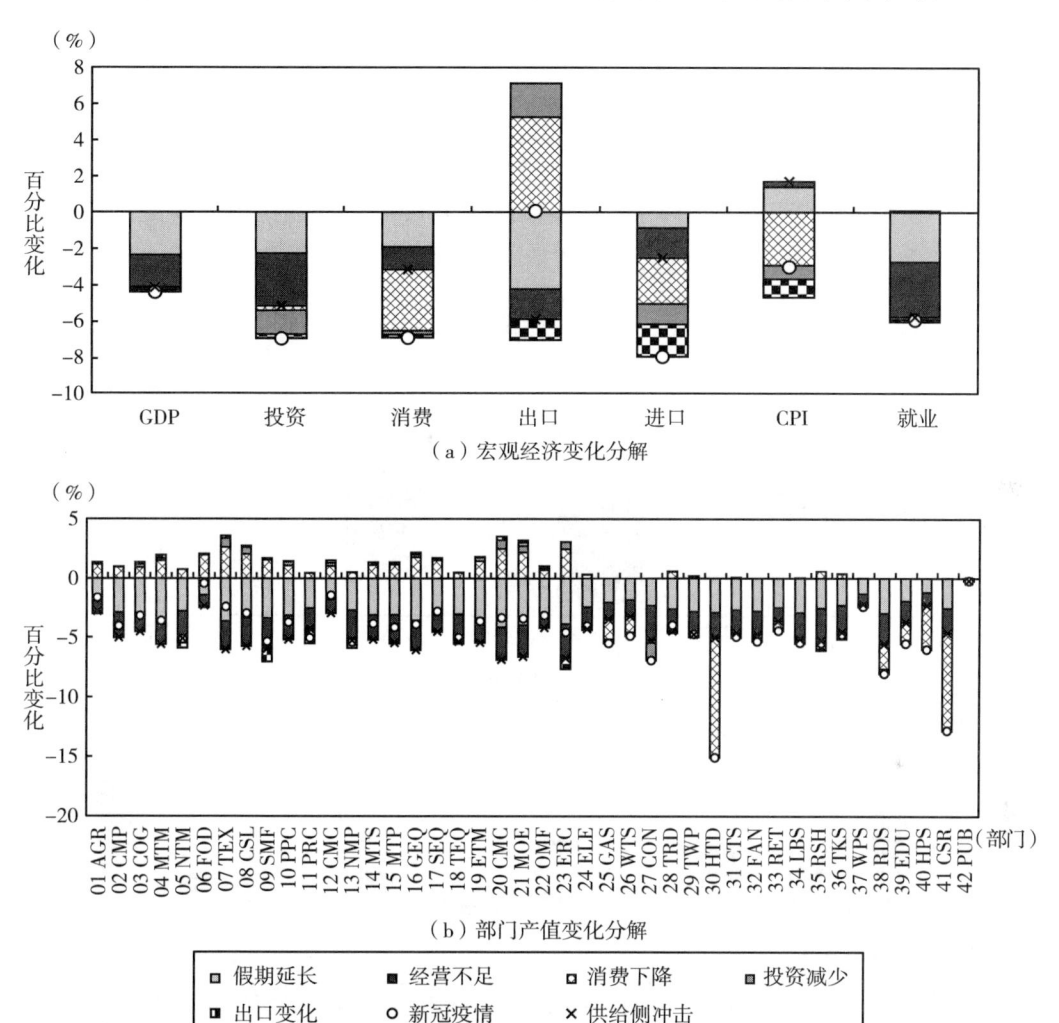

图 3-39　疫情影响下的中国宏观经济变化分解和部门产值变化分解
资料来源：基于 CHINAGEM 模型的模拟。

2. 对策的权衡效果：GDP、就业与 CPI

尽管货币和财政政策可以有效缓冲疫情对中国经济的损害，但受这些对策影响，需要在 GDP、就业与 CPI 之间求得平衡。刺激经济增长和就业的同时可能导致物价上涨，这与菲利普斯曲线表示的关系是一致的。在没有对策的情况下，受疫情影响 GDP 收缩率为 4.42%，在采取刺激政策后，GDP 收缩率降至 2.91%［见

图3-41（a）］，伴随较大的就业净损失（3.51%）。与货币政策相比，财政政策将带来更大的 GDP 增长和就业增长。但与此同时，受对策影响，CPI 将上涨 1.63%，其中 64% 左右是货币政策引起的。因此，这些对策也将推高生产要素价格，从而抬高 CPI。值得注意的是，即使货币政策和财政政策对 GDP 的拉动幅度相同，货币政策也比财政政策对 CPI 的拉升幅度更大。货币政策下 CPI 对 GDP 的弧弹性预估为 -6，这表明如果货币政策将 GDP 提高 1%，则 CPI 将上涨超过 6%。相比之下，财政政策下 CPI 对 GDP 的弧弹性仅为 0.42。同时，货币政策下 CPI 对就业的弧弹性估计为 5.29，也比财政政策大出数倍。

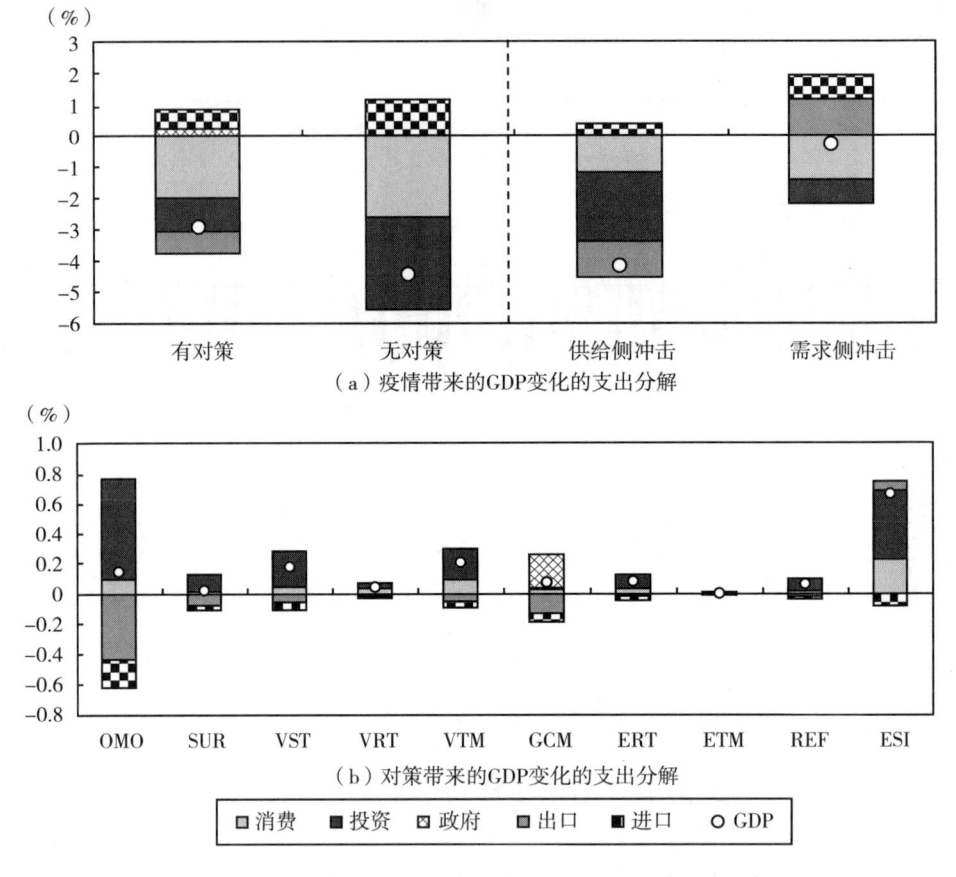

图 3-40 疫情冲击和对策带来的 GDP 变化的支出分解

资料来源：基于 CHINAGEM 模型的模拟。

货币和财政对策可以缓冲由疫情冲击造成的多方面经济损失。货币政策可以减轻国家 GDP 和就业受到的影响，然而，会进一步加剧通货膨胀、减少出口。相比之下，财政政策可以减轻 GDP 和就业的下降，同时稳定 CPI，有利于出口的复苏。如前文所述，供给侧冲击会对 GDP 和就业造成损害，导致 CPI 大幅上涨，而

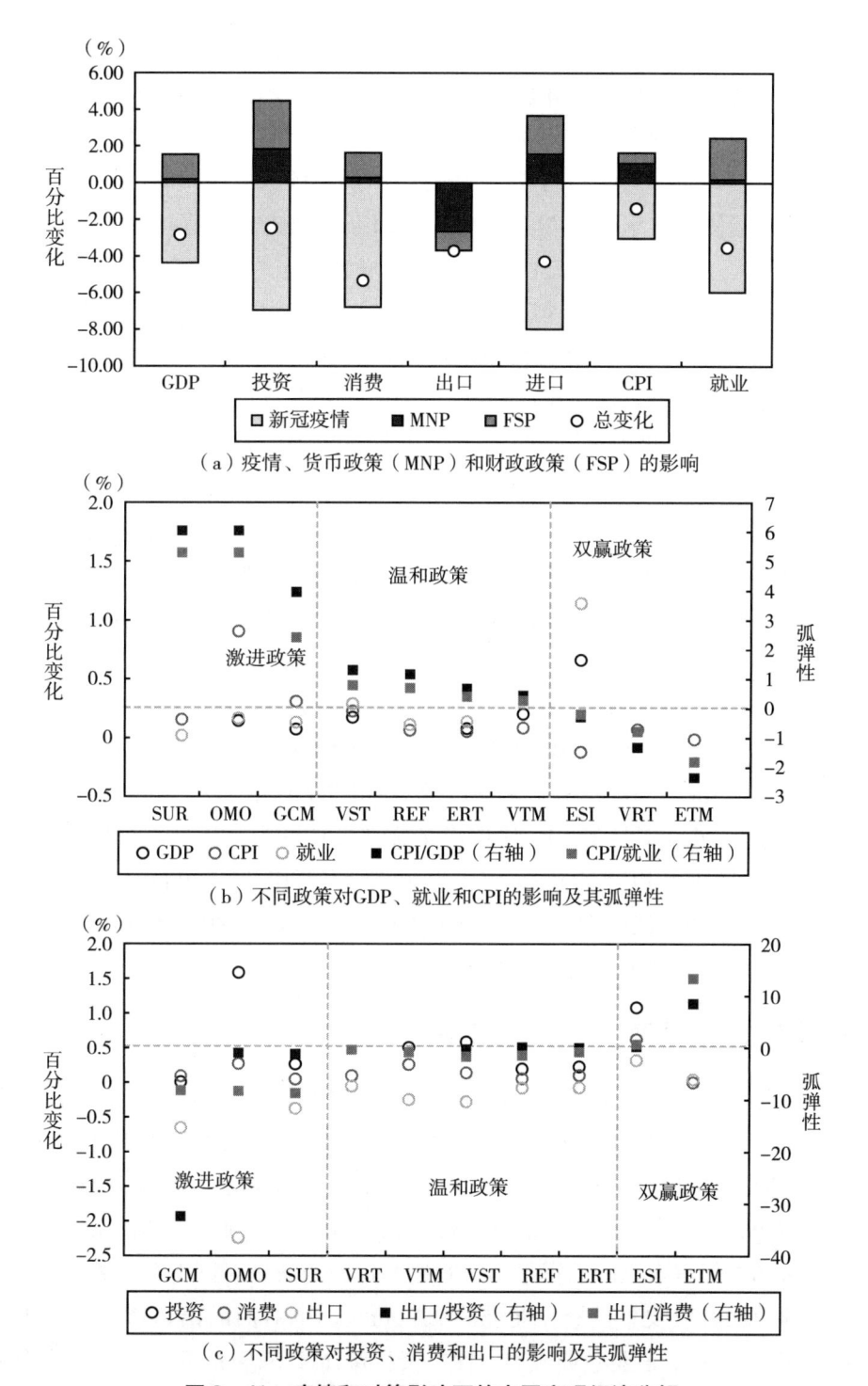

第 3 章
新冠疫情对农业农村的影响

(a) 疫情、货币政策 (MNP) 和财政政策 (FSP) 的影响

(b) 不同政策对 GDP、就业和 CPI 的影响及其弧弹性

(c) 不同政策对投资、消费和出口的影响及其弧弹性

图 3-41 疫情和对策影响下的中国宏观经济分解

资料来源：基于 CHINAGEM 模型的模拟。

需求侧冲击会降低CPI。因此，最好通过财政政策来减轻供给侧冲击造成的损失，因为货币政策会加剧通货膨胀并进一步影响出口。由于需求侧冲击可以降低CPI，这为货币政策的运用创造了充足的空间，最好通过货币政策来减轻需求侧冲击造成的损害。这些政策可以CPI小幅上涨的代价换取国家GDP和就业的大幅上涨。由于在缓解供给侧和需求侧冲击造成的各方面经济损失的过程中，不同对策所起的作用差异很大，在实施对策之前，需先确定疫情引起的经济萎缩的不同根源。

尽管货币和财政政策在拉动经济增长的同时抬升了CPI，但一些具体政策可以在增加GDP和就业的同时保持价格稳定，包括减免个人运输和快递服务增值税（VRT）、免征防疫物资进口关税（ETM）、免收小企业社会保险费用等（ESI）。如图3-41（b）所示，货币对策中，公开市场业务（OMO）直接降低了下游企业的融资成本，带来了GDP的最大增幅（0.15%）。然而，由于CPI对GDP的弧弹性相对较高，这一政策也导致CPI上升幅度最大（0.90%）。尽管专项再贷款（SUR）似乎略微抬高了CPI，但其CPI对GDP的弧弹性要高得多，接近OMO。而减免过路费（ERT）和减免防疫物资运输增值税（VTM）这两项政策可过降低生产部门的运输成本，从而分别使就业增加0.14%和0.36%，但它们会略微抬高CPI，幅度分别为0.06%和0.09%，因此，它们的CPI对GDP的弧弹性相对较小。

有趣的是，VRT、ETM和ESI降低了企业的生产成本，从而减少GDP损失并下调CPI，因此可以缓解其他因货币政策和财政政策而产生的价格上涨。如图3-41（c）所示，ETM的CPI对GDP的弧弹性估计为-2.27，表明如果政策使GDP提高1%，则使CPI下降超过2%。尽管ESI的CPI对GDP的弧弹性很小，但它可以在很大程度上缓解GDP损失，达0.66%。因此，一些具体的政策可以缓解激进的货币、财政对策带来的价格上涨。

3. 对策的权衡效果：内部与外部需求

在疫情防控相关的社会、经济限制措施产生的影响中，体现了内部需求和外部需求之间的权衡。对策可以有效提高投资和消费，二者分别增长4.49%和1.63%；它们还可以稳定中国的内部需求。然而，外部需求受到对策的负面影响。CPI上涨1.62%，降低了中国商品在全球市场的竞争力，从而导致出口减少3.66%。在内部需求和外部需求之间求得平衡，对选择正确的防疫对策组合至关重要。

货币政策在有效改善投资、促进消费的同时，也对商品出口产生了极大的负面影响。OMO降低了企业融资成本，使投资提高了1.57%；SUR缩小了小企业资金缺口，将投资提高了0.27%。货币政策对消费有积极影响（0.56%），但影响较小，因为CPI的猛涨可能会抑制消费增长。但货币政策也会带来通胀风险，OMO

导致 CPI 上涨 0.90%，而 SUR 则使 CPI 上涨 0.15%。因此，货币对策的副作用就是使出口减少了 2.61%。

虽然财政政策对投资的积极影响小于货币政策，但它们对 CPI 的影响也较小。财政政策整体使投资增加 2.65%，其中超过 1/3 归功于 ESI，ESI 降低了生产部门的社会保险费用，从而刺激了生产和投资，但对需求有潜在的负面影响。一揽子财政政策将使消费增加 1.32%，其中约一半也归功于 ESI。与货币政策相比，财政政策对外部需求的负面影响较小，出口因财政政策减少 1.05%，而对 CPI 的抬升幅度仅为 0.57%。此外，ETM 和 ESI 政策也稍微有利于中国的出口，缓解由疫情和相关封锁造成的出口减少。

4. 对策的权衡效果：行业之间

虽然生产部门的平均产值损失减少到 3.19%，但对策将部门之间的产值受损差异进一步放大［见图 3-42（a）］。我们的分析结果表明，所有生产部门都从财政对策中受益，产值平均增长 1.30%。货币政策的影响在行业之间较为不均衡，其中 52% 的行业受到负面影响，产量平均下降 0.35%，其余行业产值平均增长 0.38%。总而言之，虽然对策可能会改善大多数行业的业绩，但货币对策可能会导致一些行业——主要是出口导向型制造业——生产投入品价格上涨，出口形势恶化，从而使它们的产值受疫情影响出现下降。

生产部门之间的权衡体现在对策的影响中，即对策不会使所有生产部门都受益［见图 3-42（b）］。其一，从两种对策中都受益的行业包括资本财货及其上游产业和服务。这些对策有效刺激了总投资，从而减少了资本财货及其上游部门因疫情产生的产值损失。财政对策使相关部门供应链上的生产性行业产值受益，超过了初级要素价格上涨带来的轻微负面影响，进而使生产产值的净增加幅度更大。其二，多个部门的生产因财政对策而受益，但受到货币对策的负面影响。对于出口导向型制造业，货币对策的负面影响将超过财政对策的正面影响，导致其产值出现净减少。这些行业包括纺织品和木制品（TEX）、电气机械和设备（CMC）以及通用和专用设备（ERC）。相反，在农业、煤矿产品、食品加工和服务业等其余行业，财政对策的积极影响超过了货币对策的消极影响。

3.8.4 结论

中国实施了一系列积极的财政政策和稳健的货币政策，以缓解疫情造成的严重经济损失。然而，以往的研究中，对突发公共卫生事件引发的经济危机，不同

(a) 疫情、货币政策和财政政策的影响

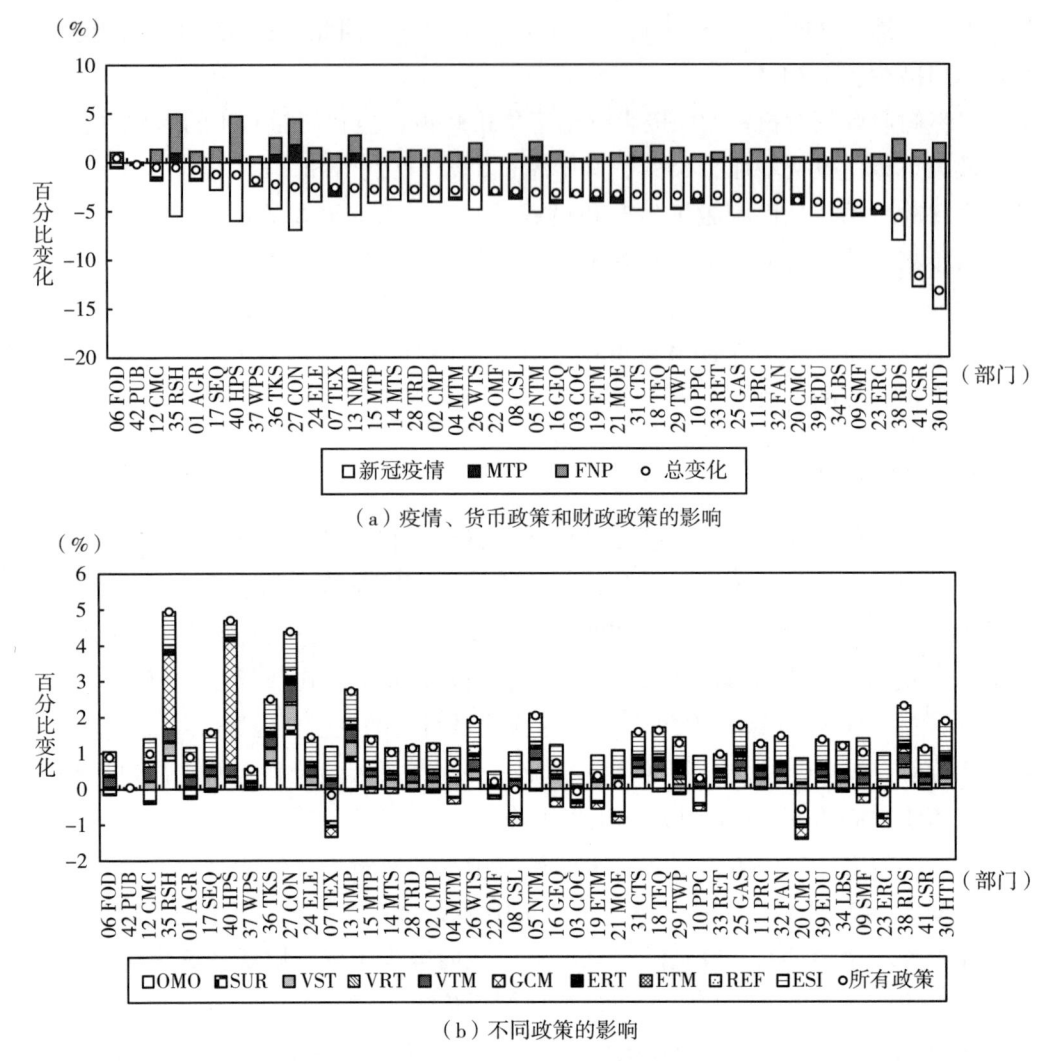

(b) 不同政策的影响

图 3-42　疫情和对策影响下的部门产值分解

资料来源：基于 CHINAGEM 模型的模拟。

对策的有效性尚未得到充分研究，以及据我们所知，对这些对策的利弊权衡分析极少。我们建立了说明性场景，具体说明了疫情对中国经济需求侧和供给侧的五种冲击，以及政府采取的两种货币政策和八种财政政策；然后，应用中国的一般均衡模型来分析对策的有效性，尤其侧重于货币和财政政策带来的利弊权衡问题。

我们发现：其一，如果不采取对策，疫情将导致 2020 年中国全年 GDP 下降 4.42%，同时就业人数下降 5.96%。与需求侧冲击相比，供给侧冲击将对中国宏观经济造成更严重的损害。疫情对主要受供给侧冲击的生产部门产值产生了深远的异质性影响。除化学工业呈增加态势外，生产部门产值平均下降 4.58%。其二，货币和财政对策都可以有效缓解 GDP 和就业受到的经济损失。采取刺激政策后，疫情导致 GDP 收缩降至 2.91%。与货币政策相比，财政政策对 GDP 和就业损失的缓解作用更大。其三，货币和财政对策也会产生负面影响，如在两种政策下，通货膨胀率分别上升 1.05% 和 0.57%，出口分别下降 2.61% 和 1.05%。我们还发现，货币政策会加剧因疫情供给侧冲击而导致的外部需求损害，但货币政策适合缓解需求侧冲击。财政政策将使几乎所有生产部门受益，而货币政策主要对出口导向型制造业产生负面影响。

我们还进行了灵敏度分析，检查模拟结果对不同输入参数的稳健性。我们依次按 ±50% 调整每个参数，观察对策对经济危机的效果。模拟结果的稳健性通过灵敏度分析中的较小标准差得到证实。

本节研究也有一些局限性，应在未来的研究中重点关注。首先，模型需要全中国的年度数据。然而，政策在中国不同地区的执行情况不同。例如，为了量化 VST，我们根据区域趋势扩大了对整个经济的省级冲击，从而重新调整了税收减免的范围。但是，2017 年的区域趋势与当前趋势有所不同，可能会导致预估偏差。此外，我们的方法不包括疫情后经济活动的突破性增长。小规模纳税人的比例基于 2010 年的投入产出表，这是另一个预估偏差的来源。其次，官方文件中没有明确界定一些缓解政策的空间、部门覆盖面。例如，尽管 GCM 扩大了政府在食品、药品、供水、研究和医疗服务方面的支出，但官方文件并未具体说明如何在这些产品中分配增量支出。最后，由于无法获得关于非正规工作的可靠数据，本节计算劳动力供应冲击时没有考虑非正式工作。我们认为，疫情会减少正式工作但会增加非正式工作，因此我们可能高估了劳动力供应的减少。

3.8.5 政策讨论

鉴于经济损失的规模，应查明"疫情危机"的根源，制定有效的对策。如果供给侧冲击主导疫情影响，则应非常谨慎地实施公开市场业务（OMO）等货币政策。疫情造成的经济损失如果主要是由于供给侧冲击，则 GDP 和就业遭受严重损失，CPI 显著升高，且出口受到很大损害。这时，毫无原则地实施货币政策，会增加通胀风险，恶化外部需求的形势。相反，如果需求侧冲击占主导地位，则货币政策可以降低 CPI、提高出口，从而为政策发挥创造足够的空间。

考虑到对策的多重权衡，在应对疫情带来的经济萎缩时，应充分考虑其副作用。从一般均衡的角度，可以识别这些副作用。货币和财政对策都以抬高 CPI 为代价来刺激产值和就业。这些对策虽然可以稳定内部需求，但会破坏出口，从而使外部需求形势恶化。财政政策对制造业的影响较为均衡，但对出口导向型制造业产值产生不利影响。因此，执行的对策并非没有副作用，在实施过程中应认真组合各种对策应对疫情引起的经济萎缩。

由于存在多重权衡，合适的对策应该在各国政策目标背景和经济状况下求得成本和收益之间的平衡。考虑到 GDP、就业和 CPI 之间的权衡，推荐通货紧缩而非滞胀的国家采取货币对策，而财政政策更适合高通胀国家。关于内部需求和外部需求之间的权衡，财政政策更适合高度依赖国际市场的国家，而货币政策会进一步使出口形势恶化。由于生产部门之间的权衡，在选择合适的对策组合时，应仔细考虑对策对其他经济、社会和部门目标的影响，以及对所有参与方和社会的影响。

本节还为其他国家提供了重要的政策启示。面对疫情造成的经济损失，大多数国家实施了财政政策——向个人和企业提供大量紧急援助和财政刺激，以及货币政策——降低利率等。我们认为，各国应根据自身经济状况实施财政、货币政策。例如，日本应该更多地使用货币政策而非财政政策，因为货币政策可以缓冲疫情的影响，同时解决持续通货紧缩的问题。

参考文献

1. 边永民．新型冠状病毒全球传播背景下限制国际贸易措施的合规性研究［J］．国际贸易问题，2020（7）：1－13．

2. 蔡昉，张丹丹，刘雅玄．新冠肺炎疫情对中国劳动力市场的影响——基于个体追踪调查的全面分析［J］．经济研究，2021，56（2）：4－21．

3. 陈素梅，李钢．新型冠状病毒肺炎疫情对中国经济的影响评估与财政支出对策［J］．经济与管理研究，2020（4）：11－2028．

4. 陈志钢，张玉梅，詹悦，等．防范新冠肺炎疫情对中国食物和营养安全的冲击［J］．中国农村经济，2020（5）：2－12．

5. 樊胜根．防范新冠疫情引发全球食物安全危机［J］．http：//cn.ifpri.org/archives/6440，2020－03－10．

6. 傅志华，王志刚．新冠肺炎疫情对居民消费的影响及对策［J］．财政科学，2020（4）：33－40．

7. 郭红东，刘晔虹，陈志钢，等．电商"战疫"：调查研究电商如何防疫和保障食物供应［J］．http：//cn.ifpri.org/archives/6364，2020－02－20．

8. 郭宏，郭鑫榆．后疫情时代全球汽车产业链重构趋势及影响［J］．国际贸易，2021（8）：37－45．

9. 何诚颖，闻岳春，常雅丽，等．新冠病毒肺炎疫情对中国经济影响的测度分析［J］．数量经济技术经济研究，2020（5）：3-2232．

10. 洪卫．疫情冲击对制造业供应链的影响分析及"后疫情时代"的政策取向［J］．西南金融，2020（6）：3-12．

11. 黄群慧．新冠肺炎疫情对供给侧的影响与应对：短期和长期视角［J］．经济纵横，2020（5）：46-57，2．

12. 黄郑亮．新冠疫情下欧盟对全球价值链参与路径的调整与结构重塑［J］．国际关系研究，2021（1）：40-5335．

13. 戢仕铭．新冠疫情下亚洲区域价值链结构变化及前景分析［J］．国际关系研究，2021（1）：54-66．

14. 李春顶，张瀚文．新冠疫情全球蔓延的就业和经济增长效应［J］．国际经贸探索，2021（7）：4-19．

15. 李柳颖，武佳藤．新冠肺炎疫情对居民消费行为的影响及形成机制分析［J］．消费经济，2020（3）：19-2638．

16. 林发勤．疫情之后，全球化方向会改变吗？［J］．进出口经理人，2020（5）：14-16．

17. 刘艺卓，赵一夫．"区域全面经济伙伴关系协定"（RCEP）对中国农业的影响［J］．农业技术经济，2017（6）：118-12441．

18. 刘志彪．新冠肺炎疫情对中国产业的影响：特点、风险及政策建议［J］．东南学术，2020a（3）：42-47．

19. 刘志彪．新冠肺炎疫情下经济全球化的新趋势与全球产业链集群重构［J］．江苏社会科学，2020b（4）：16-23，241．

20. 马述忠，房超．推动数字全球化 应对疫情全球蔓延［J］．http：//zjrb．zjol．com．cn/html/2020-03/12/content_3313 457．htm？div=-1，2020-03-12．

21. 孟祺．全球公共卫生危机对中国参与全球价值链的影响［J］．财经科学，2020（5）：77-91．

22. 孟庆伟．16省下调应急响应级别 "非一级"决策权返归地方［N］．https：//baijiahao．baidu．com/s？id=1659830476017597206&wfr=spider&for=pc，2020．

23. 倪红福，田野．新发展格局下中国产业链升级和价值链重构［J］．China Economist，2021（5）：72-10243．

24. 全球价值链研究院．后疫情时代的全球供应链革命——迈向智能、韧性的转型之路［R］．2020．

25. 石峰．疫情对我国木业行业影响与应对方略［J］．国际木业，2020（3）：1-3．

26. 田素华，李筱妍．新冠疫情全球扩散对中国开放经济和世界经济的影响［J］．上海经济研究，2020（4）：109-117．

27. 汪亚楠，苏慧，郑乐凯．突发性公共卫生事件对全球价值链分工的影响及其机制研究［J］．财贸研究，2021（9）：1-1347．

28. 王直, 魏尚进, 祝坤福. 总贸易核算法: 官方贸易统计与全球价值链的度量 [J]. 中国社会科学, 2015 (9): 108-127, 205-206.

29. 夏上, 李佼, 倪志良. 新冠肺炎疫情对我国社会经济发展的影响 [J]. 财政监督, 2020 (10): 5-9.

30. 杨超, 张露露, 程宝栋. 中国林业70年变迁及其驱动机制研究——以木材生产为基本视角 [J]. 农业经济问题, 2020 (6): 30-42.

31. 杨丹辉, 渠慎宁. 百年未有之大变局下全球价值链重构及国际生产体系调整方向 [J]. 经济纵横, 2021 (3): 61-7150.

32. 杨军, 黄洁, 洪俊杰, 等. 贸易便利化对中国经济影响分析 [J]. 国际贸易问题, 2015 (9): 156-166.

33. 张二震, 戴翔. 疫情冲击下全球价值链重构及中国对策 [J]. 南通大学学报 (社会科学版), 2020 (5): 92-101.

34. 张欣, 郁佳亮, Vodlenska lrena. 新冠肺炎疫情影响下区域产业网络风险传导效应研究 [J]. 电子科技大学学报, 2020 (3): 415-424.

35. 赵君丽, 肖婕. 新冠肺炎疫情对我国全球价值链地位的影响 [J]. 中国经贸导刊, 2020 (6): 15-16.

36. 赵忠秀, 杨军. 全球"新冠肺炎"疫情对山东经济与产业链的影响及对策 [J]. 经济与管理评论, 2020 (3): 5-10.

37. 周记顺, 洪小羽. 进口中间品、进口资本品与企业出口复杂度 [J]. 国际贸易问题, 2021 (2): 48-62.

38. 周玲玲, 张恪渝. 新冠肺炎疫情对中国贸易增加值的影响效应 [J]. 产业经济评论, 2020 (6): 5-15.

39. 周梅芳, 刘宇, 张金珠, 等. 新冠肺炎疫情的宏观经济效应及其应对政策有效性研究 [J]. 数量经济技术经济研究, 2020 (8): 24-41.

40. 祝坤福, 高翔, 杨翠红, 等. 新冠肺炎疫情对全球生产体系的冲击和我国产业链加速外移的风险分析 [J]. 中国科学院院刊, 2020 (3): 283-288.

41. Arndt C, Davies R, Gabriel S, et al. Impact of Covid-19 on the South African economy: An initial analysis [R]. SA-TIED Project (South Africa: Toward Inclusive Economic Development), SA-TIED Working Paper 111, Helsinki, Finland, available at: https://satied.wider.unu.edu/sites/default/files/pdf/SA-TIED-WP-111.pd, April, 2020.

42. Aguiar A, Narayanan B, Mcdougall R. An overview of the GTAP 9 data base [J]. J. Glob. Econ. Anal., 2016, 1 (1): 181-208.

43. Allen T, Murray K A, Zambrana-Torrelio C, et al. Global hotspots and correlates of emerging zoonotic diseases [J]. Nat Commun, 2017 (8): 1124.

44. Arndt C, Hertel T W. Revisiting the fallacy of free trade [J]. Rev. Int. Econ., 1997, 5 (2): 221-229.

45. Arndt C. An introduction to systematic sensitivity analysis via gaussian quadrature [J]. Gtap Technical Paper, No. 2, Center for Global Trade Analysis, Purdue University, 1996.

46. Avery C, William B, Adam C, et al. Policy implications of models of the spread of coronavirus: Perspectives and opportunities for economists [J]. Nber Working Paper, National Bureau of Economic Research, 2020.

47. Ayittey F K, Ayittey M K, Chiwero N B, et al. Economic impacts of Wuhan 2019-nCoV on China and the world [J]. J. Med. Virol., 2020, 92 (5): 473.

48. Baker S, Bloom N, Davis S, et al. COVID-induced economic uncertainty [R]. National Bureau of Economic Research, 2020a.

49. Baker S, Meyer S, Pagel M, et al. How does household spending respond to an epidemic consumption during the 2020 COVID-19 Pandemic [R]. National Bureau of Economic Research, 2020b.

50. Barik A W, Bertrand M, Cullen Z, et al. The impact of COVID-19 on small business outcomes and expectations [J]. Proceedings of the National Academy of Sciences, 2020, 117 (30): 17656.

51. Beyrer C, Suwanvanichkij V, Mullany L C, et al. Responding to AIDS, tuberculosis, malaria, and emerging infectious diseases in Burma: Dilemmas of policy and practice [J]. PLoS Med., 2006, 3 (10): e393.

52. Bhanwar Singh, Rosy Dhall, Sahil Narang, et al. The outbreak of COVID-19 and stock market responses: An event stuly and panel data analysis for G-20 Countries [J]. Global Business Review, 2020 (10).

53. Bigio S, Zhang M, Zilberman E. Transfers vs. credit policy: Macroeconomic policy trade-offs during covid-19 [R]. Working Paper, No. 27118, National Bureau of Economic Research, 2020.

54. Blustein D L, Duffy R, Ferreira J A, et al. Unemployment in the time of COVID-19: A research agenda [J]. Journal of Vocational Behavior, 2020, 119: 103436.

55. Bowles J. Ebola, jobs and economic activity in Liberia [J]. Journal of Epidemiology and Community Health, 2016, 70 (3): 271 - 277.

56. Cai F, D Wang. Impacts of internal migration on economic growth and urban development in China. In D Josh, H Jennifer (eds.), Migration and development within and across borders: Research and policy perspectives on internal and international migration [R]. International Organization for Migration and the Social Science Research Council, 2008: 245 - 272.

57. Cai F, Y Du. The changing nature of rural poverty and new policy orientations [J]. The Chinese Economy, 2006, 39 (4): 10 - 24.

58. Chang R, Andrés V. Economic policy incentives to preserve lives and livelihoods [R]. Working paper, No. 27020, National Bureau of Economic Research, 2020.

59. Chappuis T, Walmsley T. Projections for world CGE model baselines: GTAP research Memoranda 3728 [Z]. Center for Global Trade Analysis, Working Paper, Department of Agricultural Economics, Purdue University: West Lafayette, 2011.

60. Coyle D. Economists must collaborate courageously [J]. Nature, 2020, 582 (7810): 9-10.

61. Cui Q, He L, Liu Y, et al. The impacts of COVID-19 pandemic on China's transport sectors based on the CGE model coupled with a decomposition analysis approach [J]. Transp. Policy, 2021, 103: 103-115 (oxf).

62. Cui Q, Liu Y, Ali T, et al. Economic and climate impacts of reducing China's renewable electricity curtailment: A comparison between CGE models with alternative nesting structures of electricity [J]. Energy Econ., 2020, 91: 104892.

63. Cui Y, D Nahm, M Tani. Wage differentials and employment choice of Chinese rural-migrant and urban-resident workers [J]. Australian Economic Review, 2015, 48 (4): 382-399.

64. Davies J B. Combining microsimulation with CGE and macro modelling for distributional analysis in developing and transition countries [J]. International Journal of Microsimulation, 2009, 2 (1): 49-65.

65. Davies J B. Microsimulation, CGE and macro modelling for transition and developingeconomies [Z]. Working Paper, United Nations University World Institute for Development Economics Research, 2004 (8).

66. Decker D J, Siemer W F, Wild M A, et al. Communicating about zoonotic disease: Strategic considerations for wildlife professionals [J]. Wildlife Society Bulletin, 2011, 35 (6).

67. Deriu S, Cassar I P, Pretaroli R, et al. The economic impact of COVID-19 pandemic in Sardinia [J]. Res. Transp. Econ., 2021: 101090.

68. Dingel J, Neiman B. How many jobs can be done at home? [M]. Becker Friedman Institute White Paper, 2020: 16-24.

69. Dixon P B, Lee B, Muehlenbeck T, et al. Effects on the US of an H1N1 epidemic: Analysis with a quarterly CGE model [J]. J. Homel. Secur. Emerg. Manag., 2010, 7 (1): 75.

70. Du Y, A Park, S Wang. Migration and rural poverty in China [J]. Journal of Comparative Economics, 2005, 33 (4): 688-709.

71. Duan H B, Wang S Y, Yang C H. Coronavirous: Limit short-term economic damage [J]. Nature, 2020, 578 (7796): 515-516.

72. Duan H, Bao Q, Tian K, et al. The hit of the novel coronavirus outbreak to China's economy [J]. China Econ. Rev., 2021 (67): 101606.

73. Duan H, Wang S, Yang C. Supplementary information coronavirus: Limit short-term economic damage [J]. Nature, 2020, 578 (7796): 515-516.

74. Espitia A, Matto A, Rocha N, et al. Pandemic tradle: COVID-19, remote work and global value chains [J]. World Economic, https://doi.org/10.1111/twec.13117, 2021.

75. Fairlie R. The impact of COVID-19 on small business owners: Evidence from the first 3 months after widespread social-distancing restrictions [J]. Jounal of Economics & Management Strategy, 2020, 10-1111.

76. Fan S. Preventing an ebola-related food crisis [EB/OL]. https://www.ifpri.org/blog/preventing-ebola-related-food-crisis, 2014.

77. Fan X, Zhang J, Wang B. Impact of financial crisis and policy on China's macro economy: A simulation analysis based on financial CGE model [J]. Financ. Res., 2015, 423 (9): 50 – 65.

78. FAO. Impact of the Ebola virus disease outbreak on market chains and trade of agricultural products in West Africa [EB/OL]. http://www.fao.org/3/a-i5641e.2016.pdf, 2016.

79. Fernanodes N. Economicelfets of coronavirus outbreak (COVID-19) on the world economy Nuno Fermandes Full Professor of Finance IESE Business School Spain [J]. SSRN Electronic Journal, Elsevier BV, 2020: 29.

80. Fernandes N. Economic effects of coronavirus outbreak (COVID-19) on the world economy [R]. SSRN Electronic Journal, 2020.

81. FEWS NET (Famine Early Warning Systems Network). Guinea, liberia and sierra leone: Special report [R]. Washington, DC, 2014 – 12 – 31.

82. Flessa S, Marx M. Ebola fever epidemic 2014: A call for sustainable health and development policies [J]. Eur. J. Health Econ., 2016, 17: 1 – 4.

83. Fransoo J C, Udenio M. Exiting a COVID-19 lockdown: The bumpy road ahead for many supply chains [J]. Available at SSRN3590153, 2020.

84. Gadatsch N, Hauzenberger K, Staehler N. Fiscal policy during the crisis: A look on Germany and the Euro area with GEAR [J]. Econ. Model., 2016, 52 (JAN. PT. B): 997 – 1016.

85. Gao Q, S Yang, S Li. Labor contracts and social insurance participation among migrant workers in China [J]. China Economic Review, 2012, 23 (4): 1195 – 1205.

86. Glauber J, D Laborde, R Vos, et al. COVID-19: Trade restrictions are worst possible response to safeguard food security [EB/OL]. IFPRI blog, https://www.ifpri.org/blog/covid-19-trade-restrictions-are-worst-possible-response-safeguard-food-security, 2020 – 03 – 27.

87. Gong B, S Zhang, L Yuan, et al. A balance act: Minimizing economic loss while controlling novel coronavirus pneumonia [J]. Journal of Chinese Governance, DOI: 10.1080/23812346.2020.1741940.

88. Guan D, Wang D, Hallegatte S, et al. Global supply-chain effects of COVID-19 control measures [J]. Nat. Hum. Behav., 2020 (4): 577 – 587.

89. Guerrieri V, Lorenzoni G, Straub L, et al. Macroeconomic implications of COVID-19: Can negative supply shocks cause demand shortages? [R]. NBER Working Paper, No. 26918, National Bureau of Economic Research, Cambridge, 2020.

90. Haber S. Numerical evaluation of multiple integrals [J]. SIAM Rev., 1972, 12 (4): 481 – 525.

91. Haldane A. To set coronavirus policy, model lives and livelihoods in lockstep [J]. Nature, 2020, 581 (7808): 357 – 358.

92. Hallegatte S. An adaptive regional input-output model and its application to the assessment of the economic cost of Katrina [J]. Risk Anal., 2008, 28 (3): 779 – 799.

93. Harrison J, Horridge M, Pearson K R. Decomposing simulation results with respect to exogenous shocks [J]. Comput. Econ., 2000, 15 (3): 227-249.

94. Headey D, M Ruel. The COVID-19 nutrition crisis: What to expect and how to protect [EB/O]. IFPRI blog, https://www.ifpri.org/blog/covid-19-nutrition-crisis-what-expect-and-how-protect, 2020-04-23.

95. Headey D, S Fan. Reflections on the global food crisis [R]. Washington, D. C.: International Food Policy Research Institute (IFPRI), 2010.

96. Hertel T D, Tsigas M E. Structure of GTAP. In Hertel T W (eds.), Global trade analysis: Modeling and applications [M]. Cambridge: Cambridge University Press, 1997: 13-73.

97. Hilsenroth J, Grogan K A, Crandall R N, et al. The impact of COVID-19 on management of non-industrial private forests in the Southeastern United States [J]. Trees, Forests and People, 2021 (6): 100159.

98. Horridge M. ORANI-G: A generic single-country computable general equilibrium model [J]. Centre of Policy Studies and Impact Project, Monash University, Australia, 2014.

99. Hu F, Y Shi. Remittances and the economy development of labor-export regions: Based on the factors of migrant workers remittances purposes [J]. World Economic Papers, 2013, 61 (101452): 80-95.

100. Huang Y., R Tao. Housing migrants in Chinese cities: Current status and policy design [J]. Environment and Planning C: Government and Policy, 2015, 33 (3): 640-660.

101. Hummels D, Ishii J, Yi K-M. The nature and growth of vertical specialization in world trade [J]. J. Int. Econ., 2001 (54): 75-96.

102. Ianchovichina E, Walmsley T L. Dynamic modeling and applications for global economic analysis [M]. Cambridge: Cambridge University Press, 2012.

103. Ivanov D. Predicting the impacts of epidemic outbreaks on global supply chains: A simulation-based analysis on the coronavirus out-break (COVID-19/SARS-CoV-2) case [J]. Transportation Research Part E, Logistics and Transportation Review, 2020, 136: 10192216.

104. Inoue H, Todo Y. The propagation of the economic impact through supply chains: The case of a mega-city lockdown against the spread of COVID-19 [J]. SSRN Electronic Journal, 2020: 1-11. 10.2139/ssrn.3564898.

105. Islam M R, Muyeed A. Impacts of COVID-19 pandemic on global economy: A meta-analysis approach [J]. Int. J. Tech. Res. Sci., 2020, 20 (5): 8-19.

106. Jones K, N Patel, M Levy, et al. Global trends in emerging infectious diseases [J]. Nature, 2008, 451: 990-993.

107. Keen B D, Pakko M R. Monetary policy and natural disasters in a DSGE model: How should the fed have responded to Hurricane Katrina? [R]. FRB of St. Louis Working paper, 2007.

108. Keogh-Brown M R, Jensen H T, Edmunds W J, et al. The impact of Covid-19, associated be-

haviours and policies on the UK economy: A computable general equilibrium model [J]. SSM Popul. Health, 2020 (12): 100651.

109. Keogh-Brown M R, Smith R D. The economic impact of SARS: How does the reality match the predictions? [J]. Health Policy, 2008, 88 (1): 110 – 120.

110. Keogh-Brown M R. Macroeconomic effect of infectious disease outbreaks [J]. En-cycl. Health Econ., 2014 (2): 177 – 180.

111. Kollmann R, Ratto M, Roeger W, et al. Fiscal policy, banks and the financial crisis [J]. J. Econ. Dyn. Control, 2013, 37 (2): 387 – 403.

112. Koopman R, Wang Z, Wei S-J. Tracing value-added and double counting in gross exports [J]. Am. Econ. Rev., 2012 (104): 459 – 494.

113. Kunimitsu Y. Effects of restoration measures from the East Japan earthquake in the Iwate coastal area: Application of a DSGE model [J]. Asia Pac. J. Reg. Sci., 2018 (2): 317 – 335.

114. Laudari H K, Pariyar S, Maraseni' T. COVID-19 lockdown and the foresty sector: Insight from CGandaki province of Nepal [J]. Forest Polieyand Economics, 2021 (131): 102556.

115. Leontief W. Quantitative input and output relations in the economic systems of the United States [J]. The Review of Economics and Statistics, 1936, 18 (3): 105 – 125.

116. Li H l, Chen W H. COVID-19 epidemic impact on the global manufacturing supply chain and my country's strategy [J]. Price Theory Pract, 2020 (5): 9 – 12.

117. Li J, Z Liu. Housing stress and mental health of migrant populations in urban China [J]. Cities, 2018, 81: 172 – 179.

118. Lin Y. What level of economic growth can China achieve this year? [J]. http://m.kdnet.net/share-13662222.html, 2020.

119. Liu J, Lin S, Xia Y, et al. A financial CGE model analysis: Oil price shocks and monetary policy responses in China [J]. Econ. Model, 2015, 51: 534 – 543.

120. Liu S. China's economy still has substantial 'structural potential' in 2020 [J]. http://www.china-cer.com.cn/hongguanjingji/202004153790_3.html (accessed April 15 2020).

121. Luo C, S Li, T Sicular. The long-term evolution of national income inequality andrural poverty in China [J]. China Economic Review, 2020, 62 (101465).

122. McKee M, Stuckler D. If the world fails to protect the economy, COVID-19 will damage health not just now but also in the future [J]. Nat. Med., 2020, 26 (5): 640 – 648.

123. McKibbin W, Fernando R. The global macroeconomic impacts of COVID-19: Seven scenarios [J]. Asian Econ. Pap., 2021, 20 (2): 1 – 30.

124. McKibbin W. The global macroeconomic impacts of COVID-19: Seven scenarios [J]. Asian Economic Papers, 2021, 20 (2): 1 – 30.

125. Meng B, Xiao H, Ye J, et al. Are global value chains truly global? A new perspective based on the measure of trade in value-Added [J]. Institute of Developing Economies, Japan External Trade

Organization (JETRO): Tokyo, Japan, 2019.

126. Meng B, Xiao H, Ye J, et al. Are global value chains truly global? A new perspective based on the measure of trade in value-added [R]. Institute of Developing Economies Working Paper, 2019.

127. Meng X, Siriwardana M, Dollery B, et al. The impact of the 2008 world financial crisis on tourism and the Singapore economy and policy responses: A CGE analysis [J]. Int. J. Trade Econ. Financ., 2010, 1 (1): 46.

128. Minor P, Tsigas M. Impacts of better trade facilitation in developing countries: Analysis with a new GTAP database for the value of time in trade [R]. Purdue University Global Trade Analysis Project Working Paper, 2008.

129. Muhammad A, Taylor A. Implications of COVID-19 on tennessee exports of forest prodlucts [J]. Ilnstitute of Agriculture, The University of Tennessee; Knoxville, 'TN, USA, 2020, No. 2325 – 2020 – 597.

130. Pire Bartic A, Kitek Klurman M, Vergot T, et al. Monitoring consumer purchasing behavior for wood furniture before and during the COVID-19 pandemic [J]. Forests, 2021, 12 (7).

131. Porsse A A, Souza K, Carvalho T S, et al.. The economic impacts of COVID in Brazil based on an interregional CGE approach [J]. Reg. Sci. Policy Pract., 2020, 12 (6): 1105 – 1121.

132. Preckel P V, DeVuyst E. Efficient handling of probability information for decision analysis under risk [J]. Am. J. Agric. Econ., 1992, 14: 655 – 662.

133. Preckel P V, Liu S. Efficient, independently weighted multivariate quadratures [J]. Department of Agricultural Economics, Staff Paper, No. 94 – 21. Purdue University, 1994.

134. Qian W, B Li. Consumption determinants of migrant workers from the uncertainty perspective: Based on a national survey in China [J]. Chinese Rural Economy, 2013, 11: 51 – 71.

135. Rajak S, Mathiyazhagan K, Agarwal V, et al. Issues and analysis of critical success factors for the sustainable initiatives in the supply chain during COVID- 19 pandemic outbreak in India: A case study [J]. Res. Transp. Econ., 2021, 101114.

136. Ravallion M, S Chen. Learning from success [J]. Finance and Development, 2004, 41 (4): 16 – 19.

137. Redding D W, Moses L M, Cunningham A A, et al. Environmental-mechanistic modelling of the impact of global change on human zoonotic disease emergence: A case study of Lassa fever [J]. Methods in Ecology and Evolution, 2016, 7 (6): 646.

138. Rozelle S, H Rahimi, H Wang, et al. Lockdowns are protecting China's rural families from COVID-19, but the economic burden is heavy [EB/OL]. IFPRI blog, https://www.ifpri.org/blog/lockdowns-are-protecting-chinas-rural-families-covid-19-economic-burden-heavy, 2020 – 03 – 30.

139. Sangsubhan K, Basri M C. Global financial crisis and ASEAN: Fiscal policy response in the case of Thailand and Indonesia [J]. Asian Econ. Policy Rev., 2012, 7 (2): 248 – 269.

140. Scott S E, Zabel K, Collins J, et al. First mildly Ill, non-hospitalized case of coronavirus

disease 2019 (COVID-19) without viral transmission in the United States-Maricopa County, Arizona, 2020 [J]. Clinical Infectious Diseases, 2020, 71 (15): 807 – 812.

141. Shen G B, Xu Y H. The impacts of global spread of COVID-19 pandemic on China's export, import and global industrial chain and related countermeasures [J]. J. Sichuan Univ., 2020 (4): 75 – 90.

142. Sltantuf J, Mansuy N. COVID-19 and forests in Canada and the United States: Imitial Assessment and beyond [J]. Frontiers in Forests and Global Change, 2021 (4).

143. Stock J H. Data gaps and the policy response to the novel coronavirus [R]. NBER Working Paper, No. 26902, National Bureau of Economic Research, 2020.

144. Thurlow J. Measuring agricultural transformation [J]. Power Point presentation to USAID, Washington D. C., 2020.

145. Tian H, Y Liu, Y Li, et al. An investigation of transmission control measures during the first 50 days of the COVID-19 epidemic in China [J]. Science, 2020, 368: 638 – 642.

146. Tombe T, X Zhu. Trade, migration, and productivity: A quantitative analysis of China [J]. American Economic Review, 2019, 109 (5): 1843 – 1872.

147. Torero M. COVID-19 and food supply: A four pronged battle plan for countries [EB/OL]. Nutrition Connect Blog, https://nutritionconnect.org/resource-center/covid-19-and-food-supply-four-pronged-battle-plan-countries, 2020 – 03 – 26.

148. van Nieuwkoop M. It's time we invest in healthy food systems for a safer world [EB/OL]. World Bank Blog, https://blogs.worldbank.org/zh-hans/voices/its-time-we-invest-healthy-food-systems-safer-world, 2020 – 03 – 29.

149. Verikios G. The dynamic effects of infectious disease outbreaks: The case of pandemic influenza and human coronavirus [J]. Socio- Econ. Plan. Sci., 2020, 71: 100898.

150. Voegele J. Three imperatives to keep food moving in a time of fear and confusion [EB/OL]. World Bank blog, https://blogs.worldbank.org/voices/three-imperatives-keep-food-moving-time-fear-and-confusion, 2020 – 04 – 03.

151. Vos R, W Martin, D Laborde. As COVID-19 spreads, no major concern for global food security yet [EB/OL]. IFPRI blog, https://www.ifpri.org/blog/covid-19-spreads-no-major-concern-global-food-security-yet, 2020 – 03 – 10.

152. Walmsley T L, Rose A, Wei D. Impacts on the U. S. macroeconomy of mandatory business closures in response to the COVID- 19 Pandemic [J]. Appl. Econ. Lett. 2020: 1 – 8.

153. Walmsley T L, Betinav D, RobertaM. A base case scenario for dynamic CTAP model, CTAP resource [M]. Westlafayette: Purdue University, 2000.

154. Wang H, M Zhang, R Li. Tracking the effects of COVID-19 in rural China overtime [J]. Int J Equity Health, 2021, 20 (35).

155. Wang X, K Z Chen, S Robinson, et al. Will China's demographic transition exacerbate its in-

come inequality? – CGE modeling with top-down microsimulation [J]. Journal of the Asia Pacific Economy, 2016, 22 (2): 227 – 252.

156. Wang Z, Wei S-J, Zhu K. Quantifying international production sharing at the bilateral and sector levels [Z]. NBER Working Paper, 2013.

157. Wang Z, Wei S J, Yu X, et al. Measures of participation in global value chains and global business cycles [R]. NBER Working Paper, 2017.

158. World Bank. Potential Responses to the COVID-19 Outbreak in Support of Migrant Workers [EB/OL]. http://documents1.worldbank.org/curated/en/428451587390154689/pdf/Potential-Responses-to-the-COVID-19-Outbreak-in- Support-of-Migrant-Workers-June-19-2020.pdf, 2020 – 06 – 19.

159. Xie W, Li N, Wu J, et al. Modeling economic costs of disasters and recovery involving positive effects of reconstruction: An analysis using a dynamic CGE model [J]. Nat. Hazards Earth Syst. Sci. Discus., 2013, 1 (6): 6357 – 6398.

160. Xie Y, X Zhang, P Tu, et al. China family panel studies user's manual (3rd edition) [M]. http://www.isss.pku.edu.cn/cfps/en/documentation/user/index.htm, 2017.

161. Xu Q, H Zou. Job stability and urban to rural remittance in China: A test of co- insurance theory [J]. Population & Development, 2016, 22 (1): 38 – 48 (in Chinese).

162. Yang J, Huang J K, Li N H, et al. The impact of the doha trade proposals on farmers' incomes in China [J]. Journal of Policy Modeling, 2011, 33 (3): 439 – 452.

163. Zhan Y, K Chen. Building resilient food system amidst COVID-19: Responses and lessons from China [J]. Agricultural Systems, 2021, 190: 102 – 103.

164. Zhang L, R V Sharpe, S Li, et al. Wage differentials between urban and rural-urban migrant workers in China [J]. China Economic Review, 2016, 41 (4): 222 – 233.

165. Zhang X. Chinese livestock farms struggle under COVID-19 restrictions [R]. https://www.ifpri.org/blog/chinese-livestock-farms-struggle-under-covid-19-restrictions, 2020a – 03 – 26.

166. Zhang X. COVID-19's impact on China's small and medium-sized businesses [R]. https://www.ifpri.org/blog/covid-19s-impact-chinas-small-and-medium-sized-businesses, 2020b – 03 – 17.

167. Zhang Y, X Diao, K Z Chen, et al. Impact of COVID-19 on China's macroeconomy and agrifood system-an economy-wide multiplier model analysis [J]. China Agricultural Economic Review, 2020, 12 (3): 387 – 407.

168. Zhang Y, X Wang, K Chen. Growth and distributive effects of public infrastructure investments in China. In J Cockburn, Y Dissou, J Y Duclos, et al. (eds.), Infrastructure and Economic Growth in Asia [M]. Springer International Publishing, 2013: 87 – 116.

169. Zhao Z X, Yang J. The Impact of COVID-19 on Shandong's economy and industry chain and its countermeasures [J]. Rev. Econ. Manag., 2020 (3): 5 – 10.

170. Zhu K F, Gao X, Yang C H, et al. The COVID-19 shock on global production chains and risk of accelerated China's industrial chains Outflow [J]. Bull. Chin. Acad. Sci., 2020 (35): 283 – 288.

第4章
贸易政策环境变化对农业的影响

4.1 中美第一阶段贸易协定对中美农产品贸易的影响分析

4.1.1 研究背景和问题

经过13轮的艰苦磋商，2020年1月15日中美之间达成第一阶段的贸易协定，[①] 为缓解和解决中美贸易摩擦奠定了基础，中国也做出从美国增加产品进口和改革相关贸易规则等承诺。第一阶段协定对中国农产品进口的规定可分为四个方面。第一，对进口金额的增长做出具体规定。2020年和2021年从美国进口农产品相对于2017年进口额分别增长125亿美元和195亿美元。第二，在动物产品（家禽、牛肉、猪肉、水产品）的检疫和标准上认可美方安全标准，接受美国食品安全监督服务局（FSIS）和美国食品与药监局（FDA）的检疫结果，加快奶制品（乳制品、婴幼儿配方奶粉）的审核与审查。第三，加快对美国生物技术产品的审批速度，对审批的关键流程与时间期限做出限定；同时要求中方采取务实措施，避免转基因低水平混杂（LLP）影响国际贸易。第四，各种饲料的审查与许可、粮食（大米、小麦和玉米）关税配额的配额分配信息需要透明，对部分操作流程做出明确规定。前期研究集中在中美贸易摩擦的影响上，结果表明贸易摩擦对中美

[①] 商务部. 中华人民共和国政府和美利坚合众国政府经济贸易协议 [EB/OL]. http://www.mofcom.gov.cn/article/ae/ai/202001/20200102930845.shtml, 2020-01-15.

双边农产品贸易影响极为显著。多数研究采用一般均衡模型方法，分析表明中美贸易摩擦对双边福利都造成了负面影响，其中对农业影响极其显著（樊海潮等，2020；王晓星和倪红福，2019）。部分研究通过贸易统计和定性分析相结合的方法，评价中美贸易摩擦对具体农产品进出口的影响。例如，从短期看，中美贸易摩擦对中国果蔬出口影响较大，对畜产品的直接影响较小（郑适等，2019；王月等，2020）；从粮食进口看，贸易摩擦对大豆进口影响非常大，对小麦、玉米和稻米的影响不大（孙中业等，2018）。此外，还有研究以定性方法探讨中美贸易摩擦对农业海外投资与粮食安全等的影响（何伟和刘芳，2018；周曙东和周润，2019）。然而，针对中美达成的第一阶段贸易协定影响的研究还极为匮乏。本节将基于达成的贸易协定规则和最新贸易数据，深入分析第一阶段贸易协定对中美农产品贸易的潜在影响。

中美第一阶段贸易协定将在短期和中长期对中国从美国农产品进口的数量及其结构产生显著影响，亟须高度关注和深入研究。从短期看，受2018年以来中美贸易摩擦的影响，中国从美国进口农产品在2018年和2019年分别下降至153亿美元和134亿美元；① 按照协定，在2020年和2021年中国需要从美国进口农产品分别达到355亿美元和425亿美元，这意味2020年和2021年中国从美国进口相对于2019年将大幅度上涨，分别增长164.0%和216.1%。从长期看，协定中的具体规定精准地切中了影响农产品进口的关键点，农产品进口规则的改动内容最多、最具体和最具针对性。依据近年来中国农产品消费变化规律、农产品进口结构演变、逐步加大的国内外生产成本差，可以预见中美第一阶段贸易协定对中国从美国农产品进口将产生显著和深远的影响。

4.1.2　中国总体和从美国进口农产品的变化趋势与特征

本节从中国总体和从美国进口农产品两个视角，分析农产品进口的变化特征与演化趋势，进而评价中美农产品贸易潜力及其重要产品。

1. 总体农产品进口变化趋势与特征

自2012年以来，进口农产品的禀赋特征发生显著改变，变化趋势与前期理论判断明显不同。如图4-1所示，进口农产品的禀赋结构变化可以分为四个阶段。

---

① 根据UNCOMTRADE数据和中华人民共和国海关总署的统计月报数据，按照WTO农产品分类标准计算的结果。

1992~2002 年，土地密集型农产品占农产品进口份额在波动中下降，由 1992 年的 64.0% 逐步降低至 53.0%；劳动密集型农产品进口份额由 36.0% 提高到 47.0%。在加入 WTO 后的 2003~2008 年，土地密集型农产品占农产品进口份额迅速增加，2008 年达到 70.6%；劳动密集型农产品份额降至 29.4%。2009~2012 年，土地密集型农产品和劳动密集型农产品占农产品进口份额基本稳定，呈现小幅下降趋势。其中，土地密集型农产品的进口份额降至 66.2%，而劳动密集型农产品进口份额增长至 33.8%。2012 年之后，中国农产品进口结构发生了显著变化。土地密集型农产品进口份额持续降低至 2019 年的 40.7%，而劳动密集型农产品进口份额提高至 59.3%（杨军和董婉璐，2019）。这一变化趋势与前期高度认同的"中国农产品进口以土地密集型农产品为主导，其特征将日益突出"的理论判断并不一致，变化趋势甚至完全相反。

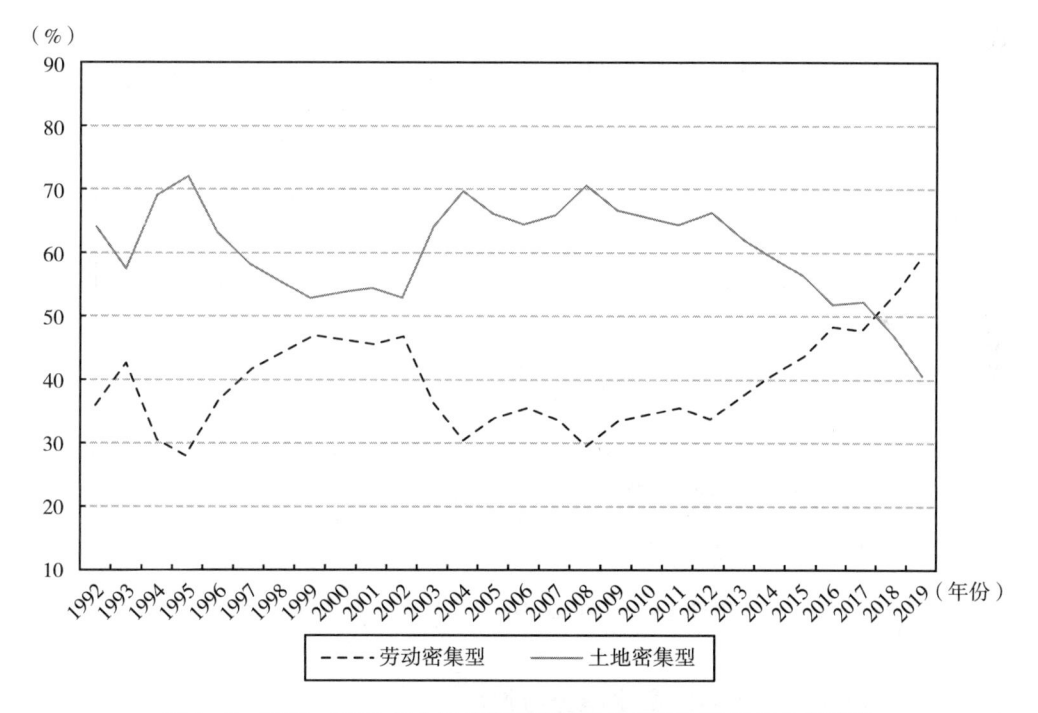

图 4-1 1992~2019 年中国按资源禀赋分类的农产品进口份额变化

劳动密集型和土地密集型农产品的净出口变化也有力地佐证了农产品贸易特征正在发生深刻改变。如图 4-2 所示，1992~2001 年，中国在劳动密集型农产品上具有贸易顺差，在土地密集型农产品上处于贸易逆差，顺差和逆差的金额较小且基本保持稳定。2002~2012 年，土地密集型农产品的贸易逆差快速扩大，由 2001 年的 41.8 亿美元增长到 2012 年的 530.6 亿美元；虽然劳动密集型农产品贸易顺差的增速低于土地密集型农产品，但也呈现快速增长趋势，由2001年的82.8亿美元增长到2012年的162.8亿美元。由于劳动密集型农产品顺差的增长显著低于土地密集型农产品逆差的增长，农产品贸易在2004年首次出现贸易逆差（逆差为44.9亿美元），并不断扩大至2012年的367.8亿美元。2013~2019年，农产品贸易变化趋势发生显著改变。土地密集型农产品的贸易逆差不断减少，2019年降至383.5亿美元，相对于2012年的逆差减少27.7%；与此同时，劳动密集型农产品的顺差也持续降低，在2019年转为逆差，为91.7亿美元。2016年以来，农产品贸易逆差不断扩大，2019年贸易逆差为475.2亿美元，达到历史最高点。

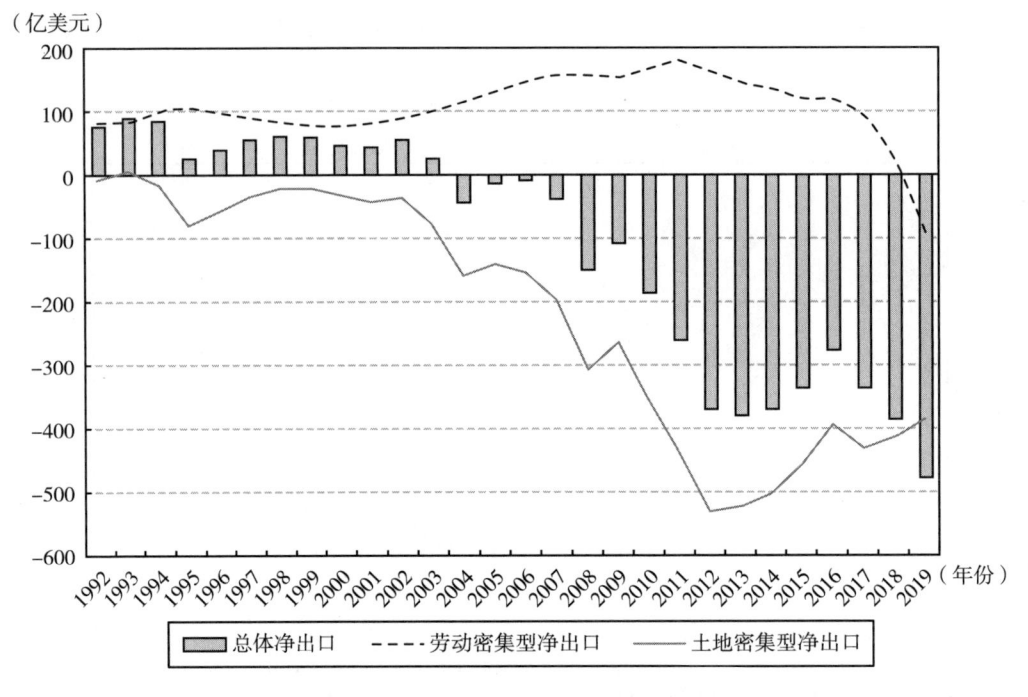

图4-2 1992~2019年中国不同资源类型农产品净出口变化

2. 从美国进口农产品的变化趋势与特征

中美农产品贸易变化大致可分为四个阶段。如图4-3所示，在加入WTO之前的1996~2001年（第一阶段），中美农产品进出口都小幅增长。其中，从美国进口从1996年的23.6亿美元增长到2001年的27.3亿美元，年均增长3.0%；同期，对美国农产品出口由1996年的7.3亿美元增长到2001年的12.1亿美元，年均增长10.5%。加入WTO以后的2002~2012年，中美农产品贸易快速增长，中国对美国的农产品贸易逆差迅速扩大（第二阶段）。2012年中国从美国进口农产品达到286.1亿美元，出口71.1亿美元；2002~2012年，进口与出口年均分别增长23.8%和17.5%。由于进口增长显著高于出口，贸易逆差由2001年的15.3亿美元扩大至2012年的214.9亿美元。2013~2017年，从美国农产品进口不断下降，出口小幅上涨（第三阶段）。2017年从美国进口农产品降至230.0亿美元，相对于2012年降低19.6%（年均降低4.3%）；对美国出口小幅增长至75.6亿美元，相对于2012年增长6.2%（年均增长1.2%），贸易逆差减少至2017年的154.3亿美元。2018~2019年，受中美贸易摩擦影响，农产品进出口都大幅减少（第四阶段）。2019年，从美国进口和对美国出口农产品分别为134.4亿美元和63.4亿美元，相对于2017年分别降低41.5%和16.1%。由于进口降低幅度显著高于出口，与美国的农产品贸易逆差降低至71.1亿美元。同时，由图4-3可知，如果达成中美第一阶段贸易协定的进口金额，2020年和2021年从美国进口的农产品金额将分别达到354.9亿美元和424.9亿美元，相对于2019年分别增长164.0%和216.1%。

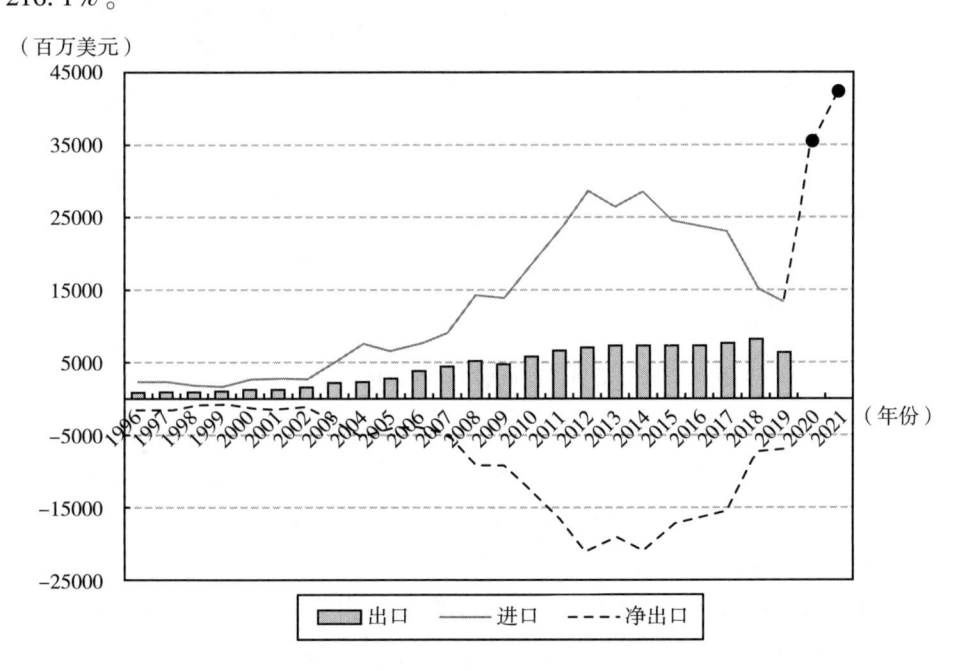

图4-3 1996~2019年中国与美国农产品贸易变化和按照"中美第一阶段协定"估计的2020年和2021年从美国农产品进口金额

中国从美国进口的农产品主要以谷物、油菜籽和植物油类产品为主。如图4-4所示，谷物、油菜籽和植物油占从美国进口农产品比重很高，2010~2017年平均份额为63.6%。其中，进口以大豆为主，大豆占谷物、油菜籽和植物油进口份额在80%~94%波动，平均份额为87.6%。2018~2019年，因受中美贸易摩擦影响，谷物、油菜籽和植物油类农产品进口大幅下降，在2019年进口额为71.3亿美元，相对于2017年（157.4亿美元）降低54.7%。同期，大豆进口由139.3亿美元降低至66.9亿美元，降幅为52.0%，占谷物、油菜籽和植物油类产品进口减少额的84.3%。

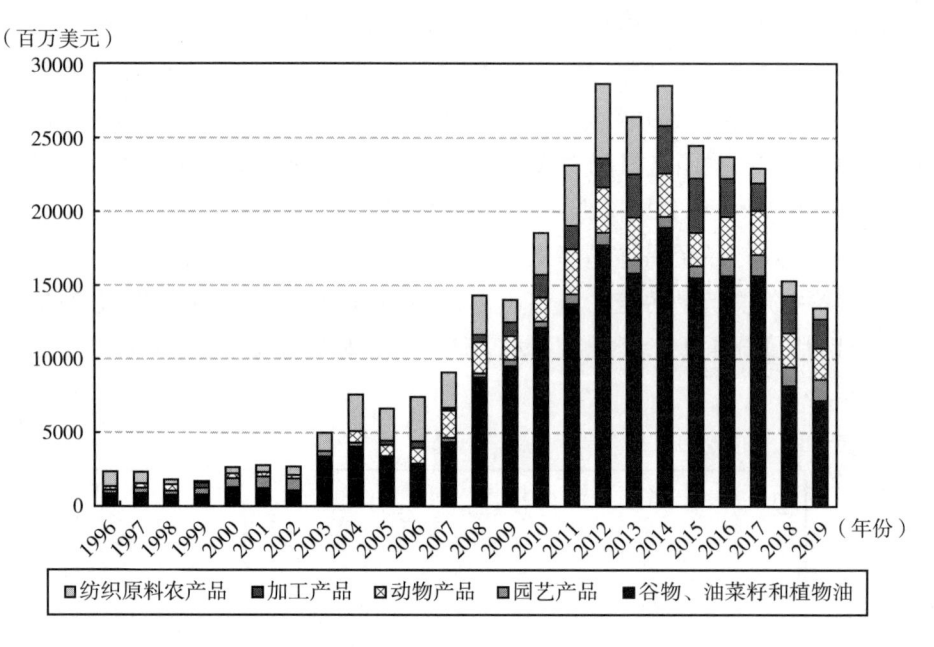

图4-4　1996~2019年中国从美国进口农产品构成及其变化

动物产品是中国从美国进口的第二大农产品，进口呈增长趋势。自美国进口动物产品从2001年的6.3亿美元持续增长到2011年的29.7亿美元，年均增长16.8%。此后，进口基本保持不变，2017年进口为30.2亿美元，占从美国进口农产品的13.2%。受到中美贸易摩擦影响，2019年进口降至21.5亿美元，降幅为28.9%，虽然降幅较大，但是显著低于谷物、油菜籽和植物油类农产品，占从美国进口农产品的份额反而提高至16.0%。从美国进口动物产品主要由肉及杂碎、水产品和奶制品构成，2010~2017年，该三类产品占动物产品的平均份额分别为38.9%、39.9%和13.6%（共计92.5%）。受中美贸易摩擦影响，2019年肉及杂碎、水产品和奶制品的进口相对于2017年分别降低27.0%、30.7%和58.3%。值得注意的是，从美国进口肉及杂碎的构成发生显著改变。1996~2010年，一直以鸡肉及其杂碎为主，占从美国进口肉及杂碎的平均份额为85.1%。然而，2011年猪牛等动物杂碎和猪肉进口份额急剧提高，分别占进口肉及杂碎的59.9%和31.9%（共计91.8%），此后一直占主导地位，2018年分别占进口肉及杂碎的

64.1%和24.1%（共计88.2%）。2019年，猪肉和牛肉进口快速提高，进口金额分别为5.1亿美元和0.8亿美元，相对于2017年分别增长77.3%和234.9%；猪牛等动物杂碎进口却大幅降低，由2017年的8.7亿美元降低至2019年的2.7亿美元，降幅达68.5%。2019年猪肉、牛肉和猪牛等动物杂碎分别占进口肉及杂碎的58.4%、9.6%和31.7%（共计98.7%）。

加工农产品、园艺产品是仅次于动物产品的第三大和第四大从美国进口农产品，特别是园艺产品进口保持持续增长。加工农产品进口从2001年的2.9亿美元增长到2015年的36.7亿美元，年均增长17.3%，但是2016年和2017年持续下降，2017年降至18.9亿美元，降幅达48.5%。从美国进口的加工农产品主要以食物残渣和动物饲料为主，2010~2015年，食物残渣和动物饲料占加工农产品进口的平均份额为60.0%。加工农产品进口并未受到中美贸易摩擦的显著影响，2019年其进口不仅没有降低，反而相对于2017年小幅增长5.4%，达到19.9亿美元。从美国园艺产品进口从2001年以来一直持续增长，即便在2018~2019年的中美贸易摩擦阶段依然快速增长。从美国园艺产品进口从2001年的0.9亿美元增长到2019年的14.2亿美元，年均增长16.3%。

从美国纺织原料农产品进口从2012年以来持续降低。加入WTO以后，中国从美国进口的纺织原料农产品保持波动增长，从2001年的4.5亿美元增长到2012的49.9亿美元，年均增长24.4%。此后，进口持续下降，在2019年降至7.5亿美元，相对于2012年减少85.0%。目前，从美国进口的纺织原料农产品成为进口份额最小的产品种类，在2019年仅占从美国进口农产品的5.6%。

如果按照土地密集型和劳动密集型农产品分类，从美国进口农产品以土地密集型农产品为主，但是其份额从2012年却持续下降。加入WTO以后，中国从美国进口土地密集型农产品占其农产品进口份额快速提高，由2001年的63.1%增加到2004年的84.5%；此后至2012年基本保持稳定，2012年份额为79.4%。然而，2012年以后，份额呈现持续下降，2017年降至73.1%。在中美贸易摩擦阶段，土地密集型农产品进口份额大幅下滑，2018年和2019年土地密集型农产品的份额分别降至60.6%和58.6%。这个变化趋势与中国农产品总体进口结构变化具有一致性，主要差异在于中国从美国进口的土地密集型农产品份额显著高于总体。例如，2017年中国土地密集型农产品占农产品进口的份额为52.3%，相应地从美国进口土地密集型农产品份额为73.1%，高出20.8个百分点；即便受到中美贸易摩擦影响，2019年从美国进口的土地密集型农产品进口份额大幅降低至59.3%，也显著高于总体的40.7%。因此，从资源禀赋特征来看，中美农产品贸易的互补性相对更高。

4.1.3 第一阶段贸易协定对农业贸易潜在影响分析

从短期和长期来看,短期影响主要侧重于产品进口的可能性,长期影响将基于双边生产成本和比较优势展开。

1. 在短期,从美国进口将快速增长,主要集中于畜产品

当前中国从美国进口农产品主要集中在谷物、油籽和植物油上,但是短期增加这些产品进口的空间有限。2017年,谷物、油籽和植物油类产品占中国从美国农产品进口金额的68.5%(157.4亿美元)。其中,大豆和高粱分别占从美国进口农产品的60.6%(139.4亿美元)和4.2%(9.6亿美元),两个产品占谷物、油籽和植物油类产品进口的94.7%。然而,经过前十几年的快速增长,大豆进口增速已经显著降低,而且2017年大豆进口达到历史峰值(9 953万吨),在短期大幅度增长潜力较小。同时,由于近年来畜牧业受到环保和动物疫病的不利影响,饲料需求增长缓慢,高粱和大麦等进口呈现下降趋势。由此可判断,短期从美国大量进口大豆和高粱的国内市场空间有限。从美国进口增长预计将主要集中在畜产品上,开放市场后其进口将大幅增加。动物类产品是中国从美国进口的第二大类农产品,占2017年农产品进口总额的13.1%(30.2亿美元)。动物产品进口主要由猪肉、猪内脏、水产品和奶制品等四类构成,分别占动物类进口产品金额的9.5%、28.9%、40.6%和14.1%。由于美国在动物产品上具有明显的价格与质量优势,具有极强的竞争优势(朱增勇等,2018;罗敏,2017;路立里,2010),一旦开放市场,特别是在检疫和审批上承认美方的措施与标准,猪肉、牛肉和奶制品等畜产品的进口将大幅度跃升,对产业生产和组织方式都将造成显著影响。例如,中国猪肉养殖企业受到前期非洲猪瘟和环保政策等影响,产量大跌,企业受损严重,价格高企是市场的正常反应,也为国内猪企提供了宝贵的恢复期与调整期,进口飙升将使猪企再次受损,加速国内养殖模式分化,中小养殖户将加速退出。

从美国进口的加工农产品主要集中在食物残渣和饲料上,在短期扩大进口的潜力也极为有限。2017年,加工农产品占从美国进口农产品的8.2%(18.9亿美元),是仅次于动物类产品的第三大进口农产品。其中,食物残渣和饲料所占比重最大,占到加工农产品进口的27.6%(5.2亿美元);进口的食物残渣和饲料主要由非食用的动物残渣和玉米酒糟构成,两类产品占食物残渣和饲料进口的71%。此外,从美国也进口蔬菜和水果制品、多种可食用制品、饮料和酒精等以及烟草,分别占加工农产品进口的14.4%、23.4%、7.3%和9.0%。从这些产品的构成来看，短期进口快速增长的空间也十分有限。同时，如果畜产品进口快速增长，将抑制饲料需求，食物残渣和饲料的进口甚至会出现下降。

虽然园艺产品进口增长具有潜力，但是基期进口金额很小，其绝对增长将比较有限。中国2017年从美国进口了价值12.8亿美元的园艺产品，占从美国进口农产品的5.6%。进口的园艺产品主要集中在坚果、柑橘类、葡萄、樱桃类和苜蓿等，这五种产品占到园艺产品进口的85.9%。其中，苜蓿进口金额最大，达到4亿美元，接近园艺产品进口的1/3。伴随着消费升级，中国对坚果类和水果类园艺产品的进口会明显增长，但是由于从美国进口金额较小，即便相对增长较快，其短期的绝对增长也十分有限。特别是，苜蓿主要用作奶牛饲料，如果奶制品进口大量增长也会制约其进口。

最后，纺织原料产品进口的增长也将较为有限。纺织原料产品是从美国进口金额最小的一类农产品，2017年进口约10.6亿美元，占从美国进口农产品的4.6%。动物皮革和棉花分别占从美国进口农产品的0.1%（0.2亿美元）和4.3%（9.8亿美元），占从美国进口纺织原料的94.2%。由于纺织服装产业的发展趋缓，中国棉花进口在近年来显著下降（翟雪玲和原瑞玲，2019）。因此，短期大量进口美国棉花的空间也较小。

通过上述分析可知，短期从美国进口农产品增长空间最大的是畜产品，将对中国畜牧业造成较显著冲击。值得一提的是，从美国进口的农产品结构也会使得畜产品进口与饲料进口之间存在显著的"抵消效应"。如果将大豆、高粱、食物残渣和饲料、苜蓿和玉米等五种主要用作饲料的农产品加在一起，2017年占到从美国进口农产品的70%。因此，畜产品进口快速增长，将制约国内畜牧业发展，将抵消饲料进口，出现"畜产品进口越多，饲料进口将越少"的现象，加剧短期从美国大量增加农产品进口的难度；在进口金额既定的情况下，扩大畜产品进口的必要性提高，从而将进一步加大对国内畜牧业的冲击。

2. 协定对畜产品进口的检疫和审查做出明确规定，非贸易壁垒显著降低，在中长期对畜产品进口产生影响

在中美第一段的贸易协定中，对畜产品进口的检疫标准、审批流程和认可美方检测结果等都做出了很明确的规定，这为增加从美国进口畜产品扫除了管理制度上的障碍。一般而言，畜产品进口面临极为严格的检疫检测和复杂的审批流程，是制约畜产品进口的关键因素。很明显，美方充分注意到并高度关注这一关键性问题。因此，在针对农产品进口的贸易协定中，对畜产品进口的检疫标准和审查流程相关规则的条款所占篇幅最大、最为详细具体，而且具有较强的约束性。

以婴儿配方奶粉为例，根据中国进口管理规定，以一般贸易进口的婴幼儿配方乳粉，其境外生产企业应该在中国国家市场监督管理总局下属的认证认可监督管理委员会发布的进口乳品境外生产企业注册名单中。根据国家认证认可监督管理委员会数据，注册名单上只有7家美国企业。在第一阶段协定中关于婴幼儿配方奶粉的第（g）条款中提出，"美国向中国提供美国食品与药监局（FDA）管辖下的婴儿配方奶粉生产机构的更新和完整清单，在收到清单后的20个工作日，注册这些机构，在中国海关总署网站公布列表，并准许从美国这些机构进口婴幼儿配方奶粉"。在第（j）条款中要求"在本协定生效起的一周内，注册那些已经在中国获得批准的美国婴幼儿奶粉的机构，对于那些有待中国海关总署注册审批的机构，需要在海关总署的网站上公布这些机构的名单"。可见，这些条款都具有极强的针对性，加速认证过程，促进其对华出口。当前美国销售的婴幼儿配方奶粉价格显著低于中国。以雀巢奶粉1段的价格为例，亚马逊在美国本地报价为127.3元/公斤，完全同样的产品在京东售价为331.2元/公斤，是美国价格的2.6倍；国产伊利金领冠1段的价格为375.6元/公斤，为美国价格的2.9倍。巨大的国内外价差表明，如果消除各种进口壁垒，美国婴幼儿配方奶粉将大量出口至中国。

再以猪肉为例，在协定关于猪肉的条款（2）中提出，"在本协定生效10个工作日内，中国应允许将经美国农业部食品安全监督服务局（FSIS）检查并认可的机构生产的猪肉及其产品出口到中国"。根据国际货币基金组织的价格数据，2019年美国瘦猪肉的年均价格在9.9元/公斤，而北京和浙江的年均猪肉价格都为27.3元/公斤，是美国价格2.8倍。开放市场后，美国猪肉进口将会显著增长。2020年1～9月，中国猪肉进口329万吨，比上年同期增长121.6%。

3. 2020年1～9月从美国实际进口变化分析

受2020年初暴发的新冠疫情影响，虽然2020年1～9月从美国农产品进口快速增长，但依然显著低于按照中美协定所预期的幅度。2020年1～9月中国从美国进口额为129.0亿美元，比2019年同期的91.5亿美元增长41%。[①] 虽然增幅极为显著，但是相对于第一阶段协定所定的2020年农产品全年进口354.9亿美元，意味着在2020年10～12月的3个月间进口达到225.9亿美元，这显然是难以达到的。

从2020年（1～9月）从美国农产品进口的实际变化看，其变化与前面分析结果基本一致。首先，2020年1～9月，进口增长以动物产品为主（第1类），特别

---

① 根据表4-1数据计算，WTO农产品分类包括01～24章，再加上棉花、皮革、精油等产品。由于难以获得更细致的代码数据，计算时采用01～24章，再加上41章、51章和52章。采用过去几年数据计算，虽然有不同，但是与严格按照WTO产品分类结果基本相同。因此，该计算结果可以作为参考。

是肉及食用杂碎。如表4-1所示，动物产品相对于去年同期增长129.7%（18.3亿美元），显著高于其他农产品。其中，肉及食用杂碎和乳等动物产品分别增长374.2%（18.4亿美元）和69.9%（0.9亿美元）。其次，植物产品（第2类）进口主要集中在谷物上，油籽类的进口增幅较小。2020年1~9月，植物产品进口增长27.1%（14.0亿美元）。其中，谷物进口增长696.2%（11.8亿美元），对植物产品增长的贡献率达到84.3%。作为从美国进口最重要的油籽类产品，其进口增长10.0%（4.4亿美元）。[①] 再次，食品类（第4类）产品进口增幅较为有限，仅增长10.4%（1.5亿美元）。其中，进口增长主要来自食物杂项，增长了28.4%（1.5亿元美元）。最后，棉花进口金额增幅较大，2020年1~9月棉花进口增长了64.3%（4.2亿美元）。

表4-1　中国在2020年1~9月从美国进口农产品与2019年同期比较

项目	2019年（百万美元）	2020年（百万美元）	变化率（%）	绝对变化（百万美元）
第1类 活动物；动物产品	1 413.3	3 246.9	129.7	1 833.6
01章 活动物	4.3	6.8	58.7	2.5
02章 肉及食用杂碎	493.0	2 337.8	374.2	1 844.7
03章 鱼及其他水生无脊椎动物	674.8	527.9	-21.8	-146.9
04章 乳；蛋；蜂蜜；其他食用动物产品	125.5	213.3	69.9	87.8
05章 其他动物产品	115.7	161.2	39.3	45.5
第2类 植物产品	5 173.4	6 576.7	27.1	1 403.3
06章 活植物；茎、根；插花、簇叶	4.6	4.8	4.1	0.2
07章 食用蔬菜、根及块茎	22.5	28.9	28.3	6.4
08章 食用水果及坚果；甜瓜等水果的果皮	544.4	319.8	-41.3	-224.6
09章 咖啡、茶、马黛茶及调味香料	13.9	11.9	-14.7	-2.1
10章 谷物	169.3	1 347.8	696.2	1 178.6
11章 制粉工业产品；麦芽；淀粉等	6.9	6.4	-8.0	-0.6
12章 油籽；子仁；工业或药用植物；饲料	4 396.7	4 837.4	10.0	440.7
13章 虫胶；树胶、树脂及其他植物液、汁	14.0	15.1	8.0	1.1
14章 编结用植物材料；其他植物产品	1.0	4.6	368.4	3.6
第3类 动、植物油、脂、蜡；精制食用油脂	72.0	101.7	41.3	29.7

---

① 由于美国大豆在10~11月成熟上市，从美国大豆进口预计在2020年下半年明显增长。但是，通过企业调研发现，由于企业全年压榨数量较为稳定，而且目前企业开工率已经很高，所以受需求限制，进口增幅也将有限。

续表

项目	2019年 (百万美元)	2020年 (百万美元)	变化率 (%)	绝对变化 (百万美元)
15章 动、植物油、脂、蜡;精制食用油脂	72.0	101.7	41.3	29.7
第4类 食品;饮料、酒及醋;烟草及制品	1 398.7	1 544.4	10.4	145.6
16章 肉、鱼及其他水生无脊椎动物的制品	2.5	1.8	-27.3	-0.7
17章 糖及糖食	71.5	80.5	12.6	9.0
18章 可可及可可制品	22.9	12.4	-45.9	-10.5
19章 谷物粉、淀粉等或乳的制品;糕饼	113.4	111.6	-1.6	-1.9
20章 蔬菜、水果等或植物其他部分的制品	208.1	110.1	-47.1	-98.0
21章 杂项食品	537.2	689.9	28.4	152.8
22章 饮料、酒及醋	117.5	129.9	10.5	12.4
23章 食品工业的残渣及废料;配制的饲料	325.2	407.9	25.4	82.7
24章 烟草、烟草及烟草代用品的制品	0.5	0.3	-43.8	-0.2
41章 生皮(毛皮除外)及皮革	435.9	362.0	-17.0	-73.9
51章 羊毛等动物毛;马毛纱线及其机织物	6.4	2.8	-57.2	-3.7
52章 棉花	647.0	1 063.0	64.3	416.0

资料来源:中华人民共和国海关总署贸易统计月报。

4. 从长期看,对中国农业发展和转型升级都将产生深远影响

中美农产品生产成本与价格差逐渐拉大,美国农产品竞争优势极为明显,形成进口冲击的可能性极大。根据中美相关价格和成本数据,本节对主要农产品的成本和价格进行比较,发现在很多农产品上,中国农产品贸易比较优势都较弱,生产成本和售价都显著高于美国。例如,2015年中国、美国和巴西的玉米单位生产成本分别为2.22元/公斤、99元/公斤和0.85元/公斤,中国玉米生产成本分别比美国和巴西高123.5%和160.5%;中国、美国和巴西的大豆单位生产成本分别为4.88元/公斤、2.35元/公斤和69元/公斤,中国大豆生产成本分别是美国和巴西的2.24倍和2.61倍。2017年、2018年和2019年中国猪肉价格比美国猪肉出口的离岸价格分别高120.0%、91.5%和198.7%,这意味着2017~2018年国内猪肉价格比美国基本高1倍,2019年由于受非洲猪瘟和环保限制等原因,价差进一步拉大至2倍。如此巨大的国内外价差并未导致大量进口的原因在于关税配额管理、转基因安全审批、动物产品的检疫和审批等非贸易壁垒措施(NTM),如果消除上述限制措施,进口必将显著增长,在短期和中长期将对国内相关农业产业造成冲击。

中国农业发展正处在关键转型时期,中美第一阶段贸易协定将对中国农业发

展产生系统性影响。近年来,中国人均食物消费量增速明显放缓,农业增长的关键驱动力不再是数量增长,而是质量提高。这意味着,以小农为主的生产组织模式受到严峻挑战,如果传统农业生产模式不能根据食物消费升级的需要快速调整,将被替代并退出(黄季焜,2018)。不论是生产模式的调整还是适应消费转型的市场制度构建都需要一个较长的转型时期;然而,在高度开放的贸易环境下,如果国内生产和市场体系不能适应消费快速转型,消费就将转向进口,高端农产品进口将快速增长(黄季焜等,2019;程国强,2012)。当前,中国农产品贸易特征的改变已经体现了上述突出矛盾,水果、猪肉、牛羊肉、奶制品和加工食品等具有劳动密集和高附加值特征的农产品进口快速增长(杨军和董婉璐,2019)。从世界农业发展的经验看,向高值农业转型是农业可持续发展的必然选择也是唯一出路,如果高值农业严重依赖进口,农业转型面临被"阻断"之可能(张在一等,2019)。中美第一阶段的贸易协定必然加速玉米和大豆等大宗农产品,以及猪肉、牛肉、奶制品和加工食品等高端农产品的进口,不仅会在短期冲击部分农业产业,对部分区域农民收入造成不利影响,同时在中长期将对中国农业经济增长空间和发展模式造成显著影响。

4.1.4 主要结论和政策建议

中美之间农产品的互补性极强,合作潜力大,双边合作和保持贸易畅通是大势所趋。美国水土资源丰富、农业科技与装备先进,可以向全球大量提供低价和高质量的谷物、大豆等土地密集型农产品和肉、奶等高附加值农产品,这些进口农产品对于保障国内食物供给、满足中国居民日益增长的多样化和高质量化食物需求具有重要支撑作用。与此同时,中国食物需求增长与转型升级为美国农业发展及其农民收入提高提供了发展契机。因此,维持中美农业合作和保持贸易通畅完全符合双边经济利益,是"双赢"格局。

虽然合理的进口扩张符合国家总体经济利益,但是对于大量进口诱发的问题与风险需要加以考虑与防范。中美第一阶段贸易协定将在短期促进从美国进口农产品的快速增长,而且进口冲击将集中在畜产品上,对相关畜产品产业会造成较显著的负面影响。同时,贸易协定对从美国进口畜产品的检疫标准、审批流程和认可美方检测结果等都做出了具体明确的规定,将会在短期和长期对中国畜牧产业造成显著影响。叠加疫情的影响,本节建议国家在以下方面采取措施。

(1)在增加从美国进口农产品中,尽量扩大饲料量和纺织原材料的进口。中国从美国进口这两类产品的份额很高,即便相对增长不大,绝对金额也会极为显著。另外，这两类产品都可以促进畜牧业和纺织服装业发展，有助于提高农业增加值和非农就业。

（2）加大对第一阶段贸易协定对产业影响的分析与监测，特别要高度关注对畜牧业的短期和长期影响。畜牧业发展不仅关系自身，更是上游饲料作物与饲料产业发展的基础。美国畜产品相对于中国具有极强的竞争优势，开放进口在短期和中长期都将对畜牧业造成负面影响，亟须高度关注。国家需要基于全产业链视角，制定相关政策，以疫情为契机，大力推进信息产业与畜牧业融合发展，建立详细、全面的信息收集、数据处理、信息发布和决策支持系统，促进畜牧业稳定发展，提高产业竞争力。同时，需要对中小养殖户制定针对性的帮扶政策，提高其应对疫情和贸易开放等外部冲击的能力。

4.2 中美大豆贸易摩擦的经济影响及其启示
——基于 GTAP 模型测算

4.2.1 引言

中美经贸关系是两国关系的"压舱石"与"助推器"。2018 年 7 月 6 日，美国对中国商品加征 25% 的进口关税。中国被迫采取反制措施，对原产于美国的大豆等进口商品采取同等规模和力度的征税措施。中美分别为大豆第一大消费国与生产国，两国大豆贸易依赖明显。中国限制美国进口大豆、打击美国大豆产业的同时，也会冲击中国大豆产业链下游部门。目前，中美双方贸易谈判长达一年，有望达成一致协议，但仍无法改变两国贸易长期对抗局面。因此，探讨此次贸易摩擦对我国大豆产业及其下游部门经济影响具有重要意义。

近年来，中国食物消费结构升级带动植物油、肉蛋奶等高附加值农产品需求增加。作为植物油及蛋白饲料的主要原料，大豆需求快速增长。中国曾是大豆最大生产国，20 世纪 60 年代被美国取代，1974 年和 1998 年被巴西和阿根廷赶超。1996 年中国主动放开大豆市场，取消大豆进口配额，随后大豆进口快速持续上涨，由 1995 年的 29.4 万吨增至 2017 年的 9 553 万吨。在"逆全球化"贸易不确定性凸显背景下，如何保障国家粮食安全成为学界关注问题之一。

目前，国内外研究多集中于定性分析贸易摩擦发生可能性及产生动因。莫里森（Morrison，2017）和休斯等（Hughes et al.，2017）分别基于新兴市场国家视角下的中美经济关系、贸易和投资关系、太阳能领域贸易关系探讨中美贸易摩擦的可能性。中美贸易摩擦原因集中于中美贸易失衡（熊珍琴和范雅萌，2017；杨励和韩倩倩，2011）和美国政治压力（Bhide and Phelps，2005；任靓，2017）。仅少部分研究定量评估中美贸易摩擦产生的经济效应。罗西亚迪等（Rosyadi and Widodo，2018）运用全球贸易分析（GTAP）模型分析美国对中国实施贸易保护措施影响世界经济状况。樊海潮和张丽娜（2018）从中间品贸易和量化分析角度评估中美贸易摩擦及影响。李鑫茹等（2018）利用投入产出模型测算中国采取反制措施对美国经济和就业状况的影响。在分析中美贸易摩擦影响的同时，量化探讨中国应对策略的文献逐渐涌现。结果显示，若加大其他国家产品进口，不仅可缓解中美贸易摩擦对中国的负面冲击，还可提升中国经济福利。黄鹏等（2018）选取 GTAP 模型分析美国税改背景下中美贸易摩擦对两国乃至全球价值链活动的经济效应，认为新自贸区构建及加强知识产权保护可有效改善中国遭受的经济损失，并成为经济发展新增长点。李春顶等（2018）基于一般均衡模型评估中美贸易摩擦经济影响及中国 6 种应对措施的政策效果，发现人民币汇率贬值、建设区域全面经济伙伴关系协定（RCEP）和中美达成合作开放等措施有效，而中国进一步开放、加入全面与进步跨太平洋伙伴关系协定（CPTPP）效果欠佳。

上述研究存在的不足：一是中美贸易摩擦经济效应分析侧重于制造领域，缺乏针对农业领域的深入研究，尤其是大豆产业；二是中国应对策略多以制造领域分析为主，资源环境约束性、自然环境不稳定性以及国家粮食安全功能性等决定农业特殊性，有必要针对农业领域提出针对性对策建议；三是研究多从宏观角度出发，从产业层面对产业链上下游价格传递效应关注不足；四是量化模拟基础多以双方清单产品或假设情景为基础，难以反映单一产业受冲击的边际效应。总体而言，对大豆产业量化分析的经济效应的研究较匮乏。

鉴于此，本节基于改进的 GTAP 模型，定量评估中美大豆贸易摩擦对大豆及其相关产业的影响，并量化评估应对策略，以期为应对贸易不确定性、有效保障粮食安全提供有力的技术支撑。

4.2.2 分析方法与数据处理

1. GTAP 模型及其改进

GTAP 模型是由美国普渡大学开发的全球多区域、多部门可计算一般均衡模型

(CGE 模型），广泛应用于国际贸易问题分析（Engelbert et al.，2014；Ken，2014）。本节采用 GTAP 9.0 数据库，使用新古典主义闭合规则模拟分析。GTAP 模型将一国所有金融资产、税收、劳动力和资本收入汇集至统一账户，即"区域家庭"部门；一国或某一地区的储蓄进入一个虚拟全球银行，由此决定投资流向。假设经济行为主体的收入与支出相等，根据会计恒等式与市场均衡方程构成封闭体系下的均衡框架（见图 4-5）。

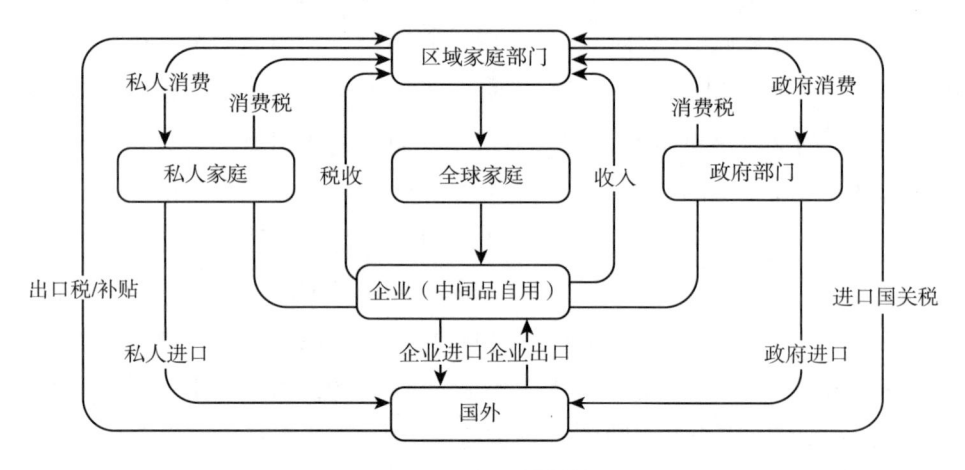

图 4-5 GTAP 标准模型基本框架

GTAP 模型体现各地区政府、家庭、生产者等主要经济体的行为方式，构建反映区域经济运行方式的局部均衡体系。通过引入区域间国际贸易和投资机制（世界银行），将各地区局部系统连接构成多国、多部门一般均衡体系。区域家庭部门（政府与私人）消费支出由进口品与国产品构成，厂商生产产品销售分为内销和外销。模型假设进口品与国产品不同，二者间具有不完全替代关系，采用阿明顿假定产品复合。

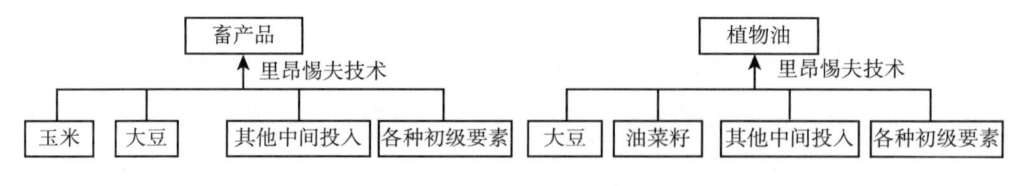

图 4-6 GTAP 畜产品、植物油生产部门标准模型

在标准 GTAP 模型中，生产技术采用里昂惕夫技术，即中间使用关系仅随产量变化（见图 4-6）。此假设在畜产品及植物油生产中对中间投入品的使用决策存在严重缺陷。研究表明，饲料粮间替代性随科技进步显著提高（毛学峰和杨军，2015；胡向东和王济民，2015）。虽然大豆是主要蛋白饲料，但在饲料配比中可进一步提高。为反映中间品替代关系，修改标准 GTAP 模型中畜产品和植物油部门生产方式（见图 4-6），以便准确评估大豆进口冲击对下游产业的影响，模型改进部分见图 4-7。

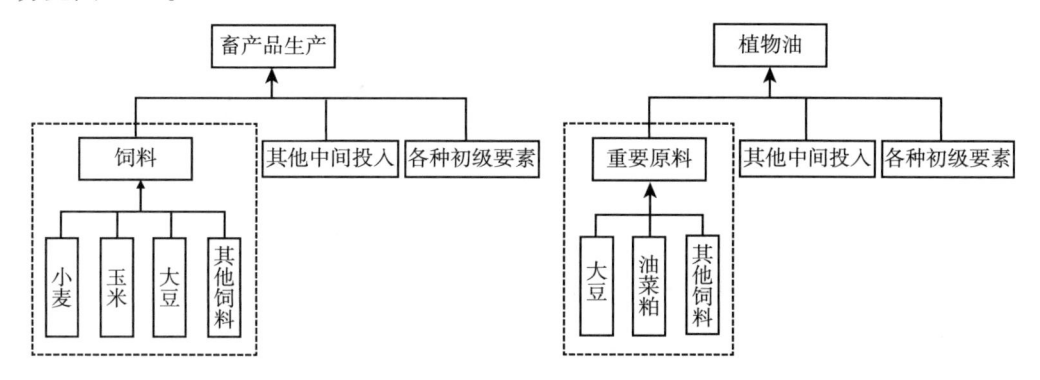

图 4-7 GTAP 畜产品、植物油生产部门修正模型（虚线处为修正部分）

2. 数据处理

为突出中美大豆贸易摩擦及中国策略选择对中国经济冲击效应，对 GTAP 9.0 数据库做必要产业拆分和区域、产业归并。由于大豆在 GTAP 原始数据库中并非独立产业部门，故采用霍里奇（Horridge，2018）"拆分产品（SplitCom）"程序，根据联合国粮农组织与联合国商品贸易统计数据库（UN Comtrade）中大豆、植物油产量、消费、贸易数据，将大豆从原有油菜籽产业部门拆分合并为其他产业：大米、小麦、其他谷物、果蔬、大豆、其他油菜籽、糖类、棉花、其他作物、猪禽肉、牛羊肉、奶制品、毛及丝织品、林业、渔业、自然资源相关产业、植物油、加工食品、纺织服装、金属机械、交通运输产品、电子产品、加工品和服务业。将中国、美国、欧盟、巴西、日韩（日本和韩国）、澳新（澳大利亚和新西兰）、东盟、印度和其他国家划分为九个区域。

3. 模拟方案设置

共设置 3 种模拟情景。情景 1 表示对美国进口大豆实施贸易制裁：加征 25% 进口关税；情景 2 表示通过扩大其他国家大豆进口开放程度应对贸易摩擦：在对美国大豆进口实施贸易制裁基础上，免除其他国家大豆进口关税；情景 3 通过改进大豆生产技术（改良大豆品种）应对贸易摩擦：在对美国大豆进口实施贸易制裁的基础上，借鉴郭淑静等（2012）和谢等（Xie et al.，2017）研究视角，采用崔宁波和刘望（2018）大豆改良品种特征（种子价格高出 50%，化肥和农药投入降低约 5%，劳动力投入可节省 25%）改良模拟大豆品种。

4.2.3 结果分析

1. 宏观经济效应

加征美国大豆 25% 进口关税不利于中国经济增长。从表 4-2 可以看出,情景 1 与基准情景相比,GDP 下降 0.011%,经济福利下降 7.49 亿美元。由于经济增长速度放缓,各种初级要素回报普遍下降。非熟练劳动力工资、熟练劳动力工资和资本分别下降 0.096%、0.114% 和 0.111%,但土地价格上升 0.814%。这主要源于大豆进口成本上升,国内市场替代作用导致国内大豆产量增加,在土地约束(设定土地总供给固定不变)下,土地需求增加致使土地价格上升,非农产品初始要素成本下降。从整体看,大豆进口成本上升,中国整体实际出口上升 0.013%。受加征关税冲击影响,实际进口下降明显,约 0.08%,贸易顺差加大近 1 569 百万美元。加征美国大豆进口关税,降低国内劳动力、资本初级要素价格水平的同时,居民消费价格指数(CPI)增长 0.064%,居民实际购买力下降。

表 4-2　　不同政策情景下中国宏观经济变化　　单位:%

项目	情景1	情景2	情景3	情景3(除情景1部分)影响分解			
				单产提高	节约劳动力	降低化肥农药使用	种子价格
实际 GDP	-0.011	-0.010	0.002	0.004	0.007	0.000	0.001
GDP 平减指数	0.014	0.006	0.051	0.016	0.021	0.001	-0.003
经济福利(百万美元)	-749	-782	878	631	891	53	15
实际出口	0.013	0.018	-0.120	-0.061	-0.075	-0.005	0.011
实际进口	-0.08	-0.05	-0.25	-0.08	-0.10	-0.01	0.01
贸易平衡(百万美元)	1 469	1 020	2 448	432	517	60	-79
贸易条件	-0.006	-0.010	0.034	0.018	0.022	0.001	-0.003
居民消费价格指数	0.064	0.044	0.108	0.017	0.027	0.002	-0.004
初级要素价格							
土地	0.814	0.579	3.022	0.767	1.366	0.095	-0.214
非熟练劳动力工资	-0.096	-0.071	-0.121	-0.001	-0.022	-0.001	0.002
熟练劳动力工资	-0.114	-0.086	-0.147	-0.010	-0.023	-0.002	0.005
资本	-0.111	-0.082	-0.142	-0.012	-0.020	-0.002	0.005

注:情景 3(除情景 1 部分)影响分解指排除中美大豆贸易摩擦影响外的纯技术进步效应。
资料来源:数据来源于模拟结果且相对于基准方案。下同。

免除其他国家大豆进口关税,可小幅减缓中美贸易摩擦对中国的负面冲击影响。从表4-2可以看出,情景2与基准情景相比,GDP仍下降约0.01%,经济福利减少7.82亿美元,且经济福利降幅低于情景1,说明加大大豆进口开放程度损害国内大豆种植农户利益,不利于经济福利。初级要素价格影响有所缓解,相较情景1,中国非熟练劳动力工资、熟练劳动力工资和资本分别上升0.025%、0.028%和0.029%,土地价格下降0.235%(情景2减去情景1)。相较于基准情景,非熟练劳动力工资、熟练劳动力工资和资本分别下降0.071%、0.086%和0.082%,土地价格上升0.579%。免除其他国家大豆进口关税,未改变初级要素价格整体下降及居民消费价格指数上升所致居民购买力不足问题。

采用大豆改良品种可促进经济增长并显著提升经济福利。从表4-2可以看出,情景3与基准情景相比,GDP提高0.002%,经济福利增加8.78亿美元。采用新品种可节省劳动力及资本,种植大豆收益显著提高,而大豆种植意愿与土地约束导致土地价格上涨。相较基准情景,非熟练劳动力工资、熟练劳动力工资和资本分别下降0.121%、0.147%和0.142%,土地价格上升3.022%。相较情景1,非熟练劳动力工资、熟练劳动力工资和资本分别下降0.025%、0.033%和0.031%,土地价格则上升2.208%。采用新品种一方面通过投入产出提高大豆种植户经济效益;另一方面通过转移部分农业劳动力到非农产业增加其非农收入,增加大豆种植户收益,促进农业经济发展。从整体贸易看,采用新技术显著减少了实际进口需求,降低了实际出口,且改进了贸易平衡。土地价格上升导致整体要素价格呈上升趋势,国内生产成本提高,使GDP平减指数提高0.051%,中国出口竞争力下降,实际出口减少。由于进口降幅显著,且贸易条件改进(出口价格涨幅大于进口价格),我国贸易平衡(总出口金额减去总进口金额)提高近25亿美元。

分解新品种特性对宏观经济的影响,以经济福利(EV)改变评价特性贡献,发现提高单产、节约劳动力、降低化肥农药使用、种子价格分别使经济福利增加6.31亿、8.91亿、0.53亿和0.15亿美元,对经济福利增长贡献分别为39.7%、56.0%、3.3%和0.9%。上述优良品种特性中,提高单产和节约劳动力是主导特性。

2. 大豆产业经济效应

大豆产业受政策影响较大。其典型特点为:第一,对外依赖程度高,2016年我国大豆自给率仅13.4%;第二,主要用于榨油,其副产品豆粕为主要蛋白饲料,直接消费占比极低,大多用于其他产业中间投入。由于国产大豆与进口大豆替代性较强,由表4-2情景1可知,当美国大豆进口成本提高后,国内产量增长显著,增幅达 21.9%。进口短缺导致本国大豆需求扩大,国内价格提高 4.2%。大豆价格提升及供不足需减少大豆出口约 17.7%,而中美贸易摩擦直接效应限制中国大豆进口,实际进口减少 5.9%,贸易顺差扩大 18 亿美元。中美大豆贸易摩擦将显著提高国内大豆自给率 20.7%。综上所述,加征美国大豆进口关税可有效保护国内大豆种植者利益,促进国内大豆产业发展。

免除其他国家大豆进口关税一定程度上抑制国内大豆产业发展。相较情景 1,情景 2 大豆产出减少 76 万吨,国内大豆市场价格下降 1.1%;大豆出口量增加 1 万吨,进口量增加 122 万吨,贸易顺差下降;市场需求变化抑制生产初级要素的投入需求(见表 4-3)。开放大豆进口市场一定程度上抑制国内大豆市场发展,但并未改变中美大豆贸易摩擦影响趋势。

表 4-3　　　　　　　　不同政策情景下大豆产业经济变化　　　　　　　单位:%

指标	情景1	情景2	情景3	情景3（除情景1部分）影响分解			
				单产提高	节约劳动力	降低化肥农药投入量	种子价格
产量（万吨）	285	209	903	20.7	27.1	1.6	-3.6
价格	4.2	3.1	-3.7	-3.6	-4.7	-0.3	0.6
出口（万吨）	-5	-4	3	14.1	18.5	1.1	-2.5
进口（万吨）	-344	-222	-922	-4.4	-5.7	-0.3	0.8
贸易平衡（百万美元）	1 780	1 109	5 028	1 431	1 863	111	-151
自给率	20.7	15.2	58.4				
初级要素供给							
土地	19	13	45	10	18	1	-3
非熟练劳动力工资	24	17	37	12	3	2	-4
熟练劳动力工资	24	17	37	12	3	2	-4
资本	24	17	61	14	24	2	-4

采用改良大豆品种将促进中国大豆产业发展。情景 3 中大豆产量增长显著,较基准情景增幅达 68.4%;由于生产成本降低,大豆价格降低 3.7%。显著降低进口大豆比较优势,实际进口量下降 922 万吨,国产大豆实际出口量增加 3 万吨。由于国产大豆出口比率极低,出口总值远低于进口,采用新品种可替代大豆进口,使得我国大豆贸易平衡显著提高 50 亿美元。中国大豆种植技术创新难以根本改变大豆进口依赖性,但显著提高大豆自给率,结果显示大豆自给率提高 58.8%。国内大豆生产规模扩大将占用更多土地、劳动力和资本等初级要素资

源。尽管新品种大豆具有提高单产、节约劳动力等突出特性，但由于国内外大豆替代性强，大豆产量扩张幅度显著高于单产提高和节约劳动力幅度，对初级要素占用量提高。土地、劳动力和资本使用量分别提高45%、37%和61%，显著低于产量增长，特别是劳动力使用量。在大豆产业扩张中大豆土地使用量增幅低于资本，源于GTAP模型假设土地在不同农业产业部门之间非完全流动，且流动难度高于资本。

分解影响大豆种植技术创新中各种特性的显著性和重要性，解释各要素使用变化。本节利用情景3模拟结果减去情景1模拟结果获得大豆种植技术创新净影响。单产提高与节约劳动力分别提高产量20.7和27.1%；降低化肥农药投入量仅提高产量1.6%，种子价格提高降低产量3.6%。此外，节约劳动力特性使得土地和资本分别增长18%和24%，劳动力仅增长3%；提高单产特性中，单产提高20.7%，土地、劳动力和资本增幅分别为10%、12%和14%，约为产量提高的50%，反映了单产提高可以节约初级要素投入。

3. 其他产业经济效应

大豆相关产业受中美大豆贸易摩擦影响差异较大。加征美国大豆25%进口关税，除大米、小麦及其他谷物外其他产业产出均下降，植物油、奶制品和牛羊肉受损严重。大豆进口成本上涨导致以大豆为主要中间投入品的下游产业受损，植物油、奶制品和牛羊肉产量分别下降1.51%、0.13%和0.12%，进口分别增加6.89%、0.52%和0.64%（见表4-3情景1）。加征美国大豆进口关税并免除其他国家大豆进口关税，使得大豆产业下游部门生产产出提升，大部分部门出口扩大、进口减少。相较情景1，植物油产出上升约0.38%，出口扩大3.34%，进口减少1.79%（情景2减去情景1）。通过扩大大豆进口弥补中美贸易摩擦对其他产业的负面影响作用有限，即各产业在情景1与情景2中产量、出口、进口变化方向基本不变（见表4-4）。

表4-4　　　　　　　　不同政策情景下其他产业经济效应　　　　　　单位：%

产业部分	情景1			情景2			情景3		
	产量	出口	进口	产量	出口	进口	产量	出口	进口
大米	0.05	-1.02	0.55	0.04	-0.77	0.39	-0.12	-2.55	1.69
小麦	0.03	-2.45	1.52	0.02	-1.97	1.26	-0.21	-4.97	2.63
其他谷物	0.04	-0.85	0.60	0.03	-0.70	0.51	-0.19	-1.67	0.82
其他油籽	-0.02	-0.65	0.85	-0.02	-0.50	0.65	-0.14	-1.69	1.20

续表

产业部分	情景1 产量	情景1 出口	情景1 进口	情景2 产量	情景2 出口	情景2 进口	情景3 产量	情景3 出口	情景3 进口
其他作物	-0.46	-0.78	0.11	-0.29	-0.52	0.05	-1.50	-2.27	0.37
猪禽肉	-0.11	-1.46	0.76	-0.08	-0.99	0.59	-0.20	-3.24	1.43
牛羊肉	-0.12	-1.55	0.64	-0.09	-1.08	0.47	-0.20	-3.15	1.27
奶制品	-0.13	-1.16	0.52	-0.10	-0.86	0.39	-0.21	-2.44	1.11
植物油	-1.51	-14.09	6.89	-1.13	-10.75	5.10	-1.15	-11.05	5.15
加工食品	-0.05	-0.48	0.26	-0.04	-0.35	0.19	-0.09	-0.77	0.40
纺织服装	-0.09	-0.15	0.03	-0.06	-0.10	0.02	-0.24	-0.40	0.12
自然资源相关产业	-0.01	-0.03	0.00	-0.01	-0.01	0.00	-0.10	-0.10	0.02
金属机械	0.01	0.07	-0.04	0.01	0.06	-0.03	-0.02	0.00	-0.03
交通运输产品	-0.01	0.07	-0.05	-0.01	0.06	-0.04	-0.03	0.00	-0.03
电子产品	0.03	0.04	-0.02	0.02	0.04	-0.02	-0.02	-0.02	-0.02
加工品	-0.02	-0.05	0.00	-0.02	-0.03	0.00	-0.08	-0.21	0.09
服务业	-0.02	0.01	-0.04	-0.02	0.01	-0.04	-0.02	-0.06	-0.01

资料来源：数据来源于模拟结果且相对于基准方案。

大豆生产技术改进后，仅植物油和服务业产量提升，相较情景1，分别增长0.36%和0.0016%。由于大豆是重要植物油原料，大豆产量增长和价格下降，使得植物油生产成本下降0.8%，导致进口减少1.74%，出口增长3.04%。服务业受正面影响主要源于收入弹性高，经济增速提高和居民收入增长显著拉动服务需求。服务业为劳动密集型产业，劳动工资上涨推动生产成本提高。因此，服务业进口增长0.03%，出口降低0.07%（表4-4中情景3减去情景1）。植物油和服务业以外其他产业产量下降，主要因初级生产要素价格提高所致。一般而言，预期大豆生产技术改进后可正面影响畜牧业，原因为国内大豆产量增加会增加豆粕供给。但猪禽肉、牛羊肉、奶制品等畜产品产量小幅下降（相较于情景1）。由于更多的土地、劳动力和资本用于大豆生产，主要饲料中其他谷物产量挤出0.24%，抵消国产大豆用作饲料的正面效应。

4.2.4 结论与启示

采用全球多区域CGE模型，定量评估中美大豆贸易摩擦、中国扩大大豆进口开放程度和大豆生产技术改进（改良大豆品种）的经济影响，从宏观和产业层面对比分析不同政策下的中国经济效应。本节利用 FAO 与 UN Comtrade 数据库中大豆和植物油的产量、消费、贸易数据，将大豆产业从原始数据库的油菜籽产业中拆分，并改进标准 GTAP 模型，在畜产品产业及植物油产业生产模块加入中间品使用的替代关系，以便准确评估大豆进口冲击对下游产业的影响。

实证分析发现：（1）从实际 GDP 和经济福利来看，加征美国大豆进口关税，不利于中国经济增长，中国实际 GDP 下降 0.011%，经济福利下降近 7.49 亿美元，居民消费价格指数（CPI）增长 0.064%；从产业层面来看，中美大豆贸易摩擦一定程度上保护中国大豆种植者利益，促进本国大豆产业发展，但抑制其他产业生产规模（尤其是植物油、牛羊肉、猪禽肉及奶制品等大豆下游产业）。（2）中国免除其他国家大豆进口关税，其经济效应与中美大豆贸易摩擦效应相反，仅小幅减缓中美贸易摩擦对中国的负面冲击。中美大豆贸易摩擦和进口关税减免同时存在时，中国实际 GDP 下降约 0.01%，经济福利下降近 7.82 亿美元，在较小范围内抑制中国大豆产业。（3）中国大豆采用改进生产技术可有效缓解贸易摩擦对中国的负面冲击，中美大豆贸易摩擦和大豆生产技术改进同时存在时，中国实际 GDP 提高 0.002%，经济福利增加 8.78 亿美元，植物油产业受益明显。

研究结果显示，首先，中国依靠扩大其他国家大豆进口缓解中美大豆贸易摩擦负面冲击作用有限，但通过提高国内大豆生产技术可有效缓解。该结果与李春顶等（2018）以制造业为研究对象得出的建设区域全面经济伙伴关系协定等扩大开放政策可有效缓解中国负面影响的结论不同，可能是因为本节所选研究对象仅为大豆（排除其他产品贸易摩擦干扰），大豆产量受资源禀赋限制，在全球产量供应能力上与制造业产品存在一定区别，研究结果表明有必要针对性地研究大豆行业贸易摩擦。其次，进一步分解大豆生产技术进步的影响发现，提高单产、节约劳动力是大豆经济改善的主要方式，而降低化肥农药投入成本影响甚微。以上发现对保障中国大豆产品较高自给率和降低国际政策不确定性风险具有重要作用。中国大豆市场开放程度高，进一步开放大豆进口市场作用较小。在此贸易环境下，中国大豆进口持续快速增长，根本原因是国内外生产成本差额过大。中国大豆单位产出成本（元/千克）较高主要源于：一是单产较低，显著低于美国、巴西和阿根廷等国家；二是劳动力成本和土地成本快速上涨，驱动大豆成本上涨。为提高中国大豆的国际竞争力，2018 年中央一号文件《中共中央 国务院关于实施乡村振兴战略的意见》提出，加快发展现代农作物种业，提升自主创新能力，高标准建设国家南繁育种基地等措施。本节从侧面佐证了上述措施实施的紧迫性和必要性。

随着贸易保护主义进一步抬头，中国与其他国家特别是美国的贸易摩擦将呈常态化、长期化、复杂化趋势。如何防范贸易不确定性风险,确保国家粮食安全,成为亟须面对与解决的问题。鉴于此,采用先进科技可有效提高产品竞争力,是我国农业发展、提高农民收入和保障国家粮食安全的根本渠道。因此,应以优质与高产为主攻方向,进一步加强现代农业科技研发力度,提高农业科技投入水平,促进先进种业的商业化,形成研发促商业化、商业化促研发的良性互动。同时,继续提高农业生产机械化水平,完善农机服务化体系。

4.3 中美经贸协议对世界大豆产业的潜在影响分析
——基于双边贸易模块的全球农产品局部均衡模型

4.3.1 引言

自 2018 年以来,中美两国之间贸易摩擦不断,中美双方举行了多次经贸谈判,2020 年 1 月 15 日,经过中美双方的努力,正式签署了第一阶段经贸协议,农产品贸易是其中的重要内容之一。根据协议,中方将增加对美国农产品的进口,协议规定在 2017 年基数之上,中国 2020 年和 2021 年自美国采购和进口规模分别不少于 125 亿美元和 195 亿美元。那么,中美第一阶段经贸协议是否会对中国农业产生影响呢?影响有多大?大豆是中美双边最重要的农产品贸易产品。2017 年,中国从美国进口大豆 3 286 万吨,进口金额 139.45 亿美元,大豆贸易占美国对中国农产品出口总额的近 60%。但由于中美贸易摩擦的影响,美国对中国出口急剧下降,面临巨大库存压力。据美国农业部(USDA)数据显示,美国的大豆库存从 2017/2018 年的 1 192 万吨增加到 2018/2019 年的 2 474 万吨。2018 年,中国大豆消费量为 1.05 亿吨,但国内产量仅 1 600 万吨。因此,中美签署第一阶段经贸协议后,中国有望进一步增加美国大豆进口量。本节以大豆为例,采用全球农产品局部均衡模型比较继续签订贸易协定和继续贸易摩擦两种可能情景对中美双方及世界市场的影响,通过比较分析,能够更加全面地权衡签订协议的影响。由于中国国内面临非洲猪瘟等新形势的影响,并波及大豆需求,中国农业农村部 2019 年预计,受到非洲猪瘟的影响,2019~2020 年将会减少猪肉产量,这影响到对大豆的压榨需求。张等(Zhang et al.,2019)估计非洲猪瘟将会进一步影响到大豆进口,当猪肉产量下降 14% 时,将导致大豆进口需求下降 10%。因此,为了使研究更加贴近现实,本节同时考虑了非洲猪瘟对大豆市场的影响。

4.3.2 文献综述

大豆作为中美贸易关系最为密切的农产品,备受广大学者和政府的关注。众多学者已经对中美贸易摩擦可能对世界大豆带来的潜在影响进行了深入分析。大部分研究认为,中国对美国大豆加征关税会对美国大豆产业产生负面潜在影响,造成美国大豆对华出口量大幅度减少,美国农民收入下降(Wang et al., 2018; Taheripour and Tyner, 2018; 中国农业科学院, 2018),与此同时,其他国家不太可能有像中国一样对豆粕和豆油的强劲需求、政府对大豆压榨投资的支持以及有利于大豆进口的关税结构,这使得美国大豆出口很难开发出新的大豆市场来代替中国(Fred et al., 2019)。中国消费者也会因为大豆价格上涨而遭受福利损失,但大豆产业发展受到的潜在影响比较有限,而长期将带来更加有利的发展环境,有利于大豆产业复苏(李国祥, 2018; 程国强, 2018; 韩一军和纪承名, 2018)。《中国农业产业发展报告(2018)》的研究结果表明,中美贸易摩擦将使美国出口至中国的农产品金额下降约四成,其中大豆出口额下降约50%;中国大豆进口价格上涨5.88%;中国将增加巴西和阿根廷大豆的进口,增幅分别为8%和25.6%(中国农业科学院, 2018)。萨巴拉和德瓦多斯(Sabala and Devadoss, 2019)构建了世界大豆市场的经验空间均衡模型,分析了中国对美国加征25%的大豆关税对美国、中国和其他主要大豆贸易地区的影响。美国和中国都因关税增加而遭受了福利损失,但是巴西获得了巨大的净收益。美国通过将贸易重新分配给其他进口国来减轻其部分损失,但对加拿大等较小的出口国来说是一种损失。

目前国内外学者多是关注中国对美国大豆加征关税带来的影响,很少讨论中美贸易磋商对大豆产业的影响,也没有考虑非洲猪瘟新形势对大豆产业的间接影响,而且这种影响还将持续一段时间,因此,非常有必要分析这种叠加影响到底有多大。目前,关于中美贸易摩擦的研究仍以定性分析为主,定量研究主要采用全球贸易分析(GTAP)模型,为多国多部门的一般均衡模型。但GTAP模型更多的是分析农产品贸易金额的变化,而不是贸易量的变化。目前,大部分全球农产品局部均衡模型没有考虑双边贸易问题。因此,本节开发和应用全球农产品局部均衡模型——"一带一路"农业模拟模型(SILK模型),增加了双边贸易模块,能够更好地分析中美贸易摩擦给中国以及其他国家大豆产业带来的影响。本节结合中国最新的大豆需求形势,定量模拟分析比较中美贸易谈判可能出现的两种情景对中美及世界大豆产业可能产生的影响:一是继续增加美国大豆进口关税;二是中美双方达成协议,中国增加进口美国大豆。最后,为政府制定应对策略提供政策建议。

4.3.3 研究方法与模拟方案

1. 基本经济理论分析

本节首先从理论上分析中美"贸易摩擦"及"和谈"两种情景的影响。为了简化，这里假设有中国、美国和第三方国家共3个国家，其中，中国是进口国，美国和第三国都是大豆出口国。首先，贸易摩擦情景。贸易摩擦会带来很多影响，包括关税和非关税壁垒等多种手段，但非关税壁垒等难以量化，这里主要以增加关税为例，在中国市场上，国际价格低于国内的均衡价格，如果中国对美国大豆增加关税，则表现为中国进口大豆价格将上涨，显然，由于价格上涨，带来中国消费需求减少，这时的进口也减少。由于中国需求减少，导致美国大豆出口减少。而作为竞争对手的第三国情况与美国相反，其产品相对美国更加便宜，需求增加。显然，第三方国家代替了部分美国进口，即发生了贸易转移。如果中美双方"和谈"的话，情况则刚好相反。限于篇幅，这里不再一一赘述。

2. SILK 模型

本节采用全球农产品局部均衡模型——"一带一路"农业模拟模型（SILK 模型）模拟分析中国增加美国大豆进口对世界大豆产业的潜在影响。SILK 模型是中国农业科学院海外农业研究中心、中国农业科学院农业经济与发展研究所和国际食物政策研究所联合开发的全球农产品局部均衡模型。该模型参考了美国宾夕法尼亚州立大学与美国农业部联合开发的全球农业贸易局部均衡贸易模拟模型（partial equilibrium agricultural trade simulation model，PEATSim）以及国际食物政策研究所的国际农产品和贸易政策分析模型（the international model for policy analysis of agricultural commodities and trade，IMPACT）等全球农产品局部均衡模型，并增加了双边贸易模块。[①]

SILK 模型包含中国、美国、巴西、阿根廷等24个国家（地区），涵盖了稻谷、小麦、玉米、大豆、豆油、豆粕和畜产品等31种农产品及加工品。SILK 模型以农产品供需平衡表数据为基础，建立不同农产品的生产、消费、贸易和价格等指标的关系，构建不同国家（地区）不同农产品间的贸易联系。SILK 模型不仅可以用

---

① 感谢阿加皮·索姆瓦鲁（Agapi Somwaru）博士、史蒂夫·德克塞（Steve Dirkse）博士和刁新申博士在模型开发过程中给予的指导。

于供求预测,而且可以用于政策模拟分析。目前,大部分全球局部均衡模型仅包含各国的进出口总量,较少考虑双边贸易问题。SILK 模型在模拟各国农产品进出口总量的基础上,进一步开发了双边贸易模块,能够模拟分析双边贸易政策变化对各国(地区)及全球农产品贸易格局的影响。SILK 模型的双边贸易模块包含了 24 个国家(地区)的 25 种农产品的贸易矩阵,数据来源于联合国粮农组织发布的农产品贸易矩阵。为了平抑不同年份间贸易的波动,贸易矩阵的基准数据采用 2014~2016 年农产品进口量和出口量的平均值。SILK 模型首先模拟得到各国家(地区)的进口总量和出口总量,然后将进口总量和出口总量与双边贸易模块进行链接,通过交叉熵平衡方法重新平衡贸易矩阵,模拟各国(地区)与其他国家(地区)间双边贸易量的变化。SILK 模型的基准年为 2017 年,能够反映最新的农产品市场运行情况。SILK 模型用 GAMS 软件的混合互补优化求解。

为了单独反映中美大豆贸易政策的影响,减少其他因素干扰,本节采用比较静态方法来模拟不同情景方案的影响。由于篇幅限制,这里重点介绍模型中的价格形成机制和各种价格之间的关系、关税等贸易政策措施的影响机制,以及大豆等油籽类产品及其加工品的生产模块、需求模块、进出口贸易和市场出清模块。

(1)价格模块。在该模型中,对于可贸易的商品而言,世界价格由全球的进口和出口市场出清决定,世界价格用美元表示。然后,世界价格传导到国内市场,所有国内价格都以当地货币表示,取决于世界价格、汇率、运输成本和影响价格的具体国家政策。这里,用 PRF_i 表示农产品 i 的世界价格,而 $PRFC_{i,r}$ 指在国家 r 本币表示的世界价格:

$$PRFC_{i,r} = TRANSM_{i,r} \times PRF_i \times REXR_r \tag{4.1}$$

其中,$TRANSM_{i,r}$ 表示在模型中用于表示世界参考价格对国家价格影响的传输机制,一般情况下,赋值为 1;$REXR_r$ 是在国家 r 的实际汇率。

农产品的世界价格决定各国的进出口价格。其中,进口价格 $PIM_{i,r}$ 是在世界价格的基础上增加关税和运费,有些农产品分为配额内关税和配额外关税两种。

$$PIM_{i,r} = PRFC_{i,r} \times (1 + Tm1_{i,r} + Z_{i,r} \times Tm2_{i,r}) + Trans_{i,r} \tag{4.2}$$

其中,$Tm1_{i,r}$ 为配额内从价税税率,$Tm2_{i,r}$ 为配额外税率,$Trans_{i,r}$ 为运输成本,$Z_{i,r}$ 的取值范围为 [0,1]。

出口价格 $PEX_{i,r}$ 是在世界价格的基础上依据出口补贴和税额调整后的价格:

$$PEX_{i,r} = (1.0 + expSub_{i,r})PRFC_{i,r} \tag{4.3}$$

其中,$expSub_{i,r}$ 为从价的出口补贴或税额。

在模型中，国内价格 $PDOM_{i,r}$ 定义为出口价格 $PEX_{i,r}$ 和进口价格 $PIM_{i,r}$ 的加权平均值：

$$PDOM_{i,r} = \theta_{i,r} PEX_{i,r} + (1 - \theta_{i,r}) PIM_{i,r} \tag{4.4}$$

其中，$\theta_{i,r}$ 为权重，等于出口量除以出口和进口之和。

国内价格进一步细分为生产者价格和消费者价格，分别影响生产者的生产决策和消费者的消费决策。其中，生产价格 $PPR_{i,r}$ 是根据国家 r 的农产品 i 的税额和生产者补贴所调整的国内价格的函数：

$$PPR_{i,r} = PDOM_{i,r} + TW_{i,r} \tag{4.5}$$

其中，$TW_{i,r}$ 表示与目标价格政策相关的生产补贴变量，如果有相应的生产补贴，则取相应的值；如果没有生产补贴，则取值为0。这里的大豆等大部分商品没有生产补贴，因此，生产者价格与国内价格等同。

消费者价格 $PCN_{i,r}$ 则是消费者补贴（减去）或税收（增加）调整的国内价格的函数：

$$PCN_{i,r} = PDOM_{i,r}(1 \pm TC_{i,r}) \tag{4.6}$$

其中，$TC_{i,r}$ 表示消费者补贴/税收。在没有补贴或税收的情况下，消费者价格等于生产者价格。

（2）生产模块。大豆等农作物的产量 PRD 由面积 AHV 和单产 YLD 构成。农作物 i 的种植面积 $AHV_{i,r,t}$ 取决于上一期的种植面积 $AHV_{i,r,t-1}$、农作物 i 的生产者价格 $PPR_{i,r,t}$、其他农作物 j 的生产者价格 $PPR_{j,r,t}$ 和供给价格弹性 $\varepsilon_{i,j}$。农作物 i 的单产取决于上一期的单产 $YLD_{i,r,t-1}$、农作物 i 的生产者价格 $PPR_{i,r,t}$ 和供给价格弹性 $\eta_{i,r}$。面积、单产和产量方程分别见式（4.7）至式（4.9），其中 t 表示时间。

$$AHV_{i,r,t} = \partial_{i,r,t(1)} AHV_{i,r,t-1}^{\lambda_{i,j}} \left[\prod_{i,j}^{n} PPR_{i,j,r,t}^{\varepsilon_{i,j}} \right] \tag{4.7}$$

$$YLD_{i,r,t} = a_{i,r,t(2)} YLD_{i,r,t-1}^{\mu_{i,r}} PPR_{i,r,t}^{\eta_{i,r}} \tag{4.8}$$

$$PRD_{i,r,t} = YLD_{i,r,t} \times AHV_{i,r,t} \tag{4.9}$$

豆油和豆粕等油籽产品的产量取决于大豆等油籽的压榨量、出油率和出粕率：

$$PRD_{i,r} = CRU_{j,r} \times ERT_{i,j,r} \tag{4.10}$$

其中，$CRU_{j,r}$ 是油籽压榨量，$ERT_{i,j,r}$ 是假设固定比例的出油率或出粕率。

大豆等农作物需求分为直接食物消费需求、压榨需求、饲料需求和其他消费需求。

（3）需求模块。食物需求总量由人均消费量和人口总量决定。食物消费需求

总量 $FOO_{i,r}$ 为人均食物需求量和人口数量的函数：

$$FOO_{i,r} = PcFOO_{i,r} \times POP_r \tag{4.11}$$

其中，$PcFOO_{i,r}$ 是人均食物需求量，POP_r 表示在国家 r 的人口数量。

国家 r 中商品 i 的人均食物消费需求量 $PcFOO_{i,r}$ 取决于农产品 i 和其他农产品 j 的消费者价格：

$$PcFOO_{i,r} = \beta_{i,r} \prod_i^n PCN_{i,r}^{\sigma_{i,j,r}} PcRGDP_r^{\varepsilon_{i,r}} \tag{4.12}$$

其中，$\beta_{i,r}$ 是截距项；$\sigma_{i,j,r}$ 是需求价格弹性，包括需求自价格弹性和需求交叉价格弹性；$\varepsilon_{i,r}$ 表示国家 r 中农产品 i 的需求收入弹性。

大豆等油籽最重要的消费形式是压榨消费。油籽压榨消费需求量取决于历史压榨水平和盈利情况。这里采用油籽产品价格和油籽价格的比重来反映压榨油籽的盈利水平，油籽产品的价格等于大豆油和豆粕价格的加权平均，权重分别为出油率和出粕率。当大豆油或豆粕价格越高时，压榨需求量越高；反之，如果大豆价格越高，而大豆油和豆粕价格不变时，压榨需求量则会下降。

$$CRU_{i,r,t} = \beta_{i,r,t} CRU_{i,r,t-1}^{\lambda_{i,r}} \times \left(\frac{\sum_j ERT_{i,j,r,t} \times PPR_{j,r,t}}{PCN_{i,r,t}} \right) \sigma_{i,r,r} \tag{4.13}$$

其中，$CRU_{i,r,t-1}$ 被定义为上一年压榨量，$\beta_{i,r,t}$ 是截距项系数，$\sigma_{i,r,t}$ 是油籽产品和油籽价格比值的需求价格弹性，$\lambda_{i,r}$ 是部分调整参数，$ERT_{i,j,r,t}$ 是出油率或出粕率，$PPR_{j,r,t}$ 是压榨产品豆油或豆粕的生产者价格，$PCN_{i,r,t}$ 是油籽的消费者价格。

（4）饲料需求量。豆粕作为重要的饲料消费，其饲料需求 $FEES_{i,k,r}$ 是由牲畜产量（$PRD_{k,r}$）、饲料转化率（$FR_{i,k,r}$）和饲料价格（$PFE_{i,r}$）共同决定的：

$$FEES_{i,k,r} = \beta_{i,k,r} PRD_{k,r} FR_{i,k,r} \prod_{i \in feed} PFE_{i,r}^{\sigma_{i,j,k,r}} \tag{4.14}$$

其中，i 为饲料类别，k 为畜产品类别，$\beta_{i,k,r}$ 为截距项系数，$PRD_{k,r}$ 为畜产品产量，$FR_{i,k,r}$ 表示畜产品生产对饲料的需求量，$PFE_{i,r}$ 为饲料价格，而 $\sigma_{i,j,k,r}$ 是饲料需求价格弹性，饲料需求总量 $FEE_{i,r}$ 为每种畜产品对 k 饲料的需求总和。

$$FEE_{i,r} = \sum_k FEES_{i,k,r} \tag{4.15}$$

（5）贸易和市场出清模块。国内供求形势变化所产生的供需余缺将通过进出口来调剂，并通过进出口传导到国际市场，影响国际价格。当每种商品的全球净贸易额为零时，实现国际市场出清。世界市场的均衡条件要求区域 r 可贸易商品 i 的出口总额 $NET_{i,r}$ 等于该区域的进口总和 $IMP_{i,r}$。在互补条件下，世界价格 $PRF_{i,r}$ 是世界平衡方程中的平衡变量。

$$\sum_r EXP_{i,r} = \sum_r IMP_{i,r} \qquad (4.16)$$

$$\sum_r EXP_{i,r} = \sum_r IMP_{i,r} \perp PRF_{i,r} \geq 0 \qquad (4.17)$$

该模型首先估算每个地区每种商品的出口总量和进口总量。模型中假设一个国家/区域的出口或进口中较小的一个由与历史贸易一致的行为方程控制,而通过调整贸易额较大的一方来实现全球农产品市场出清。该模型平衡了每种可交易商品的供给和需求,在区域 r 的情况见下式:

$$NET_{i,r} = PRD_{i,r} - CON_{i,r} \qquad (4.18)$$

其中,$PRD_{i,r}$ 为产量,$CON_{i,r}$ 为消费量。

这里,将出口量确定为出口价格的函数,通过变化进口量以达到市场出清。出口量定义为出口价格和出口价格弹性的函数,见式(4.19)。其中,$a_{i,r,t}$ 表示截距项,$PEX_{i,r}$ 为商品的出口价格,$\varepsilon_{i,r}$ 为出口价格弹性,$Neterr_{i,r}$ 为校正因子。当出口量大于国内供需盈余时,两者缺口通过进口来满足,在这种情况下,进口量为导入量也是平衡变量,见式(4.20)和式(4.21)。

$$EXP_{i,r} \geq a_{i,r,t} PEX_{i,r}^{\varepsilon_{i,r}} + Neterr_{i,r} \perp EXP_{i,r} \geq 0 \qquad (4.19)$$

$$a_{i,r,t} PEX_{i,r}^{\varepsilon_{i,r}} + Neterr_{i,r} \geq NET_{i,r} \perp Neterr_{i,r} \geq 0 \qquad (4.20)$$

$$IMP_{i,r} \geq EXP_{i,r} - NET_{i,r} \perp IMP_{i,r} \geq 0 \qquad (4.21)$$

(6)双边贸易模块。为了反映中美贸易政策变化对中美大豆贸易格局的影响,本节开发了双边贸易模块来分析农产品的双边贸易流通问题。由于影响农产品双边贸易的因素非常多,包括各个国家(地区)的供求情况和运费、贸易政策变化等,而这些信息又非常有限,所以,这里判断贸易总量在地区间的分配主要依赖于初始的历史双边贸易情况。由于贸易政策变化,打破了初始的双边贸易矩阵平衡。信息论中的交叉熵(cross entropy,CE)方法具有简洁有效的特点,被广泛应用于经济学的研究,包括平衡和更新投入产出表和社会核算矩阵等(Robinson et al.,2001;陈锡康和杨翠红,2011;涂涛涛和马强,2012)。这里,也借鉴交叉熵方法来平衡双边贸易矩阵,通过最小化熵差值,求解一个与初始双边贸易矩阵最为接近的新的双边贸易矩阵,具体方法如下。

目标函数:交叉熵最小化方程

$$CE = \sum_i \left(\sum_{rfr} \sum_{rto} \left(shimpqty(i,rfr,rto) \times \log\left(\frac{shimpqty(i,rfr,rto)}{shimpqty0(i,rfr,rto)}\right) \right) \right.$$
$$\left. + \sum_{rfr} \sum_{rto} shexpqty(i,rfr,rto) \times \log\left(\frac{shexpqty(i,rfr,rto)}{shexpqty0(i,rfr,rto)}\right) \right) \qquad (4.22)$$

约束方程：

双边进口量方程：

$$x(i,rfr,rto) = shimpqty(i,rfr,rto) \times IMP(i,rto) \quad (4.23)$$

双边出口量方程：

$$x(I,rfr,rto) = shexpqty(I,rfr,rto) \times EXP(I,rfr) \quad (4.24)$$

双边进口份额方程：

$$\sum_{rfr} shimpqty(i,rfr,rto) = 1 \quad (4.25)$$

双边出口份额方程：

$$\sum_{rto} shexpqty(i,rfr,rto) = 1 \quad (4.26)$$

其中，$shimpqty0$（i，rfr，rto）为农产品 i 从 rfr 地区进口到 rto 地区的进口量占 rto 地区进口总量的实际份额，$shexpqty0$（i，rfr，rto）为农产品 i 从 rfr 地区出口到 rto 地区的进口量占 rfr 地区出口总量的实际份额；$shimpqty$（i，rfr，rto）和 $shexpqty$（i，rfr，rto）分别为进口量份额和出口量份额的估计值；IMP（i，rto）和 EXP（i，rfr）分别为农产品 i 在 rto 地区的进口总量和在 rfr 地区的出口总量，即为模型模拟方案求解的新的进口总量和出口总量值；x（i，rfr，rto）则表示贸易矩阵中双边贸易量值，即 rfr 地区向 rto 地区对农产品 i 的进口量，反过来也说明从 rto 地区出口到 rfr 地区的出口量。

3. 中美经贸谈判不确定性的模拟方案设定

本节依据中美贸易谈判的两种可能结果，结合中国农产品市场运行最新形势，设置以下两种不同的政策模拟方案。

第一个方案是模拟如果中美经贸谈判失败可能产生的影响，在目前中国大豆进口关税 3% 的基础上，中国对美国大豆加征 25% 的进口关税。

第二个方案是模拟中美经贸达成协议后带来的影响，中国在正常年份（2017年）的基础上增加美国大豆进口。考虑到大豆进口增加量的不确定性，设置了两种模拟方案：在 2017 年中美大豆贸易的基础上，中国增加进口美国大豆 1 000 万吨和 2 000 万吨，分别相当于增加了 30.4% 和 60.9%，即按照 2017 年平均进口价格计算，相当于分别增加了约 42 亿美元和 84 亿美元。

另外，考虑到 2020 年非洲猪瘟的影响还在继续，可能对中国生猪产业产生重大冲击，对豆粕的饲料需求会减少，进而对大豆需求产生重要影响。据中国农业科学院《中国农业产业发展报告（2019）》估计，猪肉产量将可能下降 10%，对豆粕等的饲料消费下降5%左右。因此，在模拟时又分为是否考虑非洲猪瘟影响两种情况，当考虑非洲猪瘟影响时，假设猪肉产量减少10%。

4.3.4 模拟结果分析

1. 增加美国大豆进口关税对中美及世界各国大豆产业的影响

如果中美经贸谈判失败，中国对美国大豆加征25%的进口关税，则中国大豆进口关税税率提高到28%。受到中美贸易摩擦和非洲猪瘟双重因素的影响，中国对美国大豆的进口量骤减，同时增加巴西、阿根廷等大豆进口，美国大豆生产者受损严重，但巴西、阿根廷等国家的大豆生产者将会从中获益。

（1）增加美国大豆进口关税会改变中国大豆贸易格局，巴西大豆份额显著增加。中国作为美国大豆的第一出口国，增加美国大豆进口关税，会改变中国进口大豆主要来源国的贸易量。SILK模型估计结果表明，增加美国大豆进口关税后，预计美国对中国大豆出口量减少1 896万吨，比2017年下降57.7%。同时，为了弥补中国大豆需求的缺口，中国将会增加对巴西和阿根廷的大豆进口量，分别增加535万吨和268万吨，比2017年分别增加10.5%和40.8%。非洲猪瘟不仅减少了中国国内猪肉产量，而且减少了对豆粕的饲料需求。在考虑非洲猪瘟影响的情况下，中国大豆进口总量将进一步减少315万吨，其中，中国从美国的大豆进口量将减少2 019万吨，比不考虑非洲猪瘟影响时多减少123万吨，而中国对巴西和阿根廷大豆进口的增加量相比于未考虑猪瘟时也有所减少（见表4-5）。

表4-5　加征关税情景下世界各国对中国大豆出口量的变化情况

国家	基期（2017年）出口量（万吨）	模拟方案1（不考虑非洲猪瘟的影响）变化值（万吨）	模拟方案1 变化率（%）	模拟方案2（考虑非洲猪瘟的影响）变化值（万吨）	模拟方案2 变化率（%）
美国—中国	3 286	-1 896	-57.7	-2 019	-61.4
巴西—中国	5 093	535	10.5	412	8.1
阿根廷—中国	658	268	40.8	201	30.6

资料来源：UN Comtrade数据库、SILK模型模拟结果。

（2）增加美国大豆进口关税会导致中国大豆价格上涨，消费量下降。模拟结果显示（见表4-6），国内大豆价格比2017年上涨9.0%，压榨消费量下降10.8%。中国大豆进口总量也会减少，比2017年基准年减少1 166万吨，下降

12.2%。国内大豆价格上涨会刺激国内大豆生产，但作用十分有限，国内大豆产量仅比 2017 年增加 34 万吨，增加 2.6%。如果考虑非洲猪瘟的影响，中国大豆进口总量将减少 1 481 万吨，比 2017 年基准年下降 15.5%，比不考虑非洲猪瘟影响时多减少 315 万吨；中国大豆产量比 2017 年增加 49 万吨，增加 3.7%。

表 4-6　　　　　　　加征关税情景下中国大豆产业变化情况

指标	基期（2017 年）绝对值	模拟方案 1（不考虑非洲猪瘟的影响）变化值	变化率（%）	模拟方案 2（考虑非洲猪瘟的影响）变化值	变化率（%）
进口量（万吨）	9 554	-1 166	-12.2	-1 481	-15.5
产量（万吨）	1 315	34	2.6	49	3.7
国内价格（美元/吨）	526	47	9.0	44	8.4
压榨消费（万吨）	9 572	-1 034	-10.8	-1 292	-13.5

资料来源：SILK 模型模拟结果。

（3）增加美国大豆进口关税使得美国大豆出口骤减，生产者利益受到损害。受到加征关税的影响，美国大豆出口总量会大幅度减少，比 2017 年减少 1 795 万吨，其中对中国大豆出口量减少 1 896 万吨，对印度尼西亚、墨西哥等国的大豆出口量有小幅增加，但是增加量远不及对中国的出口减少量。美国大豆价格由于出口减少而下降，比 2017 年下降 12.1%，大豆产量比 2017 年减少 574 万吨，美国大豆生产者利益受到损害。受非洲猪瘟的影响，美国大豆出口总量下降幅度更大，比 2017 年减少 1 897 万吨，降幅高达 33.2%（见表 4-7）。

表 4-7　　　　　　　加征关税情景下美国大豆产业变化

指标	基期（2017 年）绝对值	模拟方案 1（不考虑非洲猪瘟的影响）变化值	变化率（%）	模拟方案 2（考虑非洲猪瘟的影响）变化值	变化率（%）
出口量（万吨）	5 715	-1 795	-31.4	-1 897	-33.2
产量（万吨）	11 952	-574	-4.8	-598	-5.0
国内价格（美元/吨）	343	-42	-12.1	-43	-12.6
压榨消费（万吨）	5 290	1 016	19.2	1 090	20.6

资料来源：SILK 模型模拟结果。

(4) 增加美国大豆进口关税会增加巴西和阿根廷的大豆进口，使其大豆生产者受益。在模拟方案1下，巴西和阿根廷的大豆出口总量分别增加954万吨和315万吨，比2017年分别上涨14.0%和42.5%。出口增加拉动巴西和阿根廷大豆生产价格分别比2017年上涨9.9%和3.7%，产量分别增加458万吨和115万吨，巴西和阿根廷大豆生产者因此受益。在模拟方案2中，非洲猪瘟造成中国大豆需求下降，对巴西和阿根廷的出口增加量有所影响，增加量相较于不考虑非洲猪瘟影响的情况有所下降，增长率分别由14.0%下降到13.1%和由42.5%下降到35.1%（见表4-8）。

表4-8　　　　加征关税情景下其他国家大豆产业的变化情况

国家	指标	基期（2017年）绝对值	模拟方案1（不考虑非洲猪瘟的影响）变化值	变化率（%）	模拟方案2（考虑非洲猪瘟的影响）变化值	变化率（%）
	世界价格（美元/吨）	266	-32	-12.1	-34	-12.6
巴西	出口量（万吨）	6 815	954	14.0	893	13.1
	产量（万吨）	11 460	458	4.0	435	3.8
	国内价格（美元/吨）	396	39	9.9	36	9.2
	压榨消费（万吨）	4 210	-497	-11.8	-455	-10.8
阿根廷	出口量（万吨）	740	315	42.5	260	35.1
	产量（万吨）	5 497	115	2.1	99	1.8
	国内价格（美元/吨）	386	14	3.7	12	3.1
	压榨消费（万吨）	4 445	-204	-4.6	-156	-3.5

资料来源：SILK模型模拟结果。

2. 增加美国大豆进口量对世界大豆产业的影响

中美达成经贸协议后，中国有望增加进口美国大豆，刺激对美国大豆消费需求增加，带动美国国内大豆价格上涨，产量增加；中国对美国进口额会相应增加，但是中国大豆因缺乏竞争力可能会被进口大豆替代，导致中国大豆价格和产量均下降。从全球来看，由于美国对中国大豆出口增加，国际市场大豆供给量增加，导致大豆国际价格下降；大豆国际价格传导至巴西、阿根廷，使巴西和阿根廷国内大豆价格和产量下降；在中国大豆消费量变化不大的情况下，中国增加美国大豆进口，将减少从巴西、阿根廷等国家的大豆进口。考虑到增加美国大豆进口和非洲猪瘟的双重影响，世界大豆价格下降，中国进口大豆总量减少，在美国大豆进口增加量不变的情况下,巴西和阿根廷对中国大豆出口量的下降幅度更大。

(1) 中美大豆贸易变化会对世界大豆贸易产生重要影响,巴西和阿根廷对中国大豆出口份额增加。若中国增加 1 000 万吨美国大豆进口,则美国大豆会替代部分巴西和阿根廷大豆,巴西和阿根廷对中国大豆出口量将分别减少 545 万吨和 176 万吨,降幅分别为 10.7% 和 26.8%。若考虑非洲猪瘟的影响,在同样的模拟条件下,美国对中国大豆出口增加量仅为 838 万吨,巴西和阿根廷对中国大豆出口量将分别比 2017 年的水平减少 662 万吨和 243 万吨,比不考虑非洲猪瘟影响的模拟方案分别减少 117 万吨和 67 万吨(见表 4-9)。若中国增加 2 000 万吨美国大豆进口,进口量增加 52.2 万吨,则美国大豆将会替代更多巴西和阿根廷大豆,其中巴西受到的影响更大,在不考虑非洲猪瘟和考虑非洲猪瘟的影响下,中国将分别减少 937 万吨和 1 063 万吨的巴西大豆进口,减幅分别达到 18.4% 和 20.9%。

表 4-9　增加美国大豆进口情景下世界各国对中国大豆出口量的变化情况

国家	基期(2017 年)出口量(万吨)	模拟方案 1(不考虑非洲猪瘟的影响)				模拟方案 2(考虑非洲猪瘟的影响)			
		1 000 万吨		2 000 万吨		1 000 万吨		2 000 万吨	
		变化值(万吨)	变化率(%)	变化值(万吨)	变化率(%)	变化值(万吨)	变化率(%)	变化值(万吨)	变化率(%)
美国—中国	3 286	1 000	30.4	2 000	60.9	838	25.5	1 827	55.6
巴西—中国	5 093	-545	-10.7	-937	-18.4	-662	-13.0	-1 063	-20.9
阿根廷—中国	658	-176	-26.8	-397	-60.4	-243	-36.9	-452	-68.6

资料来源:SILK 模型模拟结果。

(2) 增加美国大豆进口导致中国大豆进口量增加,价格下降。模拟结果显示,当中国增加 1 000 万吨美国大豆进口时,中国大豆进口总量比 2017 年增加 248 万吨。世界大豆价格下降传导到国内,导致中国大豆生产者价格下降 1.9%,产量下降 0.6%;压榨消费量增加 220 万吨,增长 2.3%。考虑到增加美国大豆进口和非洲猪瘟的双重影响,中国大豆进口总量将会减少,比 2017 年减少 96 万吨。当中国增加美国大豆进口量达到 2 000 万吨,中国大豆进口总量将增加 621 万吨,增幅为 6.5%,国内大豆价格下降 4.7%,产量下降 1.4%(见表 4-10)。

表 4-10　　　　　　增加美国大豆进口情景下中国大豆产业的变化

指标	基期(2017年) 绝对值	模拟方案1（不考虑非洲猪瘟的影响）				模拟方案2（考虑非洲猪瘟的影响）			
		1000万吨		2000万吨		1000万吨		2000万吨	
		变化值	变化率(%)	变化值	变化率(%)	变化值	变化率(%)	变化值	变化率(%)
进口量（万吨）	9 554	248	2.6	621	6.5	-96	-1.0	268	2.8
产量（万吨）	1 315	-8	-0.6	-18	-1.4	5	0.4	-7	-0.5
国内价格（美元/吨）	526	-10	-1.9	-25	-4.7	-13	-2.5	-28	-5.3
压榨消费（万吨）	9 572	220	2.3	546	5.7	-57	-0.6	268	2.8

资料来源：SILK 模型模拟结果。

（3）中国增加进口美国大豆导致美国大豆价格上涨、产量增加。若美国对中国大豆出口增加1 000万吨，美国大豆价格将由于出口需求的增加而上涨；产量增加430万吨，增长3.6%。但由于国内价格的上涨，导致美国国内大豆压榨消费需求减少630万吨，降幅为11.9%。由于美国大豆产量增加，国际市场上大豆供给增加，导致世界大豆价格下降1.9%。全球大豆进口需求将因此而增加，美国大豆的出口总量将增加1 189万吨，增长20.8%。即除了中国增加进口的1 000万吨大豆以外，其他国家也由于大豆世界价格下降增加进口了189万吨美国大豆。若考虑非洲猪瘟的影响，美国大豆出口总量和生产量的增加量比不考虑非洲猪瘟的情况有所减少，分别比2017年增加1 097万吨和406万吨，分别增加19.2%和3.4%。当增加量达到2 000万吨时，对美国大豆市场的影响更为显著，国内大豆产量增长7.9%，但会导致美国国内大豆供给减少、价格上涨，抑制国内消费需求，压榨消费量下降24.1%（见表4-11）。

表 4-11　　　　　增加美国大豆进口情景下美国大豆产业的变化情况

指标	基期(2017年) 绝对值	模拟方案1（不考虑非洲猪瘟的影响）				模拟方案2（考虑非洲猪瘟的影响）			
		1000万吨		2000万吨		1000万吨		2000万吨	
		变化值	变化率(%)	变化值	变化率(%)	变化值	变化率(%)	变化值	变化率(%)
出口量（万吨）	5 715	1 189	20.8	2 469	43.2	1 097	19.2	2 389	41.8
产量（万吨）	11 952	430	3.6	944	7.9	406	3.4	920	7.7
国内价格（美元/吨）	343	33	9.6	75	21.8	31	8.9	72	21.0
压榨消费（万吨）	5 290	-630	-11.9	-1 275	-24.1	-571	-10.8	-1 222	-23.1

资料来源：SILK 模型模拟结果。

(4) 巴西和阿根廷对中国大豆出口量下降。由于中国大豆进口总量增长幅度小于从美国进口的数量,巴西和阿根廷大豆对中国出口量将相应减少。在国际价格传导作用下,巴西和阿根廷大豆产业将受到一定程度的影响。在中国增加1 000万吨美国大豆进口的情况下,巴西和阿根廷大豆出口量分别减少518万吨和162万吨,降幅分别为7.6%和21.9%;大豆产量分别减少2.1%和1.1%。但国内价格下降将导致消费需求增加,巴西和阿根廷的大豆压榨消费需求分别增长6.6%和2.3%。考虑到增加美国大豆进口和非洲猪瘟的双重影响,中国进口大豆总量减少,在美国大豆进口增加量不变的情况下,巴西和阿根廷对中国大豆出口量将会减少更多,分别比2017年减少593万吨和229万吨。若中国增加2 000万吨美国大豆进口,巴西和阿根廷大豆生产者的利益将会受到较大影响,国际需求减少,国内供给增加,国内价格分别下降7.7%和4.8%,大豆产量分别下降3.3%和2.7%。如果考虑到增加美国大豆进口和非洲猪瘟的双重影响,这些影响将会更大一些(见表4-12)。

表4-12　　增加美国大豆进口情景下其他国家大豆产业的变化情况

国家	指标	基期(2017年)绝对值	模拟方案1(不考虑非洲猪瘟的影响) 1 000万吨 变化值	变化率(%)	2 000万吨 变化值	变化率(%)	模拟方案2(考虑非洲猪瘟的影响) 1 000万吨 变化值	变化率(%)	2 000万吨 变化值	变化率(%)
	世界价格(美元/吨)	266	-5	-1.9	-13	-4.8	-7	-2.6	-14	-5.4
巴西	出口量(万吨)	6 815	-518	-7.6	-811	-11.9	-593	-8.7	-893	-13.1
巴西	产量(万吨)	11 460	-241	-2.1	-378	-3.3	-264	-2.3	-413	-3.6
巴西	国内价格(美元/吨)	396	-19	-4.9	-30	-7.7	-22	-5.5	-33	-8.3
巴西	压榨消费(万吨)	4 210	278	6.6	434	10.3	337	8.0	497	11.8
阿根廷	出口量(万吨)	740	-162	-21.9	-404	-54.6	-229	-30.9	-474	-64.0
阿根廷	产量(万吨)	5 497	-60	-1.1	-148	-2.7	-77	-1.4	-170	-3.1
阿根廷	国内价格(美元/吨)	386	-7	-1.9	-19	-4.8	-10	-2.6	-21	-5.4
阿根廷	压榨消费(万吨)	4 445	102	2.3	258	5.8	160	3.6	320	7.2

资料来源:SILK模型模拟结果。

4.3.5　结论

中国是全球第一大豆消费国,但国内产量较低,主要依赖进口,是世界上最大的大豆进口国，2017 年中国大豆产量 1 315 万吨，进口大豆 9 553 万吨，对外依存度高达 87.2%。美国是世界上最大的农产品出口国，大豆是其重要的出口农产品。本节通过分析双边最重要的农产品大豆为例，运用全球农产品局部均衡模型模拟比较分析两种不同中美经贸谈判情景，结果表明，贸易摩擦只能让双方继续受损严重，尤其是在非洲猪瘟发生后，中国大豆需求量减少的情况下更为严重。中美双方农业具有很强的互补性，美国土地资源丰富，能生产出包括大豆等大量优质的农产品，而中国对农产品需求强劲，只有和谈才是实现中美农产品贸易健康发展的正道，符合双方利益，让美国农民能够分享中国的大市场，实现互利共赢。显然，中美经贸谈判第一阶段协议具有重要意义。中国增加进口美国大豆并不会对国内大豆产业带来很大冲击，同时能够很好地补充国内的供给不足，满足人们的消费需要，节约水土资源，缓解资源压力。目前，中国国产大豆单产低、生产成本高、出油率较低，市场竞争力明显低于进口大豆。从长期来看，中国仍然需要继续采取多种综合措施提高国内大豆的生产能力，包括加大大豆的科研投入、培育更具市场竞争力的品种和提高机械化水平等多种方式，提升大豆单产和产品品质，降低生产成本，切实提升国产大豆竞争力，确保国内大豆一定的自给能力。

4.4 非洲猪瘟与中美贸易摩擦对中国猪肉市场及贸易的影响分析

4.4.1 引言

2018 年 8 月非洲猪瘟发生以来对中国生猪市场产生了巨大影响。据国家统计局数据，2019 年我国生猪存栏及能繁母猪存栏分别下降 27.5% 和 27.1%，生猪基础产能大幅下滑，2019 年猪肉产量 4 255 万吨，下降 21.3%。为了弥补国内猪肉供给缺口，2019 年猪肉进口大幅增加，为 210.8 万吨，增长 76.8%。为了加快恢复生猪生产，2019 年 8 月以来，农业农村部及相关部门出台了一系列扶持生猪生产的政策措施，如支持规模养猪场加强基础设施建设、加大生猪生产财政补贴力度和信贷保险支持力度等。在市场拉动和政策激励下，养殖场户增养补栏信心不断增强，生猪基础产能持续恢复。截至 2020 年 1 月，全国能繁母猪存栏已连续 4 个月环比增长，与去年 9 月相比增长 8%。农业农村部在 2020 年 10 月的生猪生产形势发布会上表示，生猪市场供应力争2020年底基本恢复到常年80%左右的水平。2019年12月，农业农村部印发了《加快生猪生产恢复发展三年行动方案》，提出落实生猪规模化养殖场建设补助项目、加大农机购置补贴支持力度、保障养殖用地、落实财政支持项目和加大金融保险支持等18项重点任务，确保2020年底前产能基本恢复到接近常年的水平，2021年恢复正常。为了缓解国内猪肉供给压力，自2020年1月1日起猪肉进口关税由12%下降到8%。降低冻猪肉进口关税税率，有利于降低进口成本，增加冻猪肉进口数量，缓解国内猪肉供给压力，对保障民生有重要作用。

自2018年以来，中美两国之间贸易摩擦不断升级，不断对美国猪肉进口加征关税对我国猪肉贸易格局产生了重大影响。2018年7月6日起，中国对美国发起第一轮反制，实施对原产于美国的冻猪肉等产品加征25%的关税；2019年9月1日起，中国对美国实施第三轮反制，实施对原产于美国的冻猪肉加征10%的关税；2020年2月14日起，财政部对部分已加征10%关税的商品（含猪肉），加征税率调整为5%。经过多轮调整，目前中国对美国进口猪肉加征30%的关税。中美贸易摩擦对中国进口美国猪肉产生了较大的影响，2018年中国自美国猪肉进口量为8.6万吨，比2017年减少48.2%。2019年受非洲猪瘟的影响，中国进口美国猪肉量增加到24.5万吨，这主要得益于9月中旬中国实施豁免部分进口美国大豆、猪肉的关税。

目前已有研究主要集中于非洲猪瘟带来的影响，而缺少对非洲猪瘟与中美贸易摩擦双重影响下未来中国猪肉市场变化的定量分析。那么，在非洲猪瘟和中美贸易摩擦的双重影响下，采取应对措施后中国猪肉市场的恢复情况如何？猪肉进口关税下调和中美达成贸易协定后取消对美国猪肉加征关税对中国猪肉市场和猪肉贸易市场有怎样的影响？基于以上问题，本节应用农产品局部均衡模型，定量模拟分析了非洲猪瘟对未来猪肉市场的持续影响、采取应对措施后中国猪肉市场的恢复情况以及进口猪肉关税下降和取消对美国猪肉加征关税对猪肉贸易市场的影响，从而为政府提前制定各种应对方案提供参考依据。

本节所使用数据主要来自国家统计局、农业农村部、商务部及海关总署官网。

4.4.2 文献综述

猪肉作为与居民息息相关的产业，非洲猪瘟爆发带来的影响范围广泛且持续时间较长，因此备受广大学者和政府的关注。疫情发生后，许多学者纷纷分析了非洲猪瘟对中国生猪产业和贸易的影响。大部分研究认为，为应对非洲猪瘟和遵守更严格的环境规则而施加的要求可能会迫使更多的小规模猪肉生产者退出市场，造成猪肉供给减少，消费者将减少猪肉消费，增加家禽、牛肉和其他动物蛋白消费，并且会引起生猪及产品价格存在短期区域性差异及长期价格上涨，冲击饲料市场和其他相关产品价格（胡向东和郭世娟，2018）。梅森·德·克罗等（Mason-D'Croz et al.，2020）利用定量模拟了在不同规模的疫情下，猪肉产量分别减少20%、40%、60%或80%对全球猪肉及相关产业的影响，结果表明，在不同规模疫情下，猪肉产量的下降将推动全球猪肉价格上涨17%~85%，猪肉价格上涨导致所有地区的猪肉需求下降，中国人均需求在第一年下降了1.4~5.3千克（3%~13%），牛肉和家禽等食品的需求和价格同样上涨，而用于饲料的玉米和大豆价格下降。非洲猪瘟发生前，中国猪肉消费约占世界的一半，其中97%的猪肉消费来源于国内生产，因此，国内猪肉供给的缺口会导致进口需求大幅增加，而各国向中国供应猪肉的能力将在很大程度上受到本国非洲猪瘟发生情况的影响（Shao，2018）。非洲猪瘟的发生也改变了中国猪肉的贸易格局，截至2019年5月，虽然自2018年4月美国上调了猪肉关税，但中国对美国猪肉的进口量依然增加，美国向中国出口的势头将取决于正在进行的贸易谈判结果，以及与欧盟相比的出口竞争力，欧盟在2018年对中国出口猪肉占其出口量的76%。预计欧盟今年将会向中国出口更多的猪肉（Zhang，2019）。就美国而言，各国非洲猪瘟的暴发将为美国猪肉出口带来巨大的增长机会，卡里基里等（Carriquiry et al.，2019）通过假设亚洲生猪库存下降30%，预计美国猪肉出口量将增加340万吨，折合起来将超过70亿美元，与他们之前估计一致，即一旦中国取消非关税壁垒，美国猪肉出口可能增长89亿美元。然而，如果贸易摩擦持续下去，关税将不仅仅是抵消（或可能逆转）美国猪肉出口增长的可能。

在小养殖户众多和猪肉运输频繁的中国，控制非洲猪瘟是一场具有挑战性的持久战，中国可以从其他经历过非洲猪瘟的国家中吸取一些经验。以西班牙为例，1967年非洲猪瘟在西班牙暴发，直到1985年欧盟为根除该病提供了足够的财政支持，才得到很好的控制。西班牙建立了一个流动兽医队网络和一个用于非洲猪瘟监测和疫情鉴定的参考实验室，严格控制动物活动，禁止非法运输猪肉，并为宰杀的猪提供了合理的补偿（Arias et al.，2008）。对于中国而言，目前我国猪养殖大部分都是农户小规模散养，难以进行统一的疫病防治检测，再加上大多是个体屠宰，使猪肉在生产、运输和销售过程中很容易受到污染或变质（赵占峰和孙剑，2005），因此，在应对非洲猪瘟时需要所有利益相关者的共同参与和协调。中国政府应从以下几个方面重点协调监督和应对：建立多部门联动机制，协调各部门防控非洲猪瘟；建立符合生物安全法规的实时监测、可追溯的生猪/猪肉运输体系；建立检验检疫和消毒站，控制疫区动物运输车辆的移动；实施合理的补偿政策。对养猪户而言，重点是改进农场生物安全措施：不从非洲猪瘟疫区引进猪肉，避免将猪肉或相关产品从外面运到农场，饲料中不添加猪源蛋白制品，禁止非洲猪瘟疫区访客进入，生猪运输前后对货车进行清洗消毒等。

4.4.3 非洲猪瘟对中国猪肉市场和贸易市场的影响及现状分析

1. 生猪基础产能大幅下滑，但在逐步恢复

非洲猪瘟疫情发生以来，中国生猪市场受到了巨大冲击，生猪存栏及能繁母猪存栏同比大幅度持续下滑。据农业农村部对全国400个县的监测，2018年8月至2019年10月，能繁母猪存栏和生猪存栏同比持续下降，下降幅度分别为38.9%和41.4%。2019年11月全国生猪生产开始探底回升。随着国家和地方一系列恢复生猪生产政策措施的落实，加上市场行情的带动，生猪基础产能逐步恢复，2020年1月能繁母猪存栏环比增长1.2%，已连续4个月增长。同时，据农业农村部2020年2月统计数据，我国部分养猪大省能繁母猪存栏恢复势头更好，辽宁连续8个月环比增长，河北、山西和黑龙江均连续6个月环比增长，河南连续5个月环比增长。能繁母猪存栏持续增长，为生猪生产恢复奠定了较好基础。规模猪场产能持续恢复，2020年1月全国年出栏500头以上规模猪场能繁母猪存栏环比增长2.2%，连续5个月增长。规模猪场一直保持着率先恢复势头，对生猪生产的整体恢复十分有利。①

2. 猪肉价格及替代品价格明显上涨

2018年8月非洲猪瘟首次进入中国，次月，中国猪肉价格便上涨了2.5%。进入2019年后，该情况并未好转，中国因非洲猪瘟扑杀的生猪超百万头，生猪、能繁母猪存栏数量连续数月下滑，造成猪肉供应持续紧张，供需缺口继续扩大。猪肉价格上涨也带动鸡肉、牛肉和羊肉等替代品的价格上涨。2019年3月第2周开始，猪肉价格同比持续上涨，全国猪肉平均价格为23.61元/公斤，同比上涨3%。11月第1周，猪肉价格达到最高点，为58.71元/公斤，同比上涨149.2%。同期白条鸡平均价格为26.92元/公斤，同比上涨35.2%；牛肉平均价格为82.22元/公

---

① 1月份全国生猪生产稳步恢复［EB/OL］. 农业农村部官网，2020-02-20.

斤，同比上涨23.7%；羊肉平均价格为79.41元/公斤，同比上涨22.6%。面对猪肉价格上涨，国务院及各级地方政府出台了一系列举措推动扩大生猪生产，如扩大生猪规模化养殖，逐步推动各地取消不合理的禁养限养措施等，2019年11月猪肉价格环比涨幅已经出现回落。相关部门也在积极增加猪肉进口，向市场投放储备猪肉，对于稳定猪价发挥了重要作用，2019年12月底全国猪肉平均价格降至50.88元/公斤。

3. 价格暴涨导致猪肉消费下降

政府及学界不断加大宣传与科普力度，告知广大消费者，非洲猪瘟病毒不感染人，但仍然有部分消费者存在恐慌心理，减少或者暂停猪肉消费，使猪肉消费量出现大幅度下降。农业农村部对230家集贸市场猪肉交易量的监测数据显示，2018年12月猪肉交易量同比下降11.41%。进入2019年后，随着大部分疫区解封，生猪及其产品流通加快，再加上春节临近，1月猪肉交易量明显恢复，环比增长8.60%，同比降幅缩小至3.67%。但由于猪肉价格上涨，猪肉交易量再次持续下降，鸡肉、牛肉和羊肉等替代品的交易量明显上涨。2019年中国猪肉消费量约为4433万吨，比2017年下降18.8%。猪肉消费量下降推动鸡肉、牛肉和羊肉等替代品的消费量上涨。2019年中国鸡肉首次出现近5年来贸易逆差，鸡肉消费大幅增加，净增长220万吨左右，对猪肉缺口的替代率约为25%。牛羊肉消费需求同样快速增长，根据农业农村部对240个县集贸市场牛肉交易量的监测数据，2019年牛肉平均交易量同比增长2.9%，终端消费需求明显增长；羊肉进口数量大幅增长，贸易逆差进一步扩大，2019年羊肉进口量为39.23万吨，同比增长23.0%。

4. 猪肉国内市场和贸易市场情况

2017年中国猪肉产量为5340万吨，进口总量为121.7万吨，分别从西班牙、德国、加拿大、美国和丹麦进口23.8万吨、21.2万吨、16.7万吨、16.6万吨和8.9万吨，共占中国猪肉进口总量的71.7%。2018年受中美贸易摩擦的影响，中国猪肉进口贸易格局发生变化，巴西成为中国猪肉进口主要来源国之一。2018年中国猪肉进口总量为119.2万吨，主要进口来源国为德国、西班牙、加拿大、巴西和美国，进口量分别为22.8万吨、22.0万吨、16.0万吨、15.0万吨和8.6万吨，其中自美国进口猪肉量比2017年减少48.2%。2019年受到非洲猪瘟的影响，中国猪肉产量大幅下降，仅为4255万吨，比2018年下降21.3%。国内猪肉的供给缺口导致进口需求大幅增加，2019年中国进口猪肉总量为210.8万吨，其中分别自西班牙、德国、美国、巴西和加拿大进口猪肉 38.2 万吨、32.3 万吨、24.5 万吨、22.2 万吨和 17.2 万吨。在中美贸易摩擦的影响下，中国自美国进口猪肉仍然增加，这主要得益于 2019 年 9 月中旬豁免部分进口美国大豆、猪肉的关税，即国家发改委、商务部等部门明确表示，中方支持相关企业按照市场化原则和 WTO 规则，自美国采购一定数量大豆、猪肉等农产品，国务院关税税则委员会将对上述采购予以加征关税排除。

2018 年开始，受中美贸易摩擦的影响，中国自美国猪肉进口减少，而巴西对中国猪肉出口量大幅增加，比 2017 年上涨 69.3%，2019 年巴西对中国猪肉出口继续增加到 22.2 万吨。自 2020 年 1 月起猪肉进口关税将下调，预计中国猪肉进口总量会增加，在中国未取消美国猪肉进口增加关税的情况下，中国自巴西猪肉进口预计会增加。2020 年中美贸易协定有望达成，在取消对美国猪肉加征关税的情况下，中国势必会增加美国猪肉进口。自 2014 年以来，美国猪肉出口量一直保持增长的趋势，从 2014 年的 147.7 万吨连续增加到 2018 年的 181.4 万吨，美国猪肉产量也较为稳定，2014~2018 年年均增长率为 1.9%，因此，在取消关税的情况下，美国有潜力对中国增加猪肉出口。

4.4.4 模拟方案设定

在非洲猪瘟和中美贸易摩擦的双重影响下，为了反映未来中国猪肉市场的情况，本节采用动态方法来模拟应对措施、关税下降以及取消加征关税对猪肉市场的影响。通过联结中国农业产业模型（CASM）和"一带一路"农业模拟模型（SILK 模型），分析非洲猪瘟和中美贸易摩擦对猪肉国内市场以及国际市场的影响。CASM 是由中国农业科学院农业经济与发展研究所与国际食物政策研究所构建的包括多个农业产业的多市场局部均衡模型，涵盖了农作物、畜产品及其加工品等多产业多市场的局部均衡模型，建立了不同产品的相互联系，模拟了农产品市场的运行机制，与现有模型相比，该模型不仅考虑了猪肉的供需平衡关系，还同时考虑了能繁母猪和商品猪的供需平衡，分析了能繁母猪和商品猪之间的存栏和出栏及其相互关系，以及能繁母猪、商品猪和猪肉之间的关系，更系统和更科学地模拟了畜产品市场。SILK 模型是中国农业科学院海外农业研究中心、中国农业科学院农业经济与发展研究所和国际食物政策研究所联合开发的全球农产品局部均衡模型。该模型包含中国、美国、巴西、阿根廷等 24 个国家（地区），涵盖了稻谷、玉米、大豆和畜产品等 31 种农产品及加工品。SILK 模型以农产品供需平衡表数据为基础，建立不同农产品的生产、消费、贸易和价格等指标的关系，构建不同国家（地区）不同农产品间的贸易联系。该模型不仅可以用于供求预测，还可以用于政策模拟分析。与目前大部分全球局部均衡模型相比，SILK模型增加了双边贸易模块，在模拟各国农产品进出口总量的基础上，能够模拟分析双边贸易政策变化对各国及全球农产品贸易格局的影响。

本节为了分析非洲猪瘟与中美贸易摩擦对中国猪肉市场的影响，设置了5个模拟方案。（1）应用CASM探讨非洲猪瘟和采取应对措施后对2020~2021年猪肉市场的影响，设置了三种模拟方案。第一个方案假设没有非洲猪瘟的影响，对未来猪肉市场的供需情况进行预测；第二个方案模拟在未采取任何干预措施的情况下非洲猪瘟对未来猪肉市场、鸡肉和牛羊肉市场的持续影响；第三个方案根据2020年生猪产能恢复80%、2021年恢复正常的目标，以及2019年母猪的实际存栏量，模拟采取应对措施后猪肉市场恢复的情况。（2）进一步分析猪肉进口关税下降和达成中美贸易协定后取消美国猪肉加征关税对猪肉贸易市场的影响，为了更贴近现实情况，在模拟方案三的基础上，应用SILK模型设置两种不同的政策模拟方案。第四个方案是模拟中国猪肉进口关税下降对猪肉贸易市场的影响，即从12%下降到8%。国务院关税税则委员会发布的《2020年进口暂定税率等调整方案》规定自2020年1月1日起猪肉进口关税由12%下降到8%。第五个方案是模拟取消中国对美国猪肉进口加征25%的关税对猪肉贸易市场的影响。经过多轮调整，目前中国对美国进口猪肉加征30%的关税。但由于美国农产品价格优势较为明显，中国政府对多家进口美国猪肉的企业实施临时关税豁免，因此，在模拟过程中将加征关税设置为25%更贴合实际。

4.4.5 模拟结果分析

非洲猪瘟造成猪肉产量和消费量大幅下降，鸡肉替代效应最为明显。在没有非洲猪瘟影响的情况下，中国猪肉市场较为稳定，2019~2021年猪肉产量的年均增长率约为1.5%。受非洲猪瘟的影响，2019年猪肉产量和消费量分别为4256.1万吨和4466.4万吨，比2018年下降21.2%和19.1%，猪肉价格高达53.0元/公斤，由于替代效应，鸡肉、牛肉和羊肉产量分别上涨12.3%、3.6%和3.4%，如果不采取措施恢复生猪生产，非洲猪瘟的影响会持续下去，由于市场作用，2020年猪肉产量相较于2019年有所回升，但仍比2018年下降18.7%，到2021年猪肉产量将下降到3896.2万吨，猪肉价格也会一直维持较高水平（见表4-13）。

表 4-13　　　　　　　非洲猪瘟对中国猪肉市场及替代市场的影响

品种	指标	2018 年 绝对值	2019 年 变化值	2019 年 变化率（%）	2020 年 变化值	2020 年 变化率（%）	2021 年 变化值	2021 年 变化率（%）
猪肉	产量（万吨）	5 404.0	-1 147.9	-21.2	-1 011.8	-18.7	-1 507.8	-27.9
猪肉	居民食物消费量（万吨）	5 519.0	-1 052.6	-19.1	-916.4	-16.6	-1 412.4	-25.6
猪肉	价格（元/公斤）	18.7	36.3	193.9	21.6	115.7	44.3	237.1
鸡肉	产量（万吨）	1 330.3	163.9	12.3	65.4	4.9	204.6	15.4
牛肉	产量（万吨）	644.1	23.0	3.6	51.1	7.9	66.2	10.3
羊肉	产量（万吨）	475.0	15.9	3.4	9.9	2.1	21.0	4.4

资料来源：CASM 模拟结果。

恢复生猪产能后，非洲猪瘟影响短期内还在持续，预计到 2021 年猪肉市场供需基本达到正常水平。在采取一系列措施稳定生猪市场后，2020 年中国猪肉市场会出现一定程度的好转，比 2019 年上涨 13.9%，但仍低于 2018 年水平，下降 10.3%，猪肉价格仍比 2018 年高 55.8%。由于猪肉消费量增加，鸡肉、牛肉和羊肉替代作用也会下降。预计到 2021 年，中国猪肉市场基本恢复到 2018 年的水平，猪肉产量和消费量分别为 5 258.1 万吨和 5 468.4 万吨，比 2018 年分别下降 2.7% 和 0.9%（见表 4-14）。

表 4-14　　　　　　　恢复生猪产能对猪肉市场及替代市场的影响

品种	指标	2018 年 绝对值	2019 年 变化值	2019 年 变化率（%）	2020 年 变化值	2020 年 变化率（%）	2021 年 变化值	2021 年 变化率（%）
猪肉	产量（万吨）	5 404.0	-1 147.9	-21.2	-554.3	-10.3	-145.9	-2.7
猪肉	居民食物消费量（万吨）	5 519.0	-1 052.6	-19.1	-459.0	-8.3	-50.6	-0.9
猪肉	价格（元/公斤）	18.7	36.3	193.9	10.4	55.8	6.7	35.9
鸡肉	产量（万吨）	1 330.3	163.9	12.3	-27.4	-2.1	-62.2	-4.7
牛肉	产量（万吨）	644.1	23.0	3.6	31.1	4.9	-5.1	-0.8
羊肉	产量（万吨）	475.0	15.9	3.4	1.6	0.3	-3.0	-0.6

资料来源：CASM 模拟结果。

猪肉进口关税下降会使中国猪肉进口量增加，巴西将成为中国仅次于欧盟的第二大猪肉来源国。在非洲猪瘟和中美贸易摩擦的双重影响下,猪肉进口关税下降会使中国猪肉进口量达到291.5万吨,比2017年和2019年分别增加169.8万吨和81.4万吨。欧盟仍是中国猪肉进口的最大来源国,进口量比2017年增加106.7万吨,占中国总进口的62.7%。2019年受中美贸易摩擦和非洲猪瘟的影响,中国自巴西进口猪肉大幅增加,进口量为22.2万吨,比2017年增加17.3万吨,占巴西出口总量的29.6%。模拟结果显示,猪肉进口关税下降,中国将继续增加巴西猪肉进口,2020年中国自巴西的猪肉进口量为35.3万吨,比2017年增加30.4万吨,巴西成为中国仅次于欧盟的第二大猪肉来源国。

取消中国对美国猪肉进口加征关税,会大幅增加美国对中国猪肉的出口。在中美贸易摩擦发生以前,美国是中国猪肉进口的来源国之一,2016年和2017年美国对中国猪肉出口量分别为21.6万吨和16.6万吨,分别占美国总出口量的13.4%和9.6%。2018年受中美贸易摩擦的影响,中国自美国进口猪肉量骤减,比2017年下降48.2%。在非洲猪瘟和猪肉进口关税下降的影响下,取消中国对美国猪肉进口加征关税,会使中国猪肉进口进一步增加,2020年中国猪肉进口量为319.1万吨,比2017年增加197.4万吨。美国是仅次于中国和欧盟的猪肉生产大国,也是中国猪肉进口的主要来源国,取消对美国猪肉进口加征关税,使得美国对中国猪肉出口大幅增加,出口量高达67.3万吨,比2017年增加50.7万吨,美国成为中国猪肉进口第二大来源国。中国自加拿大进口猪肉也会相应地增加,但增加量有限,为18.3万吨,比2017年上涨109.8%(见表4-15)。

表4-15　猪肉进口关税下降和取消加征关税对猪肉贸易市场的影响

国家	2017年 绝对值(万吨)	模拟方案4(猪肉进口关税下降) 变化值(万吨)	模拟方案4(猪肉进口关税下降) 变化率(%)	模拟方案5(取消加征关税) 变化值(万吨)	模拟方案5(取消加征关税) 变化率(%)
中国进口总量	121.7	169.8	139.5	197.4	162.2
中国—欧盟	76.5	106.7	139.5	115.7	151.3
中国—加拿大	16.7	12.6	75.6	18.3	109.8
中国—美国	16.6	18.4	110.8	50.7	305.2
中国—巴西	4.9	30.4	620.8	6.8	138.8
中国—其他	7	1.7	24.3	5.9	80.3

资料来源:CASM模拟结果。

4.4.6 结论

非洲猪瘟的突发对中国猪肉市场造成了不可忽视的影响，2019 年猪肉产量仅为 4 255 万吨，同比下降 21.3%，猪肉价格持续走高，为了弥补国内猪肉供需缺口，猪肉进口量大幅增加至 210.8 万吨，同比上涨 76.8%。为了加快恢复生猪生产和稳定猪肉市场，农业农村部及相关部门出台了一系列扶持生猪生产的政策措施，并取得了一定的效果，自 2019 年 11 月起，生猪产能开始逐步恢复，但能否在 2021 年完成恢复到正常年份的目标仍是一个未知数。另外，中美贸易摩擦的谈判结果仍然未知，为了更好地应对各种可能情况，本节模拟了中美贸易达成协定后取消对美国猪肉加征关税对中国猪肉进口的具体影响。因此，本节应用中国农业产业模型（CASM）和"一带一路"农业模拟模型（SILK），分别模拟了不采取任何应对非洲猪瘟措施猪肉市场的走向、采取应对措施后猪肉市场的恢复情况、猪肉进口关税下降和取消对美国猪肉加征关税对猪肉贸易市场的影响。

研究结果表明，在不采取任何应对非洲猪瘟措施的情景下，非洲猪瘟的影响将会持续下去，2020 年和 2021 年中国猪肉产量和消费量会继续减少，但由于市场调节作用，2020 年的下降幅度小于 2019 年的下降幅度，猪肉价格仍然处于 2019 年的高水平。牛羊肉和鸡肉等相关替代品的产量和价格相较于 2018 年仍是增加的；在采取非洲猪瘟应对措施的情景下，2020 年中国猪肉市场会出现一定程度的好转，猪肉产量将有所恢复，但仍低于正常年份（2017 年），预计到 2021 年猪肉产量和价格才能基本恢复到正常水平。另外，中国猪肉进口关税自 2020 年 1 月 1 日起开始下调，对猪肉贸易市场产生一定的影响。通过模拟结果可知，猪肉进口关税下降会使中国猪肉进口总量增加，其中自巴西猪肉进口量增加显著，巴西将成为中国仅次于欧盟的第二大猪肉来源国；美国是仅次于中国和欧盟的猪肉生产大国，也是中国猪肉进口的主要来源国，2018 年开始，受中美贸易摩擦的影响，中国自美国猪肉进口减少，在中美达成贸易协议的情景下，取消美国猪肉加征关税会使中国大幅增加美国猪肉进口。

中国是世界第一大猪肉生产国和消费国。非洲猪瘟发生前，中国的猪肉消费约占世界的一半，其中 97% 的猪肉消费来源于国内生产。目前中国猪养殖主要以小养殖户为主，难以进行统一的疫病防治检测，再加上猪肉运输频繁，一旦暴发疫情，则难以及时应对，造成影响巨大且广泛、养殖户损失严重。因此，从长期来看，应改进散户养殖模式，鼓励发展规模化、标准化养殖场，提高省区内的猪肉自给能力，尽量减少长距离运输，降低疫病传播风险，并完善监测预警系统，及时发布预警信息,做好突发事件的应急防御方案。

4.5 构建中国—欧盟自由贸易区的经济增长和福利效应
——基于全球动态一般均衡模型的分析

4.5.1 研究背景

贸易开放是创造中国经济增长奇迹的关键因素,也是未来经济增长的重要动力,推进中国—欧盟自由贸易区(以下简称"中欧 FTA")构建是我国深化对外开放和强化国际合作的重大举措。1978 年改革开放以来,中国经济快速增长,2017年的实际国内生产总值(GDP)是 1978 年的 34.4 倍,年均增速达到 9.50%。通过单边、双边和多边的贸易自由化,中国努力开放市场并走向世界,贸易自由化不仅给中国带来了技术、资本、管理经验和广阔的国际市场,而且创造了市场竞争环境,提高了经济运行效率(魏杰和汪浩,2016;何小钢和张宁,2015;陈林和罗莉娅,2014)。随着全球产业链分工体系的演进,中国积极采取措施融入全球贸易网络,不断降低进口关税和非关税壁垒(NTM),扩大国际经贸合作。2014 年 4 月,国家主席习近平在欧洲访问期间,提出建立中欧 FTA 的倡议。中欧的经济贸易总量巨大,中国是世界第二大经济体,2017 年国内生产总值达到 12.24 万亿美元,是世界第一大产品出口国和第二大产品进口国,产品出口和进口金额分别为 2.26 万亿美元和 71 万亿美元;欧盟 2017 年的生产总值为 17.28 万亿美元,产品出口和进口金额分别为 2.12 万亿美元和 2.10 万亿美元。[①] 如图 4 – 8(a)所示,中国对欧盟产品出口从 1996 年的 168.77 亿美元增加到 2017 年的 3 156.19 亿美元(以 2000 年不变价格计算),增长了 17.70 倍,年均增长 14.96%;同期,中国从欧盟进口从 173.18 亿美元增加到 2 226.50 亿美元,增长 11.86 倍,年均增长 12.93%。在双边贸易中,中国处于贸易顺差地位。加入 WTO 后,中欧贸易顺差快速扩大,由 2001 年的 50.30 亿美元增长到 2008 年的 1 358.58 亿美元;此后,顺差逐渐下降,在 2017 年为 929.70 亿美元。

然而,受到全球金融危机的影响,2011 年以来中欧贸易增长趋势明显滞缓,双边贸易占各自贸易的比重增长微弱甚至有所下降。2011~2017 年,中国对欧盟

---

① The World Bank. World development indicators [R]. 2019.

出口金额基本不变，仅由3 136.44亿美元提高至3 156.19亿美元，在6年间总增长不足1%（0.63%）；同期，进口在波动中由1 966.84亿美元提高至2 226.45亿美元，增长13.20%，年均增幅仅为2.09%，显著低于前期水平。由于近年来中国对欧盟出口增速低于总体出口，对欧盟出口占中国总出口的比重呈下降趋势。如图4-8（b）所示，对欧盟出口占中国总出口的比重由2008年的18.11%持续降至2017年的13.94%，降低4.17个百分点。从欧盟进口占中国总进口的比重基本稳定，由2011年的12.14%小幅提高至2017年的13.01%。中欧经济具有极强的互补性（赵小杰，2016），然而严重滞缓的双边贸易增长表明：在全球经济增长乏力，特别是贸易保护主义抬头的背景下，中欧亟须采取有效措施，积极推动双边经贸合作。建立中欧FTA就是有效提升双边经贸合作的重要载体，可以充分发挥双边的贸易比较优势，显著促进经济和贸易增长。

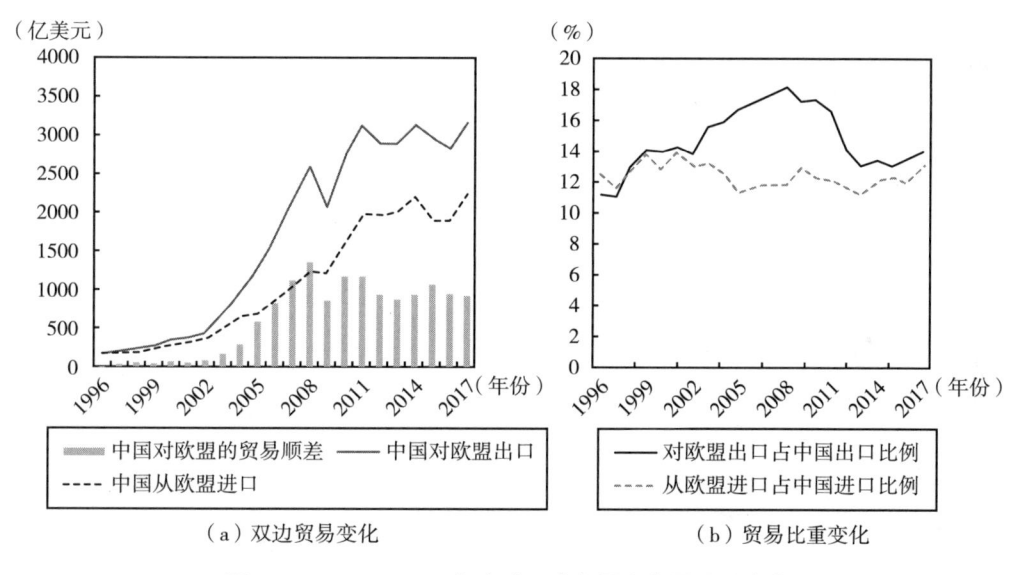

图4-8 1996~2017年中欧双边贸易和贸易比重变化
资料来源：UNCOMTRADE数据库。

现有对中欧FTA潜在影响的研究，主要存在以下几个问题。第一，多数研究基于显示性比较优势、产业内贸易、贸易结合度等指数（Hansakul and Levinger, 2014；赵小杰，2016），或从市场准入、敏感产品和技术标准差异等角度讨论中欧FTA的潜在影响（张军，2015；张晓通，2016）。这些研究主要以某个产业的历史变化趋势和特征作为分析和推演的依据，以此探讨中欧自贸区的影响存在方法论缺陷，对全面减税政策的分析缺乏系统性和客观性。第二，虽然部分研究采用均衡模型进行数量评估，但是全部采用静态模型（陈淑梅和卞海丽，2015；陈虹和马永健，2015；Pelkmans et al.，2016），且研究结论不一。已有研究表明，不考虑资本累积效应下，静态模型方法可能严重低估 FTA 的经济影响（Francois et al.，1996；Walmsley，1998）。陈虹和马永健（2015）研究表明中欧双边减税将降低欧盟的经济福利，与其他研究结论完全不同。第三，佩尔克曼斯等（Pelkmans et al.，2016）对中欧的非关税壁垒（NTM）的研究表明：中欧之间的 NTM 关税等值极高，显著高于关税水平（见表 4-16）。然而，现有研究中针对降低 NTM 潜在影响的分析还很薄弱。基于此，本节试图采用全球动态一般均衡模型研究中欧 FTA 的经济增长和福利效应。创新点主要体现在两个方面：第一，采用全球动态一般均衡模型（GDYN）方法，系统评价中欧 FTA 的经济影响及影响机制；第二，不仅考虑关税削减，而且基于较为可信的中欧间 NTM 关税等值估计结果，进一步分析中欧 FTA 中降低 NTM 措施带来的经济收益，为中欧之间达成更高水平的 FTA 协定提供理论依据。

表 4-16　中国和欧盟间的贸易量加权平均进口关税与非关税壁垒的关税等值　　单位：%

产业	欧盟出口到中国所面临的关税和关税等值		中国出口到欧盟所面临的关税和关税等值	
	进口关税	NTM 关税等值	进口关税	NTM 关税等值
谷物	1.46	38.50	7.25	42.40
蔬菜水果	16.93	38.50	10.74	42.40
油籽	10.37	38.50	0.00	42.40
棉花	4.74	38.50	0.00	42.40
其他作物	3.84	38.50	1.92	42.40
牛羊肉	12.30	38.50	26.17	42.40
猪禽肉	12.69	38.50	3.21	42.40
水产品	7.46	38.50	0.91	42.40
奶制品	6.65	38.50	8.42	42.40
羊毛	37.04	38.50	0.00	42.40
自然资源	0.77	4.85	0.07	3.20
加工食品	12.21	92.32	11.53	17.34
纺织服装	9.84	14.50	10.41	20.10
自然资源相关产业	5.50	15.79	3.12	18.09
金属和机械	5.53	11.55	2.27	8.20
交通工具和零部件	15.77	51.84	2.69	15.66
电子产品	2.02	18.40	1.02	25.50

续表

产业	欧盟出口到中国所面临的关税和关税等值		中国出口到欧盟所面临的关税和关税等值	
	进口关税	NTM 关税等值	进口关税	NTM 关税等值
其他制造业	15.83	18.40	1.80	25.50
服务业	0.00	20.06	0.00	9.69
贸易产品的平均关税/关税等值	8.12	24.18	3.59	17.89
服务贸易的平均关税/关税等值	0.00	20.06	0.00	9.69

注：欧盟部分产品的加权平均关税为零，并非其进口关税为零，是因为中国对欧盟在该产品上的出口为零。

资料来源：关税根据 GTAP 第 9 版数据库数据计算，非关税壁垒的关税等值根据佩尔克曼斯等（2016）的方法计算。

4.5.2 分析方法和情景设计

本节采用由全球贸易模型（GTAP）拓展而来的全球动态一般均衡模型进行分析。GTAP 模型是赫特尔（Hertel，1997）开发的静态全球一般均衡模型，是当前应用最广、认可度最高的全球贸易分析均衡模型。GTAP 模型主要分析在给定的资源（土地、劳动力、资本和资源等）和技术约束下，政策变化引发资源重新配置，进而产生的经济、贸易和产业结构调整。然而，政策变化不仅会影响当前资源配置，也会引起生产资源总量的变化。作为最活跃的经济要素，资本极易受到政策改变的影响。弗朗索瓦等（Francois et al.，1996）和沃尔姆斯利（Walmsley，1998）对 FTA 的研究表明，考虑资本变化的动态模型方法对 FTA 经济影响的评价结果要显著高于不考虑资本变化的静态模型方法，其结果相对更合理和准确。扬乔维奇娜和沃尔姆斯利（Ianchovichina and Walmsley，2012）在静态 GTAP 模型基础上进一步开发了 GDYN 模型。GDYN 模型具有两个突出优点。第一，引入了投资和资本累积机制，允许投资根据各国回报率之差在全球范围内进行配置，使各国资本随投资变化而改变；由于投资在各国可以自由流动，而且世界总投资等于总存款，使得各国在投资上也存在激烈竞争。第二，追溯了资本所有权，意味着在某地区的资产并不一定属于该地区居民，该资产获得收益也不一定属于该地区居民，而可能归属于外国的资产所有者，这使得模型的收益和福利分析更准确。

本节采用的数据库为动态 GTAP 数据库版本 9（基准年为 2011 年）。数据库涵盖 57 个产品、140 个国家（地区）。根据研究需要，将数据加总为 23 个产品和 10

个地区。其中，23个产品分别为大米、小麦、其他谷物、蔬菜水果、油籽、糖、棉花、其他作物、牛羊肉、猪禽肉、奶制品、羊毛、林产品、水产品、自然资源、植物油、加工食品、纺织服装、自然资源相关产业、金属和机械、交通工具和零部件、电子产品、其他制造业和服务业；10个地区分别为中国、欧盟、美国、日本、韩国、东盟、澳大利亚和新西兰、印度、俄罗斯和世界其他地区。

为分析中欧FTA在不同政策情景下的经济影响，本节设置了一个基准情景和四个政策情景，不仅考虑传统FTA的削减关税，而且进一步考虑降低NTM、提升贸易便利化等措施的经济影响。各个具体情景设置如下。

基准情景。假设没有中欧FTA下世界各地区的经济增长状况。基准情景依据一定的宏观假设，采用动态递归方法模拟2012~2030年各地区各行业经济和贸易基本状况，该方法与扬乔维奇娜和沃尔姆斯利（2005）、沃尔姆斯利和斯特鲁特（Walmsley and Strutt，2010）的方法一致。在设置基准情景时，对各国家（地区）的GDP、劳动力、人口和投资增长等宏观经济变量的假设全部来自世界银行、国际货币基金组织（IMF）和法国世界经济研究所（CEPII）等国际机构的统计和预测数据。

取消进口关税情景（政策情景1）。在基准情景的基础上，假设在2020年中欧双方达成FTA协定，完全取消双边进口关税，即表4-16中的各种产品关税削减为零。

考虑敏感产品的关税削减情景（政策情景2）。在FTA谈判中经常会遇到敏感产品，虽然这些产品的贸易额很小，但是对达成贸易协定具有显著影响。在政策情景1的基础上，中国关税配额（TRQ）管理下的大米、小麦、糖和羊毛以及欧盟的糖被认定为敏感产品，不进行任何关税削减，其他产品关税降低为零。

"取消关税+降低25%的NTM关税"等值情景（政策情景3）。佩尔克曼斯等（2016）详细列举了中欧间的NTM措施，并采用计量模型估计了双边NTM的关税等值（见表4-16）。在政策情景1的基础上，进一步假设中欧双方达成降低NTM的协定，使双边的NTM关税等值降低25%，即表4-16中的中欧进口关税都削减为零，而且NTM关税等值降低25%。

"取消关税+降低50%的NTM关税"等值情景（政策情景4）。假设中欧双方在减少NTM壁垒上做出了更积极有效的努力，在完全取消双边进口关税的同时，NTM关税等值降低50%，即表4-16中的中欧进口关税都削减为零，而且NTM关税等值降低50%。

4.5.3 结果分析

本节将从宏观经济、产业和国际贸易三个方面分析中欧FTA对中欧和世界经济的影响。

1. 中欧 FTA 对宏观经济影响

中欧 FTA 将显著促进中国和欧盟的经济和社会福利增长。如表 4-17 和表 4-18 所示,在政策情景 1 下,相对于基准情景,2030 年中国实际 GDP 增长 0.43%,经济福利(EV)提高 378.48 亿美元;而欧盟实际 GDP 增长 0.10%,福利水平增加 188.79 亿美元。经济快速增长将拉升国内价格水平,中国 GDP 平减指数和消费者价格指数(CPI)分别上涨 0.19% 和 0.34%;欧盟 GDP 价格指数和 CPI 相对提高 0.21% 和 0.07%。由于出口价格增长幅度高于进口价格,中国和欧盟的贸易条件(TOT)提高,分别上升 0.26% 和 0.17%。中欧 FTA 将显著促进中国和欧盟的贸易增长;由于消费能力提升和贸易条件改善,两地区的进口增长都高于出口,净出口减少。其中,中国出口和进口分别增长 2.17% 和 2.97%,净出口减少 51.19 亿美元;欧盟出口和进口分别增长 0.94% 和 1.15%,净出口减少 67.04 亿美元。

表 4-17　　相对基准情景,2030 年中欧 FTA 在不同政策情景下对中国经济的累积影响

项目	取消关税（政策情景1）	关税+敏感商品（政策情景2）	关税+减少25% NTM（政策情景3）	关税+减少50% NTM（政策情景4）
实际 GDP（%）	0.43	0.43	1.16	1.98
GDP 价格指数（%）	0.19	0.20	0.49	0.75
资本总量（%）	0.67	0.67	1.62	2.65
福利（亿美元）	378.48	384.91	1 226.67	2 178.63
进口量（%）	2.97	2.96	5.79	8.86
出口量（%）	2.17	2.15	4.12	6.31
贸易条件（%）	0.26	0.27	0.59	0.88
净出口（亿美元）	-51.19	-48.67	-106.88	-155.46
居民消费价格指数（%）	0.34	0.35	0.72	1.09
初级要素价格指数（%）	0.50	0.50	1.10	1.72
土地租金（%）	2.19	2.27	3.76	5.42
非熟练劳动力工资（%）	0.71	0.70	1.64	2.61
熟练劳动力工资（%）	0.66	0.66	1.64	2.67
资本价格（%）	0.05	0.05	0.20	0.32

资料来源:GDYN 模型模拟结果。

表4–18　相对基准情景，2030年中欧FTA在不同政策情景下对欧盟宏观经济的影响

项目	取消关税（政策情景1）	关税+敏感商品（政策情景2）	关税+减少25% NTM（政策情景3）	关税+减少50% NTM（政策情景4）
实际GDP（%）	0.10	0.10	0.49	0.93
GDP价格指数（%）	0.21	0.20	0.32	0.47
资本总量（%）	0.25	0.25	0.72	1.25
国外财富（%）	0.66	0.65	1.50	2.48
福利（亿美元）	188.79	184.92	859.11	1 621.17
进口量（%）	1.15	1.13	2.02	2.98
出口量（%）	0.94	0.93	1.56	2.23
贸易条件（%）	0.17	0.16	0.31	0.46
净出口（亿美元）	-67.04	-67.66	-192.18	-335.57
居民消费价格指数（%）	0.07	0.07	0.08	0.12
初级要素价格指数（%）	0.35	0.34	0.66	1.04
土地租金（%）	0.84	-0.13	1.59	2.62
非熟练劳动力工资（%）	0.49	0.49	0.99	1.57
熟练劳动力工资（%）	0.46	0.46	0.96	1.56
资本价格（%）	0.25	0.24	0.37	0.54

资料来源：GDYN模型模拟结果。

中欧FTA将提高中国和欧盟的初级要素回报。如表4-17所示，在政策情景1下，相对于基准情景，2030年中国的初级要素平均价格提高0.50%。其中，土地租金、非熟练劳动力工资和熟练劳动力工资分别提高2.19%、0.71%和0.66%，均显著高于CPI 0.34%的涨幅，这意味着各种要素的实际回报显著提高。值得注意的是，中国非熟练劳动力工资的上涨幅度明显高于熟练劳动力，这表明中欧FTA对中国劳动密集型产业的拉动作用更明显。与之相对应的是，欧盟初级要素的平均价格增长0.35%，其中，土地租金、非熟练劳动力工资和熟练劳动力工资分别提高0.84%、0.49%和0.46%，均显著高于0.07%的CPI增幅（见表4-18）。

中欧FTA将促进对中欧企业的投资，对全球投资流向有显著影响。由于投资回报率提高，中欧FTA促使中欧居民的投资转向国内（区域内），增加对本国（区域内）企业的投资，降低海外投资。如图4-9所示，相对于基准情景，在政策情景1下，中国居民在2030年持有的本国企业债券增长0.74%，对外国企业债券的持有量降低0.96%；欧盟居民持有欧盟企业债券增长0.37%，对外国企业债券的持有量降低0.27%。由于投资增长和投资收益提高，中欧居民的资产财富显著增

加，分别增长 0.29% 和 0.14%。与此同时，国外投资者增加在中国和欧盟的投资，增加中欧企业债券的持有量，国外投资者在 2030 年持有的中国和欧盟企业债券分别增长 0.75% 和 0.53%。区域内外投资的增加，使得中欧资本总量提高。如表 4-17 和表 4-18 所示，在政策情景 1 下，中欧的资本总量在 2030 年分别增长 0.67% 和 0.25%，这也是两个地区经济增长的重要驱动因素。

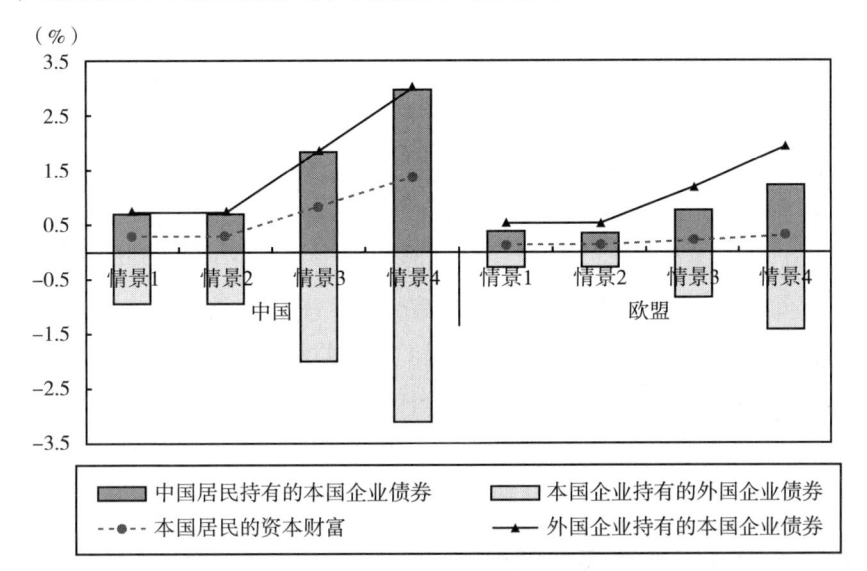

图 4-9　相对基准情景，2030 年不同情景下中欧居民持有国内外企业债券和资本财富以及国外投资者持有的中欧企业债券的变化

资料来源：GDYN 模型模拟结果。

虽然在其他政策情景下变量变化方向与政策情景 1 类似，但是变化幅度却具有重要的政策参考价值。首先，在考虑敏感产品的政策情景 2 下，各种宏观指标变化与政策情景 1 极为接近。例如，在政策情景 2 下，中国和欧盟的实际 GDP 分别增长 0.43% 和 0.10%，与政策情景 1 完全相同。但是考虑敏感产品的政策安排对部分产品会造成较显著影响。例如，中国土地租金在政策情景 1 下的增长 2.19%，进一步提高到政策情景 2 下的增长 2.27%；然而，欧盟土地租金却相应地由增长 0.84% 变为降低 0.13%，这表明考虑敏感产品的制度安排对部分农业产品影响较为显著。然而，很多自由贸易协定往往因为部分农业可能遭受负面影响而使谈判严重受阻，从而使总体经济丧失发展机会（Yang et al.，2012）。考虑敏感产品政策情景的结果表明：为避免部分敏感农产品遭受严重损失，不削减其进口关税，以保障 FTA 协定顺利达成，是"利大于弊"的选择。其次，在取消关税基础上，如果中欧 FTA 在降低 NTM 措施上达成协定，其经济收益更高，远大于传统的关税削减。相对于基准情景，在政策情景 3 和政策情景 4 下，中国的实际 GDP 在 2030

年将分别提高1.16%和1.98%，经济福利分别增长1 226.67亿美元和2 178.63亿美元（见表4-17）；欧盟实际GDP将分别提高0.49%和0.93%，经济福利分别增长859.11亿美元和1 621.17亿美元（见表4-18），远大于仅削减关税（政策情景1）的经济收益。

在更为开放的贸易协定下，中欧FTA对中国和欧洲的投资促进作用更明显，居民的资本收益更显著。如图4-9所示，相对于基准情景，在政策情景3和政策情景4下，中国居民在2030年持有的本国企业债券分别增长1.83%和2.97%，对外国企业债券的持有量分别降低1.99%和3.10%，中国居民的资本财富分别提高0.82%和1.37%。与之相对应的是，欧盟居民持有欧盟企业债券分别增长0.76%和23%，对外国企业债券的持有量分别降低0.82%和1.42%，欧盟居民的资产财富分别增长0.21%和0.30%。同时，外国投资者将进一步增加对中国和欧盟的投资。相对于基准情景，在政策情景3和政策情景4下，国外投资者在2030年持有的中国企业债券分别增长1.86%和3.03%，持有的欧盟企业债券分别增长1.19%和1.95%。由于国内外投资都显著增加，中欧资本增长幅度更高。如表4-17和表4-18所示，在政策情景3和政策情景4下，中国资本总量在2030年分别增长1.62%和2.65%，欧盟资本总量分别增长0.32%和0.47%。

2. 中欧FTA对产业发展的影响

中欧FTA对产业发展的影响取决于双边的贸易结构和关税保护程度。其中，拥有出口潜力但面临较高进口关税的产品将从FTA中获益；相反，面临巨大进口压力但受到前期较高进口关税保护的产品将面临冲击。产业产出变化除了受到关税变化的直接影响以外，还受到产业之间关联性、初级生产要素竞争性和收入导致的需求改变等间接影响。因此，本节从关税削减的直接受益、直接受损和受到间接影响三个方面，辨析各产业受到不同影响的原因。同时，限于篇幅，重点分析各产业的产出变化。

(1) 中欧FTA对中国产业产出的影响。

中国的纺织服装部门受益最大，产出显著增长，并拉动棉花产出提高。如表4-19所示，在政策情景1中，纺织服装部门产出相对于基准情景增长4.26%（893.80亿美元），是增长最为显著的产业部门。这主要是因为中国在纺织服装出口上具有较强的国际竞争优势，而欧盟在纺织服装进口上设置较高的进口关税（见表4-16），取消进口关税后，中国纺织服装出口和产出都显著增长。棉花作为纺织服装产业重要的中间投入品，在下游纺织服装业的需求拉动下，产出增长2.78%（12.92亿美元）。同样作为纺织服装原料的羊毛产出却略有下降，降低

0.02%，这主要是因为中国羊毛进口关税很高，① 取消羊毛进口关税后，进口将大幅度增长并对国内羊毛产生替代，从而导致国内羊毛产出不仅没有增加，反而小幅下降。

表4-19 相对基准情景，2030年中欧FTA在不同政策情景下对中国产业产出的影响

产业	关税政策（政策情景1）百分比变化（%）	关税政策（政策情景1）金额变化（亿美元）	关税+敏感商品政策（政策情景2）百分比变化（%）	关税+敏感商品政策（政策情景2）金额变化（亿美元）	关税+25%NTM政策（政策情景3）百分比变化（%）	关税+25%NTM政策（政策情景3）金额变化（亿美元）	关税+50%NTM政策（政策情景4）百分比变化（%）	关税+50%NTM政策（政策情景4）金额变化（亿美元）
谷物	0.49	27.72	0.51	28.70	0.76	43.06	1.03	58.59
蔬菜水果	0.31	21.71	0.30	21.01	0.42	29.41	0.54	37.81
油籽	-0.74	-0.74	-0.77	-0.74	-1.31	-0.74	-1.85	-0.74
棉花	2.78	12.92	2.71	12.60	3.26	15.15	3.70	17.20
其他作物	-0.39	-2.50	-0.47	-3.02	-0.44	-2.84	-0.31	-2.03
牛羊肉	0.71	17.01	0.69	16.53	0.95	22.75	1.08	25.87
猪禽肉	0.38	37.51	0.36	35.53	0.78	76.98	1.21	119.42
水产品	0.08	3.91	0.08	3.91	0.14	6.84	0.22	10.75
奶制品	-0.31	-4.04	-0.31	-4.04	-0.72	-9.38	-1.26	-16.41
羊毛	-0.02	-0.06	2.04	6.26	-0.60	-1.84	-1.36	-4.17
自然资源	-0.03	-7.28	-0.03	-7.28	-0.09	-19.26	-0.12	-26.84
加工食品	0.07	12.99	0.07	12.75	-0.03	-5.99	-0.15	-28.47
纺织服装	4.26	893.80	4.19	879.11	5.69	1 193.83	7.11	1 491.76
自然资源相关产业	0.19	183.93	0.18	174.25	0.55	532.44	1.00	968.07
金属和机械	-0.07	-75.95	-0.07	-75.95	-0.14	-151.89	-0.15	-162.74
交通工具和零部件	-1.89	-471.01	-1.90	-473.50	-4.10	-1 021.77	-6.55	-1 632.34
电子产品	-0.14	-38.40	-0.14	-38.40	1.29	353.80	2.46	674.69
其他制造业	0.28	25.88	0.27	24.96	1.98	183.04	3.77	348.52
服务业	0.35	641.17	0.35	641.17	0.93	1 703.69	1.57	2 876.12

资料来源：GDYN模型模拟结果。

交通工具和零部件是遭受冲击最大的产业部门，同时电子产品、金属和机械的产出也小幅下降。在政策情景1中，交通工具和零部件产业的产出相对于基准情

---

① 根据加入世界贸易组织时的承诺，中国对羊毛进口采取关税配额管理（TRQ），配额为28.7万吨，配额内关税为2%，配额外关税为38%。

景下降 1.89% (471.01 亿美元),这主要是因为中国在交通工具和零部件上的进口关税很高 (15.77%) (见表 4-16),而且从欧盟进口数量很大,在取消关税后,交通工具和零部件进口显著增长并对国内产业造成一定冲击。同时,金属和机械的产出小幅降低 0.07% (75.95 亿美元),这主要是因为金属机械产品是中国从欧洲进口金额最大的产品,虽然其进口关税相对较低 (5.53%),取消关税后,显著增长的进口依然对国内产业造成冲击。值得一提的是,交通工具和零部件、金属和机械都是重要的投资品,其进口价格下降对提高国内资本的数量和质量都具有重要作用。电子产品产出也小幅下降 0.14% (38.40 亿美元),其产出下降主要来自两方面的间接原因:第一,电子产品作为交通工具和零部件产业的重要中间投入品,下游产业产出减少会降低其需求量;第二,由于国内纺织服装和服务业等部门快速增长,导致劳动力工资(特别是非熟练劳动力工资)上涨(见表 4-17),从而使电子产品生产成本上升,国际竞争力下降,出口降低。

收入提高引起的需求增长,对受进口冲击小且收入需求弹性大产品的产出具有显著拉动作用。在政策情景 1 中,服务业并未削减任何关税,而且服务业是劳动密集型产业,容易受到劳动力工资提高导致的成本上涨的负面影响,然而其产出增长 0.35% (641.17 亿美元),是仅次于纺织服装的产出增长产业,这主要是因为收入增长导致需求增加。谷物的产出增长与服务业极为类似,因其前期关税很低 (1.46%),关税削减造成的进口冲击较小,其产出增长主要来自国内居民收入增加,消费需求提高的拉动作用。虽然牛羊肉、猪禽肉、水产品、蔬菜水果和加工食品的进口关税较高,但是这些商品的进口占消费的比重很小,收入增长带来的国内需求扩张效应显著超过了进口的替代效应,产品产出分别增长 0.71% (17.01 亿美元)、0.38% (37.51 亿美元)、0.08% (3.91 亿美元)、0.31% (21.71 亿美元) 和 0.07% (12.99 亿美元)。与此相反,奶制品进口关税相对较高,而且进口占国内消费的比重较大,进口增长的替代效应超过需求的扩张效应,产出减少 0.31% (4.04 亿美元)。

在考虑敏感产品保护条款后,中国羊毛产业受益显著,但是其他敏感产品受到的影响相对较小。敏感产品条款的保护效应取决于该类产品的双边贸易数量、关税水平和竞争优势的大小。中国和欧盟在大米、小麦和食糖的出口上都没有明显的竞争优势,而且双边贸易数量极少,敏感产品条款的保护效应很小。如表 4-19 所示,在政策情景 2 下,谷物(包括小麦和大米)[①] 和其他作物(包括糖)的产出变

---

① 为了使表达更为精简和减少表格长度,同时不对结果和结论产生影响,模拟结果将大米和小麦合并到谷物之中,糖合并到其他作物之中,进行了加权平均。在模型模拟计算中,这些产品并未合并,而是单独模拟的。

化与政策情景1很接近，极小的变化表明敏感产品条款的保护效应很小。然而，羊毛的情形却完全相反。欧盟在羊毛出口上拥有较强的比较优势，而且中国羊毛进口关税很高（37.04%），从欧盟进口羊毛较多，因此敏感产品条款会对中国羊毛产业形成较强的保护。在政策情景2下，羊毛产出增加2.04%（6.26亿美元），而不是在政策情景1下的减少0.02%。然而，也需要注意到，对羊毛的保护会给下游纺织服装产业造成一定负面影响。在政策情景2下，纺织服装产出增长4.19%（879.11亿美元），低于政策情景1的4.26%（893.80亿美元），产值降低14.69亿美元，显著高于羊毛产业6.32亿美元的增长。

如果中欧达成更高规格的FTA协定，在消除进口关税的同时，降低两国之间的NTM壁垒，将更有效地发挥双边比较优势，中国具有比较优势的产业将进一步扩张，而竞争力较弱的产业将进一步萎缩。如表4-19所示，纺织服装产业的产出在政策情景3和政策情景4中分别增长5.69%（1 193.83亿美元）和7.11%（1 491.76亿美元），显著高于政策情景1中的4.26%（893.80亿美元）。服务业产出在政策情景3和政策情景4中也显著增长，分别提高0.93%（1 703.69亿美元）和1.57%（2 876.12亿美元）。其中，促进服务业增长的因素除了经济快速增长和收入提高所导致的产业中间需求和居民最终需求显著增长以外，还有服务业NTM壁垒降低所引起的效率提升。与之相对应的是，交通工具和零部件、金属和机械的产出进一步萎缩。在政策情景3下，两个产业的产出分别下降4.10%（1 021.77亿美元）和0.14%（151.89亿美元）；在更为开放的政策情景4下，两个产业的产出分别下降6.55%（1 632.34亿美元）和0.15%（162.74亿美元）。此外，由于部分产品的NTM关税等值显著高于关税，降低NTM壁垒对部分产业造成的影响与降低关税完全不同。例如，中国向欧盟出口的电子产品面临1.02%的关税，但受到的NTM关税等值却高达25.50%（见表4-16），在削减NTM壁垒的政策情景3和政策情景4中，电子产品的产出分别增长1.29%（353.80亿美元）和2.46%（674.69亿美元），而不是在仅取消进口关税的政策情景1中的降低0.14%（38.40亿美元）。

(2) 中欧FTA对欧盟产业产出的影响。

中欧FTA将促进双边比较优势的发挥，因此对欧盟产业的影响与对中国产业的影响几乎完全相反。在欧盟各产业中，受益最大的是交通工具和零部件部门。如表4-20所示，在政策情景1下，交通工具和零部件部门的产出相对于基准情景增长3.71%（766.28亿美元）；第二大受益的是金属和机械产业，产出增长0.89%（374.84亿美元）。服务业产出因国内需求增长而提高0.04%（110.01亿美元）。同时，由于出口增加和国内需求提高，欧盟的牛羊肉、猪禽肉、羊毛的产出分别增加0.68%（10.74亿美元）、0.86%（32.65亿美元）和162.82%（13.57亿美元）。与之相对应的是，欧盟纺织服装部门受到较大负面影响，产出降低6.45%（406.78亿美元）。同时，自然资源相关产业、电子产品和其他制造业的产出分别小幅下降0.05%（1.95亿美元）、0.96%（40.82亿美元）和0.30%（10.54亿美元）。这些产品产出降低主要是欧盟内部资源重新配置的结果，由于劳动力和资本等初级要素被吸引到交通工具和零部件、金属和机械等快速增长的产业部门，要素价格明显上涨（见表4-18），导致生产成本提高，产出下降。此外，部分农业部门也将受到一定负面影响。谷物、蔬菜水果、油籽和其他作物的产出分别下降0.19%（2.39亿美元）、0.52%（6.11亿美元）、0.74%（0.74亿美元）和0.49%（8.64亿美元）；由于中国对欧盟出口的这些农产品占欧盟农产品消费的比重很低，这些农业部门产出下降并非贸易冲击的结果，而是欧盟其他产业快速扩张后要素竞争加剧、要素价格上涨和生产成本提高所致。

表4-20　　　　相对基准情景，2030年中欧FTA在不同政策情景下对欧盟产业产出的影响

产业	关税政策（政策情景1）百分比变化（%）	关税政策（政策情景1）金额变化（亿美元）	关税+敏感商品政策（政策情景2）百分比变化（%）	关税+敏感商品政策（政策情景2）金额变化（亿美元）	关税+25% NTM政策（政策情景3）百分比变化（%）	关税+25% NTM政策（政策情景3）金额变化（亿美元）	关税+50% NTM政策（政策情景4）百分比变化（%）	关税+50% NTM政策（政策情景4）金额变化（亿美元）
谷物	-0.19	-2.39	-0.12	-1.48	-0.27	-3.29	-0.37	-4.52
蔬菜水果	-0.52	-6.11	-0.43	-5.06	-1.03	-12.11	-1.61	-18.93
油籽	-0.74	-0.74	-0.77	-0.74	-1.31	-0.74	-1.85	-0.74
棉花	1.04	0.22	1.31	0.28	4.96	1.06	9.92	2.13
其他作物	-0.49	-8.64	-0.54	-9.57	-1.12	-19.96	-1.65	-29.40
牛羊肉	0.68	10.74	0.66	10.42	1.51	23.85	2.63	41.54
猪禽肉	0.86	32.65	0.88	33.41	1.57	59.61	2.30	87.33
水产品	-0.01	-0.06	-0.01	-0.06	0.01	0.06	0.03	0.19
奶制品	-0.01	-0.54	-0.01	-0.54	0.23	12.43	0.54	29.19
羊毛	162.82	13.57	1.53	0.13	239.80	19.99	319.58	26.64
自然资源	-0.05	-1.95	-0.05	-1.95	0.02	0.65	0.10	3.80
加工食品	-0.04	-5.86	-0.04	-5.60	0.38	52.58	0.84	118.02
纺织服装	-6.45	-406.78	-6.39	-403.00	-9.90	-624.36	-13.30	-838.79
自然资源相关产业	-0.05	-28.91	-0.04	-23.13	-0.32	-185.03	-0.65	-375.83

续表

产业	关税政策（政策情景1）		关税+敏感商品政策（政策情景2）		关税+25% NTM 政策（政策情景3）		关税+50% NTM 政策（政策情景4）	
	百分比变化（%）	金额变化（亿美元）	百分比变化（%）	金额变化（亿美元）	百分比变化（%）	金额变化（亿美元）	百分比变化（%）	金额变化（亿美元）
金属和机械	0.89	374.84	0.90	379.05	1.34	564.36	1.80	758.10
交通工具和零部件	3.71	766.28	3.72	768.34	6.90	1 425.16	9.88	2 040.66
电子产品	-0.96	-40.82	-0.95	-40.40	-6.51	-276.81	-11.11	-472.41
其他制造业	-0.30	-10.54	-0.29	-10.19	-4.03	-141.61	-8.00	-281.12
服务业	0.04	110.01	0.04	110.01	0.30	825.10	0.58	1 595.20

资料来源：GDYN 模型模拟结果。

考虑敏感产品条款后，欧盟羊毛产业受益幅度显著降低。如表 4-20 所示，羊毛产出在政策情景 2 中仅增加 1.53%（0.13 亿美元），远远小于政策情景 1 中的增长 162.82%（13.57 亿美元）。由于中国和欧盟都是食糖净进口国，在食糖出口上均没有竞争优势，中欧 FTA 并未对双方的食糖产业造成明显冲击。因此，当中国和欧盟都把食糖列为敏感产品时，也不会对食糖产业形成很强的保护作用。在政策情景 2 中，其他作物（包括糖料作物）产出降低 0.54%（9.57 亿美元），比政策情景 1 下的降低 0.49%（8.64 亿美元）略大。同时，由于羊毛生产规模减少，其他农业部门得到更多的劳动力等生产资源，相比于政策情景 1，其他农业部门的产出在政策情景 2 下都有微弱提高。

在更加开放的贸易自由化情景下，欧盟的比较优势将得到进一步发挥，产业结构调整将更为显著。欧盟的交通工具和零部件产出在政策情景 3 和政策情景 4 下分别增加 6.90%（1 425.16 亿美元）和 9.88%（2 040.66 亿美元），显著高于政策情景 1 下的 3.71%（766.28 亿美元）。与之相反，欧盟纺织服装产出将分别下降 9.90%（624.36 亿美元）和 13.30%（838.79 亿美元），显著高于政策情景 1 下的降低 6.45%（406.78 亿美元）。此外，欧盟服务业将会随着 NTM 壁垒的降低而显著扩张，其产出在政策情景 3 和政策情景 4 下分别增长 0.30%（825.10 亿美元）和 0.58%（1 595.20 亿美元），远高于政策情景 1 下的增长 0.04%（110.01 亿美元）。由于其他产业的变化机理与对中国相关产业分析较为相似，在此不再赘述。

3. 中欧 FTA 对全球贸易流向的影响

中欧 FTA 将显著促进双边贸易和相互贸易依存度。如表 4-21 所示，在政策情景 1 下，中国对欧盟的出口相对于基准情景增长了 19.90%（1 739.26 亿美元）。

由于中国平均进口关税相对较高,欧盟对中国的出口增长更为显著,提高 46.70% (1 821.40 亿美元)。在更加开放的贸易制度安排下,双边贸易进一步增长。在政策情景 3 和政策情景 4 下,中国对欧盟的出口将分别增长 41.68% (3 643.90 亿美元)和 64.25% (5 616.46 亿美元);欧盟对中国的出口将分别增加 84.97% (3 313.97 亿美元)和 126.25% (4 923.69 亿美元)。

表 4-21　　　　相对基准情景,2030 年中欧 FTA 在不同政策情景下
对各方国际贸易的影响

地区	关税政策(政策情景 1)			关税 + 敏感商品政策(政策情景 2)		
	中国	欧盟	其他	中国	欧盟	其他
中国	0.00 (0.00)	19.90 (1 739.26)	-0.99 (-440.39)	0.00 (0.00)	19.85 (1 735.48)	-1.00 (-445.34)
欧盟	46.70 (1 821.40)	-1.10 (-464.69)	-0.81 (-337.96)	46.20 (1 801.93)	-1.10 (-466.00)	-0.79 (-329.37)
其他	-1.31 (-516.60)	-0.52 (-227.65)	0.12 (206.60)	-1.29 (-508.12)	-0.54 (-234.05)	0.12 (205.28)

地区	关税 + 25% NTM 政策(政策情景 3)			关税 + 50% NTM 政策(政策情景 4)		
	中国	欧盟	其他	中国	欧盟	其他
中国	0.00 (0.00)	41.68 (3 643.90)	-2.54 (-1 127.63)	0.00 (0.00)	64.25 (5 616.46)	-3.94 (-1 749.51)
欧盟	84.97 (3 313.97)	-2.58 (-1 091.18)	-1.29 (-539.97)	126.25 (4 923.69)	-4.11 (-1 741.21)	-1.82 (-761.58)
其他	-1.98 (-778.18)	-1.74 (-757.07)	0.22 (373.06)	-2.63 (-1 035.56)	-2.85 (-1 238.31)	0.31 (518.33)

注:表中的纵向为出口国(地区),横向为进口国(地区);括号外数字单位为%,括号内数字单位为亿美元。

资料来源:依据 GDYN 模型模拟结果整理。

由于贸易转移效应,中欧与世界其他地区之间的贸易将降低。由于中欧具有巨大的经济总量、贸易规模和极强的经济互补性,中欧 FTA 在大幅促进双边贸易的同时,也会造成显著的贸易转移效应。在政策情景 1 中,中国对世界其他地区的出口降低 0.99% (440.39 亿美元),从世界其他地区的进口将减少 1.31% (516.60 亿美元);同样,欧盟对世界其他地区的出口将下降 0.81% (337.96 亿美元),从世界其他地区的进口将减少 0.52% (227.65 亿美元)。如果中欧之间达成更加自由化的 FTA 协议,贸易转移效应将更为明显。在政策情景 3 和政策情景 4 中,中国对世界其他地区的出口将分别减少 2.54% (1 127.63 亿美元)、3.94%

(1 749.51 亿美元），从世界其他地区的进口将分别降低 1.98%（778.18 亿美元）、2.63%（1 035.56 亿美元）；欧盟对世界其他地区的出口将分别减少 1.29%（539.97 亿美元）、1.82%（761.58 亿美元），从世界其他地区的进口将分别降低 1.74%（757.07 亿美元）、2.85%（1 238.31 亿美元）。此外，更为详细的国别贸易分解表明：非成员国贸易的减少幅度并不相同，那些对欧盟出口中与中国产品出口结构相似的国家，以及对中国出口中与欧盟出口结构相似的国家，出口被替代的幅度较大，贸易降幅和经济受损程度也更为显著。

4.5.4 结论和建议

中欧 FTA 将显著促进双方经济增长和社会福利提升，在更为开放的贸易协定下双边受益幅度更大。根据动态 GTAP 模型计算，如果中欧在 2020 年达成 FTA 协定取消双边进口关税，中国的实际 GDP 在 2030 年相对于基准情景将增长 0.43%，经济福利增加 378.48 亿美元；欧盟的实际 GDP 将增长 0.10%，经济福利将增加 188.79 亿美元。如果中欧可以进一步降低 NTM 壁垒，达成更为开放的 FTA 协定，经济收益将更加显著。即使在较为保守的 NTM 壁垒降低情景下（NTM 关税等值降低 25%），中国的实际 GDP 将增长 1.16%，经济福利将增加 1 226.67 亿美元；欧盟的实际 GDP 将增长 0.49%，经济福利将增加 859.11 亿美元。因此，建立中欧 FTA 是促进经济发展和经济福利的有效措施，符合双方的共同利益。即便为了达成协议，将部分农产品列入敏感性产品，并不会对中欧 FTA 经济收益产生显著影响。

中欧 FTA 将促进双方比较优势的发挥，使中欧经济结构发生显著调整。拥有出口潜力但面临较高进口关税的产业将从 FTA 中获益；相反，面临巨大进口压力但受到前期较高进口关税保护的产业将面临冲击而受损。例如，中欧 FTA 将使中国纺织服装的产出显著扩张，而使运输工具和零部件的产出大幅萎缩；欧盟产业的变化却与之完全相反。而且贸易开放程度越高，双方经济结构调整压力和幅度就越大。因此，为了适应更为开放的贸易政策，防范结构调整导致的短期失业和其他社会问题，国家亟须构建相配套的社会保障体系，保障产业结构调整的顺利进行和经济的平稳过渡。

中欧 FTA 将对世界贸易流向和格局产生显著影响，有助于推动全球贸易开放和经济一体化。由于中欧具有巨大的经济总量、贸易规模和极强的经济互补性，中欧 FTA 在大幅提高双边贸易的同时，也会造成显著的贸易转移效应。那些对欧盟出口中与中国产品出口结构相似的国家，以及对中国出口中与欧盟出口结构相似的国家，贸易降低幅度和经济受损程度较大。可以预见：中欧 FTA 对非成员国的贸易和经济发展带来巨大挑战，为了应对不利影响，非成员国必将积极构建或参与各种形式的自由贸易协定，从而对全球贸易开放和经济一体化、遏制贸易保护主义产生积极作用。

本节虽然采用全球动态一般均衡模型（GDYN），并设计多种情景方案评价中欧 FTA 的经济影响，但是依然存在部分局限性。例如，中欧 FTA 会强化双边在产业和生产链条上某个生产环节的分工，由于生产规模扩大和专业化程度的提高，会显著提升生产效率，对中欧间的产业发展、贸易和经济发展产生更为显著和深远的影响。同时，本节也未考虑中欧 FTA 对技术外溢的潜在影响。因此，本节的评价结果可能会低估中欧 FTA 的经济影响，仅是中欧 FTA 经济影响的下限。

4.6 中国大豆产业应对国际风险因素的对策模拟研究

随着居民生活水平的提高，中国对畜禽肉类和乳制品的需求大幅增加，对作为饲料原料来源的大豆需求也迅速上涨。2020 年中国大豆进口量已超 1 亿吨，超过 90% 来自美国、巴西和阿根廷，其中，巴西占比 64%。稳定的大豆贸易对确保生猪和大豆油供给安全至关重要。目前，主产国的大豆生产和贸易面临许多不确定性。2018 年，中美经贸摩擦直接导致中国从美国进口大豆减少近 50%，从巴西进口大豆达到历史新高 6 608 万吨，占中国总进口比重高达 75%。中国大豆进口更加高度依赖南美，尤其是巴西（Lv et al.，2019；Taheripoutf and Tynerwe，2018）。短期内，中国可以通过从巴西进口大豆来弥补需求缺口，但从长期来看，巴西大豆供给也面临很大不确定性。多项研究证明，气候变化对巴西未来大豆产量将造成不小的负面影响（Ziui et al.，2020；Vogele et al.，2019）。此外，近几十年巴西大豆产量快速增长，除单产提高外，通过毁林以扩张作物种植面积也是重要原因之一。但在 2020 年，巴西的几大大豆供应商已签署"零毁林"协议，承诺禁止在巴西交易在 2020 年 8 月之后砍伐的土地上种植的大豆，这个范围超越了之前仅适用于亚马逊雨林的贸易协议，加快实现对环境的承诺增加了巴西大豆供应商的压力（Mano，2021）。那么，未来在气候变化、"零毁林"约束及中国大豆需求持续上升的情况下，巴西是否能够为中国提供足量的大豆存在着较大的不确定性。另外，主产国突发自然灾害也为大豆生产和贸易带来风险。极端自然事件如极端温度和降水可导致大豆单产下降 20%（Vogele et al.，2019）。美国、巴西和阿根廷发生洪水和干旱的频率较高，1961~2017年，美国、巴西和阿根廷发生干旱的次数分别为5次、10次和2次，发生洪水的次数分别为42次、68次和38次。① 2012年南美地区遭遇干旱，大豆减产严重，2012年巴西大豆产量较上一年减少12%，阿根廷较上一年减少16%。② 由此，经贸摩擦带来的政治摩擦风险和气候变化及自然灾害带来的潜在自然风险可能会直接影响主产国对中国的大豆出口量，影响中国大豆和大豆油供给及生猪生产等。

本节将从提高国内大豆单产和加强同其他国家的大豆技术研发和投资合作两方面讨论应对风险的措施，并应用全球农产品局部均衡模型进行定量分析，讨论若采取这些措施，作用效果如何？能在多大程度上分散一系列风险？能否以合适的价格购买到足量的大豆来保障大豆供应及生猪和大豆油食物安全？

4.6.1 文献综述

关于主产国大豆生产和贸易的不确定性，众多学者进行了相关研究。首先，中美经贸摩擦导致中国增加进口巴西大豆，造成大豆进口过度依赖巴西，进口来源国单一化增加了进口风险，对中国大豆进口贸易格局带来较大影响。吕等（Lv et al.，2019）运用世界贸易整合解决方案模型的单一市场局部均衡模拟工具（the world integrated trade solution-single market partial equilibrium simulation tool，WITS-SMART）分析中美经贸摩擦对两国经济及贸易的影响，研究表明中国的大豆和汽车行业受损害最大，中国从美国进口大豆等作物预计减少5.22亿美元，经济福利损失2.33亿美元。塔赫里波尔和蒂纳维（Taheripour and Tynerwe，2018）运用全球贸易分析模型生物燃料模块（GTAP-BIO模型）模拟了中国对美国大豆加征25%关税的情形，结果表明，中国从美国进口大豆数量大幅下降，贸易弹性越高，变化越大，在标准贸易弹性和更高贸易弹性情况下分别下降48%和91%，中国从巴西进口大豆分别增加18%和36%，从南美其他国家进口大豆分别增加22%和62%。张玉梅等（2021）应用"一带一路"全球农业模型定量模拟比较中美继续贸易摩擦和达成经贸协议两种可能对双方及世界各国大豆产业可能带来的影响，得出如果贸易摩擦继续，中国对原产于美国的大豆加征25%关税，中国大豆需求总量和进口总量均会下降，预计从美国进口的大豆相比基期下降57.7%，同时继

---

① 国际灾害数据库（Emergency Events Database，EM-DAT）。
② 2012年全球大豆产量分析［EB/OL］．产业网，2013-05-15．

续增加巴西和阿根廷的大豆，相比基期分别增加 10.5% 和 40.8%；如果中美达成协议，美国大豆生产者受益明显，产量和出口增加，中国的大豆消费者受益，有利于双边实现互利共赢。

此外，主产国气候变化或极端自然灾害的发生也会对大豆生产和贸易带来风险。齐利等（Zilli et al.，2020）运用全球生物圈管理模型——GLOBIOM 模型预测，到 2050 年，由于气候变化影响，巴西大豆种植面积将减少 17.0%~38.5%，大豆产量将下降 6.3%~36.5%，导致其出口量减少 1.1%~34.3%。沃格尔等（Vogel et al.，2019）认为，在南美地区约 20% 的大豆产量异常与气候变化有关。齐珀等（Zipper et al.，2016）从时空格局和历史变化角度研究了干旱对美国大豆和玉米产量的影响。在 1958~2007 年的 50 年间，美国平均 13% 的大豆和玉米产量波动与干旱有关，尤其在高峰生长期的关键月份发生的短期干旱与产量异常密切相关。苗等（Miao et al.，2012）通过盆栽试验研究短期水分胁迫对大豆生长关键结瘤期结瘤发育的影响，结果表明：水分胁迫对大豆产量的影响程度不同，干旱情况下大豆产量下降 11%~69%，洪水情况下大豆产量下降 15%~44%。冷和霍尔（Leng and Hall，2019）通过建立概率模型估计了中度、极端、严重和异常干旱条件下的作物产量损失风险（即产量低于长期平均值的概率），得出结论：当遭遇特大干旱时，大豆和玉米减产的概率可能超过 70%；当干旱程度从中度增加到异常时，大豆产量损失风险增加了 24%，且在异常干旱的情况下，美国、俄罗斯和印度的减产风险最高。气候变化风险会冲击农产品供给，造成贸易不稳定，农产品供给不足易导致农产品价格上涨（李秀香等，2011）。因此，气候变化或自然灾害的发生有可能造成大豆减产，影响到主产国出口量及中国大豆进口价格，这也对中国大豆进口带来一定风险。

针对如何应对各种风险因素对我国大豆产业造成的影响，学者们提出了相应对策。首先，中国应加快农业供给侧结构性改革。适当增加大豆种植补贴，鼓励大豆种植，加大研发投入，提高本国大豆的质量和数量（Wang，2019）。加强非转基因大豆品种品质创新，完善大豆技术创新体系，提高供种率、良种覆盖率和品种优质率，攻克技术瓶颈，建立病虫害治理体系，着力提高大豆单产水平，扩大大豆有效供给（肖卫东和杜志雄，2019）。继续加强良种研发和推广，加快启动实施种源"卡脖子"技术攻关，建立完善的良种繁育体系，强化良种繁育的科研经费投入，培育优质、高产且抗病的大豆品种（徐雪高和沈贵银，2015），并加强机械设备及耕作技术的研发和推广，稳步提高大豆单产。加强大豆生产环节的规模化、组织化和专业化，降低成本，提高利润（张振等，2018）。加强农机农艺融合，提升机械化水平，提升大豆种植生产的规模效应（卞靖，2018）。其次，中国应扩大大豆进口来源多元化。促进海外农业投资、加强全球农业合作以及同主要粮食出口国建立战略伙伴关系等，深化全球粮食贸易和扩大市场份额，最大限度地减少粮食市场的不确定性（Zhang and Cheng, 2016）。加强与"一带一路"沿线国家的合作，促进大豆等农产品进口来源的多元化，可充分利用"一带一路"沿线国家的农业资源禀赋与其展开农业合作，如增加俄罗斯、乌克兰和加拿大等国的大豆进口（崔宁波和刘望，2019）。可优先考虑对加拿大、俄罗斯、乌拉圭等对中国大豆出口规模较小的国家实施关税削减甚至零关税，以多元化进口渠道分散风险、增加福利（罗亚杰等，2019）；随着中俄"粮食走廊"的建立，中国可以通过黑龙江省建立粮食进口口岸，增加俄罗斯大豆的进口（Wang, 2019）；从俄罗斯、乌克兰和埃塞俄比亚等非传统供应国家进口大豆，可在一定程度上缓解由于减少进口美国大豆带来的影响（Choe et al., 2019）。

通过文献梳理可以看出，关于国家间经贸摩擦、主产国的气候变化或极端天气灾害等对大豆产量或贸易量影响的研究较为丰富，并提出了一些对策，但多数研究并未对各项对策的作用、影响及可行性进行系统的定量评估。因此，本节重点梳理中国大豆产业应对风险可能的具体措施，并利用全球农产品局部均衡模型定量模拟评估实施各项对策可能产生的政策效果，为中国大豆产业积极应对国际风险提出可行的对策和建议。

4.6.2　中国大豆产业应对风险措施讨论

为解决如何尽可能减少中国大豆进口所面临的政治摩擦风险和潜在自然风险的问题，根据文献梳理、国家政策以及当前国际形势，本节主要从提高中国大豆自给率和加强同其他国家的大豆技术研发和投资合作两方面来讨论中国大豆产业应对风险的措施。原因有以下两点：首先，当前国家十分重视中国大豆产业发展，2019年起实施"大豆振兴计划"，提出提高国内大豆竞争力以及提高大豆自给率的目标，并且号召充分利用"一带一路"倡议，同各国进行农业科技合作，支持国内大豆产业发展；其次，2019年中央一号文件《中共中央 国务院关于坚持农业农村优先发展做好"三农"工作的若干意见》指出要加快推进支持农业"走出去"，加强"一带一路"农业国际合作，主动扩大国内紧缺农产品进口，拓展多元化进口渠道的目标。基于以上两个角度，提出以下三种对策。

1. 提高中国大豆单产

近年来，作为农业供给侧改革的一项重要举措，农业农村部于2019年初制定了《大豆振兴计划实施方案》，目的是实施好新形势下国家粮食安全战略，积极应对复杂国际贸易环境，促进我国大豆生产恢复发展，提升国产大豆自给水平。要实现"扩面、增产、提质、绿色"的目标。通过加快推广具有苗头性的高产优质品种，集成配套绿色高效技术模式，同时加快生物技术在育种上的应用，提升大豆良种繁育能力，释放大豆良种的增产潜能。2020年全国大豆平均亩产已达到132千克，虽然正逐步缩小与世界其他大豆主产国的单产差距，但仍具有很大潜力。

2. 与阿根廷进行农业合作，推广新的大豆品种

当前阿根廷种植的超过70%为仅抗草甘膦一种性状的大豆，大面积长期使用草甘膦使草甘膦抗性杂草问题不断加重。2020年6月，农业农村部科技教育司发布了《2020年农业转基因生物安全证书（进口）批准清单》，其中包括北京大北农生物技术有限公司开发的转基因大豆——DBN-09004-6。这意味着北京大北农生物技术有限公司耐除草剂大豆 DBN-09004-6 产品可以在阿根廷进行商业化种植。DBN-09004-6 产品具有抗草甘膦和抗草铵膦两种性状，具有明确的市场价值和竞争力，能有效解决南美大豆生产的控草难题，可提高其大豆单产及总产量，在一定程度上可稳定阿根廷大豆生产。美国农业部（USDA）于2014年发布了一份名为《美国基因工程作物》（Genetically Engineered Crops in the United States）的报告，报告中对转基因大豆的产量情况进行了说明，种植具有抗一种除草剂性状的大豆单产为45.6蒲式耳/公亩，种植不具有抗除草剂性状的大豆单产为40.6蒲式耳/公亩，单产提高约12%。报告还指出，种植具有多个受基因调试性状的农作物种子比常规或仅具有一个受基因调试的农作物种子产量更高（Fernandez-Cornejo et al., 2014）。

3. 提高"一带一路"共建国家如俄罗斯的大豆单产及种植面积

从长期来看，中国还应积极拓展其他大豆进口来源，以应对中美贸易摩擦带来的政治风险和大豆主产国气候变化或发生极端天气灾害造成减产的潜在自然风险。俄罗斯是除美国、巴西和阿根廷之外的中国大豆进口来源国之一。近年来，中俄贸易关系良好，随着俄罗斯农业的崛起和中国市场的进一步开放，中俄农产品贸易量大幅增加。2020年中国从俄罗斯进口农产品金额为40.9亿美元，较上年增长13.9%。① 中俄农业贸易关系越来越紧密。此外，俄罗斯非常积极地与中国进

---

① 商务部回应经贸热点话题［EB/OL］. https：//baijiahao. baidu. coml s?id = 1690179785871871955&wfr = spider&for = pc，2021 - 01 - 29.

行农业合作。2017年俄罗斯农业集团董事会主席瓦季姆·莫什科维奇在中俄商务对话会上称,中俄整个边境都存在大豆产量成倍提高的潜力,通过利用未开垦的土地,未来5年俄方能够向中国提供近1 000万吨大豆,[①] 这为中俄今后开展大豆或其他农业合作奠定了坚实基础。

4.6.3 研究方法和模拟方案

1. "一带一路"全球农业模型

"一带一路"全球农业(SILK-MGA)模型是一个全球范围的农产品多市场局部均衡模型,它以生产者和消费者行为理论以及供给和需求理论为基础,建立了不同农产品的生产、消费、贸易和价格等指标的关系,构建不同国家(地区)不同农产品间的贸易联系。SILK-MGA模型是由中国农业科学院海外农业研究中心、中国农业科学院农业经济与发展研究所和国际食物政策研究所联合开发的。该模型参考了美国宾夕法尼亚州立大学与USDA联合开发的全球农业贸易局部均衡贸易模拟模型(PEATSim)和国际食物政策研究所的国际农产品和贸易政策分析模型(IMPACT),并增加了双边贸易模块。双边贸易模块包含了24个国家(地区)25种农产品的贸易矩阵,来源于联合国粮农组织。为了平抑不同年份间贸易的波动,贸易矩阵的基准数据采用2015~2017年农产品进口量和出口量的平均值。SILK-MGA模型首先模拟得到各国家(地区)的进口总量和出口总量,然后将进口总量和出口总量与双边贸易模块进行连接,通过交叉熵平衡方法重新平衡贸易矩阵,模拟各国家(地区)与其他国家(地区)间双边贸易量的变化(张玉梅等,2021)。

SILK-MGA模型的数据来源于FAO、OECD和USDA等机构,收集了各种农产品的生产、消费、贸易、供需平衡表及国内国际价格、汇率等经济变量,包含中国、美国、巴西、阿根廷等24个国家(地区),涵盖了大豆、豆油、豆粕、稻谷、小麦、玉米和畜产品等28种农产品及加工品。模型基准年份为2017年。关税和关税配额数据来自世界银行WITS数据库和WTO。人口、国内生产总值及其增长率、消费者价格指数、汇率等宏观经济指标来自世界银行、国际货币基金组织和联合国人口署等。弹性参数和技术参数由开发团队参考现有文献和模型估计而得。SILK-MGA模型采用通用代数建模系统(GAMS)软件编程,使用混合互补优化

---

① 俄罗斯卫星通讯社. 俄拟向中国供应1 000万吨大豆[EB/OL]. http://lsputniknews.cn/economics/201709071023542707/,2017-09-07.

求解。

本节采用 SILK-MGA 模型模拟分析各项措施实施的政策效果以及对中国大豆产业及进口格局的影响。该模型建立了不同农产品的生产、消费、贸易和价格等的关系,并纳入了各国的贸易政策,可用来估计政策变化或外界冲击对农产品市场和贸易的影响,并且增加了双边贸易模块,可以进一步模拟贸易格局变化。在本节中,采用 SILK-MGA 模型研究各项对策对各国大豆生产、消费、贸易和价格的影响,应用双边贸易模块分析这些对策对大豆国际贸易和中国大豆贸易格局的影响。本节已将该模型的基准年更新为 2019 年,即已发生中美贸易摩擦的年份,能够反映最新的农产品市场运行情况。

2. 模拟方案设定

本节将结合当前国内外形势,设定多种方案进行模拟分析。若中美贸易摩擦长期持续以及为减小气候变化或自然灾害等潜在自然风险,模拟采取提高中国大豆自给率、与主产国加强大豆合作和拓展进口多元化措施的影响。具体模拟方案设定如表 4-22 所示。

表 4-22   模拟方案设计

模拟方案	目标国家	应对措施	设定依据
方案一	中国	大豆单产提高 50%	提升至世界平均水平
方案二	阿根廷	大豆单产提高 10%	转 CP4-EPEPS 基因大豆新品系较常规大豆品种单产提高 11%
方案三	俄罗斯	大豆单产提高 30%,种植面积增加 20%	单产提升至同属黑海地区的哈萨克斯坦单产水平,俄罗斯向外国投资者提供的 100 万公顷耕地中预计 50% 来自中国,即种植面积增加 50 万公顷

方案一:中国大豆单产提高 50%。中国政府于 2019 年实施大豆振兴计划,通过稳定并扩大大豆种植面积、提高大豆单产这两个方面振兴中国大豆产业。中国目前仅种植非转基因大豆,单产较低,较世界平均水平仍存在较大差距。2014~2018 年中国大豆平均单产水平为 1.79 吨/公顷,世界大豆平均单产为 2.74 吨/公顷。若中国大豆单产提升至世界平均水平,则可在一定程度上提高中国大豆自给率,减小对外依存度。因此,本节设定将模拟中国大豆单产提高至世界单产水平,即中国大豆单产提高约 50%。

方案二:阿根廷大豆单产提高 10%。目前关于种植 DBN-09004-6 会使大豆单产提高的具体程度并未公开数据。本节以国内 2008~2015 年杂交转育的转

CP4-EPEPS 基因大豆新品系——耐草甘膦除草剂转基因大豆，较常规大豆品种单产提高11%为参照（孟凡凡等，2019），设定未来在阿根廷种植具有抗两种除草剂性状的大豆单产提高10%。

方案三：俄罗斯大豆单产提高30%，大豆种植面积增加20%。目前，俄罗斯大豆单产水平较低，2017年其单产水平为1.41吨/公顷。若中国同俄罗斯进行大豆合作来提高其单产，其单产潜力参照周边相似国家中最大单产。俄罗斯和哈萨克斯坦同属黑海地区，哈萨克斯坦是黑海地区大豆单产水平最高的国家，2017年为2.0吨/公顷。此外，当前俄罗斯西伯利亚及远东地区拥有大量肥沃土地尚未开垦，大豆种植潜力巨大。2018年俄罗斯已决定向外国投资者提供100万公顷耕地，"预期会有50%的投资来自中国，25%来自俄罗斯，另外25%来自其他国家"[①]。因此，模拟方案三以哈萨克斯坦为参照，将俄罗斯单产水平提高30%。同时，设定俄罗斯大豆种植面积增加50万公顷，即较基准年份增加20%。

4.6.4 模拟结果分析

1. 中国大豆单产提高的影响

国内大豆单产水平提高使国内大豆产量增加，进口减少，对国内大豆产业负面影响很小，并且可增加国内消费者福利。单产和种植面积是影响大豆产量最主要的因素，模拟结果显示，中国大豆单产提高50%使总产量提高49.2%，较2019年约增长909万吨，国内产量提高，供给增加，在一定程度上弥补了大豆需求的缺口，使得大豆进口量减少7.2%，较2019年减少进口约640万吨，对外依存度降至76%。国内压榨消费和总消费量略增，均增长1.4%；国内供给增加，价格小幅下跌1.8%，国内消费者福利增加约5.5亿美元（见表4-23）。

表4-23　　　　　　　　　提高中国大豆单产对国内大豆产业的影响

项目	基期（2019年）	模拟方案（提高中国大豆单产）	变化值	变化率（%）
产量（万吨）	1 847	2 756	909	49.2
进口量（万吨）	8 851	8 214	-640	-7.2
压榨消费量（万吨）	9 485	9 617	132	1.4

---

① 中美强势对垒互征关税，俄罗斯增加对华出口解围[EB/OL]. 俄罗斯龙报，2018-08-24.

续表

项目	基期 （2019 年）	模拟方案（提高 中国大豆单产）	变化值	变化率 （%）
总消费量（万吨）	10 701	10 846	145	1.4
生产者价格（美元/千克）	0.87	0.85	-0.02	-1.8
消费者价格（美元/千克）	0.87	0.85	-0.02	-1.8

资料来源：根据 SILK-MGA 模拟结果整理。

由于中国大豆进口总量减少，各主要来源国对中国出口大豆量也相应减少。其中，从美国进口较 2019 年减少 14.9%，预计减少 253 万吨；从巴西进口较 2019 年减少 4.6%，预计减少 267 万吨；从阿根廷进口较 2019 年减少 11.2%，预计减少 99 万吨；从世界其他国家进口较 2019 年减少 3.6%，预计减少 18 万吨（见表 4-24）。

表 4-24　　　　提高中国大豆单产对国内大豆进口格局的影响

地区	基期（2019 年） （万吨）	模拟方案（提高中国大豆 单产）（万吨）	变化值 （万吨）	变化率 （%）
美国—中国	1 701	1 448	-253	-14.9
巴西—中国	5 768	5 501	-267	-4.6
阿根廷—中国	880	781	-99	-11.2
世界其他国家—中国	502	484	-18	-3.6

资料来源：根据 SILK-MGA 模拟结果整理。

2. 阿根廷大豆单产提高带来的影响

阿根廷大豆单产提高使中国大豆进口价格降低，中国消费者福利增加，对中国大豆产业影响很小，但对中国大豆进口格局影响明显，在一定程度上降低了对美国和巴西的高度依赖。

阿根廷大豆单产提高使其大豆产量增加 10.1%，达到 5 374 万吨，价格下降，导致其国内大豆消费小幅增加，涨幅为 1.1%，同时出口量增长明显，增加 36.2%。其中，对中国的出口量也有较大幅度提升，增幅为 46.2%，增加 407 万吨。阿根廷产量提高使全球大豆供应增加，降低了世界价格，阿根廷大豆出口价格下降 1.5%，但其大豆出口量增加 36.2%，福利总体增加（见表 4-25）。

表 4 – 25　　　　阿根廷大豆单产提高对其国内大豆产业的影响

项目	基期（2019 年）	模拟方案（提高阿根廷大豆单产）	变化值	变化率（%）
产量（万吨）	4 880	5 374	494	10.1
国内消费量（万吨）	4 580	4 630	50	1.1
出口量（万吨）	997	1 373	376	36.2

资料来源：根据 SILK-MGA 模拟结果整理。

从中国大豆产业来看，阿根廷大豆产量增加，全球大豆供给增加，中国大豆进口量增加 1.5%，达 8 980 万吨。压榨消费量和总消费量分别增加 1.2% 和 1.1%。大豆进口量增加对国内大豆产业产生冲击，但影响很小，生产者价格下降 1.5%，生产者损失为 2.8 亿美元，大豆产量仅减少 0.6%。全球大豆供给增加，在需求无明显变化的情况下，大豆世界价格下降，中国进口大豆价格也随之下降，降幅为 1.5%，中国消费者福利增加 10.8 亿美元，因此，生产者和消费者净福利增加 8 亿美元（见表 4 – 26）。

表 4 – 26　　　　阿根廷大豆单产提高对中国大豆产业的影响

项目	基期（2019 年）	模拟方案（提高阿根廷大豆单产）	变化值	变化率（%）
产量（万吨）	1 847	1 838	-11	-0.6
进口量（万吨）	8 851	8 980	129	1.5
压榨消费量（万吨）	9 485	9 587	109	1.2
总消费量（万吨）	10 701	10 812	121	1.1
生产者价格（美元/千克）	0.87	0.86	-0.01	-1.5
消费者价格（美元/千克）	0.87	0.86	-0.01	-1.5
进口价格（美元/千克）	0.41	0.4	-0.01	-1.5

资料来源：根据 SILK-MGA 模拟结果整理。

该方案对中国大豆进口格局影响较明显，在一定程度上分散了进口风险。阿根廷大豆增产，中国从阿根廷进口大豆数量增加，预计增加 46.2%，达到 1 287 万吨。在总进口量变化较小的情况下，从其他主要来源国家进口的大豆数量下降，其中，从美国进口减少 10.7%，从巴西进口减少 3.1%，从世界其他国家（地区）进口减少 3.1%（见表 4 – 27）。

表4-27　　　　阿根廷大豆单产提高对中国大豆进口格局的影响

地区	基期（2019年）（万吨）	模拟方案（提高阿根廷大豆单产）（万吨）	变化值（万吨）	变化率（%）
美国—中国	1 701	1 519	-182	-10.7
巴西—中国	5 768	5 588	-180	-3.1
阿根廷—中国	880	1 287	407	46.2
世界其他国家—中国	502	486	-16	-3.1

资料来源：根据SILK-MGA模拟结果整理。

3. 加强与俄罗斯大豆合作带来的影响

如果中国与俄罗斯加强大豆合作，俄罗斯的大豆单产提高30%以及大豆种植面积增加20%，俄罗斯大豆产量将增加55.5%，达到678万吨。俄罗斯原本既是大豆出口国又是大豆进口国，产量增加后，可满足其国内需求，俄罗斯转为大豆净出口国。出口量大幅增加，增长195%，达到386万吨（见表4-28）。

表4-28　　　　加强与俄罗斯大豆合作对其国内大豆产业的影响

项目	基期（2019年）	模拟方案（加强与俄罗斯大豆合作）	变化值	变化率（%）
产量（万吨）	436	678	242	55.5
进口量（万吨）	205	0	-205	-100
出口量（万吨）	131	386	255	195

资料来源：根据SILK-MGA模拟结果整理。

俄罗斯大豆产量提高增加了全球大豆供给，减少了进口需求，导致大豆世界价格下降，中国大豆进口价格也随之降低，降幅为0.5%。中国大豆进口量增加0.5%，对国内大豆产业影响很小，产量仅减少0.2%，生产者价格下跌0.5%，生产者福利损失1.1亿美元；消费者价格同样下跌0.5%，国产大豆部分国内消费者福利增加0.8亿美元；大豆进口价格下降0.5%，进口大豆部分消费者福利增加1.9亿美元。因此，中国国内消费者总福利增加2.7亿美元，净福利增加1.6亿美元（见表4-29）。俄罗斯大豆产量的提高使其对中国的大豆出口量增长约200%，达到213万吨。由于中俄目前大豆贸易量较小，并未对进口格局有明显影响（见表4-30）。

表4-29　　　　　加强与俄罗斯大豆合作对中国大豆产业的影响

项目	基期（2019年）	模拟方案（加强与俄罗斯大豆合作）	变化值	变化率（%）
产量（万吨）	1 847	1 844	-3	-0.2
进口量（万吨）	8 851	8 898	61	0.5
压榨消费量（万吨）	9 485	9 522	53	0.4
总消费量（万吨）	10 701	10 742	58	0.4
生产者价格（美元/千克）	0.87	0.866	-0.004 4	-0.5
消费者价格（美元/千克）	0.87	0.866	-0.004 4	-0.5
进口价格（美元/千克）	0.41	0.408	-0.002 1	-0.5

资料来源：根据SILK-MGA模拟结果整理。

表4-30　　　　　加强与俄罗斯大豆合作对中国大豆进口格局的影响

地区	基期（2019年）（万吨）	模拟方案（加强与俄罗斯大豆合作）（万吨）	变化值（万吨）	变化率（%）
美国—中国	1 701	1 671	-30	-1.8
巴西—中国	5 768	5 773	5	0.1
阿根廷—中国	880	1 047	167	18.9
俄罗斯—中国	71	213	142	199.9
世界其他国家—中国	502	608	106	21

资料来源：根据SILK-MGA模拟结果整理。

4.6.5　结论与政策建议

本节基于当前中国大豆进口面临的政治摩擦风险和潜在自然风险，探讨了中国大豆产业应对风险的对策，并利用全球农产品局部均衡模型模拟实施各项对策的政策效果。研究结果表明，提高中国大豆单产、与阿根廷和俄罗斯进行大豆技术研发和投资合作均能在不同程度上增加全球大豆供给，降低大豆世界价格和中国大豆进口价格，增加中国消费者福利，虽然对国内大豆产业有负面影响，但影响甚微。大豆价格下降也降低了豆油和豆粕成本，有利于降低大豆压榨业和畜牧养殖业成本。同时，各项对策的实施也可分散进口风险，减少对美国和巴西的高度依赖，促进大豆进口多元化。对阿根廷和俄罗斯来说，虽然其大豆出口价格有所下降，但出口量大幅增加带来的福利更大。因此，中国与阿根廷和俄罗斯进行大豆相关农业合作对双方均是有利的。

1. 结论

第一，国内大豆单产水平提高使国内大豆产量增加、进口减少，并且可增加国内消费者福利。同时，中国对几个主要进口来源国进口大豆的依赖程度均有不同程度的减少，对外依存度降至76%。

第二，阿根廷大豆单产提高使中国大豆进口价格降低1.5%，中国消费者净福利增加9亿美元，降低了中国大豆进口对美国和巴西的高度依赖，在一定程度上分散了进口风险。从阿根廷进口大豆数量增幅达到46.2%，从美国、巴西及世界其他国家（地区）进口分别减少10.7%、3.1%和3.1%。

第三，与俄罗斯加强大豆合作使中国大豆进口价格降低0.5%，中国从俄罗斯进口的大豆数量增幅高达约200%，达到213万吨，国内消费者净福利增加1.9亿美元。

2. 政策建议

针对当前中国大豆进口对外依存度过高及进口高度集中的问题，为应对主要来源国面临的政治摩擦风险和潜在自然灾害风险，本节从提高中国大豆自给率、加强与大豆主产国合作和大豆进口来源多样化三个方面提出以下政策建议。

第一，应鼓励国内大豆生产，进一步确保大豆产业供应链稳定性和提升国产大豆竞争力，构建国内国际双循环和相互促进的新发展格局。推进《大豆振兴计划实施方案》以保证国内大豆食用需求，如加大种植业扶持力度，继续增加大豆种植补贴以提高农民种植大豆积极性，稳定大豆种植面积。此外，继续加大国内大豆研发技术投入，提高单产水平。大豆单产水平提升的关键是培育高产出率的劳动节约型大豆品种，并利用有效的推广方式提高品种更新率（司伟和李东阳，2018）。例如，黑龙江省和内蒙古自治区拥有全国最大的大豆种植面积，但单产水平较低，低于全国平均水平，若加快培育高产出率的劳动节约型大豆品种，同时增加农业机械设备，提高大豆种植从播种到收割环节的农业机械化水平，降低豆农劳动强度，增加其种植积极性，这些措施均可使国内大豆产量大幅提升，提高大豆自给率。

第二，为应对主产国自然灾害带来的大豆产量损失或阻碍大豆运输的风险，还应继续加强同大豆主产国的双边合作，建立更加稳定的供需关系。例如，在环境可持续发展的背景下，研发具有多种抗性性状的大豆品种，再同其他国家合作进行商业推广。参照同阿根廷的大豆商业化种植合作，未来也可与巴西开展类似合作，在确保巴西热带雨林或原始森林不被继续破坏的环境条件约束下，提高巴西大豆产量。同时，中巴的农业合作还可以拓展到基础设施建设方面。基础设施建设是制约中巴大豆产业发展的瓶颈之一，巴西大豆产业发展过程中一个较大的问题是没能有效带动内陆地区交通基础设施的系统性进步（刘明，2018），因此，中国可利用自身强大的基建能力同巴西进行合作，提高其抵御自然灾害对大豆运输带来的风险或提高其运输能力和效率，降低成本，确保稳定的大豆货源来满足中国大豆需求。例如，2018年3月由中国交通建设集团和巴西托雷尔公司共同投资开发建设的圣路易港口项目正式启动，旨在建立以粮食、化肥、油品及散杂货运输为主的港口。

第三，与主产国加强合作的同时，还应拓宽进口来源。可同俄罗斯或其他大豆出口国，如与"一带一路"共建国家开展大豆相关的农业合作。共同开发研究大豆相关科学技术，加强技术创新与推广应用，帮助其他国家提高大豆单产水平，或增加大豆种植面积，进而提高产量，增加世界供给量，降低世界价格，增加对中国的出口，同时也使中国大豆进口多元化。目前中俄双方正积极开展大豆省州"结对子"工作，初步确定黑龙江—广东—滨海边疆区、黑龙江—犹太自治州、黑龙江—阿穆尔州、山东—犹太自治州四对大豆重点省州开展"结对子"合作。中国食品土畜进出口商会也将与俄油脂联盟成立中俄大豆产业联盟，促进全产业链合作等。除俄罗斯外，中国和乌克兰大豆贸易也有很大发展空间。近年来，中乌两国农产品贸易发展迅速，2019年起中国已成为乌克兰第一大农产品贸易伙伴国。从长远角度考虑，乌克兰大豆种植也具有很大潜力，在适宜的天气条件下，当政策和市场对生产者均有利时，其大豆种植面积可扩大1~2倍甚至更多，产量可达1 000万~1 200万吨（赵鑫和孙致陆，2021）。因此，中国与乌克兰进行大豆相关合作也可成为促进进口来源多元化的途径之一。

4.7 汇率变化对我国农业产业的影响
——基于农业部门局部均衡模型

通常当人民币贬值时，国内农产品价格变得相对低廉，而进口农产品价格则变得相对昂贵，有利于扩大农产品出口，抑制进口，国内生产将会得到刺激；而当人民币对美元升值时则相反，受到价格相对低廉的进口产品冲击，国内农产品生产的积极性将会被挫伤，导致产量压缩，国内原本的供需平衡被打破。除本币汇率外，主要贸易伙伴国的货币汇率变动也将影响一国的农业市场。例如，2015

年澳元和新西兰元对美元汇率走低,加剧了全球奶制品价格的下滑,导致我国内外奶价倒挂现象突出,奶粉及其他奶制品进口激增,减少了国内原料奶的需求,国内奶价下跌,奶农卖奶困难,国内奶业生产受到严重影响。因此,密切关注人民币和主要农产品贸易伙伴国的汇率变化对我国农业的影响,对防范汇率风险、促进农业健康可持续发展具有重要作用。

由于汇率变动关系到一国国际收支平衡、货币政策的制定以及通货膨胀等问题,受到很多学者的重视。多数国外学者认为汇率波动将显著影响农产品价格、贸易和产量。舒赫(Schuh, 1974)在其开创性著作中论述到,汇率影响着农业的各个方面,具体来看,美元估值过高导致美国农产品出口减少,农户利益受损,但另一方面有利于科技创新、促使农户采纳新技术,因此一定程度上能提高国内农业产量。农产品价格和汇率的关系随时间和经济结构的变化而不同(Hatzenbuehler et al., 2016),如在经济繁荣时期,当美元贬值时,随着金属和能源价格上升,农产品价格最终也会上升(Haniotis and Baffes, 2010)。汇率变动对不同产业的影响不同,与其他产业相比,汇率波动对农业贸易量影响最大(Baek and Koo, 2009),且发展中国家所受影响大于发达国家(Schuh, 1974)。在实证分析方面,辛哈和森古普塔(Sinha and Sengupta, 2017)、兰姆(Lamb, 2000)、基特等(Chit et al., 2010)和沙伊赫等(Elsheikh et al., 2012)分别通过时间序列模型、面板数据模型和一般均衡模型,模拟了印度、非洲、东亚新兴市场国家和苏丹的货币汇率变动对农业的影响,发现汇率升值对本地区出口具有负向作用,且导致农业产量下降,而贬值引起出口增加,国内生产受到鼓励,产量扩大。此外,也有部分国外学者认为汇率变动对农业不存在显著影响。例如,韦利亚尼蒂斯(Vellianitis, 1976)认为由于农产品在短期缺乏供给和需求弹性,美元汇率的变动并没有显著影响农产品贸易,且对美国农产品价格和收入也没有明显影响;科斯特(Kost, 1976)认为货币贬值对进出口国的产品生产、消费、贸易和价格仅有微小的影响;胡切特-布尔登(Huchet-Bourdon and Korinek, 2011)发现汇率波动对中国、欧元区和美国之间贸易量影响很小。

国内学者主要关注人民币汇率的变化对我国农产品贸易的影响。人民币汇率变动与国内物价之间存在长期关系(卜永祥,2001;毕玉江和朱钟棣,2006,2007;李颖,2008),人民币贬值导致国内农产品物价相对下降,有利于促进农产品出口、减少进口;人民币升值将显著提高国内农产品价格水平(刘艺卓和吕剑,2009),将抑制农产品出口,阻碍出口产品的发展,同时由于刺激进口,导致本国农产品受到国外产品的竞争压力,影响国内产业的生产水平,对我国社会经济产生深远影响（李岳云和宋海英，2004；李小云和李鹤，2005；陈文汉，2006；张家胜和祁春节，2003）。杨等（Yang et al.，2012）利用全球贸易分析模型（GTAP模型）模拟人民币升值的影响，发现人民币升值将不利于中国经济，使国内生产总值和就业率下降，贸易盈余减少。此外，汇率变动直接影响农业生产资料如化肥和农药的进出口，当人民币升值时，进口化肥和农药势必对国内相关产品生产企业和粮食价格形成直接打压（万红先和黄玉震，2007）。不同农产品进出口量的变化对汇率变动的反应程度取决于各产品的汇率弹性大小和经济发展阶段的不同（顾焕章等，1994）。

从研究内容来看，国外文献大多侧重于分析汇率对农产品贸易的影响，且对影响程度的结论不一；国内文献较多地分析人民币汇率变化对我国农产品贸易的影响，鲜有研究农业贸易伙伴国汇率变动对我国农业的影响。研究方法方面，以计量方法为主，主要分析汇率变化对单个变量如农产品贸易量、国内物价的影响，很少研究分析对整个农业产业和多个农产品的影响。目前，国际形势复杂多变，尤其是中美贸易摩擦不断升级，未来人民币汇率波动的不确定性和农业贸易伙伴国的汇率波动都会影响我国的农产品贸易和国内农业产业发展，量化评估汇率波动对国内农业的影响至关重要。因此，本节将着眼于多种农产品和多个国家的农产品市场，考虑不同农业产业和不同国家（地区）之间的相互影响，以期定量评估汇率变化对国内和国际农产品市场的影响。

4.7.1　汇率波动与农产品进口价格的关系

1. 人民币及主要农产品贸易伙伴国汇率波动特征

（1）人民币汇率的波动趋势。

2001~2004年，我国实行固定汇率制度，人民币对美元汇率稳定在8.27的水平（见图4-10）。2005年，我国开始实行浮动汇率制度，人民币不再单一盯住美元，而是以市场供需为基础，参考美元、欧元、韩元、日元等一篮子货币进行调节。由于我国经常项目的资本和金融项目出现长期"双顺差"，国际短期资本大量涌入，2005~2014年人民币处于不断升值的状态，升值幅度达33.38%，其中，2005~2008年人民币出现大幅度升值，年均变动率为5.65%；2008~2010年升值幅度有所缓和，年均变动率下降为1.31%；2010~2014年波动幅度又有所增加，年均波动增至2.46%。2014年人民币对美元年平均汇率下降至6.14，为这一时期的最低点。但在2014年第三季度之后，中国出现国际收支逆差和人民币贬值压力。

2015年6月起,我国的投资基本处于资本外流状态,金融项目出现逆差,资本的净流出导致人民币对美元汇率出现贬值,2017年人民币对美元年均汇率上升为6.76,与2014年相比,贬值幅度达10%。可见,实行浮动汇率制度以来,人民币对美元汇率出现了大幅度的波动。虽然根据年度数据来看,人民币近年来出现连续贬值,但从月度来看,自2017年12月开始人民币对美元开始升值,至2018年4月,人民币对美元汇率已升值达6.389,5个月内涨幅为3.2%。但随着中美贸易关系形势的不断严峻,人民币开始出现贬值。

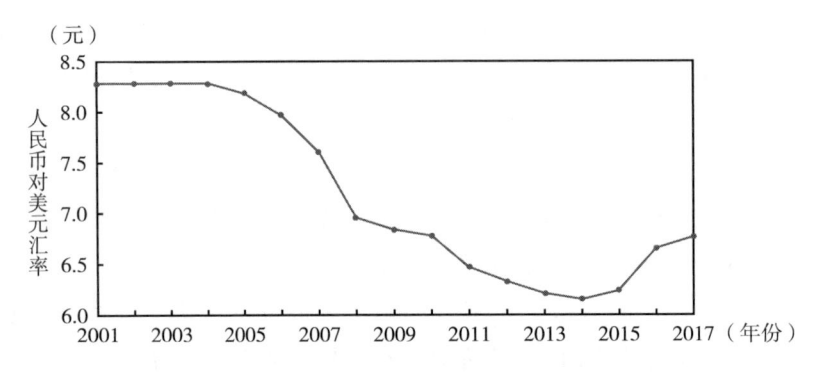

图 4-10 2001~2017年人民币对美元年均汇率波动情况
资料来源:USDA Data Source:USDA.

(2) 主要贸易伙伴国货币汇率波动情况。

作为我国重要的农产品贸易伙伴,近年来,欧盟、澳大利亚、新西兰和巴西货币汇率也出现较大波动,这无疑会对我国农产品贸易带来影响,从而影响我国农业发展。具体来看,2001~2008年欧元对美元一直处于升值状态(见图4-11),1单位美元兑换欧元汇率从1.12下降至0.68,欧元升值幅度达63.69%。2008年全球金融危机、2009年欧洲主权债务危机后,欧元开始贬值。由于欧洲经济持续低迷,以及欧洲央行实行宽松的货币政策,进一步压低了欧元走势,2015年欧元对美元汇率贬值幅度加大,相对2014年汇率贬值19.6%。

2001~2005年,澳元和新西兰元表现出较为相似的走势,即呈现较大幅度的升值,年均变动率分别为10.23%和13.76%;随后澳元出现小幅贬值,并于2009~2011年又表现出较大幅度的升值,2年内升值幅度达32.25%,随后又呈现小幅度的贬值。而2009~2014年新西兰元则一直处于升值状态。值得注意的是,2015年由于受国际市场铁矿石价格暴跌、希腊可能退出欧元区等影响,澳大利亚经济继续处于疲软状态,澳元和新西兰元出现较大程度的贬值,幅度分别为19.98%和18.96%。2017年澳元和新西兰元对美元汇率分别跌至1.3和1.41,是2009年以来最低水平。

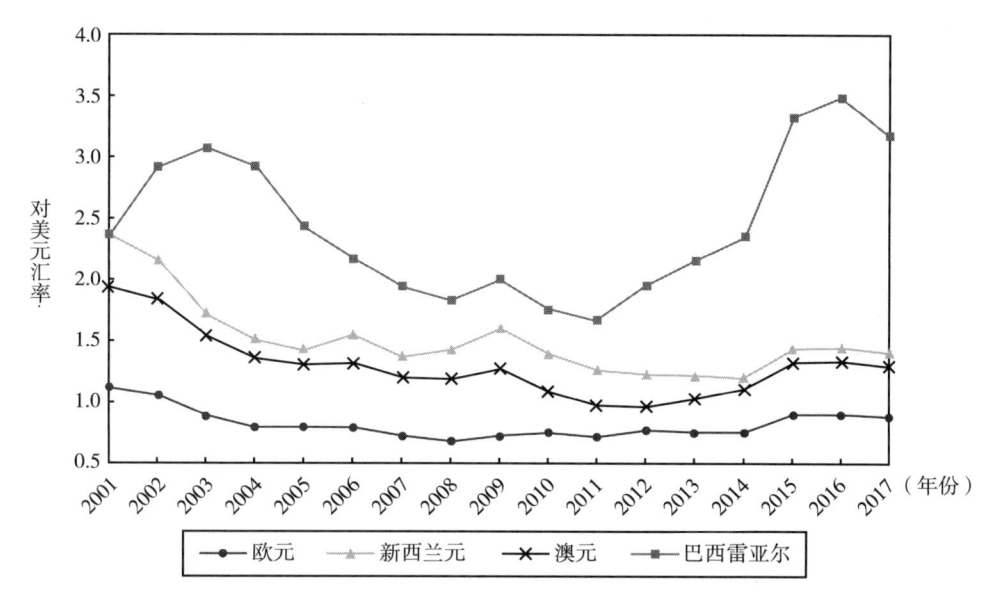

图 4-11　2001～2017 年欧元、澳元、新西兰元和巴西雷亚尔对美元汇率波动情况
资料来源：USDA Data Source：USDA.

2001～2017 年，巴西雷亚尔对美元汇率表现出大起大落的变动。2001～2003 年巴西雷亚尔处于迅速贬值阶段，随后开始大幅升值，2003～2011 年升值幅度达 83.97%。2011 年之后由于经济不景气，巴西雷亚尔对美元汇率开始暴跌。2015 年巴西经济出现衰退，GDP 下降 3.8%，一年内汇率贬值 41.6%。

2. 汇率波动与农产品价格的关系

本币汇率浮动对一国进出口价格和国内物价的影响过程为汇率传递，这一过程有直接影响和间接影响两种方式。直接影响方式是指汇率变动影响农产品的供需关系进而影响其价格。当人民币汇率上升时，进口农产品价格变得相对较低，导致进口量增加，进而使得国内供给量增加，国内农产品价格将承受下行压力；另外，人民币升值，国民消费能力提高，对农产品需求的增加将进一步提高国内农产品价格。间接影响方式是指汇率变动改变农业生产的原材料等投入品价格，进而改变市场供求关系并最终影响农产品价格。首先，当人民币升值时，居民消费能力上升，工资上涨，进而劳动力成本增加，在长期内使农产品价格存在上涨的趋势；其次，汇率升值使农业投入要素如农机、化肥、农药、种子和电力水利变得相对昂贵，农业生产成本增加，进而农产品价格上升；最后，当人民币升值时，将促进国际资本流入，外汇储备增加，对此央行将增加国内货币供应量以保证经济平衡，国内通货膨胀率上升，造成农产品价格上涨。

随着我国经济的不断开放和汇率制度的改革，汇率的变动将导致农产品进出口价格变化，进而影响国内农产品的价格，导致国内外价差增大或缩小。为了考察汇率波动对国内外价差的影响，本节选取 2015 年 1 月的人民币汇率作为固定汇率，假设之后汇率维持在这一水平，即 1 单位美元兑换 6.13 单位人民币，将小麦、玉米、大豆和棉花的国际价格按此固定汇率折算，以观察当汇率固定不变时国内外价差的情况。图 4 - 12 显示了计算结果，其中，国内价格、国际价格和按固定汇率折算的国际价格都由人民币表示。可以看出，随着这一阶段人民币贬值，按照 2015 年 1 月固定汇率折算的农产品国际价格与实际国际价格的差距越来越大。因此，如果人民币没有贬值，则国内价格与国际价格的价差将会更大，不利于农产品的出口，而人民币的贬值则相对缩小了国内外价差，一定程度上提高了我国农产品的价格竞争力。相反，当人民币升值时，可以预见国内外价差将扩大，产品的国际竞争力下降，不利于出口。

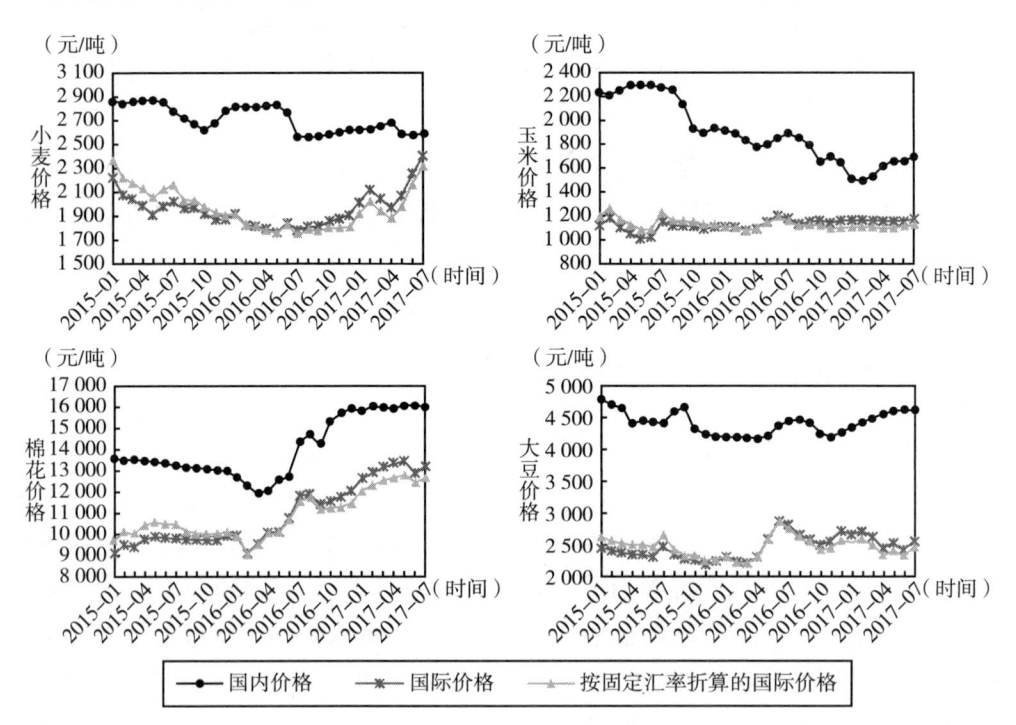

图 4 - 12　小麦、玉米、棉花和大豆的国内价格、国际价格以及按固定汇率折算的国际价格
资料来源：美国农业部。

4.7.2　模型设定与数据说明

为评估不同的汇率变化对中国及其整个农产品市场和农业产业的影响，本节采用全球农产品局部均衡贸易模拟模型（PEATsim）做情景模拟分析。该模型涵盖了主要的农作物、油籽和油籽产品、畜产品和奶制品等31种商品（见表4-31），以及包括中国、美国、日本、巴西、澳大利亚和新西兰等27个国家（地区），描述了全球范围内农业生产者、消费者和市场的经济行为。该模型包括作物和牲畜活动的生产、消费、进出口、库存，以及世界价格、国内生产者和消费者价格等变量。该模型采用局部均衡经济理论设置，即供给和需求共同决定均衡价格，所有的农产品市场达到均衡。模型能够分析国内政策和贸易政策的短期和长期影响。

表4-31　　　　全球农产品局部均衡贸易模拟模型中涵盖的农产品种类

类别	产品
谷物（4种）	稻米、小麦、玉米、其他粗粮
油料作物和油料产品（10种）	大豆、大豆油、豆粕、向日葵籽、向日葵油、向日葵粉、油菜籽、油菜籽油、菜籽粉、其他籽油
畜产品（4种）	牛肉和小牛肉、猪肉、禽肉、原料奶
乳制品（6种）	鲜奶、黄油、奶酪、脱脂奶粉、全脂奶粉、其他乳制品
生物燃料商品（3种）	乙醇、生物柴油、酒糟
棉花（1种）	棉花
糖料作物和产品（3种）	甜菜、甘蔗、糖（半加工）

1. 模型模拟原理

本节运用全球农产品局部均衡贸易模拟模型，模拟汇率变动对我国农产品生产、消费和进出口等变量的影响。模型模拟原理如图4-13所示。一国（地区）产品供给包括进口量、产量和期初库存，需求包括出口量、食物消费、饲料消费、工业消费、其他消费和期末库存，供给和需求相等。汇率作为外生变量，其变动将影响农产品的进出口价格，并传导至国内生产价格和消费者价格，从而对一国或地区的农产品进出口量、产量和消费需求量等产生影响。

全球农产品局部均衡贸易模拟模型包括生产、消费、价格、贸易和市场均衡模块。这里主要介绍价格模块，包括世界价格、进口价格、出口价格、国内生产价格和消费者价格。世界价格用美元表示，各国国内市场价格均以当地货币表示，由模型内生决定；在每个区域，所有贸易商品（原料奶、液态奶、其他乳

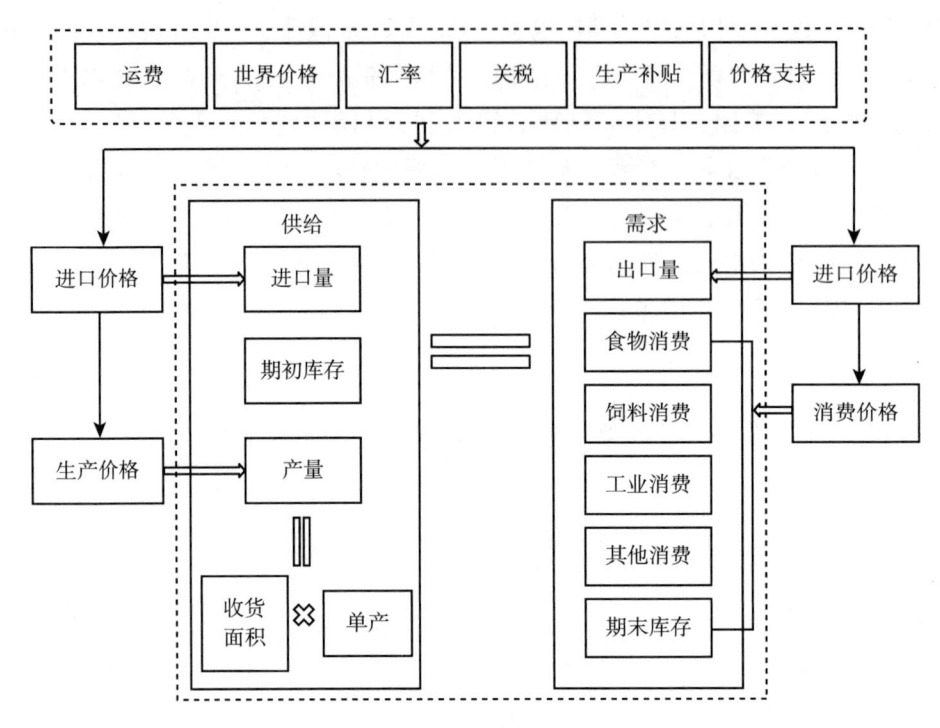

图 4–13　全球农产品局部均衡贸易模拟模型理论基本框架

制品除外）的国内价格取决于区域内的供求，而供求受到世界价格、汇率、运输成本和相关政策的影响。其中，汇率是外生的。这里重点介绍汇率变动在模型中的设定。

$$PRFC_{i,r,t} = TRANSM_{i,r,t} \times PRF_{i,t} \times REXR_{r,t} \quad (4.27)$$

$$PEX_{i,r,t} = (1 + expSub_{i,r,t}) \times PRFC_{i,r,t} \quad (4.28)$$

$$PIM_{i,r,t} = PRFC_{i,r,t} \times (1 + Tm1_{i,r,t} + Z_{i,r,t} \times Tm2_{i,r,t}) + Trans_{i,r,t} \quad (4.29)$$

$$PDOM_{i,r,t} = \theta_{i,r,t} PEX_{i,r,t} + (1 - \theta_{i,r,t}) \times PIM_{i,r,t} \quad (4.30)$$

$$PPR_{i,r,t} = PDOM_{i,r,t} + TW_{i,r,t} \quad (4.31)$$

$$PCN_{i,r,t} = PDOM_{i,r,t} \times (1.0 \pm TC_{i,r,t}) \quad (4.32)$$

式（4.27）至式（4.32）中，i 表示商品，r 表示国家（地区），t 表示年份。式（4.27）中，$PRFC_{i,r,t}$ 表示商品 i 的世界参考价格，指在 t 年商品 i 对国家 r 的世界传导价格，在模型中用于表示世界参考价格对国家价格影响的传输机制，一般取值 1，是在 t 年国家 r 的实际汇率（以美元表示的直接标价）。实际汇率在模型中是外生的。式（4.28）中，$PEX_{i,r,t}$ 表示进口价格，是根据从价税（即一级配额内税率和二级超出配额的税率）调整的世界价格和运输成本的函数。其中，与关税配额相关，取值范围为 0~1。式（4.29）中，$PIM_{i,r,t}$ 表示出口价格，是根据出口补贴和税额调整的向国家 r 传导的世界价格的函数，表示从价出口补贴或税率额。式（4.30）中，$PDOM_{i,r,t}$ 表示国内价格，定义为出口价格和进口价格的加权平均值，其中，$\theta_{i,r,t}$ 是权重（$0 \leq \theta_{i,r,t} \leq 1$），为基准年的出口量除以基准年进出口量之和。式（4.31）中，生产者价格 $PPR_{i,r,t}$ 是根据在 t 年 r 国家中商品 i 的税额和生产者补贴所调整的国内价格的函数，表示与目标价格政策相关的生产补贴变量。式（4.32）中，消费者价格 $PCN_{i,r,t}$ 是由消费者补贴（减去）或税收（增加）调整的国内价格的函数，表示消费者补贴/税收。

由此可见，汇率变动将首先影响世界价格变化，进而影响一国产品进出口价格的变化，又由于国内价格是进出口价格的加权平均值，因此国内价格、生产者价格和消费者价格也将发生变动，最终影响国内农产品的种植面积（或养殖规模）、产量和净出口。

2. 数据说明

全球农产品局部均衡贸易模拟模型中汇率数据主要来自国家统计局、各个主要贸易国相关网站、世界银行和国际货币基金组织。中国农产品的生产、消费、贸易和价格等数据主要来自国家统计局、农业部和海关总署的统计资料；国际农产品间的贸易关系主要来自联合国的贸易数据库；全球主要国家（地区）的各种作物生产和牲畜的消费量、出口量、进口量、库存量、世界价格、国内生产者价格和消费者价格来自联合国粮农组织的食物供需平衡表、美国农业部、经合组织－粮农组织的农业展望数据库。模型中的各种弹性主要来自一些参考文献和其他全球农业局部均衡模型，如阿伯勒等（Abler et al.，2001）、戴克（Dyck，1988）、哈恩（Hahn，1996）、赫特尔等（Hertel et al.，1989）、黄（Huang，1991）和雷格米（Regmi，2001），以及其他模型，如欧洲模拟模型（ESIM）、美国经济研究局 ERS 基线预测模型、食物和农业政策模拟器（FAPSIM）以及国际农产品和贸易政策分析模型（IMPACT）等。模型中，不同农产品采用不同的弹性值，能够更好地反映各种农产品的特征，同时，这些弹性符合经济学理论，满足对称性和一致性条件。模型中的各种系数主要通过历史数据和弹性校准得到。

本节中模型的基准年份为 2016 年，根据基准数据，计算出主要农产品的自给率（见表 4－32）。可以看出，2016 年几种农产品自给率都不足 100%，其中稻米、小麦、玉米、猪肉和禽肉基本可以自给；牛肉自给率也超过 90%；棉花自给率为 83.8%；而大豆和其他谷物的自给率分别只有 12.6% 和 39.5%，对外依存度高。

表 4-33 模型基准年份主要农产品变量

农产品	产量（万吨）	消费总量（万吨）	出口（万吨）	进口（万吨）	自给率（%）
稻米	20 899.0	14 562.0	48.4	353.4	98.6
小麦	13 010.0	12 027.0	1.1	337.4	97.5
玉米	21 517.0	19 751.0	0.4	316.7	98.6
其他谷物	770.0	1 915.0	6.8	1 184.7	39.5
大豆	1 203.0	10 137.9	12.7	8 391.3	12.6
棉花	515.7	772.9	0.8	100.9	83.8
牛肉	736.0	789.0	0.5	53.0	93.3
猪肉	5 429.9	5 587.0	4.9	162.0	97.2
禽肉	1 138.1	1 174.7	22.6	59.3	96.9

资料来源：根据模型基期数据计算得出。

4.7.3　汇率波动与中国农产品市场关系的实证分析

1. 模拟情景设定

2016 年美国、巴西、欧盟和澳大利亚分别是我国排名前四位的农产品进口国（地区），进口份额分别为 21.2%、17.6%、11.9% 和 5.7%，[①] 可以预见这些国家货币汇率的变动将对我国农产品产生影响。此外，新西兰是我国乳制品的重要进口来源，因此本节将设置美元、巴西雷亚尔、欧元、澳元和新西兰元汇率变动的模拟情景。由于本节所分析人民币汇率浮动是相对于美元变化的，美元变动的模拟情景由人民币的变动来表示。

2014 年以来人民币、欧元、澳元、新西兰元和巴西雷亚尔对美元汇率都出现了较大幅度的贬值，对此本节将主要模拟这些货币贬值对我国农业带来的影响（见表 4-33）。欧元、澳元、新西兰元和巴西雷亚尔对美元分别在 2014~2015 年贬值 16.4%、16.5%、15.9% 和 29.4%，是近 5 年最大幅度的贬值。对此，统一设定 4 种货币贬值 15%，以考察不同贸易伙伴国货币贬值影响的差异。2016 年人民币兑美元贬值 6.3%，是 2005~2017 年以来最大幅度的贬值，因此设定人民币贬值 6% 作为模拟情景。为了反映汇率波动的影响，本节还将设定较小幅度升值的模拟情景，与贬值情景作对比分析，更加全面地研究人民币及主要贸易伙伴国货币汇率波动对我国农业的影响。根据近 5 年汇率的实际变化，统一设定人民币、欧元、澳元、新西兰元和巴西雷亚尔升值 5% 的模拟情景。最后，根据 2016 年人民

---

① 根据 USDA 数据库数据计算得来。

币、欧元、澳元、新西兰元和巴西雷亚尔汇率的实际变动情况，设置第三种模拟情景，以考察几种货币汇率同时变动对我国农产品市场的影响。

表4-33　　　　　　　　　　模拟情景设定　　　　　　　　　　单位：%

情景	人民币	欧元	澳元	新西兰元	巴西雷亚尔
模拟情景—贬值	6	15	15	15	15
模拟情景—升值	5	5	5	5	5
模拟情景—2016年实际变动	贬值0.3	贬值1.0	贬值0.2	贬值6.3	贬值4.5

2. 模拟结果分析

（1）人民币汇率变动情景的模拟结果。

人民币汇率变化将影响我国农产品在国际市场的价格优势。当人民币贬值时，国外农产品价格变得相对更高，我国各农产品进口出现不同幅度的下降（见表4-34）。农作物方面，稻米、小麦和玉米的进口量显著下降，降幅分别为44.0%、27.2%和45.1%，由于进口基数较大，大豆进口量增加幅度较小，为0.4%。畜产品中，猪肉和全脂奶粉进口量分别减少26.4%和25.5%，牛肉和禽肉的进口量分别下降3%和6%左右。相反，人民币贬值使我国农产品变得相对便宜，刺激了出口。各种农产品的出口都略有增加。由于国内外市场联动，人民币贬值后，国际价格提高带动国内农产品市场价格有所提高，不同农产品价格的涨幅在11%~13%。国内价格上涨刺激了国内生产。但值得注意的是，由于不同农业产业间相互关联，饲料粮价格的上升提高了畜产品的生产成本，对畜产品的生产会产生一定的抑制作用。另一方面，畜产品价格的提高会刺激畜牧业生产，引起对饲料需求的增加，这又进一步推动了饲料粮价的上涨。总体来看，人民币贬值对不同农业产业的影响不完全相同。其中，稻米、小麦和其他谷物、棉花的产量增长明显，大豆和油菜籽的产量略有增加，而玉米作为重要的饲料粮，需求量总体下降，产量略有下降。脱脂奶粉和全脂奶粉的产量增加最为显著，分别为8.9%和7.6%，猪肉产量增加0.7%，牛肉和禽肉的产量均小幅增加。

表4-34　　　　　　　　人民币贬值对我国农产品的影响　　　　　　　　单位：%

变量	稻米	小麦	玉米	其他谷物	棉花	大豆	油菜籽	牛肉	猪肉	禽肉	脱脂奶粉	全脂奶粉
产量	0.8	0.7	-0.7	0.8	0.6	0.4	0.3	0.2	0.7	0.2	8.9	7.6
进口	-44.0	-27.2	-45.1	-1.2	-3.2	0.4	-1.8	-3.3	-26.4	-5.8	-3.1	-25.5
总供给	0.0	0.0	0.0	-0.4	0.0	-0.3	-0.1	-0.1	-0.1	-0.1	-0.2	-0.1

续表

变量	稻米	小麦	玉米	其他谷物	棉花	大豆	油菜籽	牛肉	猪肉	禽肉	脱脂奶粉	全脂奶粉
饲料消费	0.7	-0.3	-0.3	-0.7	0.0	-0.3	-0.3					
食物消费	-0.1	-0.1	-0.1	-0.1	0.0	-0.1	0.0					
工业消费	0.0	2.6	2.6	0.0	0.0	0.0	0.0					
压榨消费	0.0	0.0	0.0	0.0	0.0	-0.3	-0.1					
种子消费	0.0	0.0	0.1	0.0	0.0	0.0	0.0					
国内总消费	0.0	0.0	0.0	-0.4	0.0	-0.1	-0.1	-0.1	-0.1	-0.1	-0.2	-0.1
出口	0.9	0.2	1.0	0.2	0.0	0.3	1.1	0.0	1.1	1.1	0.4	0.3
总消费	0.0	0.0	0.1	0.0	0.0	-0.1	-0.1	-0.1	-0.1	-0.1	-0.2	-0.1
国内价格	11.9	11.7	11.6	11.9	11.8	10.7	11.3	12.1	11.9	12.7	12.1	11.0
世界价格	-0.3	-0.1	-0.4	-0.1	-0.4	-1.3	-0.7	-0.1	-0.2	0.5	-0.1	-1.1

资料来源：模型模拟结果。

当人民币升值5%时（见表4-35），国外价格变得相对便宜，各种农产品的进口量增加，由于稻米、小麦和玉米进口量的基数较小，进口量增长率较高，分别为38.5%、23.9%和37.7%，由于进口基数大，大豆进口量增加幅度较小，为0.5%，畜产品中猪肉和全脂奶粉进口量增加较为显著，分别增加25.3%和21.2%。由于进口增加，代替了国内部分需求，导致我国国内农产品生产受到影响，价格下降8%~10%且产量减少，农作物作为畜产品的饲料来源，将使得作物市场和畜产品市场之间产生相互影响。由于人民币升值，国内饲料粮价格变得相对便宜，畜产品的生产成本下降，刺激了畜产品生产。受到国内外市场价格联动影响，人民币升值会使得国内市场价格下降，不利于国内生产，但国内消费需求增加。综合来看，国内价格的下降，引起国内消费有所增加。其他谷物和大豆的国内总消费都增长0.4%。各种农产品的产量都出现不同幅度的下降，其中脱脂奶粉和全脂奶粉产量降幅分别为7.2%和6.3%，猪肉产量下降0.7%，粮食作物均下降0.6%~0.7%，棉花、大豆和油菜籽产量受到的影响相对较小，分别下降0.5%、0.3%和0.2%。

表4-35　　　　　　　　人民币升值对我国农产品的影响　　　　　　　　单位：%

变量	稻米	小麦	玉米	其他谷物	棉花	大豆	油菜籽	牛肉	猪肉	禽肉	脱脂奶粉	全脂奶粉
产量	-0.7	-0.6	-0.6	-0.7	-0.5	-0.3	-0.2	-0.1	-0.7	-0.3	-7.2	-6.3
进口	38.5	23.9	37.7	1.1	2.8	0.5	2.3	2.9	25.3	7.8	2.5	21.2
总供给	0.0	0.0	-0.1	0.4	0.0	0.4	0.3	0.1	0.1	0.1	0.1	0.1

续表

变量	稻米	小麦	玉米	其他谷物	棉花	大豆	油菜籽	牛肉	猪肉	禽肉	脱脂奶粉	全脂奶粉
饲料消费	-0.7	0.2	0.2	0.6	0.0	0.1	0.2					
食物消费	0.1	0.1	0.1	0.1	0.0	0.0	0.0					
工业消费	0.0	-2.2	-2.2	0.0	0.0	0.0	0.0					
压榨消费						0.5	0.3					
种子消费	0.0	0.0	-0.1	0.0	0.0	0.0	0.0					
国内总消费	0.0	0.0	-0.1	0.4	0.0	0.4	0.3	0.1	0.1	0.1	0.1	0.1
出口	-0.8	-0.2	-0.8	-0.2	0.0	-0.2	-0.9	0.0	-1.0	-1.0	-0.3	-0.3
总消费	0.0	0.0	-0.1	0.4	0.0	0.4	0.3	0.1	0.1	0.1	0.1	0.1
国内价格	-9.4	-9.2	-9.1	-9.4	-9.3	-8.2	-8.7	-9.6	-9.4	-10.0	-9.6	-8.8
世界价格	0.3	0.1	0.4	0.4	0.4	1.5	0.9	0.1	0.2	-0.4	0.0	0.9

资料来源：模型模拟结果。

（2）主要贸易伙伴国货币汇率变动情景的模拟结果。

主要贸易伙伴国汇率变化时，将首先影响该国农产品的进出口贸易和国内市场形势，进而使世界市场产品的供求发生变化，导致世界价格变动，传导至我国后，国内进出口也将受到影响。以下将分别分析欧元、澳元、新西兰元和巴西雷亚尔贬值和升值对我国农业影响的模拟结果（见表4-36和表4-37）。

表4-36　　　　主要贸易伙伴国货币对美元贬值的模拟结果　　　　单位：%

变量	欧元			澳元				新西兰元		巴西雷亚尔			
	猪肉	脱脂奶粉	全脂奶粉	小麦	牛肉	脱脂奶粉	全脂奶粉	脱脂奶粉	全脂奶粉	大豆	棉花	玉米	禽肉
产量	-0.3	-5.2	-2.0	0.0	0.0	-0.6	-0.2	-0.2	-1.0	-0.3	-0.1	-0.2	-1.1
进口	10.4	1.8	6.8	1.2	0.1	0.2	0.8	0.1	3.4	1.5	0.3	6.8	21.6
总供给	0.0	0.1	0.0	0.0	0.0	0.0	0.0	0.0	0.0	1.1	0.0	0.0	0.0
国内总消费	0.0	0.1	0.0	0.0	0.0	0.0	0.0	0.0	0.0	0.0	0.0	-0.1	0.0
出口	-0.4	-0.2	-0.1	0.0	0.0	0.0	0.0	0.0	0.0	1.2	0.0	-0.1	0.0
总消费	0.0	0.1	0.0	0.0	0.0	0.0	0.0	0.0	0.0	-0.1	0.0	-0.2	-0.6
国内价格	-4.2	-6.6	-3.0	-0.2	-0.2	-0.7	-0.3	-0.6	-1.3	1.2	0.0	0.0	0.0
世界价格	-4.3	-6.6	-3.0	-0.2	-0.2	-0.7	-0.3	-0.7	-1.3	0.0	0.0	0.0	0.0

资料来源：模型模拟结果。

表 4-37　　主要贸易伙伴国货币对美元升值的模拟结果　　单位: %

变量	欧元			澳元				新西兰元		巴西雷亚尔			
	猪肉	脱脂奶粉	全脂奶粉	小麦	牛肉	脱脂奶粉	全脂奶粉	脱脂奶粉	全脂奶粉	大豆	棉花	玉米	禽肉
产量	0.2	2.7	1.2	0.0	0.0	0.2	0.1	0.1	0.4	-0.3	0.0	0.1	1.2
进口	-7.7	-0.9	-4.0	-0.4	0.0	-0.1	-0.2	0.0	-1.2	1.5	-0.1	-1.6	-23.3
总供给	0.0	0.0	0.0	0.0	0.0	0.0	0.0	0.0	0.0	1.1	0.0	0.1	0.0
国内总消费	0.0	0.0	0.0	0.0	0.0	0.0	0.0	0.0	0.0	0.0	0.0	0.1	0.0
出口	0.0	0.1	0.0	0.0	0.0	0.0	0.0	0.0	0.0	1.2	0.0	0.0	0.0
总消费	0.0	0.0	0.0	0.0	0.0	0.0	0.0	0.0	0.0	-0.1	0.0	0.0	0.5
国内价格	2.4	3.3	1.5	0.1	0.1	0.2	0.1	0.2	0.5	1.2	0.0	0.0	0.0
世界价格	2.4	3.3	1.5	0.1	0.1	0.2	0.1	0.2	0.5	0.0	0.0	0.0	0.0

资料来源: 模型模拟结果。

(3) 主要贸易伙伴国货币汇率贬值的模拟结果。

欧元。欧元对美元的汇率变动主要影响我国畜产品、乳制品行业和小麦。2014～2016 年, 欧盟占我国牛肉和猪肉进口的平均份额分别达到 41% 和 69%。具体来看, 当欧元贬值 15% 时, 用欧元货币表示的世界农产品价格提高, 导致欧盟地区农产品进口减少, 世界农产品的需求总量下降, 国际价格下降, 传导到我国的农产品市场, 主要表现为刺激我国农产品进口量的增加, 其中猪肉和全脂奶粉进口量分别增加 10.4% 和 6.8%。进口产品替代部分国内产品导致国内农产品需求下降, 以及国内外市场联动, 国内市场价格下跌。其中, 猪肉、脱脂奶粉和全脂奶粉的价格分别下降 4.2%、6.6% 和 3.0%, 相应的国内产量下降, 其中脱脂奶粉产量下降 5.2%。

澳元。我国有 40% 以上的小麦进口自澳大利亚, 澳元汇率的变化将对我国小麦造成冲击。当澳元贬值时, 以澳元表示的世界小麦价格下跌, 澳大利亚小麦出口增加, 导致世界小麦供给增加, 世界价格下降, 我国进口将增加 1.2%, 但国内产量和消费受到的影响较小, 分别减少 0.02% 和增加 0.01%。澳大利亚还是我国牛肉和奶粉的重要进口国, 当澳元贬值时, 我国牛肉和奶粉也将受到冲击, 进口增加, 国内产量减少。

新西兰元。我国 90% 以上的脱脂奶粉和几乎一半以上的全脂奶粉都从新西兰进口, 新西兰元汇率变动直接影响我国乳制品产业。当新西兰元贬值时, 奶粉的世界价格下降, 我国进口和消费量增加, 其中全脂奶粉进口增长 3.4%, 但由于国内价格的下降, 生产积极性受到损害, 产量下降。这与 2015 年新西兰元汇率走低、我国奶业受到冲击的实际情况相符。

巴西雷亚尔。巴西占我国大豆进口份额的40%以上，同时也是我国棉花和禽肉的重要进口来源国。巴西雷亚尔的贬值引起我国进口增加，出口下降，国内种植面积减少，产量下降。巴西雷亚尔贬值后，我国的玉米和大豆进口量分别增加6.8%和1.5%，棉花进口量也略增加，禽肉进口量将增加21.6%。受进口冲击，国内禽肉、大豆、玉米和棉花的产量均有所下降。

（4）汇率升值的模拟结果。

当主要贸易伙伴国货币对美元升值时，以其货币表示的产品国际价格将上升，该国相应增加进口、减少出口，国际市场出现供不应求从而导致世界价格上升。影响传至我国，表现为相关产品进口减少，国内消费下降而产量上升。由于模拟情景中主要贸易伙伴国的汇率升值幅度较小，仅为5%，因此，相对汇率贬值15%的情景，汇率升值5%的影响较小，尤其是澳元和新西兰元升值的影响较小，欧元和巴西雷亚尔对美元的汇率升值影响相对较大。例如，当欧元对美元升值5%时，小麦进口量增加30.2%，我国猪肉和全脂奶粉进口量分别减少7.7%和4.0%。

（5）各种货币汇率综合变动情景的模拟结果。

模拟情景只考察了单一货币汇率变动对我国农业的影响，然而现实中，各种货币汇率瞬息万变，变化幅度不一，且不同货币之间也相互影响，导致汇率变动对我国农业的影响错综复杂。为观察各种货币综合变动的影响，本节设置了人民币、欧元、澳元、新西兰元和巴西雷亚尔2016年实际变化的模拟情景，即对美元分别变动-0.3%、-1%、-0.2%、-6.3%和-4.5%，模拟结果如表4-38所示。可以发现，由于2016年的年均汇率变化比较小，在各种货币对美元汇率同时发生小幅升值时，对国际和国内市场的影响总体有限。主要农产品的国际价格基本没有变化，主要影响我国农产品的进口。结果显示，当这些货币同时变化时，不同农产品受到的影响不同，其中，稻米、小麦、其他谷物、棉花和油菜籽的进口量下降，玉米、大豆、牛肉、猪肉、禽肉和全脂奶粉的进口量均有不同程度的增加，而棉花和脱脂奶粉的进口量几乎未受到影响。

表4-38　人民币及主要贸易伙伴国货币汇率实际变动对我国农业的影响　　单位：%

变量	稻米	小麦	玉米	其他谷物	棉花	大豆	油菜籽	牛肉	猪肉	禽肉	脱脂奶粉	全脂奶粉
产量	0.1	0.0	0.0	0.0	0.0	-0.1	0.0	0.0	0.0	-0.3	0.0	-1.1
进口	-3.3	-3.2	1.1	-0.4	-0.1	0.3	-0.3	0.3	0.4	5.1	0.0	3.8
总供给	0.0	0.0	0.0	-0.2	0.0	0.2	-0.1	0.0	0.0	0.0	0.0	0.0

续表

变量	稻米	小麦	玉米	其他谷物	棉花	大豆	油菜籽	牛肉	猪肉	禽肉	脱脂奶粉	全脂奶粉
国内总消费	0.0	-0.1	0.0	0.0	0.0	0.0	0.0	0.0	0.0	0.0	0.0	0.0
出口	0.0	-0.1	0.0	-0.3	0.0	0.2	-0.1	0.0	0.0	0.0	0.0	0.0
总消费	0.0	0.0	0.0	0.0	0.0	0.0	0.0	0.0	0.0	-0.2	0.0	0.0
国内价格	0.0	-0.1	0.0	-0.3	0.0	0.2	-0.1	0.0	0.0	0.0	0.0	0.0
世界价格	0.0	0.0	0.0	0.0	0.0	0.0	0.0	0.0	0.0	0.0	0.0	0.0

资料来源：模型模拟结果。

4.7.4 主要研究结论与政策建议

在中国农产品贸易规模不断扩大的背景下，人民币及主要贸易伙伴国汇率的波动对我国农产品贸易乃至整个农业产业都会产生重要影响。本节采用全球农产品局部均衡模型，分别设定人民币、欧元、澳元、新西兰元和巴西雷亚尔5种货币波动的模拟情景，定量评估不同的汇率波动对中国及整个世界农产品市场的影响。模拟结果表明，不同货币的汇率波动对我国农产品市场的影响有所差异：在人民币、欧元、澳元、新西兰元和巴西雷亚尔5种货币中，人民币汇率波动对我国农业产业的影响最为直接和最大；其次是欧元，而澳元、新西兰元和巴西雷亚尔的影响相对较小。当人民币贬值时，农产品的国际价格变得相对昂贵，稻米、小麦、玉米、牛肉、猪肉和奶粉的进口受到影响较大，均出现大幅下降。

由于国内外市场联动，国内农产品市场价格有所提高，刺激国内的农业生产。稻米、小麦、其他谷物和棉花的产量增长明显，大豆和油菜籽的产量略有增加，玉米作为重要的饲料粮，需求量和产量略有下降；脱脂奶粉和全脂奶粉的产量增加最为显著，牛肉和禽肉的产量均小幅增加。主要农业贸易伙伴国货币对美元汇率变动，主要通过影响农产品的世界价格并传导到我国，引起相关农产品的生产和消费的变化。我国受到较大影响的是从这些国家进口较多的产品。例如，欧元、澳元、新西兰元和巴西雷亚尔汇率变动将主要引起我国牛肉、猪肉、奶粉、小麦和大豆生产和消费的变化。当货币升值时，对我国国内产业的影响方向相反。本节还根据各货币对美元汇率2016年实际变化的情况，模拟了5种货币汇率同时变动的情景。但由于各种货币汇率同时变动且各货币之间相互影响，对我国农业的影响错综复杂。模拟方案中的结果显示，各种汇率同时变动对有些产品的综合影响为负，而对有些产品的影响为正。

根据以上结论，本节提出以下几点建议。第一，提高我国农业生产能力，拓展多元化进口市场，分散汇率风险。我国农产品进口依存度较高，一些产品如大豆、奶粉等进口过于依赖少数几个国家（地区），这一状况很容易受到国际市场变动的冲击，当这些主要贸易伙伴国汇率发生变动时，我国相应农产品的进出口量将受到较大影响。对此，我国应加强自身农业生产能力，加大科技投入，降低本国生产成本，提高农产品国际竞争力，减少对进口的依赖。同时，应促进农产品供应体系多元化，积极开拓新市场，更好地应对和防范各种风险，包括汇率风险。第二，监测和发布主要贸易伙伴国的汇率波动，提前防范主要贸易国汇率变化对我国农业产业的冲击。我国农产品的进出口不仅受到人民币汇率波动的影响，还受到主要贸易伙伴国汇率变动影响，因此建立针对主要贸易伙伴国汇率变动的预警机制势在必行，尤其应关注美国、欧盟、巴西等农产品出口大国（地区），做好对其汇率变化的防范和应对措施。第三，当主要贸易伙伴国汇率波动过大对我国农业产业产生严重负面影响时，应采取适当措施支持保护国内农业产业的发展。当某些主要贸易伙伴国汇率波动幅度过大，且对国内一些农产品生产带来较大负面影响时，应采取一定的贸易保护措施，减少汇率过度波动带来的负面冲击，支持和保护国内农业产业的发展，保障生产者的利益，降低外界汇率波动等突发因素带来的福利损失。第四，加强汇率管理金融工具的宣传，提升外贸企业防范汇率风险的能力。许多银行推出了一些金融工具，如远期外汇合同、外汇期货、外汇期权、掉期交易等，帮助外贸企业防范汇率风险，但在实践中，不少农产品外贸企业并不是很了解这些金融工具，对汇率波动的信息掌握的较少，面对汇率波动有些束手无策，建议加强对农产品贸易企业在汇率管理方面的工具和方法的培训，让外贸企业更加从容应对汇率波动，提升应对汇率风险的能力。

参考文献

1. 毕玉江，朱钟棣. 人民币汇率变动的价格传递效应——基于协整与误差修正模型的实证研究 [J]. 财经研究，2006（7）：53-62.

2. 毕玉江，朱钟棣. 人民币汇率变动与出口价格：一个分析框架与实证检验 [J]. 世界经济研究，2007（1）：41-47, 67, 88.

3. 卞靖. 提升我国大豆产业国际竞争力的对策研究 [J]. 中国物价，2018（9）：62-65.

4. 卜永祥. 人民币汇率变动对国内物价水平的影响 [J]. 金融研究，2001（3）：78-88.

5. 陈虹，马永健. 中国—欧盟自贸区经济效应的前瞻性研究 [J]. 世界经济研究，2015（8）：88-99.

6. 陈林，罗莉娅. 中国外资准入壁垒的政策效应研究——兼议上海自由贸易区的政策红利

［J］．经济研究，2014（4）：104－115．

7. 陈淑梅，卞海丽．中国—欧盟自由贸易区经济效应的国别比较——基于 GTAP 的模拟评估［J］．欧洲研究，2015，33（2）：113－129．

8. 陈文汉．人民币升值对农业及农村经济的影响与对策分析［J］．农村经济，2006（11）：70－72．

9. 陈锡康，杨翠红．投入产出技术［M］．北京：科学出版社，2011．

10. 程国强．评《中国大豆生产困境与出路研究》［J］．农业技术经济，2018（2）：141－142．

11. 程国强．我国农业对外开放的影响与战略选择［J］．理论学刊，2012（7）：25－29，127．

12. 崔宁波，刘望．我国转基因抗除草剂大豆产业化的社会福利预测——基于 DREAM 模型［J］．江苏农业科学，2018，46（13）：304－307．

13. 樊海潮，张丽娜．中间品贸易与中美贸易摩擦的福利效应：基于理论与量化分析的研究［J］．中国工业经济，2018（9）：41－59．

14. 樊海潮，张军，张丽娜．开放还是封闭——基于"中美贸易摩擦"的量化分析［J］．经济学（季刊），2020，19（4）：1145－1157．

15. 顾焕章，李岳云，钟甫宁．人民币汇率并轨对中国农业对外贸易及农业利用外资的影响分析与对策建议［J］．南京农业大学学报，1994，17（3）：95－101．

16. 郭淑静，徐志刚，黄季焜．转基因技术采用的潜在收益研究——基于中国五省的实地调查［J］．农业技术经济，2012（1）：22－28．

17. 韩一军，纪承名．中美贸易争端对中国农业的影响［J］．农业展望，2018（10）：85－88．

18. 何伟，刘芳．中美贸易摩擦背景下中国乳业对外直接投资策略研究［J］．世界农业，2018（12）：213－219．

19. 何小钢，张宁．中国经济增长转型动力之谜：技术、效率还是要素成本［J］．世界经济，2015，38（1）：25－52．

20. 胡向东，王济民．我国生猪饲料耗粮量估算及结构分析［J］．农业技术经济，2015（10）：4－13．

21. 胡向东，郭世娟．疫情对生猪市场价格影响研究——兼析非洲猪瘟对产业冲击及应对策略［J］．价格理论与实践，2018（12）：51－55．

22. 黄季焜，王济民，解伟，等．现代农业转型发展与食物安全供求趋势研究［J］．中国工程科学，2019，21（5）：1－9．

23. 黄季焜．四十年中国农业发展改革和未来政策选择［J］．农业技术经济，2018（3）：4－15．

24. 黄鹏，汪建新，孟雪．经济全球化再平衡与中美贸易摩擦［J］．中国工业经济，2018（10）：156－174．

25. 李春顶,何传添,林创伟. 中美贸易摩擦应对政策的效果评估 [J]. 中国工业经济,2018 (10): 137-155.

26. 李国祥. 中美贸易摩擦给中国农业发展带来的思考 [J]. 农经,2018 (5): 16-19.

27. 李小云,李鹤. 人民币升值对农业经济的影响——以大豆为例的可能性研究 [J]. 农业经济问题,2005,26 (1): 31-36.

28. 李鑫茹,孔亦舒,陈锡康,等. 中国对美国贸易反制措施的效果评价——基于非竞争型投入占用产出模型的研究 [J]. 管理评论,2018,30 (5): 218-224.

29. 李秀香,赵越,程颖. 农产品贸易的气候变化风险及其应对 [J]. 国际贸易,2011 (11): 23-27.

30. 李颖. 人民币汇率变动对进口价格传导效应的实证研究 [J]. 经济评论,2008 (5): 77-85.

31. 李岳云,宋海英. 人民币汇率变动对我国农产品国际贸易的影响机理 [J]. 齐鲁学刊,2004 (4): 84-87.

32. 刘明. 巴西大豆产业发展的经验与问题研究 [J]. 拉丁美洲研究,2018,40 (6): 124-138,157-158.

33. 刘艺卓,吕剑. 人民币汇率变动对我国农产品价格传递效应的实证分析 [J]. 当代经济科学,2009,31 (3): 56-62,126.

34. 路立里,郝耿,马桢,等. 中美畜产品成本与效益分析及启示 [J]. 中国禽业导刊,2010 (17): 14-15.

35. 罗敏. 美国畜产品价格风险管理模式及启示研究 [J]. 黑龙江畜牧兽医,2017 (10): 266-268.

36. 罗亚杰,涂涛涛,郑裕璇. 基于WITS-SMART模型的中国大豆进口关税调整策略研究 [J]. 大豆科学,2019,38 (5): 793-805.

37. 毛学峰,杨军. 价格联系、市场边界与政府干预——以小麦、玉米和食糖价格联系为例 [J]. 中国农村经济,2015 (8): 33-43.

38. 孟凡凡,杨春燕,王广金,等. 耐草甘膦除草剂转基因大豆与常规大豆的比较 [J]. 大豆科技,2019 (4): 39-43.

39. 任靓. 特朗普贸易政策与美对华"301"调查 [J]. 国际贸易问题,2017 (12): 153-165.

40. 司伟,李东阳. 品种推广对中国大豆单产的影响研究 [J]. 农业技术经济,2018 (5): 4-14.

41. 孙中叶,王惠,李鹏龙. 中美贸易摩擦对我国粮食市场的影响及侧面警示 [J]. 粮食问题研究,2018 (5): 7-11.

42. 涂涛涛,马强. 社会核算矩阵平衡方法研究——最小二乘交叉熵法 [J]. 数量经济技术经济研究,2012 (7): 134-147.

43. 万红先,黄玉震. 人民币实际汇率波动与中国农产品进出口贸易的实证研究 [J]. 技经济, 2007, 26 (4): 109 - 112, 121.

44. 王晓星, 倪红福. 基于双边进口需求弹性的中美经贸摩擦损失测算 [J]. 世界经济, 2019 (11): 27 - 50.

45. 王月, 程景民. 贸易摩擦、中国农产品市场引力效应与伙伴国贸易前景——基于随机模型及 15 国数据的实证研究 [J]. 农业经济问题, 2020 (5): 131 - 142.

46. 魏杰, 汪浩. 论双向型与自由化的对外开放战略 [J]. 学术月刊, 2016, 48 (8): 52 - 60.

47. 肖卫东, 杜志雄. 中国大豆产业发展: 主要问题, 原因及对策建议 [J]. 全球化, 2019 (5): 105 - 118.

48. 熊珍琴, 范雅萌. 增加值贸易视角下中美贸易利益再分解 [J]. 亚太经济, 2017 (2): 65 - 70, 175.

49. 徐雪高, 沈贵银. 关于当前我国大豆产业发展状况的若干判断及差异化战略 [J]. 经济纵横, 2015 (12): 53 - 59.

50. 杨军, 董婉璐. 中国农产品贸易变化新特征及其政策启示 [J]. 经济与管理, 2019, 33 (5): 36 - 41.

51. 杨励, 韩倩倩. 经济全球化与危机背景下的贸易保护主义——历史脉络、根源与前瞻 [J]. 国际经贸探索, 2011, 27 (2): 7 - 12.

52. 翟雪玲, 原瑞玲. 近 30 年全球棉花产业格局变迁及对中国棉花产业的影响 [J]. 世界农业, 2019 (8): 71 - 78, 127 - 128.

53. 张家胜, 祁春节. 人民币汇率、消费、物价水平与我国农产品进口: 以 2005 年 7 月至 2008 年 6 月中美农产品贸易为例 [J]. 国际贸易问题, 2003 (4): 18 - 23.

54. 张军. 欧盟自贸区战略影响中国对欧出口冲击研究 [J]. 统计与决策, 2015 (5): 164 - 166.

55. 张晓通. 欧盟新贸易战略分析及对策 [J]. 国际贸易, 2016 (4): 45 - 47.

56. 张玉梅, 盛芳芳, 陈志钢, 等. 中美经贸协议对世界大豆产业的潜在影响分析——基于双边贸易模块的全球农产品局部均衡模型 [J]. 农业技术经济, 2021 (4): 4 - 16.

57. 张在一, 毛学峰, 杨军. 站在变革十字路口的玉米: 主粮还是饲料粮之论 [J]. 中国农村经济, 2019 (6): 38 - 45.

58. 张振, 徐雪高, 张璟, 等. 贸易新形势下国内外大豆产业发展战略取向 [J]. 农业展望, 2018 (10): 94 - 102.

59. 赵小杰. 中国欧盟自由贸易区建设推进研究 [D]. 贵阳: 贵州财经大学, 2016.

60. 赵鑫, 孙致陆. "一带一路" 背景下中国与乌克兰农产品贸易前景分析 [J]. 世界农业, 2021 (3): 90 - 99.

61. 赵占峰, 孙剑. 我国猪肉产品国际竞争力影响因素分析及对策 [J]. 农村经济, 2005 (10): 43 - 44.

62. 郑适, 李睿, 王志刚. 中美贸易摩擦对中国农业的影响: 机遇与挑战 [J]. 教学与研究，2019（6）：33-44.

63. 中国农业科学院. 中国农业产业发展报告［M］. 北京：经济科学出版社，2018.

64. 周曙东，周润. 中美贸易摩擦对中国—东盟天然橡胶贸易的影响［J］. 世界农业，2019（3）.

65. 朱增勇，赵安平，王晓东，等. 世界主要猪肉出口国产业竞争力比较研究——美国和德国生猪饲养成本及价格竞争优势分析［J］. 价格理论与实践，2018（5）：63-66.

66. Abler D, Blandford D, Bohman M, et al. Development of and initial results from the ERS/Pen state WiTO mode［J］. Washington D C. international Agricultural Trade Research Consortium Meeting, 2001.

67. Arias M, Sanchez-Vizcaino J M, Morilla A, et al. African swine fever eradication：The Spanish model［M］. Iowa State：Iowa State Press, 2008.

68. Baek J, Koo W W. Assessing the exchange rate sensitivity of US bilateral agricultural trade［J］. Canadian Journal of Agricultural Economics, 2009, 57（2）：187-203.

69. Bhide A, Phelps E S. A dynamic theory of China-U. S. trade：Making sense of the imbalances［R］. Columbia University Academic Commons, 2005.

70. Campa J M. Goldberg L S, Gonzlez-Minguez J M. Exchange-rate pas-through to import prices in the Euro area［R］. National Bureau of Economic Research, 2005.

71. Carriquiry M, Elobeid A, Hayes D J, et al. Impact of African swine fever on US and World Commodity Markets［J］. Agricultural Policy Review, 2019（3）.

72. Chit M M, Rizov M, Willenbockel D. Exchange rate volatility and exports：New empirical evidence from the emerging East Asian economies［J］. The World Economy, 2010, 33（2）：239-263.

73. Choe J, Hammer A B, Montgomery C. US soybean exports tochina crushed amid rising trade tensions［J］. Executive Briefingson Trade（EBOTs）, 2019.

74. Dyck J H. Demand for meats in Japan：A review and an update of elasticity estimates［J］. Staff Report, No. 880525, 1988.

75. Elsheikh O E, Elbushra A A, Salih A A A. Impacts of changes in exchange rate and international prices on agriculture and economy of the Sudan：Computable general equilibrium analysis［J］. Sustainable Agriculture Research, 2012, 1（2）：501-516.

76. Engelbert T, Bektasoglu B, Brockmeier M. Moving toward the EU or the Middle East? An assessment of alternative Turkish foreign policies utilizing the GTAP framework［J］. Food Policy, 2014, 47：46-61.

77. Fernandez-Cornejo J, Wechsler S, Livingston M, et al. Genetically engineered crops in the United States ERR-162［J/OL］. Economic Research Report, 2014.

78. Francois J F, MacDonald B J, Nordström H. Trade liberalization and capital accumulation in the GTAP model［R］. GTAP Technical Paper, No. 7, 1996.

79. Fred G, Valdes C, Ash M. Interdependence of China, United States, and Brazil in Soybean

Trade [R]. A Report from the Economic Research Service, 2019.

80. Hahn W F. An annotated bibliography of recent elasticity and flexibility estimates for meat and livestock [J]. US Department of Agricultural Economic Research Service Staff Paper, No 9611, 1996.

81. Haniotis T, Baffes J. Placing the 2006/08 commodity price boom into perspective [J]. The World Bank, Policy Research Working Paper, 2010.

82. Hansakul S, Levinger H. China-EU relations: Gearing up for growth [R]. Deutsche Bank Research, 2014 (31): 1 – 16.

83. Hatzenbuehler P L, Abbott P C, Foster K A. Agricultural commodity prices and exchange rates under structural change [J]. Journal of Agricultural and Resource Economics, 2016, 41 (2): 204.

84. Hertel T W, Ball V E, Huang K S, et al. Computing general equilibrium farm level demand enstatites for agricultural commodities [R]. AES Research Bulletin, 1989.

85. Hertel T W. Global trade analysis: Modeling and applications [M]. Cambridge: Cambridge University Press, 1997.

86. Horridge M. Split com-programs to disaggregate a GTAP sector [Z]. Centre of Policy Studies, Monash University, Melbourne, Australia, 2018.

87. Huang K S. Us demand for food: A complete system of quantity effects on prices [R]. Technical bulletin (USA), 1991.

88. Huchet-Bourdon M, Korinek J. To what extent do exchange rates and their volatility affect trade? [R]. OECD Trade Policy Papers, No. 119, OECD Publishing, Paris, 2011.

89. Hughes L, Meckling J. The politics of renewable energy trade: The US-China solar dispute [J]. Energy Policy, 2017, 105: 256 – 262.

90. Ianchovichina E, Walmsley T L. Dynamic modeling and applications for global economic analysis [M]. Cambridge: Cambridge University Press, 2012.

91. Ken Itakura. Impact of liberalization and improved connectivity and facilitation in ASEAN [J]. Journal of Asian Economics, 2014, 35: 2 – 11.

92. Kost W E. Effects of an exchange rate change on agricultural trade [J]. Agricultural Economics Research, 1976, 28 (3): 99 – 106.

93. Lamb R L. Food crops, exports, and the short-run policy response of agriculture in Africa [J]. Agricultural Economics, 2000, 22 (3): 271 – 298.

94. Leng G Y, Hall J. Crop yield sensitivity of global major agricultural countries to droughts and the projected changes in the future [J]. Science of the Total Environment, 2019, 654: 811 – 821.

95. Lv Y, Lou C R, Du Y X, et al. An analysis of the impact of Sino-US trade friction based on tariff lists [J]. Journal of Finance and Economics, 2019, 45 (2): 59 – 72.

96. Mano A. Brazil soy firms commit to zero deforestation from 2020 [EB/OL]. https://www.reu-ters.com/article/us-brazil-soy-sustainability-idUSKBN29K2RA, 2021 – 01 – 16.

97. Mason-D'Croz D, Bogard J R, Herrero M, et al. Modelling the global economic consequences of

a major African swine fever out break in China [J]. Nature Food, 2020 (4).

98. Miao S, Shi Hajinj, et al. Effects of short-term drought and flooding on soybean nodulation and yield at key nodulation stage under pot culture [J]. Journal of Food, Agriculture & Environment, 2012, 10 (34): 819 –824.

99. Morrison W M. China-U. S. trade issues [R]. Congressional Research Service Report, 2017.

100. Pelkmans J, Hu W, Mustilli F, et al. Tomorrow's Silk Road assessing an EU-China free trade agreement [R]. Brussels: Centre For European Policy Studies (CEPS), 2016.

101. Regmi A. Changing structure of global food consumption and trade [R]. Agriculture and Trade Report, 2001.

102. Robinson S, Cattaneo A, El-Said M. Updating and estimating a social accounting matrix using cross entropy methods [J]. Economic Systems Research, 2001, 13 (1): 47 –64.

103. Rosyadi S A, Widodo T. Impact of Donald Trump's tariff increase against China on global economy: Global trade analysis project model [J]. Journal of Chinese Economic and Business Studies, 2018, 16 (2): 125 –145.

104. Sabala E, Devadoss S. Impacts of Chinese tariff on world soybean markets [J]. Journal of Agricultural and Resource Economics, 2019, 44 (2): 291 –310.

105. Schuh G E. The exchange rate and U. S. agriculture [J]. American Journal of Agricultural Economics, 1974, 56: 1 –13.

106. Shao Y T. World's largest pork producer in crisis: China's African swine fever outbreak [J]. Agricultural Policy Review, 2018 (3).

107. Sinha M, Sengupta P P. Foreign exchange rate and agricultural performances: A Time series exercise for India [M]. Singapore: Springer, 2017.

108. Taheripour F, Tyner W E. Impacts of possible Chinese 25% tariff on U. S. soybeans and other agricultural commodities, choices: The magazine of food, farm, and resource issues [J]. Agricultural and Applied Economics Association, 2018, 33 (2): 1 –7.

109. Taheripou T F, Tyner W E. Impacts of possible Chinese 25% tariff on U. S. soybeans and other agricultural commodities [J]. Choices, 2018, 33 (2): 1 –7.

110. Vellianitis F A. The impact of devaluation on U. S. agricultural exports [J]. Agricultural Economics Research, 1976 (3): 107 –116.

111. Vogele, Donat M G, Alexander L V, et al. The effects of climate extremes on global agricultural yields [J/OL]. Environmental Research Letters, 2019, 14 (5): 054010.

112. Walmsley T L, Strutt A. Trade and sectoral impacts of the financial crisis: A dynamic CGE analysis [C]. Bang-kok, Thailand: Paper Presented at 13th Annual Conference on Global Economic Analysis, 2010.

113. Walmsley T L. Long-run simulations with GTAP: Illustrative results from APEC trade liberalization [R]. GTAP Technical Paper, No. 9, 1998.

114. Wang T, Sun Y, Qiu H. African swine fever: An unprece dented disaster and challenge to China [J]. Infect Dis Poverty, 2018 (1).

115. Wang Q. The countermeasures of Sino-US Trade War—Based on the perspective of industrial policy [C]. Kitakyushu, Japan: 2019 9th International Conference on Social Science and Education Research, 2019.

116. Xie W, Ali T, Cui Q, et al. Economic impacts of commercializing insect-resistant GM maize in China [J]. China Agricultural Economic Review, 2017, 9 (3): 340 – 354.

117. Yang J, Huang J K, Rozelle R, et al. Where is the balance? Implications of adopting special products and sensitive products in Doha negotiations for world and China's agriculture [J]. China Economic Review, 2012, 23 (3): 651.

118. Zhang H, Cheng G. China's food security straegy reform: An emerging global agricultural policy/Wu F S, Zhang H Z. China's global quest for resources: Energy, food and water [M]. Routledge, 2016.

119. Zhang W D, Hayes D J, et al. African swine fever in China: An update [J]. Agricultural Policy Review, 2019 (1): 2 – 5.

120. Zhang W D. African swine fever in China: An update [J]. Agricultural Policy Review, 2019 (1).

121. Zilli M, Scarabello M, Soterroni A C, et al. The impact of climate change on Brazil's agriculture [J/OL]. Science of the Total Environment, 2020, 740: 139384.

122. Zipper S C, Qiu J, Kucharik C J. Drought effects on US maize and soybean production: Spatiotemporal patterns and historical changes [J]. Environmental Research Letters, 2016, 11 (9): 094021.

第5章
粮食安全、能源与绿色农业发展

5.1 农业和非农业经济在解决埃塞俄比亚粮食不安全问题中的作用：综述

5.1.1 引言

粮食安全仍然是人类发展和能力范式、可持续发展目标（SDG）以及非洲联盟发展议程的核心维度。粮食安全的概念经历了多次演变，1943年在美国温泉城举办的联合国粮食与农业会议上首次对粮食安全进行了定义。该学说的发展以供应、可获取性、利用以及各维度的稳定性这四个概念为结论，以此构成粮食安全的四大支柱。世界粮食安全委员会将粮食安全定义为"当所有人在任何时候都能够在物质、社会和经济方面获得充足、安全和有营养的食物，以满足他们的饮食需求和食物偏好，从而积极健康地生活时的一种状态"。

加强粮食供应和获取权是人类基本能力和人类可持续发展的基础，即"营养良好的人在不同领域行使他们的自由并发挥他们的能力——人类发展的本质"。粮食安全议程反映了主要利益相关者的理解和解释框架，这样的话语或框架塑造了治理和发展路径。

作为人类发展和能力范式的基石，森（Sen，1981）的获取权方法和能力分析仍然是营养剥夺决定因素概念化的根本。获取权分析将饥荒视为社会经济困境而不是粮食供应挑战，并间接提到了家庭利用食物的四种不同机制，包括生产（基于生产的获取权）、实物资产的出售或交换（基于贸易的获取权）、出售劳动力（基于劳动力的获取权）、来自个人的非正式礼物和来自政府的正式转移（基于转移的获取权）。获取权可以进一步假定一个家庭有表达对食物的有效需求的能力。

另一个更政治化的视角，将粮食不安全归因于政府和"援助行业"，认为粮食危机是经济和政治制度的自然结果，而不是粮食供应、发展、生计系统或气候变化的失败。这种观点将饥荒视为犯罪，并谴责政治制度违反社会契约并允许饥荒发生或增加；其还将粮食危机归咎于救济行业，该行业通常拒绝与主张中立原则的公共实体或当局合作。

布尔奇和德穆罗（Burchi and De Muro，2016）探讨了粮食供应和营养能力之间的关系，并提出一个通过人类发展和能力视角分析这些问题的框架，促进了粮食安全概念的发展。通过这种方法评估粮食安全植根于三个基本步骤：（1）粮食获取权分析；（2）基本营养能力分析；（3）食品安全能力分析。他们断言，这种方法能够进行超越收入、获取权或生计相关框架的分析，并确定粮食不安全的根本原因。因此，粮食不安全可能源于基本能力的剥夺，而这些能力决定了人们的福祉，将粮食安全研究置于涵盖福祉、自由和发展的更广泛的概念框架内。他们进一步认为，低收入家庭的收入规模和努力程度会影响他们的生活、摆脱贫困的机会和粮食不安全度。此类行动包括使创收活动多样化或采取长期粮食安全应对战略。

1948年联合国大会通过了《世界人权宣言》，以促进和保障每个人不受歧视地享有自由和尊严。其中一项是人们享有优质生活的权利。人们普遍认同，每个人都应该有足够的生计条件以及有效的获取权来保障这些权利，特别是粮食和必要的社会援助及安全。这巩固并进一步实现了社会保护和粮食安全之间产生积极协同作用的机会。社会保护方法强调保护人们免受风险和冲击的不利影响并支持安全网等战略的紧迫性。

人道主义话语将饥饿和粮食不安全概念化为战争和干旱等可能引发粮食生产失败的灾难的后果。其发展方法将粮食不安全归因于导致人们丧失交换权的长期贫困。而这种关于粮食安全的发展论述侧重于农业农村经济中需求导向的政策必要性。

农业转型被认为是撒哈拉以南非洲地区唯一可持续和有利于穷人的经济增长的途径，它通过农村非农业经济增长推动整体经济增长，并促进过剩劳动力的吸收。在非洲大陆，由公司和人道主义机构（特别是成立了非洲绿色革命联盟的洛克菲勒基金会和比尔及梅琳达·盖茨基金会）发起的绿色革命战略在21世纪日益变得重要。1960~1990年绿色革命期间的农业转型塑造了亚洲和拉丁美洲国家的农村经济。然而，在撒哈拉以南非洲地区采用类似政策取得的成功有限，部分原因是种子品种不适合当地以及人和机构能力的欠缺。因此，撒哈拉以南非洲国家必须重视旨在通过农业转型和广泛的农村经济实现可持续增长的全面和务实的政策。

在埃塞俄比亚，农业转型、经济增长和减贫之间存在联系。自 2004 年以来，该国经济年均增长率为 10.9%，人均年增长率为 8.3%。这一表现使埃塞俄比亚跻身世界快速发展的经济体之列。埃塞俄比亚农业部门的产出占国内生产总值（GDP）的 40%、出口的 80% 和劳动力的约 75%。农业每增长 1% 意味着贫困减少 0.9%，而作物生产产生的每 1 美元会进一步刺激出 1.23 美元的经济值。尽管 2016 年改良种子的使用率仅为 5.6%，但改良种子使用率每增加 1% 就会导致贫困率降低 0.14%。同样，经济作物产量每增长 1%，贫困率就降低 0.58%。

然而，由于众多挑战，埃塞俄比亚的农业状况逐渐恶化。例如，2016 年只有 34% 的农户使用化肥。此外，只有 5% 的农田得到灌溉，小农的作物生产力远低于区域平均水平。约 38% 的小农仅仅种植 0.5 公顷的土地，往往无法满足家庭的消费需求。尽管生产力低下，但玉米、小麦、扁豆和高粱的收获后粮食损失在 15%~27%，这通常是由坑和泥浆储存或害虫、真菌、啮齿动物和其他破坏谷物的动物造成的。除此之外，造成生产力低下的原因还包括缺乏负责的、可操作的行政能力，没有对于变革的持续代际承诺，法律限制，政府排挤私营部门的领导，以及机械化和农业投入供应不足等。同样地，投入和产出价格限制也是 21 世纪小农面临的问题。其中一些限制包括以补贴价格销售进口粮食，从而降低了当地粮食的价格，缺乏获得农业技术、信贷服务和农业投入的机会，以及科学研究的失败。缺乏足够的政策工具来稳定农产品价格和保护农民的利润是农户面临的另一个关键挑战。缺乏这种机制，再加上不协调的粮食支持，削弱了农民提高生产力和产量的动力，并刺激了粮食价格的下行压力，粮食价格通常低于生产成本。

尽管存在这些挑战，具体指以农业为主导的经济增长、增强营养、提高当局和弱势群体的抗灾能力、支持性法规环境等，具备跨部门、包容性且可持续特征的方案，将构成埃塞俄比亚长期贫困和粮食危机的可持续解决方案。埃塞俄比亚的农业转型将取决于行政、社会和技术调整，以及对重建和提高农民生活水平的承诺。

在埃塞俄比亚，面对低农业生产力，非农业技能较少的贫困家庭被迫从事低收入的非农业活动以维持自身粮食安全。在该国，家庭参与非农业创收活动的百分比在全国范围内为 27%。农村非农就业使他们能够获得补充收入和资产积累，以满足儿童教育、服装、卫生服务、支出增长和福利需求。

本节涉及以下四个问题。第一，农业增长、粮食安全和扶贫发展之间的关系是什么？第二，像亚洲绿色革命时期那样，农业转型的主要驱动力是什么？第三，农业与农村非农经济有何关系，这两个部门对粮食安全和扶贫有何影响？第四，在该国实现"无贫困"和"零饥饿"的努力中，充分的社会保护工具与粮食安全结果之间存在哪些可能的积极协同作用？

5.1.2　埃塞俄比亚贫困和粮食不安全的驱动因素和影响

1. 贫困发生的原因和影响

埃塞俄比亚在全球188个低人类发展指数国家中排名第174位。该国2019年人类发展指数（HDI）为0.485，低于HDI的平均值0.513，且低于撒哈拉以南非洲国家的平均值0.547。然而，埃塞俄比亚在过去15年中取得了相对显著的进步，其主要源自健康成果，其中预期寿命的贡献超过了教育指数和收入指数。该国的多维贫困指数为83.5%，2019年的剥夺强度为58.5%，且在德尔格政权期间，贫困和饥饿率还在上升，与2011年的贫困户相比，2016年的贫困户更加贫困。在埃塞俄比亚，贫困主要发生在农村，因为农村和城市地区在获取基本服务方面的机会不平等。例如，与城市地区的儿童相比，农业生态区的大多数儿童获得重要服务的机会有限。2011~2016年，埃塞俄比亚贫困率从30%下降到了24%。

在埃塞俄比亚地区，2016年贫困发生率最高的是提格雷（27%），其次是本尚古勒—古马兹（26.5%），阿姆哈拉（26.1%），奥罗米亚（23.9%），阿法尔（23.6%），甘贝拉（23.1%），索马里（22.4%），南方部落、民族和人民地区（SNNP）（20.7%），亚的斯亚贝巴（16.8%），德雷达瓦（15.4%）和哈拉里（7.1%）。在农业生态区，2016年贫困率分别为：易旱低地31.7%，水分可靠低地25.4%，水分可靠高地23.6%，牧区21.9%，易旱高地20.8%。图5-1显示了2016年埃塞俄比亚农业生态区的贫困率。

2017年，阿姆哈拉和奥罗米亚地区的多维贫困比例为59%，SNNP地区为57.4%，提格雷地区为53.7%，埃塞俄比亚其他地区为50.6%。风险因素和冲击，包括干旱、冲突、价格波动、洪水、疾病、家庭成员（尤其是户主）死亡和失业，使家庭陷入贫困。这导致了消费、收入和家庭资产的重大损失，影响了小农参加保险系统、信贷便利设施的供应、参与非农业活动、农业技术（特别是抗旱种子品种）的传播和使用，以及水资源管理便利设施的供应。

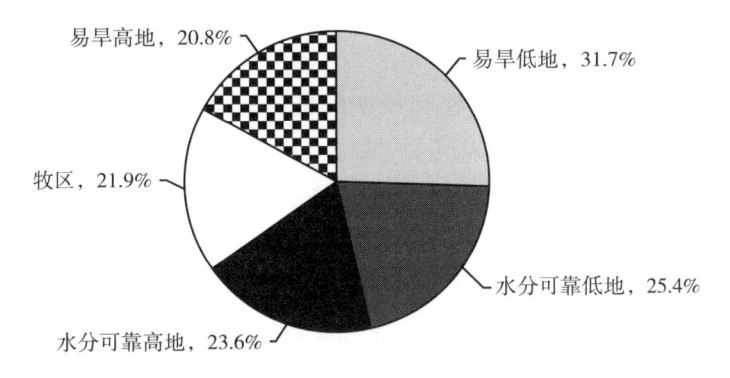

图 5-1　2016 年埃塞俄比亚农业生态区的贫困率

资料来源：World Bank. Ethiopia poverty assessment: Harnessing continued growth for accelerated poverty reduction [EB/OL]. http://documents.worldbank.org/curated/en/992661585805283077/Ethiopia-Poverty-Assessment-Harnessing-ContinueGrowth-for-Accelerated-Poverty-Reduction.

虽然高价格和好天气保证了现代投入品的采用，为与市场紧密联系的富裕家庭带来了高回报和减贫，但农村居民陷入贫困的风险很高，因为他们依赖靠雨水灌溉的农业。此外，因为农民面临着失去土地的风险，不安全的土地使用权制度限制了农村向城市的长期迁移。在埃塞俄比亚，尽管大多数农民受益于城市对农产品价格和获取现代投入方面的溢出效应，但他们的受益程度微不足道。图 5-2 显示了 1995~2015 年埃塞俄比亚全国、农村和城市贫困率的趋势。尽管图 5-2 显示贫困率呈逐年下降的趋势，但农村地区的贫困程度更高，这是一个值得关注的进程，因为大多数农村人口从事农业。

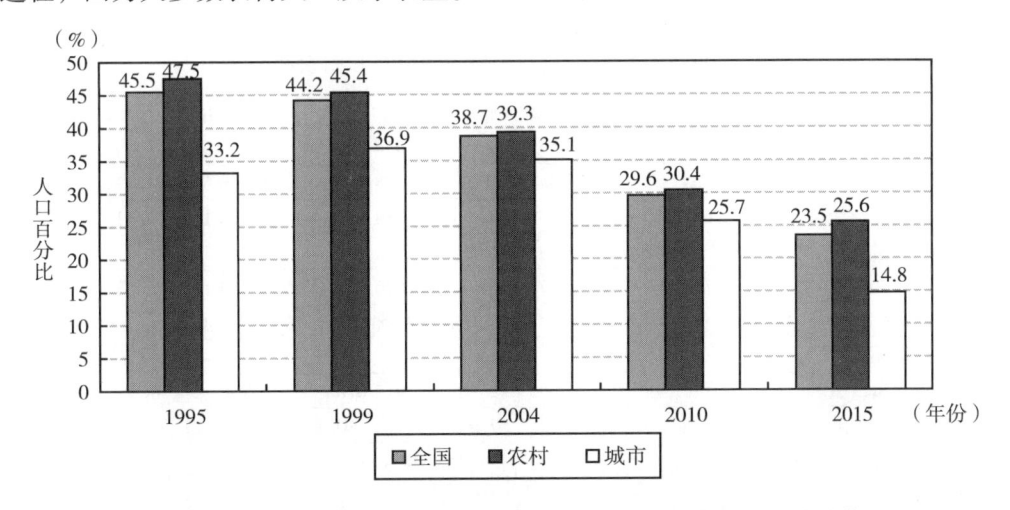

图 5-2　1995~2015 年埃塞俄比亚全国、农村和城市贫困率的趋势

资料来源：Central Statistical Agency (CSA). Household income, consumption and expenditure (HICE) 1995/1996, 1999/2000, 2004/2005, 2010/2011 and 2015/2016 [R]. 2016.

2. 粮食不安全的原因和影响

埃塞俄比亚被列为低收入缺粮和长期危机国家。自 1984～1985 年饥荒以来，该国每年都发生粮食危机，平均人道主义救济率为 21%。大约 57% 的人口粮食不安全，其中 2 500 万人生活在生存线以下。长期和暂时的粮食危机问题均十分严重，85% 的总人口永久面临粮食短缺的风险。2000～2016 年，家庭食品支出从 65% 下降到 51%，超过 32% 的农村家庭将超过 65% 的收入用于食品消费，而在城市中这一比例为 18%。在埃塞俄比亚的各个地区，提格雷的粮食贫困发生率为 32.9%，阿姆哈拉为 31.3%，阿法尔为 28.3%，甘贝拉为 17.2%，德雷达瓦为 12.2%，哈拉里为 6.3%。2010 年，食品价格冲击使城市家庭的消费从 10% 减少到 13%。

收入冲击的不利影响导致埃塞俄比亚的年收入下降 3%。2011 年，"非洲之角"地区遭遇罕见干旱，导致埃塞俄比亚的消费下降 15%。2015 年厄尔尼诺现象引发的干旱导致埃塞俄比亚一些地区的农作物损失为 50%～90%，并使超过 2 700 万人（近 20.5% 的家庭）陷入粮食危机，其中 1 810 万人在 2016 年需要粮食支持。埃塞俄比亚所有家庭中的约 31%（城市地区家庭中的 24%、农村地区家庭中的 33%）有热量消耗不足问题（每成人每天当量的热量不足 2 550 千卡）。其中淀粉类主食占总卡路里消耗的 71.4%，说明饮食非常单一。

粮食生产不足和持续的粮食短缺导致埃塞俄比亚需要依赖人道主义粮食援助，反映了其粮食不安全的长期性质。粮食救济已成为解决埃塞俄比亚长期粮食匮乏问题的制度化对策。然而，粮食援助流量的增加降低了价格和农民收入，并最终限制了国内生产。表 5-1 显示了 2012～2016 年埃塞俄比亚粮食作物生产和需求的趋势。

表 5-1　　2012～2016 年埃塞俄比亚粮食作物生产和需求的趋势

项目	2012/2013 年	2013/2014 年	2014/2015 年	2015/2016 年	2016/2017 年
人口（人）	85 838 000	87 952 000	90 074 000	92 205 000	94 352 000
粮食产量（公吨）	25 105 002	27 442 716	29 148 155	29 849 531	28 813 467
国内生产消耗（公吨）	15 663 010	15 069 520	17 984 412	18 426 116	17 457 619
人均年消费量（公斤）	182.5	171.3	199.7	199.8	185.0
粮食需求（公吨）	18 712 684	19 173 536	19 636 132	19 636 132	20 568 736
赤字/盈余（公吨）	(-3 049 673)	(-4 104 016)	(-1 651 720)	(-1 210 016)	(-2 622 456)
赤字/盈余（百分比）	-16.3	-21.4	-8.4	-6.2	15.1
食品进口总量（公吨）	788 644	845 872	913 076	1 934 123	763 533
人均进口量（公斤）	9.2	9.6	10.1	21.0	8.1
人均可用粮食，包括进口（公斤）	191.7	180.9	209.8	220.8	190.2

资料来源：USAID（United States Agency for International Development）. Crop availability and market analysis in Ethiopia: Analyzing crop production, availability and market functions for 2016/2017 and estimations for 2017/2018 [R]. 2018.

气候冲击加上埃塞俄比亚冲突频发，导致民众流离失所和移民，从而影响了就业和可持续生计机会，并限制了更快的减贫和粮食安全。

埃塞俄比亚是全球最大的粮食受援国之一，也是非洲最大的受援国。粮食救济占其粮食年总产量的 5%~15%，超过 780 万人是"生产安全网计划"（PSNP）下社会保护计划的永久受益人。每年紧急人道主义粮食救济会额外支持 300 万~500 万人。总是面临风险的人群和脆弱人群的数量高于"生产安全网计划"保护人群和紧急援助人群。

在埃塞俄比亚农村，地方性粮食危机是贫困的显著特征，影响着生计战略、社会互动、与土地和生态系统的融洽关系、生产和消费模式。在过去的 60 年中，非农业活动水平低、自然资源管理不善、生物多样性和生态系统丧失、土地所有权规模缩小、人口压力和机构能力问题加剧了干旱的不利影响，并导致生产性资产和适应能力的枯竭。

埃塞俄比亚经历了三类主要的粮食危机。一是伴随绝对消费、资产崩盘以及人畜死亡率高的严重饥饿。二是与严重粮食短缺相关的粮食灾难，在此期间，人道主义援助有助于避免大规模死亡的危险。三是导致营养不良、疾病、生产力低下的日常饥饿，因为人们无法负担足够的饮食需求。在埃塞俄比亚，为克服粮食不安全的挑战的努力有限。

三个支柱，即动态的应急准备、有效的发展议程和适当的管理，是实现埃塞俄比亚结构性粮食安全的根本。

5.1.3 农业与粮食安全和减贫的联系：亚洲经验

增加食品消费和解决极端脆弱性是至关重要且紧迫的，因为两者都构成关键的社会政治问题，往往会引发高度暴力和动荡。通过农业经济增长实现粮食安全和共同繁荣对于大多数政治体制的社会凝聚力、稳定和生存至关重要。农业对于在小规模粮食生产者中推广高水平农业技术、环境可持续性和总收入的基尼指数下降也至关重要。实现农业的这些多重作用，意味着改变政治、经济政策以避免反农业偏见，并巩固农业治理。农业结构转型具有保障粮食安全和促进人类发展的潜力。

鉴于昂贵的运输、不稳定的贸易和进口，农业完全决定了粮食供应，决定了依赖粮食生产来获得收入、就业机会和自然资源可持续管理的穷人的粮食获取权。农业集约化加快了与农村非农经济的联系，从而提高了整体增长的倍数。随着先进新技术的传播和使用以及产出市场的自由化，高生产率可以具有成本效益，从而提高生产者价格。因此，公共农业投资具有高额利润，从而增加了一个国家的

GDP。在20世纪60年代中期，印度、印度尼西亚和菲律宾通过大量公共支出促进了由小生产者推动的农业增长，其中包括价格保证以提高小农的利润。多年来，亚洲国家采取的农业转型措施包括气候智能技术、灌溉、人力和农村发展投资、金融投资和收入多样化。这种多样化策略对于农业淡季期间的家庭福祉至关重要，并且为更多弱势群体构成了一定的经济和社会保障手段。

绿色革命方法是与政治、社会和经济系统相关的农业实践的系统转型。政策评估将受益于将这种转变视为一种创新的认识，这涉及许多人、团体、结构和公司之间的复杂互动。这与传统观点形成鲜明对比，传统观点倾向于在项目实施时应用简单的线性变化理论，导致种植者行为、生产、收入和贫困率发生变化，包括埃塞俄比亚在内的撒哈拉以南非洲国家的绿色革命议程应成为全面影响评估的主题。表5-2显示了非洲农业增长与其他部门增长相比的减贫效果。

表5-2　　　　与其他部门的增长相比，农业增长对非洲贫困的影响

农业部门	影响	贫困指数	其他经济部门
农业工人人均农业国内生产总值	额外有效2.9倍	提高最贫穷人口平均收入20%	与比非农业GDP增长相比
人均农业国内生产总值增长1%	额外有效2.7倍	降低每天收入1美元以下贫困人口的比例	与工业增长相比
农业国内生产总值增长	额外有效2.9倍	降低每天收入1美元以下贫困人口的比例	与制造业增长相比
农业国内生产总值增长1%	额外有效3倍	提高最贫困家庭的家庭支出	与非农业增长相比
农业国内生产总值增长	额外有效4倍和1.3倍	降低每天收入1美元以下和每天收入2美元以下贫困人口的比例	与非农业增长相比

资料来源：(1) Christiaensen L, Demery L, Kuhl J. The (evolving) role of agriculture in poverty reduction—An empirical perspective [J]. J. Dev. Econ., 2011, 96: 239-254. (2) Bravo-Ortega C, Lederman D. Agriculture and national welfare around the world: Causality and international heterogeneity since 1960 [EB/OL]. https://openknowledge.worldbank.org/handle/10986/8903. (3) Christiaensen L, Demery L. Down to earth: Agriculture and poverty reduction in Africa, directions in development: Poverty [EB/OL]. https://openknowledge.worldbank.org/handle/10986/6624. (4) Loayza V N, Raddatz C. The composition of growth matters for poverty alleviation [J]. J. Dev. Econ., 2010, 93: 137-151. (5) Ligon E A, Sadoulet E. Estimating the effects of aggregate agricultural growth on the distribution of expenditure [R]. World Bank, 2008.

四个内在的部门联系说明了农业收入的增长如何促进减贫和粮食安全：对上游生产的直接影响，如化肥、农药、包装材料；直接下游生产增长，如食品加工；储蓄和投资联系；基于与农业生产相关的就业和收入增长的间接消费联系。

以商业为导向的农业也可以大幅度消除贫困，其中最为贫困的农民主要通过

降低食品价格、当地劳动力市场、技术和投入的推广和应用来获利。农民可以通过供应原始农产品与高价值的国内和出口市场联系起来。其中,小农的横向协调对于包容性价值链至关重要,这可以降低交易成本并增加附加值的份额。生产的商业化,尤其是出口商品,支持现金收入和粮食作物生产力的增长,进而有助于加强粮食安全。全球化有可能通过与国内消费不同的农业生产力来加强农业在发展中国家整体经济增长中的主导作用。此外,全球化通过对庞大的、就业密集的、不可贸易的农村非农业经济产生强大的乘数作用,增加了农业在加强粮食安全方面的潜力。因此,在发展中国家,农业不能被视为政策关注和投资的剩余部门,因为它占GDP的30%~60%、劳动力的40%~90%、外汇的25%~95%,并且是超过半数的居民的收入来源。

亚洲国家绿色革命的成功体现了农业创新传播的强大减贫效果。在印度、印度尼西亚、孟加拉国、越南和中国,粮食作物部门的增长,特别是国内稻米生产的增长,降低了城市和农业生态环境中的粮食价格,并大幅消除了贫困。

绿色革命始于植物遗传学和高产种子品种的转移。切实利用逐渐减少的耕地和水资源,以及从谷物到肉类和蔬菜的营养转变需要改进技术。基于生物安全措施政策的生物技术可以显著减少与粮食不安全和贫困相关的问题。从而完成可持续环境、农业和经济发展的指导方针是生物技术合法化和法规政策基础的目标。在印度,政府通过初创项目、减税、筹资以及对学术和研究机构的支持来促进监管有序的生物技术,从而促进了生物农业和子部门的产生。

生物技术的进步必须围绕《卡塔赫纳生物安全议定书》(以下简称《议定书》)法定强制执行的足够安全的技术。《议定书》为保护生物多样性、可持续利用自然资源以及公平公正地分享遗传资源利用所产生的惠益提供了综合战略,且生物安全是《议定书》处理的问题之一。这一概念是指要保护人类健康和环境免受现代生物技术产品可能产生的有害影响。同时,现代生物技术被认为具有促进人类福祉的巨大潜力,特别是在实现对粮食、农业和医疗保健的关键需求方面。《议定书》还规定了缔约方应在国家层面采取的措施,并为制定具有法律约束力的国际文书以解决生物安全问题奠定了基础。《议定书》确立了规范从一国到另一国的改性活生物体(LMO)进出口的程序,包含两套政策,一套针对直接引入环境中的改性活生物体,称为预先知情协议(AIA);另一套针对直接用作食品或饲料或用于加工的改性活生物体(LMOs-FFP)。

LMO也被称为转基因生物(GMO),如种子(如玉米和大豆)是农业生物技术的关键产品,可促进作物保护和生产力。《议定书》旨在"考虑对人类健康带来的风险的同时,确保在安全转移、处理和使用由现代生物技术产生的改性活生物体方面提供足够的保护，这些现代生物技术可能对生物多样性的保护和可持续利用产生不利影响"。它进一步涵盖了与贸易相关的问题，但不会改变各国在世界贸易组织或已通行的国际条约下的权利和承诺。《议定书》构成了一个"生物安全信息交换所"系统，实现了关于转基因生物的环境、科学、技术和法律信息的交换。此外，《议定书》鼓励创新、开发和技术转让，建设农业生物技术能力，并确保全球保护以实现农业的可持续目标。

由于缺乏明确的监管政策，埃塞俄比亚的生物技术应用受到阻碍。政府需要与生物技术的重要利益相关者合作，同时提高研究人员的能力和关于生物技术系统的独立公开知识。亚洲绿色革命的经验总体上值得埃塞俄比亚和其他非洲国家效仿。图5-3显示了亚洲为实现粮食安全和减轻贫困所采取的措施。

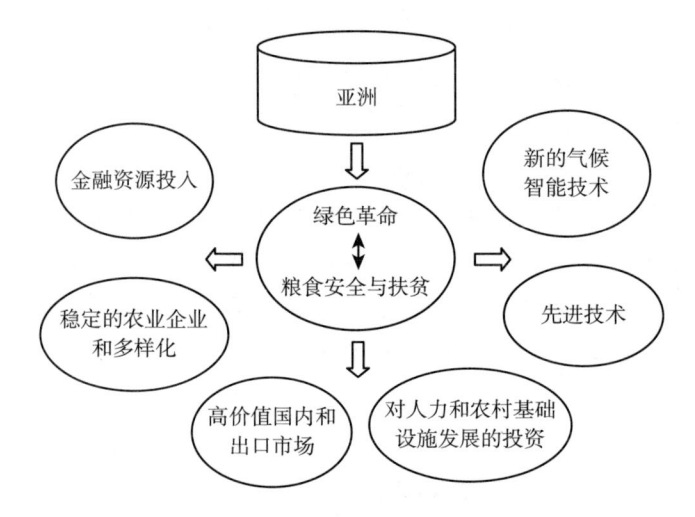

图5-3 亚洲为实现粮食安全和减轻贫困所采取的措施

5.1.4 气候智能型农业对粮食安全和扶贫的重要性

天气冲击抵消了技术进步和经济增长为粮食安全带来的很大一部分收益，并加剧了低水平的人均粮食消费。在埃塞俄比亚，粮食不安全模式和农村生计系统，特别是农业、畜牧业和农牧业，对气候变化极为敏感，因为它们与生态系统直接相关。这些变化损害了经济效益，加剧了社会和经济挑战，导致了长期危机，从而削弱了家庭的韧性，使得传统的应对策略不再可行。

因此，一种新的整体过程转型范式，特别是基于本土和传统做法的农业生态学、农林业、气候智能型农业和保护性农业，将保护并维持自然资源基础，同时刺激增长。新的气候智能型农业技术有助于提高作物抗性和生产力。气候智能型和弹性农业涉及更多资源的投入、研究和促进可持续增长、更高的农业收入以及粮食安全的相关政策、基于技术转让的气候适应和缓解战略、基于环境和天气冲击视角的新战略和模式。这种可持续的农业生产系统将有助于维持永久土壤覆盖、最小化土壤干扰、植物物种多样化，并有助于实现埃塞俄比亚的"无贫困"和"零饥饿"目标。

5.1.5 农业与农村非农经济的联系及其对粮食安全和扶贫的影响

有几个术语（农场外、非农、非农业、非传统）可以指农村非农劳动力市场上的就业。农村非农业活动是在农业生态区进行的、产生收入（特别是汇款）的非农业活动。在这方面，农村非农经济（RNFE）包括价值链企业，如农产品加工、运输、分销、营销和零售，以及旅游、制造、建筑、采矿和个体经营活动（手工业、面包店、机械业、售货亭）等。

农业和非农业活动之间也存在联系。发展中国家的农村非农业经济经历了许多发展阶段，这些发展阶段对经济表现至关重要。第一阶段的特点是农业和非农业部门之间的紧密联系。大多数家庭主要依赖农业，很少依赖城乡联系。第二阶段将促进城乡紧密联系的适宜条件相结合，大多数农户的生计对于农业的依赖下降。第二阶段的趋势在第三阶段得到加强。这些趋势包括通过大量参与与农业无关的部门、农产工业的发展和商业化来进一步强调城乡联系。除了非农业部门对农业生产力的战略贡献外，这两个部门对农业的潜在利益和积极影响是互补的。高生产力对于经济增长、粮食安全和消除贫困至关重要。在低收入和中等收入国家发展过程的最初阶段，农业产量的增加促进了经济转型、就业机会和更高的收入。此外，农业生产力的提高带来更多元化、更快的经济发展。

农村家庭的非农业活动进一步影响了农业，从而对可持续性产生了影响。例如，在撒哈拉以南非洲地区，土壤养分流失是可持续农业实践的主要问题，购买无机肥料经常需要来自非农业企业的现金流。

作为额外且稳定的替代收入来源，非农企业使农民能够采用各种新农业技术和与产量高波动性相关的高生产力作物。农村居民花费非农收入流的方式对农业效率或生产力具有决定性意义。在欧洲和北美的一些山区，作为环境就业的替代，非农业活动促进了森林转型和再生，原因在于采掘作业的减少和土壤肥力的提高。非农业部门收入的分配效应可以非常有利于穷人，并通过农业和非农业联系进行传播。在某些情况下，农村家庭参与非农业部门和二级城镇发展可以实现更快的脱贫和更具包容性的增长模式，并且促进经济增长以及人口结构在空间上的平衡。

农村非农业活动在世界许多国家中开展，并为这些国家的经济增长作出了显著贡献。在中国，非农商业活动有助于减少农村居民之间的收入不平等，并使最弱势家庭显著受益。中国劳动密集型乡镇企业（TVEs）促进了可观的经济增长，显示出了该部门对经济表现的潜在作用。在印度，尽管最贫困的家庭获取家庭收入的渠道有限，但该部门创造了工资和就业机会，并有助于农业生态区的扶贫。作为用于投资的流动性的重要来源，孟加拉国农村非农业的利润使营销人员能够从最终的作物供应中释放信贷，并支撑了农民在营销中的韧性。

在撒哈拉以南非洲地区，非农业收入多样化活动的收益达到农业收入的60%~80%。非农业投资与其他经济部门之间有乘数效应。通过农业转型和农村居民收入来源的扩展，全球7.5亿人每天赚取3.10美元，从贫困中摆脱出来。农业家庭收入中非农份额的加速增长提供了新的商业机会，这些商业机会通过增加妇女的总收入赋予了妇女经济权力。此外，非农业部门的收入通过将农村生产者与城市购买者联系起来，促进了农村财富的创造，从而导致了快速的社会变革。农村非农业部门就业快速增长的国家进一步经历了快速农业增长。

在埃塞俄比亚，面对作物生产力低下、反复出现的天气冲击以及正规部门的就业机会有限，农村非农劳动力市场（RNLM）的就业使弱势家庭能够实现稳定收入和消费。这种方法通常是一种防御性应对机制，尤其是在农业生态区，而不是摆脱贫困的途径。在埃塞俄比亚，三大常见非农业活动包括居家开展的非农业生意或服务（10%）、加工农产品（包括食品和当地饮料）的销售（6%），以及贸易业务，如在街上或市场上销售商品（4%）。家庭参与非农业部门的趋势因地区而异，从埃塞俄比亚南部奥罗米亚州莫亚勒区的61.18%到埃塞俄比亚北部的73.44%。经营这些企业将埃塞俄比亚农村地区的家庭收入从总收入的20%大幅提高到35%。除了务农和家务，该国平均36.6%的农村妇女拥有工资和个体业务。

尽管农村非农经济比重较低，对扶贫的贡献有限，但农村非农家庭的消费优于完全依赖农业的家庭。在埃塞俄比亚东哈勒尔盖地区的凯尔萨区，从事非农经营的家庭的消费水平不断提高。家庭参与非农业部门也与埃塞俄比亚西部部分地区粮食安全的改善以及埃塞俄比亚北部贫困的减少呈正相关关系。

对于生产要素（即土地和资本）有限的贫困农业家庭，农村非农业部门的收入是一种额外的收入来源和生计多样化的替代方案。在埃塞俄比亚的东提格雷地区，农村非农劳动力市场的就业提高了弱势农业家庭的生计，并实现了资产积累。它为农村农业转型和提高农户经济回报以促进可持续发展提供了新机遇。图5-4显示了埃塞俄比亚的三大主要常见非农业商业活动。

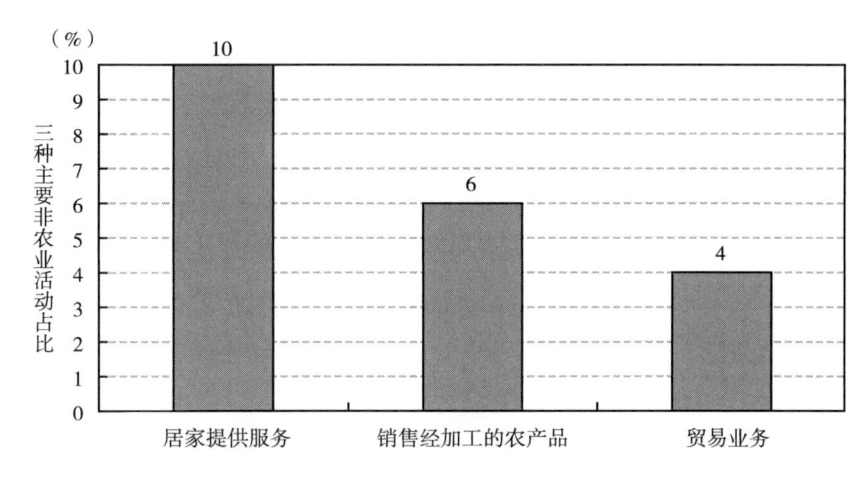

图 5-4　三种主要非农业经营活动

资料来源：埃塞俄比亚中央统计局（CSA）。

除了农业转型之外，通过促进非农业经营来实现粮食安全和包容性经济增长议程，需要提供更易获取的信贷服务和农业技术，以便为埃塞俄比亚的小规模粮食生产者创造更好的就业机会、更高的收入和体面的生计。因为不断提高的农业生产力和非农业劳动力市场促进了生产和消费选择之间的差异化，农业收入和非农业部门收入都促进了粮食安全。农业系统的变化是不可避免的，因为促进包容性和可持续增长有可能创造就业机会、缓解收入不平等，有助于保护农村景观并促进消除贫困。表5-3展示了按部门、功能和地点划分的非农业活动类别。

表 5-3　农村生计多样化构成要素分类

规则	类别	定义
按部门	农业	其中包括天然产品的生产，如原始状态的农作物，以及包括牲畜在内的森林和鱼类产品，还包括劳动报酬和农产品销售
按部门	非农业	包括人们在不同领域进行的所有产生收入的活动，如制造业、采矿、公用事业、商业、运输、农业加工、政府服务、销售（未加工的粮食作物、牲畜、森林和鱼类产品）等
按功能	领工资的工作	包括老板和工薪族的关系，其中工薪族因在特定时间范围内（如每月）提供服务而获得报酬
按功能	自主创业	为自己工作以赚取收入
按场所	在农场里	这些收入活动发生在农场里
按场所	在农场外	这些收入活动发生在农场外，可以发生在农村、城市、国家或国际层面

资料来源：Haggblade S, Hazell P, Reardon T. The rural non-farm economy: Prospects for growth and poverty reduction [J]. World Dev, 2010, 38: 1429-1441.

5.1.6 社会保护机制和增强的食物获取权

社会保障工具的多样化特点在人类发展中发挥着保护性、促进性和变革性的作用。越来越多的证据表明，社会保护和福祉指数之间存在多重积极的协同作用，撒哈拉以南非洲国家社会保护项目的扩展和制度化似乎是不可弥补的。社会保护项目主要包括防止中断、收入损失或粮食贫困的社会援助以及促进生计的社会保险措施。扶贫是通过促进农民家庭回报或农业生产来实现的，而对脆弱性的保护可以通过稳定的收入来实现。消除脆弱性还需要与社会排斥相关的社会措施，社会排斥可以通过赋予人们权力来抵消。可以在社会保护体系和特定范围的缴费和非缴费计划条款的背景下考虑各种机制，其中包括天气指数保险、公共工程计划、粮食救济计划和库存管理策略。这些多重社会保护手段加强了丰收期间的收益和粮食获取，以防止价格跌至目标范围以下；其还可以在收成不好时释放库存，以防止价格上涨至目标范围之上。这有助于满足任何突然的未来需求或供应波动。支持社会保护系统的工具和方法可以通过提高家庭收入和粮食作物产量来增强粮食获取权，特别是通过促进有效的劳动力市场、农业投入补贴或投入贸易展览、为农业提供重要有形基础设施的公共工程计划。其中一些有形基础设施包括农村支路和灌溉系统。可以通过在社会保护计划的设计和实施中加入与社会正义相关的问题来支持粮食安全，例如，整合基于权利的方法，包括工作保障计划、基于社区的目标、社会审计。社会保护在培养抗压能力、增加收入和粮食安全方面发挥着关键作用，可以增加农村人口的就业机会。

无论在就业机会方面还是在对农村劳动力市场的间接影响方面，都可以看到社会保护给农村就业带来的进步。社会保护政策可以在弱势家庭遭受危机和冲击时提供重要的收入保障，使这些家庭可以投资于人力资本和创收活动。稳定的收入转移可以激发活跃的创新能力，刺激就业机会和劳动力参与，从而促进地方发展。将粮食安全措施更多地纳入"增长和转型计划"下的综合性扶贫发展议程并强调保险系统，能够改善埃塞俄比亚最贫困和较脆弱家庭的生计并帮助他们摆脱贫困。表5-4显示了食物获取权的缺失和社会保护响应。

表5-4　　　　　食物获取权的缺失与社会保障对策

权利类型	社会保障工具	粮食安全目标
生产	1. 农业投入补贴	提高粮食生产力
	2. 作物和牲畜保险计划	防止作物、收获后损失和牲畜死亡

续表

权利类型	社会保障工具	粮食安全目标
劳动	3. 公共工程模式	确保短期工作机会
		提出劳动密集型基础设施发展倡议
		鼓励农业生产
贸易	4. 稳定食品价格	维持食品市场准入
	5. 食品补贴	确保穷人能够买得起食物
	6. 战略粮食储备	保证适当的食品供应市场
转移	7. 学校供餐计划	减少饥饿
		增加接受教育的机会
		促进当地粮食生产系统发展
		改善粮食安全
	8. 补充喂养方案	减少饥饿或贫困
	9. 受监管的现金转移计划	促进儿童获得教育和医疗
	10. 无限制的现金转移计划	减轻饥饿或贫困

资料来源：High Level Panel of Experts（HLPE）. Social protection for food security [R]. Food and Agriculture Organisation of the United Nations：Rome, Italy, 2012.

5.1.7 埃塞俄比亚的粮食安全政策与法规

粮食与营养安全（FNS）政策通过制度设置、手段和执法选择来塑造粮食与营养安全的治理。作为国家增长议程的一部分，埃塞俄比亚政府通过多部门营养协调和整合实施了若干战略和计划来保障粮食和营养安全，即粮食安全战略、国家营养战略和计划、赛科塔宣言路线图、营养敏感型农业战略、学校健康和营养战略，以及生产安全网计划。指导整体政策的核心包容性经济议程是1991年发起的"以农业发展为主导的工业化"（ADLI）政策。ADLI政策强调了农业转型对保障埃塞俄比亚粮食安全的重要作用。它侧重于促进综合性的农村发展方法来实现农民农业系统的农业增长。一系列政策促成了支持性的宏观经济体系的建立，提高了农村家庭的福利，放松了对农产品市场的管制，并通过使用高产品种种子和肥料促进了主食生产的集约化。通过2005年6月至2009年10月的"加速与持续发展以消除贫困的计划"（PASDEP），埃塞俄比亚实现了以农业发展为主导的经济增长。现有2010~2014年的"增长和转型计划"（GTP）的目标是维持或超过平均

GDP 增长率 11%，并根本上解决长期粮食不安全问题。2010~2015 年的"农业增长计划"（AGP）旨在促进主要产品整个价值链上的生产力、市场表现和加工。

埃塞俄比亚的"粮食安全战略"（FSS）提供了一个总体框架，涵盖粮食和营养安全的关键方面，尤其是食品安全和质量。有效的食品安全系统对于保护社区避免不安全的食品消费和促进农产品的经济表现至关重要。

埃塞俄比亚的食品质量和安全管理系统在过去的十年中取得了持续的多方面进步，体现在执行足够的食品安全法律和法规、建立由独立的公共实体来管理和定义与食品安全和动植物健康有关标准的制度方面。埃塞俄比亚的标准化始于 20 世纪 50 年代初期，当时该国的经济因缺乏食品、供水和其他商品的相关标准而受到不利影响。涉及食品安全、动植物健康的主要立法包括《植物检疫法律法规》、《动物疾病预防控制法律法规》和《食品、药品和医疗管理和控制法律法规》。《食品、药品和医疗管理和控制法律法规》是一个更具包容性和精细化的监管体系，涉及对食品、药品和医疗的有效管理和监管，由议会公告和部长理事会授权并颁布。这些立法加强了先前的食品监管体系，并专门针对本地生产和进口食品的标准制定、许可和监管，涉及生产、促销、储存、包装和标签、分销和实验室测试等领域。尽管食品安全政策的执行基本上受制于有关进出口食品和农产品的规范性法规，但此类法规并未涵盖为人民提供的粮食和食品的所有部分。

埃塞俄比亚的长期粮食不安全问题主要靠"生产安全网计划"（PSNP）解决，该计划已成为该国安全网活动的支柱。2005 年通过的 PSNP 彻底改变了人们对粮食和营养安全（FNS）的看法以及政策和机制选择。PSNP 为这一主要与农业和经济增长相关的挑战增加了社会视角，其战略目标是为家庭投资建立一个平台，避免资源枯竭，培育社区资产，并将长期粮食极其不安全的家庭从经常性的紧急粮食救济中解放出来，以得到更安全、可预测、富有成效且系统化的社会保护。

国际粮食政策研究所（IFPRI）主导的影响测量表明，PSNP 具有很好的针对性，并增强了长期粮食不安全区的弱势家庭的粮食安全和支出。

然而，现金转移支付的引入带来了一些挑战。在一些地区，现金转移导致了 PSNP 实施的最初几年间的食品价格上涨。PSNP 未能解决食品价格的季节性问题，也未能调整食品价格通胀，以至于随着食品价格上涨和现金实际价值的下降，受援者的偏好从现金转移又变回了食品援助。此外，对于其影响进行的评估强调：女性在平衡参与公共工程项目和做家务方面面临诸多挑战，并且她们获得发展代理人的机会有限。

5.1.8 结论和政策建议

消除饥饿、实现粮食安全、改善营养和促进可持续农业的"可持续发展目标"(SDGs) 承认促进可持续农业、赋予小规模粮食生产者权利、结束农村极端贫困和应对气候变化之间的相互联系。农业是食品质量、食品安全和营养的基础，并可带来食品选择、共同繁荣和经济增长。

家庭层面稳定、持久的粮食供应增强了家庭的能力，即使面临不可预见的困境和冲击，也可以通过收入、生产和可持续的充足粮食供应转移来应对。在这方面，需要承认农村经济正朝着非农业活动领域转型。发展中国家的生计结合了多种以自然资源为基础的活动，使农民能够实现收入来源多样化并减少对农业的依赖。为此，本节提出了一系列政策建议，以通过农业转型和促进农村非农经济议程来支持可持续、跨部门增长，扭转埃塞俄比亚普遍贫困和长期粮食危机的趋势。

（1）以农业增长为目标的农村转型议程必须针对农业部门。农业部门支持多种收入来源，该部门不会显著提高生产力，但最主要的是其能够实现稳定的粮食供应和收入。农村非农部门作为农村经济的重要组成部分，有助于农村扶贫，影响农业生产决策，进而影响农村可持续发展。尽管如此，为了让弱势群体从农村非农劳动力市场中受益，他们必须有权应对人力、社会和金融资本的挑战。这样的战略源于一个国家的结构转型和发展路径。一个关键点就是了解农村居民所处的制度环境。例如，安全的土地使用权和促进土地租赁市场的增长，可以通过提供重返农业活动的可能性来促进去农业化的转型。因此，农业部门的发展取决于农村非农劳动力市场的就业情况以及制度环境。

（2）农村交通系统以及信息和通信技术的发展和现代化至关重要，因为它们促进了小规模粮食生产者与主要道路网络的连接，并提升了他们对市场信息的获取渠道。由基础设施投资带来的通往城市地区的低交通成本使得积极的溢出效应从农业渗透到城市地区，由此提升了城市就业的可能性以及地方和城市生产之间的互补性。

（3）通过推广服务向农民提供技术支持对于提高当地粮食生产是必要的。作为农民和其他服务提供者或项目之间的纽带，推广工作者可以发挥非常重要的作用。他们可以作为重要渠道，向农民传播有关培训以及更可持续的生物密集型耕作方法等方面的信息。

（4）作为农业经济体，可持续议程和对农业价值链的投资，尤其是在改良种子品种、化肥、农产品的有效营销以及农村地区一体化方面，将是加快脱贫的有效途径。同时，还需要大量的人力资本投资，促进农村人口接受正规教育，以缩小城市和农业生态地区之间的不平等差距。

（5）生物技术研究条例。《议定书》明确规定采用新技术生产的产品必须基于预防原则，使各国能够平衡公共健康和经济收益。例如，《议定书》允许国家在认为没有足够的科学证据证明该产品是安全的情况下，禁止进口转基因生物，并要求出口商在含有转基因商品（如玉米或棉花）的货物上贴上标签。因此，《议定书》为生物技术在不破坏环境情况下的实施提供了有力保障，从而可以利用生物技术的潜力，同时最大限度地减少对环境和人类健康的最终风险。

通过技术密集型农业生产和促进农村非农业经济，实现更全面、可持续的经济增长，可以增强当地粮食系统的韧性，扭转埃塞俄比亚极端脆弱和长期粮食危机的趋势。这种多维战略可以使该国制定和实施切合实际的扶贫政策，增强家庭参与决策以及接近资产、金融公司和市场的机会，同时促进良好的就业前景并扩大社会保护覆盖面。

5.2 中国粮食企业全要素生产率的空间非均衡性及收敛检验

5.2.1 引言

粮食，不仅是人类生存的重要物质基础，更是确保国家安全的重要保障。然而，实现粮食安全保障，不仅依赖于粮食生产和库存稳定，更与其加工能力紧密相关。2004年以来，中国粮食产量实现连年增长，据农业农村部统计，2021年粮食产量达到6.33亿吨，相比2004年增长了34.97%；粮食加工业作为整个粮食产业链的关键环节，可以化产量为供给进而实现产销平衡，在促进农民就业增收、农业增值增效、农村繁荣发展等方面发挥着越来越重要的作用（宗锦耀，2014）。粮食加工企业作为粮食加工业的重要主体，从产业链分布来看，上联市场、下联农民，实现了生产端和消费端的有机结合，其发展状况直接关系着粮食加工业的发展。然而，中国粮食加工企业还处于发展的初级阶段，农产品精深加工发展不够、发展不优，存在规模较小、低层次重复生产、农产品加工产业链条短、产品科技含量和附加值"双低"等问题。提高粮食企业的加工能力，关键在于提高粮食企业全要素生产率（TFP）的增长，提升生产率是企业发展的核心，这远比提高企业利润和保护投资者更重要，也就是说提高粮食企业全要素生产率是提升粮食加工能力、稳定粮食产业发展，进而保障粮食安全的关键（吴闻潭等，2017）。

不同政策以及资源禀赋条件的差异使得中国粮食生产呈现出区域化的特征（伍山林，2000；高鸣和宋洪远，2014），对于粮食企业全要素生产率的研究必须考虑企业所在区域的"异质性"特征。与其他企业相比，粮食企业的区域性特征主要与其所处的市场政策环境有关，体现在政策干预强度方面，如粮食安全省长负责制的实施进一步加剧了不同区域粮食企业生产效率间的差异（赵霞等，2018）。因此，如何充分挖掘与提高不同市场政策、资源禀赋下的区域粮食企业全要素生产率是值得深入研究的问题。换言之，中国粮食企业全要素生产率如何变动，是否存在全要素生产率区域差异？如何解释这种差异的存在？对于这些问题的回答可以更好地提升粮食企业全要素生产率，这不仅关系到业内企业的生存与发展，更关系到整个粮食加工产业的价值创造与可持续发展，对促进粮食产业稳定发展有着重要意义。

现有关于粮食全要素生产率的研究，更多地集中于粮食生产层面，涉及粮食加工业的很少。(1) 粮食生产率。瑟特尔等（Thirtle et al.，1993）指出，1947~1991年南非农业的全要素生产率平均每年增长1.3%。卡里拉詹等（Kalirajan et al.，1996）发现1984~2000年爱尔兰农业的全要素生产率增长略高于1%，但各系统之间存在显著差异，绵羊系统显示出最高的生产率增长，其次是乳制品和耕作。米兰和阿尔达兹（Millan and Aldaz，1998）、恩吉姆和科埃利（Nghiem and Coelli，2002）、拉达和布科拉（Rada and Buccola，2012）分别测算了西班牙、越南以及巴西的农业全要素生产率，研究发现农业TFP年均增长率在2.6%~3.5%。学者们关注各农业部门间全要素生产率的估算和比较（Latruffe et al.，2005，2012；Hadley，2006），如摩尔多瓦农场、西瓦粮食农场、乌克兰农业农场、巴基斯坦主要粮食作物和美国农业（Lerman and Sutton，2008；Che et al.，2012；Balmann et al.，2013；Ali et al.，2016；Plastina and Lence，2018）。技术进步导致的全要素生产率提高是农业产出提升的重要原因，埃瑞克等（Eric et al.，2020）研究发现威斯康星州乳制品生产商的全要素生产率增长大约为2.16%，主要由技术进步（每年1.91%）驱动。我国学者主要侧重对粮食生产率的估算和比较，数据包络分析法可能是主要的分析方法，从而得出以下几个结论。一是由于样本选择具体时期、变量选取及区域差异可能导致对粮食TFP变化趋势存在分歧。从全国层面来看，王淑红和杨志海（2020）利用1991~2016年27个省份的粮食生产投入产出数据，研究发现虽然全国大部分省份的粮食绿色全要素生产率处于一种低效率状态，但仍呈现出逐步增长的趋势；郑志浩和程申（2021）研究发现，1980~2018年中国粮食种植业TFP表现为加速增长模式，年均增长率为1.42%；相反，高维龙等（2021）实证分析了1999~2018年我国粮食全要素生产率时空演化机制及技术传导路径，结果发现当前粮食全要素生产率存在下降趋势。从区域层面来看，张利国和鲍丙飞（2016）发现中国粮食主产区全要素生产率年均增长1.3%；李连礼和张利国（2017）研究发现，2001~2015年长江经济带粮食全要素生产率总体呈上升趋势。从省份层面来看，闵锐（2012）研究发现，2004~2010年湖北省粮食整体及各主要品种TFP呈现一定增长；陆泉志等（2018）发现，2006~2016年广西粮食全要素生产率年均下降1.5%。二是技术进步是影响粮食TFP增长的主要因素。闵锐和李谷成（2012）、高鸣和宋洪远（2015）分别基于1978~2010年、1978~2013年全国粮食数据得出粮食全要素生产率增长主要靠技术进步的结论；基于粮食主产区、种植业、单一省份数据也是如此（闵锐和李谷成，2012；赵亮和余康，2019）；当然，针对粮食TFP的下降，技术进步动力不足也是主要原因（闵锐，2012；陆泉志等，2018；高维龙等，2021）。三是粮食TFP存在区域差异。尹朝静等（2016）研究发现，1978~2012年中国粮食全要素生产率增长存在地区差异，有明显的空间非均衡性；进一步地，范丽霞（2017）采用Kernel密度估计表明全国粮食全要素生产率整体差距呈扩大态势。粮食生产率的差异也与粮食产量占比、是否粮食主产区、作物品种等有关，如粮食产量占比高的省份粮食生产率呈现出不断进步的状态，粮食产量占比中等、较低的省份却相反（汪慧玲和卢锦培，2014）；粮食主产区的全要素生产率表现状况整体优于主销区和产销平衡区（Lin et al.，2014）；水稻的全要素生产率高于小麦、玉米（江松颖等，2016）。更有学者测度与比较中国以及其他国家和地区的粮食全要素生产率，发现1995~2016年"一带一路"沿线国家粮食全要素生产率整体增长，技术进步是粮食全要素生产率增长的主要动力，但是各国粮食全要素生产率存在显著差异，中亚地区增长最快（黄佩佩和魏凤，2022）。

（2）粮食加工业。大多数研究仅停留于定性研究，实证研究较少。武舜臣等（2015）以粮食流通过程的加工企业环节为研究对象，分析了上下游差异性定价机制下粮食加工企业的福利变动和产量选择；实证研究层面也主要以稻米加工业为主，武舜臣和徐雪高（2017）基于1998~2007年工业企业数据库，以稻谷加工业为例，实证研究发现在稻米比价扭曲程度较弱（强）时，政府补贴对资本配置具有负面（正面）影响。具体到粮食加工企业，邓亦文和肖春阳（2007）认为实现粮食企业产业化经营，提升粮食企业经营效率是关键；并且不同经营模式对粮食企业生产效率影响不同（吕东辉等，2015）。王丽明和王玉斌（2015）运用 DEA 模型测算得出 2007~2011 年粮食类龙头企业综合效率普遍较低；随后，又基于 2007~2013 年 740 家国家级农业产业化龙头企业数据，运用 SFA 方法测算得出农业龙头企业技术效率水平较高，中部地区农业龙头企业技术效率高于东部和西部地区，粮食类龙头企业技术效率高于畜牧类和其他类龙头企业（王玉斌和王丽明，2017）。赵霞等（2018）实证分析了市场化、政府干预对中国涉粮企业全要素生产率的影响。

现有文献为本节进一步分析中国粮食企业全要素生产率提供了借鉴，但也存在一些不足，主要表现在以下几个方面：第一，现有粮食领域有关效率的分析多集中在生产领域，鲜有文献探讨粮食加工企业效率（韩艳旗等，2014），仅有的文献也是基于单一品种或上市企业等数据；第二，现有文献多分析内外部因素对粮食加工企业生产率的影响，也有文献对粮食区域本身的全要素生产率进行分析，但是对粮食企业全要素生产率区域间有无差异性、来源以及随时间是否收敛等问题鲜有研究，已有关于收敛性检验的研究也主要是针对粮食生产效率方面（姚升和王洪江，2019）；第三，现有文献没有考虑到不同区域间市场环境、技术水平、资源禀赋等方面的实际差异，可能会导致其研究结果与实际情况存在偏差。

鉴于此，本节基于 2014~2017 年粮食类生产加工型企业数据，首先采用非参数共同随机前沿分析方法中的 Metafrontier-Malmquist 生产率指数对粮食企业 TFP 进行测算及分解，考察了粮食企业 TFP 是否存在区域差异；其次采用达古姆（Dagum）基尼系数及其分解方法考察粮食企业 TFP 变化的地区差距及其空间来源，并对区域差异的存在进行了解释；最后借助经典回归模型考察了区域间差异随时间的变化趋势，即全国范围以及各区域粮食企业 TFP 的收敛性如何。本节可能的贡献主要有以下几点：一是本节利用国家级农业产业化龙头企业数据，基于各省份 2014~2017 年粮食企业的投入产出面板数据，开展各区域粮食企业 TFP 增长率研究，将粮食加工企业作为研究对象，既反映了粮食安全对中国乃至全世界的重要性，也体现了现阶段的主要任务是提高粮食供应链各阶段的生产率，为该领域研究增加新的文献；二是粮食企业 TFP 是处于增长、停滞还是衰退状态以及粮食企业 TFP 是否存在空间分均衡性，直接关系到国家对粮食加工能力以及粮食产业发展状况的判断，本节的研究不仅可以识别 2014~2017 年粮食企业 TFP 增长率的变动趋势，还有助于对粮食企业 TFP 的空间非均衡性以及收敛性进行分析，以此对中国粮食企业全要素生产率有更全面、系统的认识，从而更好地推动粮食产业发展。

5.2.2 研究方法与数据说明

1. 研究方法

全要素生产率是衡量生产效率的综合指标，传统径向数据包络分析（data envelopment analysis，DEA）方法假定不同地区具有共同的生产前沿，从而建立生产前沿面来分析和比较这些决策单位的技术效率差异。事实上，区域间市场环境、技术水平、资源禀赋等方面存在的差异往往会影响技术扩散速度，因此，不同地区可利用的技术集必将存在差异，即不同地区间的生产前沿面并不相同。如果参照样本区域各自的生产技术集来分析生产率，又会由于参照的生产前沿不同使得样本区域的分析结果无法进行比较（Chen and Song，2008；王燕和谢蕊蕊，2012；李胜文等，2013）；而基于共同前沿分析框架下的 Metafrontier-Malmquist 指数法可有效解决上述问题。

早见和鲁坦（Hayami and Ruttan，1970）最早提出共同生产函数的概念性分析框架，比较不同技术条件下生产者的生产效率差异；鲁坦等（1978）进一步将共同生产函数视为各个群组生产点的包络线，此后这一测算方法大多用于农业生产效率测度（Mundlak and Hellinghausen，1982；Lau and Yotopoulos，1989）。由于上述共同生产函数采用固定边界形式，夏尔马和梁（Sharma and Leung，2000）通过假设不同生产者的实际生产点与生产前沿存在差距，从而将其转化为随机共同前沿生产函数，同时可以估计出技术效率值，但这一技术效率值并不能被比较识别，因此，巴特斯和饶（Battese and Rao，2002）通过构造随机共同前沿模型来克服这一问题，但是这一模型并不能包络所有的生产前沿点（O'Donnell et al.，2008）；随后，巴特斯等（Battese et al.，2004）定义共同前沿模型是包络所有群组前沿的确定性边界，并提出技术差距比（technology gap ratio，TGR）用来比较分析区域间的生产效率差异。此后，众多学者基于此方法进行拓展运用来比较分析不同国家、行业全要素生产率的增长，如 Metafrontier-Malmquist 指数、Metafrontier-Malmquist-Luenberger 指数等（Rao，2006；Rambaldi et al.，2007；王兵和朱宁，2011）。

（1）Malmquist 指数。

在对本节具体的研究方法进行介绍前，先介绍一下常用的生产率指数，即曼奎斯特指数（Malmquist index，MI）。MI 由凯文斯等（Caves et al.，1982）首次引入，其核心思想是使用各决策单元的观测值构建出有效生产前沿面，表示在一定的技术条件下各种投入组合所能实现的效率产出,再使用各决策单元与生产前沿面的距离计算出生产效率值(Mcmullen and Okuyama, 2000);这也是 Malmquist 指数的优势所在,即不需要假设有效生产面,而是在每个时期确定国家、地区或农场的"最佳实践"单位并测量与其之间的距离。设 x、y 分别表示投入与产出向量,生产技术集可以表述为 $T = \{(x,y) : x \geq 0; y \geq 0; x\text{ 能生产出 } y\}$,其对应的产出集为 $P(x) = \{y : (x,y) \in T\}$,基于群组前沿的 SBM 方向性距离函数可表示为: $\overrightarrow{D} = (x,y;g) = \sup\{\beta : (y + \beta y) \in P(x)\}$,衡量从 t 期到 $t+1$ 期的 MI 是相对于参考期技术定义的,其中第 t 期 MI 指数为:

$$MI_t = \frac{\overrightarrow{D_t}(x_k^{t+1}, y_k^{t+1}; y_k^{t+1})}{\overrightarrow{D_t}(x_k^t, y_k^t; y_k^t)} \tag{5.1}$$

第 $t+1$ 期的 MI 指数为:

$$MI_{t+1} = \frac{\overrightarrow{D_{t+1}}(x_k^{t+1}, y_k^{t+1}; y_k^{t+1})}{\overrightarrow{D_{t+1}}(x_k^t, y_k^t; y_k^t)} \tag{5.2}$$

由于很难在 t 和 $t+1$ 之间进行选择,因此一般以两者的平均值作为从 t 期到 $t+1$ 期的 MI 指数(Chambers et al., 1994):

$$MI_t^{t+1} = \left[\frac{\overrightarrow{D_t}(x_k^{t+1}, y_k^{t+1}; y_k^{t+1})}{\overrightarrow{D_t}(x_k^t, y_k^t; y_k^t)} \times \frac{\overrightarrow{D_{t+1}}(x_k^{t+1}, y_k^{t+1}; y_k^{t+1})}{\overrightarrow{D_{t+1}}(x_k^t, y_k^t; y_k^t)}\right]^{\frac{1}{2}} \tag{5.3}$$

这可以进一步分解为技术效率变化(TEC_t^{t+1})和技术进步变化(TC_t^{t+1}):

$$MI_t^{t+1} = \underbrace{\frac{\overrightarrow{D_{t+1}}(x_k^{t+1}, y_k^{t+1}; y_k^{t+1})}{\overrightarrow{D_t}(x_k^t, y_k^t; y_k^t)}}_{TEC_t^{t+1}} \underbrace{\left[\frac{\overrightarrow{D_t}(x_k^{t+1}, y_k^{t+1}; y_k^{t+1})}{\overrightarrow{D_{t+1}}(x_k^{t+1}, y_k^{t+1}; y_k^{t+1})} \times \frac{\overrightarrow{D_t}(x_k^t, y_k^t; y_k^t)}{\overrightarrow{D_{t+1}}(x_k^t, y_k^t; y_k^t)}\right]^{\frac{1}{2}}}_{TC_t^{t+1}} \tag{5.4}$$

因此可以看出,MI 有助于分解为技术效率(TE)变化和技术进步(TP)变化(Grosskopf, 2003);其中,TE 和 TP 分别为技术效率和技术进步的缩写。

(2)群组前沿、共同前沿下的 Malmquist 指数。

假设样本可按一定标准分成不同的群组(Group),每个群组下所有 DMU 的可行投入产出组合归属于同一生产技术集,样本中共存在 g 个群组技术集($g = 1, 2, \cdots, G$),第 G 个群组前沿的生产技术集可以表述为 $T^G = \{(x,y) : x \geq 0; y \geq 0; x\text{ 能生产出 } y\}$,其对应的产出集为 $P^G(x)$,基于群组前沿的 SBM 方向性距离函数可表示为: $\overrightarrow{D_G} = (x,y;g) = \sup\{\beta : (y + \beta y) \in P^G(x)\}$。因此,可以参照式(5.4)来定义 Group-frontier-Malmquist 指数(GMI),即

$$GMI_t^{t+1} = \frac{\overrightarrow{D_G^{t+1}}(x_k^{t+1}, y_k^{t+1}; y_k^{t+1})}{\overrightarrow{D_G^t}(x_k^t, y_k^t; y_k^t)} \times \left[\frac{\overrightarrow{D_G^t}(x_k^{t+1}, y_k^{t+1}; y_k^{t+1})}{\overrightarrow{D_G^{t+1}}(x_k^{t+1}, y_k^{t+1}; y_k^{t+1})} \times \frac{\overrightarrow{D_G^t}(x_k^t, y_k^t; y_k^t)}{\overrightarrow{D_G^{t+1}}(x_k^t, y_k^t; y_k^t)} \right]^{\frac{1}{2}}$$
(5.5)

其中，第一部分 $\dfrac{\overrightarrow{D_G^{t+1}}(x_k^{t+1}, y_k^{t+1}; y_k^{t+1})}{\overrightarrow{D_G^t}(x_k^t, y_k^t; y_k^t)}$ 为技术效率指数，即 GEC_t^{t+1}，

$\left[\dfrac{\overrightarrow{D_G^t}(x_k^{t+1}, y_k^{t+1}; y_k^{t+1})}{\overrightarrow{D_G^{t+1}}(x_k^{t+1}, y_k^{t+1}; y_k^{t+1})} \times \dfrac{\overrightarrow{D_G^t}(x_k^t, y_k^t; y_k^t)}{\overrightarrow{D_G^{t+1}}(x_k^t, y_k^t; y_k^t)} \right]^{\frac{1}{2}}$ 为技术进步指数，即 GTC_t^{t+1}。也就是说，待评估 DMU 在 t 到 $t+1$ 时期第 G 个群组前沿下的全要素生产率指数可以分解为技术效率指数和技术进步指数：

$$GMI_t^{t+1} = GEC_t^{t+1} \times GTC_t^{t+1} \tag{5.6}$$

由于共同前沿被看作包络所有群组前沿而形成的一种前沿生产函数，共同前沿技术集可表示为 $T^M = \{T^1 \cup T^2 \cdots \cup T^G\}$，且满足闭合、有界和凸性假设，其对应的产出集合为 $P^M(x)$，则基于共同前沿的 SBM 方向性距离函数（DDF）可表示为 $\overrightarrow{D_M} = (x, y; g) = \sup\{\beta : (y + \beta y) \in P^M(x)\}$。因此，同样可以参照式（5.4）来定义 Meta-frontier-Malmquist 指数（MMI），即

$$MMI_t^{t+1} = \frac{\overrightarrow{D_M^{t+1}}(x_k^{t+1}, y_k^{t+1}; y_k^{t+1})}{\overrightarrow{D_M^t}(x_k^t, y_k^t; y_k^t)} \times \left[\frac{\overrightarrow{D_M^t}(x_k^{t+1}, y_k^{t+1}; y_k^{t+1})}{\overrightarrow{D_M^{t+1}}(x_k^{t+1}, y_k^{t+1}; y_k^{t+1})} \times \frac{\overrightarrow{D_M^t}(x_k^t, y_k^t; y_k^t)}{\overrightarrow{D_M^{t+1}}(x_k^t, y_k^t; y_k^t)} \right]^{\frac{1}{2}}$$
$$= MEC_t^{t+1} \times MTC_t^{t+1} \tag{5.7}$$

其中，MMI_t^{t+1}、MEC_t^{t+1} 和 MTC_t^{t+1} 分别表示待评估 DMU 在 t 到 $t+1$ 时期共同前沿全要素生产率指数、共同前沿技术效率指数和共同前沿技术进步指数。借鉴拉姆巴尔迪等（Rambaldi et al., 2007）的研究进一步对 MEC_t^{t+1} 和 MTC_t^{t+1} 进行分解：

$$MEC_t^{t+1} = \frac{\overrightarrow{D_G^{t+1}}(x_k^{t+1}, y_k^{t+1}; y_k^{t+1})}{\overrightarrow{D_G^t}(x_k^t, y_k^t; y_k^t)} \times \frac{TGR^{t+1}(x_{t+1}, y_{t+1})}{TGR^t(x_t, y_t)} = GEC_t^{t+1} \times PTCU_t^{t+1} \tag{5.8}$$

MTC_t^{t+1}
$$= \left[\frac{\overrightarrow{D_G^t}(x_k^{t+1}, y_k^{t+1}; y_k^{t+1})}{\overrightarrow{D_G^{t+1}}(x_k^{t+1}, y_k^{t+1}; y_k^{t+1})} \times \frac{\overrightarrow{D_G^t}(x_k^t, y_k^t; y_k^t)}{\overrightarrow{D_G^{t+1}}(x_k^t, y_k^t; y_k^t)} \times \frac{TGR^t(x_t, y_t)}{TGR^{t+1}(x_{t+1}, y_{t+1})} \times \frac{TGR^t(x_{t+1}, y_{t+1})}{TGR^{t+1}(x_t, y_t)} \right]^{\frac{1}{2}}$$
$$= GTC_t^{t+1} \times PTRC_t^{t+1} \tag{5.9}$$

其中，$PTCU_t^{t+1}$ 为纯技术追赶，反映 DMU 技术差距比（TGR）的变动；$PTRC_t^{t+1}$ 表示潜在技术的相对变动，反映共同生产前沿相对移动速度的快慢。

因此，共同前沿下的 MMI 指数进一步分解如下：

$$MMI_t^{t+1} = GMI_t^{t+1} \times \frac{MMI_t^{t+1}}{GMI_t^{t+1}} = GEC_t^{t+1} \times GTC_t^{t+1} \times \frac{MEC_t^{t+1}}{GEC_t^{t+1}} \times \frac{MTC_t^{t+1}}{GTC_t^{t+1}}$$

$$= GEC_t^{t+1} \times GTC_t^{t+1} \times PTCU_t^{t+1} \times PTRC_t^{t+1} \tag{5.10}$$

可以看出，技术效率可能是关键部分，我们采用超效率 SBM 模型测算技术效率，在径向数据包络分析模型中，对无效率程度的测量只包含了所有投入（产出）等比例缩减（增加）的比例，在效率值的测量中并没有体现出松弛改进的部分。于是托恩（Tone，2001）提出的超效率 SBM 模型，是一个非径向、非角度的基于松弛的效率评价模型，效率值随松弛投入和产出的增加而降低，且效率评价标准基于参考集合，只依赖于要考虑的决策单元，介于 0 和 1，公式如下：

$$\text{Min}\rho_{SE} = \frac{1 + \frac{1}{m}\sum_{i=1}^{m}\frac{s_i^-}{x_{ik}}}{1 - \frac{1}{s}\sum_{r=1}^{s}\frac{s_r^+}{y_{rk}}}$$

$$\text{s.t.} \quad \sum_{j=1, j \neq k}^{n} x_{ij}\lambda_j - s^- \leqslant x_{ik},$$

$$\sum_{j=1, j \neq k}^{n} y_{ij}\lambda_j + s^+ \geqslant y_{rk},$$

$$\lambda, s^-, s^+ \geqslant 0; i = 1, 2, \cdots, m; r = 1, 2, \cdots, s; j = 1, 2, \cdots, n(j \neq k) \tag{5.11}$$

其中，ρ_{SE} 为超效率 SBM 的效率值；x 和 y 分别表示投入和产出变量，其中投入指标个数为 m，产出指标个数为 s；s^-、s^+ 分别为投入和产出的松弛变量，λ 为权重向量。当 $\rho_{SE} \geqslant 1$，且 $s^- = s^+ = 0$ 时，决策单元为 DEA 相对有效；当 $\rho_{SE} \geqslant 1$，但 s^- 和 s^+ 不全是 0 时，决策单元为 DEA 弱有效；当 $\rho_{SE} < 1$，则表示决策单元为 DEA 相对无效，说明存在冗余，需要改进投入产出以使决策单元达到有效水平。

2. 变量选取

本节选取的产出指标为企业销售收入，该指标能够反映企业的生产运行情况和企业规模的大小。投入指标选取如下：（1）资本投入，采用企业当年资产总额表示；（2）劳动力投入，采用当年企业职工人数表示，在农业企业生产过程中，企业用工主要分为常年性用工和季节性用工两个部分，本节主要考虑常年性用工；（3）中间投入品额，采用企业原材料投入表示，投入指标能够反映企业规模及资源利用状况。各指标统计性描述如表5-5所示。

表5-5　　　　　　　　　　变量描述性统计

变量	均值	标准差	最小值	最大值
销售收入	11.43	1.43	8.70	17.67
资产总额	11.19	1.34	8.94	17.81
劳动力投入	6.52	1.41	3.33	11.71
原材料采购额	11.89	1.49	9.16	18.71

注：企业销售收入、资产总额、原材料采购额的单位均为万元，企业职工人数的单位为人，且均已取对数。

资料来源：根据2014~2017年245家粮食企业数据整理计算所得。

3. 数据来源

本节所使用的样本为国家农业产业化重点龙头企业的粮食类企业，以生产加工型为主，涵盖了2014~2017年的245家粮食类农业龙头企业数据（以下简称"粮食企业"），共获得980个企业样本年度数据，其中，中国东部、中部和西部地区粮食企业数量分别为75家、102家和68家。由于西藏企业数据缺失，本节仅对剩余30个省份中的粮食企业进行研究，并且在国家农业产业化龙头企业评定过程中，海南参照西部地区国家龙头企业的标准被纳入西部地区，因此东部地区包含省份有北京、天津、河北、辽宁、上海、江苏、浙江、福建、山东、广东，中部地区包含省份有山西、吉林、黑龙江、安徽、江西、河南、湖北、湖南，西部地区包含省份有重庆、四川、贵州、云南、陕西、甘肃、青海、宁夏、新疆、广西、内蒙古、海南。本节基于投入导向的Malmquist指数法，对中国及其东部、中部、西部地区粮食企业全要素生产率（TFP）进行测算，使用的软件是MaxDEA6.7。

5.2.3　中国整体以及各区域粮食企业全要素生产率的测算

1. 粮食企业TFP指数变化趋势及地区差距

基于Metafrontier-Malmquist生产率指数测算得出2014~2017年全国以及三大区域粮食企业共同前沿全要素生产率的变动趋势（见表5-6）。从全国层面来说，中国粮食企业TFP呈现出增长的态势，2014~2017年粮食TFP指数为1.0118，即全要素生产率的年均增长率为1.18%，累积增长率为1.0354，样本期内，2017年比

2014年增长了3.54%。粮食企业TFP增长中的技术效率指数与技术进步指数均值分别为0.9916和1.0218，说明中国粮食企业出现了技术效率恶化而技术进步增强的格局。2014年以来，中国粮食企业TFP改善主要是由技术进步引致的，技术进步提高超越了技术效率下降并对TFP增长产生了核心作用，粮食企业TFP增长主要是生产前沿边界的"外移"而不是向生产前沿边界的"追赶"。技术效率与技术进步对粮食企业TFP增长的贡献度并非稳定不变，2014~2017年技术效率的贡献度在波动下降，相反技术进步呈波动上升趋势，并且2015年之前技术效率的贡献度大于技术进步，2015年之后技术进步的增长贡献度更大。这一结论与高帆（2015）利用中国农业产业数据所得结论一致。拉赫曼和萨利姆（Rahman and Salim, 2013）发现，1948~2008年孟加拉国17个地区的TFP年均增长速度为0.57%，且主要是由技术进步推动的，年均技术进步0.74%；高塔姆和于（Gautam and Yu, 2015）研究发现，自20世纪80年代以来中国的农业部门表现出色，TFP年均增长超过2%，而印度的增长速度在1%~2%，TFP增长主要由技术进步推动。然而，坎德米尔和德里克塔斯（Candemir and Deliktas, 2009）发现，1999~2003年土耳其国有农业企业TFP下降了1.2%，归因于技术退步，其中技术倒退了2.7%；基于乌克兰农业企业数据也发现了相似的结果，1990~1999年乌克兰TFP年均下降6%，累计下降42%，主要原因是技术效率的下降（Lissitsa and Odening, 2015）。

表5-6　　　　　2014~2017年粮食企业共同前沿TFP指数及分解

区域	项目	MMI	MEC	MTC
全国	2014~2015年	0.9969	1.0184	0.9791
	2015~2016年	1.0412	0.9586	1.0867
	2016~2017年	0.9973	0.9979	0.9995
	均值	1.0118	0.9916	1.0218
东部	2014~2015年	0.9956	1.0149	0.9811
	2015~2016年	1.0367	0.9608	1.0798
	2016~2017年	0.9947	0.9958	0.9989
	均值	1.0090	0.9905	1.0199
中部	2014~2015年	0.9981	1.0196	0.9793
	2015~2016年	1.0454	0.9585	1.0910
	2016~2017年	0.9987	0.9989	0.9999
	均值	1.0141	0.9923	1.0234

续表

区域	项目	MMI	MEC	MTC
西部	2014~2015年	0.9964	1.0204	0.9768
	2015~2016年	1.0397	0.9564	1.0878
	2016~2017年	0.9983	0.9988	0.9995
	均值	1.0115	0.9918	1.0214

注：均值是采用算术平均计算得到的结果，下同。
资料来源：根据2014~2017年245家粮食企业数据整理计算所得。

分区域来说，2014~2017年东部、中部与西部粮食企业TFP指数均大于1，说明不同区域粮食企业发展水平均有所提升，这与全国整体粮食企业TFP改善是耦合的。各区域粮食企业TFP存在明显差异，中部、西部、东部地区粮食企业TFP依次下降，年均增长率分别为1.41%、1.15%、0.90%；同样的TFP累积增长率也存在明显差异，东部、中部、西部地区分别为1.0270、1.0422、1.0344。东部、中部与西部地区粮食企业生产共同前沿技术效率均呈下降趋势，但下降速度基本在0.85%；技术进步则均呈增长趋势，增长幅度大致在2.16%左右，表明技术进步是引致各区域粮食企业TFP改善的核心因素。值得注意的是，2016~2017年东部、中部、西部地区粮食企业均呈现出技术效率恶化、技术退步的变化趋势，但技术效率恶化幅度在粮食企业TFP下降幅度中的占比（79.25%、84.62%、70.59%）远大于技术退步幅度的占比（20.75%、7.69%、29.41%），因此提升技术效率水平是促进粮食TFP增长的重要途径。普拉特等（Pratt et al.，2009）比较了中国和印度的TFP增长，发现效率提高在促进中国TFP增长中起主导作用；阿莱姆（Alem，2017）基于挪威粮食生产部门数据，得出东部和中部地区的TFP年均增长速度分别为0.03%和0.01%，技术变化是生产力变化的主要来源。

为什么各地区粮食企业TFP存在差异，本节参考达古姆（1997）的研究，基于Matlab软件采用达古姆基尼系数及其分解方法考察粮食企业TFP变化的地区差距及其空间来源。首先，中国粮食企业TFP增长的地区差距呈先上升后下降总体略有下降的演变趋势，仅下降0.04%。分时期看，2016年之前TFP增长的地区差距快速扩大，由2014年的0.0083上升至2016年的0.0172，年均增长率为0.45%，在此时期各地区粮食企业生产水平参差不齐，导致其TFP地区差距持续扩大。此后，粮食企业TFP的地区差距逐渐缩小，2017年TFP的地区差距为0.0079。其次，粮食企业TFP增长的超变密度是总体空间差距最主要的来源，年均贡献率高达55.53%，其次为地区内差距（34.71%）和地区间差距（9.76%），具体如图5-5所示。中国粮食企业全要素生产率的地区内差距的贡献率呈逐渐上升趋势，这也暗示了粮食企业 TFP 的非均衡增长现象主要源于三大区域内部的差异，提升东部、中部以及西部地区内部 TFP 的增长潜能，缩小 TFP 增长的地区内差距，是促进粮食企业 TFP 协调增长的关键。

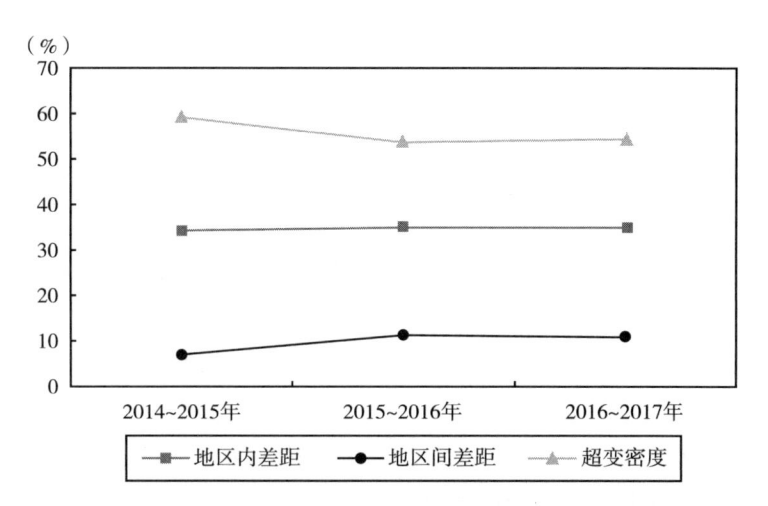

图 5-5　2014~2017 年粮食企业 TFP 地区差距的空间来源
资料来源：根据 2014~2017 年 245 家粮食企业数据整理计算所得。

进一步地，根据 2017 年 30 个省份粮食企业累积 TFP 的分布情况可以看到，粮食企业累积 TFP 增长最快的前 6 个省份分别是吉林、安徽、广西、河北、陕西、湖南，增长幅度在 4.53%~6.42%，增长最慢的后 6 个省份则分别是山西、辽宁、山东、湖北、福建、贵州，累积 TFP 在 1.0023~1.0211 范围内；并且同属于中部地区的吉林、湖北，其累积 TFP 分别排在 30 个省份的第 1 位、第 28 位，同属于东部地区的河北、福建分别排在第 4 位、第 29 位，同属于西部地区的广西、贵州则分别排在第 2 位、第 30 位，可以看到同一区域内省份间 TFP 增长差异较大。

2. 粮食企业 TFP 指数的群组分解

根据式（5.8）与式（5.9）可以将粮食企业共同前沿下的 TFP 进一步分解为群组间指数和具有特定经济含义的指数，用来分析不同区域粮食企业 TFP 变动的来源差异，具体分解结果如表 5-7 所示。结果显示，一是群组前沿技术效率指数（GEC），中国整体和三大区域粮食企业技术效率均呈波动下降趋势，年均下降率分别为 0.97%、1.32%、0.69%、1.00%，中部、西部、东部地区依次递减，技术效率的降低预示着通过提升技术效率推动粮食企业 TFP 增长还有较大的余地，这也暗示了粮食企业的发展依然面临生产成本较高、资源配置不合理、企业经营管理能力较弱以及市场竞争压力大等问题，由于缺少相应的政策支持与鼓励，在降低其生产积极性的同时会出现企业退市现象。二是群组前沿技术进步指数（GTC），中国整体和三大区域粮食企业技术进步加快，年均增长率分别为 2.21%、2.73%、1.80%、2.25%，说明大多数农业企业在技术创新、技术研发等方面均有突破发展，尤其是西部地区。三是纯技术追赶指数（PTCU），中国整体和三大区域粮食企业 PTCU 均值分别为 1.002 0、1.004 5、1.000 2、1.002 0，并且大多数年份内 PTCU 也均大于 1，表明粮食企业共同前沿技术效率指数大于群组前沿技术效率指数，即粮食企业生产 DMU 的实际生产技术与共同前沿面上最优 DMU 之间存在追赶效应，两者差距逐渐缩小。四是潜在技术相对变动指数（PTRC），中国整体和三大区域粮食企业 PTRC 均值分别为 0.999 8、0.993 6、1.005 2、0.998 7；可以看到除中部地区外，中国整体、东部、西部地区共同前沿技术进步指数均小于群组前沿技术进步指数，也就是说群组前沿技术进步的幅度大于共同前沿技术进步幅度；并且大多数年份内 PTRC 均小于 1，说明粮食企业共同技术前沿相对移动速度快，这也意味着粮食企业技术进步的空间和潜力很大。进一步地，东部—中部、中部—西部、东部—西部之间 GEC 的差值分别为 -0.63%、0.31%、-0.32%，MMI 的差值则分别为 -0.51%、0.26%、-0.25%，两者呈正相关关系，说明区域间粮食企业 TFP 差异性存在的主要原因在于三大地区技术效率间存在差异。有学者基于希腊地区有机橄榄企业数据，得出技术效率永远与 TFP 差异呈正相关关系（Karafillis and Papanagiotou，2008）。

表 5 – 7　　　　　　　2014 ~ 2017 年粮食企业 TFP 指数群组分解

区域	项目	MEC		MTC	
		GEC	PTCU	GTC	PTRC
全国	2014 ~ 2015 年	1.003 9	1.015 0	0.991 7	0.987 9
	2015 ~ 2016 年	0.969 3	0.990 5	1.074 8	1.011 8
	2016 ~ 2017 年	0.997 8	1.000 5	0.999 8	0.999 7
	均值	0.990 3	1.002 0	1.022 1	0.999 8
东部	2014 ~ 2015 年	1.008 4	1.007 1	0.988 0	0.993 8
	2015 ~ 2016 年	0.954 8	1.007 4	1.095 9	0.986 4
	2016 ~ 2017 年	0.997 3	0.998 9	0.998 5	1.000 5
	均值	0.986 8	1.004 5	1.027 3	0.993 6
中部	2014 ~ 2015 年	1.001 0	1.019 2	0.993 4	0.986 5
	2015 ~ 2016 年	0.980 9	0.979 3	1.059 9	1.029 9
	2016 ~ 2017 年	0.997 4	1.001 9	1.000 8	0.999 1
	均值	0.993 1	1.000 2	1.018 0	1.005 2

续表

区域	项目	MEC		MTC	
		GEC	PTCU	GTC	PTRC
西部	2014~2015年	1.003 1	1.017 5	0.993 3	0.983 7
	2015~2016年	0.967 9	0.988 5	1.074 6	1.012 7
	2016~2017年	0.998 9	1.000 1	0.999 7	0.999 8
	均值	0.990 0	1.002 0	1.022 5	0.998 7

资料来源：根据2014~2017年245家粮食企业数据整理计算所得。

3. 粮食企业生产技术效率分析

从2014~2017年中国整体以及不同区域粮食企业共同前沿TFP指数与群组前沿TFP指数的分解情况可以看到，首先，技术效率的恶化严重影响了粮食企业TFP的增长；其次，在技术效率指数、技术进步指数均下降的年份中，技术效率恶化对企业TFP作用的程度远大于技术退步的作用程度；最后，区域间技术效率的差异性直接导致了粮食企业TFP的区域差异性，因此很有必要对各区域粮食企业技术效率进行测算及分析，以便通过提升技术效率来推动粮食企业TFP增长。本节采用基于规模收益可变的SBM超效率模型来估算2014~2017年粮食企业生产的共同前沿与群组前沿技术效率的对比变化情况，结果如表5-8所示。

表5-8　2014~2017年粮食企业生产群组前沿和共同前沿技术效率情况

年份	GTE				MTE			
	全国	东部	中部	西部	全国	东部	中部	西部
2014	0.904 2	0.894 9	0.893 6	0.930 3	0.869 2	0.869 4	0.872 6	0.863 6
2015	0.907 3	0.902 0	0.894 0	0.933 0	0.884 6	0.881 8	0.889 0	0.881 0
2016	0.879 3	0.861 5	0.876 3	0.903 4	0.848 2	0.847 3	0.852 3	0.843 0
2017	0.877 2	0.858 9	0.874 0	0.902 2	0.846 2	0.843 6	0.851 1	0.841 8
均值	0.892 0	0.879 3	0.884 5	0.917 2	0.859 7	0.860 5	0.866 3	0.857 3

从粮食企业生产的共同前沿技术效率变化情况来看，东部、中部与西部地区粮食企业共同前沿技术效率存在差异。中部地区粮食企业的技术效率均值高于东部和西部地区，说明在中部地区农业技术的实施和管理以及资源要素的投入使用效率优于东部和西部地区；并且，东部、中部、西部地区技术无效率分别为13.95%、13.37%、14.27%，也就是说三大区域均存在不同程度的资源浪费或产出不足，有必要在保持现有产量的前提下减少生产投入量或者在保持现有投入量

的前提下获得最大产出。从时间变化趋势来看,东部、中部、西部地区技术效率的年均下降率分别为 0.99%、0.82%、0.84%。虽然东部地区技术效率高于西部地区,但东部地区技术效率下降率高于西部地区,随着时间的推移东部地区与西部地区的技术效率差距会逐渐缩小;同时,中部地区技术效率的下降率最低,表明中部与东部、西部地区之间技术效率的绝对差距会越来越大。三个区域技术效率的整体变化趋势也比较清晰地呈现出不同区域粮食企业生产的差异性,即随着近年来城镇化、农业现代化的不断推进与发展,粮食生产的区域功能性日益显著,主产区粮食生产优势凸显,中部地区有 88% 的省份均属于粮食主产区,因此技术效率水平也较高。

表 5-8 对比显示了群组前沿与共同前沿下全国以及三大区域粮食企业技术效率的变动趋势。在群组前沿下,假定各区域粮食企业面对的是各自所属群组构成的生产前沿,其效率值反映的是在各自生产技术条件下的投入产出水平,结果显示实际生产点最接近其自身生产前沿的地区是西部,其后依次为中部、东部地区。由于群组前沿会造成地区间技术效率缺乏可比性,而在共同前沿下,各区域粮食企业面对的是三大区域共同构成的潜在最优生产前沿,使得到的技术效率值更具有可比性,其结果显示中部地区技术效率最高,其次分别是东部和西部地区。同时,东部、中部地区粮食企业在两种前沿下的技术集合基本相同,所以效率值变化不大,差异不明显;而全国范围以及西部地区粮食企业在两个前沿下的技术集合差异较大,因此,所属这两个群组的粮食企业在各自群组前沿下的技术效率值均被高估了,尤其是西部地区,严重被高估。

由共同前沿技术效率(MTE)与群组前沿技术效率(GTE)之比可以得到技术差距比(technology gap ratio,TGR),用来反映被评价 DMU 实际生产技术水平对共同前沿的偏离程度。从 TGR 整体变化趋势来看(见图 5-6),东部、西部地区 TGR 均呈现波动上升趋势,说明东部和西部地区生产前沿与共同前沿的距离在缩小,表明东部和西部地区实际生产技术与最先进生产技术的差距在缩小;中部地区 TGR 则呈波动下降的趋势,下降幅度为 0.73%,说明中部地区生产前沿与共同前沿的距离有略微扩大,也即表明中部地区的生产技术与最先进生产技术的差距在扩大。东部地区的 TGR 年均值最大,为 0.978 1,说明东部地区生产前沿最接近共同前沿,也即东部地区在三大区域中技术水平较高,这与东部沿海地区经济发展水平、市场化水平等较高有很大关系;中部地区的 TGR 均值为 0.977 4,这就意味着其生产技术水平也较高,实现了最优技术水平的 97.74%;相较之下西部地区粮食企业的技术水平是最低的,TGR 均值仅为 0.939 2,与最优生产技术水平相比还有 6.08% 的差距,说明西部地区粮食企业未来生产技术提升潜力较大。这一结论与李胜文等（2013）所得结论一致，即东部地区 TGR 年平均值最大，中部地区次之，西部地区最低，分别为 0.988、0.962、0.853。

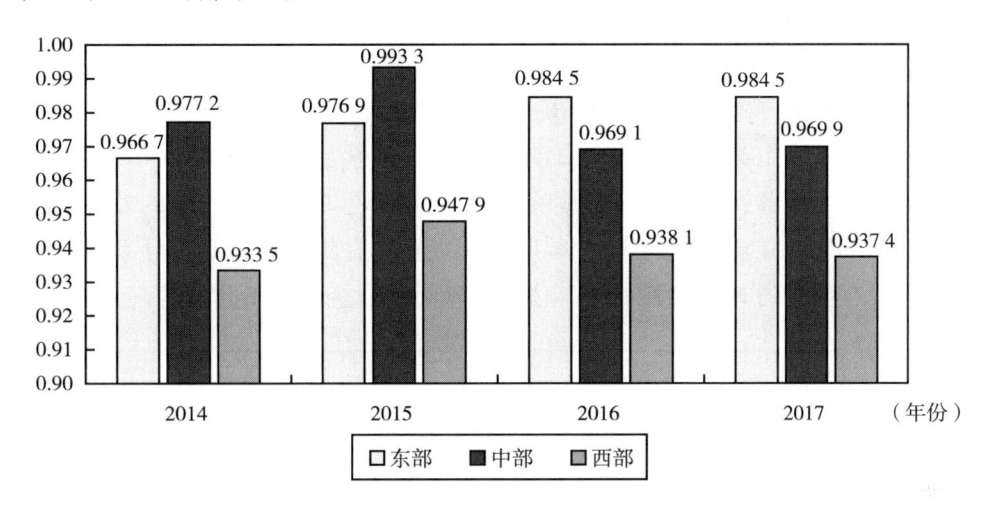

图 5-6 2014~2017 年三大区域粮食企业生产技术差距比情况

资料来源：根据 2014~2017 年 245 家粮食企业数据整理计算所得。

5.2.4　中国整体以及各区域粮食企业全要素生产率收敛性判断

中国不同区域粮食企业全要素生产率存在较大的差异性。样本期内，区域内技术效率差距均在逐渐缩小，东部—中部、东部—西部、中部—西部粮食企业生产技术差距比呈现出先扩大后缩小的趋势。那么，伴随着时间的推移，粮食企业 TFP 是否趋同呢？区域差异在持续扩大还是渐趋缩减呢？也就是说，粮食企业 TFP 增长是否出现了新古典经济理论所认为的收敛现象是本节接下来研究的另外一个问题。

TFP 收敛性研究逐渐受到学者关注（Islam，1995；Sala-I-Martin，1996；Miller and Upadhyay，2002）。σ 收敛是指不同地区产出或收入水平的方差、标准差或变异系数在不断缩小，侧重于横向角度的指标比较。β 收敛指期初水平较低个体的增长率高于期初水平较高个体的增长率，反映了区域经济发展或生产效率的速度，其与初始水平负相关，侧重于纵向角度的指标比较；包括绝对 β 收敛和条件 β 收敛。绝对 β 收敛是指假定各地区具有相同的经济条件，不同地区粮食企业发展水平会随着时间收敛相同的稳态；条件 β 收敛则是指在不同的经济条件下，各地区粮食企业发展水平会收敛于各自的稳态。据此，本节针对全国、东部、中部、西部地区粮食企业 TFP 的收敛性以及各省份粮食企业 TFP 的空间相关性进行了测算，使用的软件是 Stata15.0。

1. 粮食企业全要素生产率的 σ 收敛和 β 收敛

本节使用变异系数来考察粮食企业 TFP 的 σ 收敛性，结果如图 5-7 所示。从中可见，东部、中部与西部地区粮食企业 TFP 增长显示出大体一致的 σ 敛散性特征，即 2014~2016 年趋于发散，2016~2017 年趋于收敛；但 2014~2017 年敛散性又存在差异，其中东部、西部地区有明显的 σ 收敛性趋势，中部地区则有明显的发散趋势，说明东部、西部地区不同企业间粮食企业 TFP 增长速度的差异在逐渐缩小，而中部地区在逐渐扩大。整体上来看，全国粮食企业 TFP 变异系数变化幅度很小，没有明显的 σ 敛散性特征，说明各区域粮食企业 TFP 增长存在不均衡性。

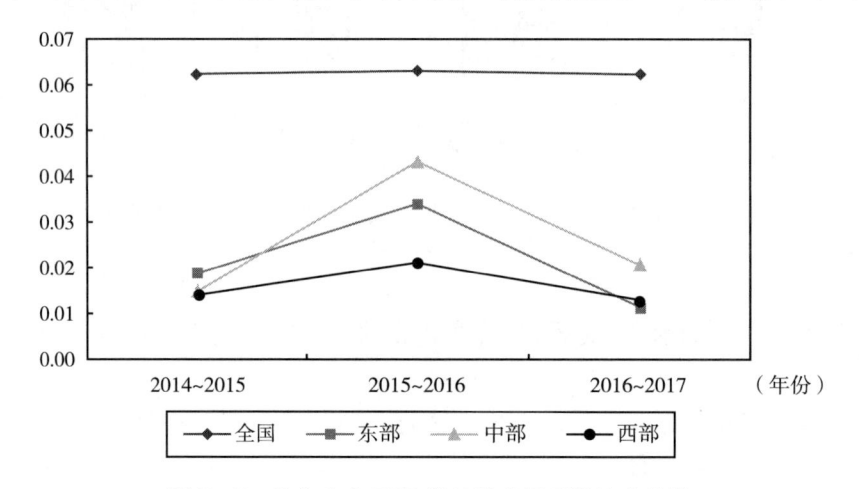

图 5-7 粮食企业 TFP 增长的变异系数演变趋势

资料来源：根据 2014~2017 年 245 家粮食企业数据整理计算所得。

模型 1 的实证检验结果进一步验证了上述结果。如表 5-9 所示，东部、西部地区粮食企业 TFP 增长存在显著的收敛性，中部地区则存在显著的发散性，全国粮食企业 TFP 增长也趋于发散，但并不显著。虽然全国、中部地区 TFP 增长不具有收敛性，但可能存在 β 收敛性。模型 2 结果显示，全国、东部、中部和西部地区粮食企业 TFP 增长均存在显著的绝对 β 收敛性，说明各地区之间、区域内部均表现出明显的技术追赶效应；并且中部地区粮食企业 TFP 增长的收敛速度大于西部、东部地区，说明与粮食生产相关的技术在中部地区得到了更好的扩散。由于绝对 β 收敛检验是以各个经济体具有相同的经济条件为假设的，随着时间的推移，粮食企业 TFP 的增长速度与增长水平会趋同。模型 3 的检验结果进一步说明了粮食企业 TFP 增长的区域差异，全国、东部、中部和西部地区粮食企业 TFP 增长均存在显著的条件 β 收敛性，且中部、东部、西部地区粮食企业 TFP 增长的收敛速度依次递减，即粮食企业 TFP 增长达到各自的稳态水平所需要的时间依次递增。

表 5-9　　　　　　　　　粮食企业 TFP 增长收敛性检验结果

模型	区域	系数	p 值	常数	结论
模型 1 (σ 收敛性)	全国	0.000 0	0.731	0.071 5	不显著
	东部	-0.003 6***	0.000	7.199 9	收敛
	中部	0.002 9***	0.000	-5.881 9	发散
	西部	-0.000 6***	0.009	1.203 1	收敛
模型 2 (绝对 β 收敛性)	全国	-1.180 0***	0.000	0.013 3	收敛
	东部	-1.125 2***	0.000	0.009 4	收敛
	中部	-1.198 0***	0.000	0.016 0	收敛
	西部	-1.241 5***	0.000	0.013 9	收敛
模型 3 (条件 β 收敛性)	全国	-1.949 9***	0.000	0.035 8	收敛
	东部	-1.901 0***	0.000	0.028 9	收敛
	中部	-1.995 1***	0.000	0.041 6	收敛
	西部	-1.900 3***	0.000	0.034 2	收敛

资料来源：根据 2014~2017 年 245 家粮食企业数据整理计算所得。

综上所述，东部、中部、西部地区粮食企业 TFP 均呈增长趋势，并且 TFP 增长同时具有绝对 β 收敛和条件 β 收敛性，说明在三大区域之间 TFP 差距缩小的同时区域内部粮食企业的效率水平也逐渐趋于稳态。对于粮食企业 TFP 增长产生收敛现象的解释是，在当前要素资源市场化条件下，开放的市场环境允许并鼓励要素在不同地区间流动，同时，生产技术的信息化和市场化也会导致技术获取水平趋同，因此，不同地区间会出现生产率收敛趋势（马林静等，2015）。巴尔多尼和埃索斯蒂（Baldoni and Esposti，2020）基于 2008~2015 年意大利 FADN 农场会计数据网络农场层面数据，研究了农业 TFP 的空间依赖性的规模、范围和性质，发现农业生产率溢出显著发生在有限的空间范围内。

2. 粮食企业全要素生产率的空间相关性

为考察粮食企业 TFP 增长的空间依赖程度和空间集聚程度，本节进一步根据各省份的累积 TFP 指数测度得到 2014~2017 年各地区粮食企业全要素生产率增长的莫兰指数（Moran's I）对粮食企业 TFP 的空间相关性进行考察。Moran's I 值分布在 [-1, 1] 之间，大于 0 表明空间正相关，小于 0 表明空间负相关，等于 0 表明不相关，即在空间上随机分布；用 Moran's I 绝对值的大小衡量空间相关程度的高低，绝对值越大（小），空间相关性越强（弱）（刘华军和贾文星，2019）。

表 5-10 显示了 2014~2017 年粮食企业 TFP 的 Moran's I 测算结果。中国各省份粮食企业 TFP 增长呈负相关关系，并且空间相关程度随时间逐渐增强。一方面，

2015~2017年Moran's I的绝对值逐渐变大，分别是0.171、0.212、0.270；另一方面，Moran's I值的显著性水平逐渐增强，2015年未通过10%的显著性检验，2016年通过了10%的显著性检验，2017年则是通过了5%的显著性检验，这说明粮食TFP增长的空间负相关随着时间的推移显著提升，也就是说具有相同属性值的粮食企业不容易聚集在一起，相邻地区间要素流动和技术交流程度还有待进一步加深。

表5-10　　　　　　　　粮食企业TFP的Moran's I检验

年份	I	Z	P
2015	-0.171	-1.129	0.130
2016	-0.212	-1.459	0.072*
2017	-0.270	-1.935	0.026**

资料来源：根据2014~2017年245家粮食企业数据整理计算所得。

图5-8进一步展示了2015~2017年中国30个省份粮食企业TFP增长的Moran's I散点图，以此来考察粮食企业TFP增长的空间集聚模式。Moran's I散点图的4个象限依次代表高高集聚（H-H集聚）、低高集聚（L-H集聚）、低低集聚（L-L集聚）和高低集聚（H-L集聚），其中H-H集聚和L-L集聚表示空间正相关，L-H集聚和H-L集聚表示空间负相关（刘华军等，2020）。可以看到，2017年超过60%的省份位于第二、第四象限，如贵州、湖北、山东、辽宁、山西、广东、江苏、江西、青海、河南、陕西、湖南、河北、重庆、安徽、广西、吉林等省份；其他省份位于第一、第三象限，说明中国各省份粮食企业TFP增长的空间集聚模式主要为L-H集聚和H-L集聚，要么是低值被高值环绕，要么是高值被低值环绕，整体呈现出空间负相关。

5.2.5　结论与启示

本节在非参数共同前沿和群组前沿两种前沿下，对2014~2017年中国东部、中部、西部地区245家粮食企业的TFP进行测算及分解，比较分析了粮食企业TFP的区域差异，并对中国及东部、中部和西部地区粮食企业TFP收敛性进行了检验，得出以下结论：（1）中国粮食加工企业TFP呈现出增长的态势，且地区差距明显，主要原因在于区域内部的差异。全国及东部、中部和西部地区粮食企业TFP年均增长率分别为1.18%、1.41%、1.15%和0.90%；中部地区粮食加工企业全要素生产率增长率明显高于东部和西部地区；粮食企业TFP增长的地区差距呈先上升后下降总体略有下降的演变趋势，造成总体地区差异的主要原因是超变密度，其

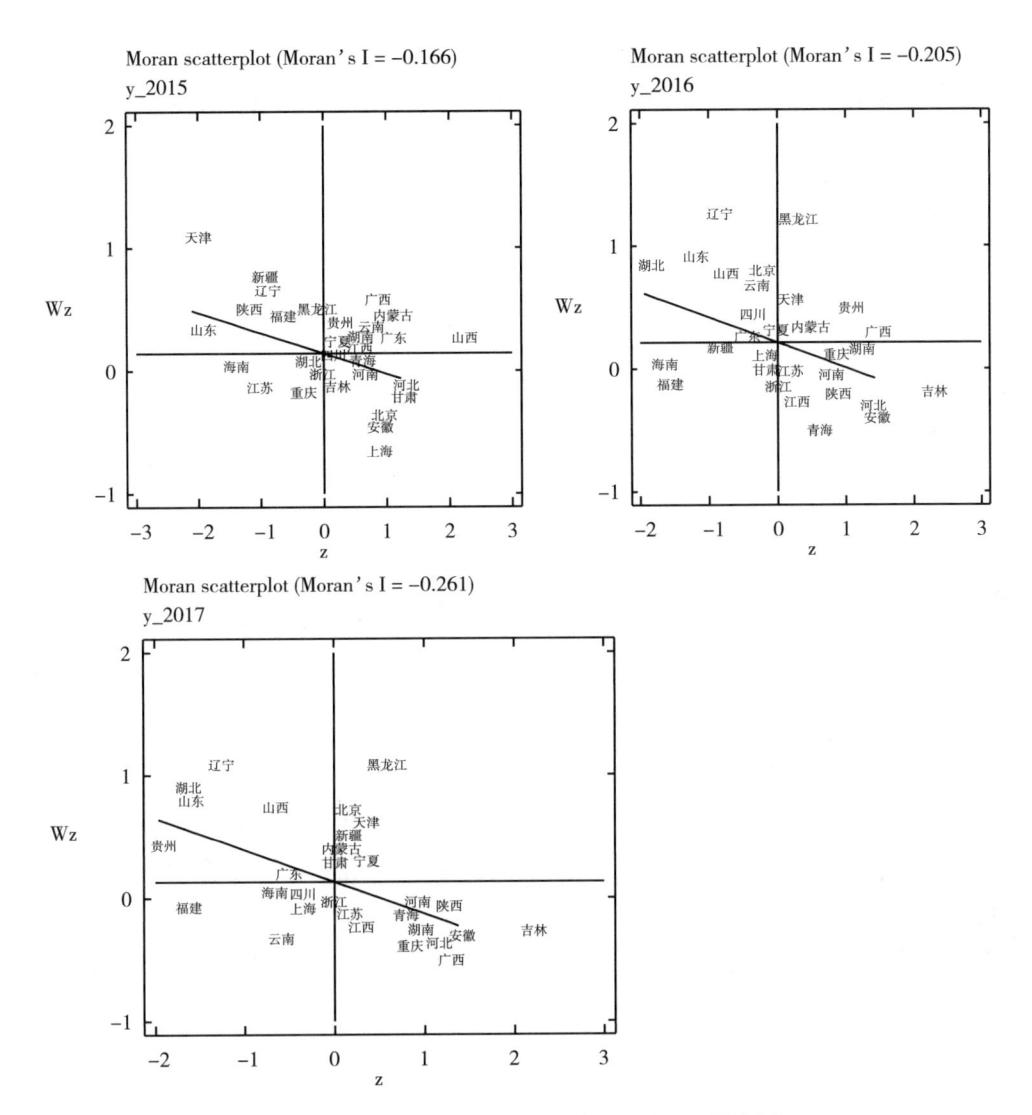

图 5-8 中国粮食企业 TFP 的 Moran's I 散点图

资料来源：根据 2014~2017 年 245 家粮食企业数据整理计算所得。

次为地区内差距。(2) 中国粮食企业 TFP 增长均属于技术进步驱动型。中国粮食企业均出现技术效率恶化而技术进步增强的发展格局，但 2014~2015 年技术效率的贡献度大于技术进步，2016~2017 年在粮食企业 TFP 下降幅度中技术效率恶化幅度所占比例远大于技术退步，说明技术效率水平是促进粮食 TFP 增长的重要途径，更主要的是优化粮食类加工企业要素配置。(3) 区域间技术效率的差异性直接导致了粮食企业 TFP 存在差异性，样本期内粮食企业技术效率在 0.8418~0.8890 范围内；技术效率水平从高到低依次是：中部地区、东部地区、西部地区，技术效率分别是 0.866 3、0.860 5、0.857 3。(4) 东部、西部地区内部不同企业间粮食企业 TFP 增长速度的变异系数即差异逐渐缩小，而中部地区在逐渐扩大，并且各地区之间、区域内部均表现出明显的技术追赶效应，尤其是中部地区。具体到 30 个省份，可以看到各省份粮食企业 TFP 增长呈负相关关系，并且空间相关程度随时间逐渐增强。

当然，本节的研究可能存在一些不足。第一，样本量可能不足。本节选取国家重点农业企业中的 245 家龙头企业样本，这应该是中国粮食企业中生产能力强的企业，对中国粮食企业全要素生产率趋势的判断可能有些偏颇。第二，缺乏粮食主产区效率的比较。本节依据传统的划分方法，将区域划分为东部、中部和西部区域，并没有依据粮食主产区来划分，主要原因是粮食企业分布过于集中，导致有些粮食主产区更加缺乏必要的研究样本。第三，本节侧重于全要素生产率增长率的比较。也就是说，更多考虑的是全要素生产率变化的相对值，并未分析和比较粮食企业全要素生产率绝对值，这也是本节进一步改进的方向。

基于上述研究结论，本节提出以下几点政策启示。一是中国各地方政府在相关政策的制定上必须立足于提高粮食企业全要素生产率，且体现出差异性；充分发挥不同区域粮食生产加工的特长，致力于提升整体粮食加工能力。二是提升技术效率是推动粮食企业 TFP 增长的一个重要途径，并且现阶段粮食企业技术效率的提升空间及潜力很大，因此要进一步优化企业要素配置，除了企业资本和劳动力的投入，更重要的是农业原材料的投入，尤其是提高资本、劳动力和原材料等要素的替代弹性等。三是加强区域内部技术合作交流，进而推动技术要素跨区域流动，减少区域之间以及区域内部的差异。

5.3 粮食规模经营户生产经营行为与耕地质量变化特征

耕地直接关乎我国的粮食安全，耕地质量直接决定未来的粮食综合生产能力。为此，习近平总书记强调，耕地是我国最为宝贵的资源，要实行最严格的耕地保护制度，像保护大熊猫一样保护耕地。[①] 在此背景下，2015 年国家"十三五"规划提出要实施"藏粮于地、藏粮于技"战略。长远看，要实现"谷物基本自给、口粮绝对安全"，务必做好耕地保护与质量提升。然而，长期以来，我国高等级耕

---

① 习近平. 像保护大熊猫一样保护耕地 [J]. 南方国土资源, 2015 (9): 6.

地流失过快，补充耕地等级偏低，耕地质量总体呈下降趋势。从全国总体水平来看，耕地整体质量偏低、中低产田比例大，障碍因素多，退化和污染严重，耕地占优补劣十分普遍等（徐明岗等，2016）。2020年，农业农村部发布《2019年全国耕地质量等级情况公报》指出：全国耕地质量等级中下等耕地面积达13.91亿亩，占全国耕地总面积的68.76%。耕地质量问题已成为威胁我国粮食安全和农业可持续发展的重要隐患，耕地保护与质量建设亟须得到政府及社会各界的广泛关注。

研究粮食规模经营户生产经营行为与耕地质量变化特征对于耕地资源的合理利用和农业可持续发展具有重大意义。粮食规模经营户作为我国粮食生产的主力军，理解其个体农地经营行为与耕地质量的内在关系，有助于了解我国耕地质量的总体状况，更好地制定宏观政策，引导更多重要主体积极投身融入藏粮于地的国家战略中。理论上，规模经营可以提高劳动生产率，但也有可能导致粗放经营（黄祖辉，2017）。由于农地使用权的不稳定性及耕地质量的外部性，部分粮食规模经营户为追求经营期间内的利润最大化，存在多施肥、广施肥、滥用农膜等掠夺性经营土地的情况，且耕地质量下降难以被发现，长此以往，耕地质量必然下降（蒋政，2015）。

历史数据表明，农地流转经营可能导致其土壤肥力下降（俞海，2002）。不稳定的土地使用权不利于耕地保护与质量提升，对耕地质量有明显的负外部效应（俞海等，2003），导致土壤的理化性质变差（王晓，2014）。尽管有部分研究从土地产权的角度阐述土地流转与耕地质量变化，但少有研究关注粮食规模经营户生产经营行为与耕地质量变化特征。此外，农业农村部开展的全国耕地质量等级调查数据虽然可以反映全国耕地质量的基本情况和变化趋势，但缺乏农户特别是规模户生产经营等方面的信息，因此无法探究影响耕地质量变化的内在原因。

本节利用全国4个典型粮食生产省2015年和2018年两轮粮食规模经营户跟踪调查测土数据和生产经营数据，总结耕地质量总体状况及变化趋势，系统比较分析考察期内不同地理位置、经营规模、经营方式和耕地保护政策的耕地质量差异。通过梳理我国粮食规模户经营的耕地质量现状、变化和特征，为有关部门有效利用土地资源、优化耕地质量管理、确保国家粮食安全和农业可持续发展提供决策参考。

5.3.1 指标选择与数据来源

1. 指标选择

耕地质量是个多层次的综合概念，是耕地的自然、环境和经济等因素的总和

（陈印军等，2011），其中耕地养分状况是耕地质量变化最基本的表征和核心研究内容（陈浮等，2002）。围绕研究目的，用土壤养分状况代表耕地质量，以土壤有机质、全氮、速效磷和速效钾作为土壤养分的分析指标（杨黎敏等，2019）。同时，比较分析不同地理位置、经营规模、经营方式和耕地保护政策的耕地质量差异，从而得出我国粮食规模户经营的耕地质量现状、变化和特征。

2. 数据来源

为长期对耕地质量问题进行系统研究，中国农业科学院农业经济与发展研究所、中国人民大学和南京农业大学等联合课题组，于2015年首次对粮食种植户的耕地进行了土壤养分含量测试。考虑到耕地质量变化较为缓慢，2018年课题组再次对这些地块进行了养分的跟踪测试，严格按照统计抽样方式获得农地测土农户层面样本追踪数据。

2015年，课题组进行了首轮农地土壤养分的采样和测试。首先，按照中国农业区划，兼顾地理区位、耕地水平、农业生产条件等因素，选择黑龙江、浙江、河南和四川4个具有代表性的省份。其中，黑龙江省位于东北地区，是我国农业大省和粮食主产区，作为全球三大黑土区之一，土壤肥沃，农业机械化率居全国首位；浙江省位于长江的下游地区，是我国农林牧渔综合性农区，农业产业化程度高；河南省位于华北平原南部，是我国粮食主产区，农业生产条件良好；四川省位于西南地区，地形地貌复杂多样，耕地资源匮乏。其次，采用分层随机抽样的方法，在保证每个乡（镇）规模经营户12户（样本中涵盖的规模经营户指家庭土地经营规模是其所在县平均土地规模3倍及以上的农户，多为当地的家庭农场、种粮大户、农民专业合作社）的前提下，每省选取4个县，每县选取2个乡（镇），每个乡（镇）随机选取2个村，并采取入户访谈的方式获得农户生产情况数据，土壤数据委托中国农业科学院土壤检测专业机构测试，最终获得4省16县（市）34乡（镇）128村397户737个地块的调查数据。2018年，再次对这些粮食种植户进行了跟踪调查，得到有效追踪313户578个地块。为了确保采样的科学性，采取了以下措施。一是采样时间可比，两次采样时间为2015年8月中旬和2018年8月中旬。二是选择同一家专业性机构进行测试。三是采样和运输过程得到了该机构的精心指导。采用五点取样法，避开路边、田埂、沟边、肥堆等特殊部位，取0~20厘米耕层土样，按四分法取样品1千克。四是测试了土壤样品的有机质、全氮、速效磷和速效钾等4个指标。五是测试方法完全相同。有机质含量采用重铬酸钾容量法测定；全氮含量采用H_2SO_4混合加速剂消煮、开氏法测定；土壤速效磷为0.5摩尔/升$NaHCO_3$浸提，比色法测定；土壤速效钾为NH_4OAc浸提，火焰光度计法测定。

本节所有数据分析均使用 STATA 软件，采用 F 检验进行方差齐性检验，采用配对 t 检验比较数据间差异是否显著。

5.3.2 粮食规模经营户耕地质量变化特征

1. 耕地质量总体状况

（1）土壤有机质含量变化。土壤有机质是一种重要的土壤养分，土壤的许多属性都直接或间接与有机质的含量和组成相关，但其积累过程缓慢。因此，土壤有机质含量是衡量耕地质量、可持续利用的关键指标。通过表 5-11 的分析可以发现，总体上 4 省土壤的有机质含量较为稳定，与 2015 年相比，2018 年的土壤有机质有极小提升，从 25.39 克/千克提高至 25.64 克/千克，半数以上样本有机质含量上升。

（2）土壤全氮变化。氮素是作物生长的三要素之首，土壤中的氮素含量与植物生长直接相关，因此土壤氮素水平是评价土壤质量的重要指标之一。作物生长所需氮素大部分来自土壤，因此土壤全氮含量标志着土壤氮素的供应能力。表 5-11 结果表明，其间土壤全氮含量总体上比较平稳。与 2015 年相比，2018 年全氮含量略有降低，由 1.54 克/千克减少至 1.51 克/千克，但统计上 3 年间全氮含量差异并不显著。

（3）土壤速效磷变化。磷是植物生长发育必需的营养元素，土壤磷素的丰缺状况是衡量土壤肥力水平高低的标志之一。通过表 5-11 的分析可以发现，其间土壤速效磷含量得到显著提升，从 2015 年的 24.50 毫克/千克提升到 2018 年的 30.64 毫克/千克，3 年间增加 25.06%。

（4）土壤速效钾变化。钾是作物生长不可缺少的营养元素，土壤速效钾是短期内能被作物利用的钾素。通过表 5-11 的分析可以发现，土壤速效钾含量从 2015 年的 139.81 毫克/千克提升到 2018 年的 179.07 毫克/千克，3 年间增加 28.08%。

表 5-11　　　　　　　　　2015~2018 年土壤养分含量

项目	土壤有机质含量（克/千克）	土壤全氮含量（克/千克）	土壤速效磷含量（毫克/千克）	土壤速效钾含量（毫克/千克）
2015 年	25.39	1.54	24.50	139.81
2018 年	25.64	1.51	30.64	179.07
均值差	0.25	-0.03	6.14***	39.26***

注：*** 表示在 1% 水平上显著。

2. 不同经营规模耕地质量变化特征

我国幅员辽阔，跨纬度广，地形地貌、地质、气候多种多样，加之各地自然条件和农业经营水平不同，造成地区间经营规模和耕地质量差异较为明显。通过分析表5-12可以发现，2015~2018年调研4省经营规模没有显著变化，但地区间存在显著差异。黑龙江经营规模最大，2018年平均经营面积为22.81公顷，最大规模达888公顷；浙江规模略高于河南；四川规模最小。经营规模可能通过影响生产过程中机械的投入和保护性耕作技术的采用影响耕地质量。已有研究表明，规模经营会促进农业机械和保护性耕作技术（如秸秆还田、深松等）的应用，对耕地质量的提高起到积极作用（Lyu et al.，2019），有利于农地肥力改善（张倩月等，2019）。

表5-12 4省农户经营规模 单位：公顷

年份	经营规模				
	黑龙江	浙江	河南	四川	总体
2015	22.66	11.08	8.68	4.91	11.30
2018	22.81	11.17	8.26	4.56	11.10

为验证经营规模对耕地的影响，比较分析不同规模土壤养分含量变化情况。由于2015~2018年样本经营规模没有显著变化，将2015年规模作为农户的经营规模，按四分位数分组，得到不同经营规模土壤养分含量变化情况。如图5-9所示，S代表农户经营规模。通过分析可以发现，适度的规模经营有利于耕地质量的提高。总体上随着经营规模扩大，土壤养分增加幅度也在增加，但是不同土壤养分变化有所差异。土壤有机质、速效磷、速效钾变化量与经营规模呈倒"U"形关系，全氮变化量与经营规模之间呈正相关关系。当经营规模较小时，土壤有机质和全氮含量减少；随着规模的扩大，土壤各项养分含量均有所增加；经营规模较大时，土壤有机质、速效磷、速效钾变化增量有所回落。

地区间不仅经营规模差异较为明显，耕地质量变化也存在显著差异。通过分析表5-13可以发现，空间分布上黑龙江省、浙江省和河南省耕地质量稳中向好，四川省土壤肥力下降趋势明显。具体而言，黑龙江省土壤类型主要为黑土和水稻土，其土壤养分含量较高，3年间该地区各项养分含量显著增加，土壤有机质、全氮、速效磷、速效钾含量分别增长5.95%、5.99%、43.80%、70.78%。浙江省土壤类型为水稻土，其土壤养分含量较高，3年间各种养分总体保持平稳。河南省土壤类型较多，采样地以潮土、褐土、黄褐土为主，耕地养分含量较低，除全氮含量外，其余养分含量均显著增加，土壤有机质、速效磷、速效钾含量分别增长8.37%、37.28%、26.14%。四川省采样地形多样，土壤类型主要为水稻土和紫色土，除速效钾没有明显变化外，其余养分含量均显著下降，土壤有机质、全氮、速效磷含量分别减少5.98%、15.28%、17.70%。

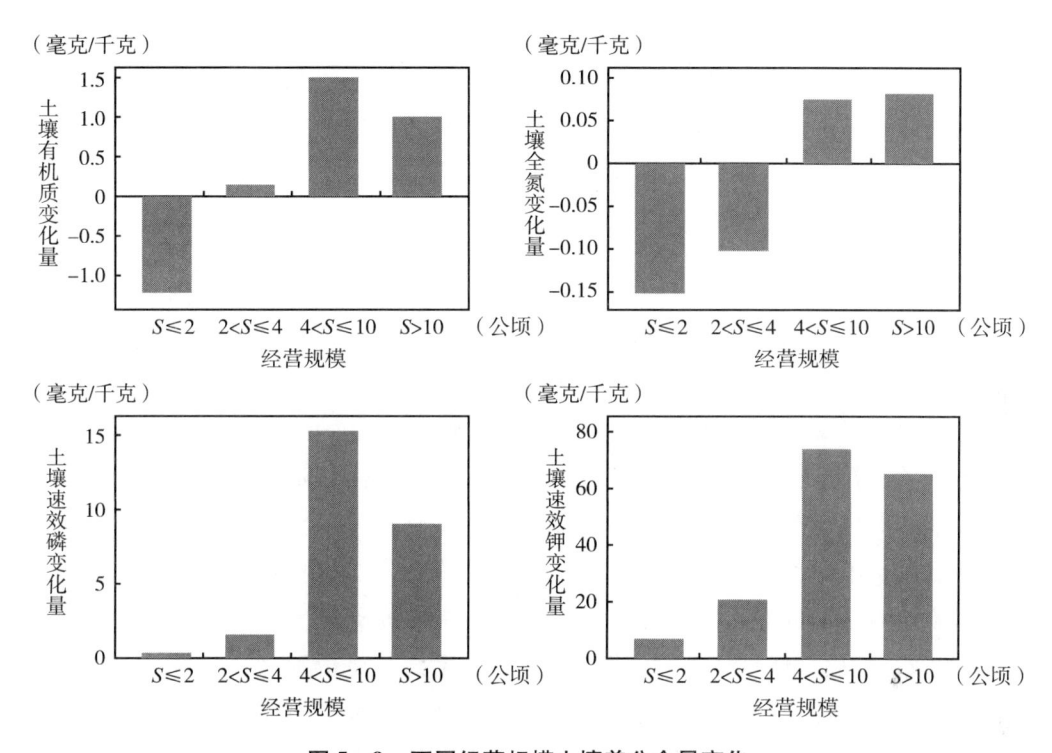

图 5-9 不同经营规模土壤养分含量变化

表 5-13　4 省土壤养分含量变化

地区	有机质含量（克/千克）			全氮含量（克/千克）			速效磷含量（毫克/千克）			速效钾含量（毫克/千克）			样本量
	2015年	2018年	均值差	2015年	2018年	均值差	2015年	2018年	均值差	2015年	2018年	均值差	
黑龙江	29.94	31.72	1.78 **	1.67	1.77	0.10 **	38.59	55.49	16.90 ***	143.43	244.95	101.52 ***	131
浙江	31.07	30.67	-0.40	1.89	1.93	0.04	25.75	29.66	3.91 *	120.46	137.07	16.61 *	137
河南	18.40	19.94	1.54 ***	1.19	1.19	0.00	24.09	33.07	8.98 ***	190.70	240.55	49.85 **	135
四川	22.92	21.55	-1.37 ***	1.44	1.22	-0.22 ***	13.28	10.93	-2.35 *	112.99	115.20	2.21	175

注：***、**、* 分别表示在 1%、5%、10% 水平上显著。

样本省份之间的差异也进一步证明了上述趋势。从 4 省规模来看，黑龙江整体经营规模较大，耕地质量显著提升；四川经营规模最小，耕地质量出现下降的趋势。

5.3.3 生产经营行为与耕地质量变化特征

耕地质量的演变是自然再生产和人类再生产共同作用的结果。然而，由于自然过程的变化极其缓慢而稳定，短期内，土壤养分的积累或丧失主要是由于农业活动。农户是耕地最直接的使用者和耕地质量提升的主要受益者，其土地利用行为会对耕地质量产生关键影响。耕地质量能否得到有效保护和提升，主要取决于农户的生产经营方式。耕地质量的变化可以用下式表示：

$$Q_{t+1} = Q_t + I_{t+1} - Y_{t+1} \quad (5.12)$$

其中，Q 为土壤养分，I 为耕地保护型投资，Y 代表作物消耗，t 代表时间段。因此，想要研究农户经营是否会导致耕地质量退化，可以从农户经营方式的可能影响进行分析。

改善耕地质量和培育土壤肥力并非易事，耕地质量的培育管理能否真正落实到田地，关键在于经营户能否自发地对土壤采取保护性投资、可持续利用好土地资源，能否对耕地质量建设与保护形成有效的经营投入机制。研究表明，如果经营户化肥施用不合理、有机肥投入不足、农药施用不当、种植制度不科学，就可能导致土壤养分含量下降、土壤板结酸化、土壤有机质含量下降等问题（吴晓晨等，2008）；相反，如果经营投资得当，耕地资源退化将得到有效抑制。

为研究经营行为对耕地质量的影响，本节以农户生产中化肥施用量和机械投入代表经营投入，以有机肥施用率和秸秆还田率代表耕地保护性行为，分析经营行为差异对耕地质量的影响。由于不同种植作物的生产经营存在显著差异，按照作物种类分别统计农户生产中化肥施用量、机械投入、有机肥施用率和秸秆还田率（见表5-14）。

表5-14　　　　　　　　　　生产经营投入

作物	项目	化肥施用量（千克/公顷）	机械投入（元/公顷）	有机肥施用率（%）	秸秆还田率（%）
水稻	2015年	859.890	2 049.390	36.713	67.483
	2018年	853.740	3 814.920	19.580	71.329
	均值差	-0.819	1765.515***	-24.397***	0.038
玉米	2015年	1 022.505	874.575	29.795	59.589
	2018年	838.612 5	952.485	23.288	64.726
	均值差	-183.892***	77.910	-6.507**	5.137*

续表

作物	项目	化肥施用量（千克/公顷）	机械投入（元/公顷）	有机肥施用率（%）	秸秆还田率（%）
合计	2015 年	941.760	1 456.890	33.218	63.495
	2018 年	846.097 5	2 366.385	21.453	67.993
	均值差	-95.663 ***	909.495 ***	-11.765 ***	4.498 *

注：***、**、* 分别表示在 1%、5%、10% 水平上显著。

总体上，样本地区化肥施用量显著减少，机械投入显著提高，有机肥施用率显著降低，秸秆还田率显著提高。但不同作物间经营行为有显著差异。样本中种植水稻和玉米地块数分别为 286 块和 292 块。种植水稻地块，机械投入平均增加 1 765.515 元/公顷，而有机肥施用率降低 24.397%，其他两项没有显著变化；种植玉米地块，化肥施用量显著减少，秸秆还田率增加 5.137%，有机肥施用率减少 6.507%，机械投入没有显著变化。

对比两种作物的养分变化情况（见图 5-10），可以发现种植两种作物土壤养分呈现不同变化趋势。种植水稻土壤的养分含量存在下降趋势，而种植玉米土壤各项养分均有所增加。结合生产经营投入情况，种植水稻的土壤出现退化的原因可能与有机肥施用减少有关；而种植玉米的土壤虽然有机肥施用率和化肥施用量也有所减少，

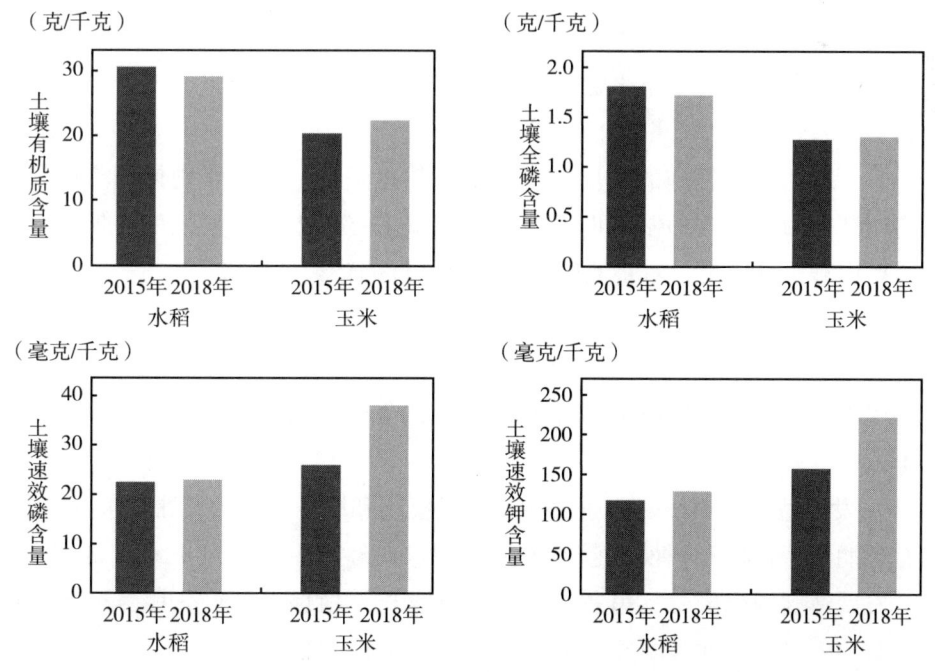

图 5-10 水稻玉米土壤养分变化

但同时秸秆还田技术采用率的提高可以对耕地质量退化有抑制作用,导致土壤养分不降反增。这说明了有机肥的施用和秸秆还田技术的采用等保护性耕作行为会抑制耕地退化,有效提高耕地肥力,也印证了长期施用有机肥或者秸秆还田可以提升土壤肥力,对于耕地质量会产生良性持续性效应(Han et al.,2004)。

5.3.4 结论与建议

1. 结论

为了分析粮食规模户经营的耕地质量现状、变化和特征,本节基于全国4个典型粮食生产省2015年和2018年2轮粮食规模经营户跟踪调查测土数据和生产经营数据,得到以下结论。

(1) 耕地质量总体稳中向好,区域间变化趋势差异明显。土壤有机质、全氮含量保持平稳,土壤速效磷、速效钾平均含量显著增加。但是,从空间分布上,土壤养分含量的变化趋势存在明显差异。黑龙江省、浙江省和河南省耕地质量稳中向好,四川省土壤肥力下降趋势明显。

(2) 适度规模经营有利于耕地质量的提高。粮食规模经营户不会采取掠夺性经营,相反,适当规模经营有利于耕地质量的提高。证据表明,随着经营规模扩大,土壤养分增加幅度也在增加,但是不同土壤养分变化有所差异。土壤有机质、速效磷和速效钾变化量与经营规模呈倒"U"形关系,全氮变化量与经营规模之间呈正相关关系。

(3) 保护性耕作措施的采用有利于抑制耕地退化。在有机肥使用率降低的同时提高秸秆还田率可以抑制耕地退化。长期施用有机肥和秸秆还田等保护性耕作行为可以提升土壤肥力,对耕地质量会产生良性的持续性效应。

2. 建议

展望未来,为保证耕地资源合理利用和农业可持续发展,可以从以下三个方面着手。

(1) 发展适度规模经营,通过土地的规模化和服务的规模化来实现。一方面,鼓励有长期经营目标和规模经营能力的新型农业经营主体通过土地流转扩大土地规模,发展适度规模经营;另一方面,引导农机、植保等社会化服务合作组织发展,为农户提供土地托管服务,实现科学统一耕作、规模化生产。

(2) 聚焦短板,因地制宜。突出粮食主产区和主要农作物优势产区的耕地资源优势，同时关注非粮食主产区耕地质量。根据不同区域耕地质量现状，分析主要障碍因素，因地制宜、综合施策，确保耕地质量保护与提升行动取得实效。

（3）推广保护性耕作措施，加强耕地质量建设。激励采取有机肥、秸秆还田等耕地保护性措施，是落实好耕地保护与质量提升的关键。政府应扩大耕地质量建设资金来源，增大资金规模；加大专项补贴力度，激励农民积极进行耕地保护性投资，加强耕地质量建设。

5.4 中国农业食物系统能源碳排放趋势分析

人类活动的气候变化已经严重影响到社会和自然生态系统的稳定与发展，化石能源燃烧排放的温室气体是造成全球温度升高的主要原因（IPCC，2021）。FAO数据显示，2017年中国的温室气体排放量为134亿吨二氧化碳当量（本节碳排放量均指二氧化碳排放当量），占当年全球总量的26.4%，其中能源活动排放达到106亿吨，占全国总排放的78.9%，占世界能源活动排放的28.7%。2020年9月22日，国家主席习近平在第七十五届联合国大会一般性辩论上发表重要讲话，指出中国将提高国家自主贡献力度，采取更加有力的政策和措施，二氧化碳排放力争于2030年前达到峰值，努力争取2060年前实现碳中和。能源减排是重中之重，需要所有行业的共同努力。在此过程中，厘清各个行业的能源活动碳排放量尤为必要。

近些年，由于农业及其产业链不断延长，国际上通常采用农业食物系统的概念，涵盖农林牧渔业，农产品加工业，与农业和农产品加工业的相关中间投入品生产、相关的运输仓储业，批发零售业和住宿、餐饮等行业（Campanhola and Pandey，2019；FAO，2018）。中国的农业食物系统也发生了深刻变革，农业生产向机械化、化学化和电气化发展，在提高农业生产效率的同时，使得农业消耗的能源也在增加（金书秦等，2021）。农业消耗能源总量从2000年的4 233万吨标准煤增加到2018年的8 781万吨标准煤，增长近一倍。FAO数据显示，中国农业生产活动中使用农用机械和渔用机械产生的碳排放从2000年的9 849万吨增长到2018年的1.24亿吨，增长了25.9%。除此之外，随着土地集约化和三产融合速度加快，以及农业产业链的延长，农业食物系统的能源消耗不断增加（孙世芳，2021），并带来碳排放的增加。

从全球范围来看，农业食物系统的碳排放占全部活动碳排放的1/3（Crippa

et al., 2021), 其中能源活动碳排放不容忽视。普尔和内梅切克 (Poore and Nemecek, 2018)、罗森茨维格等 (Rosenzweig et al., 2020) 利用荟萃分析研究了全球农业食物系统的碳排放, 发现全球食物产业链会产生108亿～191亿吨碳排放, 占总碳排放的21%～37%, 其中, 产前的化肥农药等投入品生产和产后农产品加工等环节消耗的能源合计产生26亿～52亿吨碳排放。目前关于中国农业食物系统能源活动碳排放的研究较少。在统计方面, 目前历次《气候变化国家信息通报》中将农业、服务业和居民生活的能源活动归入能源活动下属的其他行业。目前一些学者开展了农业食物系统能源消耗的研究, 如曹等 (Cao et al., 2010) 分析了1978～2004年中国农业内部种植业和畜牧业两部门活动的直接和间接的能源消耗; 宋等 (Song et al., 2019) 分析了2002～2012年农业食物系统的能源消耗以及内部各部门的能源消耗情况, 研究发现农业食物系统消耗的能源数量增加, 但没有研究其能源碳排放。总体来看, 目前的研究很难全面了解农业食物系统的能源活动带来的碳排放量。

本节基于投入产出法, 利用中国历年投入产出表与分行业能源消耗量数据, 研究农业食物系统转型中能源碳排放的变化趋势, 及其内部各行业的分布特征。能源碳排放主要产生二氧化碳和甲烷等温室气体, 本节的碳排放指二氧化碳排放当量。本节的贡献如下: 一是通过分析1997～2018年农业食物系统能源活动的碳排放量, 准确把握其演变规律; 二是充分考虑农业的产前与产后环节, 不仅核算了农业食物系统内部生产过程中直接消耗能源所产生的碳排放, 而且将投入品生产过程的间接能源消耗所产生的碳排放纳入核算范围 (Leontief, 1970), 核算更加全面; 三是基于农业食物系统中各部门能源活动碳排放特征, 为制定减排措施和实现绿色低碳转型提供决策依据。

5.4.1 方法与数据

1. 研究方法

本节采用投入产出法核算农业食物系统能源活动的碳排放。列昂惕夫 (Leontief, 1970) 将投入产出表的经济分析框架应用到环境分析中。近年来, 投入产出法被广泛用来核算温室气体排放 (Cao et al., 2010; Song et al., 2019; Su et al., 2017; Zhu et al., 2018; Li et al., 2018; 杜丽娟等, 2021), 其优点是通过测算投入产出经济系数, 定量分析行业间的完全经济联系, 更全面地反映各个行业间的经济联系（冯居易和魏修建，2021）。在投入产出表的基础上，结合不同行业的能源消耗量数据，不仅可以测算各行业的直接碳排放量，还可以通过产业链回溯，计算各行业的间接碳排放量。本节采用投入产出法研究 1997~2018 年农业食物系统能源活动的碳排放变化趋势及其在不同部门的分布特征。

投入产出法可以表示为：

$$X = A \times X + Y \tag{5.13}$$

其中，X 代表部门总产出的列向量，A 为直接消耗系数矩阵，表示某一产品部门在单位总产出下直接消耗各产品部门的产品或服务总额，Y 为国内最终需求量的列向量，国内最终需求量可以表示为居民消费、政府消费、固定资本形成总额、存货变动额和净出口的总和。为此，式（5.13）可转化为：

$$X = (I - A)^{-1} \times (Y_{PC} + Y_{GC} + Y_{SI} + Y_{STK} + Y_{NET}) \tag{5.14}$$

其中，$(I - A)^{-1}$ 是列昂惕夫逆矩阵，也称为完全消耗系数矩阵，表示某一部门每提供 1 个单位的最终产品，需要直接和间接消耗（即完全消耗）各部门的产品或服务总额；Y_{PC}、Y_{GC}、Y_{SI}、Y_{STK} 和 Y_{NET} 分别表示居民消费、政府消费、固定资本形成总额、存货变动额和净出口的列向量。最终碳排放可以表示为：

$$C = F \times X = F \times (I - A)^{-1} \times (Y_{PC} + Y_{GC} + Y_{SI} + Y_{STK} + Y_{NET}) \tag{5.15}$$

其中，C 为部门的碳排放量，不仅包括各行业直接消耗能源的碳排放量，而且包括中间投入品生产过程中消耗的能源所产生的碳排放量；F 为各行业能源排放强度，即每单位产出消耗的能源排放的二氧化碳当量，可表示为：

$$F = U \times EF / Q \tag{5.16}$$

其中，U 表示各行业消耗的各种能源数量；EF 表示各种能源的碳排放系数，如使用 1 吨煤排放的二氧化碳当量数，本节共收集了原油、燃料油、汽油、煤油、原煤、焦炭、柴油、天然气和电力共 9 种能源的碳排放系数；$U \times EF$ 表示各行业为生产最终产品消耗能源所排放的二氧化碳当量；Q 表示各行业的总产出。

2. 数据来源

本节主要用到 3 类数据，分别是投入产出表、分行业能源消耗量和不同能源的碳排放系数，用来核算各行业能源活动的碳排放量，尤其是核算农业食物系统能源活动的碳排放量。利用国家统计局公开发布的 1997 年、2002 年、2007 年、2012 年、2017 年和 2018 年共计 6 个年份的投入产出表来核算 1997~2018 年中国农业食物系统能源活动的碳排放量。投入产出表中行业数量从 1997 年的 124 个部门不断扩展到2018年的149个部门，更加细致地刻画了不同经济部门间的经济数量依存关系。分行业能源消耗量数据主要来源于1998～2019年《中国能源统计年鉴》及《中国统计年鉴》，在《中国能源统计年鉴》中，统计了46个行业历年对原油、燃料油、汽油、煤油、煤、焦炭、柴油、天然气和电力等能源的消耗量。能源的碳排放系数主要来源于刘宇等（2015）的研究。由于完全消耗系数矩阵通过产业链回溯，将二次能源的消耗回溯到相应的一次能源，为避免重复计算，本节仅考虑煤、原油和天然气等一次能源的碳排放，消耗1万吨煤排放1.98万吨二氧化碳当量，消耗1万吨原油排放3.07万吨二氧化碳当量，消耗1亿立方米天然气排放21.8万吨二氧化碳当量（刘宇等，2015）。

为使投入产出表与《中国能源统计年鉴》中行业数量和内容一致，将行业合并为41个，如将2018年投入产出表中农业、林业、畜牧业、渔业和农林牧渔服务业5个部门合并为农业。农业食物系统包含农业、食品加工业（农副食品加工业，食品制造业，酒、饮料和精制茶制造业，烟草制品业）及与农业相关的运输仓储（交通运输、仓储和邮政业）、批发零售业和餐饮等行业。

5.4.2 结果与分析

1. 中国农业食物系统转型的能源消耗特征分析

改革开放以来，中国经济社会发生了巨大变化，经济水平不断提高，居民收入增长显著。为满足人民日益增长的食物消费需求，中国农产品综合生产能力大幅度提升，粮食产量连续17年攀升，从2000年的4.6亿吨增长到2020年的6.7亿吨，增长了45.7%，肉、蛋、奶供给量大幅增加。这些成就得益于改革开放以来，尤其是2000年以来，农业现代化程度显著提高（Yang et al., 2013），具体表现在农业机械化水平的提升和化肥、农药等投入品的大量使用。截至2020年，全国农作物耕种收机械化率达到71%，农业机械总动力从2000年的5.25亿千瓦增加到2020年的10.56亿千瓦，增长近一倍；农用柴油消耗从2000年的1 405万吨增加到2019年的1 934万吨，增长37.7%；化肥施用折纯量和生产量也大幅上升，2000～2020年化肥施用折纯量和农用氮磷钾化肥产量分别从4 146万吨和3 186万吨上升到5 251万吨和5 496万吨，分别增长26.7%和72.5%（见图5-11）。

农业生产力的提高使人民群众实现了从"吃饱"到"吃好"的跨越，对方便快捷的加工食品的需求也明显增加。农业下游产业迅速发展，通过农产品加工、冷库存储、异地运输等方式，实现跨地区跨季节的农产品与食物供给。具体来看，农产品加工规模不断扩大,产值从 2002 年的 1.4 万亿元增长到 2018 年的 11.6 万亿元,增长了 7.3 倍;农产品用于加工的比重从 29.8% 增长到 50.6%。农产品运输量逐年上升,农产品物流总额从 2010 年的 2.2 万亿元增长到 2018 年的 3.9 万亿元,增长 77.3%;2018 年农产品电商零售额达 2 305 亿元,同比增长 33.8%。居民收入增长,在外就餐比例上升,2010 年,在外食物消费支出比重达 21.2%(郑志浩等,2016),餐饮行业迅猛发展,营业额从 2000 年的 442.6 亿元增长到 2018 年的 5 622.9 亿元,增长了 11.7 倍。农业及上下游产业的发展,推动了国民经济的增长,创造了更多的就业岗位。有研究发现,2017 年农业食物系统的增加值和就业比例分别为 16.2% 和 33.1%,远超过以传统第一产业测算的 7.9% 和 27.0%,但与此同时,其能源消耗也在增加(Zhang and Diao,2020)。

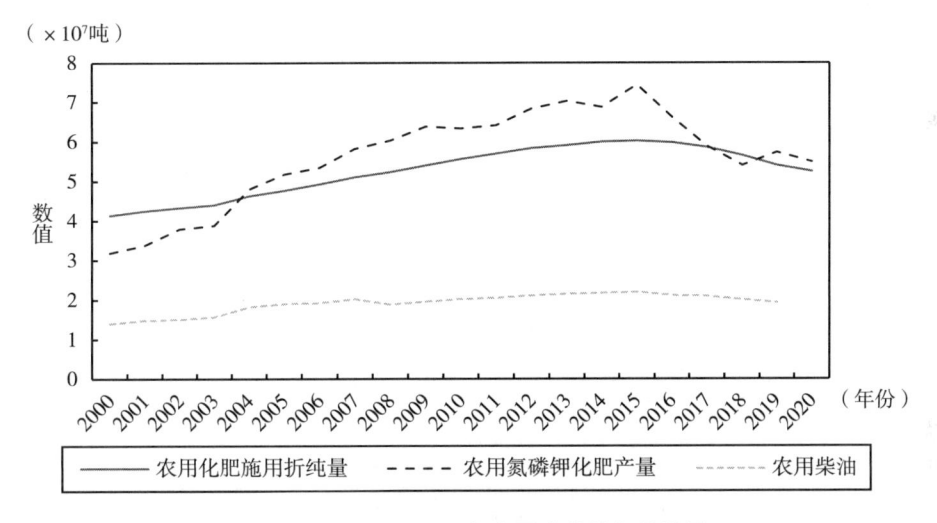

图 5-11　2000~2020 年中国农业投入品数量

资料来源:历年《中国统计年鉴》。

1978 年以来,经济发展使能源消耗量逐年上升,中国能源消耗总量从 2000 年的 14.7 亿吨标准煤增加到 2018 年的 47.2 亿吨标准煤,增长 2.2 倍,年均增长 6.7%。国家统计局数据显示,农业食物系统中各部门消耗的能源显著增加,以农业和食品加工业为例,农业消耗能源从 4 233 万吨标准煤增长到 8 781 万吨标准煤,增长 1 倍,年均增长 4.1%;食品加工业消耗能源从 3 918 万吨标准煤增长到 7 510 万吨标准煤,增长 91.7%,年均增长 3.7%。从能源消耗的使用结构来看(见表 5-15),农业主要以柴油、煤和电力为主,且煤比重有所降低,电力比重上升,2018 年柴油、煤和电力消耗分别占 36.7%、29.0% 和 26.2%;食品加工业的消耗能源以电力和天然气为主,2018 年,电力消耗占比为 72.1%,天然气占比为 16.9%。

表 5-15　　1997~2018 年农业和食品加工业消耗的能源及结构

能源	农业						食品加工业					
	1997年	2002年	2007年	2012年	2017年	2018年	1997年	2002年	2007年	2012年	2017年	2018年
	消耗量 [×10⁴吨（标准煤）]											
原油	0	0	0	0	0	0	2	2	1	0	0	0
燃料油	4	1	1	3	2	1	45	39	54	21	10	7
汽油	285	149	254	284	338	358	108	139	48	75	46	28
煤油	2	2	1	2	2	7	2	1	2	0	0	0
煤	1 508	669	1 085	1 619	2024	1 688	23	20	27	10	5	4
焦炭	141	72	56	56	37	100	30	32	16	14	137	134
柴油	1 583	1 193	1 776	1 946	2 254	2 139	86	111	147	132	86	64
天然气	0	0	0	0	0	0	423	419	364	445	382	364
电力	804	745	1 080	1 244	1 444	1 528	367	524	1 065	1 404	1 460	1 552
能源	占比（%）						占比（%）					
原油	0.0	0.0	0.0	0.0	0.0	0.0	0.2	0.1	0.1	0.0	0.0	0.0
燃料油	0.1	0.0	0.0	0.1	0.0	0.0	4.2	3.1	3.1	1.0	0.5	0.3
汽油	6.6	5.3	6.0	5.5	5.5	6.1	9.9	10.8	2.8	3.6	2.1	1.3
煤油	0.0	0.1	0.0	0.0	0.0	0.0	0.1	0.0	0.1	0.0	0.0	0.0
煤	34.9	23.6	25.5	31.4	33.2	29.0	2.1	1.5	1.6	0.5	0.2	0.2
焦炭	3.2	2.5	1.3	1.1	0.6	1.7	2.8	2.5	0.9	0.6	6.4	6.2
柴油	36.6	42.2	41.7	37.8	36.9	36.8	8.0	8.6	8.5	6.3	4.1	3.0
天然气	0.0	0.0	0.0	0.0	0.0	0.0	38.9	32.6	21.1	21.1	18.0	16.9
电力	18.6	26.3	25.5	24.1	23.8	26.3	33.8	40.7	61.8	66.8	68.7	72.1

资料来源：历年《中国能源统计年鉴》。

近年来，能源利用效率不断提高（见表 5-16）。以 2005 年可比价计算，中国全部行业平均每万元 GDP 能源消耗量从 2002 年的 1.20 吨标准煤下降到 2018 年的 0.83 吨标准煤，累计下降 30.1%。分部门来看，农业的能源利用效率从 2007 年的峰值 0.32 吨（标准煤）·万元$^{-1}$（GDP）下降到 2018 年的 0.24 吨（标准煤）·万元$^{-1}$（GDP），累计下降 25.0%；食品加工业的能源利用效率从 2007 年的峰值 0.56 吨（标准煤）·万元$^{-1}$（GDP）下降到 2018 年的 0.36 吨（标准煤）·万元$^{-1}$（GDP），累计下降 35.7%，其中 2017 年下降幅度较大，从 2012 年的 0.45 吨（标准煤）·万元$^{-1}$（GDP）下降到 0.33 吨（标准煤）·万元$^{-1}$（GDP），下降 26.7%。

表 5-16　　　　　　　2002~2018 年农业食物系统各部门能源利用效率

单位：吨（标准煤）·$(10^4 元)^{-1}$（GDP）

部门	2002 年	2007 年	2012 年	2017 年	2018 年
全部行业	1.20	1.30	1.07	0.86	0.83
农业	0.22	0.32	0.26	0.25	0.24
食品加工业	—	0.56	0.45	0.33	0.36
交通运输仓储	1.35	1.8	0.93	2.2	2.24
批发零售业和住宿餐饮业	1.91	0.33	0.54	0.32	0.31

资料来源：根据《中国能源统计年鉴》中分行业能源消耗量与《中国统计年鉴》中 GDP 数据整理得到，GDP 为 2005 年可比价。

2. 中国能源活动碳排放量

投入产出法利用完全消耗系数，不仅能测算各行业的直接碳排放量，还能通过产业链计算各行业的间接碳排放量［10，16］，因此，利用投入产出法计算得到的碳排放量会大于直接法的计算结果。以农业的能源消耗的碳排放为例（见图 5-12），2018 年，投入产出法计算得到的碳排放为 1.7 亿吨，而直接法计算得到的仅为 1.0 亿吨，前者是后者的 1.7 倍，多出的部分是因为农业投入品，如化肥等生产过程中使用能源产生的碳排放。

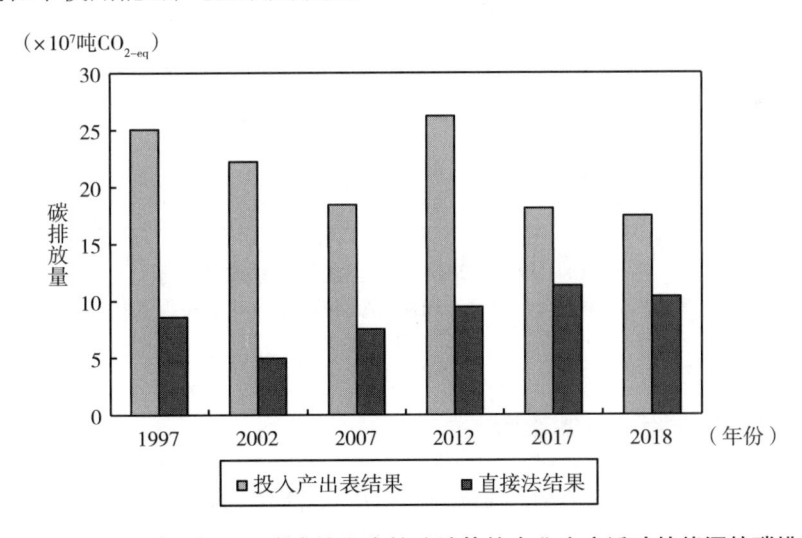

图 5-12　1997~2018 年投入产出法和直接法计算的农业生产活动的能源的碳排放量

中国能源活动带来碳排放总量显著增加。中国经济增长与能源消费高度依赖（吴巧生等，2008）。2000~2018 年，中国国内生产总值从 10 万亿元增长到 92 万亿元，按可比价计算，年均增长 9.2%。同期能源消耗量大幅上升，从 14.7 亿吨标准煤上升到 47.2 亿吨标准煤，增长 2.2 倍，年均增长 5.7%。投入产出法的测

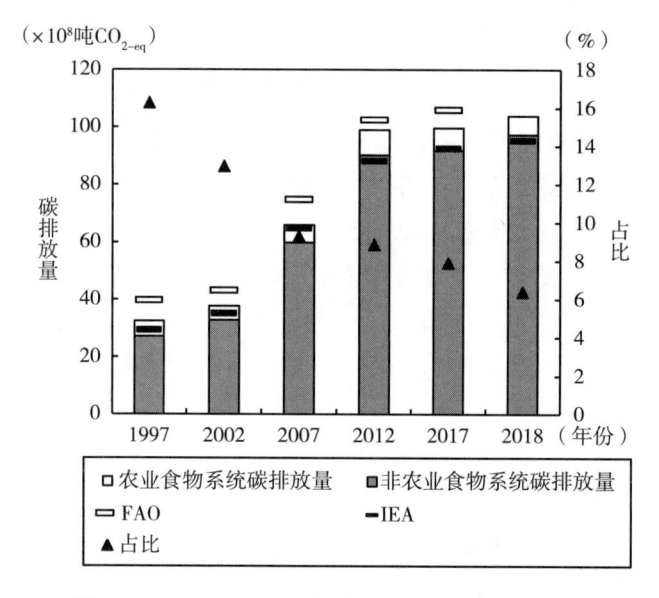

算结果显示(见图5-13),1997~2018年,中国能源活动碳排放总量从32.4亿吨上升到104.0亿吨,主要来自非农业食物系统部门,如建筑业、交通运输业等行业。近年来,能源活动碳排放增幅明显放缓,得益于能源效率的提高和能源结构的调整,能源碳排放强度下降。值得注意的是,由于不同研究在计算能源活动碳排放时,采用的计算方法和能源碳排放系数以及其他因素可能存在差异,计算结果有所差异。本节计算得到的能源活动碳排放量介于国际两大权威机构国际能源署(IEA)和联合国粮农组织(FAO)测算结果之间,如2017年,利用投入产出法计算的结果为99.6亿吨,介于IEA数据92.5亿吨与FAO数据106.1亿吨之间,结果较为可信。

图 5-13 1997~2018 年中国能源活动碳排放量

注:FAO 代表联合国粮农组织数据,IEA 代表国际能源署数据;占比指农业食物系统能源活动碳排放量占能源活动碳排放总量的比重。

3. 中国农业食物系统碳排放

中国农业食物系统能源活动的碳排放在整个能源活动碳排放中所占比重逐年降低。农业食物系统能源活动的碳排放量从1997年的5.3亿吨上升到2018年的6.7亿吨,增长26.4%,年均增长1.1%;而非农业食物系统能源活动的碳排放量在此期间从27.1亿吨上升到2018年的97.3亿吨,增长2.6倍,年均增长6.3%,后者的增速远高于前者。农业食物系统能源活动的碳排放量在整个中国能源活动碳排放总量中所占的比重逐年下降,从1997年的16.3%下降到2018年的6.4%。

以 2018 年为例,农业食物系统中农业活动的能源消耗产生碳排放 1.7 亿吨,食品加工业的碳排放 4.2 亿吨,餐饮业排放 2 712.5 万吨,与农业相关的批发零售和运输仓储业分别排放 2 570.4 万吨和 2 075.2 万吨。其中,食品加工业是农业食物系统能源活动碳排放的主要来源,占农业食物系统能源活动碳排放量的 62.73%,占中国全部能源活动碳排放量的 4.01%;农业生产活动是农业食物系统能源活动碳排放的第二来源,占农业食物系统能源排放的 26.21%,在中国能源活动碳排放中占 1.67%;餐饮、与农业相关的批发零售和运输仓储业分别占农业食物系统能源碳排放的 4.07%、3.86% 和 3.12%,分别占中国能源活动碳排放量的 0.26%、0.24% 和 0.20%。

1997~2018 年,农业食物系统能源活动碳排放量呈先上升后下降趋势,2012 年达到峰值 8.8 亿吨,之后由于能源利用效率的提高而逐渐降低(见图 5-14)。农业食物系统中各部门的能源活动碳排放增长速度差异较大,与农业相关的批发零售业的碳排放增长最快,餐饮业次之,而农业能源活动的碳排放呈减少趋势。具体来看,批发零售业的商品销售额从 1997 年的 5.5 万亿元增长到 2018 年的 69.0 万亿元,增长 11.5 倍,批发零售业的发展增加了能源消费,导致与农业相关的批发零售的能源活动碳排放量从 1997 年的 343.5 万吨增长到 2018 年的 2 570.4 万吨,增长 6.5 倍,年均增长 10.1%。餐饮业营业额从 2000 年的 528.5 亿元增长到 2018 年的 5 622.9 亿元,增长 9.6 倍,餐饮业的能源活动碳排放量也随之呈快速增长趋势,从 1997 年的 472.3 万吨增长到 2018 年的 2 712.5 万吨,增长 4.7 倍,年均增长 8.7%。1997~2018 年,中国货物运输量从 127.8 亿吨增长到 515.0 亿吨,增长了 3.0 倍,货物运输平均运距从 300.2 千米增加到 397.2 千米,使得同期与农业相关的运输仓储的能源活动碳排放量从 701.1 万吨增长到 2 075.2 万吨,增长 2.0

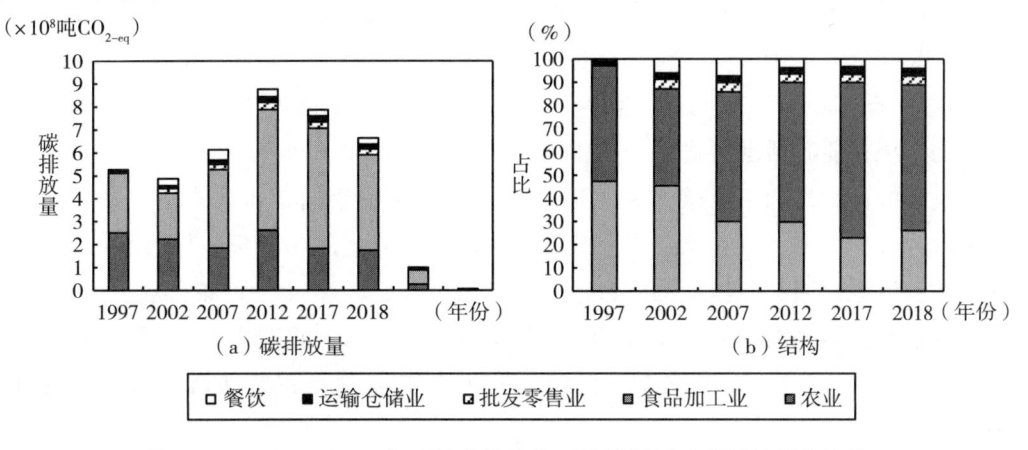

图 5-14 1997~2018 年中国农业食物系统能源活动碳排放量和结构

倍，年均增长5.3%。同期，食品加工业的能源碳排放从2.6亿吨增长到4.2亿吨，增长61.5%，年均增长2.3%。与此相反，由于农业活动的能源消耗结构优化，碳排放量呈下降趋势，从1997年的2.5亿吨下降到2018年的1.7亿吨，累计下降32.0%，年均下降1.8%。

农业食物系统中各部门的能源活动碳排放结构发生了较大变化。农业活动能源的碳排放比重在逐年缩小，从47.5%下降到26.2%，下降了21.3个百分点；食品加工业的占比大幅提升，从49.6%提高到62.7%，提高了13.1个百分点，成为农业食物系统能源活动碳排放的最重要来源；与农业相关的批发零售、运输仓储以及餐饮业的比重也随着经济发展水平的提高逐年增长，分别从0.7%、1.3%和0.9%提高到3.9%、3.1%和4.1%，这3个行业能源活动碳排放的总比重从2.9%提升到11.1%，提高了8.2个百分点。

5.4.3 结论与政策建议

改革开放以来，中国农业产业发展迅速，农业产业链不断延长，由此带来的能源消耗及产生的碳排放也不断增加。本节利用投入产出法测算了1997～2018年我国农业食物系统能源活动的碳排放，厘清了农业食物系统能源活动碳排放对中国全部能源活动碳排放的贡献及其结构分布特征。研究发现：一是随着中国经济发展，能源消耗总量从2000年的14.7亿吨标准煤增加到2018年的47.2亿吨标准煤，增长了2.2倍。在此期间，农业产业链延长，农业食物系统的能源消耗不断增加，农业和食品加工业消耗能源分别从2000年的4 233万吨和3 918万吨标准煤增长到2018年的8 781万吨和7 510万吨标准煤，均增长近1倍。二是2018年农业直接使用能源的碳排放量仅1.0亿吨，但整个农业食物系统能源活动的碳排放为6.7亿吨。1997～2018年，随着农业食物系统转型发展，农业食物系统能源活动碳排放量增长了26.4%，但其增速远低于非农业食物系统能源碳排放增速，使得农业食物系统在能源活动碳排放中所占比重逐年下降，2018年为6.4%。三是在农业食物系统中，食品加工业碳排放大幅增加，成为最主要的碳排放来源，2018年其碳排放为4.2亿吨，占农业食物系统能源活动碳排放量的62.7%；与农业相关的批发零售、运输仓储和餐饮业的碳排放也在持续增长，2018年合计碳排放为7 358万吨，占农业食物系统能源活动碳排放量的11.1%；农业活动由于能源效率提高，碳排放量降低，2018年排放1.7亿吨，但仍占农业食物系统能源活动碳排放的26.2%。

农业食物系统能源活动的减排不容忽视，应从产业链各环节着手，促进农业食物系统的绿色转型发展。分行业来看，虽然农业能源活动碳排放量降低，但仍有减排空间。一是农业机械要更加重视绿色环保，在农业机械化水平不断提升的同时，要促进农业机械向新能源转型，减少农用柴油使用，加大对节能环保型农业机械的补贴、研发和推广；二是减少化肥、农药等中间投入品在生产过程中的碳排放，促进农业生产的绿色转型，在保障粮食安全的前提下，加强农业生产领域低碳绿色技术的研发推广应用，如绿色肥料和农药的研发。食品加工业已成为农业食物系统能源活动碳排放量的最主要来源，在食品加工业规模不断扩大的形势下，应进一步提高能源利用效率，积极调整能源使用结构，加大清洁能源使用力度；食品加工要向绿色化转型，建立低碳、低耗、循环、高效的绿色加工体系，减少中间投入品的消耗，提倡就地加工，减少产地和加工地之间的运输距离，减少无效能源消耗与碳排放。与农业相关的批发零售、运输仓储和餐饮业的碳排放量在农业食物系统能源活动碳排放中占比持续增加，应当引起重视。与农业相关的运输仓储应通过优化农产品运输路线、提高新能源交通比重、优化仓储库存量等措施降低食物流通环节的能源消耗；餐饮业可通过提高清洁能源使用比例，最大化降低能源消耗。

5.5 多个年份全球二氧化碳排放对贸易限制敏感性研究

5.5.1 引言

贸易是指一个地区生产的商品在其他地区被消费，这对全球温室气体和空气污染有重大影响。最近一些实证研究结果表明，存在大量与贸易相关的二氧化碳、污染和过早死亡问题。此外，伴随着贸易环境变得更加自由或是更受限制，全球和各地区的二氧化碳排放及健康状况也相应受到显著影响。基于2014年贸易和排放结构的研究发现，如果每个国家和每个行业的排放强度（单位货币产出的排放量）保持不变，那么由于贸易限制，全球二氧化碳排放量将减少。近年来，随着复杂全球价值链的出现，贸易模式发生了变化，发达地区和发展中地区之间的排放转移大量增加。

同时，各地区的技术、政策、投资，甚至减排目标，都在不断变化。这使得每个国家的排放强度也发生了各种变化，贸易与排放在时间维度上的关系进一步复杂化。因此，考虑到贸易模式和排放强度的变化，贸易限制对排放的影响随着时间的推移将会有所变化还是始终如一，这个问题十分重要。为了回答这个问题，我们利用标准的全球贸易分析模型（GTAP）和最新数据库模拟了自由贸易情景和贸易限制情景，探讨这两个场景下的经济变化。为了进一步区分贸易模式和排放强度的相对作用，我们在贸易模式不变或排放强度不变的情况下分别构建了一系列情景，同时考虑贸易限制的影响。本节中，独创性地跨多个年份进行了上述模拟，包括2004年、2007年、2011年和2014年。

5.5.2 材料与方法

从GTAP第10版数据库中获取每个基准年的经济、贸易、二氧化碳排放等数据。所有经济价值量都以2014年美元不变价值表示。同时将贸易限制的影响看作"全球自由贸易"（global free trade，GFT）情景和"全球贸易壁垒"（global trade barrier，GTB）情景之间的差距，这一差距以我们此前的研究为基础。与实际情景相比，GFT情景代表全世界每种商品、每个地区零关税的情况，而GTB情景下，每个地区对所有其他地区进口的所有产品额外加征25%的关税。加征值（25%）来源于中美贸易摩擦下两国的经济制裁政策。贸易限制对全球经济的影响采用标准GTAP模型进行模拟，该模型是一个比较静态分析模型，假设市场完全竞争，且生产规模报酬保持不变。

这里使用了基于最新GTAP第10版数据库中所有65个初始生产部门和31个基于141个原始地区的聚合地区。根据之前的研究，地区聚合基于其贸易量、经济量和邻近度。GFT情景和GTB场景下，各行业和各地区的二氧化碳排放量通过GTAP模型基于相应基准年的排放量和行业产出计算得出，是经济产出和排放强度的模拟变化结果。由于本节侧重于研究贸易影响，这里考虑的是与经济生产相关的二氧化碳排放，居住和私人交通运输等非经济活动带来的排放不包括在内。

5.5.3 结果与讨论

1. 贸易限制跨多个年份的影响

根据我们的结果，模拟贸易限制的影响（GTB和GFT之间的差异）使2004年、2007年、2011年和2014年全球经济产出分别下降了6.94%（4.8万亿美元）、6.75%（6.8万亿美元）、6.51%（9.0万亿美元）和6.19%（9.7万亿美元），而贸易限制对全球二氧化碳排放的影响分别下降了 6.0%（996.7 百万吨）、5.7%（1 060.4 百万吨）、5.2%（1 018.2 百万吨）和 4.7%（953.9 百万吨）。通过比较每年的变化，我们可以推断出，贸易对全球 GDP 和二氧化碳排放量的影响程度随着时间的推移在增加，这与贸易规模的快速增长有关，在研究期间，全球贸易额从 9.9 万亿美元增加到 20.5 万亿美元。然而，根据这一时期的相对百分比变化，由于全球经济产出增长较快，贸易影响有所减弱。贸易额在经济产出中的比重从 14.4% 降至 13.2%。

贸易限制导致的经济产出变化的排放弹性可用于评估对经济和排放的相对影响。根据我们的结果（见图 5-15），2004 年、2007 年、2011 年和 2014 年弹性比（%Δ二氧化碳/%Δ产出）分别为 0.86、0.84、0.79 和 0.76，弹性值（克Δ二氧化碳/美元Δ产出）分别为 207、155、114 和 98 克/美元。这一观察对每个年份的大多数地区都具有重要意义。对于西亚和撒哈拉以南非洲等发展中地区来说，弹性往往相对较高，而对于欧盟和日本等发达地区来说，弹性往往相对较低。地区间的这些特征主要是由以下两个原因造成的：贸易冲击下地区间的排放强度差距对全球排放的影响不同；由于复杂全球供应链中出现的贸易模式，贸易限制下经济产出的变化不同。

在全球范围内，每年弹性比的共同特点是数值均小于 1.0，这表明，与经济相比，排放对贸易限制的敏感度较低。与我们之前的研究结果一致，弹性值小于 1.0 是因为对排放强度较低的行业，如机械和设备产品的影响不成比例，这些行业通常更容易受到贸易波动的影响；另一方面，对排放密集型行业，如电力和道路交通的影响相对较低，这些行业参与贸易的方式更为间接。与我们的发现类似，但基于不同的方法和数据，张丹阳等（Zhang et al., 2021）等发现，包含国际贸易在内的全球价值链使全球排放强度降低 1.7%；伍德等（Wood et al., 2020）还指出，贸易限制和贸易量的下降即使减少了总排放转移，也并不能改善全球碳减排。因此，从效率的角度来看，较低的弹性意味着贸易限制带来的减排效益在全球越来越低。

贸易限制对二氧化碳排放的影响较弱，这本质上反映了贸易对地区间排放的再分配效应减弱。贸易的再分配效应导致不同排放强度的地区间生产不断变化。但是，我们发现，在所有年份中，不同发展水平的地区之间的排放强度始终呈现出较大的差距。发展中地区和发达地区之间的巨大差距之前已有研究，我们的研究结果中也有体现。例如，日本（32 克/美元）和欧盟（36 克/美元）等发达地区的二氧化碳排放强度低于世界平均水平（130 克/美元），与此同时，印度

（308克/美元）和中亚（546克/美元）等发展中地区的二氧化碳排放强度通常要高得多。

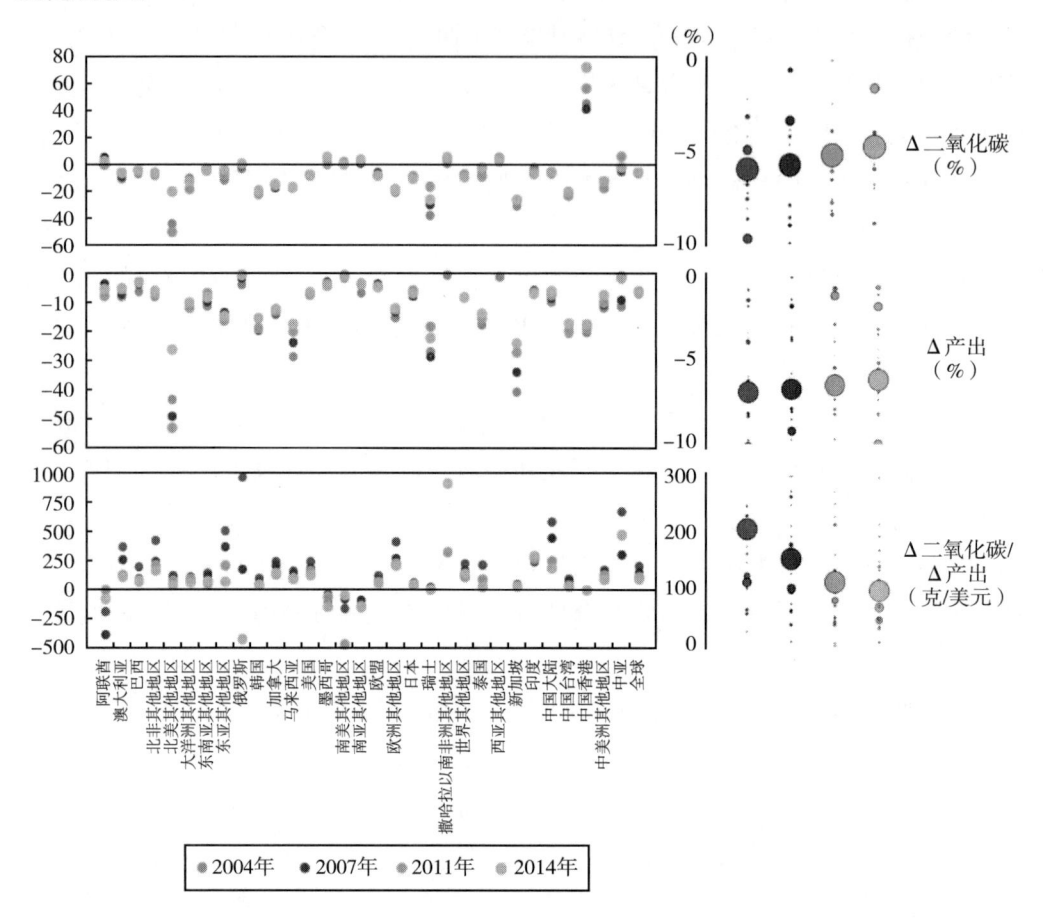

图5-15　多个年份贸易限制对二氧化碳排放、经济产出和弹性的影响

注：左侧的三张图显示了每个国家在4个研究年度中的相对价值变化；右侧图中的大圆点显示了所有地区每年的全球平均影响（小圆点代表每个国家）。

资料来源：作者基于GTAP模型的模拟。

发展中地区较高的排放强度可以通过几个因素来解释。首先，大多数发达地区已逐渐从煤炭转向天然气和可再生能源，而发展中地区仍然严重依赖煤炭。同时，发展中地区的能源利用效率远低于发达地区。其次，发达地区已将国内排放强度相对较大的产品生产转移到了发展中地区。此外，在特定行业，发展中地区与发达地区之间也存在相当大的技术差距。再次，一些发展中地区的基础设施建设在经济中占比很高，如建筑业、制造业和交通基础设施等，这使其很难降低自身较高的排放强度。最后，发达地区在碳排放法规的执行上通常比发展中地区更严格。

2. 排放强度变化但贸易模式不变的情景

我们发现，就全球而言，地区间的排放强度差距在 2004~2014 年的 11 年间缩小了（见图 5-16）。全球平均排放强度从 2004 年的 242 克/美元降至 2007 年的 184 克/美元，然后从 2011 年的 143 克/美元降至 2014 年的 130 克/美元。跨地区的排放强度标准差从 2004 年到 2014 年也下降了 60%。所有地区的排放强度都有所下降，截至 2014 年，下降幅度从 39%（最低）到 73%（最高）不等。绝对排放强度较高的发展中地区的下降率（如中国，下降了 72%），几乎是排放强度较低的发达地区（如日本，下降了 39%）的 2 倍。伍德等（2020）基于全球多区域环境拓展投入产出数据库（global multi-regional environmentally extended input-output database, EXIOBASE），也发现了发达地区碳强度缓慢下降、发展中地区碳强度迅速下降这一点。发展中地区努力提升效率，这进一步减少了原材料需求及相关排放。

我们通过设计假设情景来量化每个地区每年排放强度变化的影响，假设每个国家仅排放强度变化，保持贸易模式相对于 2004 年不变（见图 5-17），然后将其与真实情景（实际情景）对比，并用 GFT 和 GTB 的附加设定进一步模拟。考虑到贸易对全球排放的主要影响来自贸易对生产的再分配效应，排放强度差距越小，全球贸易对排放的影响就越小。通过比较 GFT 情景和 GTB 情景每个年份的结果，我们推断出，在只有排放强度变化的情况下，贸易限制对排放的影响在 2004~2014 年分别下降 997 百万吨至 477 百万吨。同样，在 GTB 情景下，与贸易限制相关的弹性值从 207 克/美元降至 99 克/美元，这比实际情景下的数值还要小。简而言之，该情景下地区排放强度提高，使得贸易限制对全球二氧化碳排放的影响减弱。伍德等（2020）的研究与我们的发现一致，即发展中地区排放强度提高，即使贸易额上涨时，也会使隐含碳排放稳定。

3. 贸易模式变化但排放强度不变的情景

地区排放强度随时间变化的同时，地区贸易模式也在重组。一些研究已经探究了消费和贸易在二氧化碳排放的区域形成属性中的作用。这些研究的一个共同发现是，随着经济生产的转移，尤其是能源密集型产业的转移，国际贸易中存在明显的"碳泄漏"，排放被转移。近年来，通过贸易转移的二氧化碳排放带来的净影响持续上升，这种模式导致了发展中地区和发达地区之间的排放差异。虽然近年来发展中地区和发达地区之间的南北贸易仍然占主导，但发展中国家之间的南南贸易也呈现出强劲增长。针对因生产商品而排放二氧化碳的地区和因贸易消费最终商品的地区，碳泄漏引发了围绕生产者与消费者责任的讨论。

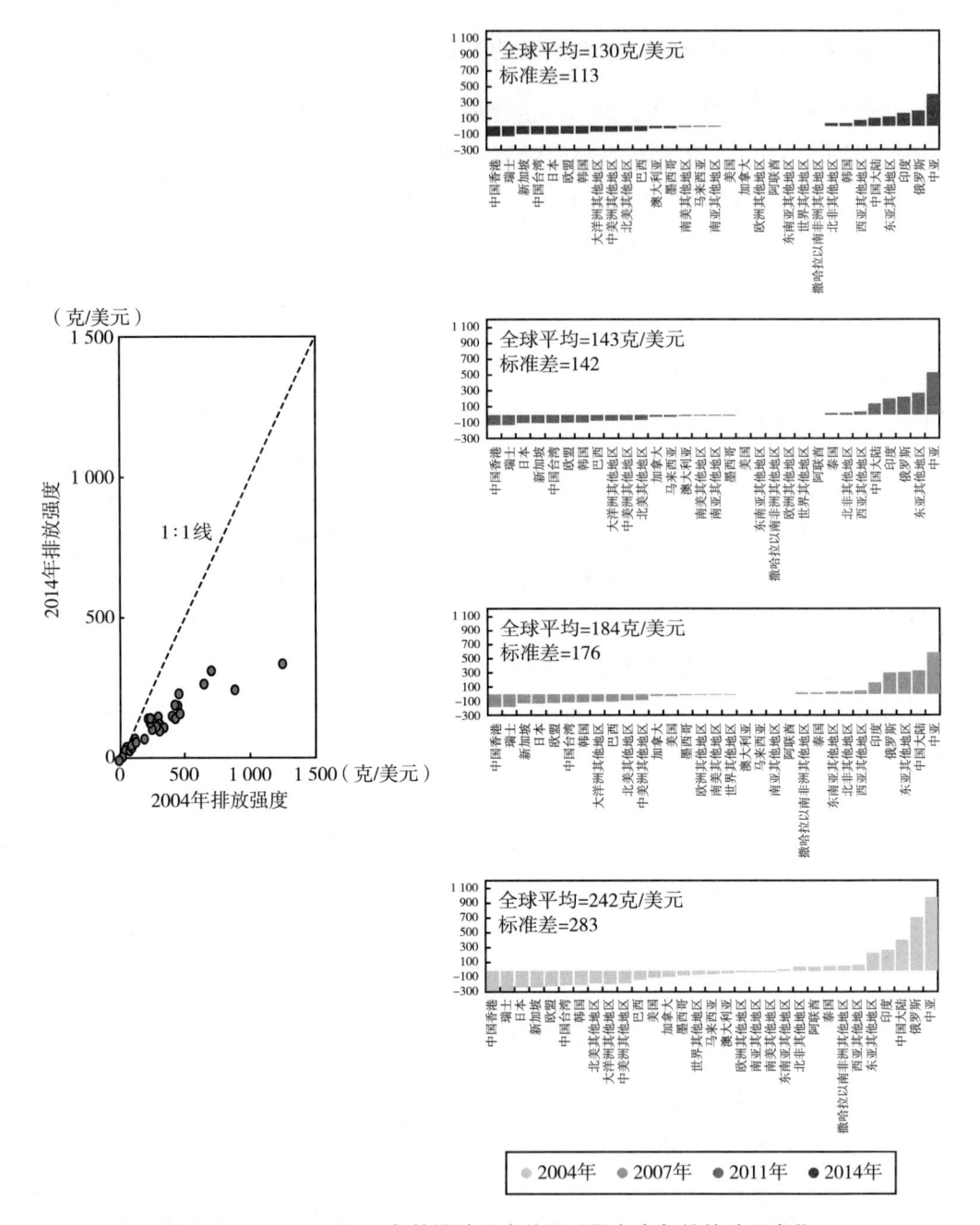

图 5-16　2004~2014 年的排放强度差异以及多个年份的地区变化

注：左侧散点图以 1∶1 的比例显示了 2004 年与 2014 年相比每个地区的绝对排放强度。1∶1 线以下的值表明两个时期之间的排放强度降低。右侧的面板显示了 4 年中每年的全球平均（加权）排放强度，包括所有地区的排放强度偏差（EIr-EI），突出了多个年份下每个地区排放强度变化的影响。

资料来源：作者基于 GTAP 模型的模拟。

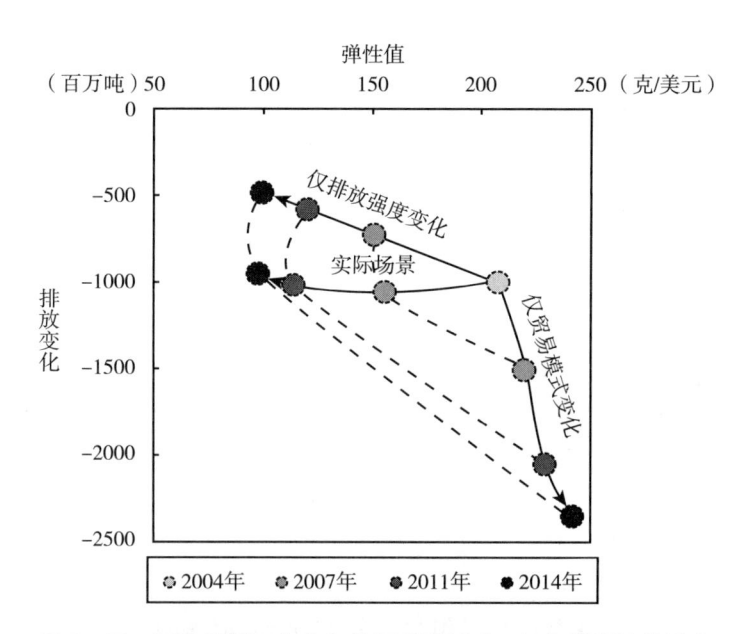

图 5-17　不同情景下多个年份贸易限制对二氧化碳排放的影响

注：排放对 GDP 变化的弹性值通过评估对经济和排放的相对影响（克 Δ 二氧化碳/美元 Δ 产出）计算得出。命名为"仅贸易模式变化"的情景表示贸易限制，每年的排放强度固定为 2004 年的值；命名为"仅排放强度变化"的情景表示每年的贸易模式固定为 2004 年的值。

资料来源：作者基于 GTAP 模型的模拟。

为了量化贸易模式的影响，我们针对每个年份都设计了一系列情景，仅改变每个国家的贸易模式，保持排放强度相对于 2004 年不变（见图 5-17），这与"排放强度变化但贸易模式不变"情景中提到的假设场景相似。我们的研究结果表明，2004~2014 年来自高排放强度地区和行业的贸易额占比增加（见图 5-18），这可能会加剧碳泄漏效应。高排放强度地区（排放强度高于全球平均水平的地区）在 2004 年合计贡献了全球贸易出口的 28%，并且这个数字到 2014 年逐渐增加至 38%。在此情景下，通过比较每个年份的 GFT 和 GTB，在仅改变贸易模式的情况下，贸易限制对排放的影响在 2004~2014 年分别从 997 百万吨变为 2347 百万吨，弹性值分别为 207 克/美元和 242 克/美元。因此，当贸易模式变化但排放强度不变时，全球排放量会出现净增加。所以，我们的研究结果表明，十年来全球贸易模式的发展加剧了全球排放，与实际情景相比，导致了更多的碳泄漏。张丹阳等（2021）基于世界投入产出数据库和全球供应链数据库的研究也表明，将生产外包给发展中地区是全球价值链脱碳的主要障碍。

总之，研究发现，贸易限制和全球经济限制可能是实现减碳目标的无效方式。考虑到效率和减排对经济损失的弹性越来越低，这种限制可能正在成为对减排愈发无效的机制。与其试图通过贸易限制来减少排放，不如提高国内生产和消费的碳效率，后者要有效得多。如果所有地区都能继续降低排放强度，就可以缓解贸易发展导致排放增加这一问题。这种经济和减排的双赢结果需要我们为环境可持续性做出巨大努力，也需要通过加强财政援助、知识共享和技术交流来获得强有力的国际支持。因此，贸易自由化不仅应该是贸易伙伴之间的商品自由贸易，还应该促使贸易伙伴之间为实现这些目标而加强交流与合作，特别是对于从发达地区获得支持的发展中地区而言。

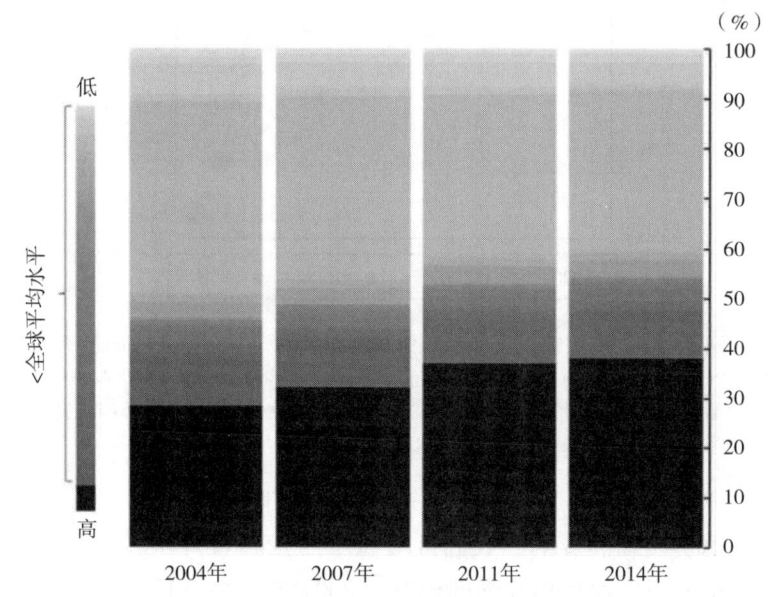

图 5-18　排放强度高于全球平均水平的地区占全球贸易总额的百分比

注：本图强调了出口结构随时间变化带来的影响。各地区占全球出口的份额以每年单独的堆叠条形图展示。深色表示与全球平均水平相比排放强度相对较高的地区。最深色是高排放强度地区的集合，这些区域被定义为每年排放强度高于年全球平均水平的区域。

资料来源：作者基于 GTAP 模型的模拟。

4. 不确定性和局限性

有几个因素导致了本节分析和结果的不确定性。首先，本节考虑的二氧化碳排放主要来自经济生产过程中的燃料燃烧，也就是说，来自与经济产出没有直接关联的活动、个人交通与居民活动等不包括在内。因此，在汇总时，我们模拟中测算的排放低于地区和全球的实际排放。例如，本节忽略了 2014 年全球 99 亿吨的二氧化碳排放。但是，由于本节旨在测试贸易对排放的影响，仅包含来自经济生产的排放就足以捕捉贸易相关的不同情景的特征。其次，我们在设计贸易限制情景时，有 25% 的额外关税，但当关税加征值更高时，排放受到的影响可能会有所不同。为了检验研究结果的稳健性，我们又另增了两个假设的贸易限制情景，加

第 5 章 粮食安全、能源与绿色农业发展

征更高水平的关税：GTB-35 和 GTB-50（各地区和贸易产品分别增加 35% 和 50%）。在这两个关税水平下，即使各情景下的模拟幅度不同，随着关税增加每个地区的相对变化仍是稳健单一的（见图 5-19）。我们用与此前研究类似的方法验

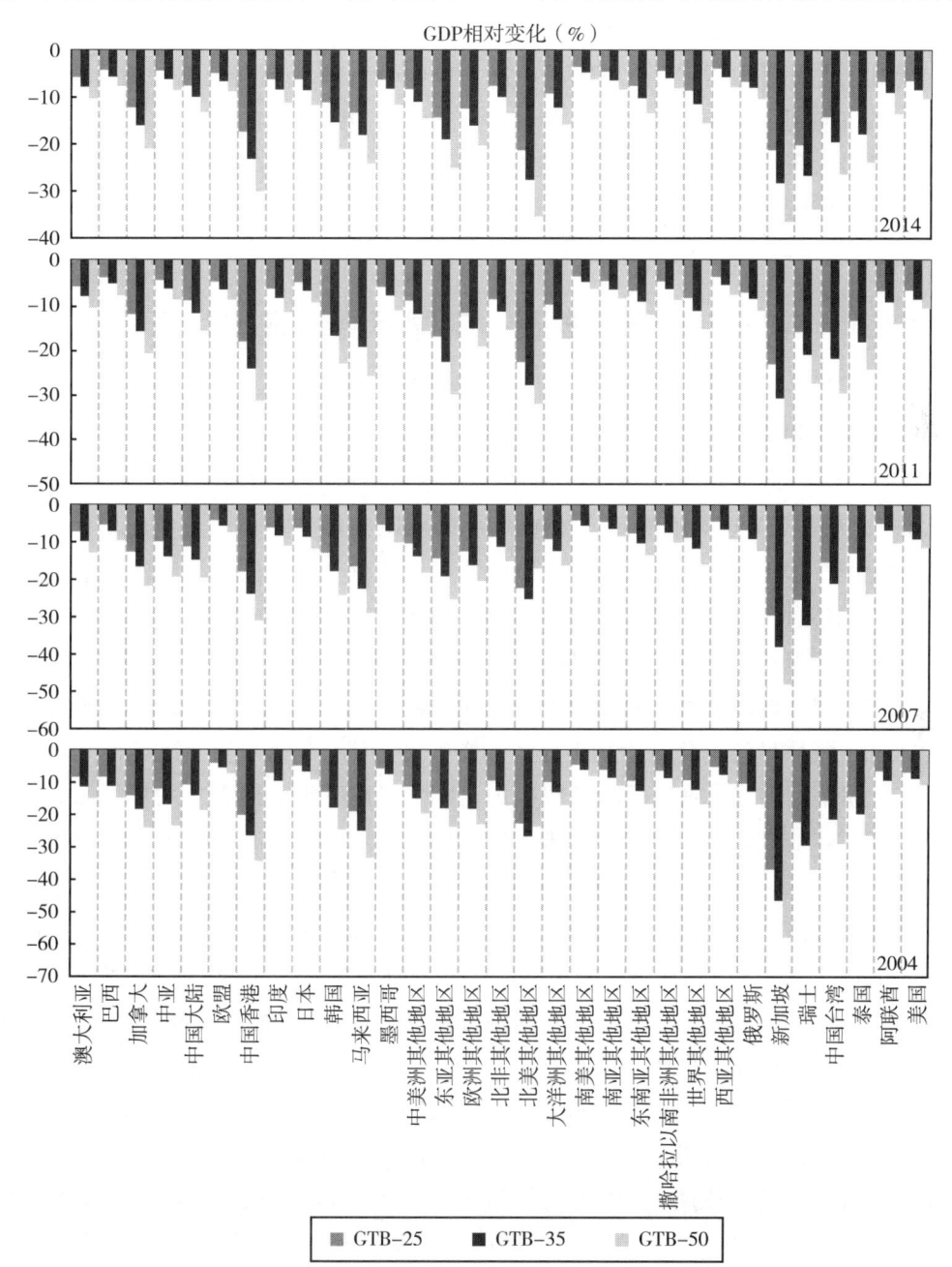

图 5-19 在贸易限制系列测试下各个地区从实际到每个情景的 GDP 相对变化

资料来源：作者基于 GTAP 模型的模拟。

证了 GTAP 模拟的 GDP 变化的稳健性，对中国和美国不同水平的额外关税设计了多个假设情景。因此，我们的敏感性测试结果证明了我们的解释，即关税水平的改变仅影响数值幅度，但不影响本节研究的可靠性。最后，每个情景下的排放预估假定售往不同市场的产品是同质的，这一设定强调了国内商品和贸易商品之间的差异性，尤其考虑了"加工贸易"。这一局限性将随着更高级别的聚合而放大。因此，本节使用了 GTAP 数据库（65 个生产部门）中最详细的数据，以降低这种局限性并最大限度地捕获异质性。此外，需注意，此处未包括特定情景下弹性值为负的某些区域。

5.6 中国农业绿色发展：中国可否借鉴欧盟经验

5.6.1 引言

粮农组织 2017 年数据显示，2016 年中国农民在每公顷耕地上使用了大约 450 公斤的化肥，这一数字大约是世界平均水平的 3.2 倍。尽管此后化肥使用水平有所下降，但仍超过了 430 公斤每公顷。同时，中国农药和除草剂的使用量也高得惊人，平均使用量约为 13 公斤每公顷，由此可见，中国是世界上农药使用强度最高的国家之一。连同动物和人类来源的有机肥料使用有限，这种过度使用导致了土壤、水和空气质量的退化。生物多样性的丧失可能从长远来看更具破坏性。

有大量证据表明，硝酸盐和磷酸盐排放影响了地下水和地表水质量，加上温室气体（GHGs）排放，环境遭到破坏（Chen et al., 2018; Fischer et al., 2008; Ju et al., 2006; Le et al., 2010; Wu et al., 2017）。此外，由于不同肥料成分之间的拮抗反应，对锌等微量营养素的吸收减少，这不仅会影响产量，还会影响人类健康（Voortman, 2010; Rietra et al., 2017）。有学者研究发现，不仅 50% 的农田缺锌，而且 60% 的中国农村儿童缺锌，缺锌会导致神经系统疾病、免疫力低下和腹泻（Yang et al., 2007）。此外，还有学者发现了环境中惊人的有机氯农药（OCPs）残留，这类农药包括有剧毒的碳、氢和氯的化合物［如二氯二苯基三氯乙烷（DDT）、艾氏剂等］（Zhang et al., 2011）。2004 年实施的《关于持久性有机污染物的斯德哥尔摩公约》已禁止或严格限制这类农药的使用，中国也签署了该协议。

因此，通过中国农业"绿色化"来应对这些趋势的必要性得到了广泛支持，并越来越多地体现在政府的官方政策目标中，包括中国《全国农业可持续发展规划（2015—2030年）》和《生态文明体制改革总体方案》。在这一背景下，可以认为"绿色化"农业涵盖所有环保措施，确保在可持续的基础上提供粮食和生态系统服务——来自联合国环境规划署（UNEP，2011）的界定。

尽管其农业转型的速度和对农产品需求的增长似乎是前所未有的，中国显然不是第一个遇到这些困难的国家。因此，看一看已经经历过类似过程的其他国家的经验会很有帮助。在本节中，我们明确选择了欧盟（EU）的农业绿色发展政策案例。之所以选择欧盟，是因为在实施政策议程应对中国当前的问题方面，欧盟比中国早大约35年——当然，到目前为止，欧盟也还有很多环境问题有待解决。

从20世纪50年代到80年代初实现增产后，欧盟农业的处境与中国非常相似：实现了粮食自给自足，不考虑动物饲料和热带产品的进口。虽然最初所有政策的重心是必须提高农业生产力以确保稳定的粮食生产、增加农业收入，但公众逐渐意识到，产量增加付出了巨大的环境代价——生物多样性丧失、传统景观不复存在。这一问题引发了激烈的争论，欧盟各成员国都制定了自己的政策，这些政策最终通过1985年的《环境影响评估指令》统一纳入欧盟体系中。从那时起，一直面临的挑战都是如何在环保措施和总体的共同农业政策（CPA）之间实现某种程度的和谐，尤其是在农业支持方面。具体来说，这涉及交叉遵守问题——支持是否应以满足环境标准为条件，以及进口保护问题——进口是否应符合欧盟标准？

5.6.2 分析的概念框架

农业绿色发展的概念包括范围广泛的环保措施（UNEP，2011），这些措施有很多，从提高土壤肥力、预防和减少病虫害的替代方案到减少收获后的粮食损失等。在本节中，我们重点关注农业投入——特别是化肥和农药——和土地使用问题，以及它们对食品安全、空气和水质量、土壤退化、温室气体（GHG）排放和生物多样性的影响。中国和欧盟都讨论了与这些问题相关的政策。鉴于实施和监测对于政策能否成功至关重要，本节还讨论了如何在不同的治理条件和制度条件下实施并监测政策。

我们对比了中国目前对农业绿色发展的看法和欧盟过去30年的发展和政策方法。我们集中在欧盟和中国重叠的问题上，没有讨论动物福利（欧盟有但中国没有）和地下水可用性（中国有而欧盟没有）等问题。因此，本节重点关注化肥甚至有机肥的过度使用、农药的无节制使用以及土地资源的不当利用，因为这些可能带来各种威胁，影响食品安全、空气和水质、土壤质量、温室气体排放和生物多样性。

表5-17将农业投入品的使用与潜在的负面环境影响进行了配对。显然，农业投入品的使用也产生了积极影响，见证了中国和欧盟近期粮食生产和粮食安全的巨大增长，但这些贡献没有记录在表5-17中，因为本节的重点是应对负面影响。

表5-17　　　　　　　　农业投入的使用和可能的负面环境影响[*]

类别	食品安全	空气质量	水质量	土壤质量	温室气体排放	生物多样性
化肥						
氮		排放氮氧化物（NO_x）	形成硝酸盐	酸化	排放NO_x	因沉积物过多而减少
磷酸盐			富营养化	微量营养素的拮抗作用		
钾肥				供应不足时出现土壤耗损		
总体	重金属残留			重金属沉积		
有机肥						
氮		排放NO_x	形成硝酸盐	酸化	排放NO_x	因沉积物过多而减少
磷酸盐			富营养化	微量营养素的拮抗作用		
总体		病原体风险	病原体风险			
农药	残留		残留	残留		种类减少
				侵蚀	排放甲烷（CH_4）	单作

注：[*] 不包括地下水开采。

从表5-17可以看出，(1) 当最终产品仍含有农药残留或微量重金属时，食品安全可能面临风险；(2) 过度使用化肥中的氮（N）会影响空气质量，导致NO_x和氨（NH_3）排放，特别是，空气中NO_x浓度升高会引发或加重呼吸系统问题；(3) 当这些化合物（NO_x和NH_3）泄漏到地下水和地表水中时，水质量会受到影响，导致有毒硝酸盐的形成，以及湖泊和河流的富营养化，磷酸盐过剩也会导致富营养化，农药残留是水污染的另一个潜在来源；(4) 硝酸盐过剩导致酸化加速（也可能在邻近地区，由酸雨引起），或者过剩的磷酸盐和硝酸盐与微量营养素发生负面作用，这些都会导致土壤质量下降，此外，稀释效应可能会发挥作用，因为化肥可能含有不可忽略的重金属浓度，如来自磷（P-'s）和钾（K）母岩的铀和镉（Kelly and Fedchenko, 2017），这些重金属随后排入土壤中，侵蚀是土壤生产力面临的另一重危险，但这与整体农业实践有关，而与使用特定投入品无关；(5) 农业带来温室气体排放，特别是在牧场和稻田中以 CH_4 的形式排放，此外还有氮肥过度使用造成的 NO_x 排放，CH_4 排放尤其引起了极大担忧，因为它对全球变暖的影响很大；（6）生物多样性可能受到农药、过量氮负荷或单作耕种方式的威胁，前两个因素会对邻近野生动植物带来风险，最后一个因素会威胁到宿主植物本身的遗传多样性。

下面分别讨论中国和欧盟农业部门面临的环境挑战、政策应对和成功（或失败）之处（见表5-17）。因此，表5-17列标题中各个可能的负面环境影响将始终保持不变。

5.6.3 中国和欧盟绿色农业发展概况

1. 中国

传统上，中国的农作物生产大量使用牲畜和人的粪便作为有机肥。有机肥富含大量营养素（氮和钾）、中量营养素（磷、钙、镁和硫）和微量营养素（铁、锌、钼等）。此外，与化肥相比，其养分的较低溶解度减少了流入地下水和地表水的径流。然而，近几十年来农作物产量大幅增加，有机肥供应不足。此外，由于存在对病原菌的风险意识提高、劳动力成本增加以及集约化畜牧业地区（有机肥供应者）和主要农田（有机肥使用者）之间的距离通常较远等因素，化肥成为了首选。

化肥已成为过去几十年中国农业取得成功的决定性因素，极大促进了农业产出并确保了国家层面的粮食安全（Fan and Pardey，1997；Huang and Rozelle，1996；Huang et al.，2011）。图5-20展示了1980~2015年我国主要农作物生产指数。

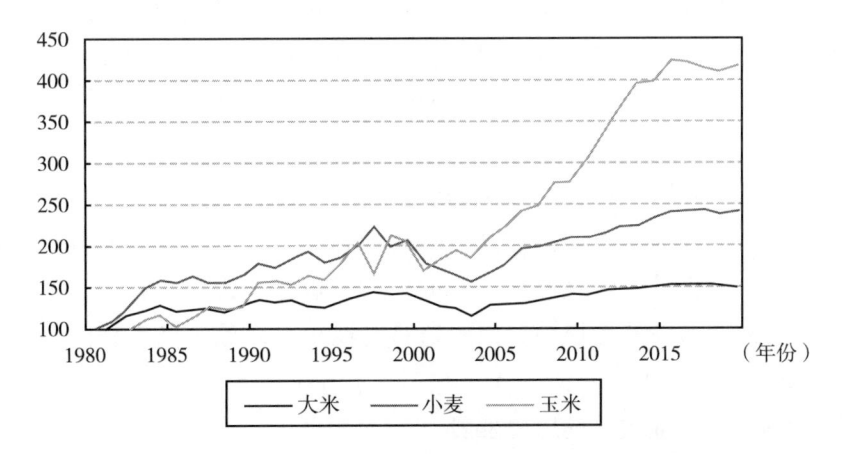

图5-20 中国主要农作物生产指数（1980=100）

资料来源：国家统计局。

然而，化肥同时也是当前环境问题的主要原因。由于作物产量最终由最大制约因素决定，农民倾向于延长化肥使用，直至满足制约性最大的养分需求，而不管其他养分是否过剩。此外，农药的使用量也急剧增加，增加了环境压力。对于化肥和农药的使用，图5-21展示了中国和世界平均水平的趋势。可以观察到，直到20世纪70年代中期，中国每公顷耕地的化肥使用量仍与世界平均水平持平，但随后加速增长，2016年达到3.2倍以上。尽管近年来有所下降，但情况本质上没有变化。农药方面，只有1992年之后的数据，但情况与化肥类似，目前的施用率是世界平均水平的4倍。

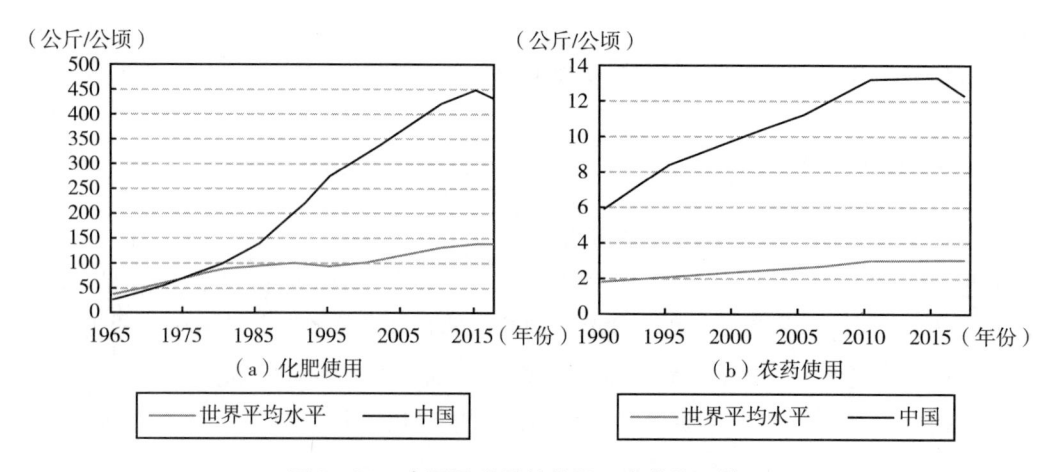

图5-21　中国及世界的化肥、农药使用情况
资料来源：国家统计局、世界银行和联合国粮农组织统计数据库。

如此高的肥料用量难以得到充分利用。事实上，各种研究都指出，局部和区域营养失衡普遍存在，尤其是氮（Cui et al.，2010）和磷（Ma et al.，2011）过剩，而钾（Tan et al.，2012）和微量营养素（Zou et al.，2008）不足。尤其令人担忧的是，据国家统计局统计，自1995年以来，我国化肥使用总量的增幅（77%）远高于产量增幅（33%），反映出化肥使用效率的下降。

到20世纪90年代中期，中国不仅成功提高了农业产量，而且改善了食物摄入量和饮食多样性，特别是人们已经从谷物转向蔬菜、肉类、牛奶和其他食物。向肉类的转变意味着除了粮食之外，饲料的生产量也必须进一步扩大，这给生产力和投入品使用带来了额外的压力，因此这一时期也是政策不断意识到负面环境外部性的时期。

（1）中国绿色农业政策的历史发展。

作为最早的绿色化工作之一，中国农业部于1992年开始开发绿色食品认证体系。该体系现在由三个等级组成，允许使用有限的农药和化肥（绿色产品、无公害产品等），或完全不使用农药和化肥（有机产品）（Yin et al.，2017）。这些等级标在市场流通的食品包装上，供消费者做购买决定时参考。这一设计旨在通过政府监管和市场机制相结合的办法提高食品安全性和消费者信任度。近十年来，经认证的绿色食品抽检合格率长期保持在98%以上。然而，作为食品消费总量的一部分，经过认证的绿色食品数量仍然有限。此外，对农民使用化肥和农药的直接影响并不大（Nie et al.，2018）。

早期其他的绿色发展政策还有大型土地保护计划——"退耕还林"工程。1999年，中国启动了以长江、黄河上游脆弱农田改造为核心的试点项目。2001年底，230万公顷的耕地和边际土地转化为森林。由于试点项目的成功，"退耕还林"工程于2002年扩大规模，旨在将脆弱耕地，特别是坡度大于25度的耕地，转变为森林和牧场。1999~2009年，930万公顷耕地（占总数的7%）和1840万公顷边际农地被改造为森林。迄今为止，"退耕还林"工程仍在积极开展，以防止这些土地再退为耕地。

以许多发达国家减少化肥使用的经验为参照，中国政府在20世纪与21世纪之交开始考虑限制化肥使用。2005年，农业部启动了"计量施肥"的政策倡议，提出要根据计量土地的肥料需求精确确定施肥的种类和数量。该政策旨在提高化肥使用效率，降低化肥使用量，但收效甚微。2011年，农业"十二五"规划提出了带有具体目标的更加有力的举措，要求在五年内完成不少于60%的耕地土壤质量检测。在土壤评估方面，目标在五年期结束时大致完成。然而，仅有一小部分经过检测的地区根据测出的土壤特点制定了施肥方案，因为根据地方条件供应肥料的能力不足。

2015年，农业部出台附加政策，要求2016~2020年5年内，化肥使用总量年增长率控制在1%以下，到2020年为0。为实现这些目标，政策继续推进按计量施肥，并鼓励化肥企业根据土地检测结果提供特定的新型化肥产品。此外，农业部还加大了对机械施肥和有机肥施用改良的支持力度。然而，不能精准计量肥料需求，以及农民和经销商施用、销售过量肥料的内在动机，这些仍然是实现目标的主要障碍（Jin and Zhou，2018）。其中的根本原因必然是，农民认为额外施肥的好处大于其代价，特别是在他们个人不用对环境损害承担责任的情况下。

关于农药的使用，农业部于2004年（斯德哥尔摩公约生效时）制定了特定有害产品禁用标准。然而，这些标准不足以规范农药的整体使用，因为这些限制在实践中几乎没有得到执行。2015年，农业部发布了到2020年中国农药使用总量零增长的政策目标。到2020年，农作物病虫害的生物、物理防治覆盖率达到30%，比2014年提高了10个百分点。此外，病虫害专业化、集约化防治覆盖率达到

40%，也比 2014 年提高了 10 个百分点。具体做法包括：设计作物病虫害的智能监测系统，投资开发高效、低毒、低残留的农药。尽管有这些政策，但减少农药使用量仍面临与减少化肥使用量类似的障碍（Jin and Zhou，2018）。

动物粪便的直接排放是中国另一个主要污染源，尤其是在对水质量的影响方面。根据环保部随后几年陆续发布的"第一次全国污染源普查（2007）"，畜禽养殖业的化学需氧量（水样中可氧化污染物的指标）占全国的 45%，NH3-N 排放量占全国总量的 25%。为缓解对水质量的负面影响，农业部于 2017 年发布了《畜禽粪污资源化利用行动方案（2017—2020 年）》，要求到 2020 年全国畜禽粪便利用率不低于 75%，配备粪便处理设施的中大型农场利用率要达到 95%。为实现这个目标，2017 年政府选择了 100 个以水果、蔬菜和茶叶为主要农作物的农业县，开展了提高有机肥施用的财政支持试点项目。

由此可见，中国过去几十年的绿色发展政策跨越了不同的维度，从土地保护和食品认证到推广有机肥料，有效减少了化肥和农药的过度使用。表 5 - 18 总结了迄今为止中国农业绿色发展的主要政策举措。根据与表 5 - 17 相同的环境影响类别，将当前情况强调如下。

一是食品安全。中国政府和公众对食品安全的关注较晚。2003 年，作为中国改善食品安全工作的一部分，中国国家食品药品监督管理局（SFDA）成立。然而，众所周知，近几十年来，中国食品安全事件频发。针对这些事件，2009 年通过了第一部全面的《中华人民共和国食品安全法》（以下简称《食品安全法》），2011 年国务院食品安全委员会（部级）成立。2013 年，在国家食品药品监督管理局基础上，国家食品药品监督管理总局成立，升为部级机构。然而，这些制度措施并没有带来相关机构和生产者之间的协调配合。因此，2017 年，国务院办公厅在《进一步加强农药兽药管理保障食品安全》的通知中再次呼吁加强执法。2019 年，《食品安全法》修订，加强了处罚制度，特别强调食品企业管理人的个人责任。

二是空气质量。改善空气质量的措施与减少化肥过度使用的措施基本相同。如前文所述，政府在很大程度上依赖 2005 年启动、2011 年强化、2017 年再次提出的"计量施肥"计划，以此作为追求化肥使用量零增长的主要方案。然而，尽管土壤计量工作进展顺利，但后续有针对性的新肥料产品的开发已经停滞了一段时间。农业造成空气污染的另一个主要原因是秸秆焚烧，因为对于农民来说，这是在收获后处理秸秆的最便宜、最快速的办法。为防治这一污染，农业部于 2017 年在东北地区启动了推广计划，推广秸秆转化为肥料、草料、燃料和原材料的技术，旨在将秸秆利用率提高到 80% 以上。

三是水质量。化肥和农药的过度使用是中国农业造成水污染的主要原因，因此改善水质量的政策主要是限制化肥的过度使用，监督农药的数量和质量。2015年，国务院公布了《水污染防治行动计划》，特别指出了减少农业污染物径流的重要性。据此，农业部于同年发布了前文所述的三项行动计划，即到2020年化肥、农药使用量零增长，2017年提高畜禽粪污资源化利用，以及到2020年粪污利用率达到75%。

四是土壤质量。2016年，针对土地肥力下降和重金属污染加剧的情况，国务院印发《土壤污染防治行动计划》，要求减少农业非点源污染（尤其侧重于减少化肥和农药的使用量，同时促进有机肥的使用），并处理工业重金属污染。此外，使用农膜造成的塑料污染在中国也是一大问题，引起了广泛关注。2017年，农业部启动了农膜回收利用计划，特别是在西北部地区，计划将回收的责任落实给农膜生产企业。预计到2020年，全国的回收率至少能提高到80%。

五是温室气体排放。温室气体倡议未列在表5-18中，因为没有具体的农业方面的减排计划。但中国仍积极在农业地区启动碳捕集与封存（CCS）项目，如在田间建立碳封存罐、积极植树造林等。在2015年的《巴黎协定》中，中国承诺力争在2030年前达到二氧化碳排放力的峰值，但没有具体阐述与农业相关的温室气体CH_4和NO_x的情况。

六是生物多样性。依据联合国粮农组织发布的《粮食和农业植物遗传资源保存及可持续利用全球行动计划》，中国制定、实施了植物遗传资源保护的国家行动计划，计划最初于1996年通过，2011年更新。然而，中国尚未签署《粮食和农业植物遗传资源国际条约》，可能是考虑公约中对遗传资源的获取和资源使用收益共享的规定。在渔业和水产养殖方面，中国正在为保护濒危物种及其栖息地采取具体措施。例如，2017年，农业部提出了长江水生生物圈保护区乃至整个长江流域都禁止捕捞的目标。对于转基因生物（GMOs），农业部已经为特定产品颁发了安全证书，但由于公众普遍有质疑，以及消费者不信任，转基因生物的生产和消费规模仍然有限。

表5-18　　　　　　　　中国的农业绿色发展：政府政策及工作摘选

年份	政府机构	政策及工作	绿色农业相关内容	实施情况
1989	农业部	《全国农业和农村经济发展第八个五年规划》	首次提到"绿色食品"概念，并要求在中国推进绿色食品生产	1992年，农业部统一建立"中国绿色食品发展中心"颁发绿色食品证书
1991	国务院	《中华人民共和国水土保持法》	禁止在坡度超过25度的土地上进行作物生产	实施情况不佳

续表

年份	政府机构	政策及工作	绿色农业相关内容	实施情况
1999	国务院	"退耕还林"试点	转化长江和黄河上游的脆弱农田	1999年至2001年期间,230万公顷耕地和边际土地转化为森林
2002	国务院	"退耕还林"扩大至全国范围	将脆弱耕地,尤其是坡度大于25度的耕地,转化为森林和牧场	1999年至2009年期间,930万公顷耕地转化为森林和牧场(加上1 840万公顷边际土地)
2003	国务院	成立国家食品药品监督管理局	协调维护食品安全及消费者健康的所有相关部门	没有实际解决责任分配问题
2004	农业部	农药管理	制定农药使用标准(基于斯德哥尔摩公约)	几乎未执行
2005	农业部	"计量施肥"试点	旨在通过计量土地的肥料需求来减少肥料的使用	实施情况不佳
2007	环保部	第一次全国污染源普查	(首次)覆盖了农业来源的污染	2010年发布的综合调查结果表明农业污染对水质量的影响很大
2008	全国人大	《中华人民共和国水污染防治法》	加强对植保产品和化肥的使用监管	未发布实施细则
2009	全国人大	《中华人民共和国食品安全法》	首次全面规范食品安全责任,就食品安全立法	2011年成立食品安全委员会(部级)
2011	农业部	《全国农业和农村经济发展第十二个五年规划》	强力实施之前的"计量施肥"方案	2011年到2015年期间,对中国60%的耕地进行了土壤质量检测,但新肥料产品方面几乎没有跟进
2012	国务院	《关于加强食品安全工作的决定》	五年内提升食品安全监测、监督和立法	监测力度尚未评估
2013	国务院	成立国家食品药品监督管理总局	重建国家食品药品管理监督局	机构升至部级
2015	国务院	《水污染防治行动计划》	减少来自农业的污染物质径流	与农业部关于化肥和农药使用量零增长的计划同步实施
2015	农业部	《到2020年化肥使用量零增长行动方案》	到2020年化肥使用总量年增长率要低于1%,达到0	官方称目标已于2017年实现,但持久性仍存疑(Jin and Zhou,2018)
2015	农业部	《到2020年农药使用量零增长行动方案》	到2020年农药使用总量年增长率达到0	官方称目标已于2017年实现,但持久性仍存疑(Jin and Zhou,2018)

续表

年份	政府机构	政策及工作	绿色农业相关内容	实施情况
2016	国务院	《土壤污染防治行动计划》	减少并处理农业和工业的非点源污染	中央财政投入超过280亿元用于土壤污染治理
2017	农业部	《畜禽粪污资源化利用行动方案（2017—2020年）》	2020年全国畜禽粪污利用率不低于75%	2018年已基本实现目标（全国利用率达74%）
2017	生态环境部	第二次全国污染源普查	改进第一次全国污染普查的重复性	2020年发布综合调查结果，将作为环境进展评估的基准
2018	农业农村部	《农业绿色发展技术导则（2018—2030年）》	基于前沿新技术提出2030年农业绿色发展目标	政府资助的多抗品种、环保肥料与农药、智能机械研究已启动
2019	农业农村部	《2019年农业农村绿色发展工作要点》	选择300个县开展减少化肥使用量试点。选择100个县开展有机肥替代化肥试点	进展中
2020	农业农村部	《2020年农业农村绿色发展工作要点》	选择100个县开展生态、生物防治试点	进展中

（2）监测与评估。

上述讨论表明，中国在过去十年中加大力度处理了农业污染和食品安全问题，其中部分原因是应对频发的食品安全事件，部分原因是对环境退化影响的认识不断提高。在这一背景下，中国的独特之处在于，新的政策举措首先在相当多的县进行测试，然后才在国家层面实际推行。

进行这些试点十分重要，因为不能理所当然地认为政府计划的政策都是有效的。对潜在问题了解不充分，政策就可能会失败。化肥过度使用就是一个例子。化肥使用扩大的一部分原因是政府补贴化肥生产商以降低化肥价格。然而，这些补贴也意味着化肥行业没有动力创新，仅生产标准的化肥包。遗憾的是，即使后来取消了补贴，这种情况依然存在。因此，氮和磷的普遍过剩很可能是由于化肥行业结构过时，可用化合物的成分不足（Kahrl et al.，2010）。农民的风险厌恶情绪和农村劳动力短缺等其他因素也不容忽视。因此，像中国这样的试点测试是很有价值的工具，有利于更好地了解农民在采用更绿色的耕作方法时对个人成本效益的考虑。

投入品使用数据是农业农村部和中国国家统计局定期统计的数据的一部分，每年都会公布。图 5-21 中的中国数据就是基于这些统计数据。数据初步表明，中国的化肥和农药使用量在2016年左右达到峰值，然后开始下降。因此，到2020年化肥/农药使用量零增长行动计划的目标早已实现。然而，必须看到中国与世界平均水平的差异，仍需要采取更具挑战性的措施。

此外，计量投入品使用是一回事，根据环境结果监测产出又是另一回事。产出监测对于政策评估至关重要。为此，中国分别针对水、土壤和空气质量建立了监测机制。

水质量监测由两个国家重点机构负责，即自然资源部和生态环境部。自然资源部负责制定水源保护的法律、标准和导则，地方主管部门按照中央的计划管理地下水监测。生态环境部负责对整个监测系统进行监督，同时本身也有监测站，对河流湖泊等地表水质量进行监测。此外，它每年在中国《生态环境状况公报》中公布水质量数据。

土壤质量监测由农业农村部和生态环境部负责。两家机构与全国各地的监测站共同建立了全国土壤环境监测网络。农业农村部的站点主要位于土壤污染风险较高的农业生产地点，生态环境部负责管理对一般土壤状况进行评估的基本站点。

空气质量监测方面，生态环境部制定了一系列监测系统自动运行标准，监测氮氧化物（NO_x）、颗粒物等空气污染物。2017年，全国大气污染监测网络建成，监测站超过5 000个，其中1 436个由国家控制。

下面，基于这些监测机制和其他来源的证据，我们总结一下迄今为止所有绿色发展措施对环境的影响。

(3) 成功与失败。

在食品安全方面，过去五年中国取得了重大进展。根据农业农村部发布的2015年以来农产品质量监测季度报告，安全食品整体比例持续保持在97%以上，由2015年的97.1%小幅提升至2019年的97.4%。尤其值得一提的是，符合农药残留标准的蔬菜比例从2015年的96.1%上升到2019年的97.3%。

在空气质量方面，尽管2017年建立了空气污染监测网络，但尚未获得农业对NO_x排放影响的广泛信息。因此，农业对当地呼吸系统健康问题及酸雨的影响还难以评估。显然，空气中NO_x引起的健康问题并不是农村地区担心的大问题。关于秸秆露天焚烧，据农业农村部数据，自2017年以来，由于大力推广秸秆加工，秸秆利用率在2019年已提高至85%以上，农村大气污染物排放也因此不断减少。

在水质量方面，生态环境部的环境状况年度报告显示，良好（Ⅰ—Ⅲ级）地表水的比例从2010年的60%上升到2018年的近75%。第二次全国污染普查（2017年）的结果表明，与第一次全国污染普查（2007年）相比，水质量有所改善，但由于对第一次普查的质量严重存疑，故必须谨慎对待这一结论（Hu et al.，2017）。第二次全国污染普查被认为准确性更高，并将用作评估未来环境政策影响的基准（Xin Zhen，2020）。为全面了解农业造成的水污染，农业农村部已开始建设 240 个监测站，测量全国氮和磷的农田径流情况。关于畜牧业造成的水污染，粪污行动计划起到了缓解作用，因为畜禽粪污的利用率确实在提高（2018 年平均已达 74%）。

关于土壤质量，尚没有农业农村部监测站的结果信息。因此，不清楚农业造成的土壤污染增加趋势是否得到遏制，2018 年的一项特别研究指出，在过去几十年中，高氮肥的施用导致中国约一半的土壤酸化（Chen et al.，2018）。但是，可以获取两个特别计划的正面结果：正在进行的"退耕还林"工程使土壤侵蚀减少 45%；由于农膜回收率的提高（2018 年达近 70%），农田的塑料污染得到缓解。

关于温室气体排放，几乎没有来自中国内部的数据。国际机构估计，2017 年中国的人均温室气体排放量为 9 吨，高于 2000 年的人均 4 吨（PBL，2020）。按这些数量来看，至少按人均计算的话，中国处于世界平均水平。通常假设农业产生的排放占这些排放（NO_x 和 CH_4）的 5%～10%，且近年来其排放水平很稳定。然而，这些假设很难验证，因为中国本身没有公布任何预估数字。

关于生物多样性，关于国内受保护植物和受保护动物的维护情况，很难获取对其成功和失败之处的全面概述。事实上，只能找到有关特定计划和活动的信息。在这方面，据报道，与农业活动直接相关的国内物种保护取得了重大进展。另一个突出的例子是，政府自 2017 年以来投入巨资恢复长江的鱼类种群和水生生物圈保护区。预计在不久的将来会有这方面的初步结果。

基于这一概述，很难对中国农业环境政策的总体成功率下结论。最近建立了大型监测系统，但到目前为止，几乎没有结果。大多数实证结果都来自对特定计划的评估，这些计划旨在提升投入品使用效率。衡量这些计划目标的实现情况在很大程度上依赖县级政府向省级政府，最后向中央政府的自下而上的报告。然而，地方政府报告的数据往往不准确，将其用于监测目的有些不切实际。此外，一些政策，如"计量施肥"，在第一步（计量）确实成功了，但后续步骤（改进耕作）还未完全实施。在此背景下，必须重申，对农民的补贴是根据土地大小而不考虑绿色发展的表现，补贴实际上成了给农民的直接转移支付。按欧盟的政策，即不存在交叉遵守条件。

综上所述，由于立法滞后、法规不完善，中国农业绿色发展的政策管理普遍缺少法律措施。除了几个具体的计划外，大多数农业绿色发展政策都制定了宽泛的标准和目标，而如何实现这些目标并没有具体的规定。在执行政策时，各方的权利和责任不明确。预计中国政府将引入额外的市场机制，如环境税、可交易的排放许可证等，为农业绿色发展创造激励条件（Hu et al.，2017）。此外，农业农村部2018年启动了一项研究计划，设计新的前沿技术，推广智能农业方法，该计划目前仍处于早期开发阶段（Shi et al.，2019）。

2. 欧盟

共同农业政策（CAP）是欧盟最早制定的政策之一，于1962年生效，政策以6个创始成员国1957年在《罗马条约》中采纳的原则为基础，旨在提高农业生产力，确保农民享有公平的生活标准，并以合理的价格保证粮食稳定供应。

CAP的目标是通过在欧盟边境的规章制度（进口关税和出口补贴）和国内措施（干预价格和购买），创建稳定高价格的自由内部市场。这一政策最初运行良好，但因农民与世界市场隔绝，产生了各种商品生产过剩、CAP预算压力巨大、投入品过度使用等问题。此外，在全球贸易谈判的背景下，进口限制和出口补贴的保护主义政策在国际上引起了越来越多的批评。因此，价格支持逐渐取消，取而代之的是直接收入支持体系。这一体系从1992年的麦克萨里改革开始实施，之后在"2000年议程"、2003年中期审查、2008年状况检查（EC，2011）和2014~2020年的进一步改革（EC，2013）中得到扩展。

目前，从消费者粮食获取的角度来看，产出增长与绿色农业之间的紧张关系已不再尖锐。相反，主要担心在于农民的收入机会方面，特别是从维持农村生机和活力角度来看。幸运的是，农业绿色发展或许可以与农村发展相得益彰，而不是为其带来阻碍。

自2000年以来，CAP共有两大支柱，二者各有自己的财务范围。第一支柱全部由欧盟委员会（EC）预算支持，安排价格干预和收入支持。如上所述，这一支持逐渐与生产脱钩，发展为单一给付制度。从价格支持到直接收入支持的转变无疑对农业投入使用的激励产生了重大影响，而单一给付的条件是遵守环境标准和尊重动植物福利——被称为交叉遵守条件，由此带来的影响更大。第二支柱积极推动农村发展，特别注重农村地区的可持续管理、农村活动的多样化和农村生活质量的提高。该支柱通过国家和/或地区计划执行。由于这些计划需要国家共同资助，EC预算仅提供部分资金。

在当前的CAP（2014~2020年）中，第一支柱占近600亿欧元年度CAP预算（按当前价格计算）的75%。按每公顷计算，它的基本支付必须满足标准的环境交叉遵守要求。除此之外，还引入了新的绿色直接支付，也按每公顷计算。农民在维护永久性草地、发展生态区、促进作物多样化方面的贡献会得到绿色支付的明确奖励。这些绿色直接支付必须占国家直接支付总额的30%（EC，2013）。除此之外，只要符合欧盟法规，欧盟成员国在预算和目标支付方面有一定的弹性，它们可以为中小型农场提供再分配支持（最高可达第一支柱支出的30%），为年轻农民提供特殊支持（最高可达第一支柱支出的2%），此外，可以在特定情况下向脆弱部门提供市场支持，但其总额不得超过第一支柱支付的15%。

第二支柱涵盖 CAP 预算剩余的25%，并由成员国自己提供额外资金。尽管在这一支柱下农村发展计划的优先事项相当广泛，但仍要求每个农村发展计划必须至少有30%留给有利于环境和气候变化的自主措施（EC，2013），由此可见这一支柱对可持续性的重视。

总而言之，当前欧盟的绿色发展政策可以用图5-22表示。图5-22清楚地显示了政策的三个层面：（1）第一支柱基本支付的交叉遵守条件；（2）第一支柱的绿色直接支付；（3）第二支柱农村发展计划的绿色发展要素。图5-22中还提及了对农民的补充性非财政支持（来自新方法和研究的管理建议及意见）。

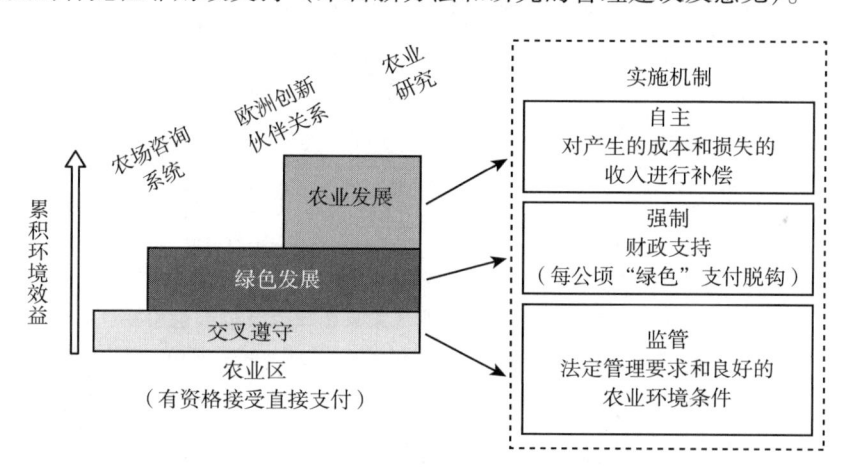

图 5-22　共同农业政策当前的绿色发展结构

资料来源：EC. Overview of CAP reform 2014-2020 [R]. Agricultural policies perspectives brief, 2013 (5).

连续的改革大大改变了农业部门和农村地区的支付构成（见图5-23）。具体来说，挂钩直接支付已逐渐被脱钩直接支付和新的绿色直接支付（2014年之后）所取代。弹性代表单个国家分配部分预算的自由。图5-23还表明，在欧盟扩大时期，连续的改革也在稳步推进。

（1）欧盟绿色农业政策的历史发展。

环境政策是一个相对较新的欧盟政策领域（从 CAP 的50余年历史来看），农业环境政策更是如此。尽管"第一个环境行动计划"可以追溯到1972年，但直到

1986年，环境才得到重视。当时的《单一欧洲法案》规定，所有欧盟立法都应考虑环境保护。关键原则是污染成本应由污染者承担（"污染者付费"），以及污染应从源头治理。自1986年以来，已经制定了新的环境行动计划，每个计划的覆盖范围都比之前更广。

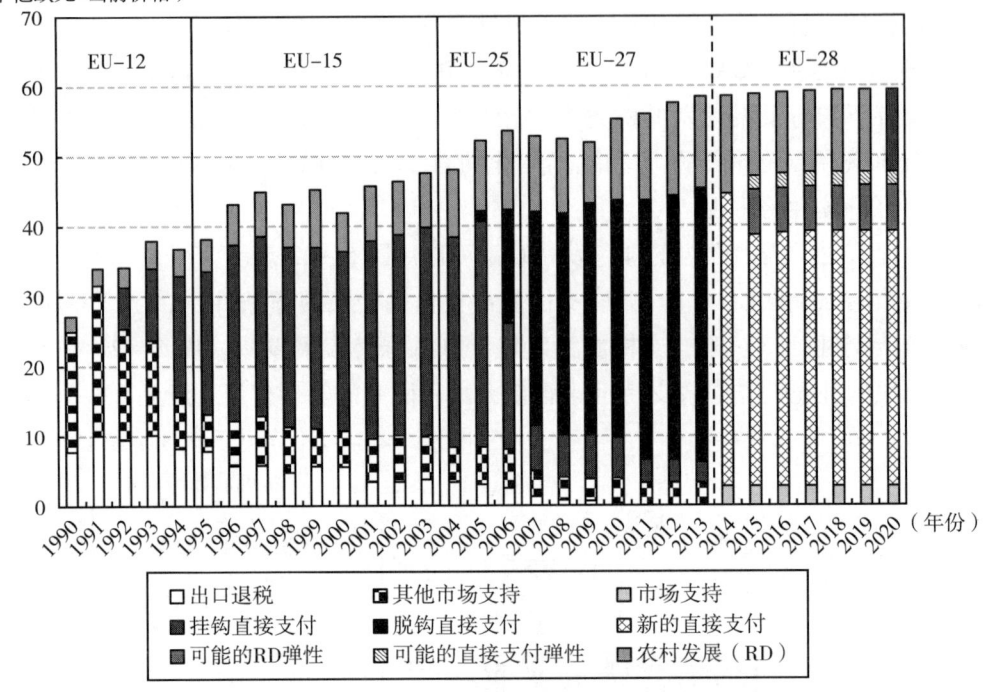

图 5-23　按日历年划分的共同农业政策支出路径（以当前价格计算）

资料来源：EC. Overview of CAP reform 2014 – 2020 [R]. Agricultural policies perspectives brief, 2013 (5).

除此之外，"第六个环境行动计划"（2002~2012年）以参与的方式制定，所有利益相关者都参与了制定过程。虽然这需要非常长的过程，超过了18个月，但最终确定了共同相关的优先立法领域：自然资源/废物，环境、健康和生活质量，自然和生物多样性及气候变化，使该计划成为迄今为止最全面的计划。尽管如此，它仍然不能保证成员国对既定目标的充分承诺，导致欧盟环境立法在各个国家的实施和执行并不充分。基于这些经验，当前的"环境行动计划"（第七个，涵盖2013~2020年）明确侧重于加强各成员国的承诺。

表 5-19概述了自1972年以来欧盟农业绿色发展最重要的步骤，涵盖了包含环境目标的一般立法，以及关于投入品使用和绿色发展目标制定的具体立法。

表 5 – 19　　　　　　　　欧盟的农业绿色发展：主要政策步骤

年份	规章制度、政策文件或行动	与农业绿色发展相关的内容	实施情况
1972	欧盟第一个环境行动计划（1973 – 1977）	确定原则：（1）预防胜于治理；（2）污染者付费；（3）源头治理	
1979	欧盟签署了《远程越界空气污染国际公约》	为国际防治空气污染措施提供依据	
1986	单一欧洲法案	所有立法包含环境保护	
1991	硝酸盐指令	防止农业来源的硝酸盐污染地下水和地表水	国家行动方案
1991	植物保护产品指令	植物保护产品授权和管控	各国执行欧盟的准入要求
1992	CAP 麦克萨里改革	开始从价格支持转向收入支持，采取农业环境措施	
1993	第五个环境行动计划	基于《马斯特里赫特条约》的未来十年环境立法议程	
1994	欧洲环境署成立	提供独立、可靠和可比较的环境信息	
1997	欧盟签署《京都议定书》	与 1990 年相比，2012 年温室气体减排 8%	国家措施
1999	CAP "2000 年议程"改革	引入农村发展作为 CAP 第二大支柱，以及农业环境措施	
2000	水框架指令	监测和管理所有地表水和地下水生态情况的框架	各成员国制定"流域管理计划"
2001	国家排放上限指令	到 2010 年落实对四种空气污染物具有法律约束力的限制	国家措施必须确保一致
2002	第六个环境行动计划（2002 – 2012）	制定未来十年的主要环境目标	
2002	食品法规章	制定食品安全相关原则和流程	EFSA 于 2002 年成立，旨在提供独立的科学建议
2003	CAP 中期审查	农民支付进一步脱钩	2005 年后实施单一给付制度，及交叉遵守条件
2006	植物保护产品新战略	更好地控制实际使用	得到实施和正面评价（EC/ECORYS, 2018）
2006	生物多样性行动计划	收紧现有政策（2020 年目标）	
2007	动物健康综合战略	协调不同法规	
2008	状况检查（CAP 改革）	强化中期审查的措施	

续表

年份	规章制度、政策文件或行动	与农业绿色发展相关的内容	实施情况
2008	对温室气体减排的进一步承诺	与1990年相比，2020年减排20%	
2010	所有指令更新	与里斯本条约（对之前的1957年罗马条约和1993年马斯特里赫特条约的修订）相匹配的必要行政调整	
2012	欧洲2020年智能、可持续和包容性增长战略	包含2010~2020年环境目标的全经济参考框架	
2013	第七个环境行动计划	重新确认欧盟的主要环境目标，强调更好的实施、信息和整合	
2014	CAP更新（2014-2020年），基本支付	通过交叉遵守和加强农业环境措施进一步转向单一给付	2014年后实施
2014	CAP更新（2014-2020年），新的直接支付	第一支柱下引入绿色直接支付：国家支付的30%应该用于维护永久性草地、生态区和作物多样化	2014年后实施
2014	CAP更新（2014-2020年），弹性直接支付	针对小农和年轻农民以及自然限制地区，成员国可以在第一支柱中包含特殊直接支付	2014年后实施
2014	CAP更新（2014-2020年），农村发展	每个农村发展计划的30%必须是有利于环境和应对气候变化的自主措施	2014年后实施
2019	欧盟长期的温室气体减排战略	确保遵守围绕气候变化的《巴黎协定》的措施	欧盟委员会于2020年初以"欧洲绿色协议"提交提案

"欧盟硝酸盐指令"（从1991年开始）要求成员国制定保护水质量的国家行动计划。该指令对农业尤其重要，因为排入地表水的氮总量中很大一部分来自农业。对硝酸盐的要求限制了动物粪便的排放和化肥的氮施用。特别是，指令规定在脆弱地区通过牲畜粪便施用氮的上限为每年每公顷170公斤（可选择减损）。该政策在减少对环境的过量氮排放方面非常有效——2004~2007年，硝酸盐浓度保持稳定或出现下降（EC，2010a）。

磷酸盐的过量使用不受"欧盟指令"的监管，而是通过国家立法进行管理。虽然一些国家的立法基于"硝酸盐指令"或其他欧盟框架——如"水框架指令"或"流域管理计划"，但其他国家各自制定了与欧盟系统无关的政策。总的来说，欧盟的磷酸盐政策差别很大，而且由于覆盖面和衡量标准的巨大差异，很难对其进行比较（Amery and Schoumans，2014）。最近，加尔斯克（Garske et al.，2020）认为，立法中仅包含了磷酸盐可持续管理的几个关键点，但在国家层面缺乏促进养分可持续管理的具体措施。

另外，1991 年，欧盟发布了第一个关于农药准入、使用和废物处理的指令。在"第六个环境行动计划"中，这一主题被明确指定为主旨战略之一，因为现有立法倾向于关注准入和废物收集，而很少涉及实际使用问题（EC，2007）。自 2008 年以来，欧盟实施了一系列跨年份的欧盟农药残留控制计划，明确了给定农药清单的界限，并提供了抽样指南以监测残留是否实际达标［参见 EC（2017a）中的例证］。计划的关键目标是"通过降低农药使用对人类健康和环境的风险和影响，推广'虫害综合治理'，在欧盟实现农药的可持续使用"（EC，2020）。病虫害综合治理"强调作物的健康生长，尽可能减少对农业生态系统的破坏，并鼓励采用自然的病虫害防治机制"（EC，2020）。欧盟国家必须将这种方法纳入国家行动计划来进行推广。

上述关于投入品的规定自 2002 年起开始逐步实施，同时作为农民获得 CAP 收入支持的交叉遵守条件。此外，欧盟还发布了一系列指令，保证特定领域的环境质量，并在需要时得到国际协议的支持。这些政策总结为以下六类。

一是食品安全。欧盟在 2002 年的食品法中规定了一般原则和程序，这部法律仍然监管着欧盟的食品安全。风险评估独立于风险管理进行。为了对食品和饲料添加剂的授权进行风险评估、给出独立的科学建议，成立了欧洲食品安全局（EFSA）。风险管理是欧盟和成员国的责任。在法律上，食品经营者对食品安全负主要责任。

二是空气质量。担忧不仅与温室气体有关，还与臭氧前体、颗粒物和酸化物质（二氧化硫、NO_x 和 NH_3）等物质的排放有关。由于气体排放在地理上可能会产生深远的影响，在 1979 年签署的《远程越界空气污染国际公约》中已经就基本措施达成一致。与该公约的承诺同步，欧盟从 2010 年起对每个成员国施加了具有法律约束力的限制。

三是水质量。欧盟于 2000 年通过了"水框架指令"，指令是一种水管理和保护的新立法方式，它不是基于国界而是基于流域。从那时起，成员国也制定了"流域管理计划"，确定了负责水管理的部门并启动了监测网络。

四是土壤保护。欧盟的各项政策在防止土壤污染、酸化、侵蚀和盐渍化方面起到了积极作用，但缺少连贯的土壤保护政策。尽管 2006 年已经提出了"土壤框架指令"，但少数成员国阻止了指令的进一步实施，导致 EC 于 2014 年 5 月撤回了该指令。因此，土壤保护仍主要依靠国家努力，但并非所有成员国都有专门的立法。

五是温室气体排放。欧盟在1997年《京都议定书》的实施中发挥了主导作用，允许可交易的排放权，并承诺2012年比1990年的排放水平减少8%，2008年，这一承诺进一步增加到20%。在围绕气候变化的《巴黎协定》（2015年通过，2016年生效）之后，欧洲理事会已邀请欧盟委员会根据《巴黎协定》提出欧盟的温室气体长期减排战略提案，同时将国家2021~2030年期间的能源和气候计划（EC，2018b）考虑在内。该提案已于2020年初作为"欧洲绿色协议"提出。

六是生物多样性。欧盟的政策分别基于1979~1992年的鸟类和栖息地指令以及2006年"生物多样性行动计划"（EC，2010b）。这些指令共同保护了1 000多种动植物物种和200多种"栖息地类型"，包括几类草地和湿地。指令规定，应在整体上保护生物多样性，而不仅仅只保护直接受农业活动影响的物种，这需要对农药进行大范围的毒性测试（Streloke，2011）。此外，欧盟对转基因（GM）作物的接纳有很多限制。行动计划将生物多样性保护措施作为CAP第二支柱农村发展工作的一部分进行推进。

（2）监测与评估。

为确保环境信息的独立性、可靠性和可比性，欧洲环境署（EEA）于1994年成立。截至2019年，它制定了一套核心指标，包括120项指标（EEA，2019），涵盖环境决策的各个方面。这些指标分为五类：描述性指标；绩效指标；效率指标；政策有效性指标；总体福利指标。网站提供对主要法规和环境标准的便捷访问，并定期发布所有指标的更新，而EEA（2014）提供全面的指南和背景。

欧盟环境政策的监测大部分归入CAP的共同监测和评估框架（EC，2017b）。第一支柱下的所有措施都将不同指标的衡量外包给外部各方，而第二支柱措施则由成员国（或成员国委托的外部各方）评估。

2018年底，EC向欧洲议会报告了共同监测和评估框架的实施情况（EC，2018c）。报告中最重要的教训之一就是指标和子指标过多，因此很难快速了解政策表现的整体情况。此外，证明了并非所有指标都适用于目标，有的是可用的速度不够快，有的是与CAP的联系有限。最后，特别是对于第二支柱，由于成员国之间在报告标准、定义和指标衡量方面存在差异，难以比较它们最后所取得的进展。

更具体地说，事实证明很难评估交叉遵守条件对欧盟农业绿色发展的实际影响。在一份特别报告中，欧洲审计院得出结论，无法充分确定交叉遵守措施的有效性，这主要是因为信息不够完整且控制系统过于复杂（ECOA，2016）。报告建议简化遵守指标集和现场检查规则，并更好地共享违规信息。目前，要求并不总是明确的，而且各成员国（负责实施）的解读可能不尽相同，这也导致了对同一类型的违规行为有不同的罚款。

对于欧盟来说，改进监测和评估至关重要，因为当前更新的 CAP 也更加强调表现，而不是对规则的遵守服从（目前主要的监测重点）。这意味着需要进一步协调两个支柱的指标及其衡量标准，即使第二支柱监测的责任仍由成员国承担。

（3）成功与失败。

欧盟的农业环境政策在某些方面是成功的，但也能看到进展缓慢和失败之处。下面，从不同方面进行总结评估。

肥料统计数据显示，自 1980 年以来，西欧的氮、磷和钾施用量显著下降，速度远快于耕地和牧场的下降速度（van Grinsven et al.，2015）。养分过剩情况也大幅缓解，尤其是在失衡最严重的西北欧国家。根据欧盟统计局（EEA，2019）采用的计算方法，就整个欧盟而言，氮过剩从 1990 年的每公顷约 70 公斤下降到 2000 年的约 63 公斤，然后进一步下降到 2010 年的 49 公斤，并在 2015 年略微上升到 51 公斤。磷酸盐过剩从 1990 年的每公顷 12 公斤下降到 2004 年的 8 公斤左右，并进一步下降到 2015 年的 1 公斤。

与肥料相反，杀虫剂的使用趋势即使有下降，也并不明显。欧盟统计局的农药销售数据，以及联合国粮农组织统计数据库中 1990～2015 年实际使用农药活性成分的时间序列数据，都说明了这一点。对于大多数国家来说，后者较为稳定。此外，成员国实施的虫害综合治理普遍薄弱，导致在减少农药对健康和环境带来的风险方面进展有限（ECOA，2020）。

关于食品安全，大多数报告都相当令人鼓舞。尽管杀虫剂的使用水平保持不变，但食品和饲料中的杀虫剂残留量已经减少。虽然 EC（2007）提到，在 1996～2003 年期间，约 5% 食品和饲料样品中的残留量超过了最大监管限制，但最近一份关于该问题的年度报告称，在欧盟生产的食品中，这一比例 2016 年下降至 2.4%，所有样本的总体比例为 3.8%（EFSA，2016）。欧洲食品安全局（EFSA）认为，消费者长期接触农药残留物不存在重大安全问题。

关于水质量，并非所有趋势都是积极的（EEA，2019）。大约 54 000 个地点的样本显示，无论是在河流、湖泊还是地下水中，硝酸盐的平均浓度几乎没有下降。1992～2008 年，磷有明显改善，但之后保持稳定或略有恶化。在针对荷兰的一项具体研究中，荷兰环境评估署发现，地下水中的硝酸盐浓度一直在下降，但地表水中的氮和磷仍然严重超标。此外，农药对水的污染仍然是一个主要问题。欧洲的几个国家报告称，地下水中的农药浓度超过了质量标准。在这个欧洲数据集中，大约7%的地下水监测站报告有一种或多种农药的超标（EEA，2019）。最近一项关于CAP对水质量影响的外部评估认为，整个CAP框架不仅确保有利于水质量的最低限度农业活动，还敦促了执行成员国提高对农民的要求并完善监测系统，因为目前的措施未能防止农业给水质量带来压力（Alliance Environment，2019a）。

农业部门在温室气体排放方面有所改善。2015年，农业温室气体排放占欧盟总排放量的10%，这部分排放主要来自畜牧业产生的甲烷和施肥产生的氮氧化物。1990～2015年这两个来源的排放量都有所下降，总共减少了20%，部分是由于并非专门为此目的设计的政策的影响，如连续的共同农业政策（CAP）改革。在这种情况下，最近环境联盟的一项外部研究（2018年）得出结论，如果不是因为"通常有限的政治意愿要求农业部门在气候方面做出更多努力，因为这被视为可能对农场的经济表现造成潜在损害"这一观念，CAP政策的影响可能会更加显著。

最后，2019年评估了生物多样性的政策结果（Alliance Environment，2019b）。迄今为止，对该计划实施情况的评价并不乐观。总的来说，成员国的落实方式过于多样化。通常，生物多样性不被视为第一支柱中实施交叉遵守的优先事项，这导致第二支柱下出现了各种各样的具体政策。尽管其中一些政策对保护农田栖息地及其物种作出了重大贡献，但该报告的总体结论是，受保护的栖息地和物种正在持续丧失。总体而言，政策覆盖面不足，影响生物多样性的诸多政策措施缺乏一致性。

目前，正在为2020年之后准备新一轮的CAP更新。其轮廓尚不完全清楚，但预计将适度减少第一支柱和第二支柱的总体联合预算，尽管每个农场的最高金额将降低，直接支付仍将是政策的一个重要组成部分。另外，在制度上，更多选择政策措施的责任将委派给成员国（EC，2018a）。最后，如前文所述，政策文件宣布了从要求和遵守到结果和表现的转变，提高了环境要求，但尚未定义清晰的衡量标准。

5.6.4　总结与结论：中国可否借鉴欧盟经验？

在经历了一段时期的农业快速增长之后，中国当前面临着严重矛盾，一方面是保持农业产量适度增长以适应进一步增长的需求，另一方面是减少农业污染。在这一两难境地中，中国现在的处境与大约35年前的欧盟一样。最初，欧盟对农业污染威胁的反应有些瞻前顾后，但从 1986 年的《单一欧洲法案》开始，环境问题已成为欧盟政策制定的主流内容。这不仅反映在具体法规中，更普遍地反映在欧盟 CAP 的各种改革中，CAP 已经从生产支持转变为脱钩直接支付，从而提供收入支持，奖励环保的农业活动。

欧盟在这一领域政策的两个核心原则是"污染者付费"原则和从源头解决污染问题的目标。这两个原则的直接结果就是，不仅将农业当作硝酸盐、磷和农药排放的主要"贡献者"来关注，还要将其看作主要参与者。政策采用"大棒"和"胡萝卜"相结合的方式解决农民问题。CAP 的连续改革证明了这一点，1992 年后逐渐从与生产相关的补贴转向脱钩支付，通过交叉遵守要求对环境表现的支付限制条件越来越多。尽管对农民的支持性质发生了很大变化，但支持的数额仍然很大，目前每年的 CAP 预算接近 600 亿欧元。

在中国，2011 年"十二五"规划启动时，农业引发的环境问题已经积累了几十年且已被充分认识。"十二五"规划首次涵盖了减排目标。现在，中国正处于政策制定阶段，既要达到环境和食品安全标准，同时也要保障农业产量和农村收入。尽管已有初步的改善迹象（如食品安全性提高、化肥和农药等投入品的使用稍有下降），但仍待取得重大突破。

在欧盟，确实取得了突破，但总体环境结果仍存在争议。可以看到成功和失败并存。氮肥和磷肥过剩已大幅缓解，此外，食品安全没有重大结构性问题，农业温室气体排放量也有所减少。然而，地下水和地表水中的硝酸盐平均浓度几乎没有下降，磷酸盐浓度一开始出现下降，但 2008 年之后就停滞不前。此外，农药的使用并没有明显下降，因此对地下水质量产生了负面影响，同时虫害综合治理的过渡进展缓慢。生物多样性正在下降。EC 清楚地意识到这些好坏参半的结果，一再敦促成员国（负责执行政策）要更加注重结果，而非要求。

鉴于路径的明显相似性，一个自然而然的问题就是，中国可以从欧盟设计、实施政策的经验中学到什么，来帮助自身实现环境可持续性、农村收入支持和农业产出增长的综合目标。我们认为，可以从三个不同方面总结经验教训——既有积极的也有消极的：一是实际政策的有效性；二是政策的设计和实施水平；三是监测和评估的过程。

1. 政策有效性：是否实施交叉遵守

在欧盟，CAP 的逐步改革已将重点从与生产相关的补贴转移到交叉遵守支付和一般农村发展基金。总的来说，交叉遵守要求已经成功地减少了化肥过度使用和农业温室气体排放。此外，最近的评估强调，如果提高水质量保护的标准并扩大生物多样性保护的范围，那么交叉遵守也将大大有助于保护水质和生物多样性。另一方面，与交叉遵守相关的行政负担是巨大的，特别是对于小农来说，这可能是获得此类资金的真正障碍。在今天的中国，农业补贴已经在很大程度上与生产脱钩。此外，由于部分地区的农民仍然普遍处于贫困之中，对农村收入的担忧更加明显。尽管如此，对农业补贴实施交叉遵守要求似乎是在减少农业污染方面取得突破的最佳选择。

因此，第一个经验就是，中国也应该努力将交叉遵守作为前进的方向，但要分两步走。第一步，必须安排农场监测，也许可以使用无人机等创新技术，再结合指导和知识拓展，以建立必须改变当前种植方式的紧迫感。遵循中国的传统做法，在所选县的大型农场进行交叉遵守条件试点，这也是对第一步宝贵补充。第二步，必须为所有农民引入交叉遵守要求，并为脆弱地区的农村发展提供额外资金，如欧盟的第二支柱。欧盟的经验还表明，交叉遵守要求和控制系统要尽可能简单，这一点至关重要。

2. 设计与执行政策：自上而下还是参与式

在欧盟，利益相关者的参与在制定农业和农村发展综合计划中变得越来越重要，它见证了第六个环境行动计划的漫长过程以及2020年后CAP准备过程中的广泛磋商。其中不利的一面显然是就改革达成一致的步伐较慢；积极的一面是在此过程中，实现了利益相关者的实质性承诺，降低了政策实施的难度。然而，让所有利益相关者都参与进来至关重要。在这方面，欧盟的经验表明，成员国政府（负责实际实施绿色发展措施）既要处理本国利益的多样性，同时也要忠于欧盟层面已达成共识的政策目标，这一点十分困难。传统上，中国在实施政策法规时采用自上而下的方法，但这种方法似乎不太适合复杂的变化，如减少农业投入品的过度使用。由于当前的污染对个人和社会的影响差距很大，而且绿色发展措施与整个农村发展的各项问题密切相关，因此涉及的利益相关者非常多。

所以，欧盟方法的第二个经验是，在制定和实施绿色发展政策时应寻求利益相关者的郑重承诺。地方政府必须能够在农民和非农民的参与下，为其所在地区设计符合国家绿色发展目标的、有针对性的计划。为此，中国目前正在进行的绿色发展试点项目可能会提供非常丰富的信息。只有在地方政府未能提出具体计划的情况下（根据欧盟的经验，这种情况可能会发生），自上而下的方法才必须占上风。最后，将化肥行业作为利益相关者纳入这些计划很重要，因为该行业必须提供适合当地条件的化肥包。

3. 监测与评估：透明与一致

如前文所述，监测欧盟农业绿色进展的过程有两个方面。从积极的方面来看，欧盟以及各个成员国在报告相关评估时非常透明。欧盟网站在这方面尤为突出，通过网站可以方便地访问绿色发展指标的常规统计数据和特别评估报告。消极的一面是，成员国之间在许多政策领域存在不一致的地方，既有根据本国背景解读欧盟法规方面，也有实施所负责的政策方面。这种不一致性严重阻碍了对欧盟政策影响的监测和评估，而影响指标的定义和衡量不一致，则使情况变得更糟。同时，指标过多也使难度增加。在中国，全国范围内建立了大型的国家协调监测系统，但迄今为止几乎没有结果。

因此，中国的第三个经验是，对绿色发展结果的监测应满足三个条件：首先，它应该（或继续）在全国范围统一标准，特别是如果在较低的行政级别进行实际测量的话；其次，只应使用有限数量的、定义明确且易于解释的、与政策直接相关的指标；最后，定期、透明地公布结果，这是维持对政策的支持以及让利益相关者和政策制定者知情的关键因素。

简而言之，尽管中国和欧盟之间存在明显差异，但在农业挑战和政策选择方面有足够的相似之处，因此中国可以从欧盟大约35年的绿色农业经验中吸取三个具体的经验教训，如前文所述。这些经验教训基于欧盟的成功和失败经历，可以用于指导中国在保障农业产出和农村生计的同时有效设计、实施并监测绿色发展政策。

参考文献

1. 陈浮，濮励杰，曹慧，等．近20年太湖流域典型区土壤养分时空变化及驱动机理［J］．土壤学报，2002，39（2）：236－245.
2. 陈印军，王晋臣，肖碧林，等．我国耕地质量变化态势分析［J］．中国农业资源与区划，2011，32（2）：1－5.
3. 邓亦文，肖春阳．国有粮食企业开展粮食产业化经营问题研究［J］．经济管理，2007（18）：51－54.
4. 杜丽娟，马靖森，郎鹏，等．中匈贸易隐含碳测算与对策分析［J］．华北理工大学学报（社会科学版），2021，21（3）：130－136.
5. 范丽霞．中国粮食全要素生产率的分布动态与趋势演进——基于1978～2012年省级面板数据的实证［J］．农村经济，2017（3）：49－54.
6. 冯居易，魏修建．基于投入产出法的中国互联网行业经济效应分析［J］．统计与决策，

2021, 37 (15): 123-127.

7. 高帆. 我国区域农业全要素生产率的演变趋势与影响因素——基于省际面板数据的实证分析 [J]. 数量经济技术经济研究, 2015, 32 (5): 3-19, 53.

8. 高鸣, 宋洪远. 粮食生产技术效率的空间收敛及功能区差异——兼论技术扩散的空间涟漪效应 [J]. 管理世界, 2014 (7): 83-92.

9. 高鸣, 宋洪远. 生产率视角下的中国粮食经济增长要素分析 [J]. 中国人口科学, 2015 (1): 59-69, 127.

10. 高维龙, 李士梅, 胡续楠. 粮食产业高质量发展创新驱动机制分析——基于全要素生产率时空演化视角 [J]. 当代经济管理, 2021, 43 (11): 53-64.

11. 韩艳旗, 韩非, 王红玲. 湖北省农产品加工业产业基础与综合发展能力研究 [J]. 农业经济问题, 2014, 35 (6): 97-102.

12. 黄佩佩, 魏凤. "一带一路"沿线国家粮食全要素生产率时空演变及驱动因素 [J]. 世界农业, 2022 (5): 5-15.

13. 黄祖辉. 坚持适度性和多样性推进农业规模经营 [J]. 农业经济与管理, 2017 (5): 12-14.

14. 江松颖, 刘颖, 王嫚嫚. 我国谷物全要素生产率的动态演进及区域差异研究 [J]. 农业技术经济, 2016 (6): 13-20.

15. 蒋政. 不顾耕地质量只顾眼前利益土地流转遭遇"掠夺式"经营 [J]. 中国农资, 2015 (8): 5.

16. 金书秦, 林煜, 牛坤玉. 以低碳带动农业绿色转型: 中国农业碳排放特征及其减排路径 [J]. 改革, 2021 (5): 29-37.

17. 李礼连, 张利国. 长江经济带粮食全要素生产率时空演变及驱动因素实证分析 [J]. 价格月刊, 2017 (6): 77-82.

18. 李胜文, 李大胜, 邱俊杰, 等. 中西部效率低于东部吗?——基于技术集差异和共同前沿生产函数的分析 [J]. 经济学 (季刊), 2013, 12 (3): 777-798.

19. 刘华军, 贾文星. 不同空间网络关联情形下中国区域经济增长的收敛检验及协调发展 [J]. 南开经济研究, 2019 (3): 104-124.

20. 刘华军, 石印, 乔列成, 等. 中国全要素劳动生产率的时空格局及收敛检验 [J]. 中国人口科学, 2020 (6): 41-53, 127.

21. 刘宇, 吕郢康, 周梅芳. 投入产出法测算 CO_2 排放量及其影响因素分析 [J]. 中国人口·资源与环境, 2015, 25 (9): 2128.

22. 陆泉志, 陆桂军, 范稚莲, 等. 广西粮食全要素生产率时空差异及收敛性分析 [J]. 南方农业学报, 2018, 49 (9): 1887-1893.

23. 吕东辉, 许顿, 于延良, 等. 跨国粮食企业培育: 中粮与ADM、邦吉经营模式的比较研究 [J]. 农业技术经济, 2015 (4): 12-18.

24. 马林静, 王雅鹏, 吴娟. 中国粮食生产技术效率的空间非均衡与收敛性分析 [J]. 农业技术经济, 2015 (4): 4-12.

25. 闵锐, 李谷成. 环境约束条件下的中国粮食全要素生产率增长与分解——基于省域面板数据与序列 Malmquist-Luenberger 指数的观察 [J]. 经济评论, 2012 (5): 34-42.

26. 闵锐. 粮食全要素生产率: 基于序列 DEA 与湖北主产区县域面板数据的实证分析 [J]. 农业技术经济, 2012 (1): 47-55.

27. 孙世芳. 以低碳带动农业绿色转型 [N]. 经济日报, 2021-11-03 (11).

28. 汪慧玲, 卢锦培. 环境约束下粮食安全与经济可持续发展的实证研究 [J]. 资源科学, 2014, 36 (10): 2149-2156.

29. 王兵, 朱宁. 不良贷款约束下的中国银行业全要素生产率增长研究 [J]. 经济研究, 2011, 46 (5): 32-45, 73.

30. 王丽明, 王玉斌. 我国农业龙头企业效率测度及其影响因素分析——基于国家级粮食类龙头企业 [J]. 管理现代化, 2015, 35 (6): 100-102.

31. 王淑红, 杨志海. 农业劳动力老龄化对粮食绿色全要素生产率变动的影响研究 [J]. 农业现代化研究, 2020, 41 (3): 396-406.

32. 王晓. 农户土地流转行为模拟及其对环境的影响研究 [D]. 西安: 西北大学, 2014.

33. 王燕, 谢蕊蕊. 区域工业效率和技术差异研究——基于共同前沿方法的考察 [J]. 产业经济研究, 2012 (2): 18-25.

34. 王玉斌, 王丽明. 产业集群对农业企业技术效率的影响——基于农业产业化重点龙头企业数据 [J]. 农业技术经济, 2017 (3): 109-119.

35. 吴巧生, 陈亮, 张炎涛, 等. 中国能源消费与 GDP 关系的再检验——基于省际面板数据的实证分析 [J]. 数量经济技术经济研究, 2008 (6): 27-40.

36. 吴闻潭, 钱煜昊, 曹宝明. 中国粮油加工业上市公司技术效率及影响因素研究——基于三阶段 DEA 模型 [J]. 江苏社会科学, 2017 (6): 41-50.

37. 吴晓晨, 李忠佩, 张桃林. 长期不同施肥措施对红壤水稻土有机碳和养分含量的影响 [J]. 生态环境, 2008, 17 (5): 2019-2023.

38. 伍山林. 中国粮食生产区域特征与成因研究——市场化改革以来的实证分析 [J]. 经济研究, 2000 (10): 38-45, 79.

39. 武舜臣, 王静, 吴闻潭. 价格支持、市场扭曲与粮食加工企业的福利与选择: 一个理论探析 [J]. 农村经济, 2015 (6): 85-90.

40. 武舜臣, 徐雪高. 政府补贴、比价扭曲与粮食加工企业的资本配置——以稻谷加工业为例 [J]. 中南财经政法大学学报, 2017 (4): 119-126, 160.

41. 徐明岗, 卢昌艾, 张文菊, 等. 我国耕地质量状况与提升对策 [J]. 中国农业资源与区划, 2016, 37 (7): 8-14.

42. 杨黎敏, 李晓燕, 任永星, 等. 基于最小数据集的长春市耕地土壤质量评价 [J]. 江苏农业科学, 2019, 47 (20): 305-310.

43. 姚升, 王洪江. 分区视角下粮食全要素生产率差异及收敛性分析 [J]. 河北农业大学学报（社会科学版），2019，21（5）：22－29．

44. 尹朝静，李谷成，葛静芳．粮食安全：气候变化与粮食生产率增长——基于 HP 滤波和序列 DEA 方法的实证分析 [J]．资源科学，2016，38（4）：665－675．

45. 俞海，黄季，Rozelle S，等．地权稳定性、土地流转与农地资源持续利用 [J]．经济研究，2003（9）：82－91，95．

46. 俞海．农地制度及改革对土壤质量演变的影响 [D]．北京：中国农业科学院，2002．

47. 张利国，鲍丙飞．我国粮食主产区粮食全要素生产率时空演变及驱动因素 [J]．经济地理，2016，36（3）：147－152．

48. 张倩月，吕开宇，张怀志．农地流转会导致土壤肥力下降吗？——基于 4 省种粮大户测土结果的实证研究 [J]．中国农业资源与区划，2019，40（2）：31－39．

49. 赵亮，余康．要素投入结构与主产区粮食全要素生产率的增长——基于 1978～2017 年粮食主产区的投入产出面板数据 [J]．湖南农业大学学报（社会科学版），2019，20（5）：8－13．

50. 赵霞，宋亮，王舒娟．市场化、政府干预与涉粮企业效率——基于 A 股涉粮上市企业的实证分析 [J]．统计与信息论坛，2018，33（11）：51－58．

51. 郑志浩，高颖，赵殷钰．收入增长对城镇居民食物消费模式的影响 [J]．经济学（季刊），2016，15（1）：263－288．

52. 郑志浩，程申．中国粮食种植业 TFP 增长率及其演进趋势：1980～2018 [J]．中国农村经济，2021（7）：100－120．

53. 宗锦耀．关于我国农产品加工业发展问题的思考 [J]．农村工作通讯，2014（8）：54－57．

54. Alem H. Source of total factor productivity change: An empirical analysis of grain producing regions in norway [J]. Revista Economica, 2017, 69: 8－18.

55. Ali A, Imran M A, Hussain M, et al. Macro determinants of productivity growth of grain crops (rice and wheat) in Pakistan: A time series analysis [J]. Pak. Time Ser. Anal. , 2016, 28: 4271－4279.

56. Alliance Environment. Evaluation of the impact of the CAP on climate change and greenhouse gas emissions report in collaboration with Ricardo PLC [R]. European Commission, Brussels, 2018.

57. Alliance Environment. Evaluation of the impact of the CAP on habitats, landscapes, biodiversity [R]. European Commission, Brussels, 2019b.

58. Alliance Environment. Evaluation of the impact of the CAP on water [R]. European Commission, Brussels, 2019a.

59. Amery F, Schoumans O. Agricultural phosphorus legislation in Europe [R]. Institute for Agricultural and Fisheries Research (ILVO), Merelbeke, 2014.

60. Baldoni E, Esposti R. Agricultural productivity in space: An econometric assessment based on farm-level data [J]. Am. J. Agric. Econ. , 2020, 103: 1525－1544.

61. Balmann A, Curtiss J, Gagalyuk T, et al. Productivity and efficiency of Ukrainian agricultural

enterprises [J]. Agric. Policy Rep. , 2013.

62. Battese G, Rao D. Technology gap, efficiency, and a stochastic metafrontier function [J]. Int. J. Bus. Econ. , 2002 (11): 87 – 93.

63. Battese G, Rao D, O'Donnell C. A metafrontier production function for estimation of technical efficiencies and technology gaps for firms operating under different technologies [J]. J. Product. Anal. , 2004, 121: 91 – 103.

64. Burchi F, De Muro P. From food availability to nutritional capabilities: Advancing food security analysis [EB/OL]. Food Policy, 2016 (60): 10 – 19.

65. Campanhola C, Pandey S. Sustainable food and agriculture — An integrated approach [R]. The Food and Agriculture Organization of the United Nations (FAO) and Elsevier Inc, 2019.

66. Candemir M, Deliktas E. Production efficiency and total factor productivity growth in Turkish State agricultural enterprises [J]. Agric. Econ. Rev. , 2009, 8 (29).

67. Cao S Y, Xie G D, Zhen L. Total embodied energy requirements and its decomposition in China's agricultural sector [J]. Ecological Economics, 2010, 69 (7): 1396 – 1404.

68. Caves D W, Christensen L R, Diewert W E. Multilateral comparisons of output, input, and productivity using superlative indexnumbers [J]. Econ. J. , 1982, 92: 73 – 86.

69. Chambers R, Fare R, Grosskopf S. Efficiency, quantity indexes, and productivity indexes: A synthesis [J]. Bull. Econ. Res. , 1994, 46: 1 – 21.

70. Che N, Kompas T, Xayavong V, et al. Profitability, productivity and the efficiency of grain production with climate impacts: A case study of Western Australia [J]. SSRN Electron. J. , 2012, 12 (8).

71. Chen N, Widjajanto D W, Zheng Y. Soil problems in China and its lessons for other developing countries [J]. Earth and Environmental Science, IOP Conference Series, 2018.

72. Chen Z, Song S F. Efficiency and technology gap in China's agriculture: A regional meta-frontier analysis [J]. China Econ. Rev. , 2008, 19: 287 – 296.

73. Crippa M, Solazzo E, Guizzardi D, et al. Food systems are responsible for a third of global anthropogenic carbon emissions [J]. Nature Food, 2021, 2 (3): 198 – 209.

74. Cui Z L, Chen X P, Zhang F S. Current nitrogen management status and measures to improve the intensive wheat-maize system in China [J]. Ambio, 2010, 39: 376 – 384.

75. ECOA. Making cross-compliance more effective and achieving simplification remains challenging [R]. European Court of Auditors, Luxemburg, Special Report 2016 – 26.

76. ECOA. Sustainable use of plant protection products: Limited progress in measuring and reducing risks [R]. European Court of Auditors, Luxemburg, Special Report 2020 – 05.

77. EC. EU budget: The common agricultural policy beyond 2020 [R]. European Commission, Brussels, 2018a.

78. EC. EU policy for a sustainable use of pesticides: The story behind the strategy [R]. Office for

Official Publications of the European Communities, Luxembourg, 2007.

79. EC. Monitoring the impact of EU biodiversity policy, factsheet September 2010 [R]. DG Environment, European Commission, Brussels, 2010b.

80. EC. Overview of CAP reform 2014 – 2020 [R]. Agricultural Policies Perspectives Brief, 2013 (5).

81. EC. Overview report pesticide residue control in organic production [R]. DG Health and Food Safety, European Commission, Brussels, 2017a.

82. EC. Report from the commission to the European Parliament and the Council on the implementation of the common monitoring and evaluation framework and first results on the performance of the common agricultural policy [R]. European Commission, Brussels, 2018c.

83. EC. Strategy for long-term EU greenhouse gas emissions reductions [EB/OL]. https://ec.europa.eu/info/law/better-regulation/initiatives/ares-2018-3742094_en, 2018b.

84. EC. Sustainable use of pesticides [EB/OL]. https://ec.europa.eu/food/plant/pesticides/sustainable_use_pesticides_en, 2020.

85. EC. Technical handbook on the monitoring and evaluation framework of the common agricultural policy 2014 – 2020 [R]. DG Agriculture and Rural Development, European Commission, Brussels, 2017b.

86. EC. The CAP in perspective: From market intervention to policy innovation [R]. Agricultural Policy Perspectives Brief, 2011 (1).

87. EC. The EU nitrates directive, factsheet January 2010 [R]. DG Environment, European Commission, Brussels, 2010a.

88. EEA. Digest of EEA indicators 2014 [R]. Technical report 8/2014, https://www.eea.europa.eu/publications/digest-of-eea-indicators-2014.

89. EEA. Website of EEA [R]. https://www.eea.europa.eu/, 2019.

90. EFSA. The 2016 European Union report on pesticide residues in food [R]. https://www.efsa.europa.eu/en/efsajournal/pub/5348, 2016.

91. Eric N, Bravo-Ureta B E, Cabrera V E. Climatic effects and total factor productivity: Econometric evidence for Wisconsin dairy farms [J]. Eur. Rev. Agric. Econ., 2020, 47: 1276 – 1301.

92. Fan S, Pardey P G. Research productivity and output growth in Chinese agriculture [J]. Journal of Development Economics, 1997, 53 (1): 115 – 137.

93. FAO. Sustainable food systems: Concept and framework. Brief. Rome. https://www.researchgate.net/profile/Simon_Hales/publication/216811932_Climate_Change_2007_Impacts_Adaptation_and_Vulnerability_Contribution_of_Work_Group_II_to_the_Fourth_Assessment_Report_of_the_IPCC/, 2018.

94. FAO. World fertilizer trends and outlook to 2020 [EB/OL]. http://www.fao.org/3/a-i6895e.pdf, 2017.

95. Fischer G, Ermolieva T, Cao G Y, et al. Nutrients management in agriculture to mitigate environmental and health risks [R]. Report presented at IIASA-Peking University Symposium on Urbanization and Environment, November 2008, Beijing.

96. Garske B, Stubenrauch J, Ekardt F. Sustainable phosphorus management in European agricultural and environmental law [J]. Review of European, Comparative and International Environmental Law, 2020.

97. Gautam M, Yu B X. Agricultural productivity growth and drivers: A comparative study of China and India [J]. China Agric. Econ. Rev., 2015 (7): 573 – 600.

98. Grosskopf S. Some remarks on the Malmquist productivity index and its decomposition [J]. J. Product. Anal., 2003, 20: 459 – 474.

99. Hadley D. Patterns in technical efficiency and technical change at the farm-level in England and Wales, 1982 – 2002 [J]. J. Agric. Econ., 2006, 57: 81 – 100.

100. Han K H, Choi W J, Han G H, et al. Urea-nitrogen transformation and compost-nitrogen mineralization in three different soils as affected by the interaction between both nitrogen inputs [J]. Biology and Fertility of Soils, 2004, 39 (3): 193 – 199.

101. Hayami Y, Ruttan V W. Agricultural productivity differences among countries [J]. Am. Econ. Rev., 1970, 60: 895 – 911.

102. Hu Q, Zhao X, Jin Yang X. China's decadal pollution census [J]. Nature, 2017, 543: 491.

103. Huang J, Rozelle S. Technological change: Rediscovering the engine of productive growth in China's agricultural economy [J]. Journal of Development Economics, 1996, 49 (2): 337 – 369.

104. Huang J, Rozelle S, Qiu H, et al. Overview of China's agricultural development and policies CATSEI Project Report [R]. Center for Chinese Agricultural Policy, Chinese Academy of Sciences, Beijing, 2011.

105. IPCC. Summary for policymakers [M]. In Climate change 2021: The physical science basis. Contribution of working group I to the sixth assessment report of the intergovernmental panel on climate change. Cambridge: Cambridge University Press, 2021.

106. Islam N. Growth empirics: A panel data approach [J]. Q. J. Econ., 1995, 110: 1127 – 1170.

107. Jin S, Zhou F. Zero growth of chemical fertilizer and pesticide use: China's objectives, progress and challenges [J]. Journal of Resources and Ecology, 2018, 9 (1): 50 – 58.

108. Ju X T, Kou C L, Zhang F S, et al. Nitrogen balance and groundwater nitrate contamination: Comparison among three intensive cropping systems on the North China Plain [J]. Environmental Pollution, 2006, 143: 117 – 125.

109. Kahrl F, Yunju L, Roland-Holst D, et al. Toward sustainable use of nitrogen fertilizers in China [J]. ARE Update, University of California Giannini Foundation of Agricultural Economics, 2010, 14 (2): 5 – 7.

110. Kalirajan K, Obwona M, Zhao S J. A decomposition of total factor productivity growth: The case of Chinese agricultural growth before and after reforms [J]. Am. J. Agric. Econ., 1996, 78: 331 – 338.

111. Karafillis C C, Papanagiotou E. The contribution of innovations in total factor productivity of organic olive enterprises [J]. In Proceedings of the European Association of Agricultural Economists, 2008 International Congress, Ghent, Belgium, 26 – 29 August, 2008.

112. Kelly R, Fedchenko V. Phosphate fertilizers as a proliferation-relevant source of Uranium [J]. EU Non Proliferation Consortium Paper, No. 59, https://nonproliferation.eu/web/documents/nonproliferationpapers/phosphate-fertilizers-as-proliferation-relevant-so- 60. pdf, 2017.

113. Latruffe L, Balcombe K, Davidova S, et al. Technical and scale efficiency of crop and livestock farms in Poland: Does specialization matter? [J]. Agric. Econ., 2005, 32: 281 – 296.

114. Latruffe L, Fogarasi J, Desjeux Y. Efficiency, productivity and technology comparison for farms in Central and Western Europe: The case of field crop and dairy farming in Hungary and France [J]. Econ. Syst., 2012, 36: 264 – 278.

115. Lau L, Yotopoulos P. The meta-production function approach to technological change in world agriculture [J]. J. Dev. Econ., 1989, 31: 241 – 269.

116. Le C, Zha Y, Li Y, et al. Eutrophication of lake waters in China: Cost, causes, and control [J]. Environmental Management, 2010, 45: 662 – 668.

117. Leontief W. Environmental repercussions and the economic structure: An input-output approach [J]. The Review of Economics and Statistics, 1970, 52 (3): 262.

118. Lerman Z, Sutton W R. Productivity and efficiency of small and large farms in transition: Evidence from Moldova [J]. Post Sov. Aff., 2008, 24: 97 – 120.

119. Li Y Z, Su B, Dasgupta S. Structural path analysis of India's carbon emissions using input-output and social accounting matrix frameworks [J]. Energy Economics, 2018, 76: 457 – 469.

120. Lin J, Pan D, Davis S J, et al. China's international trade and air pollution in the United States [J]. Proc. Natl. Acad. Sci. U. S. A., 2014, 111 (5): 1736 – 1741.

121. Lyu K, Chen K, Zhang H Z. Relationship between land tenure and soil quality: Evidence from China's soil fertility analysis [J]. Land Use Policy, 2019, 80 (1): 345 – 361.

122. Ma W Q, Ma L, Li J, et al. Phosphorus flows and use efficiencies in production and consumption of wheat, rice and maize in China [J]. Chemosphere, 2011, 84: 814 – 821.

123. Mcmullen B S, Okuyama K. Productivity changes in the US motor carrier industry following deregulation: A Malmquist index approach [J]. Int. J. Transp. Econ., 2000, 27: 335 – 354.

124. Millan J A, Aldaz N. Agricultural productivity of the Spanish regions [J]. Appl. Econ., 1998, 30: 875 – 884.

125. Miller S M, Upadhyay M P. Total factor productivity and the convergence hypothesis [J]. J. Macroecon., 2002, 24: 267 – 286.

126. Mundlak Y, Hellinghausen R. The intercountry agricultural production function: Another view [J]. Am. J. Agric. Econ., 1982, 64: 664-672.

127. Nghiem H S, Coelli T. The effect of incentive reforms upon productivity: Evidence from the Vietnamese rice industry [J]. J. Dev. Stud., 2002, 39: 74-93.

128. Nie Z, Heerink N, Tu Q, et al. Does certified food production reduce agrochemical use in China? [J]. China Agricultural Economic Review, 2018, 10 (3): 386-405.

129. O'Donnell C, Rao D, Battese G. Metafrontier frameworks for the study of firm-level efficiencies and technology ratios [J]. Empir. Econ., 2008, 34: 231-255.

130. PBL. Trends in global CO_2 and total greenhouse gas emissions, 2019 report [R]. Netherlands Environmental Assessment Agency (PBL), The Hague, 2020.

131. Plastina A, Lence S H. A parametric estimation of total factor productivity and its components in U.S. agriculture [J]. Am. J. Agric. Econ., 2018, 100: 1091-1119.

132. Poore J, Nemecek T. Reducing food's environmental impacts through producers and consumers [J]. Science, 2018, 360 (6392): 987-992.

133. Pratt A N, Yu B X, Fan S G. The total factor productivity in China and India: New measures and approaches [J]. China Agric. Econ. Rev., 2009 (1): 9-22.

134. Rada N, Buccola S. Agricultural policy and productivity: Evidence from Brazilian censuses [J]. Agric. Econ., 2012, 43: 355-367.

135. Rahman S, Salim R. Six decades of total factor productivity change and sources of growth in Bangladesh agriculture (1948-2008) [J]. J. Agric. Econ., 2013, 64: 275-294.

136. Rambaldi A N, Rao D S P, Dolan D. Measuring productivity growth performance using meta-frontiers with applications to regional productivity growth analysis in a global context [R]. In Proceedings of the Australian Meeting of the Econometric Society ESAM07, Brisbane, Australia, 3-6 July, 2007.

137. Rao D S P. Meta-frontier frameworks for the study of firm-level efficiencies and technology ratios [J]. Presented at Productivity and Efficiency Seminar, Taipei, China, 2006.

138. Rietra R P J J, Heinen M, Dimkpa C O, et al. Effects of nutrient antagonism and synergism on yield and fertilizer use efficiency [J]. Communications in Soil Science and Plant Analysis, 2017, 48 (16): 1895-1920.

139. Rosenzweig C, Mbow C, Barioni L G, et al. Climate change responses benefit from a global food system approach [J]. Nature Food, 2020, 1 (2): 94-97.

140. Ruttan V W, Binswanger H P, Hayami Y, et al. Factor productivity and growth: A historical interpretation. In Induced innovation: Technology, institutions, and development [M]. Johns Hopkins University Press: Baltimore, ML, USA, 1978.

141. Sala-I-Martin X. The classical approach to convergence ananlysis [J]. Econ. J., 1996, 106 (437): 1019-1036.

142. Sen A. Poverty and famines: An essay on entitlement and deprivation [N]. Clarendon Press:

Oxford, UK, 1981.

143. Sharma K, Leung P. Technical efficiency of carp pond culture in South Asia: An application of stochastic meta-production model [J]. Aquac. Econ. Manag., 2000 (4): 169-189.

144. Shi L, Shi G, Qiu H. General review of intelligent agriculture development in China [J]. China Agricultural Economic Review, 2019, 11 (1): 39-51.

145. Song F, Reardon T, Tian X, et al. The energy implication of China's food system transformation [J]. Applied Energy, 2019, 240: 617-629.

146. Streloke M. Risk assessment and management of herbicides: Obligations of the new EU regulations [J]. Journal of Consumer Protection and Food Safety, 2011, 6: 55-59.

147. Su B, Ang B W, Li Y Z. Input-output and structural decomposition analysis of Singapore's carbon emissions [J]. Energy Policy, 2017, 105: 484-492.

148. Tan D, Jin J, Jiang L, et al. Potassium assessment of grain producing soils in North China [J]. Agriculture, Ecosystems and Environment, 2012, 148: 65-71.

149. Thirtle C, Helmke S V B, Johan V Z. Total factor productivity in South African agriculture, 1947-91 [J]. Dev. S. Afr., 1993 (10): 301-318.

150. Tone K. A slacks-based measure of super-efficiency in data envelopment analysis [J]. Eur. J. Oper. Res., 2001, 143: 32-41.

151. UNEP. Towards a green economy: Pathways to sustainable development and poverty eradication [R]. UNEP Report United Nations Environment Programme, Nairobi, 2011.

152. van Grinsven H J M, Bouwman L, Cassman K G, et al. Losses of ammonia and nitrate from agriculture and their effect on nitrogen recovery in the European Union and the United States between 1900 and 2050 [J]. Journal of Environmental Quality, 2015, 44 (2): 356-774.

153. Voortman R L. Explorations into African land resource ecology: On the Chemistry between soils, plants and fertilizers [J]. Gildeprint Drukkerijen, Enschede, 2010.

154. Wood R, Neuhoff K, Moran D, et al. The structure, drivers and policy implications of the European carbon footprint [J]. Climate Policy, 2020, 20: S39-S57.

155. Wu Y, Zhang L. Can the development of electric vehicles reduce the emission of air pollutants and greenhouse gases in developing countries? [J]. Transportation Research Part D Transport & Environment, 2017, 51: 129-145.

156. Xinzhen L. The second national census on pollution sources [EB/OL]. Beijing Review, http://www.bjreview.com/Opinion (accessed 22 June 2020).

157. Yang J, Huang Z H, Zhang X B, et al. The rapid rise of cross-regional agricultural mechanization services in China [J]. American Journal of Agricultural Economics, 2013, 95 (5): 1245-1251.

158. Yang X E, W R Chen, Feng Y. Improving human micronutrient nutrition through biofortification in the soil-plant system: China as a case study [J]. Environmental Geochemistry and Health, 2007, 29: 413-428.

159. Yin S, Chen M, Xu Y, et al. Chinese consumer's willingness-to-pay for safety label on tomato: Evidence from choice experiments [J]. China Agricultural Economic Review, 2017, 9 (1): 141–155.

160. Zhang D, Wang H, Löschel A, et al. The changing role of global value chains in CO_2 emission intensity in 2000–2014 [J]. Energy Economics, 2021, 93: 105053.

161. Zhang W, Jiang F, Ou J. Global pesticide consumption and pollution, with China as a focus [J]. Proceedings of the International Academy of Ecology and Environmental Sciences, 2011, 1 (2): 125–144.

162. Zhang Y M, Diao X S. The changing role of agriculture with economic structural change — The case of China [J]. China Economic Review, 2020, 62: 101504.

163. Zhu B Z, Su B, Li Y Z. Input-output and structural decomposition analysis of India's carbon emissions and intensity, 2007/08-2013/14 [J]. Applied Energy, 2018, 230: 1545-1556.

164. Zou C, Gao X, Shi R, et al. Micronutrient deficiencies in crop production in China [J]. In Alloway B J (Eds.), Micronutrient deficiencies in global crop production [M]. Springer Science, Heidelberg, 2008.

第6章 农业对国民经济的影响

6.1 经济结构转型中农业作用的变化
——以中国为例

众所周知，在经济增长过程中，农业占经济的比重按国内生产总值（GDP）衡量正在下降，占国家总就业的比重也在下降，也就是说，增长通常伴随着结构调整。结构调整对农业角色的影响如何？除了在减少贫困——尤其是农村家庭贫困和改善不平等方面的重要作用以外，随着时间的推移，农业的角色是否会随着结构调整而变化？本节从结构变化的角度评估了农业不断变化的作用。中国是这方面的一个很好的例子，在过去40年中，伴随着快速的结构调整，中国实现了前所未有的增长。通过投入产出（IO）增长分解，并结合CGE模型模拟分析，本节分析强调，在经济转型和国内经济日益一体化的进程中，农业部门已成为整个经济中更加不可或缺的组成部分。与以农业为主导、欠发达的经济相比，在更加一体化的经济中，农业的作用有所不同。虽然初级农业的比重随着经济一体化而下降，对经济增长的直接贡献也由此减少，但广义的农业食物系统（AFS）在经济中的比重可能只会小幅下降。在农业食物系统中，以占经济的比重或占总就业的比重来衡量，非农成分随着结构调整可能保持相对稳定。最后，根据中国经济1987年和2017年两个CGE模型的模拟分析，本节发现，由于这31年来中国经济结构的快速变化，农业通过AFS或与其他经济部门加强联系作出了间接贡献，其主导地位更加突出。

6.1.1 引言

农业经济学家强调了农业部门在经济发展中的重要作用。对于许多低收入发展中国家来说,农业是经济和总就业人数占比最大的部门。① 大规模对于解释农业的作用往往很重要。由于这一点,农业可以作为经济增长的催化剂(Johnston and Mellor, 1961; Schultz, 1964, 1968; Eicher and Staatz, 1998; Dorward et al., 2004),创造就业(World Bank, 2017; Christiaensen, 2019),并在减贫、改善粮食和营养安全方面取得了毋庸置疑的成果(Ravallion and Chen, 2003, 2007; Kraay, 2006; Christiaensen et al., 2011; Ivanic and Martin, 2018)。

发展经济学中的结构主义概念可以追溯到 1948 年拉丁美洲经济委员会(ECLA)成立。结构主义的核心原则是发展中国家与发达国家有着质的差别。如果不承认这些差异,旨在刺激发展中国家经济增长和减贫的政策注定会失败。结构主义的知识基础主要归功于 ECLA 的创始负责人劳尔·普雷维什(Raul Prebisch),普雷维什的一个重要看法就是关于工业化对发展中国家的重要作用,这一看法在今天仍有价值。普雷维什(1950)和辛格(Singer, 1950)有力地论证了,初级商品相对于制成品的价格必然会随着时间的推移而下降,除非贫穷国家实现工业化,否则将注定陷入贫困。

强调农业的重要性,或强调结构调整带动增长的重要性,可能会带来不同的增长战略和政策重点。"农业优先"阵营所建议的政策强调对农业进行投资,农业投资有较高的社会和经济回报率,并且可以减少贫困(World Bank, 1982; Byerlee and Alex, 1998; Ruttan, 1997; Alston et al., 2000; Fan et al., 2001; Hazell and Haddad, 2001)。结构主义者提出的战略强调进口替代工业化(ISI)的产业政策,ISI 当前在拉丁美洲,以及非洲和亚洲的许多发展中国家十分出名。虽然这些战略在一些国家的发展初期可能奏效,但从长远来看,反而减缓了发展速度,并在许多其他国家以失败告终(Timmer et al., 2015)。在大多数发展中国家,大部分人口持续依赖农业,其时间比结构主义者预期的要长得多,而对农业的忽视使他们当中的许多人陷入经济中的低产部分,并被排除在发展进程之外(Huang et al., 2008)。

应该指出的是,在过去几十年里,人们对农业作用的看法发生了巨大变化。

---

① 根据《2008 年世界发展报告》,估计有 86% 的农村人口以农业为生。在发展中国家的 55 亿人口中,有 30 亿生活在农村地区。在这些农村居民中,估计有 25 亿家庭从事农业,15 亿家庭是小农家庭。

20世纪50年代和60年代，农业在传统上被认为是发展中的劣等伙伴，劳动力可以无成本地转入工业（Lewis，1954），投资应主要用于工业化（Hirschman，1958），如今不同的是，大多数现代发展经济学家都认同农业和农村发展的作用是健康发展的组成部分。虽然农业在为制造业和服务业提供剩余劳动力、促进外汇收入和提高农村收入方面肯定会继续发挥作用，但与过去大多数人口依靠农业为生的情况相比，今天的农业角色会有所不同吗？然而，在研究农业与经济结构调整之间的关系时，重点似乎主要集中在农业对结构调整的影响上。农业通过劳动力推力和劳动力拉力实现的结构调整已经得到广泛的实证研究（如Alvarez-Cuadrado and Poschke，2011），对落后于结构调整的农村家庭的关注也越来越多。小农农业的生产率增长往往慢于现代工业部门，再加上恩格尔定律导致的农业原材料和主食价格下跌，许多依靠自给农业为生的农村家庭几乎没有从结构调整带动的经济增长中受益（Huang et al.，2008）。了解结构调整中农业的影响对实现健康发展至关重要，而经济结构变化对农业角色的影响也同样重要，值得更多探究。

本节着重探讨了结构调整对农业角色演变的影响，通过探究结构转型中农业与其他经济部门的融合，对农业角色进行评估。关于农业与工业相互依存的研究可以追溯到张培刚1949年题为《农业与工业化》的论文，同时关于农业联系效应的文献也很丰富，其中有许多与本节内容高度相关（如Vogel，1994）。与早期农业联系文献的不同之处在于，本节从结构调整的角度，分析了农业与经济其他部门之间的相互联系，并重点关注了这一动态过程，以及农业在经济发展中的角色演变。

本节以中国为例。为什么是中国？在过去40年里，中国实现了前所未有的增长，经济结构快速变化。中国政府的政策一贯强调农业的重要性，而中国在这一时期已经迅速工业化。因此，中国为我们提供了一个自然实验，有助于我们理解农业在结构调整中的角色演变。

许多方法可以用来评估结构调整对农业角色的影响。例如，利用农场层级的微观经济数据，曹和伯切纳尔（Cao and Birchenall，2013）研究了农业生产率作为中国改革后经济增长和结构调整的决定性因素的作用。我们使用经济系统方法，强调了农业在结构调整中的角色变化。虽然与曹和伯切纳尔（Cao and Birchenall，2013）的研究类似，但本节的CGE模型模拟部分评估了农业生产力冲击对整个经济的贡献，因为经济结构随着时间推移的差异，我们的分析主要关注农业生产力冲击的不同影响渠道。

以中国为例研究结构调整对农业角色的影响,也得益于中国现有的数据,这些数据使我们不仅能够衡量经济整体上的结构调整,还能评估经济一体化的水平,以及农业与经济其他部门之间联系模式的不断变化。根据定期进行的工业或经济普查/调查,中国系统地发布了分类投入产出表(IOT)。投入产出表详细说明了经济中各部门的关系,报告了农村和城市家庭的消费模式以及贸易模式。通过多轮投入产出表,结合对整体经济的结构调整分析,我们能够发现一些在结构变化分析或联系效应分析中都无法看到的典型事实。这些典型事实表明,结构调整使经济一体化程度提高,并改变了农业和经济其他部门之间的联系模式。我们发现,在发展初期,农业部门占主导地位时,这种联系往往由直接来自农业增长的"消费与生产"联系主导。随着收入增长和经济结构的变化,以及经济一体化程度的提高,农业增长较强的联系效应来自生产端。

基于这些典型事实,我们开发了 1987 年和 2017 年两个经济系统 CGE 模型,这两个年份分别代表 30 年周期的起始年份和结束年份。利用这两个模型评估随着时间推移,在显著变化的经济结构下农业角色的不同。CGE 模型的模拟进一步论证了投入产出分析中观察到的典型事实,随着经济在 2017 年变得更加一体化,2017 年农业生产率冲击通过经济联系给整个经济带来的间接收益比 1987 年要大得多。

我们分析了经济一体化以及结构调整对农业角色演变的影响,分析强调了供给侧对可持续增长的作用,其中农业继续发挥重要作用,但与过去有所不同,过去需求侧的影响更大。近年来,中国已经开始重视强化供应侧联系的相关政策(Chen and Groenewold,2019)。对农业和其他经济部门的进一步融合进行探索,应该成为新增长战略的一部分。

6.1.2 中国的结构调整与经济增长

近 40 年来,中国在经济上取得的非凡成就已被广泛记载,成为公认的世界奇迹,在此不再赘述。虽然中国从农业主导的经济体转变为工业大国的事实众所周知,但在过去 40 年里,很少有人对这种结构调整进行定量衡量。本节使用麦克米伦和罗德里克(McMillan and Rodrik,2011)开发的增长分解方法进行评估,填补了这一空白。

1. 概念框架

这部分的增长分解分析以罗德里克(Rodrik,2014)阐述的概念框架为指导。

从本质上讲，罗德里克指出了经济增长的三个来源。增长的第一个来源是部门内由于基本能力的积累而产生的正常生产率增长，如更好的制度、更健康或受过更好教育的工人、改进的技术和更有利的政策等。另外两个增长来源来自经济的结构调整。现代制造业的增长存在潜在收益，与其他部门不同，即使从相对较低的基本能力水平开始，也能较容易地达到高生产率水平——常见于主要出口国家。增长的最终来源为工人从低生产率部门向高生产率部门的流动。

罗德里克的概念框架起源于发展经济学，其历史可以追溯到刘易斯（1954）的研究，刘易斯清晰地划分了经济的传统部门和现代部门。积累、创新和生产率增长都发生在现代经济部门，而传统经济部门在技术上仍然处于落后、停滞状态。因此，经济整体增长在很大程度上取决于资源——主要是劳动力——从传统部门向现代部门迁移的速度。如今，刘易斯的理论在发展中国家的背景下仍然很重要，因为当今贫穷国家的经济仍有显著的二元结构特征。这种二元结构特征意味着，将工人从传统部门转移到现代部门可能会带来巨大的回报。

过去40年中国的快速增长无疑被视作符合罗德里克概念框架的成功故事。事实上，在罗德里克（2014）的研究中，中国就被记作成功的东亚模式的一部分，该模式强调的增长战略是大力投资兴起的现代、高产产业，如出口制造业，并将工人从传统农业等低生产率部门转移到现代工业部门。这种结构调整使东亚模式表现出了明显的中短期效益，并为长期增长奠定了基础。

2. 中国二元结构的典型事实

通过各部门的劳动生产率对比，可以证明40年前的中国结构二元性。格罗宁根增长与发展中心（GGDC）的研究人员制作的数据库可用于比较。①

图6-1显示了1978年，即中国开始经济改革的第一年，各部门之间生产率的巨大差距。图6-1中的区间对应数据集中的9个部门，区间的宽度对应该部门在总就业中的比重，而区间的高度对应该部门的劳动生产率水平，即经济中平均劳动生产率的一小部分。农业在1978年生产率最低，为平均生产率的60%。此外，从图6-1还可以明显看出，1978年中国大约70%的劳动力处于生产率最低的农业部门。这一数字说明，中国40年前开始经济改革时，结构调整提升劳动生产率的潜力非常大。

---

① 这里使用的是2015年1月更新的GGDC数据（Timmer et al, 2015）。GGDC数据集包含了截至2010年30个发展中国家（包括中国）和9个高收入国家的10个经济部门的总就业和实际增加值统计数据。

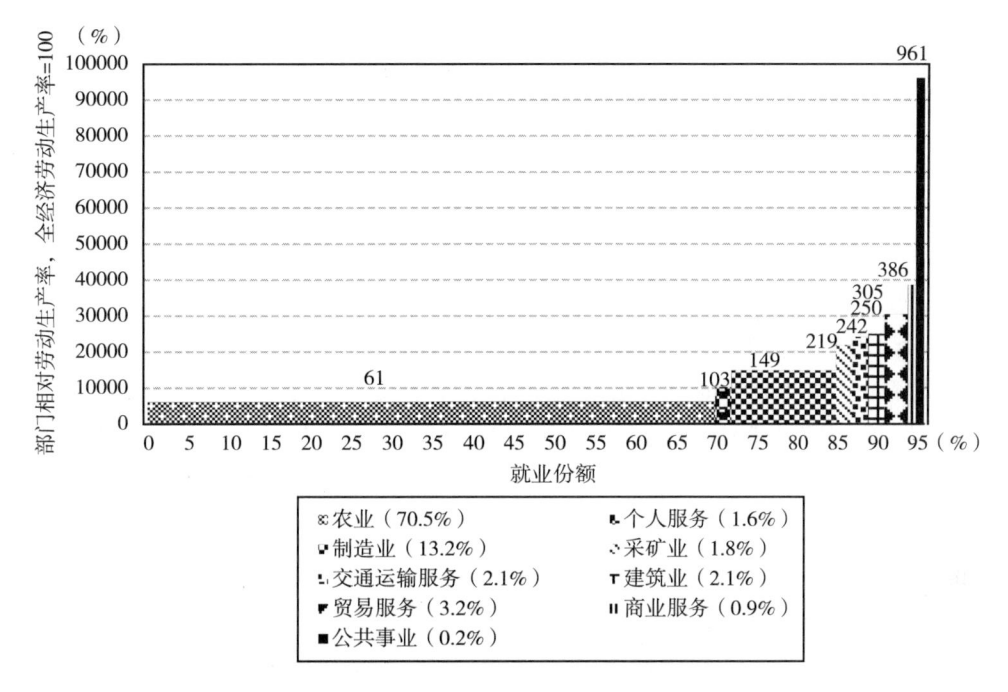

图 6-1　各部门的相对劳动生产率和就业份额
资料来源：使用格罗宁根增长与发展中心（GGDC）的数据计算得出。

3. 衡量结构调整带动的增长

为了定量衡量结构调整对中国经济增长的贡献，我们采用了麦克米伦和罗德里克（McMillan and Rodrik，2011）开发的增长分解方法，他们用以下等式表示劳动生产率增长的两个组成部分：

$$\Delta y^t = \sum_i \theta_i^{t-k} \Delta y_i^t + \sum_i y_i^t \Delta \theta_i^t \tag{6.1}$$

其中，y^t 和 y_i^t 分别表示整个经济和部门的劳动生产率水平，θ_i^t 是部门 i 的就业份额。Δ 运算符表示 $t-k$ 和 t 以及 $t>k$ 之间的生产率或就业份额变化。分解中，式（6.1）右侧的第一项是各个部门内生产率增长的加权总和，其中权重是每个部门在起始年份的就业份额。与麦克米伦和罗德里克（2011）一样，我们将其称为生产率增长的"内部"组成部分。第二项反映了不同部门劳动力重新分配对生产率的影响，它是生产率水平（结束年份）与各部门就业份额变化的内积。我们将第二个术语称为"结构变化"。

分解方法阐明了当经济活动之间的劳动生产率（y_i^t）存在巨大差异时，针对单个部门（如制造业）生产率情况的局部分析可能会有误导性。特别是，如果该部门的就业份额缩小而不是扩大,则该部门内高水平的生产率增长可能会对整体经济表现产生不确定的影响。如果被转移的劳动力最终从事生产率较低的活动,整个经济的增长将受到损害,甚至可能转为负增长。

我们将式(6.1)应用于更新后的 GGDC 数据,以定量分解整个经济范围内的劳动生产率增长。分析的第一个年份是 1978 年,这是中国开始经济改革的第一年。GGDC 数据的最后一个年份是 2011 年,我们借助中国国家统计局公布的数据将其进一步更新至 2017 年。更新后的 GGDC 数据的时间序列被分解为 4 个 10 年,即 4 个子时期:1978~1987 年、1988~1997 年、1998~2007 年和 2008~2017 年。图 6-2 显示了这 4 个子时期中劳动生产率年度增长的分解结果。劳动生产率年度增长用横轴报告,范围从前两个时期的 6.7% 到后两个时期的 8%~9%。条形图的编制根据劳动生产率增长有多少来自结构调整,以及有多少来自农业、制造业和其他行业的部门内劳动生产率增长,其中,整合了采矿业、城市公用事业和建筑业三个工业部门的数据,同时将贸易、交通运输、商业服务、公共服务和个人服务合并为服务业部门数据。

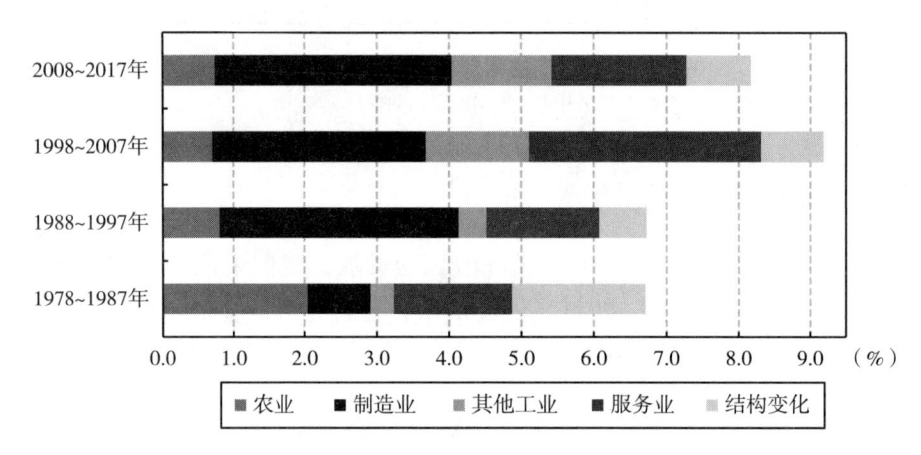

图 6-2 中国农业和非农业部门内劳动生产率增长以及不同时期结构调整带来的劳动生产率增长(年均增长率)

资料来源:使用格罗宁根增长与发展中心(GGDC)截至 2011 年的数据和中国国家统计局 2012~2017 年的数据计算得出。

对 1978~1987 年期间的第一个发现是,农业部门内生产率增长对广泛的经济增长存在显著贡献。如图 6-2 所示,农业内部劳动生产率增长的贡献为每年 2 个百分点,即整个经济体劳动生产率增长的 1/3(每年 6.7%)是农业部门内生产率增长的直接结果。农业的这一显著贡献可以通过这一时期中国以农村为重点的改革来解释。1978 年至 20 世纪 80 年代初,中国逐步废除集体农作制度,取而代之的是全国范围内的家庭联产承包制(Lin,1987),并且提高了配额价格的上限,即扣除义务交付后农民自愿销售的收入（Sicular，1988）。体制改革和价格改革都为农民提供了基于市场的激励措施，鼓励他们通过投资和改良自己的耕地提高生产率。20 世纪 80 年代早期农村改革与农业生产率提高之间明确的因果关系已得到学者们的充分评估（Lin，1987，1988，1992；McMillan et al.，1989；Fan，1991；Huang and Rozelle，1996；Fan and Pardey，1997）。

1978～1987 年结构调整是整体经济生产率增长的一个同样重要的驱动因素，大约 30% 的整体经济生产率增长来自结构调整。随着农业生产率的提高和耕地规模的缩小，越来越多的中国农村家庭在各种农村非农活动中寻找农业以外的就业机会，或迁移到城市部门。从农业部门到非农部门的劳动力流动带动了整体经济的生产率增长，因为所有非农部门的劳动生产率都高于农业部门（见图 6-1）。1978～1987 年，农业就业占总就业的份额从 70% 以上下降到 60% 左右，而制造业、建筑业、贸易和运输业的就业份额有所增加，这些部门在这一时期的劳动生产率是农业部门的 2～3 倍（见图 6-1）。

在 1988～1997 年第二个十年中，整体经济的劳动生产率增长速度与第一个子时期（1978～1987 年）相似，但两个时期增长的驱动因素存在显著差异。如图 6-2 所示，1988～1997 年，制造业部门内的劳动生产率增长成为最重要的驱动因素，每年占 3.3 个百分点，约占整体经济劳动生产率增长的 50%。这种增长模式也可以用 1987 年由从农村转向城市地区的经济改革来解释。城市改革为国有企业和集体企业提供了更有效的利润分享机制，释放了企业家的"动物精神"，使现有的制造业企业生产力更强。在这一时期，制造业占总就业的比重并没有增加很多，即很少建立新的制造业企业，这解释了为什么结构调整带来的增长在第二阶段相当温和，而制造业的部门内生产率增长是整体经济劳动生产率增长的主要驱动力。

在 1998～2007 年期间，整体经济的劳动生产率增长达到每年 9% 以上，是 1978～2017 年生产率年增长最高的一个子时期。这主要是由于两个重要因素。第一个因素是，自 1998 年以来，国有工业企业的改革不断深化（Shao，2014），许多低生产率的工业企业倒闭。在此期间，下岗的低技能工厂工人使结构调整对劳动生产率增长的贡献放缓，然而，其余企业的生产率得到提高，使得非农部门内的生产率出现较高增长。第二个因素是，中国于 2001 年 12 月加入世界贸易组织。全球市场为中国提供了快速扩大劳动密集型和出口导向型制造业的机会，世界市场的竞争和不断增加的外国直接投资导致所有非农部门内部的生产率持续快速增长。

我们还观察到，包括第一个子时期在内，结构调整对整体经济生产率增长的贡献不大，近30年来每年大约带来10%的生产率增长。户籍制度和土地使用权无法保障等制度障碍影响了农村劳动力从农村地区向城市地区的自由流动，进而阻碍了农村劳动力从农业部门向非农部门的自由流动（Wang et al.，2020；Deininger et al.，2014）。如果没有这些障碍，中国经济中的农业就业规模应该比我们在数据中观察到的小得多，这也意味着由于制度障碍，通过结构调整提高生产率的目的没有得到充分实现。

比较4个子时期的生产率增长分解，不仅制造业日益成为拉动整体经济劳动生产率增长的更重要的驱动力，服务业也是如此，特别是在最近期间。加入世界贸易组织不仅使中国制造业受益，当制造业以出口为导向时，为国际贸易提供物流服务的贸易、运输和商业服务等部门的生产率也与制造业扩张同步增长（Liao，2020）。生产率的快速增长也增加了大多数中国人的财富，他们增加的国内服务支出又对增长产生了积极的需求影响。

与使用不同方法的生产率衡量一致（Shen et al.，2019；Jin et al.，2010；Wang et al.，2007），在过去40年中，中国农业部门内生产率增长的直接贡献令人印象深刻。除了前文强调的体制和政策改革之外，还需要通过对研究、开发和推广的公共投资进行技术变革、采用现代投入，从而实现这种可持续增长（Jin et al.，2002；Ito，2010）。农村改革初期，农业内劳动生产率高速增长，此后，农业生产率对整体经济增长的贡献仍然为正，但在随后的3个子时期中相对较小，这主要是因为农业就业在总就业中的份额下降，从1978年的70%以上降到2017年研究结束时的27%。1978~2017年中国的劳动力总量翻了一番。然而，所有新的就业机会都是在制造业和服务业中产生的，农业劳动力的绝对数量在此期间下降。农业劳动生产率的提高使得中国的农业生产和附加值迅速增长，但农业就业并未增加。这使得农业能够通过结构调整间接促进整体经济的生产率增长，这是评估农业对整体经济增长的作用的一个不那么明显的因素。

6.1.3 伴随结构调整的经济一体化

关于农业联系效应的文献非常丰富，其中有许多与本节内容高度相关。投入产出（IO）、半投入产出（Semi-IO）、社会核算矩阵（SAM）和可计算的一般均衡（CGE）方法等被广泛用于衡量这种联系效应，而大多数分析都是基于各国某一年的IO/SAM，它反映了各国在特定年份的经济结构。其中一些研究通过比较几个不同发展水平国家的投入产出表或社会核算矩阵来评估不同的联系效应。这些研究能够部分捕捉到不同经济结构之间的关系和联系效应的大小（Kubo et al.，1986；

Haggblade et al.，1991；Vogel，1994）。然而，不同国家不同年份的投入产出仍然很难恰当地量化结构调整与长期联系效应之间的关系。依据中国 1987~2017 年的 7 张投入产出表，我们衡量了结构调整与经济一体化之间的关系，以及农业部门与其他经济部门之间随着时间推移而日益增强的联系。

投入产出表（IOT）描述了经济体中生产者和使用者/消费者之间的销售和购买关系，它通常根据工业或经济普查/调查构建，可以准确反映调查年度的经济结构。运用不同时间的多轮的投入产出表，我们能够观察到经济各部门之间、农业与许多非农子部门之间不断变化的关系，以及消费者的消费模式和贸易模式的不断变化。这种 IO 分析结合前文的结构调整分析，有助于我们更好地理解经济与结构调整的结合。

投入产出表中的矩阵显示了商品和服务（包括国内生产和进口）的跨行业流动，矩阵之外的附加列显示了从生产者到最终需求者（包括家庭、政府、投资和出口）的流动。我们用投入产出表数据直接衡量了经济一体化以及农业部门与其他经济部门的相互联系。中国于 1978 年构建了经济系统的首张投入产出表，并且，国家统计局自 1991 年以来陆续发布了 1987~2017 年期间的 7 张投入产出表。这 7 张表包含不同数量的生产部门和农业子部门。我们对这些部门进行了合并，以使 7 张表在行业结构上保持一致，便于进行本部分的分析。① 分析首先强调了经济的广泛一体化，然后重点关注了 1987~2017 年农业与其他经济部门之间不断变化的关系。

经济一体化通常指国家间经济政策的统一，国家间经济关系更加密切。我们借用这个概念来描述国内经济中各部门之间更密切的关系，并使用中间投入总额或 GDP 在全国总产出中的份额作为衡量整体经济一体化水平的指标。一个部门的中间投入需求是该部门的总产出与其增加值之间的差值，投入产出—技术的变化往往会导致对中间投入的需求增加，这类中间投入由许多其他部门生产。当经济系统中的许多现代部门对中间投入的需求增加时，即当各部门之间的投入—产出技术关系变得更加紧密时，经济中的增加值份额就会减少，对中间投入的需求就会增加（Kubo et al.，1986）。在极端情况下，当技术相当原始且单个部门的生产主要依赖劳动力和土地/资本等初级投入时，GDP 值接近全国总产出，中间投入额在总产出中接近零。在这一经济体中，几乎没有部门联系，代表了我们的定义下一体化程度最低的情况（但经济部门仍通过劳动力和其他要素市场的竞争相互影响）。结构调整通过劳动力从低生产率的传统部门向高生产率的现代部门的转移来

---

① 7 张投入产出表的部门数量见附表 A-1。

衡量，然而现代经济部门的生产过程比传统部门更加复杂，因为与传统部门相比，它们更加依赖其他现代部门生产的中间产品。随着更多劳动力在现代部门就业，我们预计经济将变得更加一体化，GDP 占国内总产出的比重将下降，中间投入的比重将上升。①

我们侧重于农业与经济其他部门之间的关系，以经济一体化进行评估，并使用农产品的各组成部分——用作中间产品、最终消费和出口——来衡量这种关系。图 6 - 3 显示了 7 张投入产出表中这些组成部分在农业总产出中所占的比重。图 6 - 3 中还包括食品加工部门使用的农产品，该部门密集使用此类初级农产品。初级农产品包括农作物、畜牧业、林业和渔业产品。

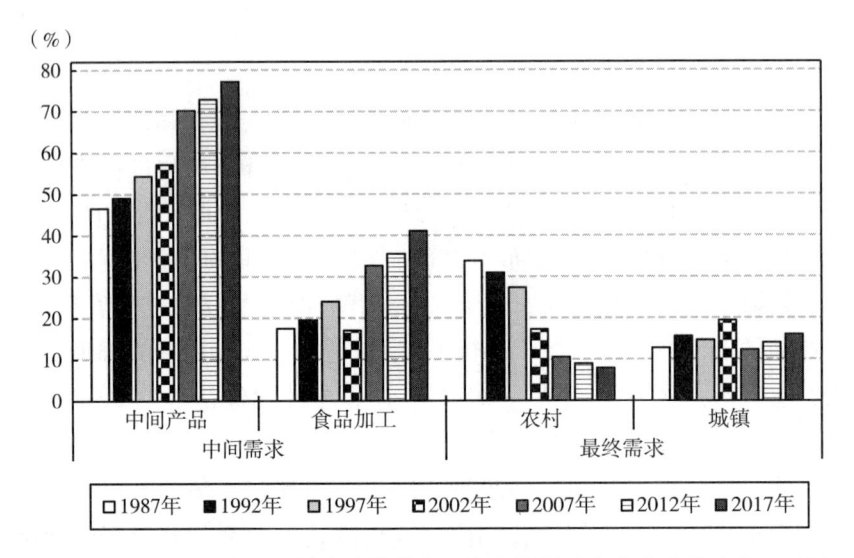

图 6 - 3　用作中间产品和最终消费的农业产出份额（每年农业总产出 = 100）
资料来源：使用中国 1987 ~ 2017 年投入产出表的数据计算得出。

图 6 - 3 清楚地表明，当结构调整促进经济一体化时，初级农产品更多地用作中间产品，而较少用于最终消费。1987 年，大约 47% 的农业产出被用作中间产品；2017 年，这一比例上升至 77%。另一方面，1987 年，生产初级农产品的农村家庭直接消费了 34% 的初级农产品，而这一比例在 2017 年降至 8%。城镇居民消费的农产品比重变化相对较小，但在 1987 ~ 2017 年有所增加，这是因为近 30 年来城镇化进程加快，城镇人口占总人口的比重显著提高（Deng et al., 2008）。

---

① 经济一体化也源于制造业和服务业的专业化，专业化使得单个工厂单元内的许多活动成为独立的生产/服务单元，并且垂直或水平一体化的供应链是经济一体化的一部分。这种类型的经济一体化往往与制造业外部的技术变革有关，如通信、信息、运输和其他物流服务方面的新技术。

三个因素可以解释农产品用途的变化：第一个因素是前文讨论的结构调整；第二个因素是农业的商业化和专业化；第三个因素来自需求侧，与农村非农收入增长和快速城市化相关。

前文分析表明，制造业在结构调整带动的增长中所起的作用越来越大，特别是在最后两个子时期。有两个制造业子行业较为密集地使用农产品作为中间产品——食品加工和纺织/鞋业，而这两个行业的生产扩张和相互依存度的增加是农产品越来越多地用作中间产品的主要原因。虽然中国的食品加工和纺织/鞋业都在迅速扩张，但二者背后的驱动力存在显著差异。纺织/鞋业的扩张由出口带动，而食品加工的增长则由内需带动。

加入世界贸易组织后，中国已成为世界上最大的服装和鞋类出口国。最终的纺织和鞋类产品由其他纺织品如纤维、布和皮革加工而成，而这些纺织品又由棉、丝、麻、毛、皮等初级农产品加工而成。在纺织和鞋类最终产品出口快速增长的同时，随着供应链在中国经济中的相互依存度不断加深，对农业中间产品的需求也在迅速上升。

中国生产商的加工食品在国际上的贸易量要少得多，其产品主要面向国内市场。加工食品需求增长，初级农产品消费迅速下降，这是由于两个相互关联的因素：农业商业化和城镇化。随着工业化的快速发展，数以百万计的农民工从农村转移到城市地区，在城市非农部门工作（de Brauw et al.，2002；Gong et al.，2008；Cai and Wang，2010；Li et al.，2013）。在留守的农户中，有些农户高度商业化，专门生产一种或几种农产品（Rae et al.，2006；Bi et al.，2007；Wang et al.，2017；Huang and Ding，2016；Yin et al.，2018）。对于那些非专业化的小农户来说，农业成了不那么重要的收入来源，他们要么依赖农村非农收入，要么依赖在城市工作的家庭成员的汇款（Zhu and Luo，2008；Démurger et al.，2010；Zhao and Barry，2014）。这两个因素彻底改变了农村家庭的消费模式。大多数农村家庭已经从依靠自产为主的自给自足的农民转变为从市场购买食品的消费者，其中购买的大部分是加工产品。

与此同时，中国城镇化进程迅速，目前大多数人口居住在城市地区。城市家庭消费的食品主要是加工产品。更重要的是，随着收入的快速增长，中国家庭的总消费支出增长了5倍，在1997~2017年期间，年增长率约为10%（World Bank，2019）。高收入增长本身可以显著改变食品消费模式，从以初级产品为主转变为消费更多加工产品。

图6-4显示了1987~2017年7张投入产出表中初级食品和加工食品在农村和城市总支出中的比重。1987年，农村家庭平均45%的收入用于购买初级食品，加

工食品仅占14%；而2017年，前者的比重下降至13%，后者上升至25%。城镇家庭的初级食品消费也发生了类似的变化，初级食品在城市家庭总支出中的比重从1987年的24%以上下降到2017年的7%以下。然而，加工食品在城市家庭中的份额也下降了，从1987年的24%下降到2017年的18%，这可以用恩格尔定律来解释，因为随着收入的增长，非食品项目，特别是住房，在城市总支出中占主要部分。

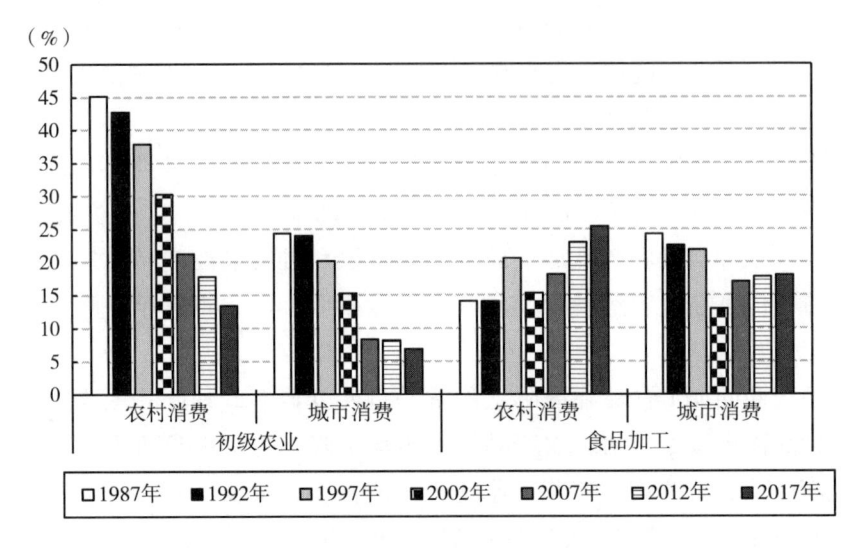

图 6-4　初级农产品和加工食品在家庭总支出中的份额（每年家庭总支出 = 100）

资料来源：使用中国1987～2017年投入产出表的数据计算得出。

需要指出的是，虽然从农业部门的角度来看，更多的农产品被非农部门用作中间产品，但这并不意味着农业在非农业部门的生产中变得更加重要。因此，有必要探究农产品作为中间产品使用是否出现了不成比例的增长，即农业和非农业的融合是否导致制造业总产值中增加值比重的下降。

图6-5显示了1987～2017年非农生产中农产品和非农产品的投入产出系数，其中非农部门的总产出为1。图6-5中还包括横轴上的以美元现价计算的年度人均国民总收入（GNI），这是世界银行用来对低收入、中等收入和高收入国家进行分类的衡量标准。事实上，1987～2017年农业中间产品在非农总产出中的比例从0.071下降到0.033。另一方面，作为非农生产中间产品的非农产品投入产出系数随着时间的推移不断上升，从1987年的0.54上升到2007年的0.66，并在2017年小幅下降至0.61。鉴于经济一体化主要由制造业发展推动，这一发现并不令人惊讶。制造业发展使用的中间产品比其他部门多得多，而其中大部分是由制造业内的各个子部门生产的。

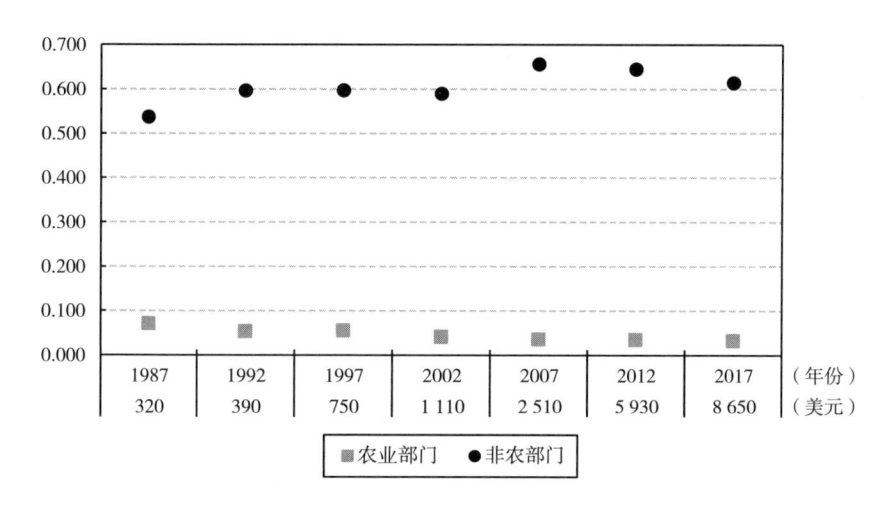

图 6 – 5　非农部门的投入产出系数

资料来源：使用中国 1987～2017 年投入产出表的数据计算得出。横轴为人均国民总收入（GNI），以图谱法计算，以美元现价计价，来自世界发展指标（World Bank，2019）。

另一种评估农业与其他经济部门融合程度的方法是使用投入产出乘数法，该方法考虑了部门之间的循环效应。根据联系效应文献（Hazell et al.，1991；Vogel，1994），我们计算了农业部门的前向和后向投入产出联系乘数。[①] 后向联系乘数衡量当农业部门的产量增加 1 个单位（如 100 万美元不变价）时，对用作农业部门中间产品的非农产品需求增加，而前向联系乘数衡量当非农部门的产量增加 1 个单位时，对用作非农部门中间产品的农产品需求增加。乘数是使用前文讨论的 1987～2017 年 7 张投入产出表计算得出的。图 6 – 6 展示了结果。

从图 6 – 6 可以清楚地看出，农业中的后向联系乘数效应远高于前向联系乘数效应。对我们的研究而言更重要的是，图 6 – 6 表明后向联系效应随着经济增长而增强，即收入水平越高，农业部门对作为中间投入的非农产品需求就越大。1987～2017 年的 31 年间，后向联系乘数从 1987 年的 0.44 增加到 2007 年的 0.96，2017 年保持在 0.84（图 6 – 6 中的圆点）。这意味着，生产同样 100 万美元的农产品，农业部门 2007 年创造了 9.6 万美元对非农产品的中间需求，2017 年为 8.4 万美元，而 1987 年仅 4.4 万美元。[②]

[①] 在计算考虑消费联系效应的全部社会核算矩阵（SAM）乘数时，我们没有像沃格尔（1994）那样考虑整体经济的联系效应，只关注投入产出乘数。对于完整的 SAM 乘数计算，不受约束的资源、外生价格和固定消费模式的假设是不现实的。在 6.1.4 节中，我们更倾向于使用 CGE 模型来评估整体经济的联系效应。考虑到我们的投入产出乘数是根据 1987～2017 年的实际投入产出表值计算而来，对中间投入使用的列昂惕夫技术假设是可以接受的，类似于 CGE 模型分析。

[②] 虽然图 6 – 6 中乘数的轨迹与沃格尔（1994）的图 6 – 2 非常相似，但沃格尔的分析是基于 27 个国家不同年份的社会核算矩阵（SAM）进行的。沃格尔（1994）的图片是这些 SAM 乘数与实际人均收入的拟合值。

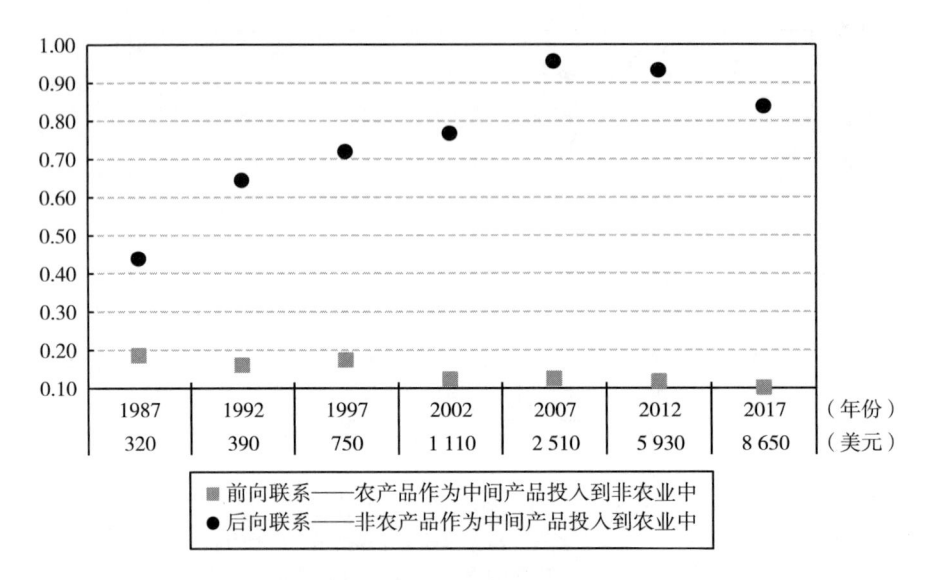

图 6-6　农业部门的投入产出乘数

资料来源：使用中国 1987~2017 年投入产出表的数据计算得出。横轴为人均国民总收入（GNI），以图谱法计算，以美元现价计价，来自世界发展指标（World Bank，2019）。

另一方面，虽然前向联系效应弱于后向联系效应，但我们观察到，前向联系效应在 1987~2017 年呈温和下降趋势。1987 年 100 万美元的非农业生产扩张创造了 1.9 万美元的农产品需求，而 2017 年下降到 1 万美元（图 6-6 中的方块）。

虽然直接测量投入产出系数和直接测量投入产出联系乘数得出的趋势具有可比性，但投入产出联系乘数的大小是投入产出系数的 2.6~3.5 倍。

6.1.4　评估农业角色的不断演变：可计算的一般均衡（CGE）模型分析

基于前文分析的典型事实，我们开发了两个 CGE 模型，以进一步评估农业角色随着结构调整的演变。目前已为中国开发了各种 CGE 模型，用于分析不同的经济发展和政策问题（Latorre et al.，2018；Qi and Zhang，2018；Diao et al.，2012；Horridge and Wittwer，2008；Garbaccio，1995；Xu，1994）。我们在本部分构建了两个 CGE 模型，量化衡量中国经济中不同经济结构在不同时期的相互联系，特别关注其中的农业食物系统（AFS）。

1. 农业食物系统衡量

农业食物系统概念在过去 20 年中被农业经济学家广泛采用，并有不同的定义。

有学者系统地描述了构成农业食物系统的系统和子部门（Campanhola and Pandey, 2019）。文献中描述了农业食物系统的结构和功能，并讨论了发展可持续农业食物系统的途径或政策（Thompson et al., 2007），但很少有人对该系统及其在整体经济或就业中的作用进行量化衡量。

我们采用瑟洛（Thurlow, 2020）开发的测量方法，并利用前文详细讨论的基于中国1987～2017年投入产出表的7个社会核算矩阵（SAM）。关于社会核算矩阵的详细描述见本章附录A。中国的AFS模式随着过去30年的结构调整而变化，本节首次运用7个社会核算矩阵来衡量这一变化。瑟洛（Thurlow, 2020）以农业食物系统AFS不同组成部分在国家GDP总量和就业总量中的比重来衡量它们，以下部门/子部门或某些非农部门/子部门的一部分可以看作AFS的组成部分：一是传统的初级农业部门，包括所有种植业、畜牧业、林业和渔业；二是作为制造业子部门的食品加工业和一些直接使用农业原料作为中间产品的非食品制造业子部门，如纱线和天然纤维、木材和木材制品；三是农民和农业加工者直接使用的投入品的生产（如肥料和银行服务），为避免重复计算，将农民和加工者自己生产的投入品排除在外，只有与当地投入品生产者有关的部分才被计入AFS；四是与农产品在农场、公司和最终销售点（市场）之间流动相关的国内运输和贸易活动（零售和批发）；五是食品服务部门以及酒店和住宿部门的一部分，根据农业食品投入在这些部门总投入采购中的份额计算得出。

图6-7（a）和图6-7（b）分别显示了1987～2017年中国7个社会核算矩阵中农业食物系统AFS不同组成部分的增加值和就业在全国GDP和总就业中的比重。由于投入产出表中的纺织业是一个总部门，且纱线和天然纤维不能被确定为单独的纺织子部门，我们将整个纺织业排除在农业食物系统AFS之外。[①] 我们还排除了木材和木制品，因为它们不能与投入产出表中的木材制品分开。作为世界上最大的木材和木制品进口国之一，国产木材和木材产品在中国蓬勃发展的家具和其他木制品出口中可能发挥的作用并不大，尽管木材原料是其中重要的中间产品之一。图6-7中还包括横轴以美元现价计算的年度人均国民总收入。1987～1997年中国人均国民总收入为320～750美元，被列为低收入国家。中国于2002年成为中低收入国家，自2012年成为中高收入国家。随着中国收入阶梯的提升，图6-7（a）清楚地表明，随着时间的推移，AFS增加值在全国GDP中的比重呈下降趋势，

---

① 在计算AFS时，如果不计算相关纺织行业，可能会低估近年来AFS的规模。中国加入WTO后，很快成为世界上最大的纺织最终产品出口国。一些出口和国内消费的纺织品确实使用国内生产的纱线和天然纤维。然而，从图6-7（a）和图6-7（b）可以清楚地看到，在1987～2017年不包括纺织部门这一组成部分的情况下，我们仍然可以观察到AFS模式的变化。

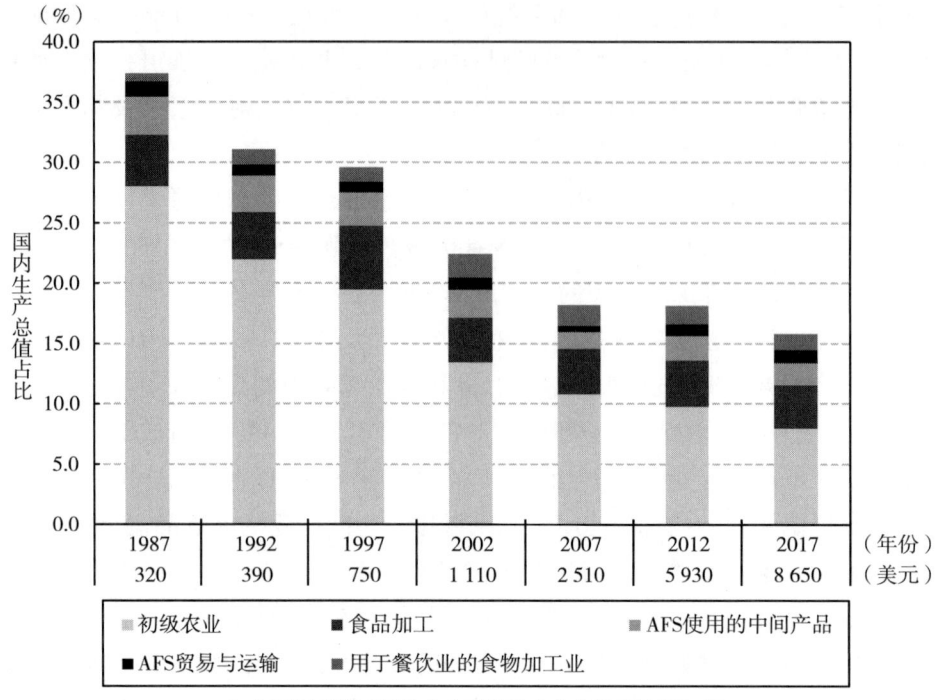

410 | 外部变化对中国和全球农业影响研究
——基于均衡模型的综合分析

(a) 不同时期不同收入水平下的农业食物系统增加值

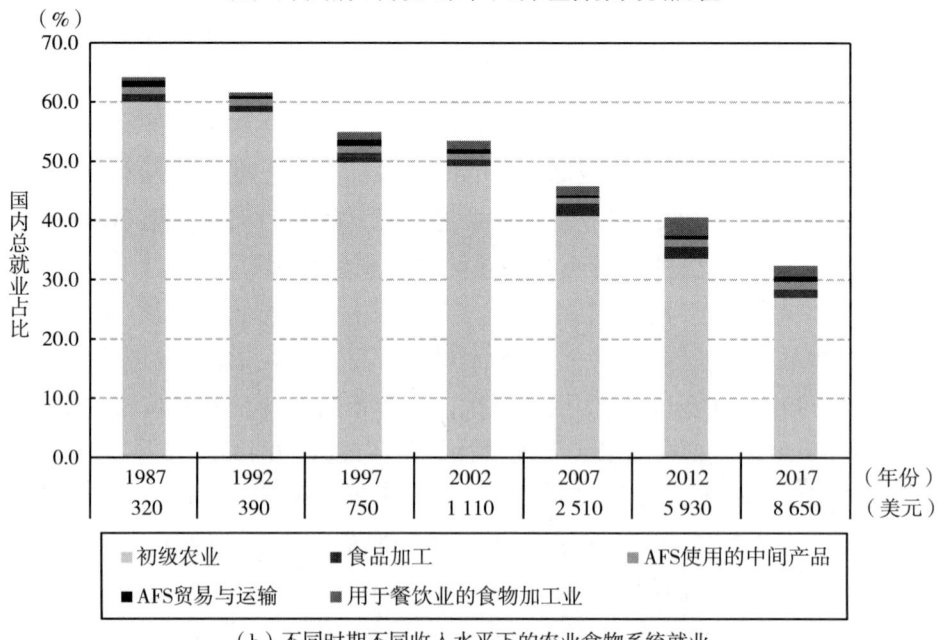

(b) 不同时期不同收入水平下的农业食物系统就业

图 6-7 1987~2017 年不同收入水平下的农业食物系统增加值及就业情况

资料来源：使用中国 1987~2017 年投入产出表的数据计算得出。横轴为人均国民总收入（GNI），以图谱法计算，以美元现价计价，来自世界发展指标（World Bank, 2019）。

而在2007年中国人均收入达到2 510美元后，下降趋势放缓。对图6-7（a）中AFS组成部分的进一步研究表明，农业食物系统AFS增加值在GDP中的比重下降是由于初级农业增加值在GDP中的比重下降，而AFS中农业以外其他组成部分的比重相对稳定，随着时间的推移，某些组成部分的比重略有上升。随着收入增长，AFS系统更多地由初级农业以外的组成部分主导。自2002年以来，超过40%的AFS增加值来自初级农业以外的组成部分，2017年达到50%，而1987年占农业食物系统AFS增加值75%的初级农业在2017年时仅占一半。

图6-7（b）中AFS系统就业在总就业中的比重下降，这一趋势与图6-7（a）中的增加值比重下降趋势相似。2017年AFS就业比重仅为1987年的一半左右，从1987年的64%下降到2017年的33%。AFS就业比重下降完全是由农业就业比重下降所导致，但农业就业仍在AFS中占主导地位。2017年初级农业以外的就业占AFS总就业的18.3%，而这一数字1987年仅为6.4%。将图6-7（a）和图6-7（b）放在一起，可以看出AFS的劳动生产率远高于农业的劳动生产率。因此，劳动力从农业转移到AFS内的其他活动有望进一步提高整个AFS的生产力，并有助于整体经济增长。

2. 使用CGE模型评估农业角色的不断演变

我们开发了中国1987年和2017年两个具有可比性和一致性的CGE模型，以阐明农业伴随经济一体化和经济结构调整而产生的不同作用。模型的构建与新古典一般均衡理论保持一致。与其他单一国家CGE模型类似，假定中国为一个小型开放经济体，进出口商品的国际价格是外生的。然而，与理论小型开放经济模型——其中，价格对国内经济来说是外生的、进出口是需求/供应过剩——相比，在CGE模型中，国内生产和消费的产品的国内价格是内生的。关于我们CGE模型的更多描述，详见本章附录A。

两个CGE模型中有10个相同的生产部门，这些部门是从1987年和2017年投入产出表中更加细分的部门汇总而来的。一个总部门是农业。为了评估AFS在经济中的作用，我们将食品加工业作为一个独立的部门，并将其他工业部门汇总为4个部门：纺织、服装、其他制造业和其他工业。模型包括4个总的服务业部门，包括与NFS相关的3个服务业部门，即贸易、运输、住宿和餐饮，以及一个高度综合的服务业子部门，即其他服务，以涵盖所有其他与NFS没有直接关联的服务业部门。

在CGE模型中，我们假设了一个斯通-吉里（Stone-Geary）型效用函数，因此随着农产品预算比重的下降，需求模式将是非同质的。在本章附录B中的一项敏感性测试中，我们还放宽了这一偏好假设，以测试解释模型结果时需求侧影响的大小。

1987 年和 2017 年的社会核算矩阵代表了 31 年的起始点和结束点。两个社会核算矩阵中，经济结构的差异反映了经济结构调整的长期演变。由于两个 CGE 模型的结构相似，生产和贸易函数具有相同的弹性，如果 1987 年和 2017 年两个模型在类似冲击中的比较静态结果不同，我们就可以认为这种差异是由不同经济结构所驱动的，两个代表 30 年周期起始年份和结束年份的社会核算矩阵反映了这样的经济结构差异。

具体而言，比较静态分析中的冲击使两个 CGE 模型中农业劳动生产率增加 10%，并将冲击产生的新均衡与两年的初始社会核算矩阵进行比较。然后，我们考察 1987 年和 2017 年最初两个社会核算矩阵的变化是否不同。我们的重点是利用 1987 年和 2017 年的历史数据来评估结构调整对农业作用的影响，因此我们应该避免像刁（Diao et al.，2012）那样使用动态 CGE 模型。动态 CGE 模型通常用于从代表经济当前状况的初始数据点预先模拟可能的经济增长路径。事实上，以新古典增长理论为理论基础的动态 CGE 模型不太可能捕捉到结构调整。正如罗德里克（Rodrik，2014）所主张的，对于发展中国家来说，快速的结构调整应该通过结合新古典增长理论和二元经济理论来理解。

为了进行适当的比较静态分析，要素供给账户应该是固定的，在 CGE 模型中，要素供给账户包括劳动力、土地和资本。此外，为了避免产出（生产部门）的数量大于投入（要素）的数量——这会导致均衡时出现量纲问题——我们进一步在部门层面固定资本。土地是初始社会核算矩阵中资本账户的一部分，它仅与单一农业部门的资本相分离。也就是说，用于非农业部门的土地仍然是部门资本的一部分。由于资本和土地在比较静态分析中都是固定的，土地仅用于农业部门的假设不会影响模型结果。唯一的流动因素是劳动力，假定它为跨部门流动。然而，我们以允许经济结构性错配的方式来考虑劳动力市场均衡。在制度障碍，包括户籍制度和土地使用权缺乏保障等，影响了要素自由流动的情况下，这一假设对中国农业尤为重要（Wang et al.，2020；Deininger et al.，2014；Meng，2012；Zhang，2010；Jin and Deininger，2009；Whalley and Zhang，2007；Yang，1997）。尤其值得一提的是，我们假设在不同部门之间存在一组具有不同价值的楔子，这些楔子阻止了部门之间劳动力边际产品价值的均等化。由于假定农业部门的劳动边际产品价值低于均衡的制造业和服务业部门，经济中农业部门的工人更多。结构调整，即工人从农业部门转移到非农业部门，将提高整个经济的劳动生产率。

直观地看，由于 1987 年和 2017 年中国经济中农业规模不同，同样 10% 的农业生产率冲击预计会对整体经济产生不同程度的正向影响。由于 1987 年农业占

GDP 的 28%，2017 年农业仅占 GDP 的 8%，1987 年 GDP 总量的增长预计将超过 2017 年 GDP 总量的增长。模型结果支持了这一直观预期。如表 6-1 所示，与相应社会核算矩阵中这两年的 GDP 相比，10% 的农业生产率冲击导致 1987 年 GDP 增长 1.35%，2017 年 GDP 仅增长 0.84%。然而，我们进一步注意到，1987 年农业占 GDP 的比重是 2017 年的 3.5 倍，而 10% 的农业生产率冲击使 1987 年的 GDP 仅比 2017 年增加 60%。显然，还有其他影响模拟结果的一般均衡效应，这是我们设计模拟的兴趣所在。

表 6-1　　　　　　　　　中国 1987 年和 2017 年 CGE 模型结果

根据社会核算矩阵计算			由于 10% 的农业生产率冲击		
变量	1987 年	2017 年	变量	1987 年	2017 年
人均国内生产总值（2010 年美元不变价）	634	7 308	来自社会核算矩阵的 GDP 变化（%）	1.35	0.84
GDP 的比重（%）			GDP 增长（%）		
农业	28	7.9	农业	65.6	26.9
除农业外的农业食物系统	10	8.3	除农业外的农业食物系统	12.3	23.5
其他工业	40.4	35.1	其他工业	18.5	25.8
其他服务业	21.5	48.7	其他服务业	3.6	23.7
占家庭消费的比重（%）			家庭消费变动（%）		
农业	36.6	8.2	农业	4.5	2.0
加工食品	18.3	19.6	加工食品	0.8	2.6
就业（百万人）	528	776			
占就业比重（%）			就业变动（百万人）		
农业	60.0	27.0	农业	-6.2	-8.4
除农业外的农业食物系统	4.3	6.1	除农业外的农业食物系统	1.3	1.9
其他工业	19.5	24.6	其他工业	3.4	2.8
其他服务业	16.2	42.3	其他服务业	1.6	3.7

资料来源：中国 1987 年和 2017 年的社会核算矩阵和 CGE 模型模拟结果。

在中国，农业是一个贸易量较少的部门，每年的出口占农业总产出的 1%~2%。在 CGE 模型中，在出口和国内市场生产之间普遍使用的不完全替代假设下，模型模拟预计将在新的均衡中捕捉内生价格效应。[①] 因此，农业生产率冲击将造成

---

① 我们还检验了贸易函数中贸易与国内需求之间的不同替代弹性是否会影响模型的结果，以及这种差异的大小。敏感性测试在本章附录 B 中进行了讨论。

农产品供应过剩（以及非农产品需求过度）。因此，非农产品的相对价格将不得不上涨，以激励非农产品的额外生产，从而导致生产者更多地消费农产品，并将其用作中间投入。正如我们所讨论的，当2017年的经济一体化程度高于1987年时，更多的初级农产品被用作中间产品，直接消费的初级农产品减少。对于消费者而言，与1987年相比，2017年加工食品的消费量增加，初级农产品的消费量减少。因此，我们预计，农产品作为中间产品用于增加其他非农部门的产量，由此产生的联系效应在2017年比1987年更强，而农产品相对价格下降对最终消费的直接影响在1987年大于2017年。

我们使用冲击后各部门对GDP增长的贡献来评估经济一体化的影响，以及一体化下农业角色的不断演变。表6-1中第二个面板的顶部模块显示了模型结果。1987年，冲击后GDP增长的65.6%直接来自农业生产的增加，而2017年这一比例下降到26.9%。另一方面，1987年农业以外的AFS增长占GDP增长的12.3%，而这一贡献在2017年几乎翻了一番，上升到23.5%。当经济一体化程度更高时，与AFS没有直接关联的工业部门和服务业部门也从农业生产率冲击中受益更多。1987年，18.5%和3.6%的GDP增长分别来自AFS之外的工业部门和服务业部门，2017年它们的贡献分别上升到25.8%和23.7%。

通过相对价格和收入效应，消费者需求也随着农业生产率冲击而增加，而需求侧的影响变得较为温和，特别是2017年收入水平较高的初级农业。表6-1中第一个面板的中间部分报告了初级农业和加工食品在1987年和2017年消费者总支出中的占比，第二个面板的中间部分报告了这两年10%的农业生产率冲击导致的消费变化。1987年，消费者总支出的36.6%和18.3%分别用于初级农业和加工食品，而2017年初级农产品的消费占比下降到8.2%，加工食品的比重小幅上升至19.6%。由于10%的农业生产率冲击导致农业产品价格下降、收入上升，1987年的初级农业消费增长了4.5%，但加工食品的增长仅为0.8%。另一方面，2017年，在模型的相同冲击下，初级农业消费小幅增长2.0%，加工食品消费增长较多（2.6%）。

CGE模型还在第二部分探究得到劳动力部门组成部分与农业生产率之间产生了正相关的关系。在总劳动力供给固定的情况下，模型中的农业生产率正向冲击使农业部门将劳动力释放到其他部门。表6-1中第二个面板的底部模块报告了模拟中的这种劳动力流动。1987年，60.0%的劳动力从事农业，而2017年这一比例下降到27.0%（见表6-1中第一个面板的底部）。在10%的农业生产率冲击下，1987年约有620万人从农业中释放出来，2017年为840万人。1987年，有130万被释放的劳动力（即21%）受雇于农业以外的AFS，2017年为190万人（23%）。

在 AFS 之外，制造业在中国经济中的重要性远高于 1987 年的服务业，当时 40% 的附加值来自与 AFS 没有直接关联的工业部门，而在 2017 年服务业变得更加重要。排除与 AFS 相关的服务业，其他服务业部门 2017 年创造了约 49% 的 GDP 总额。因此，同样 10% 的农业生产率冲击导致工业部门在 1987 年雇用更多被释放的农业劳动力（为 340 万人，约占 54%），而 2017 年被释放的农业劳动力在服务业中就业较多（为 370 万人，约占 44%）。

6.1.5 结论

众所周知，在经济增长和结构调整的过程中，农业在经济和总就业中的比重正在下降。我们以中国为例，分析了结构调整对农业角色演变的影响。过去 40 年里，中国前所未有的增长导致了结构的快速调整。结合投入产出（IO）增长分解以及基于中国 1987~2017 年 7 张投入产出表的 CGE 模型分析，本节定量衡量了农业角色的演变。IO 和 CGE 分析特别关注包含传统农业以外许多经济活动的农业食物系统（AFS）。

我们采用罗德里克（2014）的概念框架以及麦克米伦和罗德里克（2011）开发的增长分解方法分析了结构调整。分析表明，在中国，农业部门的生产率增长对整体经济增长的直接贡献高得惊人，尤其是早期中国改革集中在农村地区时。随着时间的推移，这种贡献仍然很大，但由于农业在经济和总就业中的比重快速下降，贡献变得相对较小。然而，值得强调的是，1978~2017 年中国的劳动力总量翻了一倍，而所有制造业和服务业部门创造了许多新的就业机会，农业工人的绝对数量有所下降。农业劳动生产率的提高导致了农业的快速增长，但却没有增加农业就业。这使得农业能够通过结构调整间接促进整体经济的生产率增长，证实了许多发展经济学家的论点，在农业和结构调整的相互关系方面，这些经济学家强调了农业对结构调整的影响。本节的结构调整研究也显示了制造业和服务业内部生产率增长的重要性。中国 40 多年来的持续性增长既来自各经济部门内的生产率增长，也来自快速的结构调整。

用 IO 方法衡量经济一体化有助于解释为什么在结构快速调整的同时，中国各部门内也出现了类似的生产率快速增长。结构调整伴随着经济一体化，中国经济各部门之间更加相互依赖。技术变革更容易带来跨部门的技术变革，每个部门的生产率提高通过激励的溢出效应和技术转移使其他部门受益。

超越农业，着眼于整个农业食物系统（AFS），有助于解释为什么当初级农业成为整个经济的一小部分时，经济一体化对理解农业角色的演变仍很重要。CGE

模型分析进一步量化了这一作用的演变。两个模型分别代表 31 年周期的起始年份（1987 年）和结束年份（2017 年），这 31 年间中国经济结构发生了巨变。因此，模型表明，当农业在整个经济中所占的比重大大降低时，农业的直接贡献随着结构调整明显降低。另一方面，随着时间的推移，经济一体化加强了农业和其他经济部门之间的联系，这些联系间接产生了更多的经济收益。

虽然在 CGE 分析中，类似的农业生产率冲击导致 2017 年的整体经济收益少于 1987 年，但两种模型之间的收益差距远远小于这两年的农业经济规模差异。以占 GDP 的比重来衡量，1987 年中国经济中农业的规模是 2017 年的 3.5 倍，而同样 10% 的农业生产率冲击使 1987 年的 GDP 仅比 2017 年增加 60%。通过一般均衡效应，1987 年 1 个单位农业增加值增加约 0.5 个单位非农增加值，2017 年 1 个单位农业增加值增加约 2.7 个单位非农增加值。

这种联系效应部分发生在 AFS 内，其中包括通过经济活动直接与初级农业相结合的非农组成部分。当经济一体化程度更高时，AFS 内部的联系甚至比整个经济更强。1987 年，农业增加值每增加 1 个单位，会使 AFS 增加值（包括初级农业增加值）增加 1.19 个单位；2017 年，AFS 增加值增加 1.87 个单位。

如果农业与其他经济部门进一步融合，农业规模大大缩小，那么通过消费与生产的联系而产生的需求侧作用就变得不再那么重要。消费者享受的农业生产力带来的经济效益，主要来自对非初级农产品消费的增加。

在 6.1.2 节，CGE 模型也在劳动力部门组成部分与农业生产率之间产生了正相关的关系。随着经济一体化程度的加深，农业的正向生产率冲击将更多的劳动力从农业释放到生产率更高的经济部门，包括那些作为 AFS 一部分的部门。

我们对经济一体化和农业角色随着结构调整不断演变的分析，强调了持续性增长的供给侧作用，农业继续发挥着重要作用，但与过去的作用有所不同，过去需求侧的作用更强。近年来，中国已经开始重视强化供应侧联系的相关政策。对农业和其他经济部门的进一步融合进行探索，应该成为新增长战略的一部分。

6.2 新时期中国农业发展面临的关键问题及其政策启示

改革开放以来，我国农业发展取得了举世瞩目的成就，有效地解决了 14 亿人口的食物供给问题。本节对新时期我国农业发展面临的关键问题及政策启示作一探讨。

6.2.1 未来农业发展的几个关键问题

(1) 消费将从前期的中高速增长转向低速增长，但是对食品质量的要求却显著提升，这将加速农业生产和组织方式转型，并迫切要求形成新的市场制度。

当前，我国人均食物消费量增速将明显放缓，通过绝对数量增长拉动农业生产的空间已极为有限，但是居民对高端食品的需求及重视程度却显著提高。未来我国农业增长的关键不再是数量增长，而是质量提高。这种根本性变化的启示至少有两个方面：首先，以小农为主的生产组织模式受到严峻挑战，如果传统的农业生产模式不能根据食物消费升级的需要快速调整，将迅速被替代并退出；其次，国内相关政策亟须调整以满足这种变化的需要。1978 年以来市场化改革的实质是放开市场，让生产根据消费需求进行调整，这一时期的需求变化和生产调整主要体现在不同产品之间的变动上。然而，当前需求变化的典型特征是以质量为标准对同一产品的再细分。由于供需之间存在信息不对称，以品质区分产品的难度极大，市场难以实现"优质优价"。即便电商平台发展了消费评价体系，也难以从根本上解决这个问题。如果市场不能实现"优质优价"，产品生产与实际消费就会脱节，在贸易开放环境下消费就转向进口，国内生产就难以升级，规模就难以扩大。因此，面对市场需求特征发生重大改变，国家亟须强化市场监督和处罚机制，有效解决市场失灵问题，实现"优质优价"，这是新时期激发市场活力、创造农业发展新动力和实现农业转型升级的根本性政策措施，可谓中国农业第二次"市场化改革"，其作用与意义都极为重大。

(2) 高端农产品进口增速较快，农业转型升级的空间和时间都被显著压缩。

第一，近年来水果、肉奶和加工食品等高端农产品进口高速增长与我国的贸易自由化、贸易便利化快速提高有关。截至目前，我国已设立了 22 个自贸试验区（FTZ），同时我国还与多个国家正在进行自由贸易谈判和联合可行性研究。在 2020 年达成世界上规模最大的自由贸易协定——区域全面经济伙伴关系（RCEP）。由于我国水果、肉奶和加工食品等高端农产品的进口关税和物流时间成本都较高，自贸协定和自贸试验区对高端农产品进口促进更为显著。第二，以信息技术和现代物流技术为基础的电商销售迅猛崛起，电商平台实现了"信息延伸到哪里，商品就流通到哪里"，使产品供需间的成本和时间差显著降低，供需日趋"扁平化"。毋庸置疑，电商发展也大幅度提升了国外优质农产品的市场渗透度和竞争优势。第三，高端农产品进口的快速增长，一方面反映了进口食品适应了我国居民食物消费升级之需要，另一方面也反映出我们与发达国家在高端农产品生产上存在的绝对级差。在开放贸易环境下，国外"质优价廉"农产品大量涌入，使我国农业生产适应消费转型升级的空间和时间都大幅缩短。第四，从发达国家农业发展实践看，向高值农业转型是农业发展的必然，而且转型过程极为漫长。毫无疑问，我国农业发展也将经历这样的转型升级过程。在当前贸易高度开放和激烈市场竞争下，我国农业必须快速实现成功转型，否则高值农业将被国外企业占据或严重依赖进口，农业转型面临被"阻断"的可能。这意味着我国农业转型不可能具备发达国家较为漫长的转型期，转型过程必须要加快，相应的政策调整必须更彻底。

（3）重新审视"三农"问题内涵，深刻认识新时期三者独自的演化规律及相互关系，对于科学制定农业发展政策至关重要。

在过去，农业、农村和农民问题紧密关联，是一个系统整体。然而，在新时期"三农"问题的内涵已发生改变，相互之间的内在关联性逐步减弱。首先，农民收入对农业经营的依赖性大幅降低。根据中国社会科学院农村发展研究所和国家统计局农村社会经济调查司所著《农村绿皮书：中国农村经济形势分析与预测（2013～2014）》估计，2018年农村居民人均可支配收入14 617元，其中农业经营收入5 359元，占可支配收入的1/3左右（36.7%）；与之对应的是，农民的工资性收入及其增长贡献占绝对主导。其次，农业发展与农民之间关系也逐渐减弱。目前，资本和技术密集型的大型农业企业迅速崛起，在农业生产中的地位和作用显著提升，农业生产向大型农业企业集中的特征日益明显。最后，农民、农业产业与农村发展的关系也在迅速脱离。大量的农民工长期在城市务工生活。除了生产基地在农村外，大型农业企业的总部和主要经营活动也都在城市，农民、农业产业与农村发展之间的关联性在迅速减弱。虽然上述变化在区域上存在程度上的差异，但是这种变化具有普遍性，而且在未来这种趋势将进一步强化、特征更为显著。针对新时期"三农"问题的演化趋势与变化特征，需要制定相适应的针对性措施。例如，为解决农村劳动力就业和收入问题，就需要扶持和促进劳动密集型产业的发展，创造更多的非农就业机会。同时，进一步加大对农村地区及周边城市的教育投入，从短期技能培养和长期人才培养两个层面，解决当代及下一代农民向非农部门和城市转化的能力。

（4）构建综合全产业链发展的系统性农业政策体系，创造更多的国内农业增加值。

随着城镇化进程加快和经济结构升级，农业生产成本将继续刚性上涨，农业初级产品的国际竞争劣势加剧，严重影响并制约下游产业发展。以玉米为例，根据计算，我国玉米近年来每单位产出成本在2.0元/千克左右，而美国、巴西玉米生产成本在 0.99 元/千克和 0.85 元/千克，分别为我国的 49.5% 和 42.5%，不足一半。然而，饲料成本占畜牧养殖成本的比重极高。以养猪为例，如果将饲养仔猪的饲料和其他生产投入替代其在生猪养殖中的成本，精饲料成本占生猪养殖成本（包括劳动等投入）的份额接近 80%。足见养殖企业的生产成本对饲料价格的敏感程度。再以牛奶为例，目前我国牛奶单位产出成本在 3.1 元/千克，而美国为 2.1 元/千克，为我国成本的 67.7%，约为 2/3。不论下游加工企业的自身经营能力，仅就原料成本一项，我国奶制品产业就已处于劣势。在国际竞争日益趋于高端最终产品之时，构建具有国际竞争力的产业链，创造更多的国内农业增加值，应成为我国农业政策考虑的关键性问题。相反，拘泥于单一产品的"只见树木不见森林"的发展政策，不仅无利反而极为有害，容易导致丧失最优发展机遇和丢弃长期增长利益。

在此有两个重要的政策问题需要考虑。首先，在产业链各环节发展的优先序上，需要将下游产业放在首位，因为下游产业发展不仅关乎自身，更决定上游产业部门的发展空间。当然，产业链上各部门休戚与共，是一个有机整体，下游产业的竞争优势依赖于上游部门的有效支撑。其次，如果上游产业在国际竞争中的劣势日益突出，那么下游产业部门想保持国际竞争优势、进行海外投资以享有与竞争者同样的原料成本优势就成为关乎存活的必然抉择。当前我国食品加工产业已经开始寻求海外原料市场，此需求及其发展趋势在未来将进一步强化。然而，海外投资面临巨大的市场与政策不确定性，风险极大，亟须国家给予必要的政策支持与有力引导。国家需要制定并逐步完善海外农业投资的政策，并将之作为新时期国家农业发展政策体系的重要组成部分。

（5）我国农业发展必然采取不断提升发展质量的进取型模式，显著有别于日本和欧盟的保守型模式。

当前，很多研究开始思考和关注中国农业未来发展路径问题，部分学者倾向于日本和欧盟增长模式，认为它们的发展路径比较适合中国。然而，且不论日本农业发展到如今是否成功，是否值得效仿，仅就日本从二战后对农业采取的长期"高贸易保护和高国内支持"而言，我国就不具备。为了对农业进行有效保护，日本在二战后至 2018 年的 70 多年间除了与新加坡在 2002 年签署自由贸易协定（FTA）之外，没有签署任何 FTA，为此非农部门丧失了众多发展机遇。新加坡是没有农业的，因此与之签署 FTA 不会对日本农业造成任何冲击。然而，在"高保护与高支持"政策下，日本农业并未呈现出极强的生命力与国际竞争力，反而逐渐走向衰落。根据日本农林水产省的一项统计，2015 年日本农业人口约 209 万人，平均年龄为 66.3 岁，大量年轻劳动力选择在城市工作。从某种意义上讲，日本农业政策的实质是"让当代农民舒服地老去，以规避潜在的社会和政治风险"的保守型发展模式。欧盟农业虽然有别于日本，但依然是在"高保护与高支持"政策下发展起来的。欧盟一直是农业保护程度极高的发达经济体，不仅设有极高的进口关税，而且采取多样的、严格的非贸易壁垒限制农产品进口。与之形成巨大反差的是，我国当前农产品进口关税和承诺的国内支持水平都很低。同时，我国大力推进贸易自由化和贸易便利化，FTA和FTZ的数目快速增长，农产品进口关税进一步大幅降低。我国农业发展不具备日本和欧盟农业发展模式的内外部条件，因此也绝无可能重复其发展路径。相反，我国在贸易政策上选择高度开放和不断强化市场竞争的政策，这是过去40多年我国经济快速发展的成功经验，也决定了我国农业发展必然采取不断提升发展质量的进取型模式。正因如此，在国内农业发展上必须加大新技术、新装备的研发与应用，大胆创新发展政策，不断激发市场活力，培育新的增长动力和国际竞争优势，最终形成具有中国特色的农业发展新模式。

6.2.2 对未来农业发展政策的启示

未来我国农业发展既面临众多有利因素，也面临新旧问题的严峻挑战，如何化劣势为优势、把握发展主动权是成败之关键，这既需要远见卓识，更需要改革的决心与勇气。图6-8显示了当前我国农业发展面临的"天花板"与"地板"双重挤压的严峻形势。在传统思维下，必然采取加大农业支持以下压"地板"，采取各种贸易保护措施以抬升"天花板"，试图为农业发展拓展有限的发展空间。然而，这两种措施不仅在WTO框架下受到严格约束，而且容易引发贸易争端。更为重要的是，基于这两种手段的保守发展模式难以从根本上解决农业长期发展问题，甚至因为过度保护而导致经济运行效率低下，失去极为宝贵的转型升级的发展机遇期。因此，如何审时度势，制定基于实际且符合长期发展趋势的激发农业内在发展动力的政策措施才是关键。目前，激发内在增长动力、提升发展质量是我国农业发展的必然选择，也是唯一出路。以技术、制度优势为根本向农业注入强劲发展动力，以产业升级为主线引领农业拓展发展空间，形成新时期解决农业发展问题的新思路。首先，经过40多年的快速发展，我国的科技研发与装备生产能力大幅提高，以"互联互通、人工智能"为主要特征的第四次科技革命，为改造传统农业、创造新的发展动能与优势提供了坚实的基础和难得的历史机遇。同时，我国不断加大农业制度改革与创新，探求激发农业增长动力的新模式与新制度。因此，以技术和制度优势降低生产成本，下压"地板"大有可为。其次，扩大开放为了解和采用国外先进的生产技术与装备、学习国外先进的管理经验与营销理念提供了契机。通过"引进来"消化吸收国外先进的技术和管理知识以不断提升自身能力，通过"走出去"在全球优化布局以获取最优的生产资源和竞争优势。因此，通过贸易开放促进发展质量和竞争力，抬升"天花板"行之有效。随着技术装备、管理经验和政策体系的不断提升与优化，我国农业生产将自发地转向高值产业或者高值生产环节。在此转型过程中，国家必须从全产业链视角制定农业发展政策，高度重视实现"优质优价"的市场体系建设，切实保障农业转型升级顺利进行。

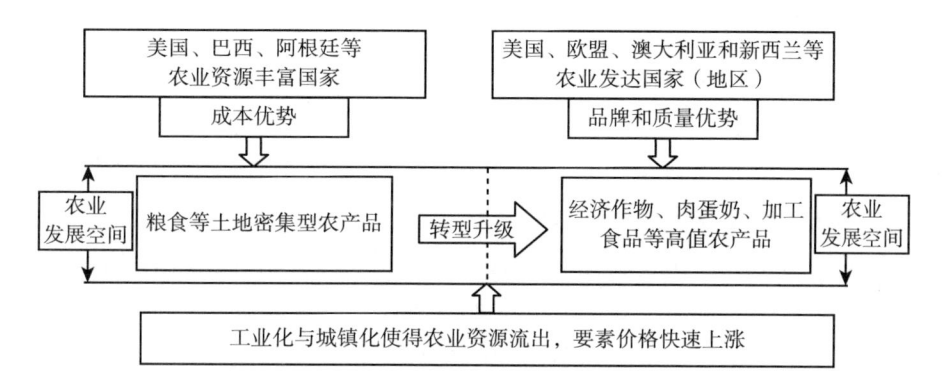

图 6-8 我国农业发展所面临的形势示意

在新时期，必须将农业发展政策与工业、服务业等非农产业发展政策紧密结合，形成解决"三农"问题的综合性政策体系。农业是国民经济的基础，但是农业发展与未来出路却依赖非农产业。首先，从农业产业发展来讲，资本密集、技术密集的规模化农业企业将快速崛起，在促进农业发展和保障国家粮食安全中的地位与作用将显著提升，逐步成为推动农业产业发展的主力军。其次，从农民就业和收入提高来讲，农业企业生产能力的大幅跃升与规模化发展意味着大量农村劳动力需要从农业部门转移出来，这必然要求非农部门创造足够的就业机会以吸纳这些劳动力。因此，国家在强调"高新产业发展与产业升级"的发展政策中，必须高度重视劳动密集型产业发展在当前及未来一段时期的重要地位和作用，需要制定切实有效的政策扶持其发展。在洞悉上述变化规律后，一个配套性政策——农村地区的教育问题必须加以重视，需要加大农村地区及周边城市的教育投入，从短期技能培养和长期高端人才培养两个层面，有效解决当代及下一代农民向非农部门和城市转化的能力。最后，从农村发展来讲，未来 10~20 年我国依然处于快速城镇化时期，众多农村将转化为城市的"郊区"，在国家不断加大农村基础设施投入的同时，如何形成互补型的城乡发展机制、提高工业化与城镇化对农村的带动作用,是新时期农村发展的关键。例如,提升农村休闲旅游、乡村文化体验和康养等功能,促进与城市发展之间的功能性互补,提高农村地区的经济获利能力和发展潜力。

6.3 "十四五"时期农村劳动力转移就业的五大问题

6.3.1 引言

推动农村剩余劳动力向城市部门转移,是中国将"人口红利"转化为经济奇迹的重大举措,农村剩余劳动力为我国的工业化和城镇化作出了不可磨灭的重大贡献。如今,世界面临百年未有之大变局,全球贸易格局和供应链将深刻调整,信息化和智能化技术快速渗透到传统产业,我国产业结构和城乡关系加速优化,农村劳动力年龄结构、就业意愿显著改变,农村劳动力就业形势比以往任何时候都更错综复杂。雪上加霜的是,突如其来的新冠疫情使全球贸易格局面临极大不确定性,出口制造业供应链替代风险增加,将会大大削弱出口产业对农村劳动力的吸纳能力。要清楚地描述和预测这些变化,首先必须回答:我们要为多大规模的农村劳动力谋划就业?其中,城镇部门能够吸纳多少?农业生产必要的劳动力是多少?乡村振兴战略实施过程中农村还能创造多少非农岗位?延长我国人口红利期,促进农村劳动力进一步转移的关键是什么?回答上述问题,是布局、谋划"十四五"时期就业思路对策的重要前提,应当置于农村劳动力就业工作首位。

围绕农村劳动力转移就业的规模和结构问题,众多学者进行了广泛而深入的研究。一是农村剩余劳动力状况研究。对农村剩余劳动力状况的探讨由来已久,但学术界仍没有形成共识。20 世纪 80 年代中期,学者们普遍认为我国农村劳动力剩余比例大约为 1/3,总量为 1.5 亿~2 亿人。从 90 年代开始,对农村剩余劳动力测算的方法越来越多,主要包括耕地劳动比例法、劳均播种面积推算法、比较劳动力生产率推算法。由于理论依据和估算方法不同,结果不尽相同。例如,刘建进(1997)指出 2000 年农村剩余劳动力超过 1.7 亿人,占比为 46.6%;蔡昉(2007)认为 2004 年我国农业剩余劳动力人数达到 1.07 亿人,剩余比例为 23.5%,真正剩余的农村劳动力中 50% 在 40 岁以上。麦和彭(Mai and Peng,2009)预测模型得出了至 2025 年中国农业劳动力剩余将先下降再平稳缓慢上升的结论。盛来运和郑鑫(2013)运用工日折算法得出 2011 年我国尚有剩余劳动力 1.17 亿人,比马晓河和马建蕾（2007）2006 年测算的 1.47 亿人减少了 3 000 万人。二是农村劳动力转移就业结构和影响因素。推动农村工业化实现农村人口向非农经济转移（于立和姜春海，2003）、充分发挥城市集聚效应吸收农村劳动力外出转移就业（陆铭，2010）是转移就业的两大渠道。当前，农村劳动力外出转移就业存在速度减慢和需求减弱的典型特征（向晶和钟甫宁，2018）。国际贸易形势的快速变化、出口导向型产业的布局调整、劳动密集型制造业的转型升级，对农村劳动力外出转移就业造成前所未有的冲击（黄祖辉和胡伟斌，2019），外出转移就业压力增大（王阳和邬琦，2015）。劳动密集型产业向内地和县域转移，农村新技术、新产业、新业态发展，以及扶贫车间、扶贫基地、公益性岗位等形式的就业扶贫开展，农村就业承载力进一步提高（尹诗和尹清杰，2013；元林君，2018）。但农村工业空间集聚进程缓慢（陆杰华和韩承明，2013），农业产业经营主体发展不足（任敬华，2018），农业产业链水平不高（胡鞍钢和吴群刚，2001），服务业市场缺乏（冀名峰和李琳，2019）等会制约本地非农转移空间。三是农村劳动力转移就业困难。转移就业体制机制不畅、转移就业的结构性矛盾仍是最突出问题。从体制机制看，城乡劳动力市场分割，劳动力在城乡、不同部门、不同市场之间的流动受阻，市场平等就业权利远没有实现（韩俊，2010）；公共就业服务体系不完善、农民工权益保护不够，一定程度上制约了农村劳动力转移意愿（侯亚杰，2017）。从转移就业结构性矛盾看，农村劳动力人口老龄化及女性化特征，加大了农村人口转移难度（向晶和王博雅，2020）；新生代农民工进入劳动力市场，转移就业的高流动性和短工化现象突出，劳动参与率大幅下降（陈锡文，2009）。与此同时，乡村振兴和劳动力短缺的矛盾、产业升级和技能人才匮乏的矛盾、城乡融合和转移劳动力市民化滞后的矛盾突出（谢玲红，2020）。

综上所述，学术界对农村劳动力转移就业的供需结构、转移态势及影响因素等开展了卓有成效的研究，但未能基于过去 5 年农村劳动力转移规模发生重大变化、各级各类城市对农村劳动力吸纳能力快速分化、农村劳动力向城市转移的动力正在经历结构性转变，以及农村就业岗位供给形势不同于以往等一系列重大形势转变的背景，明确、详细地解答"十四五"时期农村劳动力的总体规模、转移潜力、城乡配置等重大命题，也未能提出促进农村劳动力进一步转移的思路对策。因此，基于研究现状和"十四五"规划要求，本节将对相关重大问题开展深入研究。

6.3.2 "十四五"时期末究竟有多少农村劳动力

总结回顾我国农村劳动力变化趋势及结构特点，并在此基础上对"十四五"

时期农村劳动力规模进行科学预测，是分析"十四五"时期农村劳动力转移就业潜力及结构的第一步。与以往做出各种假设，综合考虑出生率、死亡率、迁入迁出率等因素及各因素之间的关系，并构建复杂计量模型来估算农村劳动力数量不同，本节采用比较直观的方法，主要以农村劳动力的历史数据为基础，结合人口和城镇化趋势，应用趋势外推法预测"十四五"时期的农村劳动力总体规模以及新增劳动力数量。

（1）过去20年，在人口老龄化、城镇化进程、生育意愿下降的交互影响下，中国农村劳动力总量加速减少，"十三五"时期每年减少1 300万人。

过去20年，中国的农村劳动力老龄化日益加深，2018年为13.8%，相比2000年增加了6.5个百分点，并高出全国老龄化率1.8个百分点。中国的城镇化率从2000年的35.39%上升到2019年的60.6%，以年均每年超过1个百分点左右的速度增加。而且在社会经济发展、生育政策不断调整完善以及人口惯性影响下，中国处于低生育水平已有20年，近10年中国的总和生育率为1.6左右，明显低于更替水平，新成长起来的农村劳动人口有限并减少。根据国家统计局数据，2017年乡村7~11岁人口占乡村总人口的6.89%，这批青少年在"十四五"期间将陆续成长为劳动力人口，据此推算的话，"十四五"时期新增农村劳动力规模约为3 975万人，年均增加795万人，明显少于"十二五"时期年均新增劳动力1 260万人的水平。在上述因素的叠加影响下，农村劳动力加速减少的趋势明显。人口普查数据显示，2000~2018年我国农村人口减少了2.44亿人，年均减少超过3 000万人，年均降幅从"十五"时期的1.6%增加到"十二五"时期的2.1%，目前仍在加速减少，"十三五"时期的前三年年均降幅达到2.2%，农村人口占总人口的比重从63.8%下降到40.4%。与此同时，农村劳动力规模也相应减少，2000~2010年农村劳动力共减少了6 072.07万人，进入21世纪后，农村劳动力加速减少，"十五"时期年均减少848.4万人，"十二五"以来以年均高于1 000万人的数量在递减，其中2016~2018年年均减少近1 300万人（见表6-2）。

表6-2　　　　　各时期乡村总人口数、劳动人口规模变化情况

时期	乡村总人口			乡村劳动人口		
	减少的人口总数（万人）	年均减少数（万人）	年均降幅（%）	减少人口总数（万人）	年均减少数（万人）	年均降幅（%）
"十五"（2001~2005年）	6 293	1 258.6	-1.61	4 242.1	848.4	-1.77
"十一五"（2006-2010年）	7 431	1 486.2	-2.07	1 830.0	366.0	-0.82
"十二五"（2011~2015年）	6 767	1 353.4	-2.11	6 012.6	1 202.5	-2.92

续表

时期	乡村总人口 减少的人口总数（万人）	乡村总人口 年均减少数（万人）	乡村总人口 年均降幅（%）	乡村劳动人口 减少人口总数（万人）	乡村劳动人口 年均减少数（万人）	乡村劳动人口 年均降幅（%）
2016~2018年	3 945	1 315.0	-2.23	3 791.7	1 263.9	-2.10
合计	24 436	1 353.3	-2.01	15 876.5	920.2	-1.90

注：(1) 此处乡村劳动力人口是指 15~59 岁的劳动年龄人口；(2) 乡村劳动力人口总数 = 乡村劳动力人口抽样数/抽样比例。

资料来源：根据《中国人口和就业统计年鉴》(2001~2018年) 中的人口变动情况抽样调查数据整理、计算而来。

(2) 未来 5 年，农村劳动力规模将延续下降趋势，预计 2025 年为 2.59 亿人，单从农业和农村角度看，整体就业压力将减轻。

根据总人口、乡村总人口、乡村劳动人口比例及变化趋势，估算"十四五"时期的农村劳动力数量。从总人口来看，联合国经济与社会事务部人口司发布的《世界人口前景展望（2017年修订版）》显示，2025年中国人口达到14.4亿人的峰值，但是，2019年我国人口净增长467万人，且增幅逐年下降，估计2025年人口规模不会超过14.2亿人。从乡村总人口来看，2019年城镇化率达到60.6%，预计2025年城镇化水平达到67%，农村人口规模为4.7亿人。从乡村劳动人口来看，按照农村各年龄段人口比例趋势，"十四五"期间农村劳动力占比平均每年下降0.7个百分点。据此，我们预计15~59岁的农村劳动力将从2021年的3.02亿人下降到2025年的2.59亿人（见图6-9），比"十三五"同期下降5 400万人。

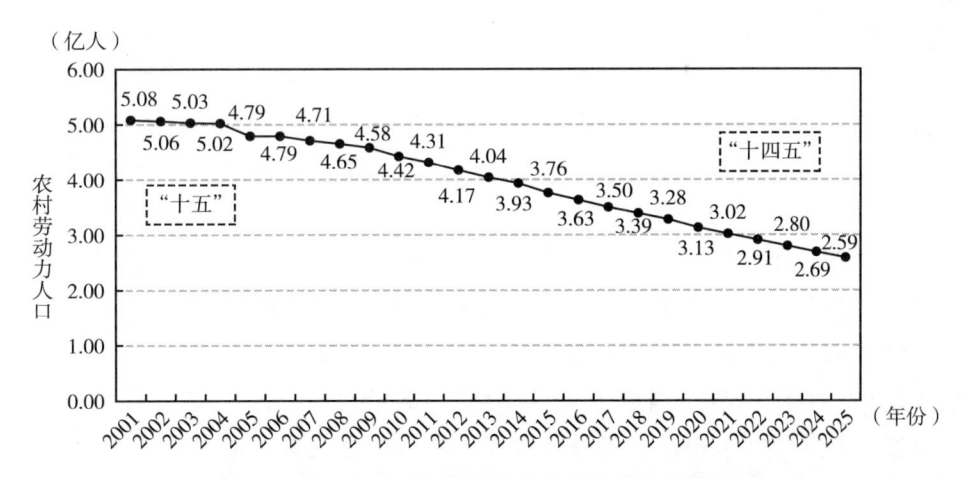

图 6-9　"十四五"时期我国农村劳动力规模预测

注：2018年以前数值根据人口抽样数据测算，2019年及以后数值为趋势预测值。
资料来源：《中国人口和就业统计年鉴》(2001~2018年)。

另外，值得注意的是，农民工落户配套政策的完善以及对职业教育的高度重视，将对农村青少年进入未来劳动力市场的方式及时间形成影响，造成农村有效劳动力供给规模的进一步下降。"十四五"时期将会有越来越多的进城务工人员通过落户的方式获得当地户口并将孩子户口迁移，不再属于农村劳动人口，到劳动年龄后直接构成城市劳动人口。同时，"十四五"时期在国家大力发展职业院校的政策引领下，将有更大规模的农村户籍学生进入高职院校接受职业教育，延迟部分农村青少年进入劳动力市场时间的同时，也将改变一部分农村青少年进入劳动力市场的方式。因此，如果综合考虑随迁进城及教育延迟效应等因素的话，"十四五"时期实际需要解决的农村劳动力就业规模将会少于 2.59 亿人。

6.3.3 农村劳动力转移潜力是否将耗尽

关于中国的"刘易斯拐点"和农村劳动力转移潜力是否耗尽的问题一直是学术界争论的热点，尚未形成统一结论。2004 年以后以"民工荒"形式出现的劳动力短缺成为一种常态，2010 年以后 15～59 岁劳动年龄人口开始变为负增长，同时，中国经济增长动力从劳动要素驱动转向全要素生产率尤其是科技创新驱动，中国经济进入了"刘易斯转折区间"。但是，中国迎来的"刘易斯拐点"仅表明未来农业劳动力为经济发展提供无限劳动力供给发展优势的结束（蔡昉，2007；王德文等，2005），并不意味着劳动力转移潜力已耗尽。本部分将中国放在一个国际比较的视野来考察，通过数据回答中国在向高收入国家迈进的过程中是否还存在进一步释放农业劳动力的空间。

（1）农业技术进步和改革红利释放，中国和发达国家在农业生产效率方面差距进一步缩小，但中国农业劳动力比重与世界农业发达国家相比仍然偏高。农业技术进步是农村劳动力转移的重要"推力"，尤其是农业劳动节约型技术进步的替代效应释放了更多边际生产贡献为 0 的农业劳动力（闵师等，2018）。近 20 年来，中国的农业科技进步率显著提升，2019 年达到 59.2%，带动了农业生产效率的有效提升，以及农业劳动力数量及比重的不断下降。农业普查数据显示，我国农业劳动力规模从 2006 年的 3.42 亿人下降到 2016 年的 3.14 亿人，10 年减少了 2 800 万人。农业劳动力比重从 2000 年的 43.8% 下降到 2019 年的 25.4%，但与世界农业发达国家相比，仍有较大差距。根据世界银行对世界农业最发达国家的农业从业人员比重的分析可以看出（见图 6-10），除中国外，其他国家的农业就业人员占比都比较低，即便是最高的新西兰，农业就业人员占比在 2019 年也只有 5.7%。2019 年，中国农业劳动力的比重仍是美国的 19.5 倍、日本的 7.5 倍、以色列的 28.2 倍。

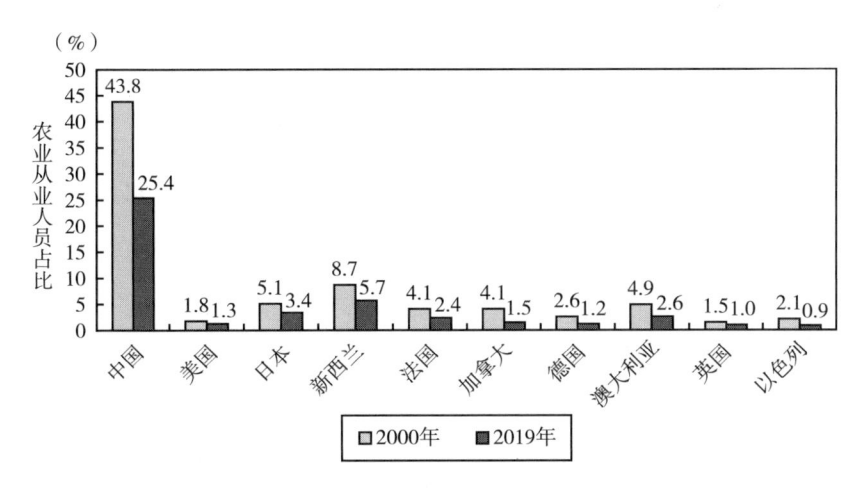

图 6-10 2019 年 10 个世界农业发达国家的农业从业人员占比

资料来源：世界银行数据库。

（2）农业劳动力比重继续下降是中国迈向高收入国家行列不容回避的任务，且具有很强的紧迫性。农业劳动力比重会随着人均 GDP 的提高而降低，这是发展经济学的一般规律，图 6-11 显示的 61 个国家（地区）人均 GDP 与农业劳动力比重之间的关系揭示了这一事实。中国正处于从中等偏上收入国家向高收入国家过渡的重要时期，从国际比较来看，中国的农业就业份额还需进一步下降。图 6-11 显示了 2018 年人均 GDP 超过中国的 61 个国家（地区），其中，与中国同属于从中等偏上收入向高收入行列过渡（即 2018 年人均 GDP 高于中国但低于 12 535 美元）的国家共有 10 个。按照人均 GDP 水平从高到低分别是罗马尼亚、哥斯达黎加、阿根廷、俄罗斯、马来西亚、毛里求斯、圣卢西亚、赤道几内亚、马尔代夫、中国。除赤道几内亚外，这些国家的农业劳动力比重均显著低于中国，这些国家农业劳动力比重的平均值（除中国和赤道几内亚外）仅为 10.2%，阿根廷农业劳动力比重最低，仅为 0.09%。也就是说，中国要跨入高收入国家行列的话，农业劳动力的比重至少需要再降低 15.2 个百分点。按照蔡昉（Cai，2016）估算的我国农业劳动力比重比显示的 25.4% 低大约 10 个百分点，实际只有 15.4% 来算的话，也仍然比与我国处于相同发展阶段的其他国家的水平要高出 5.2 个百分点。这也进一步说明，中国农村劳动力转移的潜力并没耗尽。不仅如此，降低农业劳动力比重，是中国在迈向高收入国家行列的过程中不可回避的任务。但当前，中国劳动力转移速度在放缓，国家统计局的调查数据显示，农民工人数的同比增长率自 2011 年开始下降，从 2010 年的 5.4% 下降到了 2019 年的 0.8%，推进农村人口转移任务艰巨。

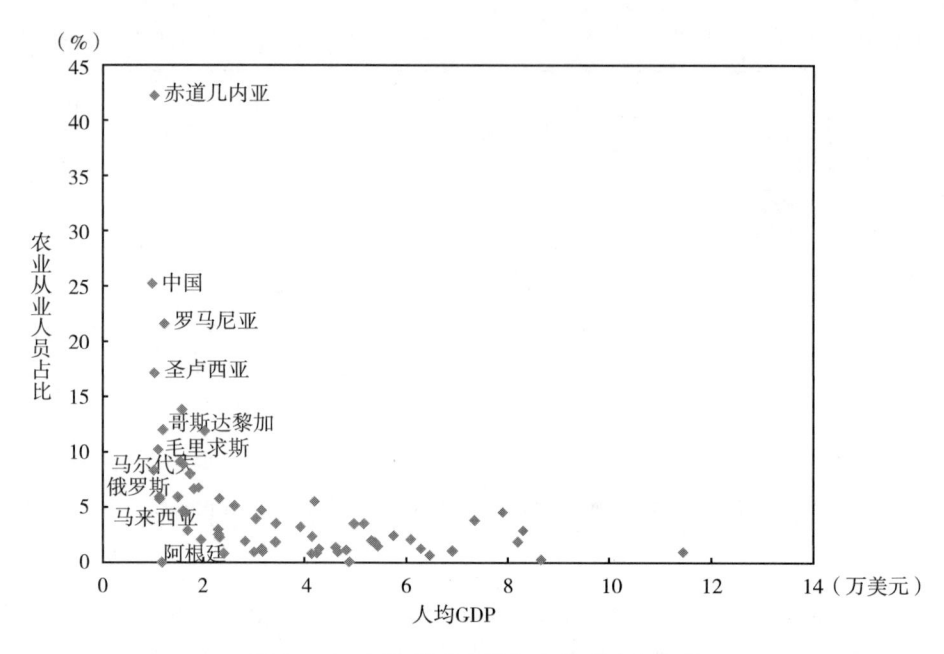

图 6-11　经济发展水平与农业劳动力比重

注：图中只显示了 2018 年人均 GDP 超过中国的 61 个国家（地区）的人均 GDP 与农业劳动力比重之间的关系；同时，对人均 GDP 高于中国但低于 12 535 美元（2019 年，世界银行将人均 GDP12 535 美元定义为中等收入到高收入的分界线）的国家进行了标注。

资料来源：世界银行数据库。

6.3.4　究竟还有多大规模的农业剩余劳动力

经过 40 多年的转移，中国农村劳动力剩余的状况发生了变化。准确地对农业剩余劳动力或者说可转移劳动力数量进行判断，是正确制定"十四五"发展规划的前提。农业还能为非农产业提供多少剩余劳动力，与农业自身发展尤其是农业生产效率密切相关。但由于农业生产效率的数据难以获取，学者们大多使用生产函数、国际经验比较等方法进行估算，估算结果对假设前提依赖性较高。而且基于不同方法得出的结论，无法对不同时期的劳动力剩余状况进行纵向比较，难以考察我国农业剩余劳动力转移速度。因此，本节借鉴马晓河和马建蕾（2007）、盛来运和郑鑫（2013）的方法，把农业剩余劳动时间折算成剩余劳动力来进行估算，使用主要农产品的播种面积和每亩用工数量等数据估算 2018 年农业生产实际需要的劳动力，进而得出农业剩余劳动力规模。这种直接利用统计数据计算的方法逻辑上更为严谨，数据信息得到了最大限度的利用，估计结果较为可靠。更为重要的是，由于方法一致，农村劳动力就业充分度的假设相同，还可以依据剩余劳动力的历史转移速度，对农业剩余劳动力彻底完成转移的时间进行预判。

（1）在目前农业生产力水平下，我国农业生产所需的必要劳动力为 1.18 万人，农业剩余劳动力仍超过 8 000 万人。使用 2018 年主要农产品播种面积、每核算单位主产品产量、每核算单位所需用工数量等方面的数据，按照农村劳动力就业充分度达到全年 270 天的水平，估算 2018 年农业生产实际需要劳动力，结果如表 6-3 所示。从中可以看出，我国农业生产约需 1.18 亿农业劳动者，其中种植业约 9 546 万人，种植业用工较多的产业是：蔬菜 3 060 万人，谷物（稻谷、小麦、玉米）约 2 620 万人。饲养业约需 2 400 多万人，其中生猪养殖业需要 1 015 万人。使用第一产业从业人数减去估算出的农业所需劳动力，得到 2018 年我国农业剩余劳动力为 8 487.7 万人。

表 6-3　　　　　　　　2018 年主要农产品生产需要劳动力数量估算

行业		核算单位	每核算单位用工数量（工日）	生产单位（千亩）	用工量（万人）
种植业	稻谷	亩	5.27	452 835	883.87
	小麦	亩	4.11	363 990	554.07
	玉米	亩	5.05	631 950	1 181.98
	大豆	亩	2.3	152 790	130.15
	花生	亩	8.15	69 300	209.18
	油菜籽	亩	6.42	98 265	233.65
	棉花	亩	13.45	50 310	250.62
	烤烟	亩	25.99	15 045	144.82
	甘蔗	亩	13.25	21 090	103.50
	甜菜	亩	8.95	3 240	10.74
	茶园	亩	22.28	44 790	369.60
	苹果	亩	33.85	38 000	476.41
	柑橘	亩	17.065	40 000	1 937.73
	蔬菜平均	亩	26.95	306 585	3 060.17
	小计				9 546.50

续表

行业		核算单位	每核算单位用工数量（工日）	生产单位（万头）	用工量（万人）
饲养业	生猪	头	3.95	69 382.4	1 015.04
	散养肉牛	头	12.85	8 915.3	424.30
	散养肉羊	头	5.43	29 713.5	597.57
	奶牛	头	39.69	1 269.4	186.60
	小计				2 401.40
合计					11 770.01

注：(1) 由于数据缺失，2018年茶园所需工日使用2018年的茶园面积和2008年茶园"每亩用工数量"来计算；(2) 2018年柑橘种植面积数据来源于《2018年中国柑橘产业现状报告》，每核算单位用工量根据2018年柑橘用工平均值表示。

资料来源：根据《中国统计年鉴（2019）》《全国农产品成本收益资料汇编（2019）》数据整理计算而来。

（2）按照当前农业剩余劳动力转移速度，预计农业剩余劳动力转移完成至少需要17年，在2035年之后才会逐渐消失。

近年来，随着农业生产效率的提升，农业劳动力人数逐年减少，形成的剩余劳动力持续而大量地向非农产业转移。如表6-4所示，2006~2018年，我国农业剩余劳动力共减少了6 245万人，年均减少520.4万人。照此速度减少的话，当前8 487.7万的农业剩余劳动力完全消失还需要16.3年，也就是说农业劳动力剩余状况会一直持续到2035年。但如果考虑到农业生产率的提高会导致每核算单位用工数量的减少，农业生产必要劳动力还将进一步降低，农业剩余劳动力的转移时间还会进一步延长。

表6-4　　　　　　2006年、2011年、2018年农业劳动力剩余情况对比

年份	第一产业就业人员（万人）	农业所需工日（万日）	农业所需劳动力（万人）	农业剩余劳动力（万人）
2006	31 940.6	4 646 116	17 207.8	14 732.8
2011	26 594.2	4 010 393	14 853.3	11 740.9
2018	20 257.7	2 722 977	11 770.0	8 487.7

注：2006年农业所需劳动力为马晓河和马建蕾（2007）年的计算结果；2011年农业所需劳动力为盛来运和郑鑫（2013）的计算结果。

6.3.5　外出转移和本地转移之间有怎样的结构关系

受就业数据统计频次和调查范围的限制，在预测领域，广泛应用的时间序列

模型、面板模型难以对5年以内的就业情况做出有效预测。与此同时，我国农村劳动力的就业受户籍、土地、财税、外贸等政策和国际经贸形势的扰动，需要我们克服过度依赖复杂模型的惯性。因此，本节我们重新设计了逻辑严谨、数据要求较宽松的适合中国国情的新预测方法，数据信息得到了最大限度的利用，估算结果也较为可靠。具体地，基于前文对"十四五"时期农村劳动力规模预测结果和农业必要劳动力计算结果，并根据农村劳动力的范畴、种类及内在关系构建模型，预测在不同情景下的农村劳动力转移就业规模及结构。

1. 预测依据

定量预测2025年农村劳动力转移潜力，得先依次明确三个基本关系。一是农村转移劳动力的范畴。国家统计局定义，农村转移劳动力包括从农业转移到第二、第三产业的所有劳动力，同时还包括离开本乡到外地仍然从事第一产业的农村劳动力，且时间严格定义为半年以上。因此，农村转移劳动力分为两部分：在本地从事非农工作；离开本地但有可能还从事农业工作。二是农村劳动力的种类。根据农村劳动力是否参与农业生产，可以分为三类：完全不从事农业生产的返乡创业人员和本地转移劳动力；部分从事农业生产的返乡创业人员带动的就业人员和外地转移劳动力；完全从事农业生产的纯农民。三是农村劳动力的数量约束条件。在技术条件下，特定农产品产量需要必要的农业劳动力，这些劳动力源自本地纯农民、返乡创业带动就业人员、来自他乡的外出务农者。

2. 预测模型

需要转移的农村劳动力规模，可以通过上述三大关系预测。在式（6.2）和式（6.3）中，农村劳动力总数用 T 表示；返乡创业人数为 C；返乡创业带动的就业人数为 D，其中从事农业生产的比例为 α；转移劳动力人数为 Z，其中从事农业生产的比例为 β；纯农民人数为 N；必要农业生产人数为 Y。预计到2025年，农村劳动人口 T 的值为2.59亿；根据国家发展改革委等19部门联合印发的《关于推动返乡入乡创业高质量发展的意见》，返乡创业人员 C 的值为0.15亿人，创业带动就业人员 D 的值为0.6亿人；根据农民工监测报告数据，转移劳动人口从事农业的比重 β 为0.4%。

$$T = C + D + Z + N \tag{6.2}$$

$$Y = N + \alpha D + \beta Z \tag{6.3}$$

3. 预测结果

预计到2025年农村劳动力转移规模为1.16~1.48亿人。其中，高创业创新水平下,科技和制度创新力度强,农业生产效率大幅提高,必要农业生产人数从2018年的1.18亿人下降到2025年的0.9亿人,返乡创业带动就业的人员有90%从事农业,需要转移1.48亿农村劳动力,对外转移0.89亿人,本地转移0.59亿人。其他情景见表6-5,在此不再赘述。

表6-5　　　　　　　　2025年末农村劳动力就业规模预测结果

情景假设			就近就地创业就业（亿人）			转移就业（亿人）		
名称	必要农业生产	创业带动农业占比（%）	返乡创业	创业带动就业	纯农民	转移总量	外地转移	本地转移
低创业创新水平	1.1	70	0.15	0.6	0.68	1.16	0.696	0.464
中高创业创新水平	1.0	80	0.15	0.6	0.51	1.32	0.792	0.528
高创业创新水平	0.9	90	0.15	0.6	0.35	1.48	0.888	0.592

注：情景假设中的创业带动农业占比设定依据为,(1) 返乡创业以农为本,更多的是通过订单农业、土地托管、土地入股等形式,发展农业适度规模经营,带动农民尤其是50岁以上的农民从事农业生产;(2) 农村农产品加工、农产品电商、民宿、旅游,主要是由村集体、农村原住民牵头。

6.3.6　未来5年农村劳动力转移的出路在哪里

未来5年,我国农村劳动力规模将延续下降,2025年末实际需要解决的就业规模少于2.59亿人。但是,不管是从与世界农业发达国家的比较来看,还是从中国所处发展阶段来看,我国农业劳动力的比重仍然偏高,中国农村劳动力转移的潜力并没耗尽。当前农业中仍有超过8 000万人的剩余劳动力,到2025年有1.16亿~1.48亿人需要转移,农村劳动力转移就业压力仍然较大。"十四五"期间要实现更高质量的农村劳动力转移就业,需要依次解决"有的转""有岗转""有效转"的问题。一是提高农业现代化水平,释放农业劳动力,增加可转移劳动力数量;二是稳住立足国内国际双循环的城镇转移就业渠道,稳步拓展农村就地就近非农就业空间,为转移劳动力提供充足就业岗位;三是加快土地、户籍和公共服务等相关领域制度改革,促进农村劳动力的有效转移。

1. 提高农业现代化水平,进一步解放农业劳动力

农业技术进步是农业现代化的最主要标志。目前,我国农业技术进步类型正向节约劳动型转变,对于释放农业劳动力的作用还有较大潜力。以机械替代劳动为例，2017年，我国每千公顷耕地使用农用拖拉机和使用联合收割机分别为49.7台和14.7台，低于大多数发达国家，两者分别只是日本2008年水平的11.4%和6.6%。而我国小麦、玉米、粳稻、大豆、棉花和油菜籽等主要农产品的机械劳动力替代弹性均大于1（闵师等，2018）。这说明我国依靠技术进步释放农业劳动力还有很大的空间。但是，农业技术进步带来农业生产所需劳动力减少的现实，有赖于一系列制度的完善与支持，尤其需要通过促进农业规模化生产经营、提高农业生产组织化程度和社会化服务水平、形成稳定高素质中青年务农就业大军等，从根本上化解现代农业技术支持的规模化生产模式与小农分散经营之间的矛盾，充分释放农业劳动力。

2. 挖掘城乡非农就业潜能，为转移劳动力提供充足就业岗位

为农村剩余劳动力提供相应就业岗位，是实现转移的前提条件。城镇方面，要充分用好国内外两种资源、两个市场，提供更多就业机会。面对新冠疫情带来的全球经贸格局的极大不确定性，要重塑和引领新的国际经贸关系，继续用好、用足我国在全球贸易中积累起来的比较优势，延续出口部门对农村劳动力转移就业的支撑作用。同时，要稳住立足于国内市场的城镇转移就业渠道，创造制造业转移的良好条件，保持劳动密集型的低端制造业对农村劳动力就业的基础性作用。支持数字经济下的新兴服务业高质量发展，发挥它们对农村劳动力转移就业的促进作用。乡村方面，要将发展县域经济、加快三产融合、增强有效投资作为增加农村非农就业潜力的主要抓手。促进民营经济发展，加快推进县域城镇化和农村劳动力转移就业基地建设，创造更多就业机会并吸纳农民入园入镇务工。引导适合农村的第二、第三产业向县域和有条件的镇村布局，鼓励并支持城市企业将生产实体转移延伸，将加工流通重心下沉，将更多岗位留给农民。引导农业与旅游、康养、休闲、电商融合发展，形成新的就业形态。同时，加强绿色及高标准农田设施、仓储、冷链物流等建设，充分发挥补齐农业农村短板有效投资的就业拉动作用。

3. 切实破除劳动力转移的制度障碍，促进有效转移

分类施策，完善农村劳动力转移制度。对于尚未转移的劳动力，要优化转移机制。通过开展岗前定向就业技能培训、就业指导和招聘活动，健全劳务输出有效对接机制，建立农村劳动力就业信息采集、发布制度，搭建就业服务大数据平台，开发农村劳动力就业手机终端，促进就业能力提升、转移就业有序推动。对于已经转移的劳动力，要创新农民工市民化制度。处理好户籍和公共服务的关系，保障转移劳动力在养老保险、基本医疗、社会保险等方面与城市户籍人口的同等权利，加快调整社会保障制度，满足农村青年在新就业形态中的现实需要。处理好户籍和农民权益的关系，预留一定过渡期，在过渡期内，农民可以同时享有城镇利益和农村利益。在这之后，鼓励进城落户人口有偿转让农村权益，永久落户城市。要加大"人地钱挂钩"配套政策的激励力度，提高城市政府吸纳农业转移人口落户的积极性。

6.4 共同富裕目标下缩小农村内部收入差距的实现路径
——基于生计多样化视角分析

如何从脱贫攻坚走向共同富裕，是当前社会各界亟须回答的重大问题。改革开放以来，特别是党的十八大之后，农民生活质量大幅提升。脱贫攻坚取得全面胜利，我国区域性整体贫困问题和农村人口的绝对贫困问题已经基本解决。同时，农民收入增长在8年间实现"双超"，既跑赢经济增速，也超过城镇居民收入增速，特别是贫困地区农户收入出现跨越式增长，在实现共同富裕的道路上前进了一大步。但应当注意到，农村地区发展不平衡不充分问题依然突出，其中一个重要表现是农村居民内部收入差距问题明显。根据国家统计局住户抽样调查数据，2019年农村收入最低的20%家庭与最高的20%家庭的平均年人均可支配收入分别为4263元和36049元，收入差距高达1∶8.46，不平衡现象十分突出。与此同时，随着经济增速的放缓，增收环境和动力机制的调整变化致使农村家庭增收形势趋于复杂化，对农户增收形成制约。因此，避免农户内部收入差距的进一步扩大成为新时代"三农"工作的一项重要任务，也是实现2035年远景目标和促进全体人民共同富裕的应有之义。

生计多样化在脱贫攻坚时期发挥了重要作用，在开源增收的同时，实现了低收入人群收入的稳定增长。当前，我国农村家庭生计活动呈现多样化和向优势生计发展的趋势，大多数农村家庭的收入来源具有多样性和阶段性特征（贺雪峰，2015；刘永茂和李树茁，2017）。生计多样化具体表现为纯农户农业经营的多样化与农户非农活动的兼业化（温思美和赵德余，2002）。生计多样化被认为是农户在面对外部压力和打击时的适应性生计策略。特别是对于贫困农户，通过重新组织家庭内部拥有的各种资源禀赋，农户以农业多元化经营或转向非农活动的方式管理或规避农业生产风险，稳定家庭收入流，减少收入不确定性。多样化的生计活动能够充分发挥家庭劳动力资源优势、提高收入水平，这对于维持低收入家庭生计可持续性、保障生计安全具有积极意义（叶敬忠等，2019；陈传波，2007）。

虽然生计多样化能够从根本上提高底层收入群体的收入水平，但能否系统性地缩小不同收入群体之间的收入差距、实现共同富裕仍有待探索。理论上，如果生计多样化更有利于提高更多中低收入人群的收入水平，那么生计多样化将在促进个体增收的同时，对总体农户之间的收入分配产生长远影响，最终有助于推动共同富裕。但值得注意的是，生计多样化对不同家庭收入影响存在某种不确定性。农户为规避风险采取的多元化生计方式，可能会抑制自身生产技术效率的提高，阻碍规模化、专业化进程，导致规模经济损失（程竹和陈前恒，2018）。对于风险水平较低的生产项目，多样化经营策略还会减少农业生产预期收益，产生"多元化折扣"（马强文等，2012；Katchova，2005）。因此，有必要在厘清生计多样化对不同农村家庭收入影响的基础上，采用现实数据进一步验证生计多样化对农村家庭收入不平等的影响，从农户生计视角提供未来促进全社会共同富裕的战略思路。

从现有文献来看，直接对生计多样化与农户收入差距之间关系的讨论较少，相关文献主要围绕农户不同生计活动类型对农户收入差距的影响展开讨论。其中，极少数文献分析了纯农户农业经营多样化对收入不平等的影响。吴本健等（2021）利用河北马铃薯种植农户数据研究了多样化种植对农户收入不平等的影响，结果表明样本地区多样化种植方式能够在一定程度上缩小农户收入不平等状况。大多数研究则集中分析了农户非农就业行为对收入不平等的影响。部分学者研究发现，与高收入群体相比，由于中低收入农户在农业生产方面缺乏优势，需要同时从事其他非农活动赚取更多收入，这部分农户外出务工的倾向和实际外出务工人群比例更高，外出务工显著提升了低收入群体的收入水平，有助于缓解农村家庭收入不平等（程名望等，2006；刘魏和张应良，2018；章元等，2012）。但江克忠和刘生龙（2017）研究指出，由于获取非农就业的机会不平等，在5年时间内工资性收入不平等状况在恶化，并且工资性收入对农村内部总收入不平等的贡献度从2010年的65.0%上升到2014年的73.6%，成为造成农村内部收入不平等的重要原因。除外出务工外，有学者研究了本地创业活动对农村收入不平等的影响，发现农户的非农创业行为也会加剧农户收入不均衡状况，进一步扩大农村内部收入差距（沈梽航等，2020；单德朋和张永奇，2021）。

以上研究主要考察了农户单一生计活动类型（主要为非农就业）对收入不平等的影响和贡献情况，忽视了家庭内部各项经济活动之间的关联性，未直接回答生计多样化是否有助于缩小农户收入不平等。即使少数文献讨论了农户多样化种植行为对收入不平等的影响，研究样本也仅局限于某一特定地区的种植农户，样本量有限。之所以出现上述研究不足，一方面可能与研究方法未能突破有关，另一方面可能与缺少具有全国代表性的大样本数据有关。

为此，本节利用全国性微观调查数据，将农户的生计来源细化为粮食种植、经济作物种植、林木种植、畜禽养殖、自营工商业和务工等六类农业经营活动和非农经济活动，涵盖了农村家庭维持生计的主要方式。首先，采用再中心化影响函数回归方法，考察生计多样化对农村家庭收入不平等的影响，并使用无条件分位数回归方法比较了生计多样化对不同收入群体的收入效应差异；其次，基于收入结构分解方法对比单一生计型农户与生计多样化农户的各项生计活动收入在不同收入组家庭中的分布情况，以及对总收入不平等的贡献；最后，从地区差异视角比较生计多样化对不同地区农村家庭收入不平等的影响。

6.4.1 分析框架与研究假说

生计多样化概念最早由埃利斯（Ellis，1998）提出，是农村家庭为维持和改善生计水平，基于自身生计资本构建多元化经济活动和社会支持能力组合的动态过程。在概念上，生计与收入之间属于包含与被包含的关系。生计包括除收入外的生计资本（如自然资本、物质资本、人力资本、金融资本和社会资本）、经济活动、将资本嵌入经济活动的制度安排和组织结构等要素，因此生计多样化并不等同于收入多样化。尽管如此，大多数学者认为家庭多样化行为动机主要是为了追求收入最大化、减少收入波动或两者兼而有之，将收入作为衡量家庭多样化行为的变量具有一定合理性，多数经济研究也侧重于从不同收入来源角度研究家庭的生计多样化行为（Loison，2019；Martin and Lorenzen，2016；Gautam and Andersen，2016）。鉴于此，本节从收入来源多样化的角度分析家庭生计多样化。

理论上，农村家庭之间收入不平等的缩小需要满足两个条件：一是处于低收入尾部的人群收入得到明显提高；二是处于低收入尾部群体的分布有所优化，更多低收入群体接入中等收入群体，缩小与高收入群体的收入差距（Reardon and Barrett，2000；Abdulai and Crolerees，2001）。据此分析，生计多样化缩小家庭间收入差距应该要满足以下三个假设：第一，多样化生计活动所引致的收入变化会影响农村家庭的收入分布；第二，多样化活动带来的收入增长足以改变原有收入分布格局；第三，这种收入分配的改善能够缩小底部收入群体与高收入群体的收入差距。在梳理生计多样化与农户收入不平等的关系时，需要重点围绕上述三个方面进行论述，研究分析框架如图6-12所示。

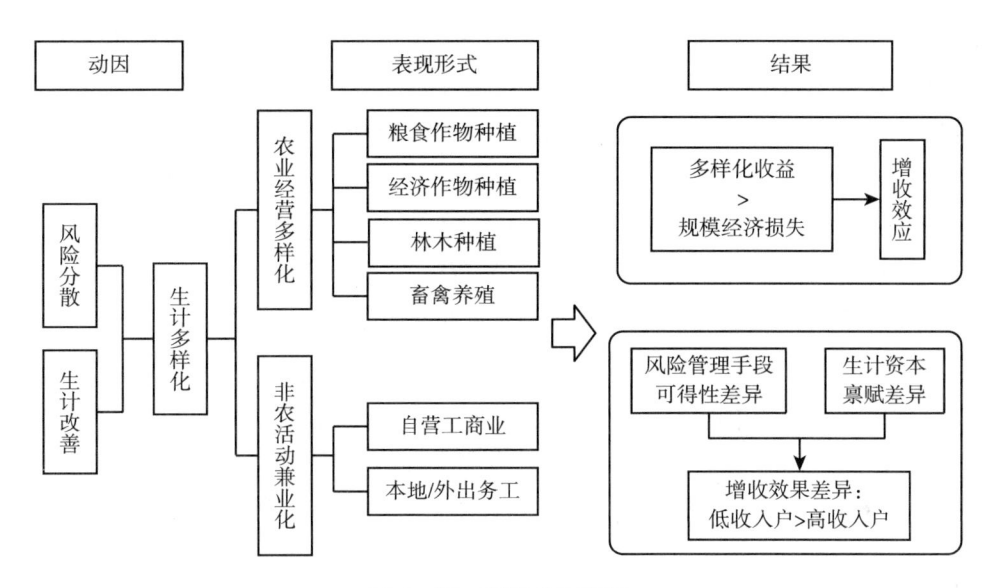

图 6-12 研究分析框架

生计多样化包括农户农业经营多样化以及非农活动的兼业化行为（Escobal，2001），农业经营多样化强调农户从低附加值作物的生产转向高附加值作物和畜禽养殖等农业生产活动，非农活动兼业化则强调农村家庭劳动力从农业向非农部门转移的过程。即使从个体层面看，家庭成员仅从事具有比较优势的单一生计活动，但在家庭层面则会形成多样化的生计活动和收入来源（Reardon and Barrett，2000；Barrett et al.，2001）。虽然农户生计多样化的具体表现形式存在差异，但从行为逻辑来看，农户选择多样化生计活动的动因则存在共性。一般认为，农户选择生计多样化活动是为了分散农业生产风险和农产品价格风险。由于现实中正规信贷与保险市场发展不完善，农户消费会受到收入波动的影响，农户生产决策与消费决策之间不能完全分离，因此家庭会投入相当资源来稳定未来收入流以减少收入波动造成的不利影响。其中，生计多样化是农户实现收入平滑所采取的重要生计策略。通过选择多样化的生计活动，而不是专门从事单一最大化收入的活动，以减少家庭总收入的过大波动，这种方式有效分散了收入风险，起到收入稳定器的作用。除此之外，生计多样化为家庭提供了改善生计的机会，部分研究认为生计多样化是农户基于灵活的家庭分工采取经济活动组合的方式获得更高收入的行为（Ellis，1999）。例如，现实中农村家庭非农收入份额的不断增长，家庭利用不同农业生产活动之间的互补关系开展种养结合、农林混作等多样化农业经营活动等，反映了生计活动的多元化能够在一定程度上帮助家庭获得更好的经济收益，实现范围经济（Wuepper et al.，2018）。

由于农村家庭在资源禀赋和风险管理手段方面存在差异，收入来源的多样化对家庭总收入分布也会产生异质性影响。陈传波（2007）研究发现农户多样化水平与家庭总收入之间存在倒"U"形关系，即生计单一的经营方式可能会使农户获得高收入，但也可能导致农户陷入低收入的境地。原因在于富裕农户在人力资本、社会资本、金融资本和物质资本等生计资本方面具有一定优势，能够专业化于有更高进入门槛同时收益也更高的活动。而贫困农户受限于资金、文化程度和社会资本不足的约束，就业竞争力缺乏致使其获取的赚钱机会有限，最终只能专业化于低风险、低收益的简单生计活动。对介于二者之间的农户，从事多样性的生计活动以获得尽可能多的现金收入是大多数农户的现实选择。因此，可以预期，通过外部干预的方式降低低收入农户开展其他生计活动的门槛，为低收入农户提供多样化的生计活动选择，有助于提高低收入群体的收入水平，缩小其与中高收入群体的收入差距。

此外，与高收入农户相比，低收入农户风险管理手段有限。已有研究发现，低收入农户追求收入平滑，更倾向于采取事前预防的方式应对风险，由于多样化生计活动产生的收入更具稳定性，农户会通过保守生产、非农就业和多样化经济来源的方式平滑收入波动，分散收入风险（Morduch，1995）。高收入农户则更追求传统的消费平滑，通常采取借贷、储蓄和保险等事后应对的方式来管理风险。因此可以预期，多样化经济活动作为农户的收入稳定器，低收入农户采取生计多样化方式进行风险管理的边际收益更高，有助于缩小低收入农户与其他农户之间的收入差距，改善农村内部收入不平等问题。

根据以上分析，提出以下研究假说。

假说 6.1：现阶段生计多样化带来的多样化收益大于经济效率损失，对农户收入起到促进作用。

假说 6.2：生计多样化具有"益贫性"，能够缩小低收入家庭与高收入家庭之间的收入差距。

6.4.2　研究设计

1. 数据来源

本节使用的数据来源于 2015 年开展的"中国家庭金融调查"（CHFS）。调查内容涵盖 29 个省（区、市）家庭成员的年龄、受教育程度、兄弟姐妹数量等个人特征以及金融资产及固定资产状况。最重要的是，该数据包含家庭从事各项生计活动的信息,如农业经营情况、非农务工和自营工商业等生计活动参与及收入构成情况等,满足了本节研究的数据要求。基于本节研究目的,研究以家庭为单位,将样本范围限定在农村地区,剔除户主年龄在18岁以下的家庭以及户主信息缺失家庭。为保证户主本人特征能够代表家庭特征,户主必须是家庭财务决策者,当事权和财权须统一在户主身上。此外,对于变量存在缺失值的样本进行删除,最终得到的有效样本包括来自28个省(区、市)258个区县的7 537个农村家庭。

2. 变量介绍

(1)生计多样化水平。由于本节侧重于从收入来源多样化的角度分析家庭生计多样化行为,考虑到其他家庭活动如家务劳动、老人照料、子女教育等难以直接量化其经济价值,研究中农户生计活动范围主要包含粮食种植、经济作物种植、林作物种植、畜禽养殖、自营工商业和务工等6类农业经营活动和非农活动。在变量选取方面,本节分别从收入来源的丰富性和均衡性两个方面衡量农户生计多样化。一般而言,农村地区贫困家庭由于缺少生计资本,通常无法自主选择工作机会(Zhao and Barry,2013),他们会参与各种可能的生计活动拓宽家庭收入来源,强调收入来源的数量能够反映这部分群体的生计多样化情况。对于非贫困农村家庭而言,他们一方面可以从事多种生计活动,分散收入风险;另一方面,通过将主要精力投入到与自身能力更为匹配的生计活动中最大化家庭收入。因此,在衡量生计多样性时,既需要考察生计来源的丰富程度,还应对占家庭收入份额高的生计活动予以更大的权重,反映农户各收入来源的均衡性。

借鉴阿斯法等(Asfaw et al.,2018)和约翰尼等(Johny et al.,2017)的研究,本节采用农户生计活动数量和辛普森(Simpson)指数两个指标从丰富性和均衡性两个角度衡量农户生计活动的多样性。在第一种衡量方式中,将家庭从事的每种生计活动赋值为1,若家庭从事粮食种植和经济作物种植两种生计活动,则其多样化指数值为2,以此类推。在第二种方式中,Simpson指数的计算公式如下:

$$Simpson_i = 1 - \sum_{k=1}^{N} P_{i,k}^2 \qquad (6.4)$$

其中,N是家庭i从事的生计活动总数,N的最大值为6;$P_{i,k}$是家庭i所从事的第k种生计活动收入占家庭总收入的比重;指数$Simpson_i$的取值范围在$\left[0, \frac{5}{6}\right]$,$Simpson_i$指数越大,代表家庭的生计多样化程度越高。

(2)家庭总收入。本节将家庭总收入定义为各项生计活动收入的加总,与家庭从事的生计活动相对应。虽然这种做法只考虑了工资性收入和经营性收入,不能涵盖农户的财产性收入和转移性收入,但保持定义上的一致性有助于更好地分析生计活动多样化对农村内部收入差距的影响。此外,从实证层面看,转移性收入和财产性收入会直接改变特定人群的收入,从而造成整体收入分布发生改变,估计结果会混淆生计多样化对缩小收入差距的作用与转移性收入、财产性收入对收入差距的影响。基于上述原因,本研究在计算家庭总收入时未纳入转移性收入和财产性收入。

图6-13对比了从事单一生计活动家庭与从事多种生计活动家庭在不同分位数下的收入情况。总体来看,在各分位点上,农户从事的生计活动类型越丰富,家庭收入水平越高。为了解家庭内部收入差距情况,计算了家庭各分位点收入与第1个百分点收入的比值(即P_i/P_1)。可以看出,高收入家庭与低收入家庭之间收入存在较大差距,特别是处于收入分配顶端的农户所拥有的收入是处于收入分配底部农户的180倍以上。从农户生计活动数量看,相对于从事多种生计活动的农户,从事单一生计活动农户的内部收入差距更大。总结上述信息,可知家庭生计活动类型多样化与农户收入水平呈正相关关系,同时与农户内部收入差距存在负向关联性。

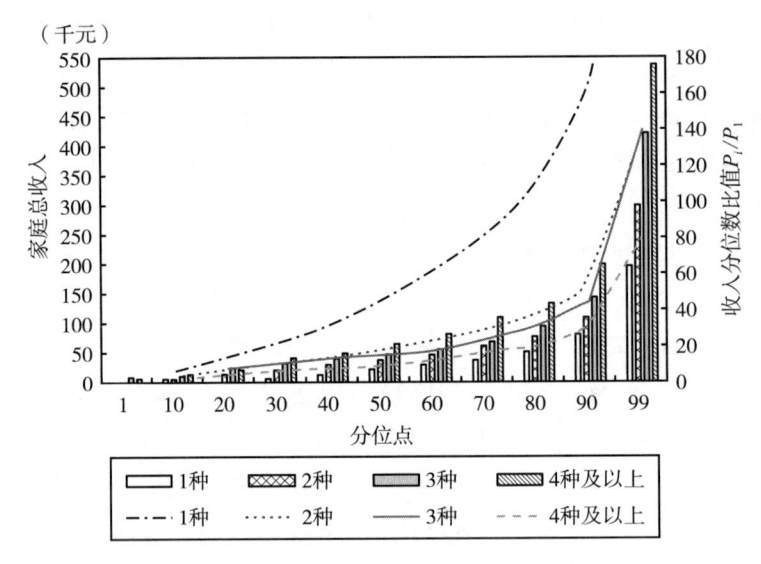

图6-13 按生计活动数量划分的农户收入分布

资料来源:根据2015年"中国家庭金融调查"(CHFS)整理得来。

(3)其他控制变量。根据可持续生计分析框架,农户收入会受到家庭持有生计资本的影响。具体地,生计资本主要包含人力资本、社会资本、物质资本、金融资本和自然资本五个方面。借鉴王洒洒等(2014)的思路,人力资本选取户主受教育年限、年龄、家庭人口规模和儿童(小于16岁)比例作为衡量指标;金融资本以家庭储蓄和信贷获取经历作为度量指标;自然资本采用家庭承包农地面积作为代理变量。参考李聪等(2019)的研究,社会资本选取户主及配偶的亲兄弟姐妹数量、同村庄亲戚数量作为代理变量;物质资本则采用家庭持有的农业机械、汽车和房屋价值进行衡量。根据农户是否实施生计多样化，本节将样本分为 Simpson 指数为 0（仅从事 1 种生计活动）与 Simpson 指数大于 0（从事 2 种及以上生计活动）两组。表 6-6 给出了两组样本具体变量的描述性统计。从表 6-6 可以看出，除农地面积外，从事单一生计活动的农户与从事多样化生计活动的农户在其他生计资本存量方面并不存在明显差异。

表 6-6　　　　　　　　　　变量描述性统计

变量类型		变量名	生计多样化（N=2 705）		生计单一化（N=4 832）	
			均值	标准差	均值	标准差
被解释变量	核心自变量	家庭总收入（元）	58 673.120	62 616.930	35 741.230	42 009.390
	生计多样化	Simpson 指数	0.335	0.166	0	0
		生计活动数量	2.257	0.503	1	0
控制变量	人力资本	家庭人口数	4.339	1.661	4.162	1.825
		儿童比例	0.153	0.165	0.160	0.180
		受教育年限	7.800	3.089	7.302	3.261
		年龄	52.155	10.222	53.213	11.206
	物质资本	农机估值（万元）	0.339	0.982	0.176	0.712
		车辆估值（万元）	0.987	2.936	0.749	2.610
		房屋估值（万元）	19.047	36.069	18.950	33.618
	自然资本	农地面积（亩）	10.019	11.621	7.286	10.133
	金融资本	家庭储蓄（万元）	1.528	3.251	1.177	2.840
		是否获得过信贷	0.202	0.401	0.190	0.392
	社会资本	兄弟姐妹数量	4.369	2.841	4.161	2.922
		村庄内亲戚数量（没有=1；1~3 个=2；4~6 个=3；6 个以上=4；计量时将选项设为虚拟变量）	2.762	1.105	2.728	1.100

资料来源：根据 2015 年"中国家庭金融调查"（CHFS）整理得来。

3. 研究方法

为估计生计多样化对家庭收入不平等的影响，本节采用菲尔波等（Firpo et al., 2018）在研究中提出的基于不平等指标统计量的再中心化影响函数回归方法（recentered influence function，RIF）。RIF 能够反映样本中自变量分布的边际变化对统计量的影响，具体的定义表达式如下：

$$RIF(y, v(F_Y)) = v(F_Y) + IF(y, v(F_Y)) \tag{6.5}$$

其中，$v(F_Y)$ 是 y 的各种统计量；$IF(y,v(F_Y))$ 是 y 的影响函数，量化了观测值 y_i 的微小变动对统计量 $v(F_Y)$ 的影响；RIF 反映了在给定原始分布 F_Y 和统计量 $v(F_Y)$ 的条件下，观测值 y_i 对统计量 $v(F_Y)$ 的相对贡献情况。

当统计量 $v(F_Y)$ 为基尼系数时，RIF 的表达式如下：

$$v^{Gini}(F_Y) = 1 - \frac{2}{\mu_Y}R_Y \tag{6.6}$$

$$RIF(y,v^{Gini}) = 1 + \frac{2}{\mu_Y^2}R_Y - \frac{2}{\mu_Y}[y(1-F_Y(y))] \tag{6.7}$$

其中，$R_Y = \int_0^1 GL_Y(p)\mathrm{d}p$，$GL_Y(p) = \int_{-\infty}^{F_Y^{-1}(P)} y\mathrm{d}F_Y(y)$ 是广义洛伦兹曲线；$p = F_Y(y)$ 为收入累积分布函数。

由于影响函数 IF 的期望值为 0，基尼系数 RIF 的无条件期望是基尼系数本身，表达式如下：

$$\int RIF(y,v^{Gini})\mathrm{d}F_Y = \int \left\{1 + \frac{2}{\mu_Y^2}R_Y - \frac{2}{\mu_Y}[y(1-F_Y(y))]\right\}\mathrm{d}F_Y = 1 - \frac{2}{\mu_Y} \tag{6.8}$$

若 $RIF(y,v^{Gini})$ 作为被解释变量与自变量 X 之间存在如下线性函数关系：

$$RIF(y,v^{Gini}) = X'\beta + \varepsilon_i, \quad E(\varepsilon_i) = 0 \tag{6.9}$$

对式（6.9）两边同时取无条件期望，可以得到：

$$v^{Gini} = E[RIF(y,v^{Gini})] = E(X'\beta) = \bar{X}'\beta \tag{6.10}$$

其中，β 的含义为自变量 X 的边际变化对基尼系数 v^{Gini} 的边际影响。

基于以上分析，本节的计量模型构建如下：

$$RIF(inc_i,v^{Gini}) = \alpha_0 + \alpha_1 D_i + \alpha_2 X_i + \varepsilon_i \tag{6.11}$$

其中，被解释变量为根据基尼系数构建的 RIF，待估计系数 α_1 衡量了生计多样化对收入不平等的边际效应。为保证结果稳健性，采用家庭收入 90% 分位数与 10% 分位数之间的距离（interquantile range，IQR）构成的 RIF 作为衡量收入不平等的补充指标。

6.4.3 实证分析结果

1. 生计多样化对农户收入不平等的影响

表 6-7 展示了基于基尼系数和收入分位距的 RIF 回归结果。第（1）列和第

(3) 列汇报了生计活动数量对农户收入不平等的影响结果。可以看到，控制其他因素不变时，样本中农户每多参与一项生计活动，农户收入的基尼系数会减少 5.3%（-0.028/0.525），收入的 90 分位数与 10 分位数的差值将缩小 12.5%（-0.41/0.525）。同样，第（2）列和第（4）列回归结果显示，以 Simpson 指数衡量的生计多样化估计系数均在 1% 的水平上显著为负，说明 Simpson 指数越高，越有助于缩小农户收入差距。这表明拓宽家庭增收渠道、多样化收入来源是缩小农户收入差距的重要途径。

表 6-7　　　　生计多样化对农户收入不平等的影响（N = 7 537）

变量	income-Gini		lnincome-iqr (90, 10)	
	(1)	(2)	(3)	(4)
生计活动数量	-0.028 *** (0.007)		-0.410 *** (0.047)	
Simpson 指数		-0.082 *** (0.023)		-1.339 *** (0.171)
受教育年限	-0.003 ** (0.001)	-0.003 ** (0.001)	-0.031 ** (0.013)	-0.032 ** (0.013)
年龄	0.003 *** (0.000)	0.003 *** (0.000)	0.025 *** (0.004)	0.025 *** (0.004)
家庭人口数	-0.025 *** (0.004)	-0.025 *** (0.004)	-0.170 *** (0.026)	-0.178 *** (0.026)
儿童比例	0.087 *** (0.028)	0.088 *** (0.028)	0.168 (0.246)	0.188 (0.246)
农机估值	-0.012 *** (0.004)	-0.012 *** (0.004)	-0.004 (0.033)	-0.001 (0.033)
车辆估值	0.007 *** (0.002)	0.007 *** (0.002)	0.061 *** (0.013)	0.061 *** (0.013)
房屋估值	0.000 ** (0.000)	0.000 ** (0.000)	0.001 (0.001)	0.001 (0.001)
农地面积	0.001 (0.001)	0.001 (0.001)	0.007 * (0.004)	0.007 * (0.004)
家庭储蓄	0.002 (0.002)	0.002 (0.002)	0.033 *** (0.011)	0.032 *** (0.011)
是否获得过信贷	0.046 *** (0.012)	0.045 *** (0.012)	0.262 *** (0.100)	0.252 ** (0.100)
兄弟姐妹数量	0.002 (0.001)	0.002 (0.001)	0.009 (0.013)	0.008 (0.013)
1~3 个亲戚	-0.025 ** (0.011)	-0.025 ** (0.011)	-0.310 *** (0.120)	-0.304 ** (0.120)
4~6 个亲戚	-0.010 (0.013)	-0.009 (0.013)	-0.206 (0.135)	-0.200 (0.135)

续表

变量	income-Gini		lnincome-iqr (90, 10)	
	(1)	(2)	(3)	(4)
6个以上亲戚	-0.005 (0.013)	-0.005 (0.013)	-0.133 (0.108)	-0.128 (0.109)
常数项	0.477*** (0.052)	0.451*** (0.051)	3.086*** (0.396)	2.704*** (0.395)
地区虚拟变量	控制	控制	控制	控制
RIF 均值	0.525	0.525	3.279	3.279
R^2	0.038	0.037	0.043	0.042

注：***、**和*分别表示在1%、5%和10%的水平上显著。括号中标准误是基于自助法自助抽取150次得到。下同。

资料来源：根据2015年"中国家庭金融调查"（CHFS）整理计算得来。

进一步分析生计多样化缓解农村家庭收入不平等的经济内涵。生计多样化能够缩小农户收入差距，意味着生计多样化会影响农户收入分布，且对不同类型农户的收入存在异质性影响，特别是对于低收入群体的增收效果更强。本节通过无条件分位数模型（unconditional quantile regression，UQR）分析生计多样化对不同收入水平农户收入的影响，回归结果如表6-8所示。

表6-8　　　生计多样化对家庭收入的分位数回归（UQR）结果（N=7 537）

变量	(1) 10 分位数		(2) 50 分位数		(3) 90 分位数	
生计活动数量	0.681*** (0.047)		0.387*** (0.022)		0.267*** (0.031)	
Simpson 指数		1.965*** (0.140)		0.826*** (0.093)		0.616*** (0.098)
控制变量	控制	控制	控制	控制	控制	控制
地区虚拟变量	控制	控制	控制	控制	控制	控制
F 统计量	16.55***	16.48***	50.46***	58.67***	14.97***	16.12***
R^2	0.104	0.104	0.177	0.197	0.133	0.141

资料来源：根据2015年"中国家庭金融调查"（CHFS）整理计算得来。

限于篇幅，本节仅报告家庭收入分布在10分位点、50分位点和90分位点的无条件估计系数。从表6-8可以看出，以Simpson指数和生计活动数量衡量的家庭生计多样化在每个分位点的影响均显著为正，说明生计多样化对农户收入具有增收效应，生计多样化程度高的农户收入水平更高。在不同分位点上生计多样化对收入分布的边际效应存在差异性，说明生计多样化具有调节收入分配的作用。具体地，随着分位数的提高，生计多样化对家庭收入的边际效应呈递减倾向。以生计活动数量为例，生计活动数量在农户收入分布 10、50 和 90 分位点上的估计系数分别为 0.681、0.387 和 0.267，意味着收入来源每增加一种，低收入群体的收入水平平均会提高 68.1%，而高收入群体的收入平均会增加 26.7%，这表明生计多样化对低收入家庭的收入促进作用明显大于高收入家庭。此外，对于从事两种及以上生计活动的农户（占样本比例约为 36%），其收入分布的低端差距（$lnincp50-lnincp10$）将缩小 0.106［(0.387-0.681)×0.36］，而收入分布的高端差距（$lnincp90-lnincp50$）将缩小 0.043。由此可见，收入来源多样化对减少中低收入群体收入不平等的作用更大，这是以往研究中未发现的结论。至此，本节的研究假说 6.1 和假说 6.2 均得到验证。

2. 收入结构对家庭总收入不平等的贡献

前文研究结果表明，生计多样化具有益贫性，有助于缩小农户的收入差距。本部分进一步从收入结构的视角对家庭生计多样化进行深入剖析，考察不同收入来源的不平等状况及其对家庭总收入不平等的贡献和边际效应。

为了比较这些特征在生计单一化与生计多样化家庭之间的差异，根据生计多样化指数将农户分为生计单一型农户（Simpson 指数为 0）与生计多样型农户（Simpson 指数大于 0）。借鉴勒曼等（Lerman and Yitzhaki, 1985）提出的基尼系数分解方法，得到表 6-9 的计算结果。其中，S 是农户不同来源收入占家庭总收入的比重；G 表示农户不同来源收入的基尼系数；R 是不同来源收入与总收入分布的基尼相关系数，反映了不同来源收入的分布情况；Share 是不同来源收入对总收入不平等的贡献程度；Change 是不同来源收入变化对总收入不平等的边际效应。

表 6-9　　基于收入结构的农村家庭收入基尼系数分解

生计活动类型		S	G	R	Share	Change
生计单一型	粮食作物	0.081	0.927	0.251	0.035	-0.046
	经济作物	0.032	0.977	0.337	0.019	-0.013
	林作物	0.005	0.997	0.453	0.004	-0.001
	畜禽养殖	0.012	0.996	0.599	0.013	0.001
	自营工商业	0.138	0.968	0.795	0.198	0.059
	务工	0.732	0.647	0.835	0.731	-0.001
	总收入		0.540			

续表

生计活动类型		S	G	R	Share	Change
生计多样型	粮食作物	0.131	0.735	0.297	0.061	-0.071
	经济作物	0.074	0.892	0.331	0.046	-0.028
	林作物	0.006	0.990	0.280	0.003	-0.002
	畜禽养殖	0.033	0.975	0.529	0.035	0.003
	自营工商业	0.231	0.910	0.834	0.369	0.138
	务工	0.525	0.576	0.764	0.486	-0.040
	总收入		0.476			

资料来源：根据2015年"中国家庭金融调查"（CHFS）整理计算得来。

从各项收入占家庭总收入比重 S 来看，家庭务工收入占比最高，其次是自营工商业收入和粮食作物种植收入。与生计单一型农户相比，生计多样型农户的自营工商业收入和粮食作物、经济作物种植收入占比更高，务工收入占比较低。其中，生计多样型农户自营工商业收入占家庭总收入比例高出生计单一型农户约10个百分点。

从各项收入来源的不平等指标 G 来看，相较于其他收入来源，务工收入的基尼系数最低。虽然林作物种植收入和畜禽养殖收入不平等状况最严重，但由于其占家庭总收入比例低，对总收入不平等的贡献度 Share 也偏低。同时，与生计多样型农户相比，生计单一型农户各项收入来源的不平等程度明显更严重。

从各项收入来源的分布 R 来看，粮食作物和经济作物种植主要集中于低收入组家庭。与生计单一型家庭务工收入集中于高收入家庭不同的是，生计多样型家庭务工收入主要集中于中高收入家庭，自营工商业则更多集中于高收入组家庭。如果集中于高收入组家庭的收入来源不平等程度高，并且占家庭收入比例大，则会增加家庭总收入的不平等程度。

从各项收入来源对总收入不平等的贡献 Share 来看，务工收入对总收入不平等的贡献度最高，其次是自营工商业收入。特别是对生计单一型农户，务工收入对总收入不平等的贡献达到73.1%。对于生计多样型家庭，务工收入和自营工商业收入对总收入不平等的贡献分别为48.6%和36.9%。

表6-9最后一列给出了各收入来源收入变动对总收入不平等的边际效应。务工收入、农作物和林作物种植收入的增加有助于改善总收入不平等的现状，而畜禽养殖和自营工商业收入的增长会进一步拉大收入差距。主要原因在于农作物和林作物种植是低收入群体的主要收入来源，这两项收入的增长有助于缩小与高收入群体之间的收入差距，缓解不平等状况。务工收入虽然集中于高收入群体，但由于务工收入的基尼系数最小，从事务工劳动的家庭之间收入相对差距小，因此

务工收入的增长有助于改善总收入不平等状况。特别是对于生计多样型农户，务工收入增加1%，总收入不平等会减少4%。畜禽养殖多集中于中高收入群体，且其收入基尼系数高，因而可能进一步拉大收入差距。自营工商业收入的增长不利于缩小总体收入差距，也是由于自营工商业收入分布更多地集中于高收入家庭，并且该收入来源基尼系数较高，占家庭总收入比重较大，导致自营工商业收入增加会使总收入不平等状况恶化。

3. 分区域估计结果

不同地区农村家庭的生计活动和生计资本存在差异，这会导致采取生计多样化策略对不同地区的收入不平等存在异质性。参照葛永波等（2020）的研究，本部分将样本划分为东、中、西部三个地区，这种划分方式在一定程度上反映了地区经济发展水平的差异性。在此基础上，对这三个地区进行分样本 RIF 回归，回归结果如表 6-10 所示。可以看出，在控制家庭生计资本后，以 Simpson 指数衡量的生计多样化对东部地区农村家庭收入不平等影响并不显著，对中部和西部地区的收入不平等起到明显改善作用，特别是在缩小西部地区家庭收入不平等方面效果最为明显。可能的原因在于中西部地区经济发展基础较为薄弱，贫困人口大多集中分布于此，多样化生计活动有助于农村家庭拓展收入来源，获取更多现金收入，从而缩小与高收入群体的收入差距。而在东部地区，76.4%的农村家庭主要收入来源为务工或自营工商业等非农活动。从前文分析可知，从事工商业或非农务工的农户主要以中高收入群体为主。因此，在东部地区，多样化的生计活动并不能产生足够的协同效应，对缓解农村家庭收入不平等影响并不显著。

表 6-10　　　　　生计多样化对农户收入不平等的分区域回归结果

变量	东部	中部	西部
Simpson 指数	-0.033（0.047）	-0.094*** （0.035）	-0.129*** （0.038）
控制变量	控制	控制	控制
样本数	2 759	2 660	2 118
R^2	0.039	0.045	0.033

注：被解释变量为 income（Gini）。
资料来源：根据2015年"中国家庭金融调查"（CHFS）整理计算得来。

6.4.4　结论与政策启示

本节在梳理生计多样化与农村家庭收入分布关系的基础上，基于全国多省份微观调查数据，采用再中心化影响函数和无条件分位数回归方法，考察了生计多样化对农户收入不平等的影响，并运用收入结构分解方法分析了各项生计活动对家庭总收入不平等的贡献情况和边际效应。研究主要发现：第一，生计多样化不仅有助于稳定农民收入，同样有助于促进共同富裕。多样化有效缓解了农村内部收入不平等，使用 RIF 回归结果显示，生计多样化降低了农户收入的基尼系数，即使在更换收入不平等衡量指标后，该结论依然稳健。第二，基于 UQR 模型估计生计多样化对农户收入的异质性影响发现，在不同分位点上，生计多样化带来的收入回报存在差异性，对低收入群体的收入提升效应最强，并且生计多样化对缩小中低收入群体收入不平等作用明显更大，体现了生计多样化的"益贫性"特征。第三，从收入结构视角看，虽然家庭务工收入和自营工商业收入对总收入不平等的贡献最大，但造成二者贡献度高的原因存在差异，务工收入的增长有助于改善总收入不平等状况，特别是对于生计多样型农户，务工收入增加1%，总收入不平等会减少4%。而自营工商业收入增加则会加剧总收入不平等。最后，通过分区域回归发现，生计多样化能够明显改善中西部地区农村家庭收入不平等，但对缓解东部地区农村家庭收入不平等影响不显著。

基于上述结论，本节得到如下政策启示。第一，推动发展富民乡村产业，提供优惠政策支持有利于低收入群体参与的产业类型，将一二三产业融合带来的增值收益和就业岗位尽量留给农民，为农村家庭提供更多就近就业机会。第二，加大对低收入群体非农就业创业的支持力度，降低低收入农户非农就业的门槛，提升低收入家庭工资性收入与创业收入的增长。第三，对于中西部地区的农村家庭，要注重建立可持续的多元化生计体系，增强农户实现多元发展的能力。

6.5 数字金融使用对农户生计多样化的影响研究

6.5.1 引言

随着脱贫攻坚取得全面胜利，绝对贫困问题得到全面解决，我国将整体转向乡村全面振兴的新阶段。乡村振兴战略是新时代"三农"工作的总抓手，推进乡村全面振兴开好局，需要以乡村经济社会的全面发展巩固好脱贫成果，确保广大农民的获得感和幸福感更加充实、更可持续、更有保障。作为融生产与生活功能于一体的小农户，在农业和农村发展中发挥了重要作用。但也需要看到，农户遭受着各种复杂高风险的冲击，既面临气候变化、重大病虫害传播等带来的传统风险，也有像新冠疫情这样的突发风险，以及发生在其他领域和行业传导的多重风险。风险的多发性、突发性以及复杂性对农村居民稳定可持续发展、实现生活富裕构成威胁。生计多样化是农户减少脆弱性的重要生计策略。通过采取非农就业、种植多种作物和种养结合的方式，有助于农户防范风险，弥补农业收入的不足，增加收入多样性，提升家庭生计质量。

然而，在传统金融服务模式下，农村地区金融服务供给风险大、成本高，金融机构发展农村金融业务缺乏动力，融资难、融资贵问题突出，难以有效支持农户实现多元化发展，影响农户生计活动的可持续性。针对这一突出问题，党中央提出要深化农村金融供给侧结构性改革，鼓励商业银行把数字金融作为发展普惠金融的抓手，强化金融科技在金融服务上的应用。数字金融是通过互联网及数字技术与传统金融服务相融合的新一代金融服务，对扩大金融服务供给面、提高金融服务效率、降低金融成本具有重要意义。如何把数字金融与农户生计策略有效结合，以数字金融支持乡村全面振兴，是值得深入研究的重要课题。

既有文献主要围绕数字金融使用在农户减贫增收、消费升级和信贷获得等方面的作用进行研究（陈慧卿等，2021；彭澎和徐志刚，2021；郭华等，2020；樊文翔，2021），极少数文献分析了数字金融使用对农村劳动力转移的影响（Wang，2020），或是以创业活动为例探讨数字金融使用对农户创业决策和创业收入的影响（何婧和李庆海，2019；尹志超等，2019）。这些研究在分析视角上仅考虑了数字金融使用对农户单一经济活动的作用，忽视了农户各项经济活动之间的关联性，缺少对农户生计策略的整体性研究。

为此，本节将在可持续生计分析框架下，利用中国家庭金融调查数据，采用分数概率（fractional probit）模型，分析数字金融使用对农户生计多样化策略的影响和作用机制。与已有文献相比，本节的研究贡献主要来源于两个层面。一是研究视角。本节更加关注农户开展多样化生计活动的"阻力"，即农户金融服务获取成本高和金融资本存量低的问题，并认为数字金融在减少农户生计活动多样化的"阻力"上具有极其重要的作用，因此，基于可持续生计理论，细化农户各项生计活动（分为粮食种植、经济作物种植、林作物种植、畜禽养殖、自营工商业和务工等六类活动），并分析数字金融使用如何通过影响农户各项生计活动参与决策及参与深度，促进农户生计多样化。二是研究方法。以往研究大多将生计多样化指标设置为虚拟变量，这种构造方式未考虑到家庭生计多样化的程度差异。因此，本节使用辛普森指数构造了生计多样化指标，并在解决内生性问题的基础上采用分数概率模型进行估计，保证了估计系数的一致性。显然，数字金融作为农村金融支持乡村振兴的重要抓手，本节研究结论有助于为充分利用数字金融发展契机提升农户自我发展能力,最终促进乡村振兴目标的实现提供理论支撑。

6.5.2 文献回顾与分析框架

本部分首先对农户开展生计多样化的影响因素进行梳理;其次对现有文献中关于数字金融使用影响家庭生计活动的研究进行总结分析;最后结合可持续生计分析框架以及已有研究,梳理出本节作用机制,提出研究假说。

1. 文献回顾

生计多样化是指农村家庭为维持和改善生计水平,建立多样化生计活动和社会支持能力的过程(Ellis,1998)。已有文献分析了家庭从事不同生计活动的动机。第一类动机是强调生计多样化作为农户的风险管理工具,可以在要素市场发展不完善的情况下,帮助农村家庭应对和分散市场风险、自然灾害和其他外部风险冲击等(Abdulai and Crolerees,2001;Escobal,2001)。由于贫困家庭缺乏有效应对风险的资本和能力,多样化生计活动是其应对收入风险的少数选择之一,在脆弱性环境下,农户可以通过选择从事多样化的生产活动规避风险,积累其实现生产方式转变的资本。生计多样化不能降低每项生计活动的风险,但却可以通过不同生计活动组合分散单一活动的风险。农户生计多样化的第二类动机在于不同的生计活动能够为家庭提供改善生计的机会,是低收入家庭摆脱贫困的有效手段(Ellis,1999)。生计多样化有助于农村家庭财富的积累,生计活动范围的扩大能够在一定程度上降低生产成本,甚至实现范围经济(Wuepper et al.,2018)。例如,农户种植的作物可以作为饲料用于畜禽饲养,畜禽粪便则可以替代部分人工肥料,减少种植成本和养殖成本。

虽然农户具备从事多样化生计活动的动机,但已有研究从理论和实证层面分别表明,生计多样化还受到农户自身能力和持有资本的影响。在理论层面,英国国际发展署(DFID)提出了可持续生计分析框架,并在框架中展示了各生计要素间的关系,其中,农户的生计多样化策略取决于家庭生计资本的存量。具体地,DFID 将可用于维持和发展生计的资本分为五种类型:自然资本、人力资本、物质资本、金融资本和社会资本。在实证研究层面,已有研究发现,自然资本丰富的农户会倾向于农业主导型生计策略,金融资本和人力资本会促进农户选择务工或经商等非农类型的生计策略,社会资本和物质资本对农户生计策略的选择也具有显著的影响(孙晗霖和刘芮伶,2020;伍艳,2016)。

数字金融是传统金融机构与互联网企业借助互联网技术和信息通信技术实现

资金融通、支付和投资等服务的新型金融业务模式。已有研究讨论了数字金融使用对农户不同生计活动参与的影响。具体地，在农业生产方面，基库尔韦等（Kikulwe et al., 2014）研究发现，移动支付的使用放松了肯尼亚小农的市场准入限制，农产品的市场销售份额提高，农户获得更高的农业生产利润。赛卡比拉和凯姆（Sekabira and Qaim, 2017）利用乌干达地区咖啡种植农户的数据也得出类似研究结论，即使用数字金融的农户能够缓解家庭流动性约束，农户通过将咖啡进行简单加工后出售给其他地区的买家，获得更高的市场价格，进而增加家庭农业收入。在非农就业方面，学者们普遍认为数字金融的使用能够提升农户创业可能性和创业绩效。何婧和李庆海（2019）使用农户调查数据研究发现，通过缓解农户信贷约束、拓宽农户信息获取渠道以及提升农户社会信任水平，数字金融使用提高了农村家庭的创业概率和创业收入。尹志超等（2019）在研究移动支付使用对家庭创业决策和经营绩效时，也得出了类似的研究结论。

综上所述，在研究内容上，当前对农户生计多样化的研究主要是从农户开展多样化活动的动机和能力两个角度展开，但以往研究大多忽视了数字金融发展对农村家庭生计能力的提升作用，对于数字金融对农户生计多样化的影响研究相对不足。在研究视角上，已有研究虽然已经关注到数字金融使用对农户不同收入来源渠道的影响，但忽视了农户各项经济活动之间的关联性，仅考虑数字金融使用对农户单一生计活动的作用，未回答数字金融使用是否影响以及在多大程度上影响农户生计多样化。

2. 研究假说

英国国际发展署提出的可持续生计分析框架在发展中国家农村家庭生计问题研究中得到广泛应用。该框架提出了生计分析研究中的四要素：风险冲击、生计资本、生计策略和生计结果。风险冲击和生计资本决定了家庭生计策略的选择，生计结果是家庭采取生计策略后产生的后果。在整体框架的基础上，本节主要讨论的是生计资本与生计策略的关系。在可持续生计框架中，生计资本主要由自然资本、人力资本、物质资本、金融资本和社会资本构成。其中，金融资本不足是制约家庭生计策略选择的主要因素之一。金融资本不足主要表现为传统金融服务获取成本高、自身持有的金融资本存量低两个方面。但现阶段，随着数字金融在农村地区的发展，数字金融的使用会引致家庭金融资本发生变化，具体表现在两个方面。一是通过减少信息不对称程度，数字金融降低了家庭获取外部融资的成本。一方面，数字金融用户的在线支付数据、社交平台足迹等信息可以为金融机构搭建风险评估模型提供原始有效的数据，减轻借款人与金融机构之间的信息不对称，从而降低农村信贷资金供给门槛；另一方面，数字金融打破了转账汇款的时间和空间限制，降低了汇款成本，拓宽了家庭资金获取渠道。二是数字金融特别是数字理财的使用能够帮助农户进行财富管理，增加家庭财产性收入，一定程度上解决家庭持有金融资产存量低的问题。因此，数字金融使用能够通过提升金融资本水平促进家庭生计多样化。

此外，数字金融使用会对农户生计策略产生直接影响。通过打破家庭成员之间转账汇款的时间和空间限制，数字金融会减少农户从事非农工作的"阻力"，使家庭成员能够更乐观地看待外出务工行为。此外，数字金融使用能够缓解农户的信息约束，更容易获取与非农就业相关的信息，对家庭劳动力资源配置和工作选择产生影响，从而促进家庭生计活动的多样化。基于上述分析，提出以下研究假说。

假说 6.3：数字金融使用会显著提高农村家庭生计多样化水平。

假说 6.4：促进非农就业、增加农户非农收入比重是数字金融使用促进农村家庭生计多样化的重要机制。

6.5.3 研究设计

1. 数据来源

本节研究使用的农户数据来源于 2015 年"中国家庭金融调查"（CHFS）。本节基于研究问题对样本进行了筛选：一是剔除了城市家庭和户主信息缺失的家庭；户主必须是家庭财务决策者，当事权和财权统一在户主身上以保证本人特征能够直接作用于家庭决策；二是为了消除极值影响，对农业机械、农地面积、储蓄等连续变量在 1% 的水平上进行了截尾处理，并剔除了有缺失值的样本。最终得到的有效样本包括来自 28 个省（区、市）258 个区县的 7 537 个农村家庭。

2. 变量选取

（1）生计多样化。

结合可持续生计分析框架与问卷调查情况，本节研究的农户生计活动主要包含粮食作物种植、经济作物种植、林作物种植、畜禽养殖、自营工商业和务工等。考虑到生计活动经济价值的量化，本节从收入来源角度对农户生计活动进行考察，如果农户参与某项生计活动，但未从该项生计活动中获得任何收入，那么该项生计活动不计入农户从事的生计活动中。

在衡量生计多样性时，既需要反映生计来源的丰富程度，还应根据不同生计活动对家庭的重要性，给予各项生计收入不同的权重，体现农户收入来源的均衡性。借鉴约翰尼等（Johny et al., 2017）的研究，本节构造 Simpson 指数来衡量农户生计活动的多样性。Simpson 指数的计算公式为：

$$Simpson_i = 1 - \sum_{k=1}^{N} P_{i,k}^2$$

其中，N 是家庭 i 从事的生计活动总数，N 的最大值为 6；$P_{i,k}$ 是家庭 i 所从事的第 k 种生计活动收入占家庭总收入的比重；$Simpson_i$ 指数的取值范围在 $\left[0, 1 - \frac{1}{N}\right]$。如果家庭 i 仅有一种收入来源，$Simpson_i$ 指数为 0；随着家庭从事不同生计活动种类的增加，单个生计活动的收入份额 $P_{i,k}$ 会下降，$Simpson_i$ 指数会接近于 $1 - \frac{1}{N}$。因此，$Simpson_i$ 指数越大，代表家庭的生计多样化程度越高。

（2）数字金融使用。

CHFS 收集了家庭使用手机银行、网上银行、移动支付、线上理财和线上贷款等数字金融服务使用信息。具体包括：一是您家网购一般主要采用哪种支付方式（包括网上银行、支付宝等选项）；二是您家主要使用过哪些形式的银行服务（包括网上银行、手机银行等选项）；三是您家是否持有余额宝、微信理财通、京东小金库等这几类互联网理财产品；四是您通常用手机从事以下哪些活动（包括网上购物、手机银行等选项）。如果受访者在回答上述问题时，选择了括号内列举选项中的任意一项，则认为其使用了数字金融服务。

（3）其他相关变量。

本节控制变量包含人力资本、自然资本、物质资本、金融资本和社会资本等五类家庭生计资本，并且引入地区虚拟变量控制区域间系统性差异。其中，人力资本包含家庭人口规模、小于 16 岁儿童比例、户主年龄和受教育年限，反映了个体的知识、技能和劳动能力。自然资本指农户拥有的自然资源，本节以家庭承包农地面积为测量指标。物质资本指家庭为维持生计所拥有的基础设施和生产用具等，主要用农业机械、汽车和房屋价值来衡量。金融资本反映了农户在生产生活中可以自主支配和获取的资金，本节从家庭储蓄和信贷获取两个方面进行考量。社会资本指家庭的社会关系网和各种社会资源，主要用户主及其配偶的兄弟姐妹数量、同村庄亲戚数量以及对亲朋好友的信任程度三类变量作为衡量指标。

表 6-11 汇报了各变量描述性统计结果。可以看出，农村居民生计多样化的均

值为 0.120，这表明样本家庭存在一定的生计多样化行为，但多样化程度不高，其收入来源主要集中在某 2 种或 3 种生计活动上。在数字金融使用上，约有 12.3% 的样本家庭使用了数字金融服务。

表 6-11　　变量描述性统计

变量类型	变量	变量含义	均值	标准差	样本数
生计多样化	Simpson 指数	由公式计算得出	0.120	0.189	7 537
数字金融	是否使用数字金融	1 = 是，0 = 否	0.123	0.329	7 537
人力资本	家庭规模	家庭常住人口	4.226	1.770	7 537
人力资本	儿童比例	16 岁以下儿童占家庭人口比重	0.158	0.175	7 537
人力资本	教育程度	户主受教育年限（年）	7.481	3.209	7 537
人力资本	年龄	户主年龄（岁）	52.833	10.874	7 537
物质资本	农机估值	家庭持有的农用机械现值（万元）	0.235	0.823	7 537
物质资本	车辆估值	家庭自有车辆现值（万元）	0.835	2.734	7 537
物质资本	房屋估值	家庭持有房产现值（万元）	18.985	34.515	7 537
自然资本	农地面积	承包农地面积（亩）	8.267	10.770	7 537
金融资本	家庭储蓄	家庭存款总额（万元）	1.303	2.999	7 537
金融资本	信贷获取	1 = 是，0 = 否	0.194	0.396	7 537
社会资本	兄弟姐妹数量	户主与其配偶的亲兄弟姐妹数量	4.235	2.894	7 537
社会资本	村庄内亲戚数量	1 = 没有，2 = 1~3 个，3 = 4~6 个，4 = 6 个以上（计量时将各选项设为虚拟变量）	2.740	1.102	7 537
社会资本	亲朋好友信任度	1 = 信任，0 = 不信任	0.631	0.483	7 537

资料来源：根据 2015 年"中国家庭金融调查"（CHFS）数据整理计算得来。

3. 计量模型

由于生计多样化指数范围在 $\left[0, \frac{5}{6}\right]$ 区间，采用 OLS 估计会导致被解释变量的拟合值不会严格地落在 [0，1] 之间。因此，借鉴已有研究，在估计数字金融使用对农户生计多样化的影响时，可以采用分数概率模型进行估计（Papke and Wooldridge，2008；Riley，2018），模型设置如下：

$$E(y_i | DF_i, X_i, \varepsilon_i) = \Phi(\gamma_0 + \gamma_1 DF_i + \gamma_2 X_i + \varepsilon_i) \tag{6.12}$$

其中，y_i 是农户 i 的生计多样化指数；DF_i 表示家庭是否使用数字金融，若使用，则取值为 1，否则为 0；X_i 是控制变量，包括家庭的 5 类生计资本和地区虚拟变量，ε_i 为不可观测误差项；待估计系数 γ_1 衡量了数字金融服务的使用对农户生计多样化的影响。

当数字金融使用 DF_i 为外生变量时，直接估计式（6.12）得到的估计系数是一致且最有效的。但考虑到使用数字金融农户与未使用数字金融农户之间存在不同的个体特征，当不可观测的个体特征同时影响农户数字金融使用与家庭生计策略选择时，会导致变量 DF_i 出现选择性偏误，造成内生性问题，导致数字金融使用对农户生计多样化影响的估计系数有偏且不一致。

为了解决选择性偏误引致的内生性问题，借鉴帕普克和伍德里奇（Papke and Wooldridge，2008）的研究方法，本节采用控制函数方法对式（6.12）进行修正。控制函数方法适用于处理非线性模型的内生性问题，其核心在于内生变量对控制变量和工具变量回归后得到的拟合残差，能够捕捉到造成选择性偏误的不可观测变量信息。通过将拟合残差引入分数概率这样的非线性模型中，可以解决由于内生性产生的变量估计系数不一致问题。具体地，可以分为以下两个阶段来构建模型。

第一阶段，采用线性概率模型估计家庭使用数字金融服务的影响因素，模型设定如下：

$$DF_i = \beta_0 + \beta_1 Z_i + \beta_2 S_i + \mu_i \tag{6.13}$$

其中，Z_i 是影响家庭数字金融使用的外生变量，S_i 是 DF_i 的工具变量，μ_i 为随机扰动项。

借鉴莱利（Riley，2018）的研究，本节采用村庄农户到金融网点的平均距离作为 DF_i 的工具变量。从工具变量的判断条件来看，一般而言，金融基础设施的便利性会显著提升家庭金融服务的使用频率，这些金融服务的使用经验能够提高家庭对数字金融的使用意愿；同时，金融网点的选址不受单个家庭层面生计多样化的影响，这在理论上满足了控制函数方法对工具变量的相关性和外生性的要求。时间上，由于 2015 年农户到金融网点的距离数据缺失，考虑到有固定营业场所的实体金融网点设立主要受市场主体、信用环境、地理交通和经济状况等区域因素影响，设立程序比较复杂，银行网点的数量在短期内通常较为稳定（Di Falco et al.，2011）。因此，本节使用 2017 年 CHFS 调查数据计算村庄农户到金融网点的平均距离，并将其作为 DF_i 的工具变量。

借鉴迪法尔科等（Di Falco et al.，2011）的研究，我们采用安慰剂检验（falsification test）判断工具变量的有效性。如果工具变量与家庭数字金融使用显著相关，且与未使用数字金融家庭的生计多样化不存在显著相关性，则可以认为工具变量是有效的。工具变量检验结果表明村庄农户到金融网点的平均距离满足了有效工具变量的条件。①

第二阶段，分析数字金融使用对农户生计多样化的影响。根据式（6.13）的估计结果，我们可以计算得到第一阶段拟合残差（r_i），将（r_i）作为控制变量添加到式（6.12）中，式（6.12）可以重写为：

$$E(y_i | DF_i, X_i, \varepsilon_i) = \Phi(\alpha_0 + \alpha_1 DF_i + \alpha_2 X_i + \alpha_3 (r_i) + \varepsilon_i) \quad (6.14)$$

其中，各变量定义与式（6.12）均保持一致。若 $\alpha_1 > 0$，表明数字金融的使用促进了农户生计多样化；若 $\alpha_1 < 0$，则表明数字金融的使用提高了农户生计专业化水平。若第一阶段的残差项系数 α_3 在模型中显著，则说明数字金融使用存在内生性问题；若 α_3 不显著，则不能拒绝数字金融外生性的原假设，可以直接估计 DF_i 对农户生计多样化的影响。

6.5.4 实证分析结果

1. 数字金融使用对农户收入多样化的影响

（1）数字金融使用的影响因素。

数字金融使用对农户收入多样化影响的回归结果如表6-12所示。第一阶段选择方程［见第（1）列］汇报了农户使用数字金融的影响因素回归结果。其中，到金融网点距离与农户数字金融使用呈负相关关系，距离金融网点近的农户使用数字金融服务的可能性更高。生计资本层面，人力资本会显著影响农户数字金融的使用，其中，家庭规模越大、儿童比例越低、户主年龄越小且受教育时间越长的家庭使用数字金融的可能性更大。持有物质资本越多的农户越有可能使用数字金融，物质资本反映了家庭经济状况，经济条件好的家庭会更容易接受新鲜事物。以承包农地面积衡量的自然资本对农户数字金融使用的影响不显著。金融资本对数字金融使用具有正向促进作用，表明传统金融的使用经验能够提升农户数字金融的可能性。社会资本对家庭使用数字金融的影响存在不确定性，户主兄弟姐妹越多、对亲朋好友信任度越高，使用数字金融的倾向越低；但村庄内部亲戚数量越多的家庭使用数字金融的可能性越高，表明不同圈层的社交网络对家庭数字金融的使用会产生差异性影响。

---

① 限于篇幅，具体工具变量检验结果在此不作陈述，如有需要可联系作者获取。

表 6–12　　数字金融使用对农户收入多样化影响的回归结果

变量	(1) 是否使用数字金融	(2) Simpson 指数
到金融网点距离	-0.014*** (0.005)	
数字金融使用		0.014** (0.007)
家庭规模	0.016*** (0.002)	0.019*** (0.003)
儿童比例	-0.058** (0.024)	-0.111*** (0.019)
教育程度	0.008*** (0.001)	0.011*** (0.002)
年龄	-0.003*** (0.000)	-0.004*** (0.001)
农机估值	0.006 (0.005)	0.017*** (0.003)
车辆估值	0.015*** (0.001)	0.016*** (0.003)
房屋估值	0.001*** (0.000)	0.001*** (0.000)
农地面积	0.000 (0.000)	0.001*** (0.000)
家庭储蓄	0.010*** (0.001)	0.011*** (0.002)
信贷获取	0.022** (0.009)	0.023*** (0.007)
兄弟姐妹数量	-0.008*** (0.001)	-0.006*** (0.002)
亲朋好友信任度	-0.017** (0.008)	-0.018*** (0.006)
亲戚数量(1~3个)	-0.007 (0.011)	0.000 (0.007)
亲戚数量(4~6个)	0.002 (0.012)	0.002 (0.007)
亲戚数量(6个以上)	0.019* (0.011)	0.028*** (0.008)
第一阶段残差		0.977*** (0.203)
常数项	0.176*** (0.040)	
地区虚拟变量	控制	控制
样本数	7 537	7 537
pseudo R^2/R^2	0.124	0.030

注：***、**、*分别表示在1%、5%和10%的水平上显著，估计结果均为边际效应；括号内数字为标准误。

资料来源：根据2015年"中国家庭金融调查"(CHFS)数据整理计算得来。

(2) 数字金融使用对农户收入多样化影响。

在选择方程结果基础上，将第一阶段拟合残差代入第二阶段生计多样化回归模型中。表6–12第(2)列汇报了Simpson指数作为被解释变量的回归结果。根据回归结果可以看到，数字金融的使用显著促进了农户生计多样化。相对未使用数字金融的农户，使用数字金融农户的生计多样化水平提高约 0.014。这表明，数字金融使用能够有效拓宽家庭收入渠道，在一定程度上帮助家庭分散收入风险。何婧和李庆海（2019）的研究也指出，数字金融的使用能够在一定程度上弥补农户人力资本、物质资本和社会资本的劣势，同时缓解农户的信息约束和信贷约束，提升农户的社会信任水平，促使农户开展包括创业在内的非农活动，这在一定程度上支持了本节研究结果。

从控制变量看，生计资本对农户生计多样化也产生了显著影响。具体地，农户生计多样化受到家庭人力资本的影响，人力资本是农户从事多样化生计活动的内在动力，年轻、文化水平高的户主更有能力采取多样化的生计策略，家庭人口越多、劳动力人口占比越高，越有助于家庭开展多样化的生计活动，这与法布索罗等（Fabusoro et al., 2010）的研究一致。经济基础是农户探索多种生计活动的有力保障，物质资本和金融资本对农户生计多样化均有显著的促进作用。农机、汽车等固定资产能够在一定程度上提升家庭生产效率，释放家庭劳动力，促使其将更多时间配置在其他生计活动中；家庭储蓄和获取信贷经历则在一定程度上缓解了家庭流动性约束和预算约束，农户可以将资金分配到其他生计活动中，已有研究也支持了这一结果（Breusch and Pagan, 1980）。以家庭承包农地面积衡量的自然资本对家庭开展多元化生计活动也产生了一定的促进作用，说明承包农地面积多的农户在生计活动上相对拥有更多选择，在农业方面能够多样化作物种植品种，也能从事一些雇工劳动和小买卖。社会资本中，户主的兄弟姐妹数量和对亲友的信任程度对家庭生计多样化呈显著负向影响，可能的原因是兄弟姐妹数量多在一定程度上起到了非正规保险机制作用，而收入多样化通过分散风险也起到了一定的风险保障作用，研究发现二者是可以相互替代的风险缓释工具。

2. 影响机制分析

根据前述研究结果可知，数字金融使用有益于拓宽农户增收渠道，促进生计多样化。本部分将通过考察数字金融使用对农户各项生计活动选择及其收入结构的影响，具体分析数字金融使用如何通过影响农户生计策略转型促进农户生计多样化。

由于农户是否从事各项生计活动属于二元变量，我们使用概率模型进行估计，同时采用控制函数方法解决数字金融使用的内生性问题，工具变量的选取与前文一致。表 6-13 上半部分列出了数字金融使用对农户从事各项生计活动影响的回归结果。其中，数字金融使用对农户从事自营工商业、务工存在显著正向影响，对包括粮食作物、经济作物、林木种植和畜禽养殖在内的农业生产活动影响不显著。

具体而言，数字金融使用使农户从事自营工商业和务工的可能性分别提高了4.5%和4.1%。这意味着，数字金融使用对生计多样化的促进效应主要体现在提高农户参与非农经济活动的可能性上。

表6-13 数字金融使用对农户生计活动参与及收入结构的影响

Probit-CF 估计
被解释变量：是否从事以下生计活动

变量	（1）种植粮食	（2）种植经济作物	（3）种植林木	（4）畜禽饲养	（5）自营工商业	（6）务工
数字金融使用	-0.020 (0.017)	0.001 (0.014)	0.004 (0.004)	0.002 (0.010)	0.045*** (0.010)	0.041** (0.016)
控制变量	控制	控制	控制	控制	控制	控制
样本数	7 537	7 537	7 537	7 537	7 537	7 537
R^2	0.189	0.080	0.115	0.110	0.093	0.124

SUR 估计
被解释变量：各项生计活动收入占家庭总收入比例

变量	（7）种植粮食	（8）种植经济作物	（9）种植林木	（10）畜禽饲养	（11）自营工商业	（12）务工
数字金融使用	-0.025** (0.011)	-0.016** (0.008)	-0.001 (0.002)	-0.003 (0.005)	0.032*** (0.009)	0.000 (0.016)
控制变量	控制	控制	控制	控制	控制	控制
样本数	7 537	7 537	7 537	7 537	7 537	7 537
R^2	0.205	0.053	0.017	0.033	0.074	0.153
BP 检验 χ^2	4 890.903					
P 值	0.000					

注：控制变量同表6-11。
资料来源：根据2015年"中国家庭金融调查"（CHFS）数据整理计算得来。

由于生计能力不同，家庭劳动力和时间等资源配置在不同生计活动上存在一定差异，数字金融使用对家庭生计活动的影响直观体现在农户收入结构变动上。因此，我们采用农户各项生计活动收入占家庭收入比重作为被解释变量，考察数字金融使用如何影响农户收入结构。考虑到农户各项生计活动收入份额之间可能会受到相同的不可观测因素影响，导致方程之间的扰动项存在相关性。例如，家庭成员的能力会同时影响家庭农业生产收入与非农就业收入，这会导致单个方程的估计效率降低。借鉴吉道和希费劳（Djido and Shiferaw，2018）的研究，本节采用似不相关回归（seemingly unrelated regeression，SUR）估计数字金融使用对农户收入份额的影响。作为系统估计方法之一，SUR 的基本假定是方程组中各方程的扰动项之间存在同期相关，它能够充分利用不同方程的信息对参数进行有效估计。为检验各项生计活动方程之间的相关性，根据布伦斯和帕甘（Breusch and Pagan, 1980）提出的检验方法，我们对各方程扰动项进行同期相关检验，检验原假设是"各方程的扰动项之间不存在同期相关"。表 6-13 的底部列出了相关性检验结果，BP 检验的 P 值为 0.000，拒绝了"同期不相关"的原假设，说明各方程之间的扰动项存在显著相关性，采用 SUR 模型比单一方程估计更有效率。表 6-13 下半部分汇报了数字金融使用对农户收入结构影响的 SUR 估计结果。结果显示，数字金融使用显著减少了农户种植业收入比重，使用数字金融的农户粮食种植收入与经济作物种植收入份额分别减少了 2.5% 和 1.6%。数字金融使用对农户林木种植、畜禽养殖和务工收入份额影响不显著，但对提高农户自营工商业收入份额存在显著正向影响，使用数字金融的农户自营工商业收入比重提高了约 3.2%。这意味着，在收入结构层面，数字金融使用对农户生计多样化的促进效应主要体现在提高自营工商业收入份额上，数字金融使用使农户将劳动力和时间资源配置从种植业转移到自营工商业，提高了自营工商业收入在家庭总收入中的权重，从而提升了农户生计多样化水平。

6.5.5 结论与政策启示

本节在可持续生计分析框架下，基于中国家庭金融调查（CHFS）2015 年农村地区样本数据，采用分数概率模型，分析了数字金融使用对农户生计多样化的影响，并从收入结构视角探究了数字金融影响作用的机制。研究主要发现：第一，以 Simpson 指数衡量的农村居民生计多样化水平的平均值为 0.12，农村居民存在一定的生计多样化行为，但多样化程度不高；第二，在采用控制函数方法解决样本内生性问题后，使用分数概率模型估计结果显示，数字金融使用显著促进了农户生计多样化水平；第三，从实现途径来看，数字金融使用主要通过促进农户非农就业参与、提升非农就业收入比重促进农户生计多样化，具体地，数字金融使用显著增加了农户自营工商业和务工等非农就业参与可能性，在收入结构方面，减少了家庭种植业收入比重，同时促进了农户自营工商业收入份额的提升；第四，农户生计多样化策略还受到家庭各项生计资本的影响。

基于上述结论，本节得到如下政策启示。第一，鼓励金融机构统筹数字和实体两种方式在农村地区规范发展金融服务。要深度挖掘和利用各项涉农数据资源，精准分析乡村居民生产生活的现实需求，创新推广基于大数据的普惠金融业务模式，使数字金融成为数字乡村建设的重要金融基础设施，精准对接和满足各类主体的有效融资需求；同时，由于数字金融的使用有赖于传统金融的使用经验，仅靠推广数字金融难以覆盖金融服务使用空白群体，需要以适当的物理网点弥补"数字鸿沟"的不足。第二，支持农户生计多元发展，实现可持续的收入增长。生计多样化是农户克服脆弱性的重要手段之一，事关农户增收和脱贫攻坚成果巩固。一方面，大力推进数字金融产品和服务方式适应农业农村新产业新模式发展的需要，贴近农村居民开展多样化生计活动的实际需求，把数字金融供给同农村居民的生产生活习惯有机结合起来。另一方面，需要注重农户生计能力的培养和提升，弥补技能、资产等短板。通过促进教育、就业等基本公共服务均等化，加强农村劳动力技能培训，提高农户人力资本；同时，要盘活用好农村资源要素，增加农户财产性收入，提升其自我发展能力。

6.6 菽玉真的不可兼得吗：带状复合种植对玉米大豆生产的影响研究

——基于局部均衡模型的模拟分析

6.6.1 引言

我国大豆产业长期面临对外依存度极高、进口集中度极高的"双高"局面。自 2017 年起，我国大豆消费总量已连续 5 年超过 1 亿吨，进口量比重一直保持在 80% 以上；同时我国大豆进口来源长期集中在巴西、美国、阿根廷三国，从上述三国进口合计占大豆总进口量的 90% 以上。大豆大量进口是我国加入 WTO 后优先保障口粮安全、有效缓解国内日益紧缺的土地和水资源的重要策略，进口大豆在解决油脂消费和饲料消费的同时也保障了我国整体的粮食安全。然而，近年来大豆进口的国际环境正在发生重大变化，在贸易结构"双高"的情况下，我国大豆进口面临的风险和不确定性骤然增加。一是近年来受新冠疫情、气候变化、自然灾害频发等影响，大豆国际价格被不断推高。例如，2020 年 3 月、2021 年 6 月，巴西等主要大豆主产国因为洪涝灾害、大旱等连续的灾害，大豆减产严重，国际大豆价格高涨，进而直接推高我国大豆进口价格。二是国际重大事件突发加剧了包括大豆在内的全球粮食供求的紧张关系。例如，2022 年俄乌冲突以来，全球小麦、玉米和大豆期货价格持续上涨，已经威胁到世界粮食安全；美国芝加哥期货交易所（CBOT）大豆主力合约（2022 年 3 月）平均收盘价为 582 美元/吨，环比上涨 13.7%，涨停至 9 年来的高位。同时，根据联合国粮农组织数据，美国大豆月度离岸价格已经上涨到 2022 年 2 月的 616.9 美元/吨，较 2018 年 9 月的 306 元/吨的价格翻了一倍。由此可见，高度依赖国际进口市场将导致国内大豆供应面临不确定性和不可控因素，一旦出现极端局面，国内市场将面临进口环境中的诸多风险，大豆将成为我国粮食安全中重大的风险点，可能成为制约我国粮食安全的"卡脖子"商品。

提升大豆产能、确保大豆一定自给率是我国新时期新阶段全面保障粮食安全的战略需求，也是防范国际极端事件与环境下粮食不确定风险的战略举措。然而，受我国耕地资源硬约束，大范围新增扩种基本无法实现；同时玉米和大豆属于同季作物，种玉米会造成大豆减产、种大豆会造成玉米减产，玉米大豆"争地"问题亟待破解。2022 年中央一号文件《中共中央 国务院关于做好 2022 年全面推进乡村振兴重点工作的意见》中提出"大力实施大豆和油料产能提升工程"，要在黄淮海、西北、西南地区推广玉米大豆带状复合种植，在东北地区开展粮豆轮作。从现有试验研究和区域性推广实践结果来看，玉米大豆带状复合种植能够在玉米产量相对稳定的情况下实现大豆一定程度的增收。但是，目前关于带状复合种植对大豆增产增收的影响分析主要集中在微观或局部层面，对于该技术在大范围推广的可能性、所面临的困难挑战及其在未来一段时间内对全国范围内的增产潜力、消费、贸易、玉米生产的影响却鲜有论述。虽然有新闻报道对于玉米大豆带状复合种植推广后可能的产量增加进行了简单的算术计算，但由于其缺乏对农业内各产业部门相互作用及影响的考虑，所得到的结果较为主观和片面；同时更缺少市场供求关系联动下的生产、消费、贸易等多方面的变化情况和时序变化预测分析。

因此，本节拟在现有玉米大豆带状复合种植试验及区域推广结果的基础上，分析玉米大豆带状复合种植技术的试验效果和推广面临的困难挑战，并运用中国农业产业模型（CASM），充分考虑农业多部门供求平衡关系及生产、消费、贸易之间的联动机制，分别模拟预测在玉米大豆带状复合种植模式及采用生物育种模式等不同情景下，2020~2035 年全国范围内玉米大豆增产潜力、消费量、净进口及自给率等的变化情况，系统分析新型技术模式影响下玉米大豆产业可能受到的影响，为玉米大豆带状复合种植及相关产业政策提供依据和参考。

6.6.2 当前玉米大豆带状复合种植技术效果分析

1. 玉米大豆带状复合种植技术简介

玉米大豆带状复合种植是针对我国旱地多熟制间套种植习惯，采用玉米和大豆带状间作或套作的一种种植方式。我国一直都保持着玉米大豆间套作的种植传统和习惯，但传统玉米大豆间套作长期存在田间配置不合理、难以机械化作业、不能轮作倒茬、施肥和病虫草害防控技术匮乏等问题，效益增加不明显。为了解决上述问题，农业技术专家提出适应现代农业模式的玉米大豆带状复合种植技术体系，基于传统间套作方式，采用玉米带与大豆带复合种植，通过适宜品种选配、规范生产流程、研发改造专用机械等环节构建从种到收的标准化技术体系，实现"玉米不减产、多收一季豆"（即在复合种植地块，玉米单产与清种相当，同时多收100公斤大豆）的技术目标（杨文钰，2022；王田，2022）的生产目标。

2. 玉米大豆带状复合种植试验效果分析

根据农业农村部统计，2021年全国玉米大豆带状复合种植区域性试验推广面积已经达到700多万亩。本节通过梳理已有文献，整理了各产区采用玉米大豆带状复合种植的试验结果。从已有文献来看，大豆带状复合种植主要在黄淮海、西南、西北地区开展[①]（以下简称"三大产区"）。由于生产地的自然条件与环境存在较大差异，各地开展大豆带状复合种植所得出的结果存在一定差异，这里根据不同地区、不同试验条件等角度，对现有文献报道进行梳理（见表6-14），为模型参数拟定提供合理依据。

表6-14　　　　　　　　玉米大豆带状复合种植试验技术效果

地区	省份	大豆单产（公斤/亩）	占本区域清种大豆平均单产的比重（%）	玉米单产（公斤/亩）	比2020年清种玉米增加（公斤/亩）	与清种玉米相比新增经济效益（元）	参考文献
黄淮海	河北	120	74	535	132	400	耿晓彬和朱伟旗（2020）
	河南	115	71	451	48	—	张灿等（2022）
	河南	95	59	600	197	250	邵科等（2022）
	河南	103	64	511	108	200	崔贺云（2022）
	河南	124	77	565	162	408	杨科等（2021）
	山东	—	—	—	—	475	王田（2022）

[①] 东北玉米大豆产区并未被列入《2022年全国玉米大豆带状复合种植技术方案》中。主要原因可能是由于资源禀赋特征、自身生产模式和农业发展阶段等因素，暂未大范围推广复合种植技术。

续表

地区	省份	大豆单产（公斤/亩）	占本区域清种大豆平均单产的比重（%）	玉米单产（公斤/亩）	比2020年清种玉米增加（公斤/亩）	与清种玉米相比新增经济效益（元）	参考文献
西北	甘肃	114	106	789.5	364	—	温健等（2017）
	内蒙古	82	76	820	394	360	许雅（2022）
	内蒙古	91	84	802	376	—	王田（2022）
	山西	66	61	703	278	—	刘小荣等（2017）
	宁夏	105.2	97	784.7	359	411	罗艳等（2020）
西南	湖南	115	84	—	—	350	吉映（2022）
	四川	65	48	530	180	361.5	孙加威和郎梅（2020）
	四川	130	95	450	100	—	史晓露（2022）

资料来源：根据已有参考文献中的数据整理得到。

（1）四川农业大学技术研发团队的试验结果显示，7省试验区带状复合种植平均亩增大豆110~120公斤/亩。四川农业大学农学院技术团队是玉米大豆带状复合种植技术的最主要研发团队之一，在我国黄淮海、西北、西南地区以及巴基斯坦等地进行了大量田间试验（Raza，2021；Ahmed，2020），所报道的研究结论具有较好的代表性和实践意义。根据相关报道显示，相对传统清种方式，该团队研发的玉米大豆带状复合技术在使用后能够实现复种地块玉米产量与清种产量相当，同时带状套作每亩多收大豆130~150公斤、带状间作每亩多收大豆100~130公斤（史晓露，2022；王田，2022）。该团队核心成员在《玉米—大豆带状复合种植的主要优势与关键技术》报告中着重报道了"7省试验区带状复合种植平均亩增大豆112公斤/亩"的研究结果（杨文钰，2022）。同时，2021年该团队在四川省仁寿县试验片区，玉米实产569.6公斤/亩，大豆百亩连片平均亩产122.3公斤，每亩新增产值686.8元；山东省肥城市的千亩示范片实收测产，玉米亩产542.08公斤、大豆亩产114.4公斤，相对当地清种玉米种植，带状间作每亩新增产值700元左右（雍太文和杨文钰，2022）。

（2）分区域的技术试验结果显示，各地区在实施玉米大豆带状复合种植时呈现出不同特点。除上述四川农业大学团队的研究结果外，亦有其他学术论文报道了玉米大豆带状复合种植的试验结果。总体来看，采用玉米大豆带状复合种植技术后，玉米亩产均呈现不同程度的增长，大豆产量基本能够达到清种时50%以上的水平。

黄淮海产区的研究试验结果表明，相比传统清种方式而言，采用玉米大豆带状复合种植后，复种玉米较清种时增产20%~30%；复种大豆能够达到清种亩均产量的60%~75%。黄淮海地区的玉米大豆带状复合种植主要采用"两行玉米+四行大豆"种植模式。品种方面，主要选用株型紧凑、高产抗倒、耐密型以及宜机收品种。种植过程中主要采用专用施肥播种机进行种植，再通过联合收割机进行收割。产量方面，已有文献显示，河北石家庄，河南新郑、漯河、永城，山东肥城等地在开展玉米大豆带状复合种植试验后，大豆亩产达到95~124公斤/亩；玉米产量达到451~600公斤/亩（王田，2022；耿晓彬和朱伟旗，2020；张灿等，2022；邵科等，2022；崔贺云，2022；杨科等，2021）。

西北产区的研究试验结果显示，复种玉米和大豆的增产效果明显优于西南和黄淮海产区。在采用玉米大豆带状复合种植后，复种玉米较清种时平均增产接近50%；复种大豆能够达到清种亩均产量的80%~85%。西北产区主要采用"四行玉米+四行大豆"种植模式。品种方面，大豆采用耐阴耐密、抗倒高产良种，玉米采用紧凑半紧凑、抗逆高产良种。种植方式上主要采用玉米大豆带状播种机、玉米联合收获机和自走式大豆收割机进行机械化作业。产量方面，已有文献显示，甘肃兰州、宁夏固原、内蒙古包头、山西运城等地在开展玉米大豆带状复合种植试验后，大豆亩产达到82~114公斤/亩；玉米产量达到700~820公斤/亩（温健等，2017；许雅，2022；王田，2022；罗艳等，2020；刘小荣等，2017）。

西南地区玉米大豆带状复合种植模式较为多样，在进行玉米大豆带状复合种植时往往套作和间作兼存，因此不同地区的大豆产量变化相对较大。主要有"两行玉米+三行大豆""两行玉米+两行大豆""一行玉米+两行大豆"等种植模式。品种方面，玉米主要选择株型紧凑或半紧凑的矮秆品种，大豆主要选择产量高、分枝多、抗倒伏品种。种植方式上大多采用机械化、智能化设备进行种植。产量方面，已有文献显示，四川成都、遂宁、湖南等地在试验实施玉米大豆带状复合种植后，大豆亩产达到65~130公斤/亩，能够达到本产区清种大豆亩产水平的75%~80%；玉米产量达到450~530公斤/亩（吉映，2022；孙加威和郎梅，2020；史晓露，2022）。

（3）对比改变各项技术条件后得到的试验结果发现，各生产环节科学规范的操作将对产量结果产生显著影响。除不同地域的产量区别外，有学者对生产技术条件进行调整，尝试通过改变种植模式、农艺流程、品种选配、药肥施用等条件，从中寻找到最适合当地玉米大豆带状复合种植的品种、生产参数和流程等。从已有研究结果来看，玉米大豆带状复合种植模式在干物质积累、产量、经济效益方面要高于大豆小麦套作、亚麻大豆套作、大豆清种等模式；同时，行数模式、种植密度、农药选配、减量施氮等都会对产量和效益产生不同影响，具体结果会因地域、品种的不同有所差异（见表6-15）。

表 6–15　　改变试验条件对玉米大豆带状复合种植产量可能的影响　　单位：公斤/亩

地区	技术条件	大豆亩产 最高	大豆亩产 最低	玉米亩产 最高	玉米亩产 最低	参考文献
四川	配置不同类型除草剂对产量的影响	107	77	712	533	杜青等（2017）
甘肃	海拔和品种对产量的影响	129	46	837	734	温健等（2017）
甘肃	减量施氮对产量的影响	109	77	826	725	牛建彪等（2017）
内蒙古	种植密度和品种对产量的影响	211	149	848	740	矫丽娜等（2022）
甘肃	不同作物间套作模式对产量的影响	84	—	774	—	周颖等（2018）
河南	不同行数模式对产量的影响	161	72	565	345	张灿等（2022）

资料来源：根据已有参考文献中的数据整理得到。

3. 玉米大豆带状复合种植技术推广面临挑战

从已有文献对试验地区作物产量的综述对比可以发现，在已有试验研究和区域性推广中，玉米大豆带状复合种植在提高大豆产量方面取得了较好成效；同时各生产环节的实施方式也直接关系到最终产量和效果，品种选育、除草剂施用、机械匹配等关键环节都需要进行科学规范的操作，而这些环节能否实现科学规范操作也将成为未来玉米大豆带状复合种植在全国范围内推广过程中新的困难和挑战。本部分通过梳理分析农业农村部种植业管理司会同全国农技中心和四川农业大学组织编发的《大豆玉米带状复合种植指南》（主要包括《玉米—大豆带状复合种植技术》《全国大豆玉米带状复合种植技术模式图》及相关的培训视频课程）以及相关文献，得出了以下六点关键挑战（杨文钰，2022；崔贺云，2022；矫丽娜等，2022）。

（1）可选配的适宜品种相对缺乏。品种选配问题是实现玉米大豆带状复合种植技术的核心关键之一。从种植模式来看，该技术要得到顺利实施，玉米品种必须选用适应当地的、株型紧凑、株高适中、宜密植和机械化收割的高产品种；大豆品种需选用耐阴抗倒高产品种。同时，不同地域选择套作、间作模式不同，播种时间不同，都将对玉米大豆带状复合种植的品种提出特殊要求。目前来看，适宜该项技术的品种及供种不足，生产中适宜带状间作模式的春大豆品种不多，适宜带状套作模式的夏大豆品种较少。在国家大力推广该技术的背景下，适宜的大豆品种需求量大，短时间内难以满足市场需求，未来需加强适宜该技术的大豆品种选育及筛选，提高大豆原种繁育支持力度，加速大豆产业化发展。

（2）除草技术实施难度较大。玉米大豆分属禾本科和豆科、单子叶与双子叶植物。由于植物自身的特性，除草剂品种选择、施用时间、施药方式等在玉米大豆带状复合种植模式中面临更高要求，成为玉米大豆带状复合种植的难点。为了最大程度避免除草剂在单双子叶之间的影响，该技术在生产中要求除草要以苗前封闭为主，时间必须在播种后 2 天内完成，同时在气候上要求雨后无风，土壤湿润。这些要求对于作业时间、当期天气、当地水土环境都提出了严格要求，在一些地区如西北旱作地区、黄淮海秸秆残留地区等都可能无法达到理想状态。虽然出苗后也可以采用玉米、大豆专用除草剂定向除草，但必须通过物理方法将玉米、大豆隔开施药，不能统一防治草害，否则可能会导致大豆和玉米受到药害。虽然也可以采用人工施药的方法，但人力成本将大幅上升。此外，还要通盘考虑下茬作物，避免所选用的除草剂对下茬作物的残留危害。

（3）现有种收机械无法充分匹配技术要求。一是在播种施肥环节，为实现"玉米不减产、多收一季豆"的技术目标，玉米大豆带状复合种植技术要求玉米小株距密植、单株施肥量与清种玉米相同、播种深度更深。因此，能够实现密植分控播种是落实带状间作核心技术机械化的关键。然而，由于复合种植大豆、玉米的带宽与目前生产中推广的主流播种、收获机械不匹配，给机械化播种、机械化收获造成困难。如果要实现技术要求，农户就必须购置或租用专用播种机，这也将大大增加种植户的生产成本。二是在收割环节，复合种植要求播种机不宜行进过快，行进速度要在每小时 4 公里左右，这可能造成收割作业效率下降。例如，同一类型的收割机具，如果是收割单种的玉米田，一天可以收割 120 亩，如果是开展复合种植的收割，则一天的作业面积为 80 亩。同时，由于大豆的收割窗口期很短（只有两天左右），完全熟透后大豆会炸粒和掉入农田中，复合种植就需要更多收割机在短期内的作业支持，导致收购单价明显上涨。三是不同的套作间作模式导致种收机械化过程复杂、难度加大，都需要因地制宜，操作流程无法统一化标准化。

（4）对前茬后茬作物可能产生影响。由于玉米大豆带状复合种植特殊的生产模式，其前茬和后茬作物都需要在农艺生产方面进行或多或少的调整，以适应该技术的特殊要求。一是玉米大豆定向除草剂的选用可能会对后茬作物造成残留影响。二是轮作作物是小麦时，播种小麦的畦宽和梗宽之和要与带状复合种植的单元宽度相匹配。三是对前茬后茬作物在产量和经济效益上产生影响。例如，如果前茬作物是小麦，那么小麦秸秆收后一定要用灭茬机灭茬后再实施玉米大豆的播种，这无形中增加了生产成本；对于后茬作物而言，由于复合种植的产后秸秆废弃物处理更为复杂和耗时，会增加 10～20 元/亩的作业成本，也会导致下一茬小麦的种植时间延后，并导致小麦产量下降 30～50 斤/亩，这就导致复合种植的综合毛利润下降 40～60 元。总之，实施玉米大豆带状复合种植技术后，对于前茬或后茬的作物生产环节都会产生调整，无形中增加了生产成本、降低了生产效率。

（5）对人力资本要求较高。一是对生产者的农艺技能要求较高。纵观玉米大豆带状复合种植全部流程可以发现，无论是品种选配、田间配置管理、协同施肥技术、大豆倒伏问题处理、病虫草防控技术，还是种收机械的使用和操作，都需要在传统模式基础上进行调整，环环相扣，且精准性、准确度要求都较高，需要操作者在对技术的理解能力和实际农艺水平上都具有较高的水平。二是对用工需求较大。如果有的地区由于地势等原因无法全程使用机械或后期有难防杂草等，都需要依赖人工的话，那么生产成本将大大增加。有文献指出，玉米大豆带状复合种植中人工成本将达到728元/亩，占总生产成本（不包含土地租金）的71.5%（周颖等，2018）。而成本收益统计资料数据显示，清种大豆或玉米生产成本分别为800元和1 050元，除去土地租金外，二者人工费用占总生产成本的比例均在50%左右。由此可见，玉米大豆带状复合种植对于人工的需求都明显高于作物清种。

（6）来自经济可行性方面的挑战。从已有研究来看，玉米大豆带状复合种植在试验研究和区域性推广实践层面基本能够实现每亩200~400元的纯利润增长。四川农业大学研究团队分别在四川省和山东省开展玉米大豆带状复合种植试验。其中，在四川省仁寿县试验片区，玉米实产569.6公斤/亩，大豆百亩连片平均亩产122.3公斤，两作物合计较大面积生产亩增产值686.8元，其中，新增成本224元（种子64元、化肥农药60元、机械服务100元），每亩新增利润462.8元；在山东省肥城市的千亩示范片区，玉米亩产542.08公斤，大豆亩产114.4公斤，相对当地清种玉米种植，带状间作每亩新增产值700元左右，新增成本224元（种子64元、化肥农药60元、机械服务100元），玉米产值降低120元左右，每亩可新增利润356元（雍太文和杨文钰，2022）。综合该团队在7省试验区数据发现，每亩新增利润为360元（见表6-16）。然而需要看到的是，虽然从试验片区数据来看，玉米大豆带状复合种植能够"有利可图"，但其对生产者素质要求较高，相应地，其机会成本也相对较高。国家统计局数据显示，2020年、2021年农民工月均收入均超过4 000元/月。因此，如果玉米大豆带状复合种植的生产经营不能达到一定规模，那么很可能在推广过程中由于机会成本的问题而面临困难与挑战。

表6-16　四川农业大学7省玉米大豆带状复合种植新增成本收益试验数据

7省试验区带状复合种植平均亩增大豆（公斤）	平均收购价（元/公斤）	亩产值增加（元）	亩增加成本（元）	亩节约氮肥（元）	每亩新增利润（元）
112	4.4	493	150	17	360

资料来源：杨文钰．玉米—大豆带状复合种植的主要优势与关键技术［EB/OL］．http：//njfwzx.gxzf.gov.cn/zbgx/gnnjzb/t11171881.shtml，2022-01-20．

6.6.3 研究方法与模拟方案

1. 中国农业产业模型

为了更好地模拟预测玉米大豆带状复合种植技术下未来发展趋势，本节采用中国农业科学院农业经济与发展研究所和国际食物政策研究所（IFPRI）共同开发的中国农业产业模型（CASM），利用已有文献数据设定参数，模拟分析2022～2035年玉米大豆在不同政策情景下的产量、消费量、净进口量及自给率，进而分析带状复合种植技术对玉米大豆协同发展所产生的影响。

该模型包含多个模块，通过方程定量刻画了中国主要农业产业的生产、消费、贸易和价格等多个模块及其影响因素，并建立了相互之间的关系；模型以供求关系为基本框架，当市场出清时，实现市场均衡（见图6-14）。该模型包括大豆、玉米在内的31种农产品，不仅可以用于模拟预测未来农业的生产、消费、价格和贸易等发展趋势，还可以模拟预测未来时期内政策变化或外界因素对农业产业可

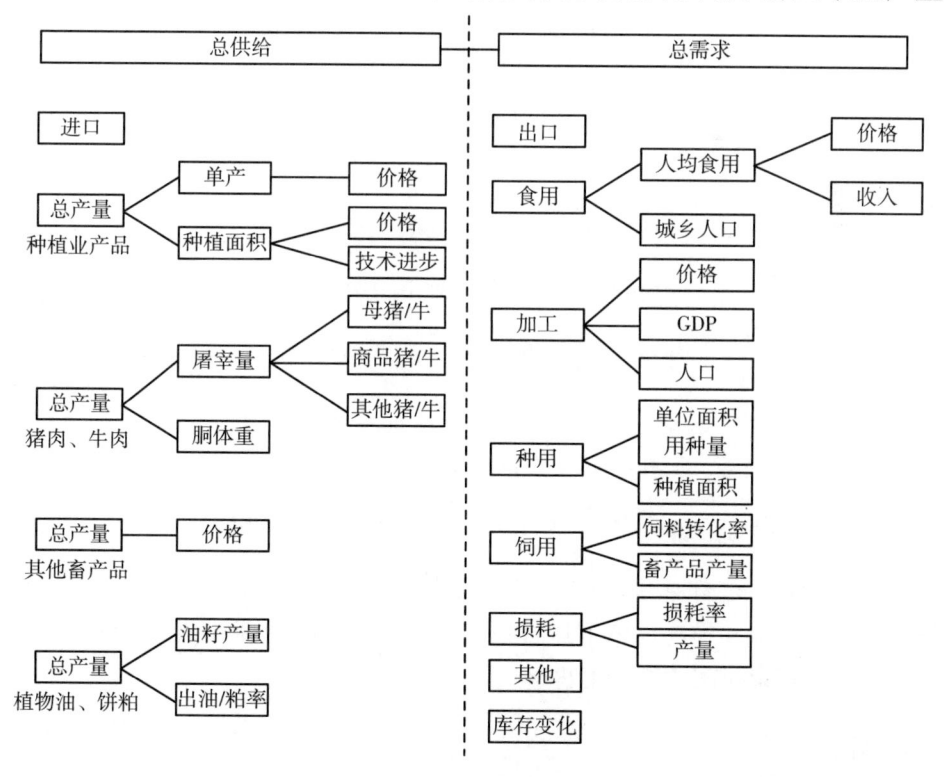

图6-14 中国农业产业模拟模型理论框架

能产生的各种综合影响和冲击，用于事前事后政策效果的评价分析。相对于简单的线性计算而言，运用局部均衡模型进行影响评估，能够通过模块的设置，更加系统地考量生产、消费、进出口等方面的联动效应及其相互影响后的实际作用效果，并进行时序上的变化分析；同时，对模型的训练和对参数的拟合也为将来在该问题上进一步的研究应用积累数据经验和基础。

该模型应用通用代数建模系统（GAMS）软件进行开发和模型求解。目前，该模型由需求模块、供给模块、库存模块、价格模块、贸易模块、畜牧业供需模块和市场出清模块等构成，由 36 组方程（共 566 个单方程）、23 组变量和 566 个内生变量以及若干外生变量构成。由于篇幅所限，这里重点介绍模型中的供给模块和需求模块。

（1）供给模块。此模块包含农作物种植面积、农作物单产和产量。其中，作物产量（QX）由单产（YC）和种植面积（AC）共同决定。农作物种植面积（AC）由各类作物生产者价格（PX）的函数和种植面积价格弹性决定，其中，C 仅表示农作物，$e_{C,CP}^{AP} <> 0$。农作物单产（YC）取决于作物本身的生产者价格（PX）。

$$\ln AC_{C,T} = a\, a_{C,T} + \sum_{CP} e_{C,CP}^{AP} \ln PX_{CP,T} \tag{6.15}$$

$$YC_{C,T} = a_{C,T}^{Y} + e_{C}^{YP} \ln PX_{C,T} \tag{6.16}$$

$$QX_{C,T} = YC_{C,T} \times AC_{C,T} \tag{6.17}$$

植物油和饼粕产量（QX）由油料作物加工需求（QDP）和榨油（饼粕）率（$IOOLSD$）决定。

$$QX_{COILMEAL,T} = \sum_{COILSDP} (QDP_{COILSDP,T} \times IOOILSD_{COILMEAL,COILSDP,T}) \tag{6.18}$$

糖产量（QX）由甘蔗和甜菜的加工需求（QDP）和出糖率（$IOSUG$）决定。

$$QX_{CSUG,T} = \sum_{CSUGCRP} (IOSUG_{CSUGCRP} \times QDP_{CSUGCRP,T}) \tag{6.19}$$

除猪肉、牛肉外，畜产品的产量由畜产品生产者价格（PX）和饲料成本（$FECOST$）共同决定。其中，$e_{C,CP}^{SP}$ 为供给价格弹性，$inpela_C$ 为投入品弹性。

$$\ln QX_{C,T} = \alpha_{C}^{SM} + \sum_{CP} e_{C,CP}^{SP} \ln PX_{C,T} + inpela_C \ln FECOST_{C,T} \tag{6.20}$$

（2）需求模块。在该模块中，主要包括食用需求、饲料需求、加工需求、种用需求、其他需求和损耗。将上述各项需求加总得到总需求，进而带入市场出清模块求解。受篇幅所限，在此不再赘述。

2. 情景设置

为了更好地评估玉米大豆带状复合种植技术对我国玉米大豆产业生产、消费、贸易和自给率的影响，本节拟采用中国农业产业模型，将技术效果转换为模型参数，进而模拟评估2020~2035年该技术对产业可能产生的影响，将按照基准方案和两个模拟方案进行设计（见表6-17）。

表6-17　　　　　　　玉米大豆带状复合种植情景模拟的参数设置

项目		2020年	2022年	基准方案	情景1	情景2
情景设置目的		历史数据	复合种植推广阶段	传统种植、不实施复合种植的情况	实施玉米大豆带状复合种植技术	带状复合种植叠加生物育种技术
设置依据		《中国农村统计年鉴》	复种推广1 500万亩	到2035年单产按照历史增速	2035年复合种植面积达到0.8亿亩，单产参照为目前试验数据	2035年复合种植面积达到0.8亿亩，单产参照为生物育种数据
大豆	清种 单产（公斤/亩）	132	132	151	151	151
	清种 面积（千公顷）	9 883	9 883	9 883	9 883	9 883
	复合 单产（公斤/亩）	0	112	0	112	133
	复合 面积（千公顷）	0	1 000	0	5 333	5 333
玉米	清种 单产（公斤/亩）	421	421	504	504	504
	清种 面积（千公顷）	41 264	40 264	41 264	35 931	35 931
	复合 单产（公斤/亩）	0	354	0	354	464
	复合 面积（千公顷）	0	1 000	0	5 333	5 333

资料来源：根据已有文献、《中国农村统计年鉴》计算所得。

（1）**基准方案**：模拟传统种植方式，不实施带状复合种植技术。假设2020~2035年玉米大豆播种面积保持不变，单产依照历史年均增长速度递增。在此情景下，设定2035年大豆单产达到151公斤/亩，玉米单产达到504公斤/亩，单产较2020年分别提高14.4%和19.6%，年均增速分别达到1.2%和0.9%。

（2）**模拟情景1**：在三大产区0.8亿亩的面积上实施玉米大豆带状复合种植技术。该情景下，参数设定如下。

面积方面，通过与玉米大豆产业专家访谈了解到，根据当地地形地势、气候环境等可种植条件测算，在西南、西北、黄淮海产区能够开展玉米大豆带状复合种植的面积上限分别约为0.4亿亩、0.2亿亩和0.2亿亩，合计约为0.8亿亩。因此，假设2020~2035年在0.8亿亩的玉米种植区域（即三大产区20%的玉米种植面积）上实施带状复合种植模式。大豆清种面积不变，玉米清种面积为2020年播种面积减去0.8亿亩的复种面积。

单产方面，玉米大豆清种部分单产与基准方案单产保持一致。复合种植单产部分，考虑到已有文献中的试验面积、地域范围、报道数据的渠道、规模与权威性等，① 本节将参照四川农业大学研发团队报道的试验区带状复合种植试验数据，并假定单产能够实现其提出的"玉米不减产、多收一季豆"的技术目标；同时参考产业专家意见，考虑玉米大豆在水肥条件上的竞争性，设定大豆单产为四川农业大学试验报道数据112公斤/亩、玉米单产为353公斤/亩（即2020年三大产区玉米单产平均数的90%）。

（3）模拟情景2：在三大产区0.8亿亩的面积上实施玉米大豆带状复合种植技术并采用生物育种技术。该情景下，参数设定如下。

面积方面，与情景1相同，由于三大产区能够实施玉米大豆带状复合种植的面积上限是0.8亿亩，假设2020~2035年在0.8亿亩的玉米种植区域（即三大产区20%的玉米种植面积）上实施带状复合种植模式。大豆清种面积不变，玉米清种面积为2020年播种面积减去0.8亿亩的复种面积。

单产方面，考虑到耕地资源硬约束、复合种植时除草施药等相关技术瓶颈，即使实施玉米大豆带状复合种植技术，其提升产量潜力的能力依然有限，未来极有可能需要采用生物育种技术，在带状复合种植的基础上进一步提升玉米大豆产量。因此，情景2是在情景1的基础上，假设生物育种产业化在复合种植区域进行推广采用。在此情况下，玉米大豆清种部分单产与基准方案单产保持一致；复合种植单产参照生物育种产业化试点结果，同时假设在2035年实现两次品种迭代，即大豆亩产在当前基础上增加25%（166公斤/亩）、玉米亩产在当前基础上增加23%（516公斤/亩）；同时参考产业专家意见，考虑玉米大豆在水肥条件上的竞争性、复合种植大豆与清种大豆亩产间的比例关系等，设定复种下大豆单产为133公斤/亩、玉米单产为464公斤/亩。

6.6.4 模拟结果分析

1. 模拟情景1：在三大产区0.8亿亩的面积上实施玉米大豆带状复合种植技术

玉米大豆带状复合种植技术通过生物化学层面的技术进步实现了对土地资源

---

① 本节梳理的其他文献所报道的复合种植模式下大豆产量的平均数或中位数基础处于100~120公斤/亩之间；玉米亩产更是远高于《中国农村统计年鉴》中的本产区玉米清种产量。四川农业大学研究团队的试验结果相对更具有一致性和系统性，因此，本研究认为将其作为模型参数的设定依据是合理的。

的节约和高效利用，进而改变了土地、资本和劳动力要素在生产投入中的相对密集度和相对价格，从而实现了作物单产效率的提升和单位成本的下降。根据中国农业产业模型模拟结果显示，在模拟情景1的情况下，预计到2035年我国大豆表观消费量将达到13 672.7万吨；届时大豆产量将达到3 112万吨，较基准方案的2 202.4万吨增长41.3%；净进口量由基准方案的11 407.6万吨下降到10 560.7万吨，自给率由基准方案的16.2%上升到22.8%（见图6-15）。

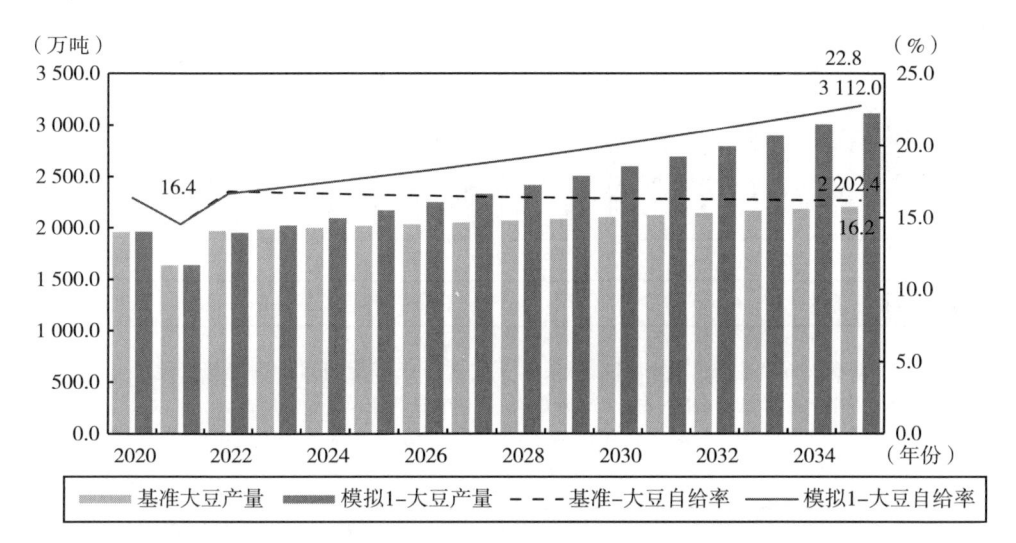

图6-15 基准方案和模拟1情景下我国大豆产量与自给率趋势变化

资料来源：根据文献数据、《中国农业统计年鉴》、中国农业产业模型计算所得。

在此情景下，2035年我国玉米表观消费量将达到32 526.3万吨；届时玉米产量达到30 136.3万吨，较基准方案的31 417.8万吨下降4.1%；净进口量由基准方案的1 159.7万吨增长到2 390万吨，自给率由基准方案的96.4%下降到92.7%。在此情景下，由于采用了带状复合种植模式，玉米单产会略受影响，总产量较基准方案设定的2035年水平有所下降，但自给率依然可以保持在90%以上，能够实现玉米基本自给的战略目标（见图6-16）。

2. 模拟情景2：在0.8亿亩的面积上实施玉米大豆带状复合种植技术并叠加采用生物育种技术

生物育种技术的采用进一步增加了土地资源的利用效率，从而再次提升了土地要素的相对密集度，在改变要素投入结构的情况下再次提高了生产效率。中国农业产业模型模拟结果显示，在模拟情景2下，预计到2035年我国大豆表观消费量将达到13 684万吨；届时大豆产量将达到3 275.8万吨，较基准方案的2 202.4

万吨增长 48.7%；净进口量由基准方案的 11 407.6 万吨下降到 10 408.2 万吨，大豆自给率由基准方案的 16.2% 上升到 23.9%（见图 6-17）。

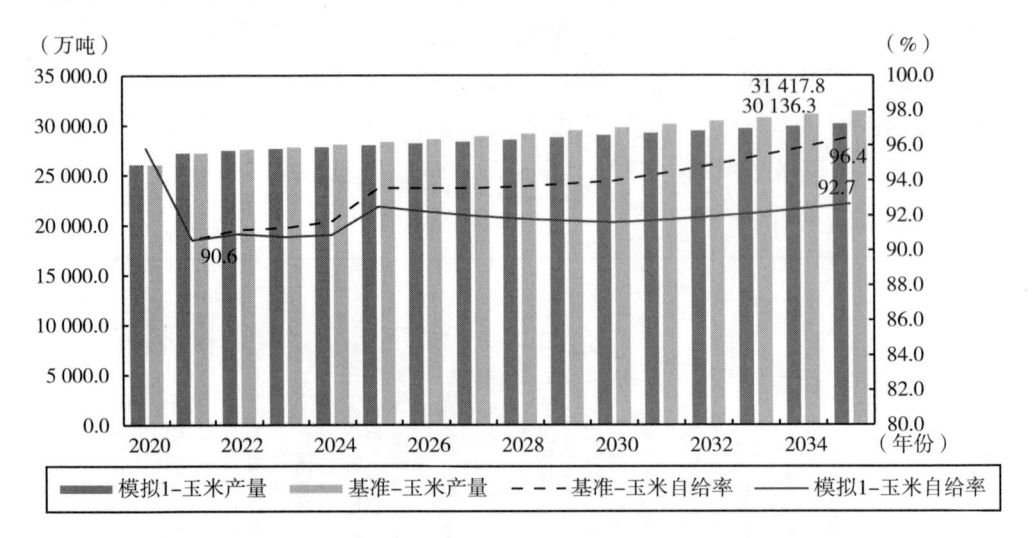

图 6-16　基准方案和模拟情景 1 下我国玉米产量与自给率趋势变化

资料来源：根据文献数据、《中国农村统计年鉴》、中国农业产业模型计算所得。

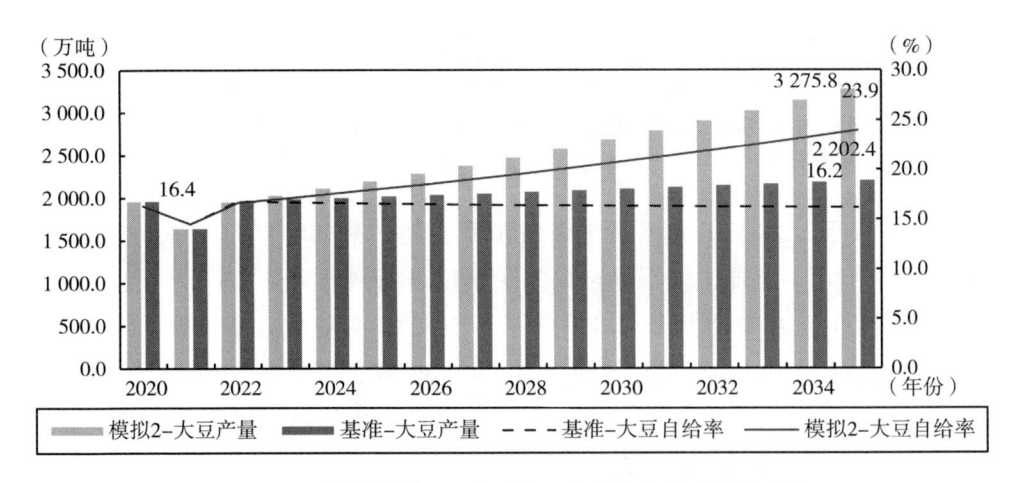

图 6-17　模拟情景 2 下我国大豆产量与自给率趋势变化

资料来源：根据文献数据、《中国农村统计年鉴》、中国农业产业模型计算所得。

在此情景下，2035 年我国玉米表观消费量将达到 32 560.3 万吨；届时玉米产量达到 30 985.1 万吨，较基准方案的 31 417.8 万吨下降 1.4%；净进口量由基准方案的 1 159.7 万吨增长到 1 575.1 万吨，自给率由基准方案的 96.4% 下降到 95.2%。在此情景下，由于采用了带状复合种植和生物育种技术叠加的模式，玉米自给率较模拟情景 1 有进一步的提升，同样能够实现玉米基本自给的战略目标

(见图 6-18)。

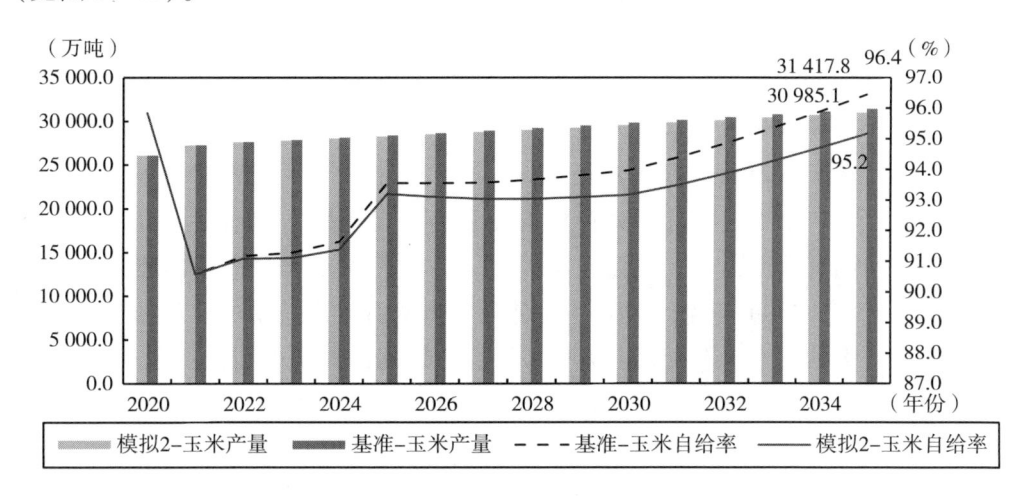

图 6-18 模拟情景 2 下我国玉米产量与自给率趋势变化
资料来源：根据文献数据、《中国农村统计年鉴》、中国农业产业模型计算所得。

6.6.5 结论与政策建议

加强包括大豆在内的初级农产品国内供给保障，既是我国重大长远战略问题，也是现实需要，事关国家持续稳定发展。但由于受耕地资源硬约束，我国无法通过新增土地扩大种植面积。近年来有科学家提出采取玉米大豆带状复合种植技术，在原有玉米地块上带状复合种植大豆，以实现"玉米不减产、多收一季豆"的目标。本节在现有实验数据基础上，运用中国农业产业模型，模拟预测玉米大豆带状复合种植模式下 2020~2035 年玉米大豆增产潜力及自给率变化情况，从定量角度为玉米大豆带状复合种植及相关产业政策提供依据和参考。

1. 主要结论

（1）玉米大豆带状复合种植能够在一定程度上提高大豆产量和自给水平。模拟结果显示，到 2035 年，当带状复合种植面积达到 0.8 亿亩时，大豆产量预计达到 3 112 万吨，较 2020 年增产 58.8%；自给率由基准方案的 16.2% 上升到 22.8%。当带状复种面积达到 0.8 亿亩并在复种面积上叠加生物育种技术时，到 2035 年大豆产量预计达到 3 275.8 万吨，较 2020 年增产 67.1%，自给率将达到 23.9%。同时，该技术对于玉米总产量、自给率的影响相对较小。到 2035 年，推广玉米大豆带状复合种植面积达到 0.8 亿亩，玉米产量将达到 30 136.3 万吨；当带状复种面积达到 0.8 亿亩并在复种面积上叠加生物育种技术时，玉米产量将达到 30 985.1 万吨；两种模式下玉米自给率分别能达到 92.7% 和 95.2%。

（2）大范围技术推广玉米大豆带状复合种植依然面临多重挑战。虽然玉米大豆带状复合种植在试验研究和区域推广中取得了一定的效果，但如果放眼全国，其在适宜品种选配、田间管理、施肥施药、机械化水平、生产者能力等方面依然面临诸多挑战，离全程机械化、生产标准化还有一定差距，进而导致经济可行性相对较弱。从已有数据来看，在该技术模式下，虽然由于大豆产量的额外收益能够获得 300 元/亩左右的新增纯收入，但是该项技术对生产技术的实施要求更加复杂，对于生产者的技术水平、人力资本水平要求较高；如果单纯依靠劳动力作业，则人工成本较清种模式增加较多。因此，无论是对比其他更高利润的农业特色种养殖产业，还是跨部门的工资性的非农就业收入，玉米大豆带状复合种植所产生的经济收益并不具有更加突出的吸引力，在小农户范围内的技术推广将面临一定困难。

2. 政策建议

基于上述研究结论，本节提出以下政策建议。第一，尽快实现包括生物育种、全程机械化在内的更高水平的技术突破和创新。围绕转基因抗逆耐密、水土协同提效、适宜农机具等核心关键技术，聚焦玉米大豆生产薄弱环节，在转基因品种产业化、耕地资源管控、农机装备推广、信息化等方面培育基层人才队伍，建立以企业为主导的产学研合作模式，构建"科研单位研发＋企业制种"的任务型创新联合体，开展转基因玉米大豆全产业链技术攻关，加快转基因大豆、玉米产业化试点与推广应用。第二，充分考虑推广过程中技术环节与经济可行性方面的困难和挑战。建议优先选择具有一定规模的生产者或新型经营主体进行推广试用；对于规模较小的农户，考虑采用合作社带动或社会化服务等模式进行尝试；同时构建支持补贴政策体系，形成生产者自愿采用技术的激励机制。第三，加强生产数据的收集和监测，更加准确地估算玉米大豆带状复合种植在大规模生产过程中的实际亩产效果。目前，玉米大豆带状复合种植的亩产数据主要来自实验研究，与大规模生产情况将存在一定的误差。建议同步加强实际地块单位面积生产要素投入、生产环节监测、田间管理、收获产量、作物质量等生产成本收益数据的收集与监测工作，为未来中长期内我国玉米大豆生产消费贸易情况的评价提供更加精准的数据支持和定量分析依据。

附录 A 关于中国社会核算矩阵（SAM）和可计算的一般均衡（CGE）模型的讨论

1. 中国社会核算矩阵的详细描述

社会核算矩阵是一个方阵，通常代表给定年份的国民经济结构。社会核算矩阵中的每个账户由一行和一列表示。每个单元格显示从其列账户到其行账户的支付（Lofgren et al., 2002）。根据复式记账法，社会核算矩阵中的每个账户对应的行和列的总额相等，即总收入等于总支出。标准的社会核算矩阵通常包括六类账户，分别是活动、商品、要素、投资、国内机构（企业、家庭和政府）和世界其他地区。6.1 节使用中国 1987~2017 年的投入产出表构建了 7 个详细的中国社会核算矩阵（1987 年、1992 年、1997 年、2002 年、2007 年、2012 年和 2017 年），由国家统计局发布（见附表 A-1）。为了在投入产出表中保留所有详细信息，7 个社会核算矩阵中的生产部门数量与附表 A-1 中投入产出表的生产部门数量相同。社会核算矩阵建设还需要宏观数据和贸易数据，包括来自国民账户、政府预算和国际收支的数据。家庭收入来源、就业人数和工资率数据来自《中国统计年鉴》等中国国家统计局出版物。

附表 A-1 1987~2017 年中国投入产出表中部门数量和农业部门数量

年份	部门数量（个）	农业部门	制造业（个）	其他工业部门（个）	服务业（个）
1987	33	1 部门	19	5	8
1992	33	1 部门	19	5	8
1997	124	5 个部门：种植业、林业、畜牧业、渔业、其他农业	72	12	35
2002	122	5 个部门：种植业、林业、畜牧业、渔业、农业服务	72	10	35
2007	135	5 个部门：种植业、林业、畜牧业、渔业、农业服务	81	9	40
2012	139	5 个部门：种植业、林业、畜牧业、渔业、农业服务	84	13	37
2017	149	5 个部门：种植业、林业、畜牧业、渔业、农业服务	86	13	45

资料来源：国家统计局。

在每个投入产出表中有两种家庭，即农村家庭和城市家庭，以及他们的商品支出。两个家庭群体收入来源的计算依赖于农村和城市就业数据、不同类型劳动力的工资率和政府转移支付的数据，这些数据都来自《中国统计年鉴》。资本回报在农村和城市家庭之间依据总支出分配。不同商品的政府支出在投入产出表里体现。来自不同税收的政府收入、政府对不同家庭的转移支付、政府与世界其他地区之间的收入流动，都来自中国财政部公布的国家财政预算。贸易数据包含在投入产出表中，两种家庭从世界其他地方收到的汇款收入来自国际收支数据。两种家庭的储蓄是他们的收入和总支出之间的差额。对于各种来源的数据，使用交叉熵估计技术来平衡社会核算矩阵。

2. 两种 CGE 模型结构的讨论

这两个 CGE 模型具有相同的模型结构，并且都是类似于洛夫格伦等（2002）的单国静态 CGE 模型。因为两个模型都是基于两年的社会核算矩阵，所以它们分别代表了中国 30 年周期的起始年份（1987 年）和结束年份（2017 年）的经济结构。CGE 模型基于新古典一般均衡理论，消费者（家庭）和生产者是具有最优化行为的单个经济主体。

（1）消费者的行为函数（两大类家庭）。

典型的消费者会在预算约束下最大化其福利（由效用函数表示）。使用斯通－吉里效用函数，消费者问题可以用数学等式表示如下：

$$\text{Max} U_h = \prod_i (c_{h,i} - \gamma_{h,i})^{\beta_{h,i}} \quad (A.1)$$

$$\text{s.t.} \quad \sum_i p_i c_{h,i} = (1 - s_h)(1 - yt_h) Y_h \quad (A.2)$$

其中，$c_{h,i}$ 是家庭 h 对商品 i 的消费水平，在我们的例子中，h 是农村和城市，$\gamma_{h,i}$ 是家庭 h 对商品 i 的消费水平，$\beta_{h,i}$ 是家庭 h 对商品 i 的边际预算份额。在预算约束函数中，p_i 是消费者面对的商品 i 的价格，s_h 是家庭 h 的储蓄率，yt_h 是所得税率，Y_h 是家庭 h 的总收入。

在 CGE 模型中明确定义了最大化上述效用函数得到的需求函数，在 CGE 模型中称为线性支出系统（LES）：

$$c_{h,i} = \frac{\beta_{h,i}\left[(1 - s_h)(1 - yt_h) Y_h - \sum_j P_j \gamma_{h,j}\right]}{P_i} + \gamma_{h,i} \quad (A.3)$$

（2）生产者的行为函数。

生产者是在生产部门层面定义的，生产函数假定为技术规模报酬不变。因此，每个部门的 CES 生产函数定义如下：

$$x_i = \Lambda_i \left(\sum_f \alpha_{i,f} V_{i,f}^{-\rho_i} \right)^{-\frac{1}{\rho_i}}, \quad f \in F \tag{A.4}$$

其中，X_i 是部门 i 的产出；Λ_i 是反映部门 i 的全要素生产率（TFP）的转移参数；$\alpha_{i,f}$ 是要素 f（土地、劳动力和资本）在生产商品 i 时的使用量；$V_{i,f}$ 是要素需求；ρ 是一个用于捕捉要素之间替代关系的参数，它通过以下方式传递替代弹性：$\frac{1}{1+\rho_i} = \sigma_i$，$\sigma_i$ 是要素投入之间的替代弹性。

根据新古典主义关于生产者利润最大化行为的一般均衡理论，对式（A.2）中定义的技术下的利润最大化的一阶条件进行了重新安排，提供了一个要素需求函数系统，在 CGE 模型中明确定义为：$PA_i X_i - \sum_f W_f V_{i,f}$。

$$V_{i,f} = \Lambda_i^{\frac{\rho_i}{1+\rho_i}} \left(\alpha_{i,f} \frac{(1-tva_i)PA_i}{W_f w\bar{di}st_{f,i}} \right)^{\frac{1}{1+\rho_i}} X_i \tag{A.5}$$

其中，PA_i 是生产者价格 i 的增加值部分，W_f 为工资率或资本/土地租金率，tva_i 是部门 i 的增值税。$w\bar{di}st_{f,i}$ 表示由于 6.1.4 节讨论的要素市场扭曲而设定的各部门 W_f 的一组楔子。由于模型中假设资本是部门专用的，$w\bar{di}st_{k,i}$ 捕捉部门 i 资本的影子回报，该影子回报不同于固定为 1 的平均资本租金 W_k。对于劳动力和土地，$w\bar{di}st_{f,i}$ 是固定的，W_f 是内生变量。

中间投入也用于生产过程中，并且假设使用列昂惕夫技术来确定中间投入的使用与产出品的生产之间的关系。因此，对中间产品的需求由固定的投入产出系数 $io_{i,j}$ 决定，表示商品 i 用于生产产出 j。完整的生产者价格定义为：

$$PX_i = PA_i + \sum_j io_{i,j} P_j \tag{A.6}$$

（3）要素市场均衡和家庭收入。

劳动力被假定为充分就业并跨部门流动，土地仅用于农业部门，而资本是特定部门的。因此，该模型只需要劳动的均衡条件：

$$\sum_i V_{i,lab} = \bar{VS}_{lab} \tag{A.7}$$

其中，$\bar{VS}_{lab}$ 是劳动力的总供给。式（A.7）决定了平均工资率 $V_{i,lab}$。

假设所有要素都归家庭所有，[1] 则家庭收入 Y_h 由以下式确定：

---

[1] 模型中政府拥有部分资本收益。为了简化等式的讨论，我们现在忽略这种收益。

$$Y_h = \sum_{f,i} \delta_{h,f} W_f wdi\bar{s}\, t_{f,i} V_{f,i} \qquad (A.8)$$

其中，$\delta_{h,f}$ 是一个系数矩阵，用于确定从要素收入到个体家庭的收入分配。

（4）进口和出口行为函数。

在 CGE 模型中，阿明顿函数和常数转换弹性（CET）函数应用于定义相同的商品国内和进口或出口部分之间的关系，以及假设国内生产和消费的商品与出口或进口的相同商品之间存在不完全替代：

$$C_i = A_i (\mu_i D_i^{-\theta_i} + (1-\mu_i) M_i^{-\theta_i})^{-\frac{1}{\theta_i}} \qquad (A.9)$$

和

$$P_i C_i = PD_i D_i + PM_i M_i \qquad (A.10)$$

式（A.9）是阿明顿函数，定义了进口和国内生产的相同产品之间的替代关系。C_i 表示的是进口和国内生产的相同商品的组合，D_i 是 C_i 的国内生产部分，M_i 是 C_i 的进口部分。PD_i 是 D_i 的价格，是内生的，而 $PM_i = (1+mt_i) \times PWM_i$ 是进口价格，在给定的关税税率 mt_i 和世界价格 PWM_i 下是外生的。

$$X_i = B_i (\tau_i D_i^{\varphi_i} + (1-\tau_i) E_i^{\varphi_i})^{\frac{1}{\varphi_i}} \qquad (A.11)$$

和

$$PX_i X_i = PD_i D_i + PE_i E_i \qquad (A.12)$$

式（A.11）是 CET 函数，它定义了中国生产的相同产品的出口 E_i 和国内消费 D_i 之间的替代关系。$PE_i = (1-et_i) \times PWE_i$，是出口的外生价格，其中 et_i 是出口税率，PWE_i 是出口的世界价格。重新安排施加于式（A.9）的最大化 $P_i C_i - PD_i D_i - PM_i M_i$ 的一阶条件，定义 CGE 模型中使用 D_i 和 M_i 之比的均衡水平的等式如下：

$$\frac{D_i}{M_i} = \left(\frac{\mu_i}{1-\mu_i} \frac{PM_i}{PD_i} \right)^{\frac{1}{1+\theta_i}} \qquad (A.13)$$

类似地，重新安排施加给式（A.11）的最小化 $PX_i X_i - PD_i D_i - PE_i E_i$ 的一阶条件，给出以下 CGE 模型中使用的 D_i 和 E_i 的比率：

$$\frac{D_i}{E_i} = \left(\frac{\tau_i}{1-\tau_i} \frac{PD_i}{PE_i} \right)^{\frac{1}{\varphi_i - 1}} \qquad (A.14)$$

C_i 由个体家庭需求、投资需求、政府需求和中间需求的总和决定：

$$\sum_h c_{i,h} + c_i^{INV} + c_i^{GOV} + \sum_j io_{i,j} X_j = C_i \qquad (A.15)$$

其中，c_i^{INV} 是对商品 i 的投资需求，C_i^{GOV} 是政府对商品 i 的需求，它们在模型中都是外生的。

(5) 没有外国收入流动和经常账户不平衡情况下的一般均衡。

随着投资需求与政府需求 c_i^{INV} 和 c_i^{GOV}、世界价格 PWM_i 和 PWE_i、总劳动力和土地供应以及部门特定资本被外生给定，模型的一般均衡是由通过对 13 个内生变量同时求解上述 13 个等式得到的，13 个内生变量分别为用于劳动和土地的 Y_h、$c_{h,i}$、X_i、$V_{f,i}$、C_i、D_i、M_i、E_i、P_i、PA_i、PX_i、PD_i、W_i 和部门资本 $\overline{wdist}_{f,i}$。鉴于国外收入净流量是一个外生变量，通过引入经常账户余额等式将其包含在模型中不会影响设定的关键方程组。

(6) CGE 模型中的经常账户和宏观闭合。

CGE 模型中必须考虑经常账户不平衡，因为它们确实通过出口和进口之间以及储蓄和投资之间的关系影响实体经济。我们从这个著名的恒等式开始，它将经常账户余额与国民储蓄和投资联系起来：

$$CA = E - M - NFI = S^{total} - I^{total} = \Delta NFA \tag{A.16}$$

其中，CA 是经常账户余额，$E = \sum_i PWE_i E_i$ 和 $M = \sum_i PWM_i M_i$ 是商品和服务的全部出口和进口，NFI 是来自国外的国外净收入。$S^{total} = \sum_h s_h(1-yt_h)Y_h + (Y^{GOV} - \sum_i P_i c_i^{GOV})$ 是国民储蓄，NFA 是外国资产。式（A.16）表明，只要其贸易余额减去 NFI 的总和为正，即国民储蓄超过国民投资，该国就会出现经常账户盈余。

静态 CGE 模型中的宏观经济平衡由以下宏观经济闭合规则外生处理：

$$\sum_h y_{row}^h + y_{row}^{GOV} = NFI$$

其中，y_{row}^h 是家庭 h 收到的国外净收入（如国外汇款，也可以是负数），y_{row}^{GOV} 是政府持有的外国资产。

如果存在贸易顺差，即如果总出口大于总进口，则 $CA > NFI$，而如果该国出现贸易逆差，则 $CA < NFI$。在静态 CGE 模型中，贸易顺差或逆差是外生固定的，而总出口和进口都可以变化，但必须同时变化。

附录 B　CGE 模型结果的敏感性测试

鉴于 CGE 模型中使用了许多弹性，有必要评估 6.1.4 节讨论的模型结果是否对这些弹性的选择敏感。这种敏感性测试是 CGE 建模运行的常见做法。我们的模型中使用了三组弹性，分别对其进行测试。

1. 家庭需求函数的收入弹性

我们对模型中的消费者偏好做出具体假设,并假设需求是非同质的,农产品的预算比重下降。对农村和城市家庭的边际预算比重分别进行估计,估计方法是使用平均预算比重的变化除以随时间变化的商品人均的变化。每种商品的需求收入弹性计算为相同商品的边际预算比重与平均预算比重的比率。1987 年模型的收入弹性是 1990~1995 年的平均值,2017 年模型的收入弹性是 2012~2017 年的平均值。正如预期的那样,2017 年模型对农产品需求的收入弹性随着时间的推移而下降,其数值远低于 1987 年模型,而加工食品的收入弹性在同一时期略有上升(见附表 B-1)。

附表 B-1　　CGE 模型中需求的收入弹性

行业	1987 年 农村	1987 年 城市	2017 年 农村	2017 年 城市
农业	0.85	0.82	0.44	0.29
加工食品	1.11	1.05	1.13	1.06
纺织	0.77	1.13	0.72	0.63
服装	0.77	1.13	0.72	0.63
其他制造业	1.45	1.14	0.89	0.82
其他行业	1.45	1.14	0.89	0.82
贸易	1.04	1.04	1.15	1.15
运输	1.04	1.04	1.15	1.15
酒店和餐厅	1.04	1.04	1.15	1.15
其他服务	1.04	1.04	1.15	1.15

资料来源:使用国家统计局的家庭支出数据估算。

敏感性测试旨在评估非同质假设和收入弹性对模型结果的影响。该测试试图通过假设相似的偏好并使用柯布-道格拉斯(Cobb-Douglass)需求函数来代替模型中由非同质效用函数导出的需求函数[即附录 A 中式(A.1)的线性支出函数]来避免收入弹性的影响。附表 B-2 的第 2 列报告了结果。1987 年和 2017 年,消费者需求从非同质转向同质,降低了农业生产率冲击对 GDP 的一般均衡效应,这意味着收入弹性在一般均衡模型中很重要。如果农产品的预算比重没有下降,当农产品的相对价格下降时,农业生产率冲击可能会带来更多的农产品消费。这降低了联系效应,从而降低了冲击带来的 GDP 总量的一般均衡收益。虽然测试中两个年份 GDP 增长的下降幅度不大,但 2017 年的下降幅度大于 1987 年。这是符合预期的,因为在 2017 年收入水平较高的情况下,农产品的边际预算比重比 1987 年低得多（见附表 B-1）。由于冲击后各种模型变量的变化略有不同，6.1.4 节中讨论的结果几乎没有问题。

2. 贸易函数的弹性

第二个和第三个敏感性测试侧重于贸易函数中弹性选择的可能影响。遵循 CGE 模型的传统，任何生产部门都允许双向贸易，出口和进口都不能完全替代模型中国内生产和消费的相同商品的消费。因此，该模型要求提供同一商品的出口和内销之间以及同一商品的国内生产需求和进口需求之间的贸易函数替代弹性。这种贸易弹性的估计是不实际的，我们必须对这种弹性进行任意的赋值。具体来说，在模型中，我们将贸易弹性较低部门的贸易弹性指定为 2，并将 3 个高度贸易性制造业部门（纺织、服装和其他制造业）的贸易弹性增加 1 倍至 4。然后，我们在敏感性测试中增加和减少贸易弹性 30%（见附表 B-2 第 1~3 列）。附表 B-2 的第 3 列和第 4 列报告了测试结果。如附表 B-2 所示，与消费者偏好的敏感性测试相比，贸易弹性的选择似乎对这两年的模型结果影响不大。这是因为农业和加工食品在中国的贸易量都较少，国内经济，而非贸易，是解释农业生产率冲击后新均衡模型结果的驱动因素。

附表 B-2　　　　模型中贸易和生产函数的弹性和敏感性测试

行业	贸易函数的弹性			生产函数的弹性		
	在模型中	高 30%	低 30%	在模型中	高 30%	低 30%
农业	2.0	2.6	1.4	0.75	0.98	0.53
加工食品	2.0	2.6	1.4	0.75	0.98	0.53
纺织	4.0	5.2	2.8	0.75	0.98	0.53
服装	4.0	5.2	2.8	0.75	0.98	0.53
其他制造业	4.0	5.2	2.8	0.75	0.98	0.53
其他行业	2.0	2.6	1.4	0.75	0.98	0.53
贸易	2.0	2.6	1.4	0.75	0.98	0.53
运输	2.0	2.6	1.4	0.75	0.98	0.53
酒店和餐厅	2.0	2.6	1.4	0.75	0.98	0.53
其他服务	2.0	2.6	1.4	0.75	0.98	0.53

资料来源：对 1987~2017 年中国 CGE 模型的选择。

3. 生产函数的弹性

最后两个敏感性测试关注生产函数中弹性选择的可能影响。模型中使用 CES

生产函数而不是柯布－道格拉斯生产函数，这意味着要素投入之间的替代弹性较小。同样，CES 生产函数的弹性估计是不实际的，我们为所有部门分配的弹性值为 0.75。与贸易弹性的敏感性测试类似，我们在测试中增加并要求 CES 生产函数的弹性增加 30%（见附表 B－2 第 4～6 列）。附表 B－2 的最后两列报告了结果。同样，冲击后的新均衡结果与 6.1.4 节中相似，并且 6.1.4 节讨论的所有变量的变化都是适度的。

参考文献

1. 蔡昉. 破解农村剩余劳动力之谜 [J]. 中国人口科学, 2007, 27 (2)：2－7.
2. 陈传波. 农户多样化选择行为实证分析 [J]. 农业技术经济, 2007 (1)：48－54.
3. 陈慧卿, 陈国生, 魏晓博, 等. 数字普惠金融的增收减贫效应——基于省际面板数据的实证分析 [J]. 经济地理, 2021, 41 (3)：184－191.
4. 陈锡文. 需为新生代农民工融入城镇提供条件 [J]. 农村工作通讯, 2009 (15)：44.
5. 程名望, 史清华, 徐剑侠. 中国农村劳动力转移动因与障碍的一种解释 [J]. 经济研究, 2006 (4)：68－78.
6. 程竹, 陈前恒. 种植专业化会提高小农生产技术效率吗 [J]. 财经科学, 2018 (9)：50－62.
7. 崔贺云. 漯河市玉米大豆带状复合种植技术试验示范情况分析 [J]. 河南农业, 2022 (1)：52.
8. 单德朋, 张永奇. 创业对农户内部收入差距的影响及机制研究 [J]. 华东经济管理, 2021 (3)：93－101.
9. 葛永波, 翟坤, 孟纹羽. 劳动力转移与农村家庭财富不平等：缓解还是加剧——基于转移就业的异质性分析 [J]. 农业技术经济, 2020 (9)：32－47.
10. 耿晓彬, 朱伟旗. 玉米—大豆带状复合种植技术 [J]. 现代农村科技, 2020 (6)：22.
11. 郭华, 张洋, 彭艳玲. 数字金融发展影响农村居民消费的地区差异研究 [J]. 农业技术经济, 2020 (12)：66－80.
12. 韩俊. "十二五" 时期农民工就业形势分析与建议 [J]. 中国就业, 2010 (10)：9－10.
13. 何婧, 李庆海. 数字金融使用与农户创业行为 [J]. 中国农村经济, 2019 (1).
14. 贺雪峰. 农村家庭代际分工分析 [J]. 统计与管理, 2015 (10)：96.
15. 侯亚杰. 户口迁移与户籍人口城镇化 [J]. 人口研究, 2017, 41 (4)：82－96.
16. 胡鞍钢, 吴群刚. 农业企业化：中国农村现代化的重要途径 [J]. 农业经济问题, 2001 (1)：9－21.
17. 黄祖辉, 胡伟斌. 中国农民工的演变轨迹与发展前瞻 [J]. 学术月刊, 2019, 51 (3)：48－55.

18. 吉映．玉米大豆一起种，增产不增地［N］．湖南科技报，2022-03-08（006）．

19. 冀名峰，李琳．关于加快发展农业生产性服务业的四个问题［J］．农村工作通讯，2019（8）：39-44．

20. 江克忠，刘生龙．收入结构、收入不平等与农村家庭贫困［J］．中国农村经济，2017（8）：75-90．

21. 矫丽娜，张福胜，李晓娜，等．玉米—大豆带状复合种植模式大豆品种和种植密度对作物产量的影响［J］．现代农村科技，2022（1）：65-66．

22. 李聪，刘若鸿，许晏君．易地扶贫搬迁、生计资本与农户收入不平等——来自陕南的证据［J］．农业技术经济，2019（7）：52-67．

23. 刘建进．一个农户劳动力模型及有关农业剩余劳动力的实证研究［J］．中国农村经济，1997（6）：15-22．

24. 刘魏，张应良．非农就业与农户收入差距研究——基于"离土"和"离乡"的异质性分析［J］．华中农业大学学报（社会科学版），2018（3）：56-64，155．

25. 刘小荣，马俊奎，刘学义．玉米大豆"扩行增密"带状复种技术在山西应用初探［J］．大豆科学，2017，36（5）：720-726

26. 刘永茂，李树茁．农户生计多样性发展阶段研究——基于脆弱性与适应性维度［J］．中国人口·资源与环境，2017（7）：147-156．

27. 陆杰华，韩承明．论小城镇与我国的城镇化发展道路［J］．中国特色社会主义研究，2013（1）：98-104．

28. 陆铭．建设用地指标可交易：城乡和区域统筹发展的突破口［J］．国际经济评论，2010（2）：137-148．

29. 罗艳，赵健，段晓红，等．玉米—大豆带状复合种植模式研究初报［J］．宁夏农林科技，2020，61（12）：1-3．

30. 马强文，任保平，韩锦绵．收入风险与劳动力配置多元化：以陕西省为例［J］．经济评论，2012（3）：121-129．

31. 马晓河，马建蕾．中国农村劳动力到底剩余多少［J］．中国农村经济，2007（12）：4-9，34．

32. 闵师，项诚，赵启然，等．中国主要农产品生产的机械劳动力替代弹性分析——基于不同弹性估计方法的比较研究［J］．农业技术经济，2018（4）：4-14．

33. 彭澎，徐志刚．数字普惠金融能降低农户的脆弱性吗？［J］．经济评论，2021（1）：82-95．

34. 任敬华．培育新型农业经营主体的困境与对策［N］．农民日报，2018-06-24（3）．

35. 邵科．永城市新全家庭农场开展玉米大豆带状复合种植的探索与启示［J］．中国农民合作社，2022（3）：23-25．

36. 沈梓航，李浩南，李后建．创业会加剧农村内部收入不平等吗［J］．农业技术经济，2020（10）：33-47．

37. 盛来运,郑鑫. 我国农业剩余劳动力知多少[J]. "三农"决策要参,2013(41):1-16.

38. 史晓露. 我省打响大豆"保卫战"[J]. 四川日报,2022-01-12(012).

39. 孙晗霖,刘芮伶. 贫困地区精准脱贫户生计多样化的影响因素分析——基于2660个脱贫家庭的实证研究[J]. 农村经济,2020(10).

40. 孙加威,郎梅. 成都市玉米大豆带状复合种植技术[J]. 四川农业科技,2020(12):23-25.

41. 王德文,蔡昉,高文书. 全球化与中国国内劳动力流动:新趋势与政策含义[J]. 开放导报,2005(4):6-12.

42. 王洒洒,杨雪燕,罗丞. 价格上涨压力下农村留守妇女的生计策略:生计多样化[J]. 中国农村观察,2014(5):38-48,92-94.

43. 王田. 走玉米大豆兼容发展之路——玉米大豆带状复合种植模式观察[EB/OL]. http://www.farmer.com.cn/2022/01/23/99886956.html,2022-01-23.

44. 王阳,邹琦. 农民工及农村劳动力就业面临的难点、问题及建议[J]. 工会信息,2015(23):4-7.

45. 温健,陈光荣,樊廷录,等. 兰州地区玉米/大豆带状复合种植品种配置试验[J]. 甘肃农业科技,2017(7):25-30.

46. 温思美,赵德余. 我国农户经营的非专业化倾向及其根源[J]. 学术研究,2002(10):52-56.

47. 吴本健,罗玲,邓蕾. 多样化种植与农村相对贫困的形成及治理[J]. 华南师范大学学报(社会科学版),2021(2):19-31,205.

48. 伍艳. 贫困山区农户生计资本对生计策略的影响研究——基于四川省平武县和南江县的调查数据[J]. 农业经济问题,2016(3).

49. 向晶,王博雅. "十四五"时期我国农村人口转移的思路与建议[J]. 发展研究,2020(7):16-20.

50. 向晶,钟甫宁. 农村人口转移、工业化和城镇化[J]. 农业经济问题,2018(12):51-56.

51. 谢玲红. "十四五"农村劳动力就业的新形势与应对思路[J]. 经济要参,2020(2):32-35.

52. 许雅. 玉米不减产,增收一季大豆——玉米大豆带状复合种植助力增产增收[J]. 农村工作通讯,2022(4):29-31.

53. 杨科,徐红丽,许靖宜,等. 玉米大豆带状复合种植模式产量与效益研究[J]. 安徽农业科学,2021,49(17):40-42.

54. 杨文钰. 玉米—大豆带状复合种植的主要优势与关键技术[EB/OL]. http://njfwzx.gxzf.gov.cn/zbgx/gnnjzb/t11171881.shtml,2022-01-20.

55. 叶敬忠,贺聪志,许惠娇. 生计框架视角的农政问题与农政变迁[J]. 华中农业大学学报（社会科学版），2019（1）：8-15，162.

56. 尹诗，尹清杰. 长三角地区劳动密集型产业向内地转移的趋势探究［J］. 改革与战略，2013，29（10）：79-82.

57. 尹志超，公雪，郭沛瑶. 移动支付对创业的影响——来自中国家庭金融调查的微观证据［J］. 中国工业经济，2019（3）.

58. 雍太文，杨文钰. 玉米大豆带状复合种植技术的优势、成效及发展建议［J］. 中国农民合作社，2022（3）：20-22.

59. 于立，姜春海. 中国乡镇企业吸纳劳动就业的实证分析［J］. 管理世界，2003（3）：76-82.

60. 元林君. 我国就业扶贫的实践成效、存在问题及对策探析［J］. 现代管理科学，2018（9）：109-111.

61. 张灿，李付立，陈彦杞. 河南省玉米—大豆带状复合种植试验示范效果分析［J］. 中国农技推广，2022，38（3）：40-42，68.

62. 章元，许庆，邬璟璟. 一个农业人口大国的工业化之路：中国降低农村贫困的经验［J］. 经济研究，2012（11）：76-87.

63. 周颖，陈平，杜青，等. 不同间套作模式对大豆农艺性状及系统经济效益的影响［J］. 四川农业大学学报，2018，36（6）：745-750.

64. Abdulai A, Crolerees A. Determinants of income diversification amongst rural households in Southern Mali［J］. Food Policy, 2001（4）：437-452.

65. Ahmed A, Aftab S, Hussain S, et al. Nutrient accumulation and distribution assessment in response to potassium application under maize-soybean intercropping system［J］. Agronomy, 2020, 10（5）：725.

66. Alston J M, Chan-Kang C, Marra M C, et al. A meta-analysis of rates of return to agricultural R&D: Expede herculem?［R］. IFPRI Research Report, 2000, 113.

67. Alvarez-Cuadrado F, Poschke M. Structural change out of agriculture: Labor push versus labor pull［J］. American Economic Journal: Macroeconomics, 2011（3）：127-158.

68. Asfaw S, Pallante G, Palma A. Diversification strategies and adaptation deficit: Evidence from rural communities in Niger［J］. World Development, 2018（101）：219-234.

69. Barrett C B, Reardont T, Webb P. Nonfarm income diversification and household livelihood strategies in rural Africa: Concepts, dynamics, and policy implications［J］. Food Policy, 2001（4）：315-331.

70. Bi X, Huang J, Rozelle S. Livestock, commercialization and markets in China: Results from survey data［R］. Working Paper, 2007.

71. Breusch T S, Pagan A R. The lagrange multiplier test and its applications to model specification in econometrics［J］. The Review of Economic Studies, 1980（1）.

72. Byerlee D, Alex G E. Strengthening national agricultural research systems: Policy issues and

good practice [R]. Environmentally and Socially Sustainable Development Series. Washington, D. C. : The World Bank, 1998.

73. Cai F, Wang M. Growth and structural changes in employment in transition China [J]. Journal of Comparative Economics, 2010, 38 (1): 71 – 81.

74. Cai F. China's economic growth prospects: From demographic dividend to reform dividend [M]. Cheltenham (UK), Northampton (MA, USA): Edward Elgar Publishing, 2016.

75. Campanhola C, Pandey S. Sustainable food and agriculture—An integrated approach [R]. The Food and Agriculture Organization of the United Nations (FAO) and Elsevier Inc, 2019.

76. Cao Kang Hua, Birchenall Javier A. Agricultural productivity, structural change, and economic growth in post-reform China [J]. Journal of Development Economics, 2013, 104 (C): 165 – 180.

77. Chen A, Groenewold N. China's "new Normal": Is the growth slowdown demand- or dupply-driven? [J]. China Economic Review, 2019 (58).

78. Christiaensen L, Demery L, Kuhl J. The (evolving) role of agriculture in poverty reduction—An empirical perspective [J]. Journal of Development Economics, 2011, 96: 239 – 254.

79. Christiaensen L. Can agriculture create job opportunities for youth?. In C Monga, A Shimeles, A Woldemichael (Eds.), Creating decent jobs: Strategies, policies, and instruments [R]. African Development Bank Policy Research Document 2, African Development Bank, 2019.

80. de Brauw A, Huang J, Rozelle S, et al. The evolution of China's rural labor markets during the reforms [J]. Journal of Comparative Economics, 2002, 30 (2): 329 – 353.

81. Deininger K, Jin S, Xia F, Huang J. Moving off the farm: Land institutions to facilitate structural transformation and agricultural productivity growth in China [J]. World Development, 2014, 59: 505 – 520.

82. Démurger S, Fournier M, Yang W. Rural households' decisions towards income diversification: Evidence from a township in northern China [J]. China Economic Review, 2010, 21: s32 – s44.

83. Deng X, Huang J, Rozelle S, et al. Growth, population and industrialization, and urban land expansion of China [J]. Journal of Urban Economics, 2008, 63 (1): 96 – 115.

84. Diao X, Zhang Y, Chen K. The global recession and China's stimulus package: A general equilibrium assessment of country level impacts [J]. China Economic Review, 2012, 23 (1): 1 – 17.

85. Di Falco S, Veronesi M, Yesuf M. Does adaptation to climate change provide food security? A micro-perspective from Ethiopia [J]. American Journal of Agricultural Economics, 2011, 93 (3): 825 – 842.

86. Djido A I, Shiferaw B A. Patterns of labor productivity and income diversification empirical evidence from Uganda and Nigeria [J]. Word Development, 2018 (105).

87. Dorward A, Kydd J, Morrison J, et al. A policy agenda for pro-poor agricultural growth [J]. World Development, 2004, 32 (1): 73 – 89.

88. Eicher C K, Staatz J M. Agricultural development in the Third World (3rd ed.) [M]. Balti-

more, MD: Johns Hopkins University Press, 1998.

89. Ellis F. Household strategies and rural livelihood diversification [J]. The Journal of Development Studies, 1998 (1): 1-38.

90. Ellis F. Rural livelihood diversity in developing countries: Evidence and policy implications [M]. London: Overseas Development Institute, 1999.

91. Escobal J. The determinants of non-farm income diversification in rural Peru [J]. World Development, 2001 (3): 497-508.

92. Fabusoro E, Omotayo A, Apantaku S, et al. Forms and determinants of rural livelihoods diversification in Ogun State, Nigeria [J]. Journal of Sustainable Agriculture, 2010 (4).

93. Fan S, Pardey P. Research productivity and output growth in Chinese agriculture [J]. Journal of Development Economics, 1997, 53: 115-137.

94. Fan S, Zhang L, Zhang X. Growth and poverty in rural China: The Role of public investment [R]. EPTD Discussion Paper, 2001, 66.

95. Fan S. Effects of technological change and institutional reform on production growth in Chinese agriculture [J]. American Journal of Agricultural Economics, 1991, 73 (2): 266-275.

96. Firpo S P, Fortin N M, Lemieux T. Decomposing wage distributions using recentered influence function regressions [J]. Econometrics, 2018 (2): 28.

97. Garbaccio R F. Price reform and structural change in the Chinese economy: Policy simulations using a CGE model [J]. China Economic Review, 1995, 6 (1): 1-34.

98. Gautam Y, Andersen P. Rural livelihood diversification and household well-being: Insights from Humla, Nepal [J]. Journal of Rural Studies, 2016 (19): 239-249.

99. Gong X, Kong S T, Li S, et al. Rural-urban migrants: A driving force for growth. In L Song, W T Woo (Eds.), China's dilemma: Economic growth, the environment, and climate change [M]. Brookings Institution Press, 2008.

100. Haggblade S, Hammer J, Hazell P. Modeling agricultural growth multipliers [J]. American Journal of Agricultural Economics, 1991, 73 (2): 361-374.

101. Hazell P, Haddad L. Agricultural research and poverty reduction [R]. Food, Agriculture and Environment Discussion Paper, 2001, 34.

102. Hirschman A. The strategy of economic development [M]. New Heaven and London: Yale University Press, 1958.

103. Horridge M, Wittwer G. SinoTERM, a multiregional CGE model of China [J]. China Economic Review, 2008, 19: 628-634.

104. Huang J, Ding J. Institutional innovation and policy support to facilitate small-scale farming transformation in China [J]. Agricultural Economics, 2016, 47.

105. Huang J, Otsuka K, Rozelle S. Agriculture in China's development: Past disappointments, recent successes, and future challenges, chapter 13. In L Brandt, T G Rawski (Eds.), China's Great

Economic Transformation [M]. Cambridge, UK: Cambridge University Press, 2008.

106. Huang J, Rozelle S. Technological change: Rediscovering the engine of productivity growth in China's rural economy [J]. Journal of Development Economics, 1996, 49 (2): 337 – 369.

107. Ito J. Inter-regional difference of agricultural productivity in China: Distinction between biochemical and machinery technology [J]. China Economic Review, 2010, 21 (3): 394 – 410.

108. Ivanic M, Martin W. Sectoral productivity growth and poverty reduction: National and global impacts [J]. World Development, 2018, 109: 429 – 439.

109. Jin S, Deininger K. Land rental markets in the process of rural structural transformation: Productivity and equity impacts from China [J]. Journal of Comparative Economics, 2009, 37 (4): 629 – 646.

110. Jin S, Huang J, Hu R, et al. The creation and spread of technology and total factor productivity in China's agriculture [J]. The American Journal of Agricultural Economics, 2002, 84 (4): 916 – 930.

111. Jin S, Ma H, Huang J, et al. Productivity, efficiency and technical change: Measuring the performance of China's transforming agriculture [J]. Journal of Productivity Analysis, 2010, 33: 191 – 207.

112. Johnston B F, Mellor J W. The role of agriculture in economic development [J]. The American Economic Review, 1961, 51 (4): 566 – 593.

113. Johny J, Wichmann B, Swallow B M. Characterizing social networks and their effects on income diversification in rural Kerala, India [J]. World Development, 2017 (94): 375G392.

114. Katchova A L. The farm diversification discount [J]. American Journal of Agricultural Economics, 2005 (4): 984 – 994.

115. Kikulwe E M, Fischer E, Qaim M. Mobile money, smallholder farmers, and household welfare in Kenya [J]. PloSone, 2014 (10).

116. Kraay A. When is growth pro-poor? Evidence from a panel of countries [J]. Journal of Development Economics, 2006, 80: 198 – 227.

117. Kubo Y, Robinson S, Syrquin M. The methodology of multisector comparative analysis, chapter 5. In H Chenery, S Robinson, M Syrquin (Eds.), Industrialization and growth-A comparative study [M]. London, UK: Oxford University Press, 1986.

118. Latorre M C, Yonezawa H, Zhou J. A general equilibrium analysis of FDI growth in Chinese services sectors [J]. China Economic Review, 2018, 47: 172 – 188.

119. Lerman R I, Yitzhaki S. Income inequality effects by income source: A new approach and applications to the United States [J]. The Review of Economics and Statistics, 1985 (1): 151 – 156.

120. Lewis W A. Economic development with unlimited supplies of labor [J]. The Manchester School of Economics and Social Studies, 1954, 22: 139 – 191.

121. Li Q, Huang J, Luo R, et al. China's labor transition and the future of China's rural wages and

employment [J]. China & World Economy, 2013, 21 (3): 4-24.

122. Liao J. The rise of the service sector in China [J]. China Economic Review, 2020, 59 (February).

123. Lin J Y. Rural reforms and agricultural growth in China [J]. The American Economic Review, 1992, 82 (1): 34-51.

124. Lin J Y. The household responsibility system in China's agricultural reform: A theoretical and empirical study [J]. Economic Development and Culture Change, 1988, 36 (s3): s199-s224.

125. Lin J Y. The household responsibility system reform in China: A peasant's institutional choice [J]. American Journal of Agricultural Economics, 1987, 69 (May): 410-415.

126. Lofgren Hans, Harris R L, Robinson S. A standard computable general equilibrium (CGE) model in GAMS [J]. Microcomputers in Policy Research, Washington, D. C., International Food Policy Research Institute, 2002.

127. Loison S A. Household livelihood diversification and gender: Panel evidence from rural Kenya [J]. Journal of Rural Studies, 2019 (69): 156-172.

128. Mai Y H, Peng X J. Estimating the size of rural labour surplus in China-A dynamic general equilibrium analysis [J]. Centre of Policy Studies/IMPACT Centre Working Papers g-189, Victoria University, Centre of Policy Studies/IMPACT Centre, 2009.

129. Martin S M, Lorenzen K. Livelihood diversification in rural Laos [J]. World Development, 2016 (83): 231-243.

130. McMillan J, Whalley J, Zhu L. The impact of China's economic reforms on agricultural productivity growth [J]. Journal of Political Economy, 1989, 97 (4): 781-807.

131. McMillan M, Rodrik D. Globalization, structural change, and productivity growth [R]. NBER Working Paper 17143, Cambridge, MA: National Bureau of Economic Research, 2011.

132. Meng X. Labor market outcomes and reforms in China [J]. Journal of Economic Perspectives, 2012, 26 (4): 75-102.

133. Morduch J. Income smoothing and consumption smoothing [J]. The Journal of Economic Perspectives, 1995 (3): 103-114.

134. Papke L E, Wooldridge J M. Panel data methods for fractional response variables with an application to test pass rates [J]. Journal of Econometrics, 2008 (1-2).

135. Prebisch R. The economic development of Latin America and its principal problems [R]. Economic Commission for Latin America. Lake Success New York: United Nations Department of Economic Affairs, 1950.

136. Qi C, Zhang J X. The economic impacts of the China-Australia free trade agreement—A general equilibrium analysis [J]. China Economic Review, 2018, 47: 1-11.

137. Rae A N, Ma H, Huang J, et al. Livestock in China: Commodity specific total factor productivity decomposition using new panel data [J]. American Journal of Agricultural Economics, 2006, 88

(3): 680 – 695.

138. Ravallion M, Chen S. China's (uneven) progress against poverty [J]. Journal of Development Economics, 2007, 82 (1): 1 – 42.

139. Ravallion M, Chen S. Measuring pro-poor growth [J]. Economics Letters, 2003, 78: 93 – 99.

140. Raza Muhammad Ali, GulHina, Wang Jun, et al. Land productivity and water use efficiency of maize-soybean strip intercropping systems in semi-arid areas: A case study in Punjab Province, Pakistan [J]. Journal of Cleaner Production, 2021, 308: 1 – 10.

141. Reardon T, Barrett C B. Agroindustrialization, globalization, and international development: An overview of issues, patterns, and determinants [J]. Agricultural economics, 2000 (3): 195 – 205.

142. Riley E. Mobilemoney and risk sharing against village shocks [J]. Journal of Development Economics, 2018 (135).

143. Rodrik D. The past, present, and future of economic growth. In Franklin Allen and others (Eds.), Towards a better global economy: Policy implications for citizens worldwide in the 21st Century [M]. Oxford and New York: Oxford University Press, 2014.

144. Ruttan V W. Induced innovation, evolutionary theory and path dependence: Sources of technical change [J]. The Economic Journal, 1997, 107 (444): 1520 – 1529.

145. Schultz T W. Economic growth and agriculture [N]. New York: MacGraw-Hill, 1968.

146. Schultz T W. Transforming traditional agriculture [N]. New Haven: Yale University Press, 1964.

147. Sekabira H, Qaim M. Mobile money, agricultural marketing, and off farm income in Uganda [J]. Agricultural Economics, 2017 (5).

148. Shao N. Record of state-owned enterprise reform (1998 ~ 2008) [M]. Beijing, China: Economic Science Press, 2014.

149. Shen Z, Baležentis T, Ferrier G D. Agricultural productivity evolution in China: A generalized decomposition of the Luenberger-Hicks-Moorsteen productivity indicator [J]. China Economic Review, 2019, 57.

150. Sicular T. Plan and market in China's agricultural commerce [J]. Journal of Political Economy, 1988, 96 (2): 283 – 307.

151. Singer H W. The distribution of gains between investing and borrowing countries [J]. The American Economic Review, 1950, 40 (2): 473 – 485.

152. Thompson J, Millstone E, Scoones I, et al. Agri-food system dynamics: Pathways to sustainability in an era of uncertainty [R]. STEPS Working Paper 4. Brighton, UK: STEPS Centre, 2007.

153. Thurlow J. Measuring agricultural transformation [EB/OL]. PowerPoint Presentation to USAID, Washington D. C., available at: https://www.slideshare.net/ifpri/aggdp – agemp – measuring – agricultural – transformation, 2020.

154. Timmer M P, de Vries G J, de Vries K. Patterns of structural change in developing countries. In J Weiss, M Tribe (Eds.). Patterns of structural change in developing countries [M]. Routledge: Routledge Handbook of Industry and Development, 2015.

155. Vogel S J. Structural changes in agriculture: Production linkages and agricultural demand-led industrialization [J]. Oxford Economic Papers, 1994, 46 (1): 136 – 156.

156. Wang C, Akgüç M, Liu X, et al. Expropriation with Hukou change and labor market outcomes in China [J]. China Economic Review, 2020, 60 (April).

157. Wang X, Herzfeld T, Glauben T. Labor allocation in transition: Evidence from Chinese rural households [J]. China Economic Review, 2007, 18 (3): 287 – 308.

158. Wang X, Huang J, Rozelle S. Off-farm employment and agricultural specialization in China [J]. China Economic Review, 2017, 42: 155 – 165.

159. Whalley J, Zhang S. A numerical simulation analysis of (Hukou) labor mobility restrictions in China [J]. Journal of Development Economics, 2007, 83 (2): 392 – 410.

160. World Bank. Jobs and development [R]. Washington, D. C.: The World Bank, 2017.

161. World Bank. World development indicators [R]. Washington, D. C.: The World Bank Last access on June 27, 2019.

162. World Bank. World development report 1982: Agriculture for development [R]. Washington, D. C.: The World Bank, 1982.

163. Wuepper D, Yesigat Ayenew H, Sauer J. Social capital, income diversification and climate change adaptation: Panel data evidence from rural Ethiopia [J]. Journal of Agricultural Economics, 2018 (2): 458 – 475.

164. Xu Y. Trade liberalization in China: A CGE model with Lewis' rural surplus labor [J]. China Economic Review, 1994, 5 (2): 205 – 219.

165. Yang T. China's land arrangements and rural labor mobility [J]. China Economic Review, 1997, 8 (2): 101 – 115.

166. Yin F, Sun Z, You L, et al. Increasing concentration of major crops in China from 1980 to 2011 [J]. Econstor Open Access Articles & Book Chapters, 2018, 13 (5): 480 – 493.

167. Zhang H. The Hukou system's constraints on migrant workers' job mobility in Chinese cities [J]. China Economic Review, 2010, 21 (1): 51 – 64.

168. Zhao J, Barry P J. Income diversification of rural households in China [J]. Canadian Journal of Agricultural Economics, 2014, 62 (3): 307 – 327.

169. Zhao J, Barry P. Implications of diferent income diversification indexes: The case of rural China [J]. Economics and Business Letters, 2013 (1): 13 – 20.

170. Zhu N, Luo X. The impact of remittances on rural poverty and inequality in China [R]. World Bank: World Bank Policy Research Paper, June, 2008.

后 记

均衡理论和模型的构建与应用是个很复杂的经济学前沿研究领域。当前我们在 CGE 的有效性和权衡研究中尚存在一些局限性,应在未来的研究中重点关注并进一步探究。

1. 实现模型分析结果与实际经济运行之间的差异性的快速检验

如何快速检验模型分析结果与实际经济运行之间的差异性,并根据误差不断完善改进模型系统亟须方法论创新。CGE 模型基于对现实经济运行规律的深刻认知,通过程序化的理论模型及相配套反映经济运行的数据,构建得到适用于政策评价与未来预测的复杂模型系统。随着模型产品与国家等数目的增长,模型各种交织影响因素及其复杂度快速提高。CGE 模型分析结果的合理性和准确性是均衡模型分析方法存在的基础,也是最受关注的问题。

一般而言,CGE 模型结果的精准性主要取决于两大层面:一是模型反映的规律(包括理论和关键参数)与经济运行规律的契合度与完备度;二是模型数据的准确度。然而,一方面,模型理论都基于一定的前提假设或者对实际情况做出简化;另一方面,因数据获得性限制致使数据精准度下降,特别是在刻画经济主体优化决策行为的关键参数上,可能因识别问题而出现较大偏差。

以本书在应对新冠疫情政策的有效性和权衡研究为例,受经济运行规律和数据获取精准度方面的限制,研究对新冠疫情对经济的影响评估可能存在一些局限。首先,模型需要中国的年度数据,然而政策在中国不同地区的执行情况不同。例如,为了量化"小规模纳税人减免增值税"政策,我们根据区域趋势扩大了对整个经济的省级冲击,从而重新调整了税收减免的范围,但是,2017 年的区域趋势与当前趋势有所不同,可能会导致预估偏差。此外,研究没有考虑疫情后经济活动的突破性增长。其次,官方文件中没有明确界定一些应对政策的空间、行业覆盖范围。例如,尽管"增加医疗和生活物资投入"措施扩大了政府在食品、药品、供水、研究和医疗服务方面的支出,但官方文件并未具体说明支出在各行业的分配比例。最后,研究仅针对中国疫情,未考虑海外疫情蔓延对中国的负向溢出效应。

上述因素都会导致模型结果与实际影响之间存在偏差,这些要求对面向实际应用的 CGE 模型进行甄别，根据与实际情况的比较，查找导致结果偏差的原因，并不断地进行改进完善。随着大数据和 AI 等智能算法的涌起，构建自动且智能化的比较与查验方法将更加容易和准确，因此针对 CGE 模型的"后评估"，认真甄别并分析导致偏误的原因对于 CGE 模型理论方法的创新，以及正确地使用模型进行政策决策都具有极为重要的意义。

2. "创新"在模型中的作用与影响

CGE 模型需要考虑政策变化对创新，以及内生创新对经济系统的影响。CGE 模型起源于古典经济学理论框架，均衡调整机制的根本就是价格变化，即通过价格这双"无形的手"让供需重新回到新的均衡状态。因此，CGE 模型所有的复杂供需分析都是围绕价格变化展开的。影响经济增长变化的因素很多，包括资本、劳动力和土地等初级要素的供给数量及其配置效率、生产组织结构与方式、技术创新等。

目前，资本、劳动力和土地等供给数量在动态模型中都进行了详细刻画，初级要素的配置效率在静态和动态模型中都进行了分析。然而，关于政策改变对生产组织结构与方式、内生技术创新的深度考虑，在现有的 CGE 模型框架下考虑较少。而这两者的变化是在以科技驱动为主要特征的数字经济快速发展背景下对经济系统影响最为显著的因素，忽略政策改变导致上述因素的内生性改变的经济分析与评价将是极为不完整的，特别是在驱动经济长期增长的评估上存在较大缺失。既要评估政策改变，又要考虑传统的价格机制，更需要考虑由此带来的内生科技创新和组织方式的改变，以及两者作用机制的相互影响，只有这样才能全面准确地评估政策改变的经济影响。因此，在 CGE 下一步发展上，亟须在科技创新和组织模式改变（内生增长）方面进行理论、方法和应用等全方位的创新。

图书在版编目（CIP）数据

外部变化对中国和全球农业影响研究：基于均衡模型的综合分析/吕开宇等著. —北京：经济科学出版社，2022.11
ISBN 978 – 7 – 5218 – 0451 – 5

Ⅰ.①外… Ⅱ.①吕… Ⅲ.①国际经济 – 影响 – 农业经济 – 研究 – 中国 Ⅳ.①F323

中国版本图书馆 CIP 数据核字（2022）第 226894 号

责任编辑：初少磊
责任校对：蒋子明
责任印制：范 艳

外部变化对中国和全球农业影响研究
——基于均衡模型的综合分析
吕开宇 张玉梅 杨军 仇焕广 等著
经济科学出版社出版、发行 新华书店经销
社址：北京市海淀区阜成路甲 28 号 邮编：100142
总编部电话：010 – 88191217 发行部电话：010 – 88191522
网址：www.esp.com.cn
电子邮箱：esp@esp.com.cn
天猫网店：经济科学出版社旗舰店
网址：http://jjkxcbs.tmall.com
北京季蜂印刷有限公司印装
787 × 1092 16 开 32 印张 620000 字
2022 年 12 月第 1 版 2022 年 12 月第 1 次印刷
ISBN 978 – 7 – 5218 – 0451 – 5 定价：118.00 元
（图书出现印装问题，本社负责调换。电话：010 – 88191510）
（版权所有 侵权必究 打击盗版 举报热线：010 – 88191661
QQ：2242791300 营销中心电话：010 – 88191537
电子邮箱：dbts@esp.com.cn）